U0739195

国家社会科学基金项目-西部项目（10XJY015）研究成果

兰州大学西北边疆研究院团队建设项目（09LZUJBWTD001）、中央高校基本科研业务费人文社科类重大培育招标项目（14LZUJBWZB001）和自由探索项目（14LZUJBWZY020）研究成果

李 泉◎著

城乡一体化进程中的
新型城乡形态研究

中国社会科学出版社

图书在版编目(CIP)数据

城乡一体化进程中的新型城乡形态研究/李泉著. —北京：中国
社会科学出版社，2015.8
ISBN 978-7-5161-6200-2

Ⅰ.①城… Ⅱ.①李… Ⅲ.①城乡一体化—研究—中国
Ⅳ.①F299.2

中国版本图书馆 CIP 数据核字(2015)第 117579 号

出 版 人	赵剑英	
责任编辑	郭晓鸿	
特约编辑	席建海	
责任校对	韩海超	
责任印制	戴 宽	

出 版	中国社会科学出版社	
社 址	北京鼓楼西大街甲 158 号	
邮 编	100720	
网 址	http://www.csspw.cn	
发 行 部	010-84083685	
门 市 部	010-84029450	
经 销	新华书店及其他书店	

印刷装订	三河市君旺印务有限公司	
版 次	2015 年 8 月第 1 版	
印 次	2015 年 8 月第 1 次印刷	

开 本	710×1000 1/16	
印 张	40	
插 页	2	
字 数	656 千字	
定 价	138.00 元	

凡购买中国社会科学出版社图书，如有质量问题请与本社营销中心联系调换
电话：010-84083683
版权所有 侵权必究

目　录

第一章 导论

以人为本，促进城乡和谐发展，是一个非常广泛的前沿热点话题。身处发展关键时期的中国，尽管改革开放战略已经实施了30多年，但是对于如何破解长期存在的城乡二元经济社会体制结构问题和促进城乡一体化发展，这一经济总量位居世界第二的巨型经济体仍然走在艰难探索满意答案的征途中。在这样一个特定的改革年代研究城乡一体化进程中的新型城乡形态，必须洞悉城乡生产生活的实情本相，跳出那些满眼的雕饰和过时的观念去逼近现实肉身，更需要以人文关怀去思考城乡发展的每一个细节。我们坚信，造就城乡一体化发展成果的原材料不只是研究者的观察、实验和计算，它还融入了中华民族的强烈愿望和美好梦想。在不远的未来，一个越来越秩序井然和协调融合的新型城乡社会一定会到来！

第一节 概念界定

城乡发展问题是人类社会发展中最基本和最重要的问题，也是发展经济学、经济社会学和经济地理学中关于现代化理论研究和当今社会不同领域的人们致力探讨的关键和核心问题。如果把研究的时限移至当代，从空间科学、经济地理、人文社会、生态环境、建筑形态等多重复合视角反观改革开放后特别是进入21世纪以来对城乡发展问题的研究成果，不难发现人们对与城乡一体化相关问题的提法各种各样。比较常见的概念主要包括城乡融合发展、城乡统筹/统筹城乡发展、城乡协调发展、城乡良性互动、城乡社会和谐、新型城乡关系、城乡结构优化以及与以上概念存在紧密联系的新型城市化、乡村城市化、城市区域化、区域城市化、城乡边缘区、城镇群、都市圈，等等。这些各有差异但又相互关联的概念与城乡一体化概念一道，伴随政府、研究机构和公众媒体等在不同场合的宣讲纷纷进入主流话语，构成人们对促进城乡共同繁荣与进步的目标期待与概念描述。我们认为，城乡一体化发展是一个主要由经济力量驱动和主宰的过程，也是一个原有的社会结构迅速重构和新的社会经济形态逐步形成的过程。不仅如此，中国城乡区域发展的复杂属性、社会科学研究的基本特点与汉语言文字表达意义的丰富性，决定了本研究无法就以上提到的有关城乡发展的各个概念逐一进行系统深入的解读。为了科学探求和规范阐释城乡一体化进程中的新型城乡形态及其相关重要问题，为了消除由于概念界定的误差可能导致的研究目的和方向发生的偏差，特别针对城乡一体化进程中的新型城乡关系研究无法绕开的概念——城市与乡村、城乡一体化、新型城乡形态等，非常有必要对本书中涉及的核心概念与关键范畴进行深入探讨和明确界定，这一基础问题构成本书研究的逻辑起点。

一　城乡一体化

（一）城市与乡村

空间聚集是人类社会发展过程的基本特征和表现形式，城市与乡村作为一种存在显著差异的非均质经济空间单元，构成人类赖以生存和发展的物质实体；城市与乡村在其表现形式与运行机制上的重大区别，既是社会分工和市场经济发展的现实反映，也是生产力与生产关系相互作用的必然结果。城市的起源与演变历程表明，城市的发展历经前农业化时代居无定所的乡村聚落、农业化时代的城市规模扩大和功能完善、工业化时代的现代城市及后工业化社会的全球化城市、都市圈等几次重大变革。[①] 进入 21世纪后，城市逐步步入网络化、可持续发展和精明增长、低碳城市发展时代。发达国家的城市发展在经过初始阶段、高速发展阶段和成熟阶段的过程中，存在明显的随时间变化的 S 形曲线演变规律；[②] 发展中国家城市发展起步相对较晚，发展历史也不长，而且在其发展过程中碰到了远比发达国家曾经遭遇的更为严重的各类城乡发展问题。

---

① 牛文元：《中国新型城市化报告（2009）》，科学出版社 2009 年版，第 20 页。
② 饶会林：《城市经济学》，东北财经大学出版社 1999 年版，第 35 页。

　　什么是城市与乡村，如何认识城市与乡村，历来是学术研究领域不同分支学科的研究对象与概念范畴。作为一对紧密关联的概念，城市与乡村的内涵可以从人口、资源、环境、经济、社会、政治、历史、文化及空间布局、建筑聚落、形态演变等多个角度进行界定。中国作为世界上人口最多的发展中大国，其城市文明自产生之日起就从未中断过。根据不同时期城市发展的典型特征，1949 年以前中国城市发展历经城市起源和初步发展时期、封建社会时期、近现代时期等三个阶段。[①] 自从新中国成立后实施城乡二元体制管理模式以来，中国形成了市（州）、县（区）、乡/镇三种基本社会聚集格局。其中，城市在政治领域是经国务院批准而设置的人民政府所在地，通常有人口集中、工商业发达、以非农业人口居多等特点，它也同时兼有区域政治、经济和文化活动的中心功能。乡（村/社区）则是农村基层行政组织，它在上连国家政权组织、下连村民自治组织（村民委员会）和农户方面发挥桥梁和纽带作用，通常以农业产业和农业人口为主体。与城乡对应的另外一个概念是镇（小城镇），它也是经政府批准成立、按行政建制设立的，通常规模比城市小但又初步具备了城市基本要素，是农村脱离自然状态向城市化发展迈进的第一步；其辖村委会和居委会两种组织形式；小城镇虽然在行政级别上与乡相同，但它的功能远超过乡。目前，几乎所有地区已将镇改名为街道办，但其功能仍与镇大致相同。

表 1-1　　　　　　　　40 个国家划分城乡聚落的人口规模标准

都市定义需要的最小人口规模（人）	国家数（个）	都市定义需要的最小人口规模（人）	国家数（个）
少于 200	3	2500—4000	5
400—999	3	5000—9999	6
1000—1499	5	10000—29000	3
1500—1999	4	多于 30000	1
2000—2499	10	—	—

　　资料来源：胡必亮《发展理论与中国》，人民出版社 1988 年版，第 112 页。

---

① 许学强：《城市地理学》，高等教育出版社 1997 年版，第 23 页。

综上所述，任何研究拟从综合角度和现代意义严格界定城市与乡村的概念及其影响界限绝非易事，即使在某一特定区域划分二者的地理界限，也多属行政区划和行政治理要求，这对城市与乡村的科学内涵并不具有完全的解释意义。特别是随着城市化快速推进、现代交通网络的日益完善、大规模人口的乡—城迁移与流动、城市开发区与各类小区建设以及新农村建设、城乡居民生活生产方式的相互促进、城郊现代休闲观光旅游、农村非农产业的发展和城乡在区域尺度上的空间交错镶嵌分布，城乡界限日益模糊，城乡联系作用不断加强，城乡形态与结构不断发生演化，使得城乡一体化发展态势日渐显现。本书在 21 世纪城乡发展特定阶段讨论中国城乡一体化及城乡形态问题时，将"城市"界定为广义上的包括乡村以外的一切（类）城市（区/聚落）、街道办、小城镇等；将"乡村"界定为主要依靠自然过程从事农业生产、人口相对稀少分散的城市以外农村和农民聚居区域。

（二）城乡一体化

城乡发展过程中的城乡一体化问题，不仅涉及经济社会、自然地理与空间形态，而且涉及文化生活、建筑景观与生态环境等诸多方面。基于认识背景和研究目标的差异，不同学者、阶层对城乡一体化概念融入不同的内容并形成不同的理解。[①] 从人类思想发展史和哲学意义考察，城乡一体化反映了人类对城乡认识和发展观的跃进，是城乡区域在自然而然的发展过程中对自身否定之否定的趋势与规律，表现为伴随生产力高度发展以及与之相适应的生产关系与上层建筑之间物质与意识的动态协调。从经济社

---

① 有关城乡一体化的概念界定，现有研究文献非常丰富，孙久文、叶裕民、姚士谋、顾朝林、牛文元、胡必亮、李小建、周一星等相关著作均有涉及。代表性论文可参见邹军《城乡一体化理论研究框架》，《城市规划》1997 年第 3 期；石忆邵《城乡一体化探论》，《城市规划》1997年第 5 期；杨荣南《关于城乡一体化的几个问题》，《城市规划》1997 年第 5 期；甄峰《城乡一体化理论及其规划探讨》，《城市规划汇刊》1998 年第 6 期；冯雷《中国城乡一体化的理论与实践》，《中国农村经济》1999 年第 1 期；赵惠娟《城乡一体化内涵探索》，《小城镇建设》2000 年第 2 期；洪银兴、陈雯《城市化和城乡一体化》，《经济理论与经济管理》2003 年第 4 期；陈雯《城乡一体化内涵的讨论》，《现代经济探讨》2003 年第 5 期；景普秋《城乡一体化的进展与动态》，《城市规划》2003 年第 6 期；石忆邵《城乡一体化理论与实践：回眸与评析》，《城市规划汇刊》2003 年第 5 期；王碧峰《城乡一体化问题讨论综述》，《经济理论与经济管理》2004 年第 1 期；陈晓红、李诚固《我国城市化与城乡一体化研究》，《城市发展研究》2004 年第 11 期；沈红、陈腊娇《城乡一体化研究现状与展望》，《国土与自然资源研究》2005 年第 4 期。

会学意义考察，城乡一体化是在一定的时空尺度和条件下，城乡区域人口、资源、环境与经济、社会等各个子系统内部及其系统之间的发展过程与相互作用关系，是城乡在社会分工、要素/能量流动、经济发展基础上的紧密结合，要求人们必须将城乡作为一个整体来统筹考虑，使城市和乡村发挥各自优势，逐步缩小以至消灭工农差别、城乡差别、促进工农结合、城乡结合，最终实现城乡劳动者的全面自由发展。空间/区域经济与规划意义上的城乡一体化，是为解决经济社会发展给城乡建设带来的众多问题，而对特定时空城乡未来的发展方式、土地利用结构、空间布局、重点开发区和重点部门提出的总体蓝图和战略谋划，它特别强调人类的计划、控制、管理、协调与干预等主观能动性在相对发达城市与相对欠发达农村的自然发展演变过程中的作用，是为有效应对破解实际问题而提出的风险性防范政策措施与系统安排。生态环境与可持续发展理念下的城乡一体化，则立足城乡生态环境系统的互动结合，重在保证城乡自然生态过程的畅通有序和健康协调，强调城乡人类的活动必须考虑区域承载力、生态系统的稳定性和重视人—地关系的协调，从而取得最佳的生态发展效益。

在进行概念界定时，我们从经济学视角强调了本研究所指的城乡一体化是一个涵盖内容非常宽泛松散的综合体，包含了城乡统筹、城乡融合、城乡良性互动、城乡布局结构、城乡空间形态、城乡联系紧密、城乡和谐社会等诸多能够促进城乡共同发展的内容。换句话说，我们可以在区域一体化的背景下认识城乡一体化，可以将城乡一体化融入区域城市化和城市区域化的过程中去理解，城乡一体化是构成区域一体化的核心内容，它包括了城乡经济、空间布局、人口就业、市场发展、社会形态、制度设计、基础设施、生态环境、科教文体卫等公共服务的一体化和相对均等化。因此，在推进城乡一体化的过程中充分发挥城市和乡村各自的优势和作用，使城乡劳动力、技术、资本、土地、信息、资源等要素在地域上相互邻近的城乡区域单元之间进行合理流动和高效配置，从而实现三次产业连接联动发展新格局，使城乡在社会经济、生活方式、思想意识、生活水平及生态环境等方面广泛融合，形成相互依托、优势互补、以城带乡、以乡促城、共同发展的新型城乡关系，使城市和乡村形成一个相互依存、相互促进的统一体，最终实现城乡基于空间相互作用构成不同层次的复杂系统的全面融合与协调发展，这是城乡一体化的应有之义和基本内容。

（三）城乡关系

城乡关系是广泛存在于城市和乡村之间的相互作用、相互影响、相互制约的普遍联系与互动关系，是一定社会条件下政治关系、经济关系、阶级关系等诸多因素在城市和乡村两者关系的集中反映。[①] 城乡关系是社会生产力发展和社会大分工的产物，自城市产生后，城乡关系便随之而产生。城乡关系包含相当广泛的内容，如城乡空间区位关系、城乡产业经济关系、城乡居民互动关系、城乡制度文化关系等基本方面以及由此派生的多种衍生关系，如工业与农业的关系、工业与农民的关系、农业与市民的关系、城市工业与乡村工业的关系等。在以上关系中，城乡空间区位关系是地理前提和基础，城乡产业经济关系是核心和关键，城乡居民关系是发展的结果，城乡制度文化关系是发展的保障；城乡空间区位决定了城乡的产业分工，产业分工决定了城乡居民的职业和社会经济地位，城乡制度文化润滑着城乡关系的顺利演进；城乡关系的诸多方面相互影响、相互制约、相互推进，形成特定条件下具有特定形式的关系网络。

城乡关系既是物质的，也是精神的；既是经济的，也是社会的；既是历史的，也是现实的；既含生产力发展，也含生产关系内容；既含经济基础，也含上层建筑；既反映了工业和农业发展的关系，也反映了城市居民和农村居民的经济利益关系。城乡和谐发展是先进生产方式的体现；发展农村经济，增加农民收入，提高乡村城市化比重，是改变城乡关系的重要内容。城乡要素是影响城市与乡村经济发展的主要因素，包括资金、技术、信息、物质、劳动力等生产要素。它们在城市与乡村经济发展中以要素流的形式出现，彼此之间既有区别又有联系。城乡关系的协调需要在城乡之间统筹配置生产要素。根据生产要素及其配置的一般理论，社会生产所需产品的数量和比例取决于各种生产要素的投入数量和合理比例；生产要素的理性流动和合理配置能保证全社会资源的有效利用，投入土地者获得地租，投入资本者获得利息，投入劳动者获得工资，投入管理者获得利润。城乡要素互动是一个动态而持久的过程，在乡村经济发展初期，动态

---

① 蔡云辉：《城乡关系与近代中国的城市化问题》，《西南师范大学学报》（人文社会科学版）2003 年第 5 期。

的非均衡双向流动以农村要素流向城市为主，在要素流加强的同时，城市要素流动强度相对提高得更快；在乡村经济发展中期，要素流双向流动发生逆转，以城市要素流向农村为主；在乡村经济发展后期，城乡要素流发生质变，形成一种动态的、均衡的互动模式，也正是这种互动的持久性才能使城乡经济实现可持续发展。① 工业化工程中的农工互动关系，是一种农业剩余转化和农业深化发展的关系。农业剩余转化为工业资本，不仅哺育了工业发展，同时也解放了农业本身，从而拓展了农业由传统农业向现代农业发展的空间。② 因此，新时期科学处理城乡关系，促进城乡统筹一体化发展，建立良性互动的城乡网络化发展模式，至少包括三方面的基本内容，即协调城乡关系、优化城乡要素配置、促进城乡经济社会发展等；而工业化过程中的工农互动"以工补农"实现机制，则相应包括富余劳动力转化实现机制和工农贸易转化实现机制。当前，与城市发展相对而言，中国在处理城乡关系时更为重要的是在增加农产品剩余、进一步扩大工农贸易量的基础上，加强土地制度创新，加快土地流转和农地集中经营，促进农业规模化经营，降低农业先进技术的利用成本壁垒，加快农业机械化和农业组织分工化发展，以提高农业劳动生产率和农业单位产量，更大限度地促进农村、农业和农民发展。

二 新型城乡形态

(一) 形态与城乡形态

空间结构及其组织形式不仅是城乡经济社会活动的基本投影，也体现了城乡经济活动的空间属性与相互关系。"形态"本意是指形式的构成逻辑③，其概念源于西方古典哲学研究框架与方法思维以及由其衍生的经验主义哲学思想，反映了对客观事物演变过程从局部到整体的分析与认识过程。④ 作为西方社会与自然科学思想的重要部分，形态的概念被广泛应用于生物学、人类学和传统历史学研究，其后随人类社会发展逐步进入城市

---

① 杨晓娜、曾菊新：《城乡要素互动与区域城市化的发展》，《开发研究》2004 年第 1 期。
② 蔡文：《农业剩余转化与动态发展牵扯：以工补农新机制解析》，《改革》2012 年第 1 期。
③ 熊国平：《当代中国城市形态演变》，中国建筑工业出版社 2006 年版，第 3 页。
④ 全国科学技术名词审定委员会审定，百度百科 http://baike.baidu.com/view/1362345.htm? fr=ala0_1#。

发展、乡村聚落等建筑学以及城市规划和城市地理学问题研究视野。

　　城市形态可以理解为城市社会物质与生态环境的构成逻辑与结构系统，反映的是城市发展演变的形式与状态及其要素逻辑构成关系；城乡产业组织的变迁、要素的配置流动会引起城乡空间结构的演变。在现有丰富的研究成果与文献中，不同学者从不同角度与层面对城市形态有不同的认识。其中，中国学者熊国平借鉴齐康[1]和武进[2]的成果所界定的城市形态——各种城市政治、经济、社会活动作用力下的城市物质环境的演变，包括城市的内部结构（城市内部的水平结构〈用地结构和功能布局〉与垂直结构〈城市的三维空间〉）和外部形态（城市的建设区边界所构成的城市形状）——对我们最具启发意义。本书更多强调了一般具有人口高度集中、有较强的异质性、建筑密度高、社会结构复杂等基本特征的城市形态与城乡一体化发展存在的相互关系，也就是不同的城市形态对城乡关系会产生哪些显著影响，这些影响是否有助于城乡一体化的顺利推进。

　　与此相应，乡村形态通常多指乡村聚落形态，也就是构成乡村区域的各类政治、经济、社会、文化等要素与物质环境的空间布局结构、延展形式与基本状态。由于乡村形态相对城市形态而言比较分散，因此研究者更多将注意力集中在分散布局中的有一定人口集聚规模的团块状、带（列）状或环形状聚落形态区域，这些布局形态凸显了农村聚落形态受自然、社会经济及风俗文化等多种因素影响较为明显，因而不同的乡村聚落形态体现了不同时空条件下特定人们的生产生活与周围环境的相互关系。乡村形态一般具有人口相对分散、有明显的同质性、建筑密度低、社会结构较单一等基本特征。

　　城市与乡村是区域经济社会发展的载体与基本单元，不同的政治制度、社会结构、经济结构、文化传统对应于不同的城乡形态，经济社会发展环境的变化也会导致城乡形态的转变，对此人们已经形成了相对明确的认识。工业革命以前传统农业主导下的城乡形态表现为较强均质性，是农村孕育城市的漫长时期；工业革命后的工业化时代，极大地推进了城市化进程，城乡形态之间的差异日趋明显，城市成为主导区域发展的主体力量

　　[1]　齐康：《城市环境规划与设计方法》，中国建筑工业出版社1997年版。
　　[2]　武进：《中国城市形态》，江苏科学技术出版社1990年版。

和典型精华形态，城市的极化作用显著，逐步形成城乡二元分离的传统城乡隔离发展形态。进入 20 世纪以来，随着工业化、信息化、市场化、现代化等诸多"普世化"进程的推进，城市特别是发达区域大城市与都市圈发展过程中的部分扩散和带动效应逐步显现，加之乡村内部的经济社会结构发生变化，城乡联系日益紧密，城乡边界日趋模糊，由此便催生了城乡一体化进程中的新型城乡形态的出现。本书认为，城市化、城市扩展和城乡形态演变的动力源于产业的推动，城市转型、乡村发展和新型城乡形态的演变其本质是产业升级带动下的区域功能的提升和空间结构的优化，传统城乡形态与新型城乡形态的历史演变，反映了人类能动性的干预力量对于实现城乡共同进步、共同繁荣的重要性。

21 世纪以来，中国城乡社会正在面对和进入重要的发展战略机遇期和主要矛盾凸显期，中国区域发展的非均衡性，一方面，主要表现为东部、中部、西部三大地带之间的发展非均衡；另一方面，更多表现为全国范围内城市区域与乡村区域之间发展的巨大差异。如何缩小这两种非均衡性所导致的诸多差距，先后构成中国区域发展战略和策略的基本主线——实施西部大开发、振兴东北老工业基地、东部沿海地区率先发展、中部崛起、浦东新区、滨海新区、泛北部湾、成渝试验区、武汉城市群、长株潭城市群、资源枯竭型城市转型、山东半岛蓝色经济开发区等建设发展——这些区域发展战略集中体现了中国现阶段协调区域经济关系的整体框架。本书在城乡一体化进程中研究新型城乡形态和探讨城乡统筹协调发展问题，目的在于通过新型城乡形态分析提出适合不同区域城乡一体化顺利推进的发展路径与对策建议，寻求推动城乡经济协调发展的支撑体系与制度创新，最终通过新型城乡形态改变传统城乡二元结构形态，实现全面的更高水平的小康社会和城乡一体化和谐发展。

（二）新型城乡形态

任何概念范畴的提出和被受众所熟知认可，一定有其特定时空定位和背景，对于城乡形态以及与此相关的概念，我们也只能根据其所处的时空背景来解读，而且概念的转换、新的概念的提出，也反映了人们对中国城乡形态演变过程和城乡一体化进程的新的认识。检索国内外现有文献资料，新型城乡形态的概念与提法最早来源于 2009 年年初媒体对成—渝统

筹城乡综合配套改革试验区典型做法和基本经验的相关报道。其后，地方
政府有关统筹城乡一体化发展的政策信息和城乡规划材料中，新型城乡形
态字眼更多地出现，并有了对其具体特征的描述和发展目标的要求。从理
论和实践层面，系统研究城乡一体化进程中的新型城乡形态问题的上海发
展战略研究所张建华，西南交通大学公共管理学院戴宾，四川省社会科学
院课题组侯水平、郭晓鸣、盛毅等学者，他们先后科学界定了新型城乡形
态的概念、基本特征和典型形态及其构建策略，并对其未来发展趋势进行
了展望。张建华认为："新型城乡形态是指突破了计划经济时代城乡界限
截然分明的二元结构形态，城乡生产和生活需要的要素和物品由政府配给
转变为按照市场原则配置，以此为动力诱致的城乡经济结构、物质形态和
公共服务发生变化而产生的新的城乡联结方式和互动机制。一方面表现为
传统农村的巨大变化，改变了单一所有制结构，农业比重大幅度下降，
农村的物质形态（包括建筑物和基础设施）和农民的生活方式趋于城镇
化，公共服务供给增加；另一方面表现为城市对周边农村的影响力增
强，或者使这些农村承载城市的部分功能，或者形成城乡分工合作并向
农村延伸公共服务。新型城乡形态正在重塑旧有的城乡结构，以促进城
乡生产要素的最大化配置和城乡社会结构的最优化构建，有利于促进我
国经济社会的可持续发展。"[1] 戴宾认为："所谓新型城乡形态本质上是新
型城乡关系的外在表现形式，是一定地域范围内城乡融合、一体发展过程
的存在形式和状态……新型城乡形态包括无形的城乡社会形态和有形的城
乡物质空间形态。新型城乡社会形态是建立在城乡统筹、一体发展基础上
的城乡社会模式，是新型城乡经济社会关系的组织形式和存在状态，包括
新型的城乡社会经济形态、社会关系形态、社会政治形态和社会意识形
态。新型城乡空间形态是建立在城乡统筹、一体发展基础上的城乡两种聚
落关系在空间上的外在表现形式与内部有机组织状态，是以城乡融合、一
体发展为基础，在一定地域范围内城乡聚落的空间组合形式、外部空间形
状、内部空间构造以及外观表现形式。"[2] 四川省社会科学院课题组则通过

---

① 张建华：《城乡一体化进程中的新型城乡形态》，《农业经济问题》2010 年第 12 期。类似
的研究成果见：孙建成《统筹推进生态区建设，构建新型城乡形态》，《环境教育》2009 年第 7
期；李泉《论城乡一体化进程中的新型城乡形态》，《四川行政学院学报》2012 年第 2 期。

② 戴宾：《新型城乡形态的内涵及其建构》，《财经科学》2011 年第 12 期。

对成都市新型城市化发展的实践总结，提出成都市新型城乡形态的科学内涵，即："新型城乡形态是生产力发展到一定阶段的历史性趋势，它主要是针对城乡在经济社会发展中存在的二元隔离状况提出来的，是在新的宏观背景和生产力高度发达条件下使城乡之间通过资源和生产要素的自由流动，相互协作，优势互补，以城带乡，以乡促城，实现城市与乡村的结合在经济、社会、环境、文化等方面协调发展的一个过程，最终构建一个城市是现代化的城市、农村是现代化的农村，现代城市与现代农村和谐相融、历史文化与现代文明交相辉映的新型的网络式空间结构的城乡形态。"① 从理论的逻辑和回到现实的经验，本书从城乡发展的历史与现实相结合统一的眼光认识，所谓"新型城乡形态"，简言之，就是在中国实施城乡统筹发展战略的背景下，因自然环境、历史基础、政治经济社会条件和科技文化因素、制度变迁的影响，城乡区域发展过程中呈现有益于城乡一体化推进的城乡发展状态与趋势，也即通过成—渝统筹城乡综合配套改革试验和其他地区城乡一体化实践，能够较好地与城乡一体化进程相适应、相统一的城乡发展形态特征；并且，"新型"也是个相对而言的地方区域性提法，不一定在各区域存在普适性。尽管中国新型城乡形态之于城乡一体化，还需要现代城乡发展对其进行反思和完善，但是我们仍可从中汲取促进城乡一体化顺利实现的有益滋养。

改革开放后，伴随着计划经济向市场经济体制的重大转型，城市化和工业化的快速推进，中国乡村聚落空间由过去的"同质同构"转变为"异质异构"，逐步趋向差异性发展路径和多元化发展目标。尤其在经济发达的东南沿海区域，乡村聚落空间的格局、要素、结构和组织关系等方面呈现加速变动和重构的趋向。乡村聚落空间以多种方式迅速改变着原有面貌——有的向城市化发展，有的向专业化方向发展，有的出现了既有扩张又存在内部空心村的现象，有的则发生了衰退乃至消失，展现了中国乡村空间聚落形态重构的多重场景。② 不仅如此，当城乡经济社会体制的"二元性"被城乡"一体化"逐步消解与替代，城乡既往的壁垒与边界就

① 四川省社会科学院课题组：《成都市新型城乡形态构建研究》，《经济体制改革》2010 年第 5 期。
② 李红波、张小林：《城乡统筹背景的空间发展：村落衰退与重构》，《改革》2012 年第 1 期。

会被逐次打破并日渐融合：资本、资金、人口、技术、土地、信息、观念、形象、产品，等等，出现空前的快速流动与重组。这些内容通过不断延伸的城乡高速交通通信网络、借助规模巨大的人口流动，将城市的生产生活方式、制度体系、市场价值、文化观念等带到农村，农业因此也变得日益工业化或者现代化，城乡经济社会的再生产活动也就成为似乎不存在边界的混合体，传统意义上的城乡形态便或快或慢地退出历史舞台，新型城乡形态便成为悄无声息地推进城乡一体化的秩序重建形式，传统的城乡居民也将在改变城乡发展的新路径与新方向中改变自身，实现人的全面转型与自由发展。

因此，我们认为所谓新型城乡形态，特指现阶段中国在新型工业化、特色城市化与现代化、社会主义新农村建设同步快速推进的过程中，基于成—渝统筹城乡综合配套改革试验区发展实践和东部发达区域在社会生产力水平或城市化水平发展到一定程度时，更加重视发挥城市主体的辐射拉动作用和强调农村自身的城市化特征与农村工业化过程，促进城市与农村之间各种要素的双向流动，实现资源互补、共享、合理配置而出现能够促进城乡规划布局一体化、城乡产业发展一体化、城乡市场体制一体化、城乡基础设施一体化、城乡公共服务一体化、城乡管理体制一体化等新型城乡发展形式和状态。进一步讲，新型城乡形态是在城乡一体化推进的过程中产生并伴随城乡一体化进程呈现不同的演进阶段和特征；现阶段，中国不同区域出现的新型城乡形态是城乡一体化的雏形；城乡一体化是解决中国城乡发展分割和不协调的发展形态，也是新型城乡形态演化的基本方向和终极目标；新型城乡形态恰恰是城乡一体化推进的逻辑结构与城乡发展日趋协调的规律性的外在表现与基本状态。

第二节　研究背景

在工业化与城市化相伴生的过程中，科学处理城乡关系和促进城乡一体化，是工业革命以来人类社会发展中最基本和最重要的内容之一，也是任何国家和地区在实现现代化的过程中必须认真对待和应对的重要历史发展任务；逐步消解城乡差别、工农差别，把农业与工业、城市与乡村结合起来，促进城乡协调发展是社会文明进步的重要标志，更是生产力发展到一定阶段的必然要求。以统筹城乡发展和实现城乡一体化为基本目标的新型城乡形态，是新时期城乡区域面对自身发展新问题和新矛盾而产生的具有中国特色的城乡发展新格局，也是城乡在未来较长时期内真正实现要素互补、城乡一体、和谐共生和共同富裕的有效发展形式。

一　国际背景：区域一体化合作发展以不同形式盛行全球

20世纪80年代以来，随着新国际劳动地域分工的逐步深化和跨国公司在世界各地的普遍渗透，以全球性城市和信息节点城市为核心的精华地带越来越成为全球经济的控制者和主宰者，经济活动的空间聚集和信息时代的新区域空间①重新塑造着区域构成要素及其作用方式，国际经济领域呈现明显的全球一体化趋势，区域经济一体化以各种优惠贸易安排、自由贸易区、关税同盟、共同市场、经济同盟、部门一体化、垂直或水平一体化等形式盛行全球，区域一体化成为国际经济与贸易发展的主导形式。同时，世界城市②成为城市化进程的高端形态，因聚集了大批世界知名企业的总部而形成的总部经济在美国的曼哈顿、英国的金融城、北京的CBD、上海的陆家嘴等地迅速发展。欧美开始进入逆城市化阶段，不少后发展起来的企业纷纷把总部设在大城市的郊区、中小城市甚至小镇，中国的总部经济发展则主要集聚在几个中心城市。总部经济在中国的存在形态有两种：一种是因区位条件、历史原因等在中心城市自发形成的中心区域，由政府后期进行一定的规划，如北京的CBD就吸引了很多外资企业设立总部；另一种是在城市的非中心区域规划出一个大的总部园区，使之在较短的时间内满足总部聚集的平台建设，形成新的增长极，如北京的总部基地。③这种有助于促进全球经济一体化的新型经济形态，在欧美发达国家已经从"集中"走向"分散"，在中国尚处于"集中"的过程，而且中国城市

① 姚士谋、汤茂林：《区域与城市发展论》，中国科学技术大学出版社2004年版。
② 目前，学术界对"世界城市"的概念还没有形成统一的界定标准。一般而言，世界城市指的是在高度一体化的世界经济环境下，国际资本对世界经济进行控制和发挥影响的空间节点，是世界经济体系中具有特定分量的场所；世界城市的本质特征是拥有全球经济控制能力，这种控制能力主要来自于聚集其中的跨国公司和跨国银行总部。因此，金融中心、管理中心和创新中心就成为世界城市最重要的经济功能。
③ 纪双城：《总部经济：中国"聚"外国"散"》，《环球时报》2010年第2334期第24版。

现代服务从"在地化"转为"在线化"已初露端倪。都市圈发展、总部经济在城市的"集中"和新兴的现代服务业必然会改变中国城市的空间形态。

区域经济一体化在其实质内容上主要表现为产品市场、要素市场的一体化，以实现贸易、投资、就业的有效运行和不同区域间统一经济体系的建立，最终在利益上形成统一的经济综合体。通过推进区域经济一体化，地区之间可以发挥各自的比较优势，实现专业化分工，并使得参与区域经济一体化的各方都能获益。在欧盟和北美区域，通过经济一体化达到的经济总量占世界贸易总额的 2/3；在区域集团成员国的对外贸易中有超过 40％的份额是通过区域一体化协定（RIA）实现的。在欧洲，欧盟已成为规模宏大、充满魅力的"小 WTO"和"小联合国"，欧洲各国在欧盟旗帜下进行着全面深入的经济、政治、文化和科技合作，各成员国通过取消关税、非关税壁垒、采取货币一体化和财政预算一体化等措施，建立区域性跨国界的共同市场，促进产品、劳动力和资本的自由流动；在北美，北美自由贸易区充满活力并逐步向南部区域辐射；在大洋洲，澳大利亚和新西兰的自由贸易区已自成体系，形成了南半球少有的繁荣局面；在非洲，西共体是其区域性最大的经济合作组织，该组织成员国面积超过非洲总面积的 1/6，人口约为非洲总人口的 1/3，该组织以促进成员国经济、社会和文化等方面的发展与合作为宗旨，最终目标是实现西非地区经济一体化。不仅如此，兴起于 20 世纪 80 年代早期的"新区域主义"试图超越"国家干预"与"市场调节"的两难选择，将区域政策的重点放在"区域财富"的积累和"区域内部力量"的动员、竞争优势的培育方面，一度停滞的区域主义重新掀起了发展的新浪潮。[①]

当今时代，处于区域一体化过程中的城市化具有与个体城市化所不同的机制，表现为就业需求将更大地反映市场细分与区域专业化的需要，由人的需要延伸出的需求将在消除二元就业差异中扮演重要角色，郊区城市化与中心区再城市化的同步进行，等等。[②] 针对特定国家内部的区域经济一体化，则表现为产品市场和要素市场在地区之间、城乡之间的一体化。

---

① 聂华林、鲁地、李泉：《现代区域经济学通论》，中国社会科学出版社 2009 年版，第 226、272 页。

② 胡彬：《区域城市化的演进机制与组织模式》，上海财经大学出版社 2008 年版，第 226、227 页。

其中，能保证产品和要素自由流动的市场经济制度是市场一体化的前提。如果来自国内道路、交通、通信等客观方面的制约使得产品和要素流动面临较高的交易成本，或者无法将本地市场与外地市场在供求信息上联结起来，则会造成产品和要素流通不畅；如果来自地区壁垒、政策限制等体制因素造成产品和要素在进入和退出过程中面临障碍，也会限制区域经济一体化程度的提高。可以认为，城乡一体化是构成区域一体化的基本内容之一，也是区域一体化在城乡区域间逐步实现一体化的特定表现。在信息和网络经济、全球一体化的影响下，城乡的空间结构形态发生了显著的变化，传统的中心地理形态逐步走向复杂的网络化形态，经济地理空间具备了较大的多样性、创造性和区位自由度，城乡的发展不仅取决于规模和经济功能，而且也取决于其在更大区域范围内所承担的作用。在此背景下，加大基础设施投资和消除不合理的体制障碍，将非常有益于全面推进产品市场和要素市场的一体化程度。中国城乡正处于经济社会的全面转型时期，城乡发展面临着众多的机遇与挑战，推进新型城市化进程、提升城乡发展质量的客观要求与普遍存在的城乡二元体制结构还存在冲突，化解其中问题的关键在于城市体系通过不同的集体行动、按照区域经济一体化的内在要求进行科学分工与协作，以便尽可能多地吸纳劳动力就业和促进城乡一体化发展。如何通过一体化安排增强区域竞争力和促进区域创新，在区域一体化时期分享生产全球化的增长效益，就成为在未来赢得发展主动权和国际话语权的必然选择。我们应该在全球一体化的国际背景下，通过更加广阔的空间寻求自己的城乡一体化发展道路，并把中国的各级各类城镇体系融合到世界城乡网络体系之中，使城乡经济发展参与到国际经济的大循环中，更好地参与国际分工与合作，争取未来更多正当合理的发展权。

二 国内背景：城乡一体化成为国家发展战略的主体内容

城乡区域经济发展失衡是大国经济发展过程中的必然现象，也是国家区域经济发展的客观规律。无论初始条件如何，城乡区域之间和城乡区域内部在其发展过程中很难实现生产力发展的绝对均衡。长期以来，中国城乡经济发展受制于传统因素影响，跨地域的统一市场无法建立，城乡区域的产业经济布局更多依靠非经济手段和市场制度手段进行组织，空间经济联系被条块模式割断，基本上处于"板块结构"①锁定之中，显然，难以彻底缩小区域发展差距——在中国最根本的表现就是城乡区域之间、城乡居民之间的发展差距。1949 年中华人民共和国成立后，实行了计划经济和城乡二元经济社会体制结构，通过追赶战略寻求民族自强。城乡二元社会结构的实质是城乡二元社会福利制度。②1978 年改革开放以后，随着微观层面的组织创新、二元过剩经济的出现，农业产业化、乡镇企业成为改变城乡关系的新生力量，依靠专业化生产发展起来的小城镇不断增加城市供给，维系这种组织创新的主要是劳动力的季节性与区域性流动、市场网络拓展、多元化产业的空间聚集和服务业拉动就业的自我延展。在这种特殊的工业化和小城镇发展背景下，中国传统的农村居住形态、农民生活方式和城乡居住地结构开始发生变化，城乡形态因多样化的土地利用方式而在不同层面出现新的发展。但是，在工业化、城市化推进过程中，城乡区域发展之间的差距日益拉大，形成中国区域经济协调发展的重大障碍，城乡发展需要突破原有路径和制度框架。20 世纪 90 年代末期，随着市场力量的逐步显现、技术进步和要素流动性加强，频繁的市场交易、加剧的竞争效应健全了市场机制，并通过要素流动吸引了区域经济发展所需要的大量外部资源，以广东、海南等地为代表的东南沿海外向型经济发达地区，通过以土地换资金的方式走出了土地股份制的创新道路，既实现了集体土地的增值和土地保障功能，又保留了家庭承包制的合理内核，并将农民的土地收益延伸到了土地的非农化过程，实现了社区人口的非农化与城乡产业聚集式发展。③进入 21 世纪以来，随着体制改革、行政区划调整、土地开发、市场推动发展，中国在总体上不断融入世界城市体系和更深参与国

---

①　区域经济板块结构是一种因经济活动空间分异而出现的经济空间现象，是在分工与专业化基础上形成的具有一定功能和特色的经济地域单元；不同的经济板块，既是一个区域内地理特征差异的表现，又是一个区域内不同经济功能和特色的体现。在经济板块这个有限的空间内，相关的经济活动紧密联系且相互依赖，具有一定程度的相似性和群体性特征，同时某一经济板块又和其他的经济板块形成紧密的联系，共同组成一个更大层面的地域经济综合体。参见聂华林《区域经济板块引论》，《甘肃社会科学》2002 年第 2 期；姚士谋《区域"板块"形成演变规律及其动力源探究》，《地域研究与开发》2004 年第 2 期；唐根年、许维祥等《浙江区域块状经济地理空间分布特征》，《经济地理》2003 年第 4 期。

②　郭书田、林纯彬：《失衡的中国：农村城市化的过去、现在与未来》，河北人民出版社 1990 年版。

③　蒋省三、刘守英：《土地资本化与农村工业化》，《管理世界》2003 年第 11 期。

际大循环的同时，城乡区域显示出"借力跨越"的强烈愿望，不论是"倒逼型"或"主动型"发展模式，国土空间开发的特点表现为以地方政府重点项目为依托的城市开发与区域发展相结合。作为统筹城乡综合配套改革试验区之一，"重庆试验"在实践中推出了以城乡统筹为目标的居民住房制度改革、以解决农民工城镇户口为突破口的户籍制度改革及土地制度改革等一系列"新经济政策"。重庆所创造的"零地价"公租房运作模式、将"国企经营"和"地方土地增值收益"绑在一起的国有资产经营收益用于民生事业和反哺社会公共事业投资的"第三财政①"实践、通过农村土地交易所进行的"地票"② 的发明以及试行把农民的土地经营权化作股权，辅之以要素市场化运作的农畜产品交易所、联合产权交易所、药品交易所、股份转让中心、航运交易所等，构成了"重庆模式"的崭新内容和特征。作为统筹城乡综合配套改革试验区的成都，则着力通过解决"三农"问题促进城乡统筹发展，实施以城乡一体化为核心、以规范化服务型政府建设和基层民主政治建设为保障的"四位一体"模式，实现工业向集中发展区集中、引导农民向城镇和新型社区集中、推动土地向适度规模经营集中等"三个集中"，在促进新型工业化、新型城镇化和农业现代化中统筹城乡规划、产业发展、市场体制、基础设施、公共服务、管理体制等"六个一体化"，加强农村产权制度改革、农村新型基层治理机制建设、村级公共服务和社会管理改革、农村土地综合整治等"四大基础工程"的科学发展总体战略。在此基础上，于 2009 年 12 月率先提出建设世界现代田园城市的宏伟目标，进而将成都统筹城乡发展和现代化建设推进到新的阶段。成都在统筹城乡发展、构建城乡一体化新格局实践中所取得的成绩，被誉为"成都方式"、"成都实践"或"成都模式"。随着城乡统筹综合配

---

① "第三财政"是重庆市市长黄奇帆在 2010 年的重庆国资工作会上提出的，他把重庆的财政一分为三：预算内的财政"保吃饭"，包括政府机关运行经费、社会养老、医疗保障体系等；土地出让金等预算外收入保建设，如修路、修桥等基础设施；第三财政就是国有资产预算，是政府组建重庆城投公司、高发公司、高投公司、地产集团、建投公司、开投公司、水务控股和水投公司等八大投资公司，通过市场化运作供给民生投资。简言之，"第三财政"就是国有资产收益，主要是土地增值收益所带来的政府财政收入部分。

② 地票制度是中国在实施成—渝统筹城乡综合配套改革试验过程中的地方创新行为，这种制度将闲置的农村建设用地进行复垦，按增加的耕地面积由主管部门向土地使用权人发给相应面积的"地票"，形成建设用地指标，可以在土地交易所内进行交易，在省范围内增加等量城镇建设用地。

套改革试验区的成功探索，城乡一体化借助于体制创新消除了附加在农民、农业和农村的不合理体制约束，突破了城乡之间的二元制度分割，城乡一体化逐步成为中国国家发展战略在城乡区域统筹层面的首要目标和较长时期内区域协调发展的重点领域。在这一背景下，与传统城乡二元空间结构形态明显区别的新型城乡形态，则为中国促进城乡经济社会发展一体化新格局赋予了新的内容，当前中国城乡发展过程中存在的关键问题能否最终被消解，从根本上也取决于城乡自身能否和谐发展。

新型城乡形态的生成与都市圈的联动发展，是 21 世纪以来中国城乡经济高速发展进程中最为显著的特征，企业区位的重新选择、现代交通网络的延伸、三次产业之间的多重连接、超大规模的城乡人口流动、快速推进的区域城镇化与新型工业化等因素和政府正式制度安排与促进，以及"三农"问题的破解、和谐社会的建设与主体功能区导向下国土开发格局的形成，特别是劳动力自由流动引起各地工资率的趋同，会消除地区之间、城乡之间的工资差距，进而推动城乡一体化与新型城乡形态之间的良性互动与创新发展。新型城市化所形成的现代城市社区与新农村建设所形成的现代农村社区，已经构成城乡一体化进程中新型城乡形态的基本内容。2010 年 10 月 15—18 日召开的中国共产党第十七届中央委员会第五次全体会议，提出了 2011—2015 年的经济社会发展主要目标①，特别指出"十二五"期间要促进区域协调发展、积极稳妥推进城镇化，实施区域发展总体战略，实施主体功能区战略，完善城市化布局和形态，加强城镇化管理，加大对革命老区、民族地区、边疆地区、贫困地区的扶持力度，构筑区域经济优势互补、主体功能定位清晰、国土空间高效利用、人与自然和谐相处的区域发展格局。因此，中国在未来的新型城市化和城乡一体化发展，必须更加注重城乡社会内部的和谐，通过发挥空间聚集效应和促进城乡联动发展实现不同层面的区域协调发展。同时，必须突出推进农业现代化、加快社会主义新农村建设，加快发展现代农业，加强农村基础设施建设和公共服务，拓宽农民增收渠道，完善农村发展体制机制，逐步完善符合国情、比较完整、覆盖城乡、可持续的基本公共服务体系，推进城乡

---

① 中国共产党第十七届中央委员会第五次全体会议公报，新华社，2010 年 10 月 18 日，具体参见网址 http://news.xinhuanet.com/politics/2010 - 10/18/c_12673082_6.htm。

基本公共服务均等化，不断健全覆盖城乡居民的社会保障体系，建设城乡人民共享幸福生活的美好家园。

改革开放以来，中国城乡发展在取得显著成就的同时，仍然存在城市发展模式粗放、城市区域布局不尽合理、城市人口集中度不够、城乡关系不协调、城乡二元结构矛盾突出、土地利用结构混杂缺乏整体性规划、基础设施发展不均衡、乡村综合竞争力薄弱、城乡治理难度大、区域市场分割等不适应城乡科学发展要求的诸多问题。在这一创造"中国奇迹"的过程中，基于不同区域改革开放时序的不同，中国主要出现了以下几种占主流地位的发展形态：一是以掌握改革开放发展先机的先导城市为主、通过发展加工贸易和大批劳动密集型出口加工产业，经济总量迅速扩大进而不断促进产业集聚发展、产业园区化以及园区社区化发展而形成的城乡一体化形态，目前这些区域面临要素价格上升、环境压力加大、产业转型升级等的发展挑战（特别是最近一次始于2008年的全球性国际金融危机爆发后）；二是以重化工业为导向、有一定发展基础的城市区域，在新一轮重工业化趋势中不断获益，从而导致城市面积不断扩展而形成的、城市化带动下的城乡一体化形态，目前这些区域可持续发展能力亟须提升、对重化工业的过度依赖导致城市风险抵御能力面临挑战（特别是一些资源型城市的转型发展需要新的体制与援助机制）；三是以建设国际化大都市（在中国有大大小小200多个城市追捧）或以发展现代服务业为导向和城市定位的区域，通过新型工业化、生产型和生活性服务业发展、战略性新兴产业培育等，在追求城市规模扩大、经济实力增强、城市形态现代化、城市设施高级化的过程中形成的城乡一体化形态（这种形态包括因城市群连片或带发展形成的城市区域化和区域城市化现象）；四是以乡村工业（乡镇企业）为经济推动力量，逐步实现乡村工业化基础上的乡村城市化区域，这些区域的城乡一体化形态是一种在市场压力、人地关系矛盾等复合力量共同促动下的内生型发展模式（以南街村、华西村等为代表，但又很难大范围复制再生的发展形态）。根据2010年12月通过的《全国主体功能区规划》对国土空间的基本评价，中国适宜工业化城镇化开发的面积有180余万平方公里，但扣除必须保护的耕地和已有建设用地，未来可用于工业化城镇化开发及其他建设的国土面积仅有28万平方公里左右，只占中国陆地国土总面积的3％。这就决定了中国未来的城镇化、工业化必须走空间节约集约的发展道路，城乡发展必须关注人类在塑造空间环境方面的作用、重视人地关系的协调；进而，对于大城市加快旧城区和老工业区改造，提高中心城区土地利用效率，合理配置土地资源，就成为调节城市过度蔓延与节约保护耕地的有效措施，也符合可持续发展战略的要求。① 随着中国区域经济发展呈现更多的包容性②与多样化，城市人口还会进一步增加并逐步超过农村人口，城乡二元结构正在改变，城乡一体化必将成为"十二五"及未来更长时期内中国城乡形态演变发展的基本形式与状态，这是中国城乡社会结构和生活方式的深刻历史性变化，必将对国民经济社会发展产生重要影响。如何落实科学发展观、破解大城市中心区人口密集、地价昂贵、交通拥堵、环境污染、老城空心化、产业空心化③等发展问题，有效促进城乡社会、经济、市场等区域平衡和统一，有效统筹城乡一体化协调发展，形成合理的城镇体系和城乡空间布局形态，构成区域发

---

① 张平宇：《城市再生：21世纪中国城市化趋势》，《地理科学进展》2004年第4期。

② "包容性增长"概念最早是在2007年由亚洲开发银行首次提出。2009年11月15日，国家主席胡锦涛在亚太经济合作组织上发表题为《合力应对挑战，推动持续发展》的重要讲话，强调"统筹兼顾，倡导包容性增长"。2010年9月16日，在第五届亚太综合组织人力资源开发部长级会议上，国家主席胡锦涛发表题为《深化交流合作，实现包容性增长》的致辞时强调："实现包容性增长，切实解决经济发展中出现的社会问题，为推进贸易和投资自由化、实现经济长远发展奠定坚实社会基础，这是亚太经合组织各成员需要共同研究和着力解决的重大课题。"包容性增长可以理解为寻求社会经济协调发展、可持续发展，让更多的人享受全球化成果，让弱势群体得到保护，加强中小企业和个人能力建设，在经济增长过程中保持平衡，重视社会稳定。因此，包容性增长最基本的含义就是公平合理地分享经济增长，其中最重要的表现就是缩小收入分配差距。它涉及平等与公平的问题，包括可衡量的标准和更多的无形因素。可衡量的标准包括作为指标的基尼系数（衡量收入分配）、识字率、公共产品的一般供应和分配，包括教育、卫生、电力、水利、交通基础设施、住房、人身安全等。包容性增长也包括无形的因素、观念和感情。其关键词是希望和参与，使社会上尽可能广泛的人群有共同的愿望。例如，当城乡之间一些社会成员觉得他们永远也不可能指望得到那些富人所想得到的，排斥和不包容就产生了。如果人们相信明天会更好，尤其是当他们能切实地期望子女加入到赢家的行列之中，那么他们会准备好挺过今天的困难。由此，包容性在这里可以理解为：努力实现城乡地区间的不平衡增长与城乡地区间的和谐发展同时存在，城乡区域完全有可能同时实现经济发展、社会进步、成果共享、资源节约、环境友好和良性互动、公平协调的理想目标。

③ 2011年下半年以来，以中国沿海地区民营企业界的温州"跑路"事件为代表，随着人口红利逐渐消退、人民币不断升值，各类要素价格快速上涨，实体产业迎来新一轮通货膨胀压力，以出口贸易为主的沿海民营企业在国际分工中受制于产业链低端，缺乏定价能力，上升的经营成本无法通过提高产品价格进行转嫁，产业利润受到空前挤压乃至无利可图，在外围资产市场高收益的示范效应下，大量民营资本逐渐游离于实体经济之外，开始投资于房市、股市，甚至违规经营"高利贷"，传统制造业不断萎缩，从而出现实体产业的"空心化"。详见吴海民《资产价格波动、通货膨胀与产业"空心化"——基于我国沿海地区民营工业面板数据的实证研究》，《中国工业经济》2012年第1期。

展亟须研究的重要课题。在中观层次上，城乡统筹与区域协调发展研究的核心议题就是区域空间整合。[①] 中国独特的国情决定了城乡一体化在宏观背景、表现特征、动力机制与空间形态等方面与其他国家村在显著不同，未来 10—20 年中国城乡发展将促使城乡人口结构和土地利用结构发生巨大改变，城乡形态必将越发体现精明增长、和谐宜居、功能紧凑、生态文明、单位空间的经济容积率日益提高和主体功能突出的基本要求，城乡一体化必将成为城乡区域发展在中国战略机遇期和重要矛盾凸显期最为明显的关键内容，国家制度变革和政策体系调整也必将为城乡发展过程提供主要的驱动力量。

三　政策背景：推进城乡一体化发展的政策框架基本形成

城乡区域经济社会发展的过程，是城乡两个系统在经济、社会、人口、空间、生态等基本要素自由流动的基础之上与之协调发展的过程，也是彼此相互影响、相互促进，彼此改变其发展形态的过程。城乡一体化发展的广度和深度，有赖于城乡制度设计与政策安排的科学性、正确性、合理性和公正性。中国经济改革的每一个特定时期的特定问题，都存在一些重要的特殊因素需要考虑。历史发展实践表明，中央宏观政策的综合作用与制度设计安排对中国区域发展的影响非常显著。

细细检视和认真梳理 60 多年来的发展历史不难发现，中共中央围绕城乡发展问题和处理城乡关系实践出台的宏观指导性的政策文件历年来从未中断，而且呈现更加细致、更加完善和更加科学的施政特色。新中国成立后，以毛泽东为核心的中共第一代领导集体始终重视工农关系、轻重工业发展关系、沿海内地以及城乡关系；改革开放以来，以邓小平为核心的第二代领导集体和以江泽民为核心的第三代领导集体通过"渐进式"的经济政治体制改革，使城乡区域向着开放的态势发展；中共新的领导集体胡锦涛总书记就如何统筹城乡经济社会发展这一重大问题，要求我们必须在实践中做出探索和回答；温家宝总理曾形象地比喻："城乡发展不平衡，就如同一个人一条腿长一条腿短一样，一定会跌跤的；农村的发展离不开

---

① 周子鑫、朱传耿：《我国区域空间整合研究进展与展望》，《地域研究与开发》2009 年第 5 期。

城市的辐射和带动，城市的发展也离不开农村的促进和支持"①。中共十七大在提出并实践"科学发展观"，坚持"统筹城乡发展、区域发展、经济社会发展、人与自然和谐发展、国内发展和对外开放"的同时，要求建立以工促农、以城带乡长效机制，形成城乡经济社会发展一体化新格局，这成为新时期各区域结合自身实际推进城乡一体化的纲领性指导意见。"十一五"规划纲要完整地阐述了中国区域发展的总体战略布局，即"继续推进西部大开发，振兴东北老工业基地，促进中部地区崛起，鼓励东部地区率先发展"，创新性地提出了突出区域主体功能②、统筹发展的空间均衡战略思想。"十二五"规划纲要明确提出，实施区域发展总体战略和主体功能区战略，构筑区域经济优势互补、主体功能定位清晰、国土空间高效利用、人与自然和谐相处的区域发展格局，逐步实现不同区域基本公共服务均等化；坚持走中国特色城镇化道路，科学制定城镇化发展规划，促进城镇化健康发展。特别是在完善城市化布局和形态方面，纲要提出按照统筹规划、合理布局、完善功能、以大带小的原则，遵循城市发展客观规律，以大城市为依托，以中小城市为重点，逐步形成辐射作用大的城市群，促进大中小城市和小城镇协调发展；科学规划城市群内各城市功能定位和产业布局，缓解特大城市中心城区压力，强化中小城市产业功能，增强小城镇公共服务和居住功能，推进大中小城市交通、通信、供电、供排水等基础设施一体化建设和网络化发展。为促进区域间产业转移，国务院在2010年1月批准建立皖江城市带承接产业转移示范区之后，同年8月又颁布了关于中西部地区承接产业转移的指导意见，这对于缩小区域差距和实现区域协调发展将有重要指导作用。2011年9月，针对河南省在人口、粮食和农业生产、新兴工业发展等方面的重要地位，解决好工业化、城镇化和农业现代化协调发展问题对中国农业区域所具有典型性和代表性，国

---

①　转引自田永胜《统筹城乡：重在以城带乡》，《光明日报》2004年4月20日。

②　2010年12月，国务院印发了指导未来中国国土空间开发战略性、基础性和约束性的《全国主体功能区规划》，要求形成人口、经济和资源环境相协调的国土空间开发格局，加快转变经济发展方式，促进经济长期平稳较快发展和社会和谐稳定，为实现全面建设小康社会目标和社会主义现代化建设长远目标提供政策保障。其中，推进形成主体功能区就是根据不同区域的资源环境承载能力、现有开发强度和发展潜力，统筹谋划人口分布、经济布局、国土利用和城镇化格局，确定不同区域的主体功能，并据此明确开发方向，完善开发政策，控制开发强度，规范开发秩序，逐步形成人口、经济、资源环境相协调的国土空间开发格局。

务院通过了《关于支持河南省加快建设中原经济区的指导意见》。《意见》提出在城乡发展的空间格局上按照"核心带动、轴带发展、节点提升、对接周边"的原则,形成放射状、网络化空间开发格局,提升郑州交通枢纽、商务、物流、金融等服务功能,推进郑(州)汴(开封)一体化发展,建设郑(州)洛(阳)工业走廊,增强引领区域发展的核心带动能力;依托亚欧大陆桥通道,壮大沿陇海发展轴,依托京广通道,拓展纵向发展轴,依托东北西南向、东南西北向运输通道,培育新的发展轴,形成"米"字形重点开发地带;逐步扩大轴带节点城市规模,完善城市功能,推进错位发展,提升辐射能力,形成大中小城市合理布局、城乡一体化发展的新格局;加强对外联系通道建设,促进与毗邻地区融合发展,密切与周边经济区的合作,实现优势互补、联动发展。① 与此同时,在促进贫困地区发展方面,2011 年 12 月发布的《中国农村扶贫开发纲要(2011—2020 年)》将六盘山区、秦巴山区、武陵山区、乌蒙山区、滇桂黔石漠化区、滇西边境山区、大兴安岭南麓山区、燕山—太行山区、吕梁山区、大别山区、罗霄山区和已明确实施特殊政策的西藏、四省藏区、新疆南疆等区域的集中连片特殊困难地区②作为扶贫攻坚主战场,着力支持贫困人口发展生产和转移就业、增加贫困人口收入,重点解决部分特殊困难地区发展面临的瓶颈问题,逐步改变贫困地区整体落后的面貌,支持贫困地区公共基础设施建设,改善基本生产生活条件,增强贫困地区区域可持续发展

---

① 中原经济区是指以河南省为主体,包含山东、山西、湖北、安徽、江苏等省部分地区的综合性经济区。作为国家层面重点开发区域,中原经济区位于中国"两横三纵"城市化战略格局中陆桥通道横轴和京广通道纵轴的交会处,涵盖河南全省、延及周边地区的经济区域,是沿海地区发展的重要支撑,是中部崛起的重要基地,是继"长三角"、"珠三角"、"京津冀"三大经济区之后,于 2010 年由豫鲁苏皖冀晋鄂 7 省 28 市组成的经济区域,该区域定位为中国重要的高新技术产业、先进制造业和现代服务业基地,能源原材料基地、综合交通枢纽和物流中心,区域性的科技创新中心,中部地区人口和经济密集区,使之成为支撑中国经济又好又快发展的新的经济增长板块。

② 自从 1986 年以来,中国先后三次确定和调整扶贫开发县级扶持单位。1986 年确定 331 个国家级贫困县,为了组织实施《国家八七扶贫攻坚计划》,1994 年国家级贫困县增加到 592 个,配合《中国农村扶贫开发纲要(2001—2010 年)》的出台,2001 年取消了沿海发达地区的所有国家级贫困县,增加了中西部地区的贫困县数量,但总数仍为 592 个,同时将国家级贫困县改为国家扶贫开发工作重点县,西藏作为集中连片贫困区域全部享受重点县待遇。截至"十一五"末,中国 14 个集中连片特困地区中,农民人均纯收入 2676 元,仅相当于全国平均水平的一半;在全国综合排名最低的 600 个县中,有 521 个在片区内,占 86.8%。

能力。为了促进革命老区发展，2012 年 3 月由国家发改委主导的中国首部专门针对革命老区经济、社会可持续协调发展的综合性区域规划《陕甘宁革命老区振兴规划》正式出台，国家将陕甘宁革命老区定位为黄土高原生态文明示范区、国家重要能源化工基地、国家重点红色旅游区、现代旱作农业发展示范区、基本公共服务均等化试点区。① 为促进民间金融规范化发展，2012 年 3 月 28 日，国务院常务会议决定设立温州市金融综合改革试验区，批准实施《浙江省温州市金融综合改革试验区总体方案》，进一步打开了温州民间资金进入金融市场的大门，引导民间融资规范发展，民间金融合法化将正式起步，这将提升金融服务实体经济能力，为全国金融改革提供经验。② 结合统筹推进城镇化和新农村建设，中共中央连续密集地发布了多个有关"三农"问题的一号文件③，从不同领域促进"三农"问题的逐步破解，为城乡一体化发展和促进城乡居民共享发展成果提供基本指导。在乡村建设方面，经济力量、行政力量推动着社会主义新农村建设进入快速轨道，各地巨大的"三农"投入为农民良好居住环境的形成起了重要引导作用，也唤起了农民对改善住房和生活条件的极大热情。当然，由此引起的村镇重复建设、千篇一律的无序扩张现象也较为普遍，相关政策性指导意见大多因其宏观性而无法在不同地区就不同问题真正发挥干预功能。2012年 11 月 8 日，胡锦涛在中共十八大报告《坚定不移沿着中国特色社会主义

---

①　该规划范围以原陕甘革命根据地（即陕甘苏区）为核心，共辖 67 个县（市/区），包括陕西、甘肃、宁夏回族自治区三省（区）的延安、榆林、铜川、庆阳、平凉、吴忠、固原、中卫等 8 个地级市，以及陕西富平和旬邑、甘肃会宁、宁夏灵武等 9 个县（市），总面积 19.2 万平方公里，人口 1700 多万。陕甘宁革命老区位于鄂尔多斯盆地能源资源富集区，境内的煤炭、石油、天然气以及岩盐、石灰岩等矿产资源十分丰富；主产区位于鄂尔多斯盆地的中石油集团长庆油田公司油气产量年均增速多年保持全国第一；风能、太阳能等新能源也非常丰富。

②　改革开放以来，温州市民营经济发达，民间资金充裕，民间金融活跃。2008 年的华尔街金融危机爆发后，温州部分中小企业出现资金链断裂和企业主出走现象，对经济和社会稳定造成一定影响。为了开展金融综合改革，切实解决温州经济发展存在的突出问题，引导民间融资规范发展，提升金融服务实体经济的能力，探索中国金融稳步改革的实施途径和为全国金融改革提供经验，《浙江省温州市金融综合改革试验区总体方案》旨在通过体制机制创新构建与经济社会发展相匹配的多元化金融体系，从而达到金融服务明显改进、防范和化解金融风险能力明显增强、金融环境明显优化的目的。

③　2004—2012 年以来，中央关于"三农"的一号文件，主题从增加农民收入到提高农业综合生产能力、社会主义新农村建设、发展现代农业、关注农村基础设施建设、促进农业稳定发展再到统筹城乡发展、促进农村水利改革发展、加快推进农业科技创新等，表明中央关于解决"三农"问题的政策体系已经日渐完善。

道路前进　为全面建成小康社会而奋斗》中提到：在当代中国，坚持发展是硬道理的本质要求就是坚持科学发展，就是要更多依靠城乡区域发展协调互动，坚持走中国特色新型工业化、信息化、城镇化、农业现代化道路，推动信息化和工业化深度融合、工业化和城镇化良性互动、城镇化和农业现代化相互协调，促进工业化、信息化、城镇化、农业现代化同步发展。城乡发展一体化是解决"三农"问题的根本途径。[①] 2013 年 11 月，中共"十八届三中全会"再次强调，完善城镇化健康发展体制机制，坚持走中国特色新型城镇化道路，推进以人为核心的城镇化，推动大中小城市和小城镇协调发展、产业和城镇融合发展，促进城镇化和新农村建设协调推进。同时，优化城市空间结构和管理格局，增强城市综合承载能力。2014 年 3 月 16 日，国务院发布《国家新型城镇化规划 2014—2020》，提出要紧紧围绕全面提高城镇化质量，加快转变城镇化发展方式，以人的城镇化为核心，有序推进农业转移人口市民化；以城市群为主体形态，推动大中小城市和小城镇协调发展；以综合承载能力为支撑，提升城市可持续发展水平；以体制机制创新为保障，通过改革释放城镇化发展潜力，促进经济转型升级和社会和谐进步，走以人为本、四化同步、优化布局、生态文明、文化传承的中国特色新型城镇化道路。所有这些，都构成中国推进城乡一体化和促进新型城乡形态发展的制度创新安排和基本政策框架的重要内容。

　　随着政府干预宏观经济运行能力的不断增强和调控手段的日益多样化、灵活化，城市化已经成为"十二五"规划的主要内容和新的国家积累方法，中国国家层面重点扶持政策的基本取向越来越倾向于聚焦率先实现发展方式转型的城乡关键区域，国家及各级地方政府[②]针对促进城乡一体

---

①　胡锦涛：《坚定不移沿着中国特色社会主义道路前进　为全面建成小康社会而奋斗》，网址 http://china.caixin.com/2012-11-08/100458021_11.html.

②　事实上，在 2008 年 1 月《中华人民共和国城乡规划法》开始施行以前，通过规划指导彻底改变城乡二元结构的城乡一体化规划进程就已经开始，例如重庆、成都等城市在积极探索城乡一体化规划的新路径方面进行了成功实践（2007 年 9 月 20 日经国务院正式批复同意的《重庆市城乡总体规划（2007—2020 年）》，是中国第一部城乡总体规划、重庆市建设国家统筹城乡综合配套改革试验区的第一个重要规划和城乡统筹规划的大胆探索与创新）；在国家提出"五个统筹"之后，各地的五年规划及其他城乡专项发展规划也都先后重点强调了城乡一体化的重点内容及其所要达到的目标（2010 年 2 月 7 日，专家评审获得通过的《海南省城乡经济社会发展一体化总体规划》，则是中国首部统筹省域经济社会一体化建设规划；2010 年 3 月 15 日，作为欠发达地区的《青海城乡一体化规划》为破解西部城乡区域协调发展问题进行了重要探索）。

化发展的政策措施和指导意见更加密集，这也从客观层面促进了城乡一体
化政策框架的基本确立，表明了政府对城乡区域协调发展扶持政策的导向
性不断提高。如果未来中国行政经济区在市场化力量下得到合理调整的同
时，能够不断促进区域一体化和城乡分工协作发展，那么社会经济和政策
体制的改变与发展方式的转变与社会转型，必将带来城乡形态的相应变
革，新型工业化和新型城市化策略必将从整体上影响城乡形态的演进方
向，新型城乡形态的健康发展和城乡一体化目标就完全可以期待。

第三节　研究意义

中国城乡改革与发展的过程中，始终伴随着各种理论争论、政策争论
和思想争论，这种争论不仅促进了各阶层对城乡发展问题的了解与学习，
而且有助于相对应的国家发展战略与策略的提出。在将中央相对集权与地
方相对分权高度统一以确保地方政府与中央政府高度一致的具有"中国
（道路）模式"主导下，地方政府将发展经济的积极性以在大多数时间内
的亲市场与亲企业行为表现出来[①]，进而体现为 2010 年中国 GDP 总量超
越日本一举成为世界第二大经济体，市场一体化程度不断加深，各地区产
品市场的分割程度逐步呈现显著的下降趋势，市场日趋整合[②]，由此促使
生产要素在区域间的流动性不断增强，提高了企业区位选择的自由度，区
域政策对企业选址的影响也更趋显著，城乡发展的内外部环境发生了巨大
变化，城乡一体化发展也进入了关键时期。本书对城乡一体化进程中的新
型城乡形态进行研究，具有重要的理论价值和现实意义。

一　理论意义

城乡一体化与新型城乡形态作为城乡区域空间经济社会发展的必然产
物，有着深层次的社会经济与制度基础，也存在非常复杂和处于动态变化

---

① 孙早、刘坤：《政企联盟与地方竞争的困局》，《中国工业经济》2012 年第 2 期。
② 梁琦、李晓萍、吕大国：《市场一体化、企业异质性与地区补贴——一个解释中国地区差距的新视角》，《中国工业经济》2012 年第 2 期。

中的运行机制和演进机理。自从 19 世纪初德国传统的古典区位论①开创空间经济研究以来，经济发展中的空间区位因素分析一直处于主流经济学研究的边缘。然而，20 世纪 80 年代末期以来，空间经济学②迅速成为当代经济学中最激动人心的领域之一，空间经济理论也成为不完全竞争与收益递增革命的第四次浪潮，它为人们研究理论和解释现实经济现象提供了新的视角和方法③。城乡统筹发展是当前中国经济、社会整体推进和优化发展的主要目标和任务。在大力构建和谐社会的背景下，迫切要求落实社会保障的国民待遇，打破城乡社会保障制度的非对称性安排，通过基本公共服务均等化来推进城乡一体化。可以说，城乡统筹发展是继承包制后，完善农村市场经济体制最重要的制度建设。近几年，中国各地都在积极探索城乡统筹发展，已初见成效，人们期待能从理论和实践两个层面提炼出城乡统筹发展的"中国经验"和"中国模式"。④ 本书立足中国城乡一体化进程中的新型城乡问题，将城市与乡村作为一个有机系统进行全域与区域层面的研究，能够为更好地解释城乡联系、城乡形态演变和城乡一体化发展机制提供理论启示，也能够为人们更加清楚地理解城乡发展的空间增长机制提供借鉴，从而进一步彰显中国建设创新型城市和创新型国家以及发挥城市群在城乡一体化中的主体形态的现实迫切性。

城乡区域作为人类生产生活最为重要的空间聚落形态，其间存在各类纷繁复杂的要素、资源流动和人类经济往来活动；在城乡区域发展的不同阶段，基于物质的区位要素、社会的人文要素与系统的生态要素、内生的文化制度等以不同方式和程度作用于城乡发展的不同层面，从而导致不同的城乡发展关系和城乡形态。其中，二元结构是发展中国家城乡发展的典型状态。所谓城乡二元，就是把人口分解为农村人口和城市人口，把区域划分为农村地区和城市地区。在此基础上，按照城市人口、农村人口、城市地区和农村地区进行分治管理。在中国，这种以行政建制或行政层级为

①　德国古典区位论的代表人物约翰·冯·杜能在 1826 年出版的巨著《孤立国同农业和国民经济的关系》中，深入分析了地租和土地利用问题，特别是将农业经营与产业发展置于城乡发展的空间体系中的思想，可以认为是城市经济学的发源。
②　其中的代表人物首推保罗·克鲁格曼、藤田昌久和安东尼·J. 维纳布尔斯等人。
③　梁琦：《空间经济学：过去、现在与未来》，《经济学季刊》2005 年第 4 卷第 4 期。
④　《光明日报》理论部、《学术月刊》编辑部、中国人民大学书报资料中心：《2011 年中国十大学术热点》，《光明日报》2012 年 1 月 10 日。

主体导向的城市发展及其管理体制因忽视城市生长与经济增长之间的内在联系,因而更容易阻断城市化过程中应有的工业化、人口与产业经济集聚过程,并可能导致土地浪费、产业结构雷同与发展成本上升,最终无法有效实现城市经济社会发展对非城市化地区的带动辐射作用。不仅如此,在一个并非仅仅由贸易成本决定的区域空间,城乡发展在遵循发展经济学所强调的二元结构关系及其转变的同时,还受到城市化、工业化、市场化和现代化等多重力量和关系过程的重构与再造的影响;这些影响又会因人类主观能动活动的干预而反作用于城乡发展过程,导致城乡在不同的人—地关系矛盾运动过程中承担不同的功能。不言而喻,城乡居住空间与工农产业发展用地以及公共设施的不同配置关系,也会影响城乡形态的演变趋势,这就要求在城乡发展中我们还必须更加注重对诸如城市人口剧增、乡—城人口流动规模加大、土地与资源盲目开发、能源浪费与环境质量下降等严重的生态发展问题,从而为城乡空间地域有限土地的合理利用提供科学依据。事实表明,中国城市化道路的选择几经调整,不断地改变着人们对于通过城市带动乡村、加快城市知识与技术创新、培育战略性新兴产业与促进产业升级的基础知识,也不断地促进政府在消除人力资本流动限制、改革户籍制度①及相关公共服务领域的主动努力,这对于加强城乡联系、促进资源流动、改善基础设施和公民精神的培养、公民社会的构建方面都具有重要理论驱动作用。

人口较大规模的持续性乡村—城市迁移是中国 21 世纪所面临的重大

---

①　在经历长期经济发展、富裕社会逐步显现的背景下,基于中国公民及社会各界对城乡公平合理、发展成果共享的强烈诉求,国务院办公厅于 2012 年 2 月 26 日发布了《关于积极稳妥推进户籍管理制度改革的通知》。该《通知》明确提出:适应城镇化发展需要,按照国家有关户籍管理制度改革的决策部署,继续坚定地推进户籍管理制度改革,落实放宽中小城市和小城镇落户条件的政策;遵循城镇化发展规律,统筹推进工业化和农业现代化、城镇化和社会主义新农村建设、大中小城市和小城镇协调发展,引导非农产业和农村人口有序向中小城市和建制镇转移,逐步满足符合条件的农村人口落户需求,逐步实现城乡基本公共服务均等化;同时,必须立足人口大国的基本国情,充分考虑当地经济社会发展水平和城市综合承载能力特别是容纳就业、提供社会保障的能力;必须尊重农民意愿,切实保障农民合法权益;必须坚持统筹规划,着力完善配套政策;必须坚持分类指导,做到积极稳妥、规范有序。这一分类明确的户口迁移政策、对于农民土地权益的依法保障、对着力解决农民工实际问题的关注,充分展现了中共中央进一步改革户籍制度的决心与方向,对于彻底消除城乡社会发展积淀形成的制度性壁垒具有重要意义。具体参见 http://www.people.com.cn/h/2012/0227/c25408 - 744540281.html 或 http://news.sina.com.cn/z/hukou/index.shtml。

人口经济社会发展问题之一，它对中国城乡关系变迁和经济现代化有不可忽视的影响。同时，乡村变迁路径和"三农"发展方向是事关城乡发展且具有决定性意义的内容，中国经济体制改革的过程恰恰就是城乡劳动力市场由分割走向融合的过程。但是，事与愿违，中国城乡劳动力市场仍然存在相当程度的分割，这种分割状况使城乡劳动力市场积累了巨大的势能却不能得到有效释放，影响了劳动力资源的配置效率和城乡和谐发展。本研究立足 20 世纪 90 年代以来中国城乡发展的现实基础，借鉴空间（区域）经济学、经济地理学、城市经济学和发展经济学等相关理论成果，探求在面临全球化、区域一体化巨大冲击和国内改革发展挑战背景下的一个发展中转型大国，当诸多现代化的内容需要浓缩到一个时代去完成、当城乡发展差距成为这个经济体所必须重点解决的问题时，中国如何基于现有的城乡发展基础去逐步推进和最终实现城乡一体化这个美好愿景。这种探索式的研究过程，应该说已经超出了"中国问题"的研究范畴，它不仅能够丰富并推进区域经济学和经济地理学对于城乡发展的理论与实证研究，寻求中国不同区域的城乡如何依靠内生自组织力量发掘新型城乡形态有序拓展的独特成长轨迹与机制、发展演进机理与路径选择，而且能够为推进城乡一体化协调发展实践和政策创新提供新的理论框架和解释模型。因此，本研究具有重要的理论意义。

二　现实意义

中国是一个城乡区域间经济地理和自然条件差异极其明显的经济体，其城乡一体化进程与新型城乡形态演化几乎是在全球化、市场化和城市化、工业化的背景下同步展开的。改革开放 30 多年来，"市场力的作用倾向于扩大而不是缩小地区间的差别"。[1] 在市场机制作用下，不管由于什么原因，一旦城乡地区间发展的水平与初始条件存在差距，条件较好的城市和东部整体发展速度较快的区域就会在短时期内不断地为自身积累和放大有利因素，从而进一步扩大甚至遏制乡村欠发达区域的发展，并使欠发达区域不利于发展的因素越积累越多，最终其处境也就日益恶化。这一结果在现实中的反映就是 20 世纪 90 年代以来日益扩大的

---

[1]　Myrdal. G. *Economic Theory and Underdeveloped Regions*, Duckworth, 1957：p. 26.

城乡区域间经济发展和居民收入的失衡，由此也促使国家"西部大开发战略"的实施、中央对"三农"问题①的持续关注和城乡统筹发展的积极推进。

诺贝尔经济学奖得主斯蒂格利茨曾经在世界银行的一次会议上断言，21 世纪对世界影响最大的有两件事——美国的高科技产业发展与中国的城市化。② 而且，城市化位居新世纪中国所面对的三大挑战之首，"中国的城市化将是区域经济增长的火车头，并产生最重要的经济利益"③。但是，与世界平均水平相比，在中国当前城市化过程中，人口规模小的城市比重仍然太大，人口规模大的城市比重太小，许多大城市仍然借助于自己的权力和资源，在吸引制造业方面享有和中小城市不平等的优势，导致城市规模分工、专业化分工均缺乏效率；而由任期相对较短的政府官员负责城市的长期资产即土地的出售，以此维持经常性支出和部分资本性支出，这就等于剥夺了未来的市民可以从这些资产中获得收益的可能性，最终导致城市政府过度地依赖土地作为收入来源；并且，现有城市财政收入的主要来源为增值税、营业税和土地出让收入④，它们都是鼓励城市吸引产业而不是吸引居民，这也造成人口城市化水平低的发展困境。至于那些未纳入城

---

①　从深层次上讲，中国"三农"问题的根源就在于城市化水平低、农村工业化水平低和农业劳动力向非农领域转移程度低，由此也反映了许多研究成果何以在讨论城乡发展问题时容易牵涉"三农"问题的原因。

②　此说法参见陈钊、陆铭《在聚集中走向平衡——中国城乡与区域经济协调发展的实证研究》，北京大学出版社 2009 年版，第 19 页。

③　参见牛文元《中国新型城市化报告（2009）》，科学出版社 2009 年版，序言——中国的新型城市化之路。

④　多年来，在中国省级以下政府层面不同程度地出现政府支出对于土地资源相关收益依赖偏重现象，公众称其为"土地财政"。从经济生活的基本逻辑关系而言，工业化和第三产业的发展必然要求城市（镇）建成区的扩大，建成区的扩大必然涉及国家的"征地"问题，土地征为国有后，在开发环节上必然需要采取有偿出让使用权的方式——"土地批租"，该方式最可匹配于市场经济客观要求的必然是公平竞争为取向的"招、拍、挂"等操作办法。问题在于，由于相关的有效制度供给不足、约束和管理不到位，导致中国"土地财政"呈现的是土地收入从总量到结构皆有失衡、土地配置与财政分配有所游离、基本格局中主要构成因素畸重畸轻现状。这种出现严重偏颇的土地财政不具备可持续性，且在不断积累一些棘手的社会经济矛盾。对此，贾康、刘薇撰文指出：应该平衡、规范土地生财秩序的命题，在认可土地生财的合理前提下，优化土地收入结构，主要依靠制度建设使土地财政回归中性内涵并加强相关事项科学化、精细化管理，求得地方土地生财机制长期可持续服务于城乡社会经济发展全局的有效制度安排。详见贾康、刘薇《"土地财政"论析——在深化财税改革中构建合理、规范、可持续的地方"土地生财"机制》，《经济学动态》2012 年第 1 期。

市行政管理的城中村则四处延伸,城市周边的建成区又散布在农用土地之间,从而造成城市土地利用缺乏效率,城乡边缘区的开发过于碎片化。[①]因此,当中国的城乡发展受到全球气候变化、经济全球化的实质性影响,当中国未来 30 年超过 10 亿规模的人口居住在城市,当低碳经济、生态发展和人地关系的和谐成为区域发展的核心理念,以及与信息化、人力资本、制度因素的重要性不断上升而伴生的食品安全、生态保障、空间聚集等的国土需求不断增长的趋势成为主导城乡区域发展的新因素之时,我们必须意识到城乡一体化与新型城乡形态演化过程不仅仅是经济行为,还是社会行为和更为重要的区域响应过程,其间的社会价值观、环境伦理观、生态文明观等非经济因素会对城乡发展产生越来越重要的影响。概括而言,当前中国的城乡一体化发展态势可以做简要分类:一是以长三角、珠三角为代表的城市群高度发展呈现的区域经济一体化程度较高的地区,经济关系打破行政界限并借助于完善的现代通信及交通网络,在产业园区支撑带动和城市自身的扩展辐射下因城乡联系日益紧密所呈现的新型城乡形态,这是城乡一体化程度较高且对中国城市区域化与区域城市化产生显著影响的发达区域;二是以区域性核心大城市为中心,因城市自身扩展而强烈地依赖城市区域化态势发展并逐步将城乡边缘区、城市郊区纳入城市影响范围内的中等发达区域,这些区域未来城乡一体化的态势取决于城市扩展的可持续性与区域产业成长发展的能力;三是在政策引导与影响下主要因各类积极政策因素叠加促动效应所出现的城市现代化、乡村城市化区域,这类区域的政府主导城乡一体化特征相对显著,市场作用对其内生驱动型发展发挥了推波助澜的功能,以成—渝城乡统筹综合配套改革实验区和其他地区各类城乡一体化试点区域、中心村镇建设为典型代表。由于城乡一体化能否顺利推进的根本动力源泉在于产业经济发展、城市功能提升和交通通信完善,因此,我们不能过于乐观地高估处于欠发达地区的城乡一体化发展实际。越是经济欠发达的区域,其城乡一体化、城乡公共服务均等化实现的难度就越大,困难也越多。

中国城乡发展最宝贵的经验,就是依赖不断推进的改革来解决城乡发

---

① 赵人伟:《中长期发展规划借鉴国际经验的问题——解读〈中国经济中长期发展和转型:国际视角的思考和建议〉》,《经济学动态》2011 年第 8 期。

展过程中的深层次矛盾，紧紧抓住影响城乡经济社会发展的最核心的"瓶颈"问题进行"渐进式"突破。今天的中国，从精英阶层到决策者依然有明确的改革意识和强烈的改革决心。① 值得一提的是，中国市场经济制度建立过程中的"苏南模式"，全面改造了传统的乡村经济社会，并因其独特的发展路径促使它的区域经济结构、社会结构和城乡结构不断优化，成为苏南乡村新一轮转型—农村内生驱动型城乡一体化发展的基础支撑。20世纪90年代中期以来，全球化的深入影响、新型工业化战略的实施、区域城市化战略的转变，更为苏南乡村发展注入了新的动力，乡村经济形态由内发型转向开放型，带动了县域经济迅速崛起、乡村空间由分散走向集中，从而促进了乡镇工业园区的快速成长和中心城市规模的快速扩张、传统乡村向城市化乡村的急剧转变，最终向着城乡一体化方向迈进。② 与此相应，"温州模式"以在农村发展非公有制的非农产业为特征，千千万万农民以外部的市场为导向组建广布农村、以血缘为纽带、家庭作坊式的生产、销售或其他中介服务的业主制企业，并使企业之间通过市场建立紧密的分工协作关系，不仅促进了市场竞争与合作意识、企业家创业冒险精神的生成，而且有力地带动了更大范围内的区域经济崛起。本研究在中国新型城市化、新型工业化、新农村建设、主体功能区建设的实践过程中，寻求如何以增强综合承载力为重点、以特色城镇体系为依托和辐射，按照统筹城乡、布局合理、节约土地、功能完善、以大带小、以城带乡、城乡互补的原则，促进城乡政治形态、经济形态、社会形态、文化形态统一的新型城乡形态发展和实现城乡一体化，既能够为破解"旧三农（农民、农业和农村）"问题、应对"新三农（农民工、失地农民、村落终结）"问题和消除城乡二元体制结构、实现城乡和谐发展提供政策建议，也能够为实现城乡区域结构、功能、发展形态创新、促进中国特色城乡一体化发展的热点与前沿问题提供借鉴，还能够为国家在城乡（社区）实施有效的公共政策提供可操作性的方法与工具。同时，由于城市中心区、城乡边缘区和农村农业用地的非农化扩张地区都是反映当前中国城乡经济、社会、文化发

---

① 李稻葵：《改革是科学发展之本》，《经济研究》2010 年第 12 期。
② 陈晓华：《乡村转型与城乡空间整合研究——基于"苏南模式"到"新苏南模式"过程的分析》，安徽人民出版社 2008 年版，第 131 页。

展变迁和城乡形态演变最为敏感的地区^①，在市场经济转轨和加快发展方式转变的形势下，这些典型区域的发展建设正处于新旧交替的剧烈变革时期，在很多新的城乡形态不断涌现的前提下也出现了一些违背经济规律的规划建设问题。因此，如何充分认识城乡形态特征及其演变规律，在政府和市场两种资源配置手段的恰当作用下，使生产要素和商品服务在城乡区域统一的可持续发展空间与时间维度上达到动态的均衡配置状态，并探索出城乡一体化过程中具有应用价值的结构模式，具有十分重要的实践意义。

第四节 研究任务与难点内容

在全球城市化进程与经济全球化进程双重加快的时代背景下，城市群的快速扩张已经成为带有普遍意义的发展内容，快速扩张的城市群以其足够的产业集聚和经济规模参与全球性的重新分工、竞争、交流与合作，形成强强联合的经济共同体和命运共同体。城市群的发展深刻地影响着国家的国际竞争力，并正在影响着 21 世纪全球经济的新格局。^② 对于探索城乡发展所涉及的诸多具有挑战性的问题，本来就涉及在一国和世界各个区域存在的地方性失业、人均收入增长差异以及与此相关的社会不公正、城市化、经济发展、冲突处理和环境污染等内容^③。对于城乡区域发展差距日益扩大以及城

---

① 2012 年 5 月 8 日，河南省濮阳县西辛庄村委会主导下的"濮阳县庆祖镇西辛庄市（筹）"挂牌，标志着号称中国首个"村级市"的"西辛庄市"在中国社会质疑声和掌声中挂牌成立。西辛庄是濮阳县境内一个普通村庄，10 多年前到处都是盐碱地。在村支书李连成等人的带领下，逐渐发展成远近闻名的富裕村。2012 年西辛庄在社会服务和保障方面已拥有自己的医院、幼儿园、学校，全村 172 户村民享受着免费用水，看有线电视，每月每人可免费使用 6 立方天然气、免费用 7 度电等优惠。在经济方面，全村共有企业 20 多家，总产值 10 多亿元；全村 600 多名劳动力都在村办企业就业，前来该村务工的外来人员多达 8000 人，2011 年人均收入达 2.6 万元。面对建设全国第一个村级市的挑战性命题构想，村支书李连成表示建"市"只是一个符号，真实想法是想让农民过上城里人一样的生活。对此，中国农业大学教授、中国农民问题研究所所长朱启臻认为，只要不涉及区划调整，建立"村级市"未尝不可，因为相对工业化进程，中国的城镇化速度过慢，农民进城一直受到限制。在某种程度上，这件事情体现了农民渴望城镇化的诉求。而且，如果西辛庄真的在村域范围内完成了城镇化，这也会为其他中国的村庄发展提供农村城镇化的经验。参见环球网—中国新闻《河南村庄筹建国内首个村级市引争议》，http：//china. huanqiu. com/roll/2012 - 05/2708097. html。

② 《中科院地理资源所组织编研出版综合研究报告》，人民网 http：//scitech. people. com. cn /GB/17515648. html。

③ ［美］艾萨德·胡佛：《区域科学导论（前言）》（中译本），商务印书馆 1990 年版，第 2 页。

乡发展中普遍存在的生态环境恶化、"三农"问题、城乡贫困问题、"问题地区"的发展问题、新型工业化问题、农村富余劳动力转移问题、城乡关系协调问题，等等，则需要引入多学科的有益成果进行分析。我们发现，只有进行不同学科之间的交叉研究，长期困扰城乡区域发展的一系列问题才能有迎刃而解的可能性。本书所探讨的正是这样的新问题——城乡一体化进程中的新型城乡形态，亦即我们所必须面对的一些主要研究任务与难点内容。

一　研究任务

城乡一体化进程中的新型城乡形态是城乡居民及其社会经济活动在特定区域层面的现实反映和表现形式，是具有自组织特征的经济社会文化活动在城乡历史发展过程中的复杂物化形态，是城乡人类活动与环境之间的相互作用和生产生活组织形式的综合表现。从本质上讲，城乡一体化发展趋势和新型城乡形态都体现了时间与空间的统一，因此，本书主要围绕以下重点任务展开理论与实践探索。

（一）城乡一体化进程中的新型城乡形态基本理论问题研究

城市与乡村是经济活动空间分布和国民财富创造的主要区域。由于它们各自在生产的集中性和聚集特征方面呈现显著的差别，因此人们对城市与乡村的功能定位也存在明显的不同。新增长理论将城市视为经济增长的核心区域，结构主义者则将农村视为区域发展的边缘地带。城乡形态、城乡关系及城乡一体化，是城乡区域发展过程中的关键问题，是各种经济社会活动在城乡区域内的空间分布状态及其空间组合形式，也是城乡区域发展的内容与目标。在市场经济条件下，进一步消除城乡区域间的要素市场流动壁垒，加速城乡全域性市场一体化进程，能够为城乡区域经济增长开辟更大的空间溢出效应，这应该构成中国城乡一体化政策制定中的重要议题。随着知识、创意或人力资本外部性等现代因素在城市层面对于财富创造所具有的支撑功能越来越重要，人们对城乡发展逐步形成了不同的认识基础。为了促进城乡区域各自功能的有效发挥和城乡一体化目标的实现，政府部门非常有必要鼓励经济活动和人口的空间聚集，从而促进乡村人口通过产业升级带动和产业区域性转移实现彻底的市民化，同时也促进不同区域形成不同功能和层次结构的城市圈、城镇带（群）或乡村增长空间，以此充分发挥经济聚集效应及扩散效应，并在带动城市圈升级发展、乡村更快成长的同时，使更多的城乡居民共享经济发展成果。本研究立足国内外城乡发展的宏观背景，在界定相关核心概念与范畴的前提下，通过国内外现有研究成果及对其结论的评述，结合区域经济学、经济地理学和城市经济学等交叉学科的最新研究视角，从理论层面深入剖析传统城乡形态演化和新型城乡形态合理化的机制与机理，探索城乡一体化过程中城乡形态、城乡结构及城乡经济社会的转变与发展，研究中国新型城市社区与新型农村社区实践的模式选择等理论问题。

（二）中国城乡发展实践与城乡形态演变的历史及现实问题

城市与农村在其显著特征方面比较而言，城市经济活动具有空间的聚集性、经济活动外部效应的广泛性以及产业结构的非农性和多样性，特别是经济活动密集性程度的不同导致不同城市之间的生产力差异，进而体现为工资、住房价格、地租等方面的差异。[①] 与此相应，农村的经济活动则相对比较分散，以农业为主的产业结构特征明显，从而与城市发展相比呈现较低的生产力发展水平。同时，生产效率异质性给企业定位所带来的空间选择效应和分类效应，对城乡区域之间经济发展的效率差异和区域内部的发展差距产生了内生的重要影响[②]，加剧了作为城市的中心区与作为乡村的外围区之间的效率差异。在这一过程中，一种城乡形态向另一种形态转变就是结构变化，表现为各种经济社会构成的变化，包括所有制结构、城乡人口、空间功能、产业和就业结构等，结构变化改变了人们的工作和生活方式。[③] 中国城乡发展及其形态演变经历了和正在经历着全面转型，区域经济社会发展中的城乡不平衡问题也极其复杂。本研究立足经济学的基本分析视角，立足计划经济制度和市场经济制度两种截然不同的制度安排条件，在系统回顾和总结新中国成立以来的城乡发展历史及其形态演变过程的基础上，提出了城市（区）中心带动形态、农村内生驱动形态及城乡关联互动形态等三种类型的新型城乡形态，并分别以案例形式对其进行

---

① 齐讴歌、赵勇、王满仓：《城市集聚经济微观机制及其超越：从劳动分工到知识分工》，《中国工业经济》2012 年第 1 期。

② 梁琦、李晓萍、吕大国：《市场一体化、企业异质性与地区补贴——一个解释中国地区差距的新视角》，《中国工业经济》2012 年第 2 期。

③ 张建华：《城乡一体化进程中的新型城乡形态》，《农业经济问题》2010 年第 12 期。

了典型性研究。同时，本书围绕城乡发展过程中的产业聚集—城镇空间圈层扩张、产业结构转变—城镇功能地域分化、经济结构优化—城镇职能空间拓展等城市化与工业化相互推进过程中的自组织机制，对中国新型城乡形态在利益协调、产业发展、国土优化开发、区域城镇化、工业化和主体功能区建设、城乡文化、生态协调以及不同区域新型城乡（社区）发展的关键矛盾等问题进行了深入研究与探索。

（三）中国新型城乡形态发展与统筹城乡一体化发展的实现问题

科学地统筹和促进城乡区域一体化发展，是中国在主要矛盾凸显期和重大战略机遇期实现稳定和谐发展的掣肘因素。"十一五"期间，中国城镇新增就业 5771 万人，转移农业劳动力 4500 万人；城镇居民人均可支配收入和农村居民人均纯收入年均分别实际增长 9.7％和 8.9％；中央财政"三农"投入累计近 3 万亿元，年均增幅超过 23％；5 年建成铁路新线 1.6 万公里，新增公路 63.9 万公里，其中高速公路 3.3 万公里，新建、改扩建机场 33 个，新建和加固堤防 1.7 万公里；覆盖城乡的社会保障体系逐步健全。同时，颁布实施全国主体功能区规划，制定西部大开发新十年指导意见和一系列区域发展规划，推出促进西藏、四省藏区和新疆等民族地区跨越式发展的新举措。中西部和东北地区发展加快，经济增速等主要指标超过全国平均水平；东部地区经济结构不断优化，自主创新和竞争力逐步提高；地区间基本公共服务差距趋于缩小，各具特色的区域发展格局初步形成。但是，中国发展中不平衡、不协调、不可持续的问题依然突出，城乡经济增长的资源环境约束强化，投资与消费关系失衡，收入分配差距较大①，科技创新能力不强，产业结构不合理，农业基础仍然薄弱，城乡区域发展不协调，就业总

---

① 在中国经济比较发达的京津唐地区、长三角和珠三角地区，部分在改革开放中先富起来的高收入群体进入城市郊区购买单户住宅"别墅"，促进了城市近郊房地产热和大批设施齐全的现代城市高档生活社区的出现，可以看成收入差距在住房条件方面的体现。国家统计局的相关数据也显示，在 2007 年年底总人口 132129 万人中，有 41.5 万的富人个人资产超过 100 万美元，占总人口的 0.03％；富人财富相当于全国 GDP 的 60.1％，相当于全国财政收入的 2.895 倍，是城镇居民平均收入的 10.8 倍，是农村居民平均收入的 35.8 倍。不仅如此，中国财富向富人的集中度正以年均 12.3％的加速度增长，是全球平均增速的 2 倍。中国改革基金会国民经济研究所副所长、研究员王小鲁对 2009 年全国 19 个省份的 60 多个城市部分居民所进行的收入调查分析发现，占 10％的高收入家庭，他们的收入在 13.9 万元左右；城镇最高和最低收入各 10％家庭，他们的人均收入之比在 26 倍左右；全国居民如果按 10 分组进行计算，最高和最低 10％的收入家庭的人均收入之差也从 1995 年的 23 倍扩大到 2008 年的 65 倍。

量压力和结构性矛盾并存，制约科学发展的体制机制障碍依然较多，城乡一体化的实现还存在诸多难点障碍。基于中国农村发展严重滞后于城市的现实，仅仅依靠农村自发发展和农民自己建设而梦想实现城乡一体化显然是远远不够的，公共服务均等化以及保证乡村区域基本公共服务的提供应该构成中国政府长期的追求目标之一。因此，国家、城市、工业和市民必须承担起城乡一体化进程中农村公共物品、公共服务的额外资金补偿责任，而且非常有必要在继续实施农民务农免税、逐步提高财政支农比重和国家新增财力倾斜于"三农"投入的基础上，进一步探索设置有利于"三农"的各项优惠政策。本书围绕"十二五"时期中国城乡一体化进程中的基本挑战，探索如何实现城乡区域系统内部结构优化调整、区域城镇体系合理化调整、城乡形态合理化并与生态环境系统协调发展，如何促进基本公共服务城乡全覆盖，如何缩小城乡区域之间和社会成员之间的收入差距，如何实现城乡居民在义务教育、公共就业服务、基本医疗和公共卫生、养老保障和公共安全服务等各方面的均等化诸多政府职能转变问题。

二　难点内容

反思中国十多年的区域发展战略与策略，在认识到各省份市发展战略重点差异明显、区域差距总体上呈下降趋势、金融危机使中国实现区域协调发展面临新契机和新隐患的基础上，制定一个目标明确、政策区细化的区域发展总体战略，以此缓解世界工厂模式给中国的能源、矿产和水土资源的供需矛盾及环境带来的巨大压力[①]，进一步强化和加快经济发展方式转变的力度与决心，迫在眉睫。转变经济发展方式不仅意味着将城乡居民收入水平的持久、可持续性增长建立在人与自然和谐相处的基础之上，它还意味着对稀缺资源的高效利用、城乡生产生活方式的多样化、绝对贫困的减少以及所有公民经济机会的扩大；创造一个足够灵活多样并且应变能力强的城乡协调机制，促进城乡发展更加和谐，并使不同阶层的人们能够对发展的机会自由地做出反应甚至创造增长机会，是科学发展的基本要求之一。城乡形态演变的内在矛盾决定了城乡区域在主体功能区划和城乡一

---

① 《中科院地理资源所组织研编出版综合研究报告》，人民网 http://scitech.people.com.cn/GB/17515607.html.

体化实践中，必须以创新思维科学地处理城乡协调发展问题和区域网络化整合问题，着重依托生成于城市和乡村内部的多种力量的相互作用，实现基于城乡空间分布和时间演化规律基础上的城乡经济发展和利益结构调整。新时期，中国城乡国土开发优化和一体化发展严格受制于区域环境条件和国家政策导向，新型城乡形态的动态一体化过程是缩小城乡发展差距和促进城乡紧密关联、空间结构优化、相互依赖补充及趋向协调的基本动力。

在中国近 30 年的发展中，市场经济体制的逐步深化以及市场主体对于政策变化的敏感性不断增强。由于强势政治力量在选择产业政策之前往往已经有了预定的名单，所以社会谈判的结果是社会力量的均衡态偏离经济资源的均衡态，使一个国家或地区最具有经济优势的行业难以得到有效的识别和发展，资源的流动和配置受到行政力量的左右，从而降低产业结构的整体素质，不利于国民经济的长期发展。[①] 当中央政府能够在经济政策方面清晰确定政府和市场在实现和改变社会个人目标的过程中找到最有效的组合，当一个社会能够从先前的城乡二元分离逐步走向促进大众福利水平的提升，制度变迁的绩效就会与城乡居民的生活水平及其选择息息相关。城乡形态演变与优化不同阶段的城乡制度结构、隐含经验类的路径依赖锁定效应和城乡逻辑治理结构、区域人脉网络等因素，会导致城乡形态在不同发展阶段呈现不同特点，新型城乡形态发展必须重视适应现代市场经济时期城乡一体化的内在推进要求。

每种形式的社会——不管其是否改变——都是有弊病的。我们能期望的最好的社会是：一个民族既能保留其传统文化中的精髓，又能拥有新的机会。[②] 城乡发展的目标不仅仅是经济结构的改变、经济增长和收入得到理性的公平分配，城乡和谐共荣的重要目标还应该实现城乡居民普遍享有更多的平等、自由和机会。没有人会愿意长期处于贫穷，即使他们不一定非要富有。中国近 30 年的增长着重于"富国"，城乡居民收入水平既赶不上综合国力的显著提升，也赶不上财政税收的增长速度，权富阶层与民争

---

① 赵宇龙、易琼：《对我国各行业未来成长能力的实证考察：一种市场视角》，《经济研究》1997 年第 6 期。

② ［美］斯图亚特·R. 林恩：《发展经济学》，王乃辉、倪凤佳、范静译，格致出版社、上海三联书店、上海人民出版社 2009 年版，第 10 页。

利现象非常普遍,"国富民穷"问题日益严重,城乡社会没有实现经济利益共融,与个人幸福感息息相关的教育、医疗、住房、社会治安等一系列问题突出,民众生活压力巨大,[①] 这是与包容性增长和和谐社会建设相悖离的。城乡发展应该为每个人创造选择生产活动的机会——通过不同阶层的居民自身以及他们创造的收入——保证个人的尊严、安全感以及都有可能参与社会生活的各个方面。城乡一体化中的新型城乡形态优化必须重视城乡(社区)自我发展能力培育和提升,平衡"潜力"与"压力"关系,尊重城乡群众生产生活习惯,促进人口和经济的优化配置以及城乡开发与保护的联动耦合和有序发展。

国家在城乡一体化的政策与制度设计中必须充分考虑地方财政能力及群众意愿,通过分类推进的政策体系促进城乡社会公共服务均等化和实现人的全面发展。全社会必须认真审视和反思现代化进程中农村社会的深刻历史变迁,特别是深入研究和分析城市化、工业化浪潮对农村经济、社会与政治的发展、转型所产生的影响以及在这一过程中农民生产生活所发生的变化和乡土传统文化的嬗变与记忆,才能围绕民生改善、站在农村和农民的"主体"立场上,立足发展成果共享这一基点对中国现行主流的现代化、城市化的理论、机理和路径进行客观分析与反思,最终从中国传统社会"乡土性"的内在逻辑出发,探索出适宜于中国城乡社会经济结构向现代化转化的适宜道路。

现代社会的政府,其责任之一就是向全体公民提供基本公共服务。通常,那些具有公共产品性质的社会服务项目,依靠市场机制难以获得充分供给,如公共交通、城乡基础生活设施等。即使把促进经济增长作为城乡发展的目标,它也仅仅是城乡融合的一个开端,增长机制——建造基础设施、资本投资形成、促进技术变革、提高城乡居民的健康和教育水平、更好的卫生状况、劳动力自由迁移流动、实现区内外市场贸易、更高程度的男女平等、建立产权保护的法律基础——并非直接起作用,但它们有助于城乡生产力发展进步到更高水平,并增强了城乡一体化实现的前景。在选择了市场经济体制的国家,市场就应该成为城乡要素配置和实现产业连接

---

① 魏婕、任保平:《中国经济增长的包容性的测度:1978—2009》,《中国工业经济》2011年第12期。

的"最不坏"的引导机制，以个人分散决策为基础的市场机制对各种信息具有强大的解析和综合能力。这种令人敬畏的信息处理能力是任何个人和机构都不可比拟的。如果我们能够探查到市场力量对改善城乡资源配置的神秘力量，新型城乡形态发展就应遵循城乡发展规律，城乡一体化的阶段性实现就必须注重国土优化与城乡居民生活的改善、较大范围内的增长质量提高和人与自然、生态、社会的和谐统一与良性互动。

中国转轨时期地方政府行为中的随意性主要表现在越位运作，诸如以加强城市规划为名滥征和低价批租土地、以发展城市第三产业为名建空壳市场和权力参与经营、以城市现代化为名在城建中强行摊派或无谓铺排等。① 破解城乡二元结构、优化城乡空间结构和促进城乡一体化发展，必须尽快在突破城乡行政界限的城乡规划、产业布局、基础设施建设、公共服务均等化、制度设计和城乡生态一体化连接等方面取得突破，特别是要针对城乡经济社会发展和民生领域的重大难点问题，在一个系统的框架内探索城乡体制或政策之间的协调搭配和制度设计层面的实质性创新，并在尊重新型城乡形态自身演变规律和各区域城乡发展实践差异的基础上，探索促进城乡互动协调发展的具体实现模式、机制和途径，这是有效促进城乡一体化目标实现的合意的政策选择。在这一过程中，我们必须从宏观层面更加注重政治体制改革，实现以市场规律引导城乡经济行为，使得政府在城市化、工业化与农村现代化的协调发展、城市的合理布局、"城市病"的避免和消除、公共基础设施的供给等领域起必要的宏观调控作用，并在经济体制改革的深化中给予乡村地区更多的政策优惠与经济补贴，重视通过建立网络构架来克服城乡分离矛盾，不断提升高素质人口在城乡区域总人口中的比重，激活城乡区域要素自由流动、资源市场化配置给乡村带来的利益，充分发挥企业主体、人力资本、科技教育对乡村区域经济增长的支撑作用，并以城乡之间的合作竞争解决乡村与城市共同面临的资源环境与人口贫困等人地关系矛盾。

---

① 栗正文：《我国城市化历史进程的省思及加快城市化进程的探讨》，《战略与管理》1994年第 6 期。

第五节　研究思路、框架与方法

一　研究思路

基于城乡一体化涉及经济社会发展问题的复杂性与多样性，考虑到新型城乡形态研究问题的交叉学科特征，笔者在研究过程中总体遵循了"城乡发展现实观察与文献资料理论梳理（概念与研究问题界定）"——"城乡发展及其形态演变的历史考察（系统与一般性理论研究）"——"中国城乡发展及其形态演变的实践与反思（现存问题与根源剖析）"——"新型城乡形态的实地调研与综合研究（研究对象的实证分析与总结）"——"国内外城乡一体化大尺度范围的实践与经验借鉴（比较研究中的逻辑延展）"——"城乡一体化进程中难点问题解析（重点问题的分类研究）"——"城乡一体化实现的体制机制创新（应用性创新策略体系的形成）"——"中国城乡发展的进一步讨论与未来展望"的研究脉络与思路。

在遵循以上总体研究思路的过程中，笔者系统梳理和评价了国内外城乡一体化进程中的城乡形态演化和优化研究成果，进而具体确定了"研究背景与问题界定——中国在计划经济制度和市场经济制度不同安排下的城乡发展现实、问题、根源剖析及其理论总结——新时期中国不同区域表现出的新型城乡形态系统考察——城乡一体化发展目标及其实现路径与策略保障"的研究框架。同时，笔者先后在甘肃、青海、陕西、四川、重庆、成都、广西、上海、北京、江苏等不同区域通过较大范围的实地调研和走访，在明确新型城乡形态演化和优化发展特殊性与一般性的基础上，分类讨论了存在于中国不同区域的城乡一体化进程中的新型城乡形态，并在借鉴成功经验与发展教训的基础上，寻求中国顺利实现城乡一体化的制度创新体系、结构优化策略、主要难点制约问题的破解思路以及促进城乡一体化的现实机制与路径选择。

二　研究框架

未来如何在世界上最大的发展中国家科学推进城乡统筹一体化发展，

通过城乡区域自我发展能力的提升和城乡优势的最大发挥消灭城乡发展差距，从而建立有中国特色的城乡和谐关系，不仅是中国为之奋斗的重要目标和愿望之一，也是建设更高水平的全面小康社会以及中华民族实现现代化的关键内容。基于统筹城乡发展国家战略推进下的中国城乡一体化发展过程中存在的不同问题和阻碍，新型城乡形态为城乡一体化目标的实现提供了空间布局结构上的优化途径，也成为城乡一体化在特定阶段的外在物质表现形式与状态。本书立足中国城乡经济社会良性运行体系的构建，将新型城乡形态作为城乡一体化实现过程中城乡区域和谐发展的阶段性物质表现形式与空间结构状态，通过系统考察和反思不同制度（计划与市场）条件下的城乡形态演变与经济社会发展历程，结合新时期中国统筹城乡发展所面临的机遇和挑战，突出对严重影响和阻碍中国城乡经济社会一体化发展的城乡差距问题、制度创新问题、城乡公共服务均等化问题等难点问题的研究，特别是探讨如何在借鉴现有的城乡统筹协调综合配套改革发展的成功经验的基础上以新型城乡形态作为城乡一体化的实现形式，建立一套有利于全面促进统筹城乡一体化发展的政策保障体系，最终为城乡经济社会转型以及城乡一体化的目标模式提供理论依据和政策借鉴。

根据上述基本研究目标，本书将城市与乡村区域视为相互依存、相互促进、资源共享、生态环境与服务协调相融的经济社会发展综合系统，以此构建了以下的内容框架。第一，在简要说明研究背景、意义、相关概念阐释的基础上，本书对国内外城乡一体化和城乡形态问题理论研究进行了系统性述评，并从一般意义上结合传统农业时代、工业时代和信息时代的不同社会经济发展主线，对城市发展系统、乡村聚落系统及其城乡形态演变历程进行了理论梳理与经济学反思，从而构成笔者研究主题的理论依据和重要借鉴。第二，结合计划经济制度和市场经济制度两种不同制度安排条件下的城乡经济社会发展不同状况与不同特征，就中国城乡经济社会发展和城乡形态演变的特征、问题及其根源进行了分析，总结概括了近 30 年中国城乡发展及其形态演变的基本结论。笔者认为，近 30 年来中国城乡发展的实践表明：中国城乡形态演变伴随着城乡改革发展的伟大实践，城乡二元结构转化是城乡自组织系统演化的重要内容，新型城乡形态生成于城乡一体化新格局的特定阶段，新型城乡形态是中国统筹城乡一体化发展的有效实现形式，主体功能区的建设发展有助于促进中国城乡空间结构优化,城乡形态演变与城乡一体化是多种力量综合作用的必然结果。第三,根据城市化对农村的带动辐射效应、城市化在不同区域的推进特征、农村城市化的生成机制、城乡关联发展的现实背景以及城乡形态是否有助于城乡一体化的实现目标,本书从宏观层面将中国新型城乡形态划分为城市(区)主导带动形态、农村内生发展驱动形态和城乡关联互动发展形态等三种形态,并对其在中国发展的不同具体表现形式、发展中的代表区域或典型案例、演变现状及现存主要障碍和未来发展趋势进行了理论探讨。第四,针对中国现存城乡发展的制度结构运行效率不高、正式制度流失严重、非正式制度有较强的生存和约束力以及整个城乡社会经济活动缺乏激励性的制度安排、城乡一体化缺乏有效的制度保障等问题,笔者重点对现阶段中国城乡一体化进程中的制度创新(土地制度、户籍制度、财政金融制度、劳动就业与社会保障制度等)、城乡公共服务均等化问题(农村公共产品供给、教育医疗卫生等公共服务、农村水利及农业科技服务)、城乡社区治理与社会管理创新、城乡一体化进程的推进机制(中心城镇的带动辐射机制、乡村城镇化的内生驱动机制、城乡基础设施关联机制、政府干预机制)等问题进行了分析。在此基础上,结合国内外推进城乡一体化的实践经验与启示,提出了新时期中国推进城乡一体化的策略体系,主要是充分发挥城市和乡村各自的优势和作用,使城乡劳动力、技术、资金、土地、信息、资源等要素在地域上邻近的城乡区域单元之间进行合理流动和高效配置,从而实现三次产业链式联动发展新格局,使城乡在社会经济、生活方式、思想意识、生活水平及生态环境等方面广泛融合,形成相互依托、优势互补、以城带乡、以乡促城、共同发展的新型城乡关系和新型城乡形态,使城市和乡村自然成一个相互依存、相互促进的复杂统一体,最终实现城乡基于空间相互作用构成不同层次的复杂系统的全面融合与协调发展。笔者认为,"十二五"及未来更长时期,中国城乡一体化的顺利推进需要我们认真借鉴其他国家城市化和农村发展的经验,更重要的是根植于现阶段中国城乡发展现实的创造性思维,以城乡经济发展为根本动力,保持城乡区域经济社会实现可持续发展和科学发展,基于立足城乡发展实践的切实可行的发展战略和策略,中国才能有效应对城乡发展过程中出现的各种问题,最终通过新型城乡形态发展打破旧有城乡二元结构,进而促进城乡统筹一体化发展目标的实现。

三　研究方法

我们在研究现实经济学问题的过程中之所以强调研究方法，是因为完成我们所要达到的预期研究目标必须以马克思主义世界观和方法论为指导，通过严谨的科学态度观察事实，并借助于一定的具体技术、工具或者程序，依靠为形成对研究主题的可靠认识而提供的一种受过时间检验并已被证实的手段，发现总结和抽象概括出我们所要揭示和说明的问题本质。

从总体上来看，城乡一体化进程中的新型城乡形态研究涉及各种相互关联的不同学科领域，笔者研究就其本质而言是综合性的、复杂的。因此，本书在方法论上强调理论分析与应用分析的多学科密切联系与综合，强调特别要借鉴应用经济学、经济地理学和城市经济学、发展经济学与社会学的有益方法，坚持重在从对城乡发展的区域现象和城乡人民生产生活的实际中得出一种综合的认识，以协调城乡区域发展及其形态演变的各个方面。我们的研究成果恰是对研究对象的各类问题进行思考的系统化论述，主要采取的研究方法包括：

（一）历史比较分析法

历史事实与经验总结对于现实发展总具有不同程度的借鉴和指导意义。本书通过不同制度条件下城乡区域发展的真实历史逻辑，论证过去的城乡发展战略与策略选择是如何以及怎样决定了今天和以后的选择，从而为新型城乡形态优化与城乡一体化提供了分析基础。

（二）理论抽象概括法

马克思主义的基本原理告诉我们，现象的堆砌无法构成一门科学，抽象在应用问题研究中起着重要的作用，科学研究必须对各类现象进行简化、选择和抽象概括，从而发现问题的本质。笔者通过对中国计划经济体制和社会主义市场经济体制背景下的城乡区域客观发展实际的研究和分析，抽象概括出新时期对不同区域如何有效推进城乡一体化发展具有指导意义和理论价值的城乡统筹发展的相关结论。

（三）实证与规范分析结合法

为了检验一种应用研究在理论逻辑上的一致性和其在现实中的真实含义，实证分析与规范分析的结合是必要和必需的。笔者在回答城乡一体化与新型城乡形态"是什么"和"为什么"的基础上，立足区域经济学、经济地理学、经济社会学、发展经济学等多学科的有益成果，应用相应的交叉方法来研究，力求以近似于帕累托改进意义上的价值判断说明"应该是什么"。

（四）量化分析与定性分析相结合

诺贝尔经济学奖获得者的研究成果，至少从一个侧面给我们彰显了恰当应用数学方法，通过相关计量经济学模型和统计原理去处理相互关联的各种变量的真正含义，也是人文社会科学研究不可忽视甚至无可匹敌的工具。笔者通过能够反映和衡量新型城乡形态和城乡一体化实现的统计数据和定性描述，既分析城乡发展的现实衡量指标、运行机制与机理，又提高本研究分析问题的科学性、规范性。特别是结合主体功能区划方法、空间（Spatial）形态原理方法，通过城乡一体化与新型城乡形态等概念与范畴构建，在采用量化分析方法的同时，对比总结实地调研走访的现实因素和案例研究的特殊性因素，突出研究方法的前沿性、学科体系的交叉性和研究思维的非线性特征。

（五）文献资料检索归纳法

现代跨区域传媒技术的发展和图书情报与当代文献存储、检索与查新技术的更新进步，为笔者研究提供了重要文献资料保障。笔者充分利用CNKI、维普、万方、Calis、Springer-Link、Kluwer等信息化的网络资源和图书资料，认真研读相关方面专著，立足前人的研究成果，注意城乡一体化进程中的新型城乡形态研究问题的最新动态，加深我们对所要研究问题的理解，在充分借鉴已有研究成果的基础上确定本书的研究目标的实现。

（六）典型调查与系统分析相结合

国家社科基金项目研究工作既是一种充满挑战的冒险，也是一种让人着迷的探索。城乡一体化与城乡形态研究，必然涉及城乡人口、资源、环境、社会、经济、文化、制度、生态等众多方面。故笔者遵循科学发展观，以事实调研作为发言的依据，采用系统分析与系统综合相结合的研究方法，同时将一般性与特殊性、典型调查与系统分析、专家研究与职能部门对话相结合，既强调理论分析，又强调实用性与可操作性的运用。

［本章小结］

对于城乡一体化进程中的新型城乡形态研究，本书的目的在于以经济学的视角分析城乡协调发展的现状、难点制约和未来走向，从而发现中国城乡形态如何朝着城乡一体化演变的现实路径和内在规律。我们认为，城乡形态是城市与乡村区域在其发展过程中所呈现的外在形式与客观状态，新型城乡形态则是中国特定时期为促进城乡统筹发展而在不同区域表现出的有助于最终实现城乡一体化目标的阶段性形态，推进城乡形态合理化、通过城乡统筹协调城乡关系的目的在于为最终实现城乡一体化提供基本支撑。因此，在城乡一体化进程中的新型城乡形态研究中，笔者对中国城乡经济发展问题，对城乡经济关系协调中的土地、户籍、教育、就业、财政金融、社会保障、医疗卫生等制度创新以及城乡社区治理、公共服务均等化等问题的研究甚至超过对新型城乡形态本身的关注。质言之，新型城乡形态演变与城乡一体化的实现既有区别又紧密联系，不同区域现存的不同类型的新型城乡形态为城乡一体化的实现提供了更多可能性，城乡一体化则构成新型城乡形态合理化和未来发展的目标归宿。尽管城乡形态无所谓好坏之分，但合理化的城乡形态布局应该有助于揭示什么样的城乡形态是有助于城乡一体化发展目标实现的；城乡形态演化是一个阶段性过程，在中国不同区域寻求新型城乡形态的同一化、样板化是不切实际也不可能的。以成—渝统筹城乡综合配套改革试验区为代表的城乡关系相对协调的地区为中国城乡一体化和城乡形态演变提供了新的实践经验，巨大的区域差距要求城乡形态一定呈现多样性、阶段性。我们不能因为经济社会发展总体水平相对发达的区域城乡一体化的雏形已经出现——具体表现为部分区域的新型城乡形态——就乐观地认为中国整体意义上的城乡一体化发展阶段已经到来，我们也不能因为欠发达地区的城乡一体化目标实现还有漫长的路需要走，还有很多困难需要克服，就对中国整体意义上的城乡协调发展存在疑虑。实事求是、科学发展，围绕劳动就业、失地农民社会保障和城乡公共服务基本均等化等问题，重视农村产权制度、加快土地流转和促进农民创业，遵循城乡区域自身的发展规律，才是我们对待中国城乡一体化发展现实与未来的正确态度！

第二章　文献综述与研究进展

　　一个热心从事哲学与社会科学的研究者，决不会对他所处时代的重大现实问题无动于衷。在市场化力量的推动下正处于迅速、全面转型的中国，任何相关问题的研究都被专业化分工逼迫细化和深化，文献综述也变得更加艰难。但是，规范的文献综述，要求我们必须以严谨认真的治学态度，把其视为课题研究的重要步骤和功能程序。在这个过程中，我们要尽可能地找出不同研究者就某一问题研究的不同文献成果之间的内在联系。前人的观点是什么？依据与分歧何在？共识又是什么？如此处置，以自我为本位的诠释才会更显力道，相关的论述才会更加紧凑。

第一节　城乡一体化问题研究述评

　　实践表明，人类城乡发展的漫长历史呈现乡村孕育城市—城乡分离—城乡对立—城乡融合的阶段与趋势①，人们对城乡形态及城乡一体化问题的研究也是一个不断深入的过程。中国城乡发展迫切要求实现统筹协调，有效破解城乡二元结构的传统症结及其各种矛盾，最终达到城乡一体化，这既是中国新型城市化战略的重要步骤，又是中国城乡发展的最终目标。由于城乡一体化与城乡联系、城乡融合、城乡协调、统筹城乡等提法在意义上比较接近，在研究内容上相互交织，因此就城乡一体化问题研究而言，现有区域经济学、经济地理学、城市经济学、发展经济学等文献已形成相当丰富的研究结论，这些理论成果构成本书的理论基石和重要依据。

---

　　① 傅崇兰：《中国城市发展问题报告》，中国社会科学出版社 2003 年版，第 59 页。

一 国内研究进展与述评

(一) 文献综述与研究进展

1. 国家战略层面自上而下主导的课题项目研究

任何事物的发展演变都是有规律的，中国的城乡发展也是有规律可循的。从宏观层面的战略性研究来看，1949 年新中国成立以后国内学者关于城乡问题研究形成的主流观点是"抑农重工"的政策主张，其要义在于通过广泛讨论关于生产资料优先增长的重要性的问题，进而从城乡关系的角度为国家实行重工业优先发展战略进行理论服务并提供政策支持。这些观点显然是对通过最大化农业和农村剩余，为工业化资本积累进行论证，这对计划经济时代的中国产生了深远的影响。

(1) 20 世纪末期的城乡发展研究

20 世纪 80 年代末期，由于中国历史上人为因素主导形成的城乡二元隔离发展问题长期积累导致各种经济社会矛盾集中出现，从而使得城乡一体化思想逐渐受到重视。有关城乡一体化问题的集中专题研究，明显与改革开放后乡镇企业发展、小城镇兴起及中国城镇化道路选择等现实密不可分，并随着城乡发展改革实践逐步推进和深化。这一时期，中国科学院国情分析研究小组分别在 1989 年和 1994 年的国情研究第一号——《生存与发展——中国长期发展问题研究》与第三号——《城市与乡村——中国城乡矛盾与协调发展研究》报告中提到，传统发展战略与体制所引起的城乡隔离、传统农业/农村与现代工业/城市之间的二元经济结构矛盾是中国现代社会的基本矛盾，中国的二元结构比一般发展中国家更为突出；典型的二元结构带来城市化滞后、现代化受阻和农村贫困化等多种危害。这种理论应用研究对现实研判的政策含义就在于，城乡一体化应当成为改善中国传统城乡发展格局的战略与策略抉择，我们应该把发展重点向"三农"领域倾斜，以求从根本上解决城乡二元结构的冲突。与此相应，积极推进城乡一体化也逐步成为各级政府消除城乡二元结构、实现城市农村共同发展，尤其是提高农民收入、转移农村富余劳动力的主要途径。

面对中国城乡关系的发展实际与诸多问题，1996 年中国社会科学院工业经济研究所周叔莲、郭克莎、金碚等学者主持的国家社科基金"八五"重点项目《城乡二元结构下的经济社会发展问题研究》暨"中华基金"赞助项目《中国城乡协调发展问题研究》,是他们继《国外城乡经济关系理论比较研究》和《中国地区城乡经济关系研究》之后的重要成果,主要分析了如何把握城乡经济和社会发展的态势与特点,减少它们之间的摩擦和对立,提出了促进城乡协调发展的对策措施。同年,国家计委经济研究所王积业、王建等学者的宏观经济重大问题研究报告《我国经济发展中的二元结构矛盾与 90 年代经济发展的出路选择》提出主要运用政府力量创造出城乡经济双层目标发展的态势,通过"城乡分离"工业化战略的设想解决二元结构问题的结论也颇具意义;陈吉元、韩俊等在其出版的《人口大国的农业增长》中分析了中国城乡分割体制形成的原因及该体制的现实困境,他们认为乡镇企业是农村劳动力跨地区流动、农业富余劳动力转移的主渠道,农民工进城也是农业富余劳动力转移的有效办法,必须保持工农业和城乡协调发展;李克强、韩俊等以中国共产主义青年团中央委员会名义于 1999 年 8 月完成了 1996 年立项的国家社科重点项目《三元经济结构与中国现代化发展模式研究》,提出了中国传统经济中的二元结构特点决定了我国不能走从传统农业社会向现代社会直接转变的发展道路,而必须经历一个农业部门、农村工业部门与城市工业部门并存的三元结构时期,这种结构在中国已经形成。

(2) 21 世纪以来的城乡发展研究

近十多年来,国家对城乡发展差距问题的持续关注和城乡区域统筹发展战略的确立,直接促进了西部大开发背景下对于城乡差距状况、城乡发展失衡根源、城乡居民收入差距缩小、农村城市化/工业化、工业化、城市化与城乡制度创新、社会主义新农村建设、统筹城乡发展中的政府与市场、富余劳动力转移、城乡贫困、城乡边缘区发展、城乡公共服务均等化、城乡效率与公平、城乡要素市场一体化、大中城市与城乡结合部社会经济效益协同耦合等问题的理论与实证研究,特别是全国哲学社会科学规划办公室在不同年度分别资助立项国家重大委托/重点/一般/青年或自筹项目,就城乡发展问题进行宏观层面的理论与应用综合性、前瞻性、战略性指导研究。①

---

① 1993—2012 年的具体立项情况,可参见全国哲学社会科学规划办公室网站的历年资助项目历史资料,其网址为 http://www.npopss-cn.gov.cn/planning/yearxm.htm。

作为一种指导城乡发展的国家战略，城乡一体化的真正确立是在 2003 年中央农村工作会议上由胡锦涛正式提出来的。他指出："统筹城乡经济社会发展，就是要充分发挥城市对农村的带动作用和农村对城市的促进作用，实现城乡一体化发展"，"为了实现十六大提出的全面建设小康社会的宏伟目标，必须统筹城乡经济社会发展，更多地关注农村，关心农民，支持农业，把解决好农业、农村和农民问题作为全党工作的重中之重"。这些论断标志着"城乡一体化"战略地位的确立。在党的十六届四中全会上，胡锦涛又指出："农业是安天下、稳民心的战略产业，必须始终抓紧抓好。纵观一些工业化国家发展的历程，在工业化初始阶段，农业支持工业、为工业提供积累带有普遍性的趋向。但在工业化达到相当程度以后，工业反哺农业，城市支持农村，实现工业与农业、城市与农村协调发展，也是普遍性的趋向。"在 2005 年中央经济工作会议上，胡锦涛再次强调了"两个趋向"的重要论断，并且明确指出，中国现在总体上已到了以工促农、以城带乡的发展阶段。在党的十六届五中、六中全会上，党又旗帜鲜明地提出了"建设社会主义新农村"的论断，这又是"城乡一体化"战略思想的一次重大发展。

与此相应，2006 年以后的国家社科项目资助城乡一体化问题的专题研究则不断深入，西南财经大学经济学院杨继瑞的《我国城乡一体化进程中的土地集约与合理利用机制研究》，郑州大学刘荣增的《基于城乡统筹视角的城镇密集区发展演化机制与整合研究》，中共安徽省委党校经济学部王泽强的《统筹区域发展与区域协调互动机制研究》，复旦大学经济学院陆铭的《促进城乡和区域协调发展研究》，高帆的《中国城乡经济协调发展的理论阐释及实证研究》，中共重庆市委党校杨顺湘的《欠发达地区统筹城乡综合配套改革研究——以成渝全国统筹城乡综合配套改革试验区为例》，南开大学高雪莲的《统筹城乡基础设施建设和公共服务问题研究》以及中国人民大学孙久文的《走向 2020 年的我国城乡协调发展战略》，国务院发展研究中心课题组的《中国城镇化：前景、战略与政策》、'徐同文完成的《城乡 ·体化体制对策研究》等课题研究成果与论著是这 ·时期的代表。

"十二五"及未来时期，加快形成城乡一体化发展的新格局，统筹推进工业化、城镇化、农业现代化和新农村建设，推进城乡综合配套改革，破除城乡二元体制壁垒，加快建立以工促农、以城带乡的长效机制，促进公共资源在城乡之间均衡配置、生产要素在城乡之间自由流动，推动城乡经济社会发展融合，已成为中国各级政府和广大城乡人民的基本共识。特别是重庆和成都成为全国统筹城乡综合配套改革试验区、江苏常熟市成为国务院发展研究中心首个城乡一体化综合配套改革固定调研联系点、武汉城市圈建设与"长株潭"城市群、"两型社会"实验区获批等以来，东南沿海发达区域和内陆欠发达区域在实施城乡一体化实践中不断创新，各具代表性的城乡一体化模式颇具区域特色，这些都为我们在新时期探索城乡一体化与新型城乡形态的发展提供了宝贵的经验借鉴和重要启示。

2. 学术探讨层面自下而上的不同学科研究

长期以来，历史发展中所形成的"学以致用"的特有学术传统与学术理想，为中国在不同时期应对不同社会经济发展问题提供了重要社会资源和舆论氛围。回头翻检我们争吵激烈的中国近代思想史，可能只有梁漱溟、费孝通[①]两位先生真正埋头光顾过农村这个广阔的世界[②]，他们分别将推进乡村建设和城乡关系作为自己的终生课题加以思考和研究。始于1984年的中国城乡经济体制改革序幕全面拉开后，随着城乡经济迅猛发展和工业化进程大大加快，在不同学科领域层面国内学者对城乡协调发展展开了广泛的理论与实证研究，其主要研究内容多集中于城乡一体化发展的主体内容、发展目标、本质特征、动力机制、建设模式、规划实

---

① 通过查阅相关文献发现，梁漱溟（1893—1988）对农村社会研究方面的贡献在于提出以乡村建设复兴民族。他认为，中国是一个村落社会，民族自救的道路在于达到经济发展的组织化和政治进步的民治化，在于通过农村产业合作组织促进新式农业发展，在于人民政治意识和习惯的培养，在于农业工业自然均宜发展的乡村都市化，在于使社会重心从都市移植于乡村，培养乡村的力量。20世纪30年代，他在山东实践了乡村建设活动以推动自己这一理想的实现。参见梁漱溟《中国民族自救运动之最后觉悟》，中华书局1933年版，第333—338页；梁漱溟《中国民族之前途目次》，《村治月刊》1930年第6期；吴怀连《中国农村社会学的理论与实践》，武汉大学出版社1998年版，第1—51页。费孝通（1910—2005）对城乡关系研究方面的贡献在于提出认识中国问题的切入点在于认识农村和农民，认识到中国实质上是一个农民社会；城乡对立是病态，城乡本身是相辅相成的经济配合体，中国的目标在于重建城乡的有机循环和实现互相有利的配合；农业和乡镇企业如同母子关系，需要相互作用和依靠；农民在工业和农业之间还可以找到庭院经济的致富空间；小城镇是反哺农村区域经济的大问题，是缩小工农差别、发挥城乡经济的网络功能和促进城乡融合的纽带，等等。参见费孝通《江村经济——中国农民的生活》，江苏人民出版社1986年版；《生育制度》，商务印书馆1947年版；《费孝通文集》，群言出版社1999年版；《中国城乡发展的道路——我一生的研究课题》，中国社会科学出版社1993年版。

② 麦天枢：《中国农民：关于九亿人的现场笔记》，生活·读书·新知三联书店1994年版，第9页。

施等方面。① 20 世纪 90 年代以来，由国家和民间力量共同主导的体制转轨和经济结构变动，在促进城乡经济发展的同时，暴露了更多的诸如城乡之间收入、消费、教育发展和社会保障等多方面的公平问题，引起了更多社会经济学者对促进城乡协调发展的广泛而深刻的检讨，人们也在充满对"三农"问题的伦理关怀中形成了对中国城乡发展问题的系统而独到的理解与见解。总体上看，这些研究大致经历了改革开放后到 20 世纪 80 年代中后期的早期探索阶段、20 世纪 80 年代末期到 20 世纪 90 年代中期的多元主张争论阶段和 20 世纪 90 年代中期到 21 世纪以来的研究深入与实践推进阶段三个发展阶段。

针对城乡发展面临的现实环境和促进城乡协调发展的诸多困境，中国国内高校院所及相关科研机构、不同正式/非正式组织立足不同学科领域的理论基础，在国家战略导向下展开了自主性的积极探索和多元化的科学研究。特别值得一提的成果主要包括：1987 年中共中央党校国家经济体制改革委员会编纂的《城乡改革实践的思考》，重点讨论了中国城乡经济体制改革的思路，从如何完善市场体系的形成与发展过程中的企业机制入手，分析了温州的改革实践与农村商品经济的发展问题；1989 年骆子程的《城乡经济结合战略》一书，分"城乡关系　工农结合"、"城市　企业　企业家"、"农业　农村改革"、"地区经济战略"、"农业机械化"等部分，以河南省为案例，提出了城乡经济结合发展的基本内容和若干建议；1990 年，张福信所著的《城乡一体化发展决策理论与实践》，分析了城乡实现一体化的决策实施问题；费孝通的《城乡和边区发展思考》以论文集的形式提出农村经济发展的战略应该因地制宜、以多种模式缩小差距、减少贫困的观点；1992 年陈锡康则在《中国城乡经济投入占用产出分析》中利用"投入—产出"分析方法，讨论了城乡居民收入分配、工农业产品价格剪刀差、农业科研等内容，并编制了完整的中国城乡经济投入占用产出表；1992 年顾朝林出版了《中国城镇体系——历史·现状·展望》，对十多年来中国城市体系研究与实践进行了系统总结；1993 年韩俊在《中国社会科学》第 4 期上发表的《我国工农业关系的历史考察》认为，在传统体制下工农业之间一直未能建立起一

---

① 张伟：《试论城乡协调发展及其规划》，《城市规划》2005 年第 1 期。王景新等：《明日中国：走向城乡一体化》，中国经济出版社 2005 年版，第 67—70 页。

种均衡增长和良性循环的关系而导致二元经济结构凝固化，改革开放以来市场经济的引入促进了资源在两大产业间的合理配置，尤其是农村工业的崛起对工农关系进而对城乡关系协调发展具有重要作用，提出了通过深化体制改革、消除工农之间的壁垒、加速农产品和农业生产要素市场发育和实施农业保护政策的对策建议。中国人民大学李迎生在《中国社会科学》1993 年第 2 期上发表的《我国城乡二元社会格局的动态考察》中也有类似的分析与讨论。随后，课题组成员郭书田、刘纯彬出版了《失衡的中国》一书，指出我国基本国情为二元社会结构，二元社会结构就是以二元户籍制度为核心，包括二元就业制度、二元福利保障制度、二元教育制度、二元公共事业投入制度在内的一系列社会制度体系，并提出了二元结构与工业化、城市化的关系。1998 年，农业部政策研究中心农村工业化、城市化课题组在《经济研究参考资料》（第 4 期）上发表了调研报告《二元社会结构——城乡关系：工业化、城市化》，提出二元社会结构的概念，认为二元社会结构包括户籍、住宅、粮食供给、副食品供给、燃料供应、教育、医疗、就业、保险、劳动保护、婚姻、征兵等 10 余种制度，同时指出这些制度是判断农民和市民阶层的依据，两个阶层在政治、经济、社会等方面存在比较尖锐的矛盾，呼吁走出二元，进而走向现代的工业化与城市化。在 2001—2012 年，国内有关城乡一体化与统筹城乡发展问题的学术专著层出不穷，特别值得一提的成果主要有曾菊新的《现代城乡网络化发展模式》（2001 年），杨雍哲和段应碧的《论城乡统筹发展与政策调整》（2004 年），赵勇的《城乡良性互动战略》（2004 年），王良仟的《统筹城乡发展的理论与实践》（2005 年），王景新的《明日中国：走向城乡一体化》（2005 年），蒋华东的《统筹城乡发展的理论与方法》（2006 年），倪鹏飞的《中国新型城市化道路：城乡双赢——以成都为案例》（2007 年），李建建的《统筹城乡发展：历史考察与现实选择》（2008 年），黄坤明的《城乡一体化路径演进研究》（2009 年），衣芳的《中国城乡一体化探索》（2009 年），高志仁和周波合著的《城乡统筹发展与建设和谐社会》（2009 年），王伟光的《中国城乡一体化》（2010 年），黄小晶与骆浩文、苏柱华合著的《城乡发展比较》（2010 年），中国海南改革发展研究院的《“十二五”：城乡一体化的趋势与挑战》（论文集）（2010 年），程开明的《从城市偏向到城乡统筹——城乡关系演进特征研究》（2010 年），张宗益和任宏、刘贵文等编著的《新思路、新探索、新模式——重庆统筹城乡发展实践》（2011 年），程志强和潘晨光等编著的城乡统筹蓝皮书《中国城乡统筹发展报告》（2011 年），等等。这些成果普遍立足城乡经济发展的一般规律，从中国城乡经济发展的历史与现实出发，用不同的案例分析和实证研究分别提出了现阶段如何推进城乡一体化发展和促进城乡统筹协调的重要意义、基本思路、基本途径、国内外比较、制度创新、模式选择及政策建议等，极大地推动了这一领域研究的不断深入。

在城乡关系协调的动力机制方面，国内大多学者都认识到城乡协调发展的动力因素有两种最基本的模式：自上而下型和自下而上型。早在 20 世纪 80 年代末，许学强先生在研究沿海开放地区时认为城乡协调的动力因素有计划经济体制（自上而下型）、乡镇企业（自下而上型）和外向型经济[1]；也有学者特别强调来自城市的作用力，认为城乡协调发展的动力是大城市的向心力和离心力[2]；有学者根据我国城市化的新动态，特别研究了"自下"的动力：张庭伟在 1983 年提出了自下而上城市化的概念并分析了自"下"的机制[3]；崔功豪等在肯定了小城镇为主体的农村城市化的作用下，探讨了这种自下而上的城市化过程和它的运行机制[4]；有学者特别强调外资在城乡协调中的作用：薛凤旋认为珠江三角洲的城市化是外资影响下的城市化，并称之为"外向型城市化"[5]；宁越敏从政府、企业、个人三个城市化主体的角度分析了 20 世纪 90 年代中国城市化的动力机制和特点，认为多元城市化动力替代以往一元或二元城市化动力[6]。还有学者归纳城乡相互作用的动力学机制为自上而下的扩散力机制，自下而上的集聚力机制，外资注入的驱动力、自然生态动力或自上、自下、外引、内联动力机制[7] 在城乡统筹和新型城市形态方面，李慧芳认为：一方面，城乡统筹是新型城市形态缘起的一个重要社会背景；另一方面，新型城市形态

① 许学强、胡华颖：《对外开放加速珠江三角洲市镇发展》，《地理学报》1988 年第 3 期。
② 石忆邵、何书金：《城乡一体化探论》，《城市规划》1997 年第 5 期。
③ 张庭伟：《对城市化发展动力的探讨》，《城市规划》1984 年第 5 期。
④ 崔功豪：《中国自下而上城市化的发展及其机制》，《地理学报》1999 年第 2 期。
⑤ 薛凤旋：《外资：发展中国家城市化的新动力》，《地理学报》1997 年第 3 期。
⑥ 宁越敏：《新城市化进程——90 年代中国城市化动力机制和特点探讨》，《地理学报》1998 年第 5 期。
⑦ 张安录：《城乡相互作用的动力学机制与城乡生态经济要素流转》，《城市发展研究》2000 年第 6 期；曹广忠：《发达地区县域城市化水平量测与城市化道路选择》，《经济地理》2001 年第 2 期。

则为城乡统筹的实施设定了一种发展规范，由此，可以认为二者之间是互为因果和互为表里的。① 在这里，城乡一体化需要促使农民转型，即转为新型城市形态的建设主体，其主体性表现为可以平等地获得利益分配，这种平等性主要取决于市场机制的调配；尽管新型城市形态的各个建设主体仍然存在着差异性，即分工上的不同，但这种差异是在保证公民拥有平等权利的前提下存在的；同时，包括农村居民在内的城市建设合力拥有物质上的保障，即在公平和效率并重的原则下最终达到城乡共同富裕。

不仅如此，关于城乡协调发展的其他相关论文②成果也纷繁多样。例

① 李慧芳：《新型城市形态之缘起及其视阈下的城乡统筹》，《牡丹江大学学报》2011 年第 12 期。
② 这些论文主要包括：刘华玲：《二元经济结构的突破与城乡一体化发展》，《文史哲》1999 年第 4 期；肖梦：《城市郊区和城市》，《农业经济》1992 年第 2 期；石忆邵：《城乡一体化探论》，《城市规划》1997 年第 5 期；张占耕：《都市农业是城乡工农融合过程中的农业形态》，《学术月刊》1998 年第 11 期；杨培峰：《城乡一体化系统初探》，《城市规划汇刊》1999 年第 2 期；周一星：《中国大城市的郊区化趋势》，《城市规划汇刊》1998 年第 3 期；杨荣南：《关于城乡一体化的几个问题》，《城市规划》1997 年第 5 期；刘君德：《上海郊区乡村—城市转型与协调发展》，《城市规划》1997 年第 5 期；杨长明：《当代中国城郊发展问题及其管理研究》，《社会科学战线》1999 年第 1 期；史育龙：《Desakota 模式及其对我国城乡经济组织方式的启示》，《城市发展研究》1998 年第 5 期；《宝山城乡一体化研究》课题组：《宝山城乡一体化研究综合报告》，载于《宝山年鉴—1992》，上海科学普及出版社 1992 年版；《城乡一体化发展》课题组：《关于城乡一体化发展问题的研究》，载于《陕西农村改革与发展》，陕西人民教育出版社 1992 年版；《城乡一体化》课题组：《城乡经济融合中的几个问题》，《农业经济》1992 年第 1 期；沙立岗：《关于城乡一体化的理性思考》，《求是》2000 年第 24 期；石忆邵：《关于城乡一体化的几点讨论》，《规划师》1999 年第 4 期；冯雷：《中国城乡一体化的理论与实践》，《中国农村经济》1999 年第 1 期；赵燕菁：《理论与实践：城乡一体化规划若干问题》，《城市规划》2001 年第 1 期；李同升：《城乡一体化发展的动力机制及其演变分析——以宝鸡市为例》，《西北大学学报》（自然科学版）2000 年第 3 期；朱瑞华：《沪郊进入城乡一体化发展阶段》，《解放日报》2002 年 4 月 3 日；朱磊：《城乡一体化理论及规划实践》，《经济地理》2000 年第 3 期；王振亮：《城乡一体化的误区》，《城市规划》1998 年第 2 期；崔文：《北京的二元结构与城乡一体化》，《城市问题》1999 年第 5 期；张叶：《小城镇发展对城乡一体化的作用》，《城市问题》1999 年第 1 期；巫荣安：《城镇建设与农业园相结合：促进城乡一体化发展》，《小城镇建设》2002 年第 1 期；刘斌：《寻找城乡一体化足迹》，《解放日报》2002 年 6 月 16 日；应雄：《城乡一体化趋势前瞻》，《浙江经济》2002 年第 13 期；陈光庭：《城乡一体化概念的历史渊源和界定》，http：//www. bjpopss. gov. cn/2002 - 12 - 14；洪银兴、陈雯：《城市化和城乡一体化》，《经济理论与经济管理》2003 年第 4 期；王维工：《上海城乡一体化战略研究——总体构想：战略目标与方针原则》，《上海经济》2002 年第 12 期；陈加元：《深化城乡一体化认识提升城市化水平》，http：//www. zei. gov. cn/zjeco/2003 - 11 - 16；顾益康：《全面推进城乡一体化改革——新时期解决"三农"问题的根本出路》，《中国农村经济》2003 年第 1 期；盛世豪：《统筹发展开辟城乡一体化新途径》，http：//www. zei. gov. cn/zjeco/2003 - 10 - 11；周天勇：《质疑"城乡一体化"和"乡村工业化"》，《中国经济时报》2001 年 7 月 27 日；吴永兴：《上海市城乡一体化建设发展战略探讨》，《经济地理》1997 年第 1 期；朱先良：《对推进城乡一体化的思考》，《萧山日报》（转下页）

如，社会学领域研究者通过不同视角分析提出，城乡一体化是打破相互分割的城乡壁垒、逐步实现生产要素合理流动和优化配置、促进生产力在城乡之间合理分布、推动城乡经济社会紧密结合与协调发展的必经途径；资源环境与生态学领域学者根据区域生态群落的合理分布规律，构建了城乡区域生态经济良性平衡系统的理论框架；城市地理及规划学者则根据城乡社会发展的内在要求，提出不同的促进城乡可持续发展的模式、自然—社会—经济复合系统发展变化的互动机制。现实表明，这些观点是基本正确的，而且大部分都已实施或正在实施。

（二）简短评价

综观现有成果，可以发现国内就城乡一体化问题的理论与实证研究，主要是建立在城乡结构功能优化论、城乡劳动地域分工论、城乡区域相互依赖理论、城乡区域规划布局论、城乡竞争合作与可持续发展理论、城乡系统自组织理论及新古典视角中的城乡制度创新发展等理论基础之上，其研究经过了由城乡区域/系统内部之间协调延伸到内外部协调兼顾以及侧重于外部协调的思想演变历程，与中国城乡经济发展与改革的方向基本吻合。随着城乡形态的演变、政府与市场力量综合作用下的城乡一体化推进，国内就城乡一体化所涉及的诸多问题，如：如何反思评析产生城乡分离与对立的根源？城乡不协调对"三农"问题背景下中国经济社会发展造成的危害何在？如何消除城乡分离与对立进而实现城乡一体化？促进城乡一体化需要哪些方面的制度保障和政策供给？城乡一体化的微观基础何在？当前农村在尚未完成城市化、市场化的背景下应该如何推进新型工业化？如何跨学科从社会、生态、环境、制度、文化等多个视角全面分析和系统审视城乡一体化发展？等等，一般散见于对其他相关问题的研

（接上页）2003 年 9 月 13 日；张占耕：《在推进城乡一体化建设中维护郊区社会稳定研究》，《经济研究参考资料》2003 年第 86 期；徐晓军：《城乡一体化的社会保津体系建设探讨》，http：//www.ccrs.org.cn/big/2003 - 12 - 16；潘永江：《中国城市化进程与城乡一体化发展》，《现代经济探讨》2001 年第 2 期；陈东琪：《中国二元结构转换：对策思路》，《宏观经济研究》2002 年第 2 期；陈家宝：《城乡一体化进程中的资源整合与对接——南京市城乡"二元结构"成因及其对策实证分析》，《中国农村经济》2002 年第 10 期；王碧峰：《城乡一体化问题讨论综述》，《经济理论与经济管理》2004 年第 1 期；曾磊：《我国城乡关联度评价指标体系构建及区域比较分析》，《地理研究》2002 年第 6 期；段娟：《我国区域城乡互动与关联发展综合评价》，《中国人口·资源与环境》2005 年第 1 期。

究之中，而针对城乡一体化进程中的新型城乡形态进行专题重点研究的并不多见。

城乡一体化战略思想是伴随着建设中国特色社会主义的实践逐步确立起来的，也是中国共产党把握经济社会发展规律、总结其他国家发展的经验教训、批判借鉴各种发展理论的产物。新中国成立初期，由于中国城乡居民可以自由流动和迁徙，国家提倡工农联盟、城乡互助，因而城乡关系还没有出现问题，国内学者对城乡关系的研究总体上是以政策性应用研究为主的。这些研究的一个重要特点，就是不同程度地受到 20 世纪 20 年代前苏联那场以布哈林为代表的"协调发展派"和以普列奥布拉任斯基为代表的"超工业化派"之间的著名的工业化论战的影响。① 改革开放以来，中国的城乡发展差距急剧扩大，城乡关系日益成为一个不能回避的研究领域，并在理论研究中先后形成了城乡协调配套改革主张、城乡良性互动主张和统筹城乡发展及构建和谐社会等政策主张。

随着城乡经济社会改革和发展的深入，进入 21 世纪后的中国城乡二元结构已经发生了重大变化，城乡区域出现了诸多新特征、新情况和新问题，国家先后出台了一系列优惠政策，在城市群地区开展国家综合配套改革的先行试验：珠三角城市群、长三角城市群、京津冀都市圈等先后纳入国家重点发展区域率先加快发展；成—渝城市群于 2006 年被国家批准为城乡统筹综合配套改革试验区；长株潭城市群和武汉城市圈于 2007 年被国家批准为建设资源节约型社会和环境友好型社会的综合配套改革试验区；南北钦防城市群于 2008 年被国家批准为重点发展区域，等等。这些城市群的先行先试建设与其对区域性城乡一体化的促进效应，将为更大范围内的国家城乡一体化提供丰富的实践经验，这恰恰为本书提供了重大挑战和难得机遇，也构成本书的基本借鉴。

二　国外研究进展与述评

从人类发展历史来看，任何国家和经济体在与其工业化、城市化推进相伴随的经济发展过程中，都会遇到城乡发展的非均衡与城乡发展差距的扩大这两大问题，城乡关系的演进趋势普遍表现为由城乡隔绝、城

---

①　赵勇：《城乡良性互动战略》，商务印书馆 2004 年版，第 24 页。

乡对立到最终的城乡融合或城乡一体化，并且城乡之间这种不同的发展关系随着经济发展水平与经济阶段的不同而存在差异。查阅现有的国外研究文献，可以发现不同领域的研究者重点从城乡线性关系出发来考察发达国家和发展中国家在不同发展阶段的城乡发展与规划问题，并且形成了相当丰富的研究结论，如发展经济学中的二元结构理论、核心—边缘发展理论、城市经济学中的城市空间扩散理论和城乡边缘区理论。但从总体上看，现行城乡发展的理论模式主要有代表性的三类，即以空间极化理论为代表的城市发展观、以激进的或新马克思主义发展论为代表的农村发展观、以城乡一体化理论为代表的城乡均衡发展观。这三类理论研究成果是本书的理论基石，也是我们在城乡一体化背景下分析新型城乡形态的重要依据。

（一）文献综述与研究进展

1. 经济学领域的城乡发展研究

产业革命以前，城市与乡村的经济性质并未彻底改变；机器大工业的产生，撕裂了"农业和工场手工业的原始的家庭纽带[①]"，出现严重的城乡分化，城乡二元结构明显，城乡发展的相关研究初步彰显。西方经济思想史表明，最早将"二元结构"概念运用于分析人类社会经济现象的是荷兰经济学家和社会学家伯克，他在对荷兰政府于 1860 年企图在其属地东印度推行经济自由政策而遭失败的反思中发现，当时的印尼社会是一个典型的二元结构社会——殖民主义输入的现代"飞地经济"与资本主义社会以前的传统社会并存。换句话说，长期以来城乡发展问题并没有进入传统的新古典经济学。在完全市场竞争和信息充分的严格假定下，它只是专注于研究资源配置的价格理论，无须考虑城乡差别及其相互关系。[②] 瑞典经济学家俄林从区域分工和贸易出发分析了生产要素价格和商品价格的均等化趋势最终会导致区域差异的消失，可以隐约发现对于城乡贸易的区域均衡分析思想。

对于以研究发展中国家经济发展问题的发展经济学，城乡发展问题

---

① 中共中央马克思恩格斯列宁斯大林著作编译局：《马克思恩格斯全集》第 46 卷（上），人民出版社 1979 年版，第 480 页。

② 赵勇：《城乡良性互动战略》，商务印书馆 2004 年版，第 16 页。

是其最为重要的研究内容，它探讨了发展中国家在经济发展过程中普遍面临的城市化与工业化、结构变迁、乡—城劳动力转移、资本积累、技术选择、环境污染、生态恶化、人口增长及变化等一系列重要问题，形成了基本的理论分析框架。其基本结论是，二元经济结构是绝大多数发展中国家的共同特征，城乡二元结构一方面体现在城市和乡村社会的差别，另一方面体现在城市是现代化工业的聚集地，而乡村则是传统农业发展的场所。现代城市部门与传统的乡村农业部门并存，据此可形成二元经济结构发展模型。这一理论用二元结构解释了经济发展过程中的城乡工农关系以及二元经济向一元经济的转换。在这一领域，经典性的成果主要包括 1954 年刘易斯在其《劳动力无限供给下的经济发展》中提出的"二元经济"（Dual Economy）模型与城乡劳动力转移问题研究[①]。20 世纪 60 年代，费景汉和拉尼斯在运用微观经济学基本理论和计量经济学方法的基础上，构建了费景汉—拉尼斯二元经济结构模型[②]，揭示了二元经济发展中劳动力配置的全过程。此后，乔根森模型对刘—费—拉尼斯模型的农村富余劳动力转移的假设提出质疑，并试图在一个纯粹新古典主义框架内探讨工业部门的增长是如何依赖于农业部门的发展的[③]。哈里斯—托达罗为了解释普遍存在于很多欠发达国家广泛的城市失业情况下由乡村向城市移民的持久性，而首先在 1970 年提出了发展经济学中的一个具有启发意义的思想[④]哈里斯—托达罗假说，即发展农村经济，提高农民收入是解决城市失业和"城市病"及"农村病"的根本途径[⑤]。正如吉利斯在说明城乡关系时所指出的："如果工业化不是万灵药，那么农村发展也不是。它们相互需要，缺一不可，如果不平衡增长过头，就会受到损害。[⑥]" 1957 年，缪尔达尔在《经济理论和不发达地区》一书中提出的

　　① 毕世杰：《发展经济学》，高等教育出版社 1999 年版，第 137—142 页。
　　② 李晓澜、宋继清：《二元经济理论模型评述》，《山西财经大学学报》2004 年第 1 期。
　　③ 毕世杰：《发展经济学》，高等教育出版社 1999 年版，第 145—147 页。
　　④ 李晓澜、宋继清：《二元经济理论模型评述》，《山西财经大学学报》2004 年第 1 期。
　　⑤ ［美］马尔科姆、吉利斯：《发展经济学》，中国人民大学出版社 1998 年版，第 222—224 页。
　　⑥ 张国：《中国城乡结构调整研究——工业化过程中的城乡协调发展》，中国农业出版社 2002 年版，第 12 页。

"地理上的二元结构①"，利用"扩散效应"和"回流效应"概念，指出城乡的诸多差异会产生进而引起"累积性因果循环"，导致城市区域发展更快，乡村区域发展更慢（乡村发展陷入纳克斯描述的"贫困的恶性循环"），使城乡差异在逐步增大中出现"马太效应"，最终在空间组织结构上呈现埃及发展经济学家阿明在《世界范围的积累》中所谓的"中心—外围"结构。在此基础上，赫希曼进一步提出了"极化效应"与"涓流效应"。20 世纪 70 年代，米尔顿·桑尔顿对计划理论做了归纳性总结：城市与农村处于两个不同的经济循环层次，城市高级循环与农村低级循环二者是相互补充、相互竞争的关系。由此我们可以看出二元经济模型理论的一些显著特征：一是不对称性是各个模型探讨的中心问题；二是要素和产品市场的不对称性是区别不同的二元经济模型的一个重要特征；三是关于要素流动性的假设各不相同。以上关于城乡发展问题及其二元到一元的结构转化，可以借鉴的理论比较成熟，此处不再赘述。

2. 非经济学领域的城乡发展研究

自近代工业革命以后，西方城市学者和社会学者面对社会发展普遍出现的城市居住拥挤、交通不便、环境污染等问题，就城乡关系研究领域均提出了城乡协调发展的观点。早期的理论研究主要以重农主义学者鲍泰罗为代表，他在《城市论——论城市伟大之原因》中特别研究了农业生产与城市发展的关系，其结论后来发展成为城市化研究的一个重要前提。随后，杜能于 1826 年在《孤立国同农业和国民经济的关系》一书中，树立了城乡联系研究的一个典范。18 世纪以后，城市普遍受到古典经济学家的重视，亚当·斯密在《国民财富的性质和原因的研究》中提出，要先增加农村产品的剩余，才谈得上增设城市。其后，马克思将古典经济学的城市研究推向了新的高度。20 世纪以来，城市经济学和社会学者从经济、社会、地理、环境、人口、生态等不同角度，在探讨农村城市化过程中形成了众多研究成果。拉塞尔·史密斯 1925 年发表的《北美：人口、资源、发展及其作为工业、

---

① 谷书堂：《社会主义经济学通论——中国转型期经济问题研究》，高等教育出版社 2000 年版，第 614—616、630 页。

商业地区大陆的发展前景》是研究城市与乡村相互关系最为优秀的著作之一。[①] 总体上来看，这一领域比较有影响且对笔者有较大参考价值的理论主张先后主要包括 16 世纪乌托邦思想的倡导者们（主要是摩尔、傅立叶）所提出的城市与乡村协调发展模式、马克思主义的城乡融合思想[②]、1898 年英国人霍华德提出的田园城市（garden city）理论[③]、沙里宁在他的著作《城市：它的发展、衰败和未来》中提出的有机疏散理论[④]与 1918 年芬兰大赫尔辛基方案、1932 年赖特提出的思想[⑤]与其《宽阔的田地》中广亩城设想[⑥]、美国著名城市地理学家芒福德德城乡结合理论主张[⑦]、加拿大著名学者麦基通过 30 多年对亚洲许多国家和地区的社会经济发展实证研究而提出的 desakota（意为城乡边缘区）空间模式[⑧]、狄更生的三地带论以及 20 世纪 50 年代托马斯和库恩的城市地域结构论[⑨]。

不仅如此，空间理论在农村城市化问题的研究中，主要分析了城市与农村的相互关系及转变趋势。20 世纪 90 年代，日本著名学者岸根卓郎提出了城市与乡村融合的概念，设计了理想的城乡融合系统。从系统论的角度分析了城乡关系的还有亭德利克·福姆和简·奥斯特海温，他们主要分析了区域网络化系统的空间非均衡成长途径。[⑩] 这种研究是在 20 世纪 80 年代，西方国家的产业结构及全球的经济组织形式发生了巨大的变化背景下产生的，对城市与乡村之间的整体关联具有更多的指导意义。地理学家罗宾桑和格林强调乡村景观的生态、历史和文化价值，从乡村景观的角度指出，影响乡村景观的主要因素表现在城市与工业的扩张上。此外，格林还通过 1947 年英国的城乡

---

① 赵勇：《城乡良性互动战略》，商务印书馆 2004 年版，第 17—19 页。
② 中共中央马克思恩格斯列宁斯大林著作编译局：《马克思恩格斯全集》第 1 卷，第 223 页；第 2 卷，第 322、303、408 页；第 3 卷，第 57 页；第 4 卷，第 368 页；第 23 卷，第 390、552 页；第 46 卷，第 494 页；《列宁全集》第 23 卷，人民出版社 1979 年版，第 358 页。
③ 孙久文：《区域经济规划》，商务印书馆 2004 年版，第 22—25 页。
④ 陈友华、赵民：《城市规划概论》，上海科学技术文献出版社 2000 年版，第 74、75 页。
⑤ 孙久文：《区域经济规划》，商务印书馆 2004 年版，第 26、27 页。
⑥ 陈友华、赵民：《城市规划概论》，上海科学技术文献出版社 2000 年版，第 76—78 页。
⑦ 郝寿义、安虎森：《区域经济学》，经济科学出版社 1999 年版，第 404、405 页。
⑧ 同上书，第 395—399 页。
⑨ 范磊：《城乡边缘区概念和理论的探讨》，《天津商学院学报》1998 年第 3 期。
⑩ 朱东风：《国外城乡统筹理论与村镇建设经验对江苏的启示》，《浙江区域经济》2004 年版。

规划条例，指出规划好城乡区域中建设区与保护区的必要性，对城乡一体关系进行了有益的规划应用。①

(二) 简短述评

综观以上理论，它们多是在发达国家城乡发展失衡问题并不明显的条件下创立的，且把城市与乡村分离开来研究，这对发展中国家经济社会发展进行指导的针对性明显不足。同时，西方城市发展观和增长正统论（即主张优先发展制造业实现都市化）一直占据研究主流，导致城市学者和社会学者的诸多研究，都是站在城市的角度研究城乡规划、发展、布局问题和以城市为中心的社会发展进步问题，没有将城乡关系纳入明确的分析框架，没有跳出城市并站在更加广阔的视野下研究城乡一体化进程中的新型城乡形态。

尽管在处理城乡发展的实践方面，以色列的村庄布局、韩国新村运动、日本的造村运动、英国农村地区的中心村建设等实践在其发展过程中都较好地处理了本国的城乡发展问题。② 但是，国际上其他的发展中国家实际国情千差万别，即使与那些具有重大参考价值的国家如墨西哥、泰国、印度、巴西等国相比，中国的城乡一体化在其演变过程、推进机理、应采取的对策措施等方面都具有很大的特殊性。当我们面对这一特殊问题时，可能无法也不能够将现成的结论从国外照搬。显然，国际的理论进展和实践发展虽然对中国城乡一体化进程中的新型城乡形态研究有很大参考价值，但不能直接应用到中国的具体实践中来。

城市化的发展正在对经济全球化时代的中国与世界产生深远的影响。③ 当今时代，对于城乡一体化发展的探讨并非仅限于学术领域，各国政府、社会团体和科研院所都非常关心这一现实性、战略性的重大问题。在逐步改变城乡二元结构方面，尽管中国城乡发展在不同时期的不同国家战略指导下经历了漫长、曲折和起伏的渐进道路，城乡发展逐步呈现多样化、协调化的趋势，但是由于城乡协调发展问题涉及国计民

---

① 张伟：《试论城乡协调发展及其规划》，《城市规划》2005 年第 1 期。

② 张国：《中国城乡结构调整研究——工业化过程中的城乡协调发展》，中国农业出版社2002 年版，第 55 页。

③ 方创琳：《改革开放 30 年来中国的城市化与城镇发展》，《经济地理》2009 年第 1 期。

生、社会进步和现代化建设的方方面面，这就要求我们必须从综合角度出发，认真思考诸如国内外城乡一体化的差异何在、大量农村人口涌向城市[①]对农村意味着什么、新时期中国城乡一体化发展如何走自己的路等现实性的紧迫问题，并用科学发展观审视城镇建设和新农村建设的客观规律，有区别、有重点、有先后时序安排地走符合国情、区情的城乡一体化道路，不断完善城乡区域在国民经济整体中的综合功能，引导城乡实现可持续发展。中国农村之大、人口之多、城乡问题之复杂，恐怕没有哪一个国家可以与之相比。外国城乡建设有中国可以借鉴之处，但都不可以简单模仿；中国城乡发展不能走美国式道路，更不会走拉美或印度的路子。现实的需要与国外理论研究的不足之处，正是本书研究的重大机遇所在。

第二节　城乡形态问题研究述评

在认识与改造世界发展的历史实践中，人类较早地采用了对事物形态问题进行分析研究的普遍方法。[②] 同样，城乡形态研究的思想萌芽，早在东西方古代社会就已出现。但是，将形态应用于分析城乡发展问题，则是随着城市的形成以及人们对城市研究的兴起而逐步被引入的。通过城市形态及其演变历程，人们将城市置于特定时空条件下做剖析，用分析的方法探索城市如何形成、怎样发展和变迁趋势如何等问题，从而形成对城乡发展演变的一般规律性认识。由于城乡形态演变直接关系到城乡发展路径、城乡规划、城乡结构转变及空间布局优化等实践性极强的问题，因此，对经济地理、区域规划等实践工作者来讲，城乡形态演变发展已经成为一个熟知热闻的基本命题。

---

① 据《环球时报》2010 年 8 月 27 日《世界村庄：几家荒废几家旺》的文章称，中国农民工群体在 2009 年的规模已达到 2.11 亿人，这一数据与中国农民工问题研究总报告提供的数据基本一致。中国人民大学农业发展学院教授周立认为，2050 年前中国还会有 3 亿—4 亿农村人口到城市，而且那时中国仍然是世界上最大的农业国，农村人口数量仍然超过美国人口总和。

② 这一判断基于来源于希腊语 Morph（构成）和 Logos（逻辑）的"形态"一词，即哲学中讲的形式的构成逻辑之意。

一 国内研究进展与述评

(一) 文献综述与研究进展

在中国较长历史时期的封建社会，很早就出现了类似城市规划的宗教思想，这些思想使人们对外部环境怀有敬畏的态度，由此产生许多布局合理的聚落形态。当时，城镇作为特定功能的综合系统，其形态深受中轴、对称、方正、高低与大小等级等皇权思想的影响。近代以来，东南沿海沿河的城镇形态仍然以传统的规划及建设范式主导，并附加殖民地特征。随着新中国成立后城市形态的自主性巨大转变，有关城市形态的研究成果零星出现。由于与西方先行的工业化国家相比，中国整体上的城乡现代化起步较晚。因此，真正意义上的规范研究大约始于 1980 年后的改革开放。基于城乡本身的特征识别与发展态势，国内对城乡形态问题的不同学科研究主要集中在城市形态和乡村聚落形态两方面。

1. 城市形态问题研究

有关中国现代城市形态的研究，最早是由一些西方学者在城市结构模式的深刻影响下，从理论对比的角度进行的若干解释性研究。例如，1979 年中国香港学者罗楚鹏曾提出中国城市内部结构的解释性模型，即由 4 个同心圆组成的城市地域结构：老城核心区、工业—居住单元、绿带等开敞空间和食品、农作物和加工工业区。[①] 该模型主要是从城市内部社会服务中心配置体系角度来探索城市内部空间结构及其布局形态的，没有对不同性质和规模的城市在空间结构上的差别进行解释。中国的城市形态研究多侧重于宏观层面，中观和微观层次的研究在近 20 年来才逐步增多。最为显著的标志是大约在 1980 年以后，随着改革开放的不断深化，中国城市化不断加速推进，这一时期城市规划、地理学、建筑学等领域的学者纷纷关注城市形态的研究，直接导致 1990 年以来国内对城市形态的研究成果大量涌现，主要涉及对城市形态的概念界定、演变模式、空间布局、结构优化和动力机制分析以及演变规律探讨等方面。21 世纪以来，中国城乡也不同程度地融入全球一体化与信息网

———————————

① 周春山：《城市空间结构与形态》，科学出版社 2007 年版，第 184 页。

络化，因此学者们对城市形态的研究更加关注外部因素的影响，研究方法上也逐步趋于定量分析和微观解剖。在新型城市形态研究方面，李慧芳概括了新型城市形态的整体特征、共联机制和发展理念①，即新型城市形态是由那些能够产生或形成某种整体形象特征的基本构成要素构成，包括城市各组成部分的空间结构、保证城市运行的各种功能机制、城市的整体精神面貌和由属于不同领域或范畴各种要素相互作用所构成的城市发展共同联系机制，因此，新型城市形态不仅是一种发展理念，更是一种具体的实际运行机制和建设内容。

在以上理论探索的过程中，代表性的研究内容主要集中在城市内部结构和外部形态、城乡边缘区与郊区化、都市区（圈）及城市群（带）、城市形态演变成长的动力机制、城市形态演化的政治经济社会与文化制度因素、城市形态演变的规律、特定区域城市规范与实证分析、城市空间形态方法论研究、城市形态的多学科交叉综合研究等方面。围绕以上不同内容，国内出现了非常丰富的代表性论著，主要成果包括：朱锡金进行的中国城市空间形态研究②；崔功豪的关于城市边缘区用地转化规律、人口特性、社会特性、经济特性、土地使用、地域空间形态、长江中下游城市带的形成的系统研究③；武进的城市外部形态类型研究④；顾朝林的大城市的空间增长形态及发展规律研究⑤；胡俊的中国现代城市空间结构基本模式、内外部形态研究⑥；王建国提出的基地分析、心智地图、标志性节点空间分析、序列视景分析、空间注记分析、空间分析辅助技术、电脑分析

① 李慧芳：《新型城市形态之缘起及其视阈下的城乡统筹》，《牡丹江大学学报》2011年第12期。
② 朱锡金：《上海郊区特色风貌构造说》，《上海城市规划》2006年第3期；朱锡金：《21世纪人类生态住区规划述要》，《城市规划汇刊》1994年第5期。
③ 崔功豪：《当前城市与区域规划问题的几点思考》，《城市规划》2002年第2期；崔功豪：《中国城镇发展研究》，中国建筑工业出版社1992年版；崔功豪：《城市地理学》，江苏教育出版社1992年版；崔功豪：《区域分析与规划》，高等教育出版社1999年版；崔功豪：《区域城市规划》，中国建筑工业出版社2004年版。
④ 武进：《中国城市形态》，江苏科学技术出版社1990年版；武进、马清亮：《城市边缘区空间结构演化的机制分析》，《城市问题》1998年第2期。
⑤ 顾朝林：《中国高技术产业与园区》，中信出版社1998年版；顾朝林：《集聚与扩散——城市空间结构新论》，东南大学出版社2000年版；顾朝林：《经济全球化与中国城市发展》，商务印书馆1999年版；顾朝林、柴彦威、蔡建明：《中国城市地理》，商务印书馆1999年版。
⑥ 胡俊：《中国城市：模式与演进》，中国建筑工业出版社1995年版。

技术等 7 种城市形态的分析方法①；姚士谋、帅江平的中国城市土地有偿使用和房地产开发、高新区的出现所带来的城市形态变化研究②；张宇星运用分形理论方法对城市和城市群形态的空间特性研究；陈勇对重庆南开步行商业街空间指标评价体系的实证研究；周一星关于典型城市郊区化特征及其中西方对比研究③；由南京大学完成的国家自然科学基金重点课题"沿海城镇密集地区经济、人口集聚与扩散的机制和调控研究"（1997年）；由清华大学、同济大学、东南大学联合完成的国家自然基金重点课题"发达地区城市化进程中建筑环境的保护与发展"（1997 年）；张京祥对城镇群体空间的综合研究④；相秉军对苏州城市道路、边沿、区域、节点、标志等五个城市形象要素的整体空间形态实证分析⑤；段汉明提出的"城市体积形态"概念和测定方法⑥；杨山对无锡市形态扩展的空间差异象限分析⑦；叶俊对城市形态与城市增长的内在自组织、自相似和分形生长能力的普遍规律性研究⑧；吴良镛在编制《京津唐地区城乡空间发展规划》时提出的"交通轴＋城镇组团＋生态绿地"的发展模式及塑造区域人居环

①　王建国：《城市设计》，东南大学出版社 1999 年版；王建国：《常熟城市形态历史特征及其演变研究》，《东南大学学报》1994 年第 11 期。

②　姚士谋：《中国的城市群》，中国科学技术大学出版社 1992 年版；姚士谋、帅江平：《中国用地与城市增长》，中国科学技术大学出版社 1995 年版；姚士谋、刘塔：《外向型经济与开发区建设综论》，中国科学技术大学出版社 1994 年版。

③　周一星：《城市地理学》，商务印书馆 1997 年版；胡序威、周一星、顾朝林等：《中国沿海城镇密集区聚集与扩散研究》，科学出版社 2000 年版；周一星：《沈阳的郊区化——兼论中西方郊区化的比较》，《地理学报》1997 年第 4 期；周一星：《中国大城市的郊区化趋势》，《城市规划汇刊》1998 年第 3 期。

④　张京祥：《城镇群体空间组合》，东南大学出版社 2000 年版；张京祥、崔功豪、朱喜钢：《大都市空间集散的景观、机制与规律——南京大都市的实证研究》，《地理学与国土研究》2002年第 3 期；张京祥、崔功豪：《区域与城市研究领域的拓展：城镇群体空间组合》，《城市规划》1999 年第 6 期；张京祥：《试论行政区划调整与推进城市化》，《城市规划汇刊》2002 年第 5 期；张京祥、邹军等：《论都市圈地域空间的组织》，《城市规划》2001 年第 5 期。

⑤　相秉军：《苏州古城街坊的保护与更新》，《城市规划汇刊》1997 年第 4 期；相秉军：《苏州古城街坊改造的实践探索》，《城市规划汇刊》1999 年第 2 期。

⑥　段汉明：《城市体积形态的测定方法》，《陕西工学院学报》2000 年第 1 期；段汉明、陈兴旺：《"一线两带"建设与关中城镇群的双向促进机制研究》，《人文地理》2005 年第 6 期；段汉明、张刚：《西安城市地域空间结构发展框架和发展机制》，《地理研究》2002 年第 5 期。

⑦　杨山：《无锡市形态扩展的空间差异研究》，《人文地理》2001 年第 3 期。

⑧　叶俊：《分形理论在城市研究中的应用》，《城市规划汇刊》2001 年第 4 期。

境新形态的主张①，王青对太原市城市边缘区近 40 年的动态变化所进行的尝试性定量分析②，龚清宇结合经济全球化导致城市结构变化、文化趋同性、城市面貌雷同等提出的保持大城市结构多样性的紧凑型城市形态设想③；熊国平、杨东峰、于建勋等人对 20 世纪 90 年代以来中国城市形态演变的基本总结与评价性研究④，等等。与此相应，有关城市形态及其与所涉及的内容相关的论著也先后发表和出版。⑤

现有研究成果及其各自的差异启示我们，城市形态的研究只有不断走向细化和深化，逐步从静态的现实描述转向动态的过程分析，注重多种因素对于城市物质结构的全面影响，才能增强城市形态研究的理论强度和科学性，也才能对我们推进城乡一体化提供理论基础。就国内研究来说，城市形态的研究主要包括对城市发育机制、结构形态及其与政治经济的相互

①　吴良镛：《城市地区理论与中国沿海城市密集地区发展》，《城市规划》2003 年第 2 期；吴良镛：《大北京地区空间发展规划遐想》，《北京规划建设》2001 年第 2 期；吴良镛：《城市地区理论与中国沿海城市密集地区发展》，《城市发展研究》2003 年第 2 期；吴良镛：《人居环境科学导论》，中国建筑工业出版社 2001 年版；吴良镛：《京津唐地区城乡空间发展规划研究》，清华大学出版社 2002 年版。

②　王青：《城市形态空间演变定量研究初探——以太原为例》，《经济地理》2002 年第 3 期。

③　龚清宇：《全球化背景下城市个性存在的形式与中国城市规划的抉择》，《现代城市研究》2001 年第 1 期。

④　熊国平、杨东峰、于建勋：《20 世纪 90 年代以来中国城市形态演变的基本总结》，《华中建筑》2010 年第 4 期。

⑤　段进：《城市空间发展论》，江苏科学技术出版社 1999 年版；段进：《空间研究 5：国外城市形态学概论》，东南大学出版社 2009 年版；刘继生、陈彦光：《城市地理分形研究的回顾与前瞻》，《地理科学》2000 年第 2 期；陆华、朱晓华：《分形理论及其在城市地理学中的应用和展望》，《南京师范大学学报》1999 年第 2 期；陈彦光：《分形城市与城市规划》，《规划研究》2005 年第 2 期；陈勇、艾南山：《城市结构的分形研究》，《地理学与国土研究》1994 年第 11 期；赵晶、徐建华、梅安新：《城市土地利用结构与形态的分形研究》，《华东师范大学学报》2005 年第 3 期；李江：《城市空间形态的分形维数及应用》，《武汉大学学报》2005 年第 6 期；李江：《武汉市外部空间形态分形特征演变规律研究》，《长江流域资源与环境》2004 年第 5 期；胡俊：《中国城市：模式与演进》，中国建筑工业出版社 1994 年版；宛苏春：《城市空间形态解释》，科学出版社 2004 年版；武进：《中国城市形态：结构特征及其演变》，江苏科学技术出版社 1990 年版；赵炳时：《美国大城市形态发展现状与趋势》，《城市规划》2001 年第 5 期；张宇星：《城市和城市群形态的空间分形特征》，《新建筑》1995 年第 3 期；王翠平：《北魏洛阳城的空间形态结构及布局艺术》，《西北建筑工程学院学报》1998 年第 3 期；徐熠辉：《秦汉时期江州（重庆）城市形态研究》，《重庆建筑大学学报》（社会科学版）2000 年第 1 期；陈力：《旧城更新中城市形态的延续与创新》，《华侨大学学报》（自然科学版）1997 年第 1 期；凯文·林奇：《城市形态》，林庆怡等译，华夏出版社 2001 年版。

作用、现代城市结构形态发展历史演变、特征、城市人口分布变动与郊区化、城市社会空间解构、城市产业空间发展、城市各类问题与城市转型等方面的内容。这些研究内容的演进线索首先表现为对国外理论的学习，其后便是认识到西方理论在中国的局限性和不适应性，进而在学习借鉴和反思的基础上探索出适合中国城乡发展实际的城市形态理论体系。2010 年前后，新型城乡形态问题的研究是在城乡统筹改革发展和试验区实践基础上由地方政府和新闻媒体率先提出来的，规范的学术研究文献逐步增加（包括 20 世纪 90 年代出现的几种新型城乡关系类论文），理论研究者就此问题的分析仍属于城乡空间结构优化、城乡一体化的各个领域特别是公共服务均等化及其制度创新对城乡形态的"形塑"作用研究。这也启示我们，作为一种文明形态，新型城市形态是历史发展的产物，并有其自身的变动规律。当现代化在全球范围内得以开展时，新型城市形态必将成为整个社会的发展导向。

2. 乡村（聚落）形态问题研究[1]

乡村聚落/形态是指乡村聚落的平面展布方式，即组成乡村聚落的民宅、仓库、圈棚、晒场、道路、水渠、宅旁绿地以及商业服务、文教等公

---

① 范少言：《乡村聚落空间结构的演变机制》，《西北大学学报》（自然科学版）1994 年第 4 期；张文奎：《人文地理学概论》，东北师范大学出版社 1987 年版；金其铭：《农村聚落地理》，科学出版社 1988 年版；白吕纳：《人地学原理》，任美锷、李旭旦译，钟山书局 1935 年版；郭焕成、冯万里：《我国乡村地理学研究的回顾与展望》，《人文地理》1991 年第 1 期；张小林、盛明：《中国乡村地理学研究的重新定向》，《人文地理》2002 年第 1 期；金其铭：《我国农村聚落地理研究历史及其近今进展》，《地理学报》1988 年第 4 期；陈宗兴、陈晓健：《乡村聚落地理研究的国外动态与国内趋势》，《世界地理研究》1994 年第 1 期；范少言：《试论乡村聚落空间结构的研究内容》，《经济地理》1995 年第 2 期；汤国安：《基于 GIS 的乡村聚落空间分布规律研究——以陕北榆林地区为例》，《经济地理》2000 年第 5 期；于淼：《基于 RS 和 GIS 的桓仁县乡村聚落景观格局分析》，《测绘与空间地理信息》2005 年第 5 期；杨山：《发达地区城乡聚落形态的信息提取与分形研究》，《地理学报》2000 年第 6 期；田光进：《基于 GIS 的中国农村居民点规模分布特征》，《遥感学报》2002 年第 4 期；廖荣华：《城乡一体化过程中聚落选址和布局的演变》，《人文地理》1997 年第 4 期；冯文勇：《晋中平原地区农村聚落扩展分析》，《人文地理》2003 年第 6 期；张京祥：《试论乡村聚落体系的规划组织》，《人文地理》2002 年第 1 期；程连生：《太原盆地东南部农村聚落空心化机理分析》，《地理学报》2001 年第 4 期；赵之枫：《乡村聚落人地关系的演化及其可持续发展研究》，《北京工业大学学报》2004 年第 3 期；金涛：《中国传统农村聚落营造思想浅析》，《人文地理》2002 年第 5 期；孙庆伟：《聚落形态理解与聚落形态研究》，《南方文物》1994 年第 3 期；郭洪纪：《原始聚落与民族文化特征》，《西北师范大学学报》（社会科学版）1998 年第 5 期；徐建春：《浙江聚落：起源、发展与遗存》，《浙江社会科学》2001 年第 1 期。

用设施的布局。聚落/形态受自然、社会经济及风俗文化等多种因素影响，不同的乡村聚落/形态体现了人类生产、生活与周围环境的相互关系。[①] 中国广大农村的聚落形态发展经历了一个定居、发展、改造和定型的漫长历史演化过程，最初大概表现为散户散居散村形态，这些零星布局的点状单元随着社会生产生活方式的改变逐步演变，最终发展为多种类型的乡村聚落形态和农村社区。现代乡村聚落的空间分布形态，是原始聚落经历了漫长的发展演变过程后形成的。随着人口的不断增长，原始聚落有效耕作半径内有限的耕地逐渐难以满足聚落人口的生活需要，导致乡村聚落在空间上不断扩散；伴随乡村聚落的空间扩散，聚落区位渐趋复杂和多样。[②] 从现有文献成果看，国内有关乡村形态问题的专题研究并不多见，建筑学、规划学和经济地理学、社会学领域的研究者主要围绕乡村聚落/形态、空间结构问题展开阐释，并贯穿于乡村聚落/形态由无序到有序的演化全过程。

在城乡规划与建筑学领域，乡村建筑形态研究在中国历史悠久。20世纪30年代以刘敦桢、梁思成、龙庆忠及刘致平为代表的研究者们，借鉴外来的西方古典建筑研究方法，对中国西南、西北地区的典型民宅进行调查，形成了中国乡村民居形态研究的奠基之作。此后直到20世纪80—90年代，受不同学科大发展和多元交叉研究理念的影响，国内理论界就乡村形态问题的研究领域得到明显拓展，宗教宗族、地域文化、风土人情等非正式约束进入研究者的分析视野。例如，彭一刚的《传统村镇聚落景观分析》（1992年）、蒋高宸的《云南民族住屋文化》（1997年）等典型代表成果，逐步转向乡村建筑群体的研究和对乡村形态演变的现实环境分析，更加重视文化环境的影响。

在人文地理学及其分支学科如聚落地理学、行为地理学和经济地理学及部门地理学方面，关于人—地关系中的乡村形态研究也多有涉及。以人为中心的人文地理学，其内容之一就是致力于观察具有特殊空间概念的乡村社会结构及其形态，研究不同环境和乡村社会生活之间的关系，理解人

---

① 金其铭、黄新、陆玉麒：《中国人文地理概论》，陕西人民教育出版社1990年版，第87—88页。

② 郭晓东、牛叔文、吴文恒、马利邦：《陇中黄土丘陵区乡村聚落空间分布特征及其影响因素分析——以甘肃省秦安县为例》，《干旱区资源与环境》2010年第9期。

生的意义和价值。在乡村形态研究走向方面，传统的以乡村小区域、经济区划和文化景观类型为其主要论题的研究逐步转向分析解决乡村现实社会问题，涉及土地整治、环境保护、贫穷和饥饿、种族歧视、资源合理利用以及改善人民生活等问题。由于聚落有乡村和城市之分，更由于城市是区域中更能引起人们关注的精华地带，因此，聚落地理学领域中关于乡村聚落的研究部分数量少，理论和方法上发展也很慢。但是，一些注重聚落景观研究的学者，仍然不忘考察乡村聚落在不同历史时期所形成的建筑风格、聚落的内部结构、组成要素和布局，分析乡村聚落经济活动对聚落内部结构的影响等问题。以研究人类不同类群（集团、阶层等）在不同地理环境下的行为类型和决策行为及其形成因素（包括地理因素、心理因素）的行为地理学，则在行为科学、心理学、哲学、社会学、人类学等科学的基础上，考察了农村环境与空间行为关系中人类的认知与决策变量，包括认知地图、环境偏好和空间行为等带有方法论性质的应用地理学新问题。以"为什么经济活动在地球表层的分布是不均匀的"为其研究基本问题的经济地理学，探讨了城乡区域之间造成经济空间分布有疏有密的根本原因是自然环境本身的非均匀分布以及经济自身的集聚和扩散力量。基于这种研究议题，经济地理学在涉及乡村形态问题时显示出典型的交叉性和综合性学科特点。除此之外，以工业、农业、交通运输等为内容的部门地理学，则分别研究了不同产业发展对于乡村空间的影响及其与乡村形态演变的关系。根据以上地理学科关于乡村形态问题不多的研究结论成果及其学科特性，笔者认为人与自然环境关系研究的纽带和乡村各类空间尺度的可持续发展研究仍然是乡村形态问题研究的基础内容，城乡一体化的推进必须考虑乡村地理因素对于乡村形态的积极作用。特别是在农村国土开发、农村社区发展和新农村建设规划、农村可持续发展及农业重大项目的战略布局等领域，我们必须将人的经济地理因素考察摆在对乡村形态演变起作用的重要位置。

　　不仅如此，在人文地理、经济地理学领域，深入研究乡村形态的代表性文献也较多。1988年刘克成教授和肖莉副教授的国家自然基金资助的项目《乡村聚落形态结构演变理论研究》，首次提出了对村落形态结构演变发展，即聚落的同化现象以及产生原因的研究，并提出了用形态动力学原理分析聚落结构的研究方法。其后的2007年3月，东南大学出版社出版的李立的《乡村聚落：形态、类型与演变——以江南地区为例》，从建筑学角度出发，结合旁系诸多学科的研究成果，对乡村生活的空间载体——乡村聚落进行交叉、整合研究。作者选取我国经济、文化素来发达的江南地区作为研究对象，对乡村聚落形态的内涵与整体特征进行了全面剖析，进而以乡村变迁为主线，力求再现该地区乡村聚落演变的历史脉络，探寻其演化的主导动力与运作机制，剖析其中各种现象的规律性和真实性，其目的在于引导人们正确看待乡村聚落的更新与建设，以期保留、恢复、发展乡村特有的健康的生活图景，为解决当今中国社会主义新农村建设中普遍存在的诸多问题和促进乡村聚落可持续发展提供理论基础与现实策略。

由于学科分工的差别，国内经济学与社会学领域关于乡村形态问题的研究并不多见，现有的部分其他学科研究成果也可以为我们提供一些理念上的借鉴与启示。例如，基于中国以农村区域和以农业人口为主的发展中农业大国国情，20世纪20年代以陈翰笙、杨开道、言心哲、乔启明、冯和法等人为代表的农村问题专家，就深入中国农村社区进行调查，并有相关著作问世。[①] 其间，以吴文藻、费孝通、梁漱溟、潘乃谷等人为代表的社会学家们，深入农村进行了田野式的探索性研究，其成果在国内外产生了重要影响。[②] 1949年后中国农村社会发展发生了巨大变化，乡村形态的革命性演变较多受制于国内政治经济形势和政府发展战略与政策的影响，特别是因为政治因素参与导致变异外力对农村建设与规划的影响较大，原型的演变就可能造成极度的混乱；在农村人口的自然增加、农业基础设施的建设、农村合作组织的发展、城乡人为的制度性二元隔离的固化等综合作用下，中国农村形成了以生产队为主要经济组织形式的乡村聚落形态。

改革开放后，随着市场经济制度向农村的深入，一方面，乡村生产生活细碎化特征不断凸显；另一方面，以乡镇企业崛起为标志的乡村工业化极大地改变了传统农村结构和乡村聚落形态演变趋势，乡村聚落原有生活

---

① 主要包括：《清河：一个社会学的分析》（1930年）、《江宁县淳化镇乡村社会之研究》（1930年）、《农村家庭调查》（1935年）等。

② 主要包括：《花兰瑶社会组织》（1935年）、《江村经济》（1938年）、《禄村农田》（1938年）等。

方式急剧改变，文化价值观受到严重冲击，造成乡村聚落原有形态结构被打破，新的形态结构复杂多样。20 世纪 90 年代以来，随着"三农"问题逐步成为中国现代化进程中所面临最为重要的瓶颈问题并日益凸显，政府及学术界开始在更广泛领域关注和探讨新时期乡村经济发展和农民收入提高等问题，而对乡村社区形态、组织与治理结构的发展创新问题研究则散见于其他文献。例如，在政治学领域，传统乡村作为国家政权的基础，承载着维护统治秩序、生产与输送物质资源和社会资源的重负。为广泛培育农村现代组织，建构新型多维治理形态，改变政府受生产力低下的局限而不能也不便对乡村实施直接管理，为追求最小付出和最大收益的目标形成的"依托乡村、治理乡村"的传统治理形态问题。同样，知识出版社2006 年出版的孙见喜的小说《山匪》，可以认为人文领域关于一个特定历史过程中的中国乡村社会生活形态的代表作。作者以商州为浓缩影像，充分展示了中国乡村在 20 世纪前期大动荡、大混乱、大裂变的社会背景下的政治形态、经济形态、文化形态、教育形态、生产形态、道德形态、民俗形态、社会结构和生活运动的形态。陈忠实认为这部小说是那个历史过程中乡村生活的百科全书。[①] 但是，这些人文视角的探索并非本书的关注重点。

进入 21 世纪以来，伴随改革的不断推进和资源由国家向社会的回归，中国乡村社区在结构形态上发生了分化，形成了"资源村组织集中型"、"资源社会分散型"和"资源集体和农户双重控制型"三种类型。[②] 以朱新山为代表的经济社会学领域的研究者剖析了中国乡村三类社区组织演进的互动结构及存在的问题，并对乡村社区组织创新的路径选择做了探索性分析。景晓芬、马红霞则立足中国城市化进程中乡村社区的村社性越来越弱、城市性越来越强、乡村社区逐渐向城市社区转变的现实，提出了他们的研究结论，即伴随着城市化进程，城市性的加强和村社性的衰落是不可避免的；随着城市化程度的提高，社区居民的分化程度也不断提高，社会流动加剧，人们的活动范围也不再局限于居住地，这些都导致了人们社区

---

① 陈忠实：《我读〈山匪〉》，《文化艺术报》2009 年 3 月 6 日第 1 版。
② 朱新山：《中国乡村社区的结构形态与组织创新》，《毛泽东邓小平理论研究》2005 年第12 期。

参与程度的降低；在城市化进程中，可能会存在器物层面的转变与城市性的发展不同步的情况。[①] 孟祥林的研究指出，新型城乡形态下的农村至少应该包含以下几个要素：第一，交通便利，即有交通主干线从村子旁经过是新型城乡形态下的村庄的主要特点。由于公路网络密集，任何一个村庄都可以非常方便地通过交通支线与公路干线相连接。第二，村庄内部有明确的功能分区，新型城乡形态下的村庄除了农田外，还有特别的休息园、停车场、养殖场、工厂、旅游中心等，在大田农业之外还有特别的设施农业。农民除了能够按照传统方法经营大田作物外，还可以根据自己的意愿对作物的生长过程进行控制，从而真正实现农业生产过程的工业化。第三，新型城乡形态下的农村，村居分布更加紧凑，布局更加合理。在发展超前的地方，村民不再居住占地面积大且功能设置不合理的平房，而是居住在规格相对统一的楼房。村居集中设置可以腾出更多的土地，相对解决在人口继续增加情况下农村的用地紧张问题，而且可以在整个村子中划分出功能分区，从而彻底结束一盘散沙的传统村庄局面。第四，农村有意识地进行绿化，这是在农民的基本生活需要得以满足后生活质量进一步提高的表现。第五，农民的生活在张扬个性中体现一致，新型城乡形态下的农村居民已经比较富裕，居民住宅在紧凑布局的同时，居民的生活方式也有了很大的相似性，即百姓都度过了温饱阶段并开始追求健康的享受性消费。人们的生活质量非常高，人们对待财富以及身边人的心情比较平静。人们求财的途径更加多样化并且更有社会责任心。居民更加有闲心释放自己的性格特点，充分发展自己的特长。居民的生活内容更加丰富。[②] 这是对城乡一体化进程中新型农村形态的具体设计研究成果。

（二）简短评价

一般来说，乡村聚落/形态的发展演变不仅对自然环境诸因素的关系、作用明显，而且与农村社会经济生产的环境和思想文化意识的转变紧密关

---

① 景晓芬、马红霞：《城市化进程中的乡村社区形态转变——从"村社性"到"城市性"的轨迹》，《理论月刊》2010年第2期。

② 孟祥林：《城镇扩展过程中的聚集均衡与新型城乡形态的农村聚落分析》，《青岛科技大学学报》（社会科学版）2011年第2期。

联。从演化历史分析，伴随人们对其认识由自然状态逐步过渡到有意识的规划状态之过程，乡村的聚落形态发展实际上经历了一种由无序到有序的过程。乡村聚落/形态反映在村落外观上主要体现为聚落的平面形态，传统乡村聚落大多是自发形成的，其聚落形态反映了周围环境等多种因素的作用和影响。[①] 随着中国新农村建设的推进和快速城市化的到来，不同区域的传统乡村形态都受到现代化因素的冲击并不断发生进化。这些历史与现实背景构成本书研究的基本逻辑起点。

回溯文献不难发现，国内就城市形态研究的现有成果非常丰富，但有关乡村形态研究的成果并不多。就乡村形态研究而言，成果主要集中在地理学、建筑学、规划学及其相关的分支学科中。早期的研究主要是关于中国传统文化影响下的乡村聚落建筑形态特色及其文化底蕴介绍、布局理念、影响因素及其与特定乡村外部环境的相互关系分析。新中国成立后至改革开放前的乡村形态研究，主要集中在关于农业、农村小工业及其资源开发、流域治理、土地利用规划布局与生产力发展、地域生产综合体形成等因素对农村聚落形态演变的分析方面。改革开放以后，由于农村工业化城市化、农业产业化和市场化因素逐步影响到乡村，特别是受联产承包责任制下的农地耕作细碎化和农村富余劳动力流动、农民收入提高的综合影响，研究者以多元化视角重点关注了农村居住形态、生产形态及其经济组织形态发生的剧烈变化与转型问题。20 世纪90 年代末期至 21 世纪以来，由于国家各类区域发展战略的先后实施，国内乡村经济社会发展取得了重要进步，城乡基础设施网络化格局的雏形基本形成，农村与城市间的关系日益紧密，城乡系统间人流、物流、信息流、资金流等的沟通空前便捷，城乡边缘区不断促进城乡间的差别趋于消失，因此研究者的研究内容、方法、工具日益微观化、计量化，参与研究者的学科背景也不断交叉融合，这就促进了国内关于乡村形态研究问题的深化。但是，总体上来看，乡村形态问题的研究基本上是附着于城市形态问题研究过程中的，乡村形态问题的系统化、专题性、前沿性重大问题研究仍然进展缓慢，特别是新型乡村形态研究成果极少。

---

① 朱馥艺、陆燕燕：《新农村社区形态的启示——以南通地区乡村聚落为例》，《华中建筑》2009 年第 5 期。

这为本书将城乡形态放置于城乡一体化进程的背景下进行统一研究提供了难得的拓展空间。

二 国外研究进展与述评

（一）文献综述与研究进展

1. 乡村聚落（空间）/形态研究[①]

国外的乡村聚落空间及其形态演变问题相关研究起步较早且以地理学领域为主。从研究进展来看，19世纪初至20世纪20年代，乡村聚落地理的研究主要集中在聚落与地理环境特别是与自然地理环境之间的关系方面，以1895年梅村（A. Meitzen）基于对德国北部的农业聚落的考察所做的聚落形态、聚落形成因子、聚落发展过程与条件等问题为代表，初步提供了关于乡村聚落地理研究的理论基础。19世纪末20世纪初，聚落地理学逐步发展为独立学科，并在各国形成不同学派和不同研究特色。其中，德国以科尔·梅村（A. Meitzen）、拉采尔（F. Ratzel）、米

---

① James H. Johnson. Studies of Irish Rural Settlement. Geographical Review，Vol. 48，No. 4 (Oct.，1958)，pp. 554—566；Nafis Ahmad. The Pattern of Rural Settlement in East Pakistan. Geogra Phical Review，Vol. 46，No. 3 (Jul.，1956)，pp. 388—398；Miehael Pacione. Progress in rural Geography. London：Croom Helm，1983；Peter Bigmore. Rural Process-Pattern Relationships：Nomadization，Sedeniarization and Settlement Flaxtion. The Geogracphical Journal，Vol. 160，No. 1 (Mar.，1994)，p. 98；Brendan McGrath. The Sustainability of Car Dependent Settlement Patten：An Evaluation of New Rural Settlement in Ireland. The Environmentalist，Vol. 19，No. 2 (Jun.，1998)，pp. 99—107；Violette Rey，Marin Baehvarov. Rural Settlements in Transition-Agricultural and Countryside Crisis in the Central-Eastem Europe. Geographical，Vol. 44，No. 4 (Apr.，1998)，pp. 345—353；David Tumock. Rural Diversifieation in Eastern Europe：Introduction. Geojournal，Vol. 46，No. 3 (Nov.，1998)，pp. 171—181；Eva Kiss. Ruralrestmcturingin Hungaryinthe Period of Socio-economic Transition. Geo Journal，Vol. 51，No. 3 (Jul.，2000)，pp. 221—233；Les. Law，Czetwertynski-Sytnik，Edward Koziol and Krzyszt of R. Mazurski. Settlement and sustainability in the Polish Sudetes. Geojournal，Vol. 50，No. 2—3 Feb.，2000)，pp. 273—284；Miehael S. Carolan. Barrierst of the Adoption of Sustainable Agriculture on Rented Land：An Examination of Contesting Soeial Fields. Rural Sociology，2005，70 (3)，pp. 387—413；Human Geneties. The Population Structure of Rural Settlements of Sakah Republic (Yakutat)：Ethnic，Sex，and Age Composition and Vital Statisties. Russian Journal of Genetics，Vol. 42，No. 12 (Dec.，2006)，pp. 1452—1459；Neil M. Argent，Peter J. Smailes，Trevor Griffin. Tracing the Density Impulse in Rural Settlement Systems：A Quantitative Analysis of the Factors Underlying Rural Population Density Across South-Eastern Australia，1981—001. Population ＆ Environment，Vol. 27，No. 2 (Nov.，2005)，pp. 151—190；Andrew Gilg. An Introduction to Rural Geography. Edward Amold，1985.

尔卡（R. Mielke）为代表创立了聚落景观论，为聚落地理学的发展奠定了
基础；法国以维达尔·白吕纳为代表，着重从社会、自然综合观点研究聚
落；英国地理学家对聚落的研究主要集中在历史地理与区位研究方面；美
国从现实和未来居住地域出发，着重聚落地志和区位的实际调查研究。

　　20 世纪 20—60 年代，面对第二次世界大战以后的城市重建以及经济
发展引起的城市化浪潮，乡村聚落的研究主要侧重于对村落的原始形态、
村落分布、区位条件等方面的描述，而且多限于小区域的实地考察成果，
研究的内容也主要集中于乡村聚落的形成、发展、类型、模式、职能、规
划等方面。

　　20 世纪 80 年代以后，在众多哲学思潮特别是后现代主义、存在主
义、理想主义以及激进地理学、人本主义地理学、结构主义地理学和批判
现实主义地理学的影响下，西方乡村地理学研究范式也从空间分析逐渐向
社会和人文方向转型，研究内容涉及乡村聚落模式的演变、乡村人口与就
业、乡村交通、聚落政策、乡村规划、乡村危机与乡村聚落变迁、环境可
持续发展等方面。[1]

　　近年来，乡村聚落研究的内容更是扩展到人口密度对乡村聚落系统的
影响、乡村社区类型与老年人居住区域的关系、乡村聚落的人口结构、乡
村社区的商业与性别差距、农村女性主宰的家庭与贫困、农村妇女的地
位、城郊乡村变迁中的社区、种族与阶层划分、后社会主义重建与人口再
分布等方面，研究的内容日益具体、深入和全面，研究范式的人文社会趋
向也日益明显。

　　2. 城市形态研究

　　城市形态反映了城市社会、经济、文化的综合特征，是城市的空间、
建筑、环境与人所共同形成整体系统的构成关系。国外有关城乡形态的早

---

　　① 郭晓东、牛叔文、李永华、张馨：《陇中黄土丘陵区乡村聚落时空演变的模拟分析——以
甘肃省秦安县为例》，《山地学报》2009 年第 3 期。参见 Peter Bigmore, Rural process-pattern re-
lationships: normalization, Sedentarization and settlement fixations*The Geographical Journal.*,
1994, 160 (1): 98; BrendanMc Grath. The sustainability of a car dependent settlement pattern:
an evaluation of new rural settlement in Ireland. *The Environmentalist*, 1998, 19 (2): 99—107;
Violette Rey, Marin Bachvarov, Rural settlements in transition agricultural and countryside crisis
in the Central-Eastern Europe. *GeoJournal*, 1998, 44 (4): 345—353; David Turnock. Rural di-
versification in Eastern Europe: Introduction. *GeoJournal*, 1998, 46 (3): 171—181。

期研究约始于工业革命以前，在经历工业革命后至 20 世纪 50 年代的多学科关注之后，目前的研究逐步呈现微观化、计量化和多学科交叉趋势，特别是全球化一体化、信息网络化发展实践正以新的方式影响着人们对城乡形态的传统认知体系。

塑造良好的城乡形态是社会发展的必然要求。早在公元前 5 世纪的古希腊，建筑师希波丹姆斯（Hippodamus）就探求过城市整体的秩序和方格网道路系统。公元前 1 世纪古罗马维特鲁威（Vitruvius）从建筑视角讨论了包括城市选址、环境卫生、公共建筑布局等方面在内的蛛网式八角形城市结构形态。其后，生产技术的进步促进了城市结构形态的演变。在 15—16 世纪的文艺复兴时期，西方学者对城乡形态的探讨深受人文主义思想和城市空想主义的影响，阿尔伯蒂（Alberti）的建筑论、迪乔治的道路放射性城市提案、斯卡莫奇（Scamozzi）的多功能理想城市广场设想、莫尔（More）的"乌托邦"和康帕内拉（Campanella）的"太阳城"等思想主张，是这一时期的典型代表。

城乡形态与城乡系统共同进化，形态凝聚着生活、诠释着历史；城乡随生产发展，在生活中演变。17—18 世纪的工业革命迅速改变了传统社会以庭院经济和作坊经济为主题的城乡形态发展模式。面对日趋复杂的城乡结构及其环境变化，研究者将关注焦点放在了城乡形态的更新与改造方面。1853—1870 年奥斯曼（Hanssmann）的巴黎改造计划为促进城市近代化进行了有价值的探索。[①] 在此期间，欧文与傅立叶的"新协和村"、马塔（Mata）的带形城市、霍华德（Howard）的田园城市、戛涅（Gamier）的工业城市等，都是最具创造性的城市形态模式。19 世纪末期的现代城市规划理论的核心是田园城市理论、城市艺术设计和市政工程设计理论。到了 20 世纪，赖特的《广亩城市》和柯布西埃的《光明城市》又对城市规划理论作出了新的贡献，但是他们的著作中对于城市形态并没有作出系统的论述。直到 20 世纪 60 年代，以凯文·林奇（Lynch）先后出版《城市形态》和《城市意向》为代表，斯皮若·卡斯托弗（Kostof）完成《城市塑形》和《集合城市》，专门从类型学角度和社会经济技术的角度论述了城市形态的问题、探讨了

---

① 周春山：《城市空间结构与形态》，科学出版社 2007 年版，第 10 页。

城市形态的建筑元素成因机制。①

20 世纪 60—70 年代，雅各布（Jacobs）的城市交织功能论对单一区划对城市社会经济结构复杂性忽视的批判，亚历山大（Alexander）强调的半网络城市重叠、模糊、多元交织的统一体观点，杜克赛迪斯（Doxiadis）立足高效率交通结构的动态城市概念，麦克哈格（Mcharg）的自然生态城市观，科林·罗（Rowe）和弗瑞德·科特（Koetter）从历史承佃角度提出城市结构与形态具有继承性的拼贴城市（collage city）理论，列波帕特（A Poprti）多元文化城市对后现代社会高科技发展造成的城市空间遭冲击的可怕后果的关注等学者的观点，把城市结构与形态研究推向新的高度。在城市结构形态的解释性研究方面，肖伯格（Siobeng）概括的工业化以前共同以自然经济为主的社会经济发展阶段产生的城市结构形态基本模式，麦吉（McGee）针对东南亚港口城市结构形态提出的新型城市区域 Desakota 模式，塔弗（Taaffe）的由近郊区、外缘带、中间带构成的理想城市结构形态模式，曼奴（Mann）对英国工业城市研究提出的同心圆—扇形理论，穆勒（Muller）提出的由城市边缘区、外郊区、内郊区和中心城市构成的城市结构形态模式，等等，非常具有影响和代表性。②

20 世纪 90 年代以来，国外研究者对城市结构形态的探讨向区域化、信息网络化发展的趋势明显加强，自然、生态、空间与人类文化不断与城市结构形态演化相互融合，学者们如杜克西亚迪斯（Doxiadis）、戈特曼（Gottanman）提出了世界连绵城市结构理论，迪克伊（Dickey）、布洛奇（Brotchie）、卡斯特（Castells）提出后现代社会城市结构形态转型理论，以及新城市主义、精明增长和紧凑城市等理念引导城市空间发展等。艾伦·斯科特（Allen Scott）是美国独树一帜的经济和城市地理学家，他把新制度经济学派的交易成本理论引入城市化的分析之中，从产业联系和联系成本的角度探讨了聚集过程和产业综合体的形成，将由关系网络连接的、空间聚集的产业综合体称为"原始城市形态"。③ 由于经济全球化在对城市发展产生多种影响的过程中产生了来自空间流动造成的空间层级重整，重塑了

---

① 惠无央：《浅谈城市形态》，《山西建筑》2005 年第 9 期。
② 周春山：《城市空间结构与形态》，科学出版社 2007 年版，第 11 页。
③ 宁越敏：《从劳动分工到城市形态——评艾伦斯科特的区位论》，《城市问题》1995 年第 3 期。

跨界时空结合的政治经济与社会关系，进而牵动了城市发展与变迁。其中，最具代表性的成果主要包括：卡斯特尔（Castells）在其著作《信息时代：经济、社会与文化》《网络社会的崛起》中对未来世界体系空间结构赖以建立的基础——流、连接、网络和节点等的强调，弗里德曼（Friedmann）在城市体系等级网络的基础上划分城市等级，于《市民之城》中指出城市体系的等级关系将成为跨国公司纵向地域分工的体现。同时，以网络技术发展为代表的信息化给城市形态发展和研究带来新的机遇，珊卓拉克（Sandercock）的《朝向寰宇都会》，莎琦雅（Saskia）的《全球城市》《世界经济中的城市》等①，是探讨全球化城市体系最重要的著作。在汤森得（Townsend）提出网络城市概念后，许多新的概念如连线城市、电子时代城市、信息城市、知识城市、智能城市、虚拟城市、远程城市、信息化城市、比特城市等逐次产生。②

（二）简短评价

城乡形态作为对城乡现实生活的反映和对城乡发展历史演绎的诠释，几乎综合了城乡文明的所有方面，归纳了所有城乡人民人为改造自然和创造城乡的事实特征与起源。从关于城乡形态的研究脉络看，西方学者的思想演变大体经历了19世纪末以前的城乡形体化外在形态探索阶段、20世纪初至20世纪50年代的城乡功能化内在形态研究和20世纪60年代以后的城乡人文化、连续化综合形态研究等三个时期。与此相应，人们对城乡空间形态的功能化规划思想和体系逐渐成熟，有关城乡形态的研究范畴日趋丰富和深化，研究视野不断扩大，城乡发展实践更加重视功能合理的基本原则，实践领域更加强调城乡空间系统的调整优化。凯恩斯曾经进行过如下的表述：（经济学）理论并不是一些现成的可以用于政策分析的结论……它不是教条，而是一种方法、一种智力工具、一种思维技巧，有助于拥有它的人得出正确的结论。③因此，不论哪一时期的何种主张，都表现为人们对纷繁而又复杂的城乡形态发展的认识规律，即从其物质空间组织结构形态

---

① 王富臣：《形态完整——城市设计的意义》，中国建筑工业出版社2005年版，第4页。
② 熊国平：《当代中国城市形态演变》，中国建筑工业出版社2006年版，第11页。
③ ［美］保罗·海恩：《经济学的思维方式》（第11版），马昕、陈宇译，世界图书出版公司2008年版，第5页。

开始，逐步深入到城乡空间形态发展的新机制和新特征，从而求得在不同的发展阶段、在不同规模和不同区域的城乡发展中，采取不同的发展对策，保持和发展具有不同地域特色的城乡形态。所以，伴随人类精神追求向物质表现的连续转化，作为物化结果的城乡形态逐渐形成不同的空间现象和特征。在此，城乡是一个由自我形成的整体，其中的所有元素都参与城乡形态的塑造过程。研究城乡形态不仅能清晰地掌握城乡发展的脉络，有利于对城乡未来的发展进行预测及控制，而且有助于对城乡规划和设计提供较直接的指导原则与建设方案。当前，为了最大化经济利益，全球化用技术制造了一个同质化的空间，消除了城市的历史感，把传统文化压缩为市场上的价格表[①]，导致"新的无地方性的城市的诞生。只要身处购物中心或纵横交错的公共交通系统中，人的感觉在世界上的任何地方都是相似的……迷路的经历成了我们对现代城市认知的基本特征"[②]。

　　总体来说，国外研究涉及城市形态问题的成果较乡村形态问题丰富得多，关于发展中国家城乡一体化进程中城乡新型形态的专题系统研究在其进入后工业化时期并不多见，大规模的研究紧紧跟随城市蔓延、城市更新问题，乡村形态研究并未引起更多人的关注。伴随城市与区域之间的关系从以往郊区对城区的依附转变为城市与区域的相互依存，随着人文主义思潮的兴起和对社会的关注，针对城市盲目蔓延、环境恶化和城市贫民窟等问题，人们开始对传统城市形态进行反思，并寻求节能、高效、低污染、可持续发展的城市形态，开展理想城市、高科技城市、生态城市形态研究[③]，现有成果逐步深入到政治、经济、社会、城市经营、低碳城市发展等前沿领域。这些相关学科的成果和研究方法对城市形态研究与应用起到了重要的开拓作用，也成为笔者立足中国城乡二元现实研究新型城乡形态的重要理论依据与参考。

---

① 周毅刚、袁粤：《从城市形态的理论标准看中国传统城市空间形态——兼议传统城市空间形态继承的思路》，《新建筑》2003 年第 6 期。

② 包亚明：《后现代性与地理学的政治》，上海教育出版社 2001 年版，第 44 页。

③ 熊国平：《当代中国城市形态演变》，中国建筑工业出版社 2006 年版，第 13 页。

第三章 城乡结构系统及其形态演变

　　长期以来，有关城乡发展的基本问题似乎没有多大改变，但这些问题的答案始终在随着时间的推移而有所不同。我们相信，城乡内部及城乡区域之间存在巨大差异，同时我们也相信城乡形态由低级到高级、由传统到现代、由量变聚集到质变转化的过程总是统一于某种具有紧密联系的演变系统之中。千百年来，城乡区域的人口、自然、社会、政治、经济、技术、制度等要素所形成的特定结构及其各组织所发挥的功能，随着城乡物质、能量和信息的交互作用自发组织、协同演进，但又不乏人类的主动干预。愿望产生动力，思路决定出路。城乡发展的现实选择都是历史已有选择基础上的选择，对城乡一体化进程中的新型城乡形态及其演变规律进行经济学视野的理论分析，有助于我们从另外一个角度理解城乡形态及其发展机制。

第一节 城乡结构与城乡系统

　　结构可以理解为事物要素之间的关系定式，即各组成要素之间、要素内部诸特征的组合关系；形态可以理解为事物要素组合的表象特征。从一般意义上讲，具有特定内在结构的物体必然呈现特定的外在形态。城乡结构是特定城乡区域单元的各种经济、社会、文化因素作用在城乡地域上的空间形式，城乡各组成要素在人类生产生活行为过程中的空间表现及其演变过程就是城乡形态。城乡结构与城乡形态之间互相影响、互相依赖，结构转换影响形态演变，而形态演变又往往限定了结构转变。这种理解能帮助我们认识城乡发展问题，并适用于解释城乡结构转换与城乡形态演变的内在规律。文化资源是城乡经济增长的重要源泉，经济和文化是区域社会有机体的重要组成部分，它们的复杂程度不亚于自然的有机体。① 地域文化与城乡发展存在某种内在的作用与反作用，文化变迁则伴随于城乡经济社会发展过程的始终。

一　城乡结构

（一）结构与城乡结构调整

空间结构不仅是经济活动的"容器"，而且体现了经济活动的空间属性和相互关系，是社会经济活动在地理空间上的投影，是区域发展状态的"指示器"；合理的空间结构也是区域发展的"助推器"和"调节器"。② 城乡形态演变是城乡经济社会结构的重大分化和重组，是城乡发展模式的带有根本性的变革，会推动整个城乡不断走向高度协调和良性互动。城乡结构调整会带动其他结构的深刻调整，城乡结构的固化会延缓甚至阻碍其他结构的变迁。由于城乡结构是其他结构难出其右的一种基础性的结构，并已成为发展中地区经济社会发展的瓶颈制约，所以社会转型的关键在于城乡结构转变。如前所述，制度通过决定生产总成本的数量及其构成影响区域城乡发展的综合绩效。交易费用概念的引入是分析城乡系统进而也是城乡结构转换的关键理论工具。对经济利益的共同追求以及与此相关的经济理性行为是城乡形态不断演进的动力源泉，人口、资本、技术和企业家管理才能等因素之所以会在城市实现集中，就在于这些要素在聚集过程中能够带来巨大的收益，从而使城市的各政治组织、经济组织和社会组织不断趋于合理化。城乡形态的演进过程实质上就是各种经济主体对其所拥有的资源进行市场化配置和利益再分配的过程，这一过程离不开制度因素的制约，少不了人为主动因素的干扰甚至破坏。

如果将城乡结构转换表达为在一定的外部能量输入的条件下，城乡系统通过各子系统之间为节约交易费用和追求最大化收益而产生自组织协同和放大效应，并在自身涨落力的推动下达到新的动态稳定和均衡，形成新

---

① 于晓东：《论地域文化与区域经济发展的关系》，《山东经济》2000 年第 2 期。
② 谢永琴：《城市外部空间结构理论与实践》，经济科学出版社 2006 年版，第 54 页。

的时空有序结构的过程，那么，某种特质的城乡系统及其结构一旦形成，因为其自组织扩展秩序的性质，城乡本身和纳入其中的各子系统必须根据环境的变化及运行规律改变自身结构和行为参数，从而形成一种均衡的、稳定的、相对有序的动态结构系统。这种结构的演化在实践层面表现为城镇体系的等级规模及其空间结构的不断优化完善，以及城乡系统内部各子系统行为的优化和高级化。由此，可以进一步延伸出另一层意思，即城乡系统越是具有开放性、兼容性、变化性，便越容易发生规模化聚集和空间拓展以及其他类型组织的结构转变。

（二）城乡结构调整与城乡协调发展

城乡协调发展在地理空间上表现为城乡界面的融合。城乡界面融合是结构转变在城市及城市边缘空间上的一种正反馈结果，如果城乡之间未能实现协调发展，其结果也必然会在区域发展过程中有所体现。[①] 从早期的工业化起到 20 世纪 50 年代，城乡结构转化关系在城镇化的推进模式上表现为"城市瓦解农村"，人口、要素、资源的流动呈现乡—城的单向性。在世界范围内，尽管这种模式在第二次世界大战后基本结束，但它的延续性影响至今仍然存在。1949 年后中国城乡二元结构的形成与固化以及当今部分拉美、非洲国家的"过度城镇化"，可以认为这种模式在不同体制环境下的"路径依赖"。20 世纪 50—80 年代，世界范围内的城乡结构转化关系在城镇化的推进模式上则进入"城市馈补农村"阶段，工业化推进较快的国家普遍实施了反哺农业、回馈农村的城乡发展政策，人口、要素、资源的流动呈现为由集中到分散的转变，进而出现"逆城市化"现象。20 世纪 80 年代以后，随着农村的发展和城市原有时空优势的逐步丧失，同时迫于社会公平的要求，世界各国在处理城乡关系上树立并实践着"城乡等值"、"城乡均衡"理念，城乡差距逐步缩小，甚至出现"没有边界的城市"，城乡区域步入"农村转变城市"的经济社会一体化发展阶段。[②] 进入 21 世纪，在全球信息网络化和新经济发展的现实中，知识信息的可共享性、外溢性和扩散性使得以知

---

① 胡彬：《区域城市化的演进机制与组织模式》，上海财经大学出版社 2008 年版，第 78 页。
② 曹钢、何磊：《第三阶段城镇化模式在中国的实践与创新》，《经济学动态》2011 年第2 期。

识为基础的经济领域边际收入递增取代了边际收入递减，报酬递增和不完全竞争的假设更加复杂和现实。新经济地理学研究启示我们，报酬递增和不完全竞争对决定伴随城乡发展中的贸易、集聚和专业化远比完全竞争和报酬稳定更为重要。城乡发展系统之间的任何一种形式的经济循环，或互为因果，或相互作用，并且都是积累的。城镇化与工业化中一系列互为因果的事件，在经过一次波动之后，可能会迅速收敛达到最初的稳定均衡，或收敛到其他稳定的均衡点。从某种意义上说，城镇引起的产业集聚和产业聚集引起的城镇发展很可能始于一种历史偶然，如果专业化生产和贸易是由报酬递增而不是比较利益的驱动，则什么样的产业聚集在什么样的区位形成城镇并不确定，而呈现路径依赖特征。报酬递增、运输费用、要素流动性以及这三者之间通过市场而传导的错综复杂的相互作用，对我们形成对于城乡形态演变与结构转换的认识具有重要价值。

（三）城乡空间结构关联

一切都是互相依赖的：生态与城市、城市与乡村、北方与南方、人类与自然。[①] 从世界发展经验考察，结构转变是城乡区域发展的客观规律，是与城乡经济发展水平和工业化推进相伴随的基本过程；制度变迁是城乡结构演变的重要因素，城乡结构的演变可以通过推进城市化来呈现，城市化水平的由低到高恰好印证的是城乡结构的演变趋势。因此，城市经济存在的基础和特征与聚集密切相关，一般公认的所谓城市经济是以地理上接近、生产专业化以及财富与技术的集中为特征[②]；城市扩展空间与市场范围拓展紧密相关，影响城市化的因素，也就是推动城乡结构演变的重要因素；现代工业的城市导向性集聚和工业化水平的提高是推进城市化的主要动力，城乡区域的经济发展是城市化进程得以持续的动力机制，城乡结构与形态演变是离不开城市化和工业化的推动而独立存在的。

---

① ［法］克洛德·阿莱格尔：《城市生态：乡村生态》，商务印书馆 2003 年版，第 134 页。
② ［英］巴顿：《城市经济学——理论和政策》，商务印书馆 1984 年版，第 5 页。

表 3-1　　　　　　　　　　　城乡空间关联的类型与内容

关联类型	主要内容
物质关联	公路运输网，河道与水运网，铁路网，生态相互联系
经济关联	市场形式，原材料和中间产品流，资本流，生产联系——前向、后向、双向和旁侧联系，消费购物形式，收入流，行业结构和区际商品流，交叉联系
人口关联	人口迁移——临时和永久性，通勤
技术关联	技术相互依赖，灌溉系统，通信系统
社会关联	访问形式，亲戚关系，习俗、礼仪、宗教行为，社会团体相互作用
服务关联	能量流和网络，信用和金融网络，教育、培训和函授联系，健康服务传递系统，职业、商业和技术服务形式，交通服务形式
政治关联	机构关联，行政预算流，组织相互依赖，权力—批准—监察形式，司法内部执行形式，非正式政治决策

资料来源：［加拿大］马昂主：《区域经济发展和城乡联系》，《城市问题》1993 年第 5 期。

　　随着社会分工和专业化发展，城市作为区域生产综合体的空间聚集点会不断地突破区域的限制，与城市以外的广大地理空间相联系，并从中获得更多要素和资源，进而使得城乡社会经济的空间组织及其内在结构形态得以维持和演变。当城乡区域经济进入长期持续稳步增长的时期，城市化也将进入快速发展时期，城乡形态演变与结构调整的步伐也会愈加迅速。在中国社会转型中，让人感到最为迟缓的、最为艰巨的是城乡结构的调整，以至于中国的发展呈现"城市像欧美、乡村像非洲"的怪象，这已经对中国发展构成巨大的挑战。[①] 当许多城市人沉醉于繁荣带来的舒适生活、追求生活时尚的时候，中国不少农村地区的农民还在摸索着如何脱贫。[②] 这就决定了促进城乡形态转变，不能只将目标集中于城市与农村内部，而

----

　　① 王春光：《城乡结构：中国社会转型中的迟滞者》，《中国农业大学学报》（社会科学版）2007 年第 1 期。

　　② 李泉、蔡小红、魏婕在实地调研走访过程中发现，在中国"三农"改革历经多年的艰难过程后，各地农民收入、生活居住条件、生产机械化程度都有提高，农民职业兼业化动机、思想观念的多元化倾向都很高，基础设施建设也使得农村对外联系日益便捷，人口流动性加强，一些非正规的部门（如地下钱庄、家族〔能人〕组织、信教群众团体等）也使得原有的农村基层管理体制变得越来越不适应，即使在相对欠发达的西部地区传统农业部门也在发生着结构转（转下页）

必须站在城乡一体化的高度统筹城乡经济社会发展，将城乡人口就业结构、产业结构、收入分配结构、要素市场配置结构及其他制度结构的调整与推进城市化、工业化有机地结合起来。城乡结构的调整会带动其他社会结构（如产业结构、所有制结构、地区结构、阶层结构、组织结构、家庭结构、职业结构，等等）的深刻变化，城乡结构的固化会延缓甚至阻碍其他社会结构的变迁。对于中国城乡一体化的实现而言，城乡结构的重要性在于它渗透于其他社会结构中，是其他社会结构的基础；与此同时，也在于它已经成为其他社会结构发育和变迁的消极因素，其他社会结构中任何一个结构的调整都需要城乡结构做出相应的调整和变迁。因此，城乡结构成为当前中国最需要调整的社会结构。

二 城市系统

在最普遍的意义上，经济学的出发点必须是根本的生存问题以及人类如何解决生存问题，主要研究特定制度下稀缺资源的有效配置与社会财富

（接上页）型，东部发达地区农村中的农业、副业、工业、住宅及其他土地利用方式则呈现比较明显的交错布局和混杂分布特征……但是，部分"空心村"、"边缘村"、"天高皇帝远"的自然村，却存在消失或"没落"的可能。例如，福建省三明市尤溪县台溪乡山头村，是一个群山环绕的自然村，村民不多（总共 30 户左右），其传统农业社会的欠发达特征非常显著。据当地 50 岁左右的一村民讲，20 世纪 90 年代之前村里吃不饱、穿不暖的家庭相当普遍，各家户的主要收入依赖于耕种的几亩田地，竹子、竹笋、竹叶等经济作物也不像今天可以换取直接的货币收入；自 20 世纪 90 年代初，村民开始大面积种植烟叶，但由于收益不显著，农民的状况改变不大。大约在 2005 年以后，村里逐渐有人外出打工，自己的耕地租给别人或直接种上杉树，如今村里留守的大多为老人、小孩，"村村通"道路建设、免除农业税、医疗保险（每人每年交 30 元保险费，报销 70％的医药费〈不含手术费〉）等政策，极大地改变了当地的发展状况，但总体而言农村城镇化、新农村建设等的辐射带动效应并不如预期的那样明显。同样，在邻近人口较多的盖竹村，情况都大同小异。在甘肃平凉市庄浪县南湖镇的一个小山村里，陡峭细长的小路上空气纯净清新，黄土、山沟、望不到边的梯田，似乎映衬着这里的安宁、停滞、闭塞、落后（尽管外面的世界变化很大很急）；平地路旁的许多院落，门紧锁着，门口的驴食槽、猪圈也空着，似乎很久无人居住。据当地一留守老人讲，村里年轻人都去打工了，有些无人的院落是举家在城里过日子，他们几年也不回来，其耕地有些都荒了。村小撤并后，适龄儿童上学都以寄宿制形式在离家 10 多分钟车程的镇中心小学就读。新成长起来的年轻人，他们宁愿成为城市漂泊着的、最辛苦甚至最底层的打工者，也不愿意回到那个他们有田、有房、有亲人的农村，他们跟父母一样正在通过自己的劳动和付出，一点一点、或快或慢地改变着自己的生活轨迹，创造着未来的无限种可能！……中国是一个城乡区域发展差异极大的人口大国，更多的实地调研启示我们，任何时候都必须实事求是（而不能过高、过低估计）认识城乡一体化、新农村建设、现代农业发展的实际效果，针对不同区域的发展实际、差异和约束条件，采取不尽相同的政策和处置方式，将不同手段和途径相互配合、相互借助，城乡协调发展才会取得好的效果。

的合理分配。但是，这里的关键在于，仅凭借经济力量不足以决定社会变革，要理解经济变革，就必须理解经济所"嵌入"① 的社会与道德背景。在经济学发展的过程中，以克鲁格曼为代表的空间经济学为我们理解"生产的空间区位"（经济活动发生在何处？为什么发生在此处？为什么研究这种经济地理非常重要？）作出了革命性的贡献。这一领域的研究成果不仅能够解释所有人类社会中都存在的经济决策与理性行为过程，而且能够揭示地理空间中的经济活动聚集问题、城市性质问题以及空间经济的演化问题。因此，从最宽泛的意义上，要理解现代社会，特别是城乡空间结构及其形态的秘密，我们还必须从不同角度对其进行细致的考察和认真的思考，从而发现空间经济的自组织作用，发现城乡经济究竟是如何从一些或许多可能的地理结构中选择其一的。

（一）新经济地理学视野中的城市系统

尽管区位理论拥有源远流长的历史，但与"时间"不同，"空间"长久以来并没有能够成功地纳入经济学主流，空间问题似乎始终是主流经济学的一个盲点。② 除了城市经济学和区域经济学以外，区位理论研究的基本思路与方法属于非空间性的，这主要是因为经济学家们知道很难把空间因素模型化。然而，问题在于如果忽视空间形态因素在城乡经济活动中的作用，关于城乡一体化问题的研究就难以得到理想的答案。勒施（August Losch）在《经济空间秩序》（*The Economics of Location*）中开创性地指出③，城市的存在必然占有具有区位优势的地理空间并主要以非农产业为支撑，由此形成具有不同功能的城市形态。这一论述表明，没有企业的形成，进而没有由企业组成的产业聚集和市场支撑，城市的存在便成为无源

---

① "嵌入"是经济社会学家 M. 格兰诺维特 1985 年在《美国社会学杂志》上发表的纲领性文章《经济行为与社会结构：嵌入性问题》中提出来的。他认为，如果使用嵌入性理论来审视社会经济生活及其与之相关的社会结构的话，无论是在工业社会还是在前工业社会，嵌入性的现象始终存在，只不过在各个社会中嵌入的水平和程度不同。在非市场社会中嵌入性的水平比实质主义者和发展理论家所宣称的要低，而随着现代化发生的变迁比他们所相信的要小。朱国宏：《经济社会学》（第二版），复旦大学出版社 2003 年版，第 76、77 页。

② 梁琦：《空间经济学：过去、现在和未来（代译者序）》，[日]藤田昌久、[美]克鲁格曼、[英]维纳布尔斯：《空间经济学》，梁琦主译，中国人民大学出版社 2005 年版，第 1—34 页。

③ 勒施：《经济空间秩序（中译本）》，王守礼译校，商务印书馆 1995 年版，第 116—118 页。

之水、无本之木。这种由企业集聚式发展在改变企业自身组织发展形式的同时，会极大地影响区域城市发展的动力基础、地域扩张和形态演化。这种理论的抽象和概括可以从实践层面得到实证检验。换句话说，企业组织程度较高和企业聚集发展的区域，恰好是城市经济发展活跃的地带和城市形态容易发生演变的活跃性区域；企业聚集发展的加强有助于推动城市空间结构形态的演变、城乡结构的调整转换，构成城市经济中的市场主体——企业的不断发育和发展——更进一步吸引着更多的要素向城市积聚，并促使新进入企业在原有城市中和已有企业形成更为密集的网络和更为发达的城市经济，最终导致区域发展城市化、企业发展网络化和城市发展区域化现象，这些现象本身反映的恰恰就是城市空间结构的扩展和城市形态的演变。

令笔者感到兴奋的是，这种由聚集经济推动城市形态演变的现象正好是近年来新经济地理学领域研究的核心问题之一。20 世纪 90 年代以来，以美国经济学家 Paul Krugman、日本经济学家 Masahisa Fujita 以及英国经济学家 Anthony J. Venables 为代表的新经济地理学派，以垄断竞争市场模型和冰山成本假设为基础，对人口和经济集聚的累积因果机制进行了深入研究，提出了迁移驱动模型和投入—产出联系驱动模型，这些模型对于以交易费用节约为典型表现形式的资源集中和分散机制等问题的关注，给理解城市发展带来了很好的启发。[①] 自克鲁格曼开创性地以迪克希特和斯蒂格利茨垄断竞争一般均衡分析框架为基础，借鉴国际贸易理论、新增长理论、利用萨缪尔逊的"冰山"型运输成本（Iceberg trade costs）理论，历史演进及计算机模拟技术，把空间概念引入一般均衡分析框架中，提出了著名的"核心—边缘"（Core-periphery）模型，使空间问题进入了主流经济学研究的视野。此后，经过藤田昌久（Masahisa Fujita）、克鲁格曼和维纳布尔斯（Anthony J. Venables）等学者的共同努力，建立了一个新的统一的空间经济学研究框架——新经济地理（NEG）。值得一提的是，Henderson[②] 在研究城市规模与类型时，从生产条件和消费条件两个

①　梁琦：《空间经济学：过去、现在和未来》，《经济学季刊》2005 年第 4 期。

②　Henderson J. V. The sizes and Types of cities. *The American Economics Review*. 1974，64，640—656.

方面所构建的理论模型，对我们认识城市系统具有重要启示。Henderson 从规模经济的特点出发，通过考虑企业的位置这一外生变量和劳动力租金、资本租金等内生变量，构建了自己的城市系统模型。

在生产条件方面，假设城市生产一种带有规模递增收益的产品 X_1，设生产函数为：

$$X_1^{1-\rho_1} = L_1^{\alpha_1} K_1^{\beta_1} N_1^{\delta_1}，\alpha_1 + \beta_1 + \delta_1 = 1，0 < \rho_1 < 1$$

其中，L_1、N_1 和 K_1 分别是房屋或土地场所、劳动和资本投入。ρ_1 代表对规模回报增加的程度，因而，$(\alpha_1 + \beta_1 + \delta_1) / (1 - \rho_1) > 1$。

在城市中工人的住房服务用 X_3 表示，是非交易产品，价格随城市规模而变动。

设生产函数为：

$$X_3 = L_3^{\alpha_3} K_3^{\beta_3} N_3^{\delta_3}，\alpha_1 + \beta_1 + \delta_1 = 1$$

假定场所是介于 X_1 和 X_3 之间的中间输入量，为实现从空间变量到非空间变量的转变，把场所看作规模效益递减的一个变量或者看作当城市规模增加时将增加单位场所劳动的投入。

$$(L_1 + L_3)^{1-z} = L^{1-z} = N_0，z < 0$$

Z 代表着规模报酬递减，N 代表城市人口。

在 N 代表城镇人口总额，K 代表城镇资本总额的情况下，可以得到：

$$N_0 + N_1 + N_3 = N，L_1 + L_3 = L，K_1 + K_3 = K$$

在消费条件方面，个人间接效用函数、城市总需求等式、个人需求等式为：

$$U = a^a b^b c^c y q_1^{-a} q_2^{-b} q_3^{-c}，X_1^c = aY/q_1，X_2^c = bY/q_2，X_3^c = cY/q_3$$

每个劳动者的效用为：

$$U = a^a b^b c^c (p_N + \overline{p_K K/N}) q_1^{-a} q_2^{-b} q_3^{-c}$$

可分解为 $U_N = a^a b^b c^c p_N q_1^{-a} q_2^{-b} q_3^{-c}$ 和 $U_K = a^a b^b c^c \overline{p_K K/N} q_1^{-a} q_2^{-b} q_3^{-c}$ 两部分。

其中，U_N 为劳动收入的效用，U_K 为资本收入的效用。这是求解城市规模的前提条件，即寻求最大化资本租金和劳动力租金的最大化，那么区位决策就是力求最大化 U_N 和 U_K 之和，其中 U_K 中的 $\overline{p_K}$ 是外生于区位决策的。

经计算可得 $\log U_N$、$\log P_K$、$\log U_K$ 值。

若分别对 N 求偏导数，可以得到：

$$\frac{\partial U_N}{\partial N}=\frac{U_N}{U_K}\frac{\partial U_K}{\partial N}, \quad \frac{\partial P_K}{\partial N}=N^{m-1}P_K\frac{\alpha_1 m}{\rho_1-1}\Big[\log t-1/m+\frac{\alpha_1-\rho_1}{\alpha_1-m}N^{-m}-$$

$$\log N\Big], \quad \frac{\partial U_K}{\partial N}=U_K N^{m-1}\left[\frac{m\,(\alpha_1-c\alpha_1-c\alpha_3\,(\rho_1-1))}{\rho_1-1}\right]\cdot\left\{\log t-\frac{1}{m}+\right.$$

$$\left.\frac{(1-c)\,(\alpha_1-\rho_1)+c\alpha_3\,(1-\rho_1)}{m\,[\alpha_1-c\alpha_1-c\alpha_3\,(\rho_1-1)]}N^{-m}-\log N\right\}$$

导数的符号由各等式方括号中的表达式的符号确定。Henderson 分析得出：如果 N 很小，表达式都是正的，表明初始的资本租金和效用水平随着城市规模的增大而增加。随着 N 的增大，导数或仍然保持正的，或变成负的，取决于方括号中的第三项的标识是正的还是负的。资本租金和效用水平二者都升到最大值而后下降，即导数最终变为负数的充分条件是 $\alpha_1\geqslant\rho_1$。变量 α_1 代表用于 X_1 生产的资源投入、土地场所的密度，ρ_1 代表 X_1 生产中规模经济的程度。此时，要素回报达到最大值且下降，因为聚集的收益 ρ_1 最终被住房服务生产的规模经济冲抵，生产的水平随着 α_1 上升而上升，反映在要素价格 p_K 和 p_N（它们将达到最大值而后下降）上，消费收益将受到限制。

新经济地理学在一般均衡模型的框架下，比较清晰地展现了集聚区位决定的微观机制，精巧地解释了各个层次地理空间上的经济集聚现象及其集聚力的来源，从而为新贸易理论、新增长理论等提供了一个思想和经验的实验室。自新经济地理革命以来，空间经济研究主要沿着两条主线发展。一是 Henderson 的"城市系统"模型（Urban-system model），以传统的地方外部性或城市外部性为核心对此进行理论与实证研究；二是沿着新经济地理的思路，通过市场关联的形式化处理对城市经济与区域经济进行理论与实证研究，近年来这两条主线开始逐渐相互影响并不断融合。显然，我们在理解城市形态及其演变的过程中，完全可以借鉴空间经济学对于城市系统的研究成果，发现城市形态演变的动力机制、阶段性规律和促进城乡一体化实现的基本条件。进而，我们便可以清晰地看到城市形态的演变内生于与城市相关的家庭、企业、政府和其他组织对不同利益追求过程中的区位选择。第一，是与企业组织数目有关的利益。城市形态的演变在于由非农企业组成的产业集群的支撑，某一城市系统内部的各子系统不管种类如何，都有在一个共同选择的区位进行共同利益实现的冲动。这些利益表现为诸如交通的更加便捷，基础设施系统的不断完善，低廉的发展成本以及较大的劳动力市场，强大的科技创新力量和相互学习的外在效应，如此等等。第二，是与经济波动有关的子系统的利益。若在某一个区位，集中对于那些季节变动或周期变动时期不一致的非农产业部门是有利的，则各经济主体所形成的城市子系统的聚集既可以缓和这些不利影响对共同利益波动的影响，而且缓和了其他地域空间对直接有关的产业所加的过大的第二次甚至更多次放大的作用，同时有利于城市经营者对各子系统进行自发扩展式秩序的协调。第三，是与经济构造有关的变化引起的利益。当城市系统内子系统间的利益关系、经济活动和子系统品质有多元化倾向时，经济构造的变化可以引起城市形态系统的变化。所以，恰当的均衡化的文化制度因素，不但其本身有价值，而且对于相对独立发展的子系统和对城市系统新环境的适应也颇有益处。第四，是与一般化理由有关的利益。城市系统内从事并不与特定地点拴在一起的职业和事业的理性主体，能够在它所乐意的区域居住，而且一般地说，它是在追求利益的过程中，有意识地担负着文化传统的传承和对于业已形成的"游戏规则"的维持与创新，有它们之间相互吸引、相互协力的倾向，因而能增加他们的收益。第五，是相互接近等有关的利益。在这里，必须对为形成城市而存在的组织和因城市已在那里存在的组织加以区别。前者是由于利益的驱动使其自觉地对城市的近旁或远方的地域提供服务而获益，这就引发城市近旁或远方更小组织将各种生产要素诸如人力、财力、物力和信息传递到城市为"乘数效应"，从而引发城市形态的进一步发育；后者是为前者而存在，后者也可以以其他形式把它们的组织与前者组织相联系。在以上不同作用的过程中，要么是城市形态处于演变优化之中，要么是新开发区或城市新区引起城乡边缘区过渡形态、城市飞地形态、产业聚集区等的形成。这些过程都会引起城乡空间结构形态、功能组织和城乡联系的深刻变化。

新经济地理学理论表明，在报酬递增的条件下，伴随产业集聚和长期增长而演进的城市系统及其形态变化主要是依运输成本而呈非线性变化的，城市形态演化的轨迹表现为不同特征的典型构造。在全球化的新背景下，产业结构表现为高度集聚，不同区域的城乡之间经济差异也最为显著，城乡之间的核心—外围结构广布于各国和经济体，城市形态与乡村形态的不平衡发展，也就必然成为城乡经济社会发展的常态。

（二）新制度经济学视野中的城市系统

现实表明，任何制度都是人们为追求和维护共同的利益，在财富最大化的历史进程中逐渐形成的创新空间；如何设计好一个制度体系是各国城市发展必须解决的最为紧要的根本问题，城市形态演变过程就是要借助于制度的重新安排降低交易费用提高资源配置效率。已形成交易费用经济学、产权经济学、委托—代理理论、公共选择理论、新经济史学等几个支流的新制度经济学，为我们突破不完全知识和对城市形态系统发展的无意识后果所造成的研究困境提供了新的视野。科斯（Ronald H. Coase）在《论生产的制度结构》（*Essays on the Institutional Structure of Production*）一书中，以其经典论文《企业的性质》（*The Character of the Enterprise*）提出，在真实世界里的市场机制并不免费，交易费用为正；企业组织正是由于节约交易费用而存在。[①] 按此逻辑推论，如果将城市系统看作一个不同等级规模的组织系统，则城市形态演变的合理性恰恰就是因为这一组织系统中的各子系统，诸如企业、政府、家庭及其他组织为了节约交易费用而发生的。换句话说，城市和企业一样，都是资源配置可以相互替代的手段，其根本区别仅在于城市、企业二者的规模及其组织形式和运行机制的不同，特别是城市会有单个企业所无法企及的更大规模效应、城市系统的结构更为复杂、城市需要更为高层次的经营管理者去经营城市赖以发展的各类要素。在企业内部，与城市经营管理相类似的工作是通过权威关系完成的。在城市内部，由于城市的存在为各子系统实现交易费用的节约提供了一个更为广泛的途径和空间，即产生了正的"外部性"。因此，城市更是一种巧妙的交易组织形式，它在由非人格化的价格调节而形成的资源配置的市场上可以把其子系统内一些交易费用极高的活动卷入城市间的等级分工与合作，同时又可以避免对这类活动的直接定价和直接交易。在这一过程中，距离起了主要的影响作用。由此一来，城市的经营者则是那些擅长于对稀缺资源的协调利用和对各子系统的相互协调运行作出明智决断的城市管理者。

由此我们现在至少可以认为，城市形态在一定条件下既可以表现为对城市系统内部各子系统之间完成交易的所有费用的节约，也可以表现为发挥城市

---

① 科斯：《论生产的制度结构（中译本）》，盛洪、陈郁译校，生活·读书·新知三联书店1994年版。

经营者和各子系统经营者的能力或利用管理而进行协调的优势。特定区域不仅性质不同、规模不等、结构相异的城市之间互相联系、互相依赖和互相补充，而且城市与乡村之间也存在物质流、能量流、人员流、信息流的普遍交换，进而形成一个统一的城乡地域系统。与此同时，城市系统内部、各级城市与其腹地乡村之间以及大小城市之间也存在等级从属、职能分工协作联系的关系，它们是极化与辐射并存、集聚与分散共同起作用的规律性排列与组合。城市系统的形态层序、空间结构的规律性配置，就形成城市系统的形态结构。

　　随着城市化的进展和城市形态的演变，城市增长迅速、市场广度和深度不断增加，城市间的联系日益密切，劳动分工和知识分工促使交易成本下降成为可能，现实要求人们必须通过研究城乡体系及其相互关系，以便从中揭示城乡一体化推进的实质和原理。新制度经济学视野中的城市系统，就是另一种不同于其他企业的组织化的、制度化的契约组织系统；城市形态的本质就是一种特殊的契约结构在空间层次的表现；城市系统会自发地由以往的治理或管理理念向城市经营理念转变，城市系统及其形态演进也因此由无序走向有序。由此，交易费用视角中城市发展的效应可以分解为三种。一是聚集经济效应。强调由于劳动和资本等生产要素的集中所产生的高效益，它有两种表现形态：同类企业的聚集效益——同类企业聚集在一个地区，便于开展专业化协作，相互促进，给企业间的人、财、物、信息等生产要素的交流创造了优越条件，通过同类企业的竞争与合作，有助于提高行业技术装备水平和产品质量，提高行业经济效益。多类企业的聚集效益——多种类型的企业聚集在一个地区，首先可以形成比较完整的产业结构、技术结构和产品结构体系，彼此之间互为对方的原料供应商和产品使用者，从而缩短了运距、减少了运费、节约了时间、提高了收益；其次可以满足消费者对商品的多样化需求，吸引更多的客源、开拓更大的市场；最后，还可以协调生产中的不安定因素，克服由于偶然性、季节性、周期性所导致的经济波动。正是各种各样的企业、众多的劳动者和雄厚的资金都在一个城市中聚集，才使城市职能更为完备、城市形态更为完善。因此，集聚是城市最本质的特征，也是影响城市形态演变的最重要的经济规律。二是规模经济效应。该效应是由于企业生产规模扩大而导致长期平均成本下降的效应，企业最佳规模点存在临界值。对一个城市来说，规模过小，则城市的基础设施和公共服务设施的利用率较低，城市的经济效益也难以提高。在实际生活中，城市最佳规模是不断变化的，在某一时点是最佳规模，另一时点可能就不是最佳规模。因此，在不同的国家和地区、依据其不同的发展条件，存在着某个较为合理的人口规模，高于或低于这个规模，城市系统都处于相对不经济中。三是区位经济效应。即因城市优越的地理位置所带来的"额外经济效益"。世界上的各种资源不是均衡分布的，因此城市总是在那些地理、气候、土质、矿藏条件和原有经济基础较好的地区产生和发展，并不断吸引人口与资本向其中交通、通信等基础设施更好的城市聚集，从而表现出不同的效益差别来。所以，河流的两岸、交通主干道的沿线及其节点，不仅城市数量多、规模大，而且城市形态演变过程复杂、空间结构转变迅速。

城市作为城乡区域经济的增长中心，对其所依存区域的社会、环境和空间的协同发展具有主导作用。城市聚集条件下劳动分工、知识分工与市场规模的内生互动和循环累积，不仅降低了运输成本、生产成本和交易成本，获得了空间聚集的成本外部性效应，而且降低了知识的创造和使用成本，获得了空间集聚的技术外部性（知识溢出）效应，使得社会收益大于私人收益，进而实现收益递增。[①] 随着城市化进程的加速，越来越多的人口居住于城市。宜居的空间领域正从社区和城市扩展到区域和国家，从而实现城乡社会的和谐发展。和谐已成为 21 世纪城乡区域发展的重要宗旨和主要目标，决定了城乡形态演进的方向、内容和持久力，并与城市前景深刻紧密联系在一起。和谐、宜居的城乡一体化本质上要求城乡生态、经济、社会、文化、环境协调发展，人居环境良好，能够满足居民物质和精神生活需求，适宜人类工作、生活和居住。未来城乡和谐发展的重要目标，就在于不断促进城乡社会公共服务均等化实现，最终为城乡居民提供宜居的高质量生活。这一切，都为新时期城乡一体化的推进注入了新的内容，也成为中国处理城乡关系和促进城乡形态合理化的基本立足点。

三　乡村系统

乡村系统是乡村区域内的人文地理、经济社会与自然环境因相互联系

---

① 齐讴歌、赵勇、王满仓：《城市集聚经济微观机制及其超越：从劳动分工到知识分工》，《中国工业经济》2012 年第 1 期。

和相互作用而走向有序发展的空间结构功能体系。尽管乡村形态在不同时空下的空间投影各有差异，但是一般来讲，乡村系统总是包含农村人口子系统、以农业为主的经济子系统、以非城市生活方式为主的乡村社会政治文化子系统及其不同系统之间的相互关系，并且这些子系统总是处于不断演变的动态发展过程中。认识和研究乡村形态，就在于明确乡村空间结构形态演化与优化的内在规律性，从而为改善区域人地关系和促进城乡一体化发展提供理论依据。

（一）乡村系统的基本特征

农业与农村的紧密结合是乡村系统的初始形态，农村无法脱离农业而独立存在；同样，非农产业与城镇的紧密联系构成城市系统的初始形态，城市是内生于农村发展过程之中而迅速崛起，最终在工业化推动下成为与农村有巨大差别的循环系统。马克思在《资本论》和其他著作中曾经指出[①]，由于社会经济历史原因，农业与农村的发展总是落后于工业与城市的发展，资本的逐利趋势总是缓慢地、不平衡地进入农业，资本的积聚与集中以及农民的分化，也都进行得比较缓慢，从而导致农业的发展没有达到加工工业那样的程度。在这种情况下，乡村系统生产再生产所必需的经济条件的全部或绝大部分还是在本经济单位中生产的，并直接从本经济单位的总产品中得到补偿和再生产。这也使得乡村系统的生产与再生产活动具有鲜明的独立性、落后性和封闭性。这可能是城乡经济社会形态演变发展的普遍性规律的集中表现。

乡村形态是在一定的城乡社会生产方式共同作用下形成和发展起来的，同时随着城乡社会生产方式的发展与变化，特别是伴随现代社会分工、城市化、工业化和市场化的发展演变，乡村形态将不断地由低级向高级、由简单向复杂、由无序分散向有序协同转化，因而其系统优化的内在规定性也处于不断变化之中。就农村社区特征而言，一个完整的农村社区的地域单位通常是以其村民的聚居点——村落为中心，并由这个中心的各种服务功能的射线极限点联系起来，构成这个农村社区的地理区域。在职业结构上，农村社区比较简单；在生活和工作上，农村人口大部分时间都

---

① 马克思、恩格斯：《马克思恩格斯全集》，人民出版社 1980 年版，第 762、856、896、898 页。

是用来进行户外生产和生活；从人们的职业和心理素质来说，农村人口趋向同质化，在阶层区分上层次较少；在社会流动上，农村的社会流动无论是横向的还是纵向的都比较少，速度也较慢。① 乡村农民生产生活方式的基本特征则主要表现为祖先崇拜高于对一切神的崇拜，重视道德人格，本质上属于宗法性的伦理型生活方式；聚族而居、安土重迁，生产与生活领域合一，进行自给性的简单再生产与不断重复的节奏缓慢的生活，以人的直接关系和乡里为活动和交往中心，不同等级、不同职业群体及男女之间的交往受到种种限制，是社区封闭型生活方式；以粮食为主要生产品和消费品，"以食为天"，教育远未普及，精神文明消费少，生活资料匮乏，建筑密度低，属浓厚同质性的生存型生活方式。

　　针对中国乡村发展的基本特征而言，Perkins Yusuf 的研究表明，1949 年以后中国乡村发展的鲜明特点在于随着中央政府通过官僚机构、政党渠道在全国范围内把各种运动渗透到村庄一级的改造过程，乡村社会结构形态也由此而发生了深刻的变革。乡村社会现代化的过程，同时也是国家政权建设在乡村展开、前进和调整的过程。② 费孝通先生曾在《乡土中国：生育制度》一书中指出，从基层上看去，中国社会是乡土性的……乡土社区的单位是村落，乡土社会的生活是富于地方性的，乡土社会的特征之一是乡村里的人口似乎是附着在土上的，一代一代地下去，不太有变动……我们很可以相信，以农为生的人，世代定居是常态，迁移是变态……不流动是从人和空间关系上说的，从人和人在空间排列关系上说就是孤立和隔膜。③ 不仅如此，中国乡村社会的结构还形成"差序格局"，即社会关系是逐渐从一个一个人推出去的，是私人联系的增加，社会范围是根据私人联系所构成的网络，我们传统社会所有的社会道德也只在私人联系中发生意义。④ 美籍历史学者黄宗智在其《华北的小农经济与社会变迁》、《长江三角洲的小农家庭与乡村发展》中有意识地拓展了人类学者格尔茨（Geertz）研究爪哇农业时所提出的"过密化"或"内卷化"概念，延续和发展了恰亚诺夫（Chayanov）对小农经济研究不同于西方形式主义经济学的视角，自

---

① 王立诚：《农村社会学》，中国农业出版社 1992 年版，第 188 页。
② 许颜杰、马维鸽：《民国以来的乡村发展理论综述》，《安徽农业科学》2008 年第 3 期。
③ 费孝通：《乡土中国：生育制度》，北京大学出版社 1998 年版，第 6—11 页。
④ 费孝通：《乡土中国》，生活·读书·新知三联书店 1985 年版，第 28 页。

成体系地提出了研究中国小农经济的过密化理论——农业劳动力过剩带来的"无发展的增长"或者说"过密型增长"。[①] 20 世纪 80 年代以来，农村经济社会在改革开放推动下发生急剧变动，原来同质性的社会成员逐渐出现了角色和身份的多元化，形成了异常复杂、特殊的乡村社会等级结构，亲缘/地缘关系在新的社会结构条件下已经呈现一种弱化趋势。在新的乡村社会结构中，由于传统与现代因素的交织作用，现代市场工业文明与传统农业文明之间存在矛盾与对抗。因此，乡村经济发展、社会信任、社会资本以及整个乡村秩序的重建就成为乡村系统完善的重要内容。针对农村人口流动迁移和农村非农化进程，黄宗智还提出了今日中国乡村的新特点在于制度化了的"半工半耕"过密型农业——农民因人多地少收入不足而外出打工，外出打工的风险反过来迫使人们依赖农业小规模口粮地作为保险，这样就使过密型小规模、低报酬的农业制度和恶性临时工制度紧紧地卷在一起。[②] 总体上看，在城乡差距日益扩大的宏观背景下，东部沿海地区乡村的现代化进程仍明显快于中西部地区，近城乡村的经济社会发展快于远城乡村；农村生产力、就业及失业、收入及财富分配、权力结构、地方阶层结构、对控制较大环境的价值、信仰及态度、对接近福利服务等方面正发生巨大转变。而且，政府主导干预的新农村建设、城乡统筹发展以及新型城乡形态，正在冲击着乡村长期以来的缓慢发展状态，基础设施的完善、乡村城市化与产业非农化的推进使得农村经济现代化进程较快、生活方式的现代化进展明显，乡村居民价值观念也呈现纷繁复杂的局面，市场力量与经济利益取向已经成为农民行为决策的主要因素，乡村形态在城乡互动作用下正呈现结构功能的调整优化趋势。

（二）乡村系统的基本功能

乡村作为人类原生态的空间地域系统，承担着城市系统无法替代的经济社会、自然生态功能。发展经济学家库兹涅茨早在 1964 年就对农业在经济发展中的功能做了经典分析，其主要思想可总结为：首先，城乡非农业部门的扩大以农业发展为前提，农业不仅要为非农业部门的就业人员提供食物，而且还要为某些制造业，如纺织，提供原材料。前者可称为农业

① 翟一达：《"反过密化"与共和国历史》，《读书》2010 年第 10 期。
② 黄宗智：《制度化了的"半工半耕"过密型农业》，《读书》2006 年第 2 期。

部门的食品贡献,后者可称为原料贡献,合称为农业的产品贡献。正如刘易斯所言:"在一个封闭的经济中,工业部门的大小是农业生产率的函数。"① 其次,农村经济社会系统的稳定运行必然构成城市工业品的主要市场,农民购买消费品和其他农业投入品,农业出售给非农业部门的粮食和其他农产品,这都会对城乡经济发展和工业化作出贡献。库兹涅茨称前者为"生产过程的市场化",后者为"农业净产品的市场化"。② 再次,在大多数发展中国家,农业部门是现代经济增长所需资本的一个重要来源,农业资源向其他部门的转移构成农业的资本和劳动等要素贡献。当然,农业劳动力的工业转移的速度还要受到工业本身吸收就业能力的限制。最后,在工业化进程中,农产品的出口还可以为发展中国家获得十分宝贵的外汇。特别是在发展的初级期阶段,由于城乡工业很不发达,农产品和其他初级产品的出口可以说是许多国家获得外汇的重要的甚至唯一的来源。③

立足人地关系的高度科学考量城乡形态的良性协同发展,我们不难发现乡村自然生态系统、经济产业系统和聚居建筑系统在城乡体系中具有重要的功能和地位,特别是城乡建设用地扩张的合理预测规划、环境容量及城乡生态承载力的提升、开发建设的规模与强度、水—大气—土壤等环境因素的系统分析、城乡发展空间与自然生态供给力和承载力的动态平衡、城乡社会制度的变迁与文化传承等,都无法脱离乡村系统的有效协作而独立存在。作为城市系统的广阔腹地,乡村有控制城市人口过分膨胀和改善生态环境的屏障功能。日本学者岸根卓郎认为,农村在整个城乡地域发展中的最基本作用应该是保全生态系统,以这个基本作用为大前提,派生出来公益作用和经济作用。④ 公益作用包括国土资源的持续利用,国土保安,水资源涵养,提供保健娱乐场地和情操教育场所,提供发扬、继承传统文化、安定国民精神和文化活动场所,为稳定社会和人们情绪作出贡献;经济作用包括提供经济财货,提供生产要素。按照"自然—空间—人类系统

① 刘易斯:《国际经济秩序的演变》,商务印书馆 1984 年版,第 6、7 页。

② Kuznets Simon. Economic Growth and the Contribution of Agriculture. InEicher,L.W. Witt,ed. Agriculture in Economic Development. New York:McGraw-Hill,1964.

③ 毕世杰:《发展经济学》,高等教育出版社 1999 年版,第 160、161 页。

④ 岸根卓郎:《迈向 21 世纪的国土规划——城乡融合系统设计》,高文琛译,科学出版社 1990 年版。

设计"的基本思想，岸根卓郎进一步指出①，乡村的代表性功能应该是自然性、空间性、情趣性和传统性；乡村功能的硬要素主要由自然系的森林、空间和农地构成；城乡多样化、理想型的最适宜生存的安居社会，应该是将农村恬静风光、宽裕舒畅的牧歌式环境与城市具有活力和繁华洗练的文化、现代环境作为全体国民的共同财产，达到城乡空间形态与结构功能的协同。

马克思主义者认为，一切发达的、以商品交换为媒介的分工的基础，都是城乡的分离。可以说，社会的全部经济史，都可概括为这种对立的运动。② 城乡之间的对立只有在私有制范围内才能存在。③ 只要村一旦变作城市，也就是说，只要它用壕沟和墙壁防守起来，村制度也就变成了城市制度。④ 城市和乡村的分离还可以看作资本与地产的分离，作为资本不依赖于地产而存在和发展的开始，也就是仅仅以劳动和交换为基础的所有制的开始。⑤ 在我们迈入后工业社会和知识经济时代的当今，传统的乡村建筑造型纯朴、清新，用料就地取材，空间布局多利用自然地形或通过建筑自身的组织，形成或开放或封闭的多样化空间，装饰多赋予人文教化思想，充满了人性化、归属感和场所意义，对于改变当前国际式建筑冷漠、单调、生硬的形象具有重要的借鉴意义。⑥ 城市建筑形态向乡村建筑学习，从它们身上汲取经验和创作灵感，打造地城建筑特色，对于构建和谐的城市空间和促进城乡和谐社会建设，当然具有重要启发和政策实践含义。

在制度变迁过程中，中国农村经济体制改革主要是以农民为主体和政府引导相结合的需求诱致性制度变迁；变迁程序是自下而上的；变迁的路径符合"帕累托改进"；变迁方式是核心存量制度变革在先，再是边际革命与增量调整相结合；改革顺序是先易后难；变迁成本分摊是内部分摊与向后推移至有消化能力后再分摊；变迁动因是内部化与外生化相结合；变

---

① 岸根卓郎：《迈向 21 世纪的国土规划——城乡融合系统设计》，高文琛译，科学出版社 1990 年版。

② 马克思：《资本论》第一卷，《马克思恩格斯全集》第 23 卷，第 390 页。

③ 马克思、恩格斯：《德意志意识形态》，《马克思恩格斯全集》第 3 卷，第 57 页。

④ 恩格斯：《马尔克》，《马克思恩格斯全集》第 19 卷，第 361 页。

⑤ 马克思、恩格斯：《德意志意识形态》，《马克思恩格斯全集》第 3 卷，第 57 页。

⑥ 许五军：《新农村建设与乡村传统聚落关系研究》，《科技广场》2007 年第 4 期。

迁模式是在基本目标清楚的基础上进行动态修正。[①] 作为仍然处于重要战略机遇期的发展中农业大国,随着中国产业结构整体上倾向于从农业向非农产业转换、要素配置从劳动密集型向资本技术密集型转变以及城市化进程的加快推进,准确把握城乡结构转换、新农村建设的相对稳定环境,积极采取措施通过改造传统农业和发展现代农业、改变农业生产组织方式和农村生活方式、促进农村改革转型和农村开放性市场培育,以科技创新和工业发展作为支撑,不断释放和大力拓展农村多样化功能,不断优化农村发展环境,从而使农村在城乡一体化进程中处于主动地位并使其系统功能不断得到更好体现。这是中国顺利推进城乡一体化的重要基础性战略。

四　城乡一体化模型

经济发展过程中的诸多关联效应及其区域要素流动、技术扩散、知识溢出和区域贸易、城乡相互作用的实践表明,孤立地从城市、乡村或者工业、农业研究城乡一体化问题,我们可能始终找不到令人满意的答案。围绕城乡二元结构转变、乡—城人口流动、城市化与工业化等问题,以刘易斯、托达罗、拉尼斯、费景汉、乔根森、迈因特等为代表的早期发展经济学家们建立了非常具有代表性的城乡发展模型。借助经济学领域以哈罗德、多玛、索罗、斯旺、舒尔茨、库兹涅茨、钱纳里、丹尼森、杨格等为代表的关于经济增长问题的研究模型,以奥尔巴克、辛格、埃文斯、亨德森、吉布雷特、加贝克斯和迪克希特、克鲁格曼、藤田、维纳布尔斯等为代表的城市经济学、经济地理学和空间经济学家们,分别通过各具特色的精巧模型系统研究了城市生长、中心—外围(城市—乡村)的均衡、厂商与居民的区位选择等城乡经济发展与萧条中的微观经济及空间结构问题。基于亚当·斯密的分工理论和对内生增长动力的关注,以杨小凯为代表的新兴古典经济学家则用超边际分析方法,建立了基于专业化分工和收益递增的 Yang—Rice 和 Sun—Yang 等城市化系统理论模型。仔细分析比较不难发现,无论是古典理论、新古典理论还是新兴古典综合理论、新马克思主义理论等,都是对原有理论关于城乡结构转变、城乡发展问题的延展,共同反映了不同时期人们对处于城乡发展不同阶段的新现象、新问题的不

---

① 邓大才:《城乡制度变迁的差异分析及策略转换》,《宁夏社会科学》2000 年第 6 期。

同认识。城乡一体化的实现是与高度发达的社会生产力紧密相关的，不论城市—工业主导模式、农村综合发展模式还是城乡网络化发展模式，都需要我们根据不同国情探求统筹城乡一体化协调发展的现实途径。根据Martin、Ottaviano、Baldwin等人的研究结论，结合克鲁格曼、藤田、迪克希特等人新经济地理学的中心—外围模型（CS模型）、本地溢出模型（LS模型）和迪克希特—斯蒂格勒次的竞争垄断模型（DS模型）等，我们在此处应用中国学者孙久文[①]建立的城乡一体化模型对城乡系统均衡与城乡结构转变进行理论解释。

（一）模型假设

1. 存在城市和农村两个异质性区域，城市拥有现代工业部门（如采掘业、制造业）和传统服务业，农村拥有乡村工业和自给自足的农业部门。

2. 城市传统部门和农村自给自足部门具有规模报酬不变和完全竞争特征，只使用一种劳动生产同质产品，1单位投入等于1单位产出，农产品或工资价格用单位1计价。

3. 现代工业部门使用劳动和资本，以规模报酬递增和垄断竞争为特征；每种差异化的工业品生产只使用1单位资本，工业部门的可变投入为劳动，单位产品的劳动投入为 a_m，物质资本和人力资本根据回报率在城乡间流动，简单劳动在城乡间分布相同，各占1/2。

4. 创造资本的部门使用劳动创造资本，单位资本形成耗费劳动量 a_I，资本生产部门完全竞争且规模报酬不变，即单位资本的形成成本为 $F = w_L a_I$，资本使用的总劳动量 L_I，新资本总为 $Q_K = L_I / a_I$；新资本的创造因为知识溢出效应而呈成本下降趋势：$a_I = 1/(K^w A)$，$A = s_k + \lambda (1 - s_K)$，其中，$s_k$ 表示城市的初始资本分布，λ 表示知识溢出系数（知识溢出的难易程度，包括城乡居民接受新知识的能力、教育文化环境等），$\lambda \in (0, 1)$，当 $\lambda = 0$ 时，属于当地居民比较封闭、不接受外来知识传播的极端现象；当 $\lambda = 1$ 时，知识在城乡间无障碍传播。

5. 城乡之间的企业、农户等微观主体掌握的私人知识无法在城乡间

---

① 孙久文：《走向2020年的我国城乡协调发展战略》，中国人民大学出版社2010年版，第29—38页。

传播，私人知识资本专用于新产品发明和新企业兴建，私人知识资本数量与微观经济主体数量相当。

6. 消费者的偏好和工业部门的成本函数满足以下函数形式：

消费者的效用函数：

$$U = C_M^{\mu} C_A^{1-\mu}, \ C_M = (\int_{i=0}^{n^w} C_i^{1-\frac{1}{\sigma}} di)^{\frac{1}{(1-\frac{1}{\sigma})}}, \ 0 < \mu < 1 < \sigma$$

工业品价格指数：

$$P_M = (\int_{i=0}^{n^w} p_i^{1-\sigma} di)^{1-\frac{1}{\sigma}}$$

消费者生产成本指数：

$$P = P_A^{-(1-\mu)} P_A^{-\mu}$$

资本流动方程：

$$\bar{s}_n = (\pi - \pi^*) \ s_n \ (1 - s_n)$$

以上各式表示的为柯布—道格拉斯型效用函数，C_M 表示对工业品的消费，C_A 表示对农产品的消费，μ 和 $1-\mu$ 分别表示消费者购买了工业品和农产品时所支付的支出份额；σ 表示不同工业品之间固定不变的消费替代弹性，n^w 为工业品种类数，C_i 为消费者对第 i 种工业品的消费量；整个经济系统由北部和南部两个区域构成，P 是北部的完全价格指数，π 和 π^* 分别为北部和南部的资本报酬，s_n 为北部使用资本数量的份额；P_M 是北部的工业品价格指数，P_A 是北部的农产品价格，p_i 是北部市场上第 i 种工业品的价格。

（二）城乡一体化的短期与长期均衡模型

1. 短期均衡

对于工业产品的度量单位经标准化处理，当地销售价格即为 1，本地生产乙地销售的工业品价格为 τ，通常 $\tau - 1 \geqslant 1$，产品价格差主要来自交通运输成本、城乡分割形成的制度成本等；现代工业部门的生产分布于资本分布相同，农村自给农业单位劳动产出与城市传统部门相同（这是因为城市传统部门多属于劳动密集型产业，其从业人员主要是进城务工人员、下岗工人等低技能劳动力，劳动生产率与农村相近）。

在短期内，城乡资本存量保持不变，市场供求平衡：

即 $p=1$，$p^*=\tau$，$p_A=p_S=w_l=w_l^*=1$，$s_n=s_K$

城市资本收益为 $\pi = bB \dfrac{E^w}{K^w}$

农村的资本收益为 $\pi^* = bB\dfrac{E^w}{K^w}$

其中，$b = \dfrac{\mu}{\sigma}$；$B = \dfrac{S_E}{\Delta} + \phi\dfrac{1-S_E}{\Delta^*}$；$B^* = \phi\dfrac{S_E}{\Delta} + \dfrac{1-S_E}{\Delta^*}$

$\Delta = S_n + \phi\,(1-S_n)$；$\Delta^* = \phi S_n + (1-S_n)$；$\phi = \tau^{1-\sigma}$

城乡经济总支出等于资本总收入与资本折旧和以 g 速度增长的资本支出：$E = s_L L^w + s_K bBE^w - (g+\delta)\,Ka_I$

$E^* = (1-s_L)\,L^w + s_K bB^* E^w - (g+\delta)\,K^* a_I^*$

$E^w = L^w + bE^w - (g+\delta)K^w\overline{a_I}$

$E^w = L^w + bE^w - (g+\delta)(Ka_I + K^* a_I^*)$

由于 $Ka_I = \dfrac{s_K}{s_K + \lambda(1-s_K)}$；$K^* a_I^* = \dfrac{1-s_K}{\lambda s_K + (1-s_K)}$

当 $s_K = \dfrac{1}{2}$ 时，存在对称的内部均衡：

$$E^w = \dfrac{1}{1-b}\Big[L^w - \dfrac{2\,(g+\delta)}{1+\lambda}\Big]$$

2. 长期均衡

在长期均衡条件下，单位资本价值 $\upsilon = \dfrac{\overline{n}}{\rho+g+\delta}$，$s_L = s_K = s_E = \dfrac{1}{2}$

$B = B^* = 1$，$w_L = 1$；$q = \dfrac{\upsilon}{F} = \dfrac{\pi}{(\rho+g+\delta)\,w_L a_I}$

因此，

$$q = \dfrac{b\,(1+\lambda)\,E^w}{2\,(\rho+g+\delta)\,w_L a_I}$$

最终，

$$q = \dfrac{b\,(1+\lambda)}{2\,(1-b)\,(\rho+g+\delta)}\Big[L^w - \dfrac{2\,(g+\delta)}{1+\lambda}\Big] = 1$$

在对称的条件下，求得

$$g_m = \dfrac{b\,(1+\lambda)}{2}L^w - (1-b)\,\rho - \delta$$

$$E^w = L^w + \dfrac{2\rho}{1+\lambda}$$

随着 λ 的提高，区域间溢出效应不断加强，长期均衡增长率不断提高；

当 $\lambda=1$ 时，长期均衡增长率达到最大；

由于 $g=g^*$，实际收入增长率也是 g 的 $\dfrac{\mu}{\sigma-1}$ 倍。

当资本全部向城市聚集时，城乡区域变为核心—边缘结构，知识溢出效应和资本创造均在城市发生，即满足：

$s_k=1$，$\Delta=1$，$\Delta^*=\phi$，$A=1$，$B=1$，$q=1$，$q^*<1$，$\lambda=1$

于是

$$g_{cp}=bL^w-(1-b)\rho-\delta$$

$$g_{cp}-g_m=\frac{b(1-\lambda)}{2}L^w$$

分别对 λ 和 L^w 求导得：

$$\frac{\partial(g_{cp}-g_m)}{\partial L^w}=\frac{b(1-\lambda)}{2};\quad \frac{\partial(g_{cp}-g_m)}{\partial\lambda}=-\frac{bL^w}{2}$$

当 λ 为常数时，

$$\frac{b(1-\lambda)}{2}\geqslant 0$$

$g_{cp}-g_m$ 随着 L^w 增大而变大，表明城乡人口规模越大，对称分布的增长率低于聚集下的增长率。假定城乡人口自然增长率极低，对人口总体规模影响极小，几乎可以忽略不计，则 L^w 为常数。$g_{cp}-g_m$ 随着 λ 增大而趋于缩小，当 $\lambda=1$ 时，对称分布的增长率与聚集下的增长率相同；当 $\lambda=0$ 时，两者增长率之差最大。

城市资本收益：

$$E=L+(\rho+g+\delta)FK-(g+\delta)KF=L+\rho KF=\frac{L^w}{2}+\frac{\rho s_K}{A}$$

农村总支出：

$$E^*=L^*+\rho K^*F^*$$

在长期均衡条件下，总收益等于总支出，即：

$$E^w=E+E^*=L^w+\rho\left(\frac{s_K}{A}+\frac{1-s_K}{A}\right)$$

城市资本支出比重为：

$$s_E=\frac{E}{E^w}=\frac{1}{2}+\frac{\rho[s_K A^*-(1-s_K)A]}{2AA^*L^w+2\rho[A^*s_K+(1-s_K)A]}$$

$$A=s_K+\lambda(1-s_K)$$

$$A^* = \lambda s_K + 1 - s_K$$

化简得 EE 曲线：

$$s_E = \frac{1}{2} + \frac{\rho\lambda\left(s_K - \dfrac{1}{2}\right)}{AA^*L^w + \rho[A^*s_K + (1 - s_K)A]}$$

城乡经济增长实现长期均衡，城乡资本增长率相同：

$$q = q^* = 1, \quad A\pi = A^*\pi^*, \quad AB = A^*B^*$$

则 $A\left(\dfrac{s_E}{\Delta} + \phi\dfrac{1 - s_E}{\Delta^*}\right) = A^*\left(\phi\dfrac{s_E}{\Delta} + \dfrac{1 - s_E}{\Delta^*}\right)$

$$s_E = \frac{\Delta(A^* - A\phi)}{\Delta^*(A - A^*\phi) + \Delta(A^* - A\phi)}$$

于是得 nn 曲线：

$$s_E = \frac{1}{2} + \frac{\Delta(A^* - A\phi) - \Delta^*(A - A^*\phi)}{2[\Delta^*(A - A^*\phi) + \Delta(A^* - A\phi)]}$$

$s_K = s_E = \dfrac{1}{2}$ 是方程的一个根。

联立 EE 曲线方程和 nn 曲线方程，得：

$$s_K = \frac{1}{2} \pm \frac{1}{2}\sqrt{\frac{(1 + \lambda)(1 + \lambda - 2M)}{(1 - \lambda)(1 - \lambda - 2M)}}$$

其中，

$$M = \frac{2\rho\phi(1 - \lambda\phi)}{L^w[\lambda(1 + \phi^2) - 2\phi]}$$

这是因为

$$0 < s_K < 1, \quad 0 < \frac{(1 + \lambda)(1 + \lambda - 2M)}{(1 - \lambda)(1 - \lambda - 2M)} < 1$$

方程组的解为：

$$\frac{1}{2} \leqslant \frac{1 + \lambda^2}{2} < M < 1$$

不等式组存在三个内部均衡解，得出贸易自由度取值范围：$\phi^B < \phi < \phi^S$

$$\phi^B = \frac{[(1 + \lambda)L^w + 2\rho] - \sqrt{(1 - \lambda^2)[(1 + \lambda)L^w + 2\rho]^2 + 4\rho^2\lambda^2}}{\lambda[(1 + \lambda)L^w + 4\rho]}$$

$$\phi^S = \frac{L^w + \rho - \sqrt{(L^w + \rho)^2 - \lambda^2 L^w(L^w + 2\rho)}}{\lambda(L^w + 2\rho)}$$

因此，当 $\lambda = 1$ 时，$\phi^B = \phi^S = \dfrac{L^w}{L^w + 2\rho}$，则有城乡资本增长依据贸易自

由度大小所出现的三种均衡模式。

3. 模型结论

（1）当 $\phi \geqslant \phi^B$ 时，城乡资本分布和支出无差异；

（2）当 $\phi^B \leqslant \phi \leqslant \phi^S$ 时，城市资本分布和支出比重均高于农村，城乡差距加剧；

（3）当 $\phi^S \leqslant \phi \leqslant 1$ 时，城市成为资本集聚中心，城市资本增长速度加快且远远超过农村资本增长率。

这就预示着城乡一体化模型具有区位黏性特征，即随着贸易自由度的提高，城乡一体化模型出现不同类型的均衡。在市场力量的单独作用下，城乡增长的差距会因城乡间贸易自由度（主要包括城乡之间因交通成本、制度成本等而造成对物质资本与人力资本流动性的影响）的提高而继续扩大。换句话说，仅仅依靠发挥市场经济的基础作用而缺乏政府在促进城乡一体化发展方面的宏观政策调控与干预，城乡差距会因市场化水平的提升和市场制度的完善而持续拉大；城乡一体化的实现，关键是通过制定良好的有助于城乡联系加强的政策措施，消除制约城乡区域间劳动力、土地、资本、技术、信息和知识等生产要素自由流动的制度障碍。需要注意的是，从理论上讲，城乡一体化的实现可能是以降低城市资本增长速度为代价。

在中国正进入城市化加速发展的重要阶段，我们需要更加关注的是农村能否从城市集聚经济中获得补充，城市化能否通过城市扩散效应和辐射效应的发挥，最终实现对广大农村腹地的带动发展问题。事实表明，长期以来以户籍制度为核心的城乡二元制度安排，恰恰是通过城乡间贸易自由度的提高为城市居民带来更多集聚经济的利益，如不必支付商品的交易成本或通过不等价交换而实现对市民的生活资料、社会保障、医疗卫生、文化教育等领域的计划手段隐性配给制度，而使农民利益在这一发展过程中整体受损，最终必然是城市居民收入高于农村居民。城乡一体化模型表明，如果贸易自由度很低（小于 ϕ^B），即交易成本相当高，则贸易自由度的提高通过降低区外输入商品的价格而同时提高城乡居民福利水平。当贸易自由度突破 ϕ^B 时，城乡福利水平开始出现显著差异，城市资本聚集出现，城市居民从城市经济发展中获得更多益处；相比之下，尽管农村居民可能也会因城市经济带动城乡社会经济整体发展而从中间接受益，但农村居民无法像城市居民那样直接获得由城市集聚经济发展所带来的好处。在

贸易自由度突破 ϕ^B 之后，城乡福利水平差距取决于对制造业产品的支出份额 μ，μ 越高，城乡福利差距就越小。当城乡经济出现"核心—外围"结构系统时，全部经济活动集聚在城市区域，城市居民福利水平几乎维持不变，农村居民福利水平开始出现提高，提高的幅度受 μ 的持续影响。不能忽视的是，即使从城乡"核心—外围"结构形成后，政府通过制度创新消除城乡差距，但城乡福利水平在实现城乡一体化过程中会留下永久性差距（初始阶段形成的历史性差距将无法弥合）。

（三）进一步地讨论

假定（城市，农村）＝（2/3，1/3），考察城乡非对称均衡的稳定性问题，分析资本分布和支持在非对称均衡条件下 s_K 的微小变化，如何影响城乡两类地区的资本形成、经济增长和总支出。

对托宾 $q = \dfrac{\upsilon}{F} = \dfrac{\pi K^w A}{\rho + g + \delta} = \dfrac{b E^w A B}{\rho + g + \delta}$ 求导，$dq = \dfrac{b E^w}{\rho + g + \delta}(A dB + B dA)$

对称均衡点 $s_E = s_K = \dfrac{2}{3}$，$B = \dfrac{\phi^2 + 6\phi + 2}{(\phi + 2)(2\phi + 1)}$，$A = \dfrac{2(1 + \lambda)}{3}$

$$dq = \frac{b E^w}{\rho + g + \delta}\left[\frac{2(1 + \lambda)}{3}dB + \frac{\phi^2 + 6\phi + 2}{(\phi + 2)(2\phi + 1)}dA\right]$$

$$dA = (1 - \lambda)ds_K$$

$$dB = \frac{2(1 - \phi^2)}{(1 + \phi)^2}ds_E - \frac{2(1 - \phi)^2}{(1 + \phi)^2}ds_K$$

$$\frac{dq}{q} = \frac{2(1 - \phi)(\phi^2 + 6\phi + 2)}{(\phi + 1)(\phi + 2)(2\phi + 1)}ds_E - \frac{2(1 - \phi)^2(\phi^2 + 6\phi + 2)}{(\phi + 1)^2(\phi + 2)(2\phi + 1)}ds_K + \frac{\frac{3}{2}(1 - \lambda)}{1 + \lambda}ds_K$$

由于 $\dfrac{2(1 - \phi)^2(\phi^2 + 6\phi + 2)}{(\phi + 1)^2(\phi + 2)(2\phi + 1)} > 0$ 表示需求关联效应，因此，根据 $\dfrac{dq}{q}$ 式可知：当 s_E 增大时，q 会相应地增大，城市开始创造资本，资本份额不断增加，出现集聚现象。同理，由于 $-\dfrac{2(1 - \phi)^2(\phi^2 + 6\phi + 2)}{(\phi + 1)^2(\phi + 2)(2\phi + 1)} < 0$ 表示市场拥挤效应，当 s_K 增大时，q 会相应地减小，城市资本创造速度下降甚至停止；$\dfrac{\frac{3}{2}(1 - \lambda)}{1 + \lambda}$ ——表示公共知识的溢出效应，随着城市资本份额上升，创

造资本的成本逐步下降，对周边地区的资本流入具有吸引力，因而进一步促进城市资本集聚。

分析城乡一体化模型的长短期均衡及其城乡非对称均衡的稳定性问题不难发现，城乡一体化实现的基本途径关键在于促进城乡区域之间资本和知识的合理分布。从政策应用价值来讲，不断完善城乡公共基础设施、实现城乡基本公共服务均等化，提高公共知识的溢出效应和受益范围、加大农村基础教育，鼓励农村非农产业发展、促进农村工业化和农村集镇集聚功能的发挥，对于缩小城乡居民收入差距、遏制农村资本的大量外流和缩小城乡福利水平差距，具有重要的理论和现实意义。

第二节　经济发展史中的城乡形态演变

逼近历史、洞悉过去以应对现在和未来，是我们对事物进行历史研究的任务之一。城乡形态演变是具有物质特征、知觉特征、时空特征的城乡存在因人类主观行为的能动作用而不断转变调整的具体历史过程。城乡地域系统产生的自组织协同与竞争关系是城乡之间相互作用机制的基本行为方式，城市的物质形式与结构，通过各种功能的建筑、建筑与街道围合的街区再加上各种偶然或者持续的社会实践、都市行为，形成了相互影响、相互联系的系统。新型城乡形态的生成依赖于城乡各个系统在竞争合作中的非均衡运动，城乡系统之间的协同会促进其子系统的某些运动趋势的整合而产生放大效应和占据优势地位，并支配系统整体的形态演化。从国外发展的一般经验考察，城乡关系的历史演变大致经历了乡村孕育城市、城乡分离、城乡对立、城乡融合和城乡一体化等几个不同的阶段。笔者对城乡形态演变的历史分析，则是从经济发展史的角度将其分为传统农业时代、现代工业时代及知识经济时代三个不同的演变时期。

一　传统农业经济时代的城乡形态

从城乡发展历史现实看，虽然城乡形态的演变过程和现象复杂多变，但是它总是具有历史传承性、隐藏着某种秩序和成长规律，主要表现为乡村孕育城市的过程，特别是表现为城市形态的演变。换句话说，城市形态的演变完全能够解释和揭示城乡形态在人类社会经济不同发展阶段的物质文明和精神文明的积累成果；恰恰是城市形态的演变极大地影响和改变了城乡形态的持续发展变化，也只有通过城市形态的演变才能更清晰地洞悉城乡历史发展的过程。经济史学家的思想之旅告诉我们，要理解现代社会城乡经济发展的任何形态，就必须穿越那段漫长的历史路程；只有沉浸于过去的城乡社会中，只有观察那些社会实际的城乡发展形态，我们才能真正开始清楚地理解现代城乡社会演进中的新问题。

（一）人类发展历史轨迹中的城乡社会分离

毋庸置疑，城市并非一开始就领先于乡村，公元前 3000 年—前 1500 年，是世界上城镇产生的关键时期。大约在距今 15000 年前，部落居民聚居形态已经出现，茅屋、帐篷等建筑布局严重受制于气温、日照、潮汐和风的影响。随着农业生产力的进步，人类进入定居时代，萌芽状态的村落演变为早期乡村。正如几乎所有的历史教科书所讲的，尼罗河、底格里斯河、幼发拉底河、印度河以及长江、黄河流域等冲积平原，出现了由原始居民点构成的聚落形态。接着，社会分工、工具的改进、财富的聚集以及由此而来的固定交易场所，逐步演变为集市聚落形态。这种城市产生的初始状态就是城市脱离农村而存在的起始。在普通观察者看来，这些遥远过去的许多农业社会似乎也并非迥然各异，从公元前 3000 年—18 世纪前期，城乡同样占据着特定的地理空间，有其特定的界限，但这一界限的变化及其在长期历史演变中不时地被打破的过程却极其漫长。

从人类社会发展的中世纪起，城市与乡村、东方与西方世界大概同样贫困，那时的农业在社会发展中占据主导地位，乡村生活是围绕着庄园组织起来的。庄园是规模很大、相当复杂的生产组织。作为一种经济组织形式，庄园是一个完整的政治和经济体系，当然它不只是一个以农业为主的社会经济体系，强制性劳动是庄园制的根本特征；庄园本身是内向型的，经济活动的节奏是由它自己范围内的习俗或权力关系决定的，不是由附近地区或远处的市场压力或拉力决定的。[①] 城市形态在中世纪始终存在，城镇的自给自足程度比庄园低得多，它们必须从农村购进粮食，并向农村出

---

① 毕世杰：《发展经济学》，高等教育出版社 1999 年版，第 4、5 页。

售自己的产品和劳务，城镇工业的原料（木材、皮革和铁）来自农村，用作燃料的木柴、煤和泥炭也来自农村，城乡关系处于低度和谐状态。那时，构成城市形态的主要建筑在受宗教迷信思想、社会等级制度影响的同时，已经融入了几何学、测量学知识的指导，古希腊的雅典及其他城市和建筑，以方格网的道路系统为骨架，以城市广场为中心的城市布局形态，是集中反映城市富裕阶层城市理想的完美体现。中国的长安、欧洲的古罗马在 2000 年以前所修建的水渠等公共设施，其城市服务功能是倾向于工业化的。可以认为，是农村经济的商业化逐步将农村与城市联系起来，工业的发展和城市的壮大是离不开农业支撑的。在中世纪后期，随着城镇的发展，贸易也不可避免地发展起来，随着城镇和贸易的发展，城乡之间新的经济关系得以产生。总体来讲，持续达千年的中世纪所发展起来的城市有不同起源，军事据点的、商业中心的抑或教堂所在地。这些不同起源的城市形态多以自发力量生成，自然景色优美，城墙的防御目的性功能极其显著，教堂/广场充当众多小城镇团块和城市的公共活动中心。当时间过渡到 13 世纪，特别是 14 世纪后半叶，欧洲社会充满灾难，连年不断的战争、瘟疫和饥荒，导致城乡人口大量减少，有人居住的地方和耕地面积都缩小了。这一时期，城市通常没有规则的道路网，城市居民迁往农村比较普遍，城墙多用于保护贸易和提供军事防御。15 世纪是人口、社会、经济系统的恢复时期，到 15 世纪末，欧洲商业和技术的发展带来了城乡区域之间和国家之间的贸易和商业的发展。当时的英国，农村社会是由大量的小规模经营的自耕农构成的，他们从领主那里租借的土地和按惯例由农村共同体管理的公有地来进行农业生产。羊毛工业的发展导致了这种状态发生变化，那些租借土地给自耕农的领主们开始收回租借出去的土地进而圈围成共同地。① 海外探险、海外贸易与人口增长以及城镇贸易发展和城市自身的发展、运输的改善等因素推动了市场范围的扩展。同时，农业和手工业生产方法也有了改进，英国、法国和低地国家从庄园制农业变为个体所有制农业，粮食供应状况极大改善。

考察现有城市形态的形成过程，发现城市发展在不同阶段的内外矛盾

---

① ［日］冈崎哲二：《经济发展中的组织与制度》，何平译，中信出版社 2010 年版，第47 页。

运动，应该是我们系统解释城乡形态演变合理的方法论基础。城市形态的变化只有通过历史发展过程的分析才能被解释。[①] 总体上看，从古埃及、古希腊早期城市开始形成到 20 世纪 80 年代的城市群、都市连绵带，城市形态的演化经历了由物质形式建筑到非物质形式行为的动态变化过程。[②] 从早期传统农耕社会的缓慢发展为主到中期工业化过程中的快速发展，以至 21 世纪信息社会人类普遍寻求合意、适居的城市形态，再到城市群体与城市发展区域化的相互影响，城市形态演变经历了三个主要阶段。在每一个阶段，城市形态的形式都似乎不仅仅是一个结果，城市形态的恒常性更在于一种吸纳社会问题和变革的能力，一种治理社会问题的方式。[③] 中国在当前提出新型城乡形态，既是城乡一体化发展的必然要求，更是针对现实状况的一种区域性创新，是中国在特有的城乡统筹战略实施中促进城乡融合的特定过程和阶段。

（二）早期农业文明下的中国城乡发展

中国是一个具有悠久传统农耕文明的农业大国。长期以来，农业始终占据经济生活的主导地位，中国的城市形态演变与西方城市发展历程基本平行，从商周都邑、春秋战国城市、汉唐城市、宋元明清城市，其布局形态与结构功能历经变迁，城市要么是国家与区域的行政中心，要么是军事重镇抑或商贸交易集散地。正如德国著名学者韦伯所说，在古代西方是普遍现象的城市自治，在中国则全然没有；在古代西方被视为天经地义的城乡对立，在古代中国并不明显。[④] 中国的传统建筑大多采用院落组合的空间形式，体现了宗庙建筑原型，不论住宅、寺庙、官邸都是如此。与独立的建筑单体相比较，院落内部形成的空间关系更加重要[⑤]；建筑院落空间关系与城市形成一种同构关系，最终都指向那种社会价值观中的神秘性。生活在这样的社会，"走进一个房间，参与任何一个群体的纪念活动，路过邻居家或是广场，注视一个纪念性牌坊，经过一个城门，登上一座大

---

①　武进：《中国城市形态：结构、特征及其演变》，江苏科学技术出版社 1990 年版。

②　张京祥：《西方城市规划思想史纲》，东南大学出版社 2005 年版。

③　奥古斯塔·白尔格：《论城市形态动力学的必然性》，戴达民译，《城市问题》1995 年第 6 期。

④　熊月之：《中国城市史：枝繁叶茂的新兴学科》，《人民日报》2010 年 11 月 19 日。

⑤　李允鉌：《华夏意匠》，中国建筑工业出版社 2005 年版，第 344 页。

桥，注视各种风格的大型公共建筑，人们可以在各种地方见到祭台、神像、神怪的画像，附着法力的符咒"①。1840 年鸦片战争以后，随着上海、汉口、天津等通商口岸的开辟以及伴随而来的西方城市规划、市政管理、经济管理等制度的引入，与西方工业化以后城市相似但又截然不同于中国传统城市的近代城市才开始出现。在一个新朝代兴起时，社会秩序重新建立，商业化随之而来，在行政和商业方面显示出较多的上向流动。这是村庄开放形式，这是一个从政治到经济社会的开放过程。当朝代开始没落，上向的社会流动机会缩小，骚乱增加，贸易体系受到破坏，村庄也因盗匪叛乱的高涨而必须设立看青和自卫的组织，最后产生武装内向社团，也就是极度封闭的共同体。于是，关闭的过程，就按社会经济政治的顺序而进行。在这样一个模式中，村庄再度成为我们注意力的中心，至少在朝代衰落时是如此。② 对于中国的城乡关系与城乡形态演变，美国学者施坚雅提出的城乡辐射中心地理论模式颇具代表性。但是通过城市发展史可以发现，从江南市镇与城市的关系看，辐射不是严格遵循由低到高的顺序，因为江南市镇的形成不是以府县城为中心向四周辐射，而往往在离府/县城比较远、与邻府/县交界的地区率先出现，其产生与农村经济的发展和需要有着密切关系，并不存在如施坚雅所说的以县治府治为中心的层层辐射的分布格局，也没有形成等距离有规则的分布网络。③ 由此看来，传统农业社会的中国城乡形态分布既受到水陆交通线的限制，又受到各地经济结构的影响。换句话说，地理环境决定论在解释早期中外城乡形态分布与演变的过程中可能具有较强的解释力：在传统社会，城乡地理和社会的流动相对较少，社会凝聚力因而较高；个人的经济和社会角色基本基于遗传而定；生产活动所投入的资本和要素相对简单，生产能力极为有限；有少量贸易存在，但大多数都是在当地根据习俗进行。在中原地区，古代对城市的形状、规模、城址、道路网布置、宫室、宗庙和社稷的布局、市场的分布乃至城墙的高度和城邑门数都作出严格的规定，这种集政治、经济、文化、宗教各种关系而形成的城市形态模式，反映

---

① 杨庆坤：《中国社会中的宗教》，上海人民出版社 2007 年版，第 272 页。
② ［美］黄宗智：《华北的小农经济与社会变迁》，中华书局 2000 年版，第 256 页。
③ 熊月之：《中国城市史：枝繁叶茂的新兴学科》，《人民日报》2010 年 11 月 19 日。

了当时城市生活受各种权力支配、早期城市的多元政治特征。① 在东北地区，城市的兴起和区域城市化伴随 19 世纪晚期辽河流域的开发和中东铁路的修建大体同步演进，并迅速赶上了国内其他地区，而城市近代化成熟则是以都会城市的形成和建立市制的实现为标志的。②

（三）小结：农耕文明下的城乡形态

功能主义者认为，人类社会组织之间的功能互补成为社会稳定生存的重要条件，传统乡村聚落形态只有在承担着相应的功能的情况下，才有可能得到长期的稳定发展与演变。最初阶段的人类聚于群活动，群对于他们是一个互助以生存的组织，群的成员合作采集、狩猎，并联合起来对抗其他动物的进攻与自然界的风险，群的功能并非仅仅满足个体生存，而是以群的延续为终极目的。③ 同时，由于"逐水草而居"，为了应对恶劣的自然环境，单个家庭"其力量不足以单独对付生活压力，因此要几个家庭织成大家庭以求得庇护"④。乡村聚落出现的典型标志是人类进入定居时代，其中血缘或地缘组织对产权提供着保护，普通民主一般通过团结形成共同体而成聚落，这些聚落后来被称为"村"。每一个村就是一个聚落小世界，一开始就是自治的实体。随着经济社会发展和人类活动范围的扩大、技术进步、意识形态变化等环境因素，村逐步演变为传统村落和我们所指称的乡村。进而，在国家政权建设中、在社会变迁中传统村落演变为现代村落。

传统社会的城乡形态集合了社会与个人的共同需求，构成推动社会发展的精神源泉。B. Gallion 和 Simon Eisner 在《城市模式》中，系统阐述和总结了传统农业经济时代的城市形态。⑤ 肖伯格认为，传统农业经济时代的城乡形态主要表现为：城市布局在有利于农业发展、军事防御和贸易的区域，城墙大都环绕于城市内外部，社区部门间也不例外；宗教思想和社会结构主要影响城市建筑格局，宽阔的林荫道放射集散状通向中心广

---

① 武进：《中国城市形态、结构、特征及其演变》，江苏科学技术出版社 1990 年版，第 158 页。
② 张志强、杨学文：《近代辽宁城市史》，吉林文史出版社 2001 年版，第 152 页。
③ 谢琳、罗必良：《中国村落组织演进轨迹：由国家与社会视角》，《改革》2010 年第 10 期。
④ ［美］摩尔根：《美洲土著的房屋和家庭生活（中译本）》，中国社会科学出版社 1985 年版，第 2 页。
⑤ Gallion, Simon Eisner, *Urban Pattern*. New York：Van Nostrand, 1975.

场；商人、工匠们聚居的区域形成"市"，城市周边的农村腹地受城市统治，城市从农民那里取得粮食，作为回报，城市保护农民不受侵犯。[①] 但是，这一切并没有静止下来！随着习惯的整体性变化、价值取向的扭转、要素流动性的增强、人们可以享有凭借工作和资源获得的回报得到保护、更多的人愿意寻求改变并认同改变的正确性，一个普遍的社会转型逐步出现，日常事物结构和城乡社会日益被分解和再分解、重构和再重建，大胆的创新机制解开了传统城乡社会缓慢发展的锁链，工业化出现了。

二　现代工业经济时代的城乡形态

（一）工业革命加速城乡关系调整

毫无疑问，近代工业革命极大地改变了城乡经济关系。但是，从历史演变而言，"是农业革命首先兴起，而后促进工业革命"，"因为工业革命首先是一场真正的农业革命"[②]。工业革命以来，世界逐渐进入城市化时期并成为全球过程。现代社会与传统社会的本质区别只在于，现代社会的利益关系是单一的，而传统社会的利益关系是繁杂的。现代社会的特征是专业化的角色，生产力繁荣的整个机制依赖于专业化角色之间的分工。[③] 从中世纪到工业时代……只有当城市再次获得新的生机，比方说，国家实施了经济政策手段，城市才重新回到了权力角色的地位上来。在中世纪，城市的这种权力地位是随着经济和其他各种利益主要集中于城市而形成的。[④]本研究在时间跨度上，将现代工业经济时代规定为这样一个特殊的时代，即人类社会从 18 世纪后半期开始以经济发达国家的工业革命为标志的城乡社会发展时期到 20 世纪 70 年代的城市社会步入信息革命时代。与这一时期的开端相联系的重大技术发明事件是棉纺织业、铸铁和蒸汽机在经济领域的广泛应用，这是这一时期对城乡形态演变和城乡人民生产生活方式

---

① 周春山：《城市空间结构与形态》，科学出版社 2007 年版，第 55 页。

② ［意］奇波拉：《欧洲经济史》（第三卷）（中译本），商务印书馆 1989 年版，第 362、363 页。

③ Bailey, F. G. , The Peasant View of Bad Life, in T. Shanin (Ed.), *Peasant ānd Peasant Societies*, Harmond-sworth: Penguin Books.

④ 詹姆斯・E. 万斯：《延伸的城市——西方文明中的城市形态学》，中国建筑工业出版社 2007 年版，第 9 页。

最具有重要性和根本性影响的事件。

在主要由工业化和城市化互动发展的现代工业经济时代，城乡社会最为明显的特征是城市现代工业部门的人均产值和人口增长率显著提高，人口再生产发生根本变革，人口迅速向城镇集中。在1750年以来的200多年中，发达国家人均产量的增长速度平均每年大致为2％，人口每年平均增长1％，因此总产大约年平均增长3％，增长速度远远快于18世纪末工业革命开始前的整个时期。[①] 在城乡劳动生产率快速增长、技术进步极大地推动城乡社会变革的同时，工农关系发生了根本改变，农业部门实现的国民收入在整个国民收入中的比重以及农业劳动力在全部劳动力中的比重则随着时间的推移处于不断下降之中；而工业部门的国民收入的相对比重和工业部门劳动力的相对比重，呈现大体不变或略有上升的趋势；以服务部门为代表的第三产业劳动力的相对比重几乎在所有国家都呈上升趋势，但其国民收入的相对比重大体不变或略有上升。例如，美国1870年全部劳动力的53％在农业部门，到1960年降到不足7％。[②] 与此相应，城乡生产单位的规模、企业组织形式、城乡人口消费结构、国内国外供应的相对份额也都发生了变化；城乡社会结构和意识形态也随着经济结构的调整而发生迅速变化。特别需要提及的是，技术进步特别是交通运输技术的发展与现代经济增长不断扩散，对城乡实体形态和城乡关系的演变产生了重要影响；伴随着工业化进程，城市结构与形态出现由分散向集中发展的趋势；生产要素聚集所产生的聚集经济效应，有力地推动着城市的发展，城乡差别也不断凸显。这一系列的巨大变化，不仅促进了城乡经济社会从以农业为主到以城市工业为主的结构变迁，导致城乡关系的根本扭转，使农村越来越依附于城市，同时也剧烈地改变着以家庭组织为主的乡村经济制度。

从制度结构看，在城乡关系的演变中，在社会分工程度低、市场范围和深度有限的城乡社会中，关系型合约会起到更为重要的作用；而随着市场分工的深化和市场范围的拓展，关系型合约会越来越多地让位于距离型合约，即出现更多的规则。这是因为在城乡分工程度比较低的社会中，市场一般是互联的，即两个主体间的交易往往跨越了好几个市场；市场的互联性越强，

---

①　毕世杰：《发展经济学》，高等教育出版社1999年版，第6、7页。
②　同上。

可行的关系型合约集就越大，关系型合约在经济中发挥的作用就越大；市场范围的拓展和分工的深化通过降低市场的互联性而降低了关系型合约的范围和可持续性。[①] 城乡经济转型过程的一个微观机制就是，治理模式从基于高互联度的关系型合约向基于低互联度的距离型合约过渡。特别是工业化进程中出现的种种问题，不断启示人们认识到必须掌握城市结构布局形态的演变规律和恰当处理工农关系、城乡关系，并积极采取人为的主动干预和城市规划手段，谋求城乡稳定发展的持续性。

(二) 城市化与城乡形态演变

在城市形态演变方面，工业化时期的城市扩展方式以外延型扩展为主，主要表现为伴随工业化推进和城市规模壮大，城市向周边乡村腹地蔓延而带动更多乡村区域转变为城市化地区或城乡边缘区。不仅如此，城市也不仅仅是承载单一性功能的，城市既是城乡人口消费的场所，也是社会产品产出与集散的地方；既是区域性行政管理、科学文化的中心，又是乡—城人口流动、居住、娱乐及获得发展机会与空间的引力中心。伴随城市新功能的出现，除了原有的城市之外，基于自然增长演进为主，规模不等的工业城市、矿业城市、港口城市、运河或铁路城市等在城乡区域（主要是城市）所产生的大片的工业区、交通运输区、仓库码头区、工人居住区等不同功能区渐次形成，这些功能区和不同类型的城镇进一步促使城市空间的扩大和中心地位的凸显。

在城市化推进方面，英国伦敦早期的空间拓展方式是高度聚集的，城市外延扩展速度缓慢，城市中不断积累的社会经济问题、住宅紧张、环境污染、交通拥挤等构成了所谓工业化过程中的"城市病"。大约是在 19 世纪 60 年代后的一段时期，欧美国家的城市化也迅速展开。当 20 世纪 50 年代英国已经进入高度发达的城市化阶段之时，发展中国家的城市化才刚刚起步。1950 年以后，城市化在全世界范围内推广、普及和加速。例如美国，其农业人口占总人口的比重从 1920 年的 30.1％下降到 1970 年的 4.8％。[②] 其他

---

① 王永钦：《大转型——互联的关系型合约理论与中国奇迹》，格致出版社、上海三联书店2009 年版，第 18、19 页。

② ［法］皮埃尔·莱昂：《世界经济与社会史（中译本）》，中国社会科学出版社 1991 年版，第 315 页。

发达国家情况与此类似。在这个 100 多年的时间内，发达国家实现了 50%的城市人口比重，发达国家的人口总数从约 4000 万猛增到 4.49 亿人，4亿多人走向了城市化。[①] 1800 年前的几千年间，世界总人口中城市人口稳定在约 3%，1990 年上升到 13.6%，1950 年已占 28.7%。在东方的中国，随着 19 世纪 40 年代以后的国门被迫打开，伴随着国外商品与资本、近代工业与新式交通技术的涌入，中国被卷入了西方现代文明的浪潮之中，其城市化也出现缓慢的演变，中国传统城镇等级规模体系也发生了巨大变化，突出地表现在大城市（包括特大城市）和小城镇的迅速发展，城镇体系的规模结构呈两极分化、畸形发展的趋势。直到 1949 年新中国成立后，城市两极分化的状况并未有明显改变。

在美国，大城市从囊括所有城市经营管理职能的单中心结构向具有不同规模的多中心分散式、多极化结构形态转变，乡村城市化步伐大大加快；在日本，郊区生活和生产空间的建立，中心城市通勤率下降，也导致其大都市圈向分散的多核化结构形态转变；在德国，大城市也出现了郊区化趋势，伴随率先兴起的住宅郊区化，外延扩展逐步成为城市空间增长的主导模式；在英国，面对城市规模的不断扩大，郊区化进一步推进，促使伦敦成为最早提出以绿带建设来控制城市扩张蔓延的典范；在法国，城市发展长期以来的"摊大饼"已经导致外围的农村地区遭受严重破坏，城乡边缘区及城市中心区一定范围内也人为规划设置了环形绿带，以抑制城市的蔓延和保证城乡区域的合理过渡。总之，郊区化的出现，导致城乡结构形态不断转向等级有序、结构协调的空间体系状态，城市形态出现都市连绵带（区）的演变趋势，城乡结合理念的实践、城乡统一发展规划的实施，不断地改变着原有城乡发展格局，各国也先后兴起了新城建设运动，以促进城乡区域综合发展、城乡布局形态的合理化演变以及适应城乡发展新趋势的需要。

（三）小结：工业文明下的城乡形态

城乡经济社会的发展演变并非一种纯自然现象，它容纳综合了人与自然、社会、环境等的互动与创造。随着工业化的深入发展，在世界工业经

---

①　周春山：《城市空间结构与形态》，科学出版社 2007 年版，第 59 页。

济完成以电气化和大规模生产为主要特征的第二次工业革命之后，20 世纪中叶人类历史上发生了第三次产业革命，世界工业经济逐步向第三产业层次过渡，城市的主要功能逐渐由产品加工和低层次服务向信息处理和高层次服务过渡，城乡发展进入了全新的后工业经济时代：当资本、人口、生产和生活活动向城市聚集超过一定的限度，当"城市病"的弊端开始抵消城市化的"向心力"优势，若干发达国家从乡村到城市的人口迁移逐渐退居次要地位，一个规模庞大的全新城乡人口流动逆过程——主要是城市中中上阶层人口流向市郊和外围地区，人们追求低密度的独立住宅、产业和就业岗位从大城市中心向郊区迁移的离心分散化现象——郊区城市化开始出现。从空间结构形态看，现代工业经济时代的城乡区域发展呈现复杂化、多样化特点。特别地，1945 年以来在许多国家，城市地区在不同功能分化基础上形成等级有序的分级结构，不同功能区域之间的相互联系不断加强，城市产业结构的调整加剧了地区功能的重叠复合；与之相应的郊区化，则促进了大城市中心周围陆续出现诸如副中心、区域综合中心、郊区中心、片区中心等各种形式的次中心，城市由封闭的单一中心布局逐渐走向开敞式、无主中心的多中心城市布局形态。同时，城乡之间依赖高度发达的交通而发生更多联系，城乡人口与经济活动的分布突破区域界限，世界范围内并存着城市化与郊区化的双重发展过程。

三　知识经济时代的新型城乡形态

（一）全球化加速城乡社会巨变

全球化、信息化和知识经济是 20 世纪 70 年代以来世界范围内最典型和影响最为深远的经济社会现象。全球化是生产力发展和以电子技术为中心的新科技革命的结果，是经济国际化进入成熟阶段的产物，其主要表现是生产活动的国际化、世界多边贸易体系的形成、国际金融的日益融合、跨国公司的作用进一步增强、经贸文化和人才出现世界化、多媒体网络向全球渗透等。[①] 全球化引起世界各国之间在生产体制的结构重组、企业性质的变化、国家作用的削弱和新国际劳动分工的出现等方面的重要转型，

---

① 薛荣久：《经济全球化的影响与挑战》，《世界经济》1998 年第 4 期。

全球经济越来越相互依存，各种信息、技术、资本发展资源的跨国流动规模越来越大，国际贸易所涉及的商品和服务越来越多，城市发展的深度和广度已经超越国家意义而进入世界城市[①]和大都市连绵带（区）[②]的发展时代。作为经济全球化加速推进的重要动力源泉，信息化实现了海量信息瞬间以低成本在全球传递，信息技术的迅猛发展缩短了传输距离，包括集成电路、微电子计算机、个人计算机、软件、光导纤维等在内的高技术信息产业正快速取代传统产业，国际的生产转移、商品和劳务贸易、资本和技术流动变得更为便捷。由于大城市是信息的主要生产者和消费者，因而成为信息网络的主要节点，出现了曼纽尔·卡斯特（M. Castells）所称的信息化城市。[③]在历经资源密集型、劳动密集型、资本密集型、资本和技术密集型等阶段后，人类社会生产对要素的利用进入技术与知识密集型阶段，进入到以知识为基础、知识成为直接生产、分配和利用知识与信息的知识经济时代。这一阶段，知识成为经济发展和社会转型中最重要的因素，知识在创造财富、促进发展、推进改革方面跃居最优先的位置，世界城市向智能城市迈进。世界城市的形成和发展使世界城市体系出现新的等级结构，即世界城市、跨国城市、国家城市、区域城市和地方城市[④]，纽约、伦敦等国际化大都市是世界城市的主要中心；分布在其周围的是区域性中心城市，如芝加哥、新加坡；其他城市则通过区域中心城市与国际大都市连接，从而成为世界城市网络中的一员。在全球城市网络中扮演重要角色的国际化节点城市，也表现出一些新的特征，如在产业结构上，以金

---

①　目前，学术界对"世界城市"的概念还没有形成统一的界定标准。一般而言，世界城市指的是在高度一体化的世界经济环境下，国际资本对世界经济进行控制和发挥影响的空间节点，是世界经济体系中具有特定分量的场所；世界城市的本质特征是拥有全球经济控制能力，这种控制能力主要来自聚集其中的跨国公司和跨国银行总部。因此，金融中心、管理中心和创新中心就成为世界城市最重要的经济功能。

②　国内学者对"大都市连绵带"以及与之含义相近的概念诸如特大城市、特大都会、城市带、城市集群、大都市圈、都市群等的使用比较杂乱。本文在此处强调的意思是：在城市化快速推进的过程中，国内外诸多区域已经出现由在地域上集中分布的若干大城市和特大城市集聚而成的庞大的、多核心的、多层次的城市群体，这一现象反映了大都市区的空间融合与城市区域之间的功能整合、分工合作趋势。

③　[美] 曼纽尔·卡斯特：《网络社会的崛起》，夏铸九、王志弘译，社会科学文献出版社2001年版。

④　姚士谋：《区域与城市发展论》，中国科学技术大学出版社2004年版，第87页。

融、软件业为代表的现代服务业的重要性逐步提高；在空间上，中心城市再次成为聚集新兴产业的所在地，总部经济、中央商务区的发展形态更加鲜明。从国外城市经济学发展趋势来看，知识经济时代发达国家比较关注城市公共经济管理、城市经济持续发展等综合研究以及城市房地产、城市就业、城市环境治理等专项研究，发展中国家的城市经济研究则更加关注城市化、城市经济发展等问题。但是，现实告诉我们，发展中国家特别是欠发达地区的城乡发展通向知识经济和城市经济高级阶段的道路并不平坦，一切关于知识经济时代的城乡未来的精彩规划都必须建立在科学基础之上，在通向知识经济的道路上城乡一体化的实现充满传统社会前所未有的荆棘和挑战。在全球化时代，为了经济效益人们从辽阔分散、自给自足的乡村走入了城市，人们密密麻麻地住在一起，似乎近在咫尺、相互依赖，却又斤斤计较、彼此竞争。城里的居民看上去没什么不一样，可每个人都从骨子里在追求与众不同，唯有不同才能在生存竞争中脱颖而出；残酷的市场竞争使越来越多的"村民"逐渐走向城市，人们崇拜资本所带来的一切现代文明。

（二）知识经济时代的城乡发展

随着全球化、信息化和知识经济的并行推进，国际形势趋于缓和，国际交往频繁，经济资源在全球范围内优化配置和高效流动，科学技术和文化创新空前活跃，国际共享程度增强，国家发展与竞争向纵深推进，城市的地位和作用凸显。这些新变化引发了新一轮城市革命的蓬勃兴起，城市发展模式不断创新，城市民主化、现代化和国际化步伐加快，城市在世界发展进程中扮演的角色越来越重要，并已经成为推动世界发展的巨大力量。城市经济结构的共同特征在于围绕着知识和信息产品的生产、分配和利用而转变，少数特大城市成为世界经济的指挥中心，更多的交易通过远程通信技术得以跨国界处理，生产中心随着向外围劳动力、服务和交易成本相对较低的区域扩散，这些地区变成直接为世界城市服务的次级区域性中心城市。从现实发展看，这种扩散大概沿几个不同方向进行①：从全球而言由发达国家向欠发达地区和新兴工业化国家转移、在西方发达国家内部

---

① 姚士谋：《区域与城市发展论》，中国科学技术大学出版社 2004 年版，第 327 页。

由中心地区向边远地区转移、由大都市区向小城市转移以及由市中心向郊区转移。从信息技术对城乡空间结构形态的影响作用而言，由于信息技术的实质在于信息的远距离快速传输，这就决定了其成为促进人口和经济分散的潜在动力。但是，就人本身而言，面对面的交流所传递的信息并非都能通过电讯网络实现，因此，居住的集中倾向不会改变，分散成为有限度的现象。①

由此可见，当今城市形态的两大特征，即家庭中心化使传统城市空间结构逐渐消解，而作为信息节点的少数城市的集聚度则越来越高。② 首先，信息技术和通信网络的便捷化提高了产业布局的灵活性，城市中心的拥挤程度会有所改观，这会极大地促进城市郊区化趋势的蔓延；其次，在政治经济利益的共同作用下，通信网络的硬件布设会在城市之间、城乡之间及其内部呈现非均匀状态，城乡的信息可达性并非完全一致，由此导致信息节点和"信息高速公路"的轴线区域成为发达城市的聚集区域；由于以上两种力量的共同作用，乡村区域特别是欠发达的落后地区将无法接收到信息节点城市的有效扩散，城乡空间布局结构便可能成为类似非均匀性渔网状的镂空节点聚集—分散形态。从世界上业已形成的或正在迅速崛起的大都市带的经济地理区位、政治经济社会特征、空间组织形式和布局形态等方面看，知识经济时代的城市化地区一般趋向海洋开放性空间，且大多属于居住、交通条件较好的平原地区，其规模庞大，兼国家核心区域、精华地带和门户城市职能、金融中心和创新源地于一身，要么呈带状连绵分布，要么呈多核心集约化分布，要么融入高效便捷的立体化交通廊道，要么具备完善的生态游憩功能。总体而言，城乡形态布局更加松散多样，城乡特别是城市区域联系更加紧密，呈现多个簇群型城市与舒展式城镇聚集的复合形态、网络化空间新型形态。

不仅如此，信息传播的速度大大加快所带来的第四次产业革命，位列于能源利用、交通大网络和大规模制造业之后。数据流通一方面无限制地越来越容易，另一方面数量剧增。③ 我们不仅仅进入了信息社会，更迎来

---

①　Scott A . J. Metropolis. University of California Press，Berkeley，C . A. 1988，p. 260.

②　McGee T. G. Robinson I. M. eds. The Mega-Urban Regions of Southeast Asia. Canada：UBC，1995，p. 384.

③　[法]让-马克·维托里：《维基揭秘真正揭示的东西》，《回声报》2010 年 12 月 14 日。转引自《维基揭示"超级信息社会"来临》，《参考消息》2010 年 12 月 16 日。

了超级信息社会；城乡区域面对的是又一场革命，城乡居民都在走向又一个崭新的世界。随着可持续发展理念的深入，人口、资源、环境、经济社会效益与新型城乡形态的关系日益得到重视，各国更加强调完善和理性的城乡形态合理化演变，从而体现了塑造新型城乡形态的意义同时存在于它与城乡规划设计的关系方面，城乡形态演变成为融建筑学、经济学、社会学、城市规划和景观生态等共同参与的特定形式的协调创新活动。如何理解城乡结构形成过程与特定文化、社会经济及政治作用力的关系，使城乡形态演变的内在机制从本质上能够不断地适应城乡功能变化的不同要求，并与新的功能重新建立起和谐互动的适应性关系，从而使得人们在知识经济时代对城乡空间格局的积极干预，更加有助于城乡社会精神面貌和城乡文化特色、社会分层现象和社区地理分布特征的合理体现，以及提高城乡居民对生存发展的外界环境的个人心理适应性，加强不同阶层的居民对于城乡形态演变的科学认知程度。

在知识经济时代，物质要素和资本要素的流动与空间分布突破了传统的地域限制，城乡区域之间的相互作用程度日益强化；城市化的表征性特征和规律不仅是城市化本身新兴产业要素的集中化、集约化和多样化过程，而且是以现代服务业到其他以信息产业、生物技术、纳米材料、新能源、环保、海洋和空间等技术进步为代表的战略性新兴产业演变升级的经济转型过程；信息产业的发展改变了传统社会的区位配置模式，生产企业逃脱了资源约束，区位选择日益灵活，城乡关联出现空间融合基础上的网络化形态。在这种条件下，实现城乡分布结构合理化到最终实现城市区域化和城乡一体化的社会重构，就必须综合各种有益的力量共同促进和谐宜居家园的建设。美国地理学家詹姆斯·E. 万斯指出，城市是文化与地理最杰出的作品，是各种力量综合运用的产物……城市的形式，即形态，比起人类社会的变化而言改变得较为缓慢，因为它不像人类那样通过有机体来定义生命的差别，也不具有世代生育的传承性……他将城市形态扩大到不仅包括形式与结构，而且包括这种形式结构的物质表达，偶然或是不断实践形成的都市行为的物质成分相互联系，形成一个互为影响的系统。[①]

---

① 詹姆斯·E. 万斯：《延伸的城市——西方文明中的城市形态学》，凌霓、潘荣译，中国建筑工业出版社 2007 年版，第 4—7 页。

（三）小结：城乡形态演变的未来

事实上，城乡发展不仅仅限于空间利用和不同环境的物质性意义，它还具有更为广阔的文化心理、法律宗教、民俗传统等社会意义。在城乡形态演变的不同阶段，所有的因素都在相互影响、相互制约。从世界范围看，没有一个国家是在大部分人口为农民的状态下实现现代化的，现代化赖以建立的基础之一就是城市化，这是历史发展的必然趋势和基本规律。

在这里，需要特别指出的是 20 世纪 70 年代以来，在一些国家的很多城市，城乡结合部、城市边缘区往往出现贫民窟，墨西哥最为典型，似乎贫民窟和城市化成为"孪生姐妹"。法国教授勒内·杜蒙和玛丽-弗朗斯·莫坦在《拉丁美洲的病态发展》中描述，"墨西哥是拉丁美洲人口最稠密的城市，它的人口疯狂增长。它使统计员和未来学家们感到为难。1970 年，它的人口为 850 万，1980 年增长到 1300 万—1700 万，以这样的速度增长，即每年增长 90 万，到 2000 年墨西哥城的人就将达到 3500 万。即全国人口的 1/4 集中在全国土地总面积的 1.2％的地区。这真是疯狂的、无政府主义的、难以控制的增长速度。大墨西哥城一半居民居住在贫民窟里，这些贫困地带正从四面八方向丘陵地带蔓延。墨西哥城马上就要成为世界上最大的城市，当然也是最大的贫民窟，也已经是污染最为严重的城市。"[①]

表 3-2　　　　　　　　　　不同发展阶段的城乡形态

内容	传统经济阶段	经济起飞阶段	经济发展阶段	高额消费阶段
交通发展条件	马车时代	火车时代	电车、汽车时代	小汽车普及时代
城市经济形态	农业经济	工业化经济	工业化中后期	知识信息经济
城市产业结构	手工业	第二产业	第二、三产业	第三、四产业
城市中心分布	旧商业中心	旧城中心	旧城/枢纽站中心	通勤、郊区中心
城市空间结构	封闭单中心	双中心集中	多中心组群	分散大都市区
城市发展模式	同心圆	扇形	星形	同心圆
城乡关系	空间共生	空间分离	空间对立	空间融合

资料来源：王兴中：《后工业化大城市内部经济空间结构和演化主导本质》，《人文地理》1989 年第 2 期。

---

① ［法］勒内·杜蒙、玛丽-弗朗斯·莫坦：《拉丁美洲的病态发展》，世界知识出版社 1984 年版，第 3、4 页。

美国著名经济学家 C. P. 金德尔伯格指出："由于富裕国家城市化的历史和工业化以及经济发展进程联系在一起，因而城市化和经济发展有时就被错误地等同起来。但是只要稍加思考就会发现，没有经济发展，城市也能够大规模地迅速成长。在欠发达国家，农村的贫困加倍集中地表现在成百个百万人口以上的城市之中。"① 这就进一步要求发展中国家、农业人口大国在推进城乡发展和实现乡—城人口迁移的过程中，必须考虑城乡生产力合理配置，通过解决中心城市的人口就业与社会保障等社会问题和过度拥挤，培育规模较小但发展条件较好的中小型城市成为区域次级中心，以便与大城市和其他新城构成等级有序的城市结构，进而改变城乡的空间布局形态，通过倡导城乡人口与自然、社会、经济协调可持续发展的理念，并在实践中重点解决好人口就业、产业培育和城乡协调发展关系，促进城乡区域的共同繁荣。

四　城乡发展中的文化形态变迁

长期以来，区域经济与地域文化分属于不同的学术研究领域。但是，城乡经济社会问题本身的复杂性，决定了人们无法对某一特定问题仅仅局限于经济学、社会学或文化人类学等专业性的领域进行全面探讨。同时，同一学术主题一般都具有多方面的学科性质，这也促使人们尝试从多层面的视野，全面理解某一问题的前因后果以及其与诸多因素的相关关系。如此一来，关于某个经济社会发展特定问题的学术研究，往往不可避免地掺杂了多个学科的分析视角。

（一）文化的制度约束特征

在 16 世纪西欧宗教改革之后，加尔文宗新教主导了西欧世俗的经济活动。韦伯对此经济与文化问题做了详细研究，而且凭此闻名于世。韦伯认为，新教伦理引导了资本主义合理化经济伦理的形成，并成为人们从事经济活动所遵从的价值观和经济动机。1904 年，韦伯在其着手撰写的《新教伦理与资本主义精神》以及 1915 年出版的《儒教与道教》等著作中，给出了一个被后人广为称道的"韦伯命题"②。该命题的实质，就是试图回答理性

---

① ［美］C. P. 金德尔伯格、B. 赫里克：《经济发展》，上海译文出版社 1986 年版，第 295 页。

② 马克斯·韦伯：《新教伦理与资本主义精神》，陕西师范大学出版社 2002 年版。

的资本主义为什么只出现在西方，而没有出现在东方，例如中国。由于对于这个问题的回答具有很强的时代价值，因而得到社会各界的广泛认同。以康芒斯和凡勃伦为代表、出现于20世纪初期的美国旧制度经济学派，对习惯、风俗、惯例等文化现象给予了较多关注。该学派认为，制度是经济进化的动力，其实质是集体行动控制个体行动；集体行动包括各种文化因素。① 新古典经济学家们很少公开谈及文化问题，但事实上"文化"这一因素始终潜藏在他们的理论背后，如大多数经济学家所使用的经济"偏好"、"嗜好"等概念，与文化的概念也有相似之处。继霍桑实验之后，伯纳德强调了企业组织的生产效率与企业组织的文化紧密相关。在此之后，以认知方法为基础的西蒙、马奇、塞科曼等经济社会学家，特别强调习惯、常规、标准化操作程序在组织生活中的作用。当代经济学家与理性选择研究者，则公开承认文化在经济体系中的重要性，强调文化对经济行动者的规范约束作用。科尔曼则把文化视为一种调节经济行动的规则，这种规则限制着人们做出只符合自己利益的行为，或者驱动人们做出不符合自己利益的行为。② 其后的新制度经济学家，则对文化进行了相当广泛意义上的拓展。道格拉斯认为，文化是影响行为的知识、价值及其他要素在代际间的传递。威廉姆森指出，文化是确保雇员理解并投入企业目标的社会条件，它在成员彼此有关系的团体内比在一般市场和等级制度结构中更为重要。1978年，作为美国20世纪最重要的学者与思想家之一，贝尔在其出版的《资本主义文化矛盾》一书中，集中探讨了当代西方社会各个结构性组成部分之间，特别是文化与经济之间的脱节与断裂，认为文化是经济体系必然要严肃面对的一个关键因素。当代美国经济学家萨缪尔森指出，目前世界经济衰退的根源不在于经济，很大程度上在于各国的价值观和政治状况。

（二）城乡关系与地域文化

城乡空间形态是地域文化的信息载体，任何一种城乡空间形态都是在文化的长期积淀和作用下形成的，不同的城乡形态造就不同的地域文化，城乡形态在不同社会的不同发展阶段，反映其内部结构的文化也会呈现不同特征，它们之间的相互关系（城乡关系）亦会有种种差异。如西北游牧

---

① 朱国宏：《经济社会学》，复旦大学出版社2003年版。
② 同上。

兼事渔猎文化区，以蒙古、哈萨克、鄂温克等族为代表；黄河中上游旱地农业文化区部分发展为华夏—汉文化；桂、滇山区的耕猎文化区发展为苗、瑶、畲等族文化；青藏高原以耐寒青稞及畜养牦牛为特点的农牧文化区发展为藏文化；河西走廊至准噶尔、塔里木盆地边缘的绿洲人工灌溉农业区发展为颇具特色的维吾尔等族文化；西南山地火耕、旱地农作兼事狩猎文化区发展为独龙、怒、景颇、佤等族适应亚热带山区环境具有一定共性而又各有特点的文化，如此等等。城乡发展的历史可以让我们以比较的视角来看待现在作为理所当然的情景与状态并去接受的认识起点，同时历史还提供了检验各种理论是否合理的实验场地。城市化发展的过程，是三次产业整合升级、不断增强城乡自我发展能力和区域竞争力的过程，是破除城乡二元分割体制、优化城乡结构的过程，也是融合城乡文明、建设和谐城乡文化的过程。一般而言，在农业经济占主导地位的传统社会中，乡村文化往往是社会文化的主体部分；在产业化的现代社会中，城市文化会成为社会文化的主体部分。但无论如何，在传统社会和现代社会，我们都不难从社会中发现乡土性和城市性的相互作用。

韦伯曾在他的论文集《宗教社会学论集》的序言中提出过这样的问题，"是由于怎样的原因，才使得不是在别的地区，而仅仅是在西方这块土地上，采取了具有普遍意义和合理性的发展方向……这是文化的诸现象呈现的面貌吗？①"这启示我们，在传统乡村社会，肯定存在一种属于非正式或正式约束的传统文化系统，即便从经济的角度分析，我们的中心问题仍然要重视对那种经济背后的文化因素的考察。在传统城乡社会的循环体系里，乡村通过它的农业生产与农民生活满足了城乡社会中极其重要的食物需求、生态需求。在那样的社会形态，乡村农民颐享天年、寿终正寝，他们处于自然生命演进的生物周期之中，劳动、朴素、诚实是他们高贵品质的基本特征。在他们的垂暮之年，乡村生活会自然地把自身的一切意义都给予他们；他们相信，唯有自己才是熟悉土地的人，他们爱恋的土地才是独特并富有魅力的。空间和时间一样，始终是一种真实的、具体的、可以通过劳动的反复体验来感知的广延，低水平的劳动分工和高度的自身消费就是他们全部文明的根本特征，代的相继是他们生活的固有节奏，家庭

---

① [日] 冈崎哲二：《经济发展中的制度与组织》，中信出版社 2010 年版，第 49 页。

记忆往往会得到集体记忆的补充，从而使他们作为一个群体的共同记忆能回溯到多少有些遥远的过去。农民们的子女在田野、商店、学校、家庭、寺庙，都同样会感受城乡世界和逐步学会认知自己。农业家庭和非农企业是重叠的，家长同时也是企业主，家庭成员的职业和生活像一个不可分割的整体，劳动只要根据时节、性别和年龄由习惯安排就足以使生活顺利运营。集市占有重要的地位，它同时集社会功能和经济功能于一体，集市是会见邻里、亲属和了解行情的场所。交易本身具有一种大家公认的社会游戏规则，父亲可以陶醉满足于自己正经营着一个出色的家庭来向他人展示收获幸福的成果，每个人的生活近乎浑然一体，每个人都知道他的邻居是谁，它了解每个见过或认识的人的立场，那是一个互识的社会，人们都可以具有自我，并在与其他人一起生活的同时知道自己的区别，自己的孩子们可以在老胡同或村头的住宅里辨识自身，寻找祖根或化为祖根。长期以来，变革以极其缓慢的步履进行，农民们的生产生活很缓慢地适应着社会的发展变迁，一种新事物在那里只有看起来不再新的时候，才真正被接受了，那时新的东西必然而且肯定会并入既存的系统而不再新颖了。

　　然而，就在那样的传统社会形态，由于生产工具的日益改进，新品种的广泛种植，耕作方式的不断改善，农村人口的大量迁移……不管是经济的、政治的、文化的、技术的，大凡构成农业社会变革的一切因素都在社会体制、经济结构、管理机构、政治权利等方面逐渐或是突变地导致了传统社会的分崩离析与日益瓦解。[①] 现代城市、工业社会的力量越来越多地

---

　　① 笔者在农村地区的实地调研走访发现，中国农村在近十多年来的变化不仅仅是经济领域的，从与不同地区的农民的话语中可以感受到一种不同程度的深刻的社会文化、思想观念的变迁，以及他们作为农民对于所在区域变化的一种复杂认识和情感态度。正如 2010 年 "人民文学奖" 获奖作品《中国在梁庄》中所记述的：传统村落文化已经在市场的冲击下急剧改变，以姓氏为中心的村庄，变为以经济为中心的聚集地。有能力的沿路而居，不分姓氏，形成新的生活场、新的聚集群落。这些人家无疑是村庄的新贵，代表着财富、权力和面子，因为这里的地并不是谁想买就可以买到的。没有能力的，或勉强住在破烂的房子里，进行各种缝补式的修缮，或购买那些搬走的家庭的房子。毫无疑问，村庄的内部结构已经坍塌，依家族而居的生存模式也已经改变。……村落结构的变化，背后是中国传统文化结构的变化。农耕文化的结构方式在逐渐消亡，取而代之的是一种混杂的状态，农业文明与工业文明在中国的乡村进行着博弈，它们力量的悬殊是显而易见的。村庄，不再具有文化上的凝聚力，它只是一盘散沙，偶尔流落在一起，也会很快分开，不具有实际的文化功能。（详见梁鸿《中国在梁庄》，江苏人民出版社 2011 年版，第 38、39 页）

和明显地改变着农业社会，同时也动摇着其赖以存在的根基。于是，农业劳动者的职业变得日益复杂和多样化，农民工逐步成为巨大的弱势群体，在传统的要求和经济技术进步要求之间摇摆不定，他们深深感受到了农业、农村在市场化、城市化、工业化、全球化、信息化等诸多"普世化"的冲击下所面临的危机；诸多工业社会、市场经济的不同因素使农民在对各种新情况进行传统分析时出现困难、混乱，他们甚至不知道动机、动力与欲望到底是什么；父辈们亲手养活成人的儿女们不再愿意老是跟在牛屁股后面，如果他们不能像邻居正在进行农业产业化经营的哥们那样有自己的蔬菜大棚和拖拉机时，他们更喜欢就此离开家庭和农业到城里去，从而他们在怀揣理想的同时也感到自己具有现代特质，感到自己不再落后于镇上或县城里当老师、做公务员的同乡；伴随着这种经常发生的演变最终加速了乡村人口的外流，这同时为碎片化的土地重新进行集中连片经营创造了条件，并使部分人们在进入市场或城市后得到了更多的好处。进而，最先致富的家庭妇女常常努力着把自己置身于为之奋斗的事业，她们通过报纸、杂志、电视、电脑改变着自己的生活，她们期望自己像城市里的家庭主妇一样，享受着城市的文明、娱乐，甚至偶尔也能说上几句英语。于是，交通通信、旅游购物，一切变得日益发达，即使在山谷深处，一条条坎坷不平的小径从家门口不到几百米就可以连接到高速公路而把人们带向精彩的城市前沿。获取最大利润当然成为城乡居民最值得羡慕的事情，尽管这中间通货膨胀可能时不时会教育人们这一价值是终究靠不住的，但钱仍然是生存的必需品。此时，不管身处何地的农民都有了自己的生存宇宙，有了自己关于时下发生的重大事件的心理评价和政治天地。进而，他们也因此学会了如何随市场的变化行事和做出预测，蛛网理论的怪圈被他们自己解开挣脱了。在这样的迅速跨越中，农村既是被动的又是主动的、既处于边缘地位又有可能会成为开发区的核心，技术进步、经济创新、社会变革和文化制度演进的步伐日益加快，乡村经历着的正是一场空前的现代化冲击，一种极力将城乡社会连为一体的新型城乡一体化发展形态，这同时也构成城乡结构转换的重要组成部分。

　　改革开放 30 多年来，中国城乡经济发展与社会进步的成就显著。同时，城乡区域经济发展差距绝对扩大的背后，也存在着许多可以深究的文化缘由。由于人类的任何经济活动都离不开特定的区域空间，城乡经济的发展在客观上也需要拥有与之相适应的先进的地域文化；先进的地域文化也必然有力地推动城乡经济的健康持续发展，从而形成城乡经济与地域文化的良性互动促进效应。民族文化对城乡发展起着修正作用，因为文化本身就是区别一个社会成员不同于其他社会成员的动机与行为的集体精神纲领，正是通过文化各个社会才得以赋予其环境以意义，并围绕特定的信仰和神话组织他们的生活，对比鲜明的文化预先安排被映入不同的城乡形态并以城乡生活性质的差异性表达出来。[①] 在新时期，面对中国统筹城乡一体化国家发展战略，如何从地域文化、经济结构以及文化竞争力提升等方面，全面探索城乡经济与地域文化实现互动发展的内在机理，对于促进城乡经济社会协调发展具有重要的理论和现实意义。

（三）城乡经济与文化互动

经济社会发展与文化之间存在互动关系。经年累月之后，一个农村往往能在日常生活及所赖以生计的细节处，积淀成若干特有技术、特有方式、特有口味、特有方法、特有标准及特有是非观念与社会价值等。这些特有之点融合起来，形成一个农村所特有的文化或文化形貌，可以促进其经济发展。中国少数民族众多，丰富多样的自然生态奇观和地理人文景观，造就了宝贵的民族文化资源和特有的民族精神文化与物质文化，民族传统的多样性、文化结构的严重封闭性和传统的相对完整性、民族文化的宗教性，使得乡村地区与城市区域具有明显的分异特征，由此造成城乡文化之间的巨大差异。[②] 现代主义单线进化论主导下的现代城市与传统乡村的断裂，崇尚工业文明，认为农业文明是最终要被工业文明取代的低级文明，由此造成城市居于城乡文化发展的中心地位而乡村居于底层的城乡文化发展关系现状，乡村因受到城市的压榨与剥夺而固化了金字塔式城乡层级结构。

---

① 谢永琴：《城市外部空间结构理论与实践》，经济科学出版社 2006 年版，第 184、185 页。
② 笔者在彝族人口占较大比例的四川凉山开元乡调查中了解到，在现代化繁荣城市点缀的广大农村，依然存在着活跃的巫师迷信活动，当地彝族、沙马家族等以世袭制沿袭的毕摩、苏尼（都属巫师）在农牧民心中具有神灵一般的崇高地位，似乎所有困难的问题都可以由他们的威仪灵气而得到解决。同样，在青海藏族自治州/县，对物器所代表的神灵的崇拜仍然盛行，在甘肃、宁夏回族聚居区，农家的子弟小小成为阿訇简直就是父母与家族的一种荣耀；而且当下在西部部分农村，活动着不少以动员农民参与某种宗教信仰活动的人群，导致一些农民无视或放弃农事沉迷于无尽的精神束缚中。

这种现象在现实中的城市农民工及其子女身上表现最为明显。① 在作家贾平凹的《秦腔》里，乡村"有限的土地在极度地发挥了它的潜力后，粮食产量不再提高，而化肥、农药、种子以及各种各样的水费迅速上涨，农村又成了一切社会压力的泄洪地。体制对治理发生了松弛，旧的东西稀里哗啦地没了，像泄出去的水；新的东西迟迟没有来，来了也抓不住"。生活在信息浪潮推动下的后工业化时代，对于特定时空城乡经济社会关系现状与问题到底如何是我们必须正视且常常容易夹杂个人价值判断而情绪化的问题。任何城乡区域发展都无法脱离其外部的文化基础，文化意识渗透城市空间肌理②。

---

① 2005 年 3 月 24 日，重庆某工地的农民工严某因血汗钱被骗，爬上广告牌意图跳下，因在上面滞留很久而没有跳下，围观的群众起哄嘲笑其"无胆"，严某在刺激下用泥瓦刀猛击自己的头部，顿时血流满面，围观的人群中竟有呼"再来一刀"的。很快，在网络上出现了一首网友原创的歌曲，叫"民工要跳楼——新闻现场版"，讽刺跳楼的民工作秀和愚昧，很快在网友间传开。2003 年 1 月 7 日，南方某媒体第一次称农民工跳楼事件为"跳楼秀"，原因是事件发生前都是民工自己报的案，每次爬上塔吊的民工都开出高额价码，并以"死"相迫最终得到赔偿金。这里开始"跳楼秀"就成了一个媒体制造专用的名词，对于农民"导演"的跳楼秀，大多数人都持批判态度，不少媒体撰文评论，认为他们行为极端，不懂得用正确的方式维护自己的权利。我们在指责农民工行为极端，不懂得用合理合法的方法维护自己的权益同时，是否也应该追问，为什么他们在遇到困难，对生活感到绝望的时候就会采取这样极端的行动？在普通的市民有困难都会想到向媒体求救或者投诉的时候，他们为什么不去寻求媒体的帮助？其实，农民工子女是一个秉承了农村文化血缘又试图融入城市文化脉络的庞大群体，是我们当代社会的"边际人"——这是一种在社会文化变迁或地理迁徙过程中产生的转型人格。就历时态而言，他们处在两个时代的交界处，和所有城市人一样，要经历中国社会由传统向现代转型的社会文化变迁，完成现代化；就共时态而言，他们处在两种体制的接壤处，要跨越城市人不必跨越的城乡二元结构，完成城市化。因此，他们承受着历时态与共时态的双重转型压力，同时凸显了中国城乡社会"断裂"的裂痕。对这个未成年群体实施媒介素养教育推动其融入城市，并要求大众媒体发挥正面引导的社会教育功能减少社会排斥，对于促进城乡"断裂"这一社会裂痕的融合、保证未来社会各阶层的和谐共处、保障我们国家以人为本的可持续发展极为重要。相关资料和报道可参阅余杰《民工跳楼秀，一个多么冷酷的词》2004 年第 12 期，http：//www. tanqiu. com/article. asp；段京肃《社会发展中的阶层分化与媒介的控制权和使用权》，中国新闻研究中心 http：//www. cddc. net/shownews. asp？ newsid＝5785，2004/02/20；赵树凯《边缘化的基础教育》，《管理世界》2000 年第 5 期；刘可英、赵凌《未成年人犯案大幅上升：农民工子女占大多数》，《南方日报》2005 年 3 月 23 日；田雨、吕诺《学者呼吁：警惕农民工子女心理"边缘化"倾向》，新华网 http：//news. xinhuanet. com/edu，2004/02/19。

② 肌理，原指皮肤的纹理。此处的城市肌理含有对城市空间形态和特征描述的意义，如街坊、道路、桥梁、树木、花草、设施及其色彩、高度、立面、体量、情状等，还包括蕴含在城市中无形的又可以感受到的方面，如人们的生活习惯、风俗民情、行为道德、礼仪风尚、文化宗教等。这些内容随时代、地域、城市性质的不同而有所变化，其变化往往体现在城市建筑的密度、高度、体量、布局方式等多方面，受历史传统、文化价值取向、经济增长方式及交通方式的影响，可以使城市肌理有粗犷与细腻、均质与不均质之分。城市空间肌理具有明显的时代地域特征，与社会生产生活和技术相适应，其中，居住形态是影响肌理的重要因素。城市公共空间的形态应与城市空间结构与肌理有机相融，遵循原有的城市空间组织关系。

理解当代城乡形态演变及其问题，在于把形态的技术表达与社会生产生活过程紧密结合。历史地考察城乡经济社会发展，地域文化并非随其亦步亦趋地发展，认识城乡形态也不仅仅局限于空间使用和环境的物质意义。地域文化有其独立性，除受经济根本作用外，还受历史积淀、传统演化等多种因素的影响。

特定地区过去经济发达，后因多种原因，现在落后了，其文化影响力将因惯性持续较长时间。不仅如此，地域文化创新是区域创新的先导。对于特定区域来说，必须十分重视企业文化和社区文化等人文环境的建设；对于区域内大型的企业和公司，则应注重其企业文化和公司文化的培育与优化，积极倡导先进文化，鼓励企业及其员工创新活动的生成。从本质上说，传统文化所凝集的创新精神和开放观念是企业家精神形成的源泉，建立在传统文化基础上的城乡经济发展，是一个不断创新的过程，也是一个促进企业家或人力资本积累和形成的过程，城乡经济发展最终表现为一系列生产要素组合方式的上升性变革过程。一般来说，经济基础越好、地域文化越先进的地区，就越容易吸收并融合外来文化；相反，对外来文化越具抵抗力、越难吸收外来文化精粹的区域，其经济发展就越趋于缓慢，且与经济基础好的地区的发展差距会越来越大，形成文化与经济互动力量作用下的"马太效应"。

第四章 中国城乡发展实践及其形态演变

在经验里探索前行是人类认识自我的天性。生存繁衍于 960 多万平方公里大地上的 13 亿多中国人民，正用自己的勤劳与智慧创造着无数形形色色且富含地域文化的城乡聚落环境，我们的城乡社会正迅速步入和经历着一个前所未有的转型时代，我们正面临新型城市化、工业化与乡村非农化和中华民族寻求现代化的多方面挑战。实际上，要真正解决城乡发展中出现的问题和实现城乡一体化发展目标，就不能头痛医头，脚痛医脚，而必须对城乡一体化与城乡形态演变有一个综合而辩证的历史考察。

城市与乡村在不同时期都会有其特有的发展历史，这些历史轨迹对于城乡文脉的传承和城乡形态演变具有重要的空间意义。20 世纪的著名历史学家阿诺德·汤因比在其《历史的教训》中断言，历史不是教我们预测或者预言未来，"要是具备与现在的事态十分相似的过去事态的知识的话……就未来出现的各种可能性而言，至少告诉我们一种可能性"[1]。从一般意义上讲，"广义的城乡分离过程始于第二次社会大分工，其确切含义是指农业公社与城堡（国家）的分离；狭义的城乡分离过程始于第三次社会大分工，其确切含义是指农业村镇与城市（工商业中心）的分离"[2]。这一历史表明，城市产生以后，城乡形态及其城乡之间的社会联系、经济关系对整个社会所产生的重要意义非同一般。特别是在近代工业革命之前，以农户家庭为最基本生产单位的乡村经济组织及其形态占据社会发展主导地位；随着人类工业化和城市化的并行推进，城市正式组织及其社会化大生产方

---

① 冈崎哲二：《经济发展中的制度与组织》，中信出版社 2010 年版，第 4 页。
② 吴泽：《东方社会经济形态史论》，上海人民出版社 1993 年版，第 133 页。

式日益发展，并逐步占据现代城乡经济生活的主导地位，并且这种趋势持续向乡村区域扩展和渗透至今。马克思曾说过，城乡关系的面貌一经改变，整个社会的面貌也跟着改变。于是，在近现代社会以至于当今，我们在谈论农业与工业、工业化与城市化、现代化等时，从另一种意义上说就是在讨论城乡发展问题。

第一节　计划经济制度下的城乡形态演变与发展

城乡形态是城乡居民各种活动与功能组织在不同区域的空间投影，它必然随着城乡社会经济的发展而不断演变。城乡形态演变与发展体现的是城乡空间拓展中的自组织规律，城乡发展不仅体现在地理空间形势与状态的改变，同时也与不同历史时期的经济社会变革等其他要素紧密关联。近现代以来，传统农业与工业化、城市化和现代化的矛盾是中国经济社会的基本矛盾，突出表现为城乡二元经济社会结构及其明显的差异性和不平等性，表现为城乡居民两大利益集团的矛盾。[1] 1949 年之前，旧中国的城乡形态演变及其发展，主要围绕工农关系、官民关系和阶级关系展开，同时掺入了外国殖民者与中国劳动人民的剥削与被剥削关系。其中，通过维持落后而畸形的生产关系，农民沦为食利者阶层的主要掠夺对象，加之殖民性不等价交换，农村在城乡物资交往中处于越来越不利的单向输出地位。[2]新中国成立后至改革开放前 30 年，中国工业化过程实施重工业超前的发展战略，跨过了轻工业为重心的发展阶段，实行集中的计划体制和城乡分割政策，进一步强化了二元结构，使城乡二元结构成为城乡发展的突出特点。进入 2000 年以来，经济发展方式的加快转变和城乡区域间经济社会联系的加强，正极大地改变着集中计划体制下所形成的城乡分割、城乡对立矛盾，特别是以成—渝统筹城乡综合配套改革试验区为代表的城乡一体化实践，使中国原有的城乡形态及城乡关系发生历史性变化。

---

[1]　中国科学院国情分析研究小组：《第 3 号国情研究第三号报告：城市与乡村——中国城乡矛盾与协调发展研究》，科学出版社 1994 年版。

[2]　王贵宸：《农村经济发展模式比较研究》，经济管理出版社 1992 年版，第 8 页。

一　计划经济制度下的城乡发展实践

（一）城市化进程中的城乡形态演变

1949 年 10 月中华人民共和国成立后，中国社会整体上还处在前工业化阶段，仍然是一个以传统农业为主的农业国。[①] 这一时期，中国城乡发展是中国封建社会原有城乡关系的一种历史延续，城乡发展的过程体现了各种机能的不断变化过程，其中的经济社会发展和意识形态往往影响着城乡的历史空间变化。面对中国社会整体的落后状况，为找到一条适合新中国国情的经济发展道路，以毛泽东为代表的中共第一代领导人在新中国成立初期进行了创造性探索。为适应城乡发展需要，中央对新中国成立初期的城乡发展形成了如下的基本方针：一是"城乡必须兼顾，必须使城市工作和乡村工作，使工人和农民，使工业和农业，紧密地联系起来。决不可以丢掉乡村，只顾城市"[②]。例如，刘少奇在《关于城市工作的几个问题》中指出的第一个问题就是"要有城乡一体的观点"，指出"单打一"的做法必须改变，否则就要犯错误。[③] 薄一波强调说："进城以后乡村仍然是党必须关注的关键环节。"二是"必须用极大的努力去学会管理城市和建设城市"[④]。因为城市是现代工业文明的重要标志，因此"从我们接管城市的第一天起，我们的眼睛就要向着这个城市的生产事业的恢复和发展"，城市中的其他一切工作，都是围绕着生产建设这一中心工作并为这个中心工作服务的。

透过城乡经济发展历史，可以探究城乡形态演变的机制与原因，也可以更好地理解城乡发展的空间与时间属性。国民经济恢复时期（1950—1952 年），中国城乡关系表现为农村人口迁入城市较多。这个时期内城镇人口比重由 10.64％上升到 12.46％，城镇人口由 5765 万人增加到 7163 万人，增加了 1398 万人。1952 年，在工农业总产值中，农业总产值占56.9％，工业总产值占 43.1％，社会就业结构上，劳动力主要集中在传统农业部门。1952 年，全国总人口 57482 万人，其中农业人口 49191 万

---

①　刘应杰：《中国城乡关系演变的历史分析》，《当代中国史研究》1996 年第 2 期。
②　毛泽东：《毛泽东选集》第 4 卷，人民出版社 1991 年版，第 1427—1433 页。
③　刘少奇：《刘少奇选集》上卷，人民出版社 1986 年版，第 419 页。
④　毛泽东：《毛泽东选集》第 4 卷，人民出版社 1991 年版，第 1427 页。

人，占 85.6%；非农业人口 8291 万人，占 14.4%。社会劳动者人数共有 20729 万人，在三大产业结构中，第一产业 17316 万人，占 83.5%；第二产业 1528 万人，占 7.4%；第三产业 1885 万人，占 9.1%。社会城乡结构上，城市化水平很低。1952 年，城镇人口为 7163 万人，占总人口的 12.46%；乡村人口 50319 万人，占总人口的 87.54%[①]。在城乡人口流动方面，新中国成立初期城乡之间人口的双向流动较为活跃，城乡关系是开放的，城乡之间的迁移还是比较自由的，呈现城乡对流的状态，大批职工从农村迁往城市，农村人口的定向聚集推动了城市化的发展。这一时期城镇人口达到 9949 万人，全国净增城镇人口 2786 万，其中由农村迁移到城市的人口为 1500 万左右，平均每年 300 万左右[②]；城镇人口比重从 12.5% 上升到 15.4%。与此同时，国家组织和动员人多地少的内地向边疆地区移民，也组织动员城市疏散人口支援内地，支援边疆，支援农业建设。20 世纪 50 年代，中国由城市迁往农村和由农村迁入城市的人数之比，大约是 1∶1.8。总体来讲，新中国成立初期的 20 世纪 50 年代，在"变消费性城市为生产性城市"城市建设基本思想的指导下，工业建设的发展带动城市形态的演变，城市空间布局人为地按照规划建造，规划的技术与决策直接影响新建城区的结构与形态，出现了许多为配合大型工厂选址而新开发的城区，如洛阳的涧西区、包头的昆都仑区、兰州的西固区等，在一些城市旧城区的边缘也出现较为集中的工业集聚区和工人新村。[③] 与此相应，中国城乡关系是一种相对自由开放的关系，主要表现为人口在城乡之间的自由流动，尤其是农民可以向城市自由流动。在这种状态下，人口流动存在着有序和无序两种力量。在大量的个别随机流动的无序中呈现一种总体相对有序的状态，在城市对农民的拉力和乡村对农民的推力基本均衡的情况下，城乡之间的流动是一种平缓的状态，而这恰恰与世界各国工业革命之前的城乡关系类似。这种城乡之间的均衡力，曾被马克思评判为，亚细亚的历史是城市和乡村的无差别的统一。[④]

---

①　国家统计局编：《中国统计年鉴（1993）》，中国统计出版社 1993 年版。
②　刘应杰：《中国城乡关系演变的历史分析》，《当代中国史研究》1996 年第 2 期。陆学艺、李培林：《中国社会发展报告》，辽宁人民出版社 1991 年版，第 284 页。
③　周春山：《城市空间结构与形态》，科学出版社 2007 年版，第 178 页。
④　《马克思恩格斯全集》第 46 卷（上），人民出版社 1979 年版，第 480 页。

随着1958—1962年的"大跃进"和人民公社的发展，政府直接介入农业生产和农民生活全过程，限定了农村的基本生产资料——土地和劳动力的使用方式。由于工业化依靠的是"人海战术"，导致农村人口爆炸性地进入城市，至1960年中国城市化水平按城市户籍人口计算猛增至19.7％，城市人口大大超过城市可供应生活物质的承载量，"过量城市化"在中国出现。为缓解农村出现的饥荒和城市粮食供应紧张问题，中央出台了严格的户籍制度和粮食制度，城乡之间的隔绝状态日益凸显。人民公社制度的形成，填补了中国单位制的最后一个空间，它试图像市民和单位的结合那样，也把农民最大限度地稳定在农业上，把农民同农村、农业结合起来，创造一个社会稳定和经济发展的基础。人民公社制度的形成，对中国城乡隔绝二元对立的社会结构的形成具有极其重要的作用，它使城乡居民各有其位，难以跨越。在城市规模和建设标准大大提高的背景下，城市用地规模急剧扩张，工业点（片、区）向城市周边不断蔓延，街道工业遍地开花，居住区与工业区混杂布局，城市内部大量绿地和住房被占用，市政公用基础设施改造规模扩大，部分卫星城镇也得到了发展。

1963—1966年，为了继续进行调整、巩固、充实、提高国民经济，国家以农业为基础，工业为主导，加强基础工业。始于1965年10月的"三线"建设，中国按照一、二、三线进行整体布局，集中力量建设三线地区，从而形成中国工业建设进程中的一次空间上的战略转移。从1965年开始的10年中，用于"三线"建设的投资达到2000亿元，占同期新增投资的43.4％。从项目看，"三五"计划安排施工大中型项目1476个，三线地区占55.8％。在集中向三线地区投资的同时，还将一部分工业比较密集的工厂和研究机构搬迁到西北、西南、中南地区，从1964年开始，共实施搬迁项目380个，约有职工14.5万人和3.8万台设备从沿海搬迁到内地。这从客观上促进了西部地区的资源开发和城乡经济发展，从一定程度客观改变了西部边远地区的经济落后状况，促使西部工农业比例关系有了一定的改善和趋于合理，沿海和内地之间的区域经济摩擦趋于减少。1973年，中央有关部门制订了增加进口、扩大经济交流的计划，开始了以引进项目为中心的经济建设，到1977年实际对外签约成交的进口额达39.6亿元。1978年又大幅度扩大引进规模，在引进项目的地区布局上，东部和中部地区的辽宁中部、京津唐、长江三角洲、山东半岛、江汉平原、四川盆地等工业聚居区是新项目的主要分布地区。其间的 1966—1976 年，是中国城乡发展受到严重影响的"文化大革命"时期，以大力发展农业、加强基础工业和国防建设为中心任务的第三个五年计划没有得到贯彻执行，城乡经济发展面临非常困难的局面，工业和其他国民经济部门以及工业内部各部门之间比例严重失调，工农业生产经济效益低下，城乡经济秩序混乱，城乡人民生活贫困。在城市区域，建设资金缺乏、居民住房紧张、城市用地扩展缓慢、项目布局见缝插针、单位制的"独立封闭大院"① 星罗棋布，大量配套设施缺乏的孤立工业点不断发展，城乡功能布局相对混乱。同时，制度安排使得各种体制、部门的单位形成一种自我规划、投资建设和分配体制，政府无能力大量建设住宅，单位公房占绝大部分，职工丧失自由定居的前提条件，由此形成主要由单位组织的自我封闭式社区构成的城市空间结构体系，形成相对独立的"城中城"，具有明显的"城市单元区"特征。与这种形态相适应的邻里结构构成单一，呈高度均一性，独立的单位制组团在城市空间组合而形成巨型蜂集式空间结构体系。② 而始于 1977 年的"洋跃进"（通过大量进口发达国家的成套工业生产设备、单机和技术专利推动工业化），由于受建设周期、技术消化吸收和生产管理方法等的制约，其预期效果并不理想。

　　1949—1978 年中国采取的发展战略对于城市和农村而言，其本质特征在于"工业城市化—城市工业化"，农村工业由于无法形成聚集经济的内在属性及其"城市偏爱"的政策影响而少有发展。数据显示，1958—1978 年 20 年间，中国总人口净增 3 亿多，由 1958 年的 65994 万人增加到

---

　　① 城市普遍存在的"大而全、小而全"的单位制独立大院，是中国计划经济年代特有的"企业办社会"模式的产物，这种社区布局形态一般是由一定的公有制单位，如国家机关、科研院所、大中型企业、部队驻军用地或医院等独立使用某一地块，内部生产生活设施相对齐全，周围以围墙围合，形成半封闭式的独立大院；它既是企业经营活动、职工生活、行政管理、政治服务的活动单元，又是工业用地、居住用地等城市各类用地的综合体。参见张汉《中国体制转型背景下的单位制社区变迁》，《城市形态研究的理论与实践——第十六届国际城市形态论坛论文集》，华南理工大学出版社 2010 年版，第 1—4 页。周春山《城市空间结构与形态》，科学出版社 2007 年版，第 181 页。张纯柴、彦威《中国城市单位社区的空间演化：空间形态与土地利用》，《国际城市规划》2009 年第 5 期。李路路《论"单位"研究》，《社会学研究》2002 年第 5 期。谭文永《单位社会——回顾、思考与启示》，重庆大学建筑城规学院 2006 年版。

　　② 吴松涛：《城市设计在老工业基地更新中的机遇与应对》，《城市规划》2004 年第 4 期。

1978 年的 96259 万人。但是，同一时期，农业人口所占比重始终保持在 84％左右，城市化率相应在 16％左右。1965 年城乡居民消费水平之比为 2.4：1，到 1978 年拉大为 2.9：1。[①] 美国普林斯顿大学国际研究中心在研究报告《中国的现代化》一书中写到，在近 1000 年也许长达 2000 年之久的时间里，中国的城市人口在 57％之间波动，究其原因在于中国的城市无论对穷人还是对富人来说，都不会有如磁铁一般的功效。从前现代农村与城市交替发生的协调来看，中国提供了一种稳定的模式，农村与城市之间的鸿沟所造成的问题并不明显[②]，这事实上也说明城乡之间大规模的人口流动实际上是工业化的产物。因此，农业发展成为乡村发展的天然代表，工业发展及其工业化进程必然成为城市发展的本质内容，城乡分治，农业、农村支持工业、城市发展实践必然导致"城乡二元、以农补工"的制度体系和政策体系的逐步强化。

1952—1980 年，中国工业化水平迅速提高，但与之相反，城市化水平则略有下降，能够基本反映传统经济向现代经济转变的指标变化甚微。例如，非农业人口占全国总人口比重的年均下降速度仅为 0.11％，农业劳动力占社会劳动力比重年均下降的速度仅为 0.68％，非农业劳动力与农业劳动力人均净产值之比呈扩大之势。1957 年全国有小城市 114 个，到 1978 年减少到 82 个；1956 年全国有建制镇 3672 个，到 1978 年减少到 2600 多个。1952—1978 年，工业在中国 GDP 中的比重从 17.6％上升到 44.4％，同期城市化率仅从 12.5％提高到 17.9％。[③] 这段时间内，中国的大、中城市略有增多，而接近农村的小城市和建制镇却减少，城镇体系与农村的联系出现了断层，城乡经济和社会联系大大削弱。城市布局本身意味着人口的再分布，城市的建立与发展也与人口有关。资料显示，1952 年与 1988 年相比较，中国城市规模发生了较大变化：100 万人口（指市区非农业人口，下同）以上的特大城市由 1952 年的 9 个增加到 1988 年的 28 个，50 万—100 万人口的大城市由 10 个增加到 30 个，20 万—50 万人口的中等城市由 23 个增加到 110 个，20 万人口以下的小城市由 115 个增

---

① 周尔查、张雨林：《城乡协调发展研究》，江苏人民出版社 1991 年版，第 20、21 页。

② 刘应杰：《中国城乡关系和农民工人》，中国社会科学出版社 2000 年版，第 53 页。

③ 王小鲁：《中国城市化路径与城市规模的经济学分析》，《经济研究》2010 年第 10 期。

加到 266 个。但是，从各类城市人口比例看，1988 年全国 434 个设市城市市区非农业人口共计 14034 万人，其中 100 万人口以上的特大城市和 50 万人口以上的大城市人口 7803 万人，占 55.6%；20 万—50 万人口的中等城市人口 3321 万，占 23.7%；20 万人口以下的小城市人口 2910 万人，占 20.7%；中小城市共计 6231 万人，只占城市总人口的 44.4%。[1] 在这些指标所反映的经济关系的综合影响下，城乡二元结构水平指数虽然有所下降，但下降的速度仅及工业化水平指数上升速度的 1/3。[2] 这都表明，传统经济通过劳动力的转移向现代经济转变的障碍在制度约束下不断增强。

表 4-1　　　　　　1949—1995 年主要年份中国城市的区域分布

单位：个，%，个/万 km²

年份	中国		东部			中部			西部		
	城市数量	城市密度	城市数量	占比	城市密度	城市数量	占比	城市密度	城市数量	占比	城市密度
1949	143	0.15	76	53.1	0.57	54	37.8	0.2	13	9.1	0.02
1957	186	0.20	85	45.7	0.64	69	37.1	0.26	32	17.2	0.05
1965	181	0.19	79	43.6	0.59	72	39.8	0.27	30	16.6	0.05
1976	209	0.22	88	42.1	0.66	83	39.7	0.31	38	18.2	0.06
1985	324	0.34	113	34.9	0.85	133	41.2	0.49	78	24.1	0.12
1995	640	0.67	290	45.3	2.18	234	36.6	0.87	116	18.1	0.18

资料来源：文玫：《中国工业在区域上的重新定位与聚集》，《经济研究》2004 年第 2 期。

1980—1985 年，随着要素流动的日趋活跃和城乡产业结构的变动调整，中国各地区的城市化水平逐步出现恢复性提升，东部、中部、西部三大地带的城市化率分别均提升了 1 倍左右，特别表现为各级地方政府积极扶持中小城市发展，以适应中共中央关于"严格控制大城市规模、合理发展中等城市和小城市"的城市发展方针，进而实现以经济比较发达的城市为中心带动周围农村，统一组织生产和流通，逐步形成以城市为依托的各种规模和类型的城乡综合经济区或地域生产综合体。数据显示，1980—

---

[1] 宁越敏：《中国城市发展史》，安徽科学技术出版社 1994 年版，第 401—403 页。

[2] 周叔莲、郭克莎：《中国城乡经济及社会协调发展研究》，经济管理出版社 1996 年版，第 52 页。

1993 年中国城市增加 347 座，大、中、小城市比例由 1980 年的 1∶1.6∶
2.3 变为 1∶2.4∶5；1988 年末，县级城市增加到 437 座，比 20 世纪 90
年代中期增长了 1 倍多（还不包括数 10 个升格为地级市的县级市）；1994
年年底中国拥有 206 座地级市，管辖 1025 个县（市、区）。行政主导下的
增加城市数量、扩大城市规模成为这一时期各地提升区域经济总量的主要
途径，也成为充实地方财力和实现地方财政收支平衡的物质基础之一。从
经济学角度分析，尽管这一时期微观市场主体的行为并未充分市场化、国
有企业改革尚未进入完全股份制和尝试建立现代企业制度阶段，但是由财
政分权所引起的地方政府与中央政府的利益博弈行为已经发生微妙变化，
特别表现为地方政府干预本地区经济活动的能力和保护本地区利益冲动的
日益增强，而中小城市便成为地方政府施加行政影响的主要载体，也成为
各区域吸纳城市化需求的主要回旋空间。

（二）城乡经济发展实践

在计划经济体制下，企业实际上被取消了基本的独立性，整个国民经
济被作为一个"大企业"，这不符合商品经济的基本规律和要求。因为企
业作为现代经济中的基本单元，应是一个能动开放的有机体，应有自己独
立的经济利益和权利，企业和国家的经济关系应该建立在企业与国家的交
换中具有平等地位的基础之上。计划经济制度把企业的边界推延到整个社
会的范围，极大地增加了交易成本，是注定没有效率的。[1] 20 世纪 70 年
代末，中国政府及时扭转城乡区域发展策略，适时推出并实践了对改变整
个社会发展具有革命性意义的改革开放战略，为最终确立社会主义市场经
济制度奠定了物质基础。从 1978 年起，农村开始进行适度规模经营实验，
由于受参与市场的条件因素制约，各地实现规模化、专业化经营的模式各
有差异，主要出现了订单农业、公司＋农户模式、家庭农场模式和农民协
会模式等。在这个制度变迁的进程中，来自政府的支持和技术进步降低了
变迁成本，并构成制度变迁的供给因素。[2] 1979 年，中共中央颁发了有关
农村工作问题的文件，包工到作业组、联系产量计算劳动报酬、超产奖励
等责任制形式得到正式肯定。1981 年大约 45％的生产队解体并确立了家

---

[1] 吴敬琏：《现代公司与企业改革》，天津人民出版社 1994 年版，第 69 页。
[2] 蔡立雄、何炼成：《市场化、价格差异与中国农村制度变迁》，《改革》2006 年第 8 期。

庭责任制，到 1983 年年底已有 98% 的生产队采取了这种新体制。[①]
1957—1978 年，农民人均纯收入从 73.37 元增加到 133.57 元，20 年间仅
增加了 60.2 元，还有约 2.5 亿人得不到温饱。[②] 1979—1985 年，农民收
入的增长速度约比市民快 1 倍，1995 年和 1985 年相比，农业收入在农民
纯收入总额中所占比重由 75% 降到 63%，来自第二、三产业收入所占比
重由 17.15% 上升为 30.16%。1980 年 3 月 1 日新华社报道[③]，中国农村
集市已有 3.6 万个，接近 1965 年的水平；1982 年 6 月，全国实行包产到
户的生产队已占 86.7%，1993 年年初占到 93%。[④] 但是在 1986—1996
年，市民收入的增长速度比农民快 59%，以致一度缩小了的城乡居民收
入差距再度扩大到超过了以往的水平。

表 4-2　　　1978—2003 年中国城乡居民家庭人均收入及恩格尔系数

年份	城镇居民家庭人均可支配收入		农村居民家庭人均纯收入		城镇居民家庭恩格尔系数（%）	农村居民家庭恩格尔系数（%）	城乡之比
	绝对数（元）	指数1978=100	绝对数（元）	指数1978=100			
1978	343.4	100.0	133.6	100.0	57.5	67.6	2.57：1
1980	477.6	127.0	191.3	139.0	56.9	61.8	2.49：1
1984	608.0	149.5	355.3	189.7	54.6	59.3	1.71：1
1985	739.1	160.4	397.6	268.9	53.3	57.8	1.86：1
1990	1510.2	198.1	686.3	311.2	54.2	58.8	2.20：1
1991	1700.6	212.4	708.6	317.4	53.8	57.6	2.40：1
1992	2026.6	232.9	784.0	336.2	53.0	57.6	2.58：1
1993	2577.4	255.1	921.6	346.9	50.3	58.1	2.80：1
1994	3496.2	276.8	1221.0	364.3	50.0	58.9	2.86：1
1995	4283.0	290.3	1577.7	383.7	50.1	58.6	2.71：1

---

①　刘国光、罗斯·加纳特：《经济改革与国际化：中国和太平洋地区》，经济管理出版社
1994 年版，第 102 页。
②　吴敬琏：《当代中国经济改革》，上海远东出版社 2004 年版，第 95 页。
③　林毅夫：《制度、技术与中国农业的发展》，上海三联书店、上海人民出版社 1994 年版，
第 44—95 页。
④　吴敬琏：《当代中国经济改革》，上海远东出版社 2004 年版，第 101 页。

续表

年份	城镇居民家庭人均可支配收入		农村居民家庭人均纯收入		城镇居民家庭	农村居民家庭	城乡之比
	绝对数（元）	指数1978＝100	绝对数（元）	指数1978＝100	恩格尔系数（%）	恩格尔系数（%）	
1996	4838.9	301.6	1926.1	418.2	48.8	56.3	2.51∶1
1997	5160.3	311.9	2090.1	437.4	46.6	55.1	2.47∶1
1998	5425.1	329.9	2162.0	456.2	44.7	53.4	2.51∶1
1999	5854.0	360.6	2210.3	473.5	42.1	52.6	2.65∶1
2000	6280.0	383.7	2253.4	483.5	39.4	49.1	2.79∶1
2001	6859.6	416.3	2366.4	503.8	38.2	47.7	2.90∶1
2002	7702.8	472.1	2475.6	528.0	37.7	46.2	3.11∶1
2003	8472.2	514.6	2622.2	550.7	37.1	45.6	3.23∶1

资料来源：根据《中国统计年鉴（2004）》相关数据计算整理。

工农收入增长速度差距逆向发展的一个重要原因，是这一时期农民在收入支出价格方面不仅总的收益过少，而且在长达 7 年的时间里受到损失。价格方面对农民增收的贡献太少了，甚至是负贡献。以上年价格环比计算，1979—1985 年农民在出售农产品方面增收增支相抵净增加支出 11 亿元（其他方面来源的收入，因购买价格上涨增加的支出不计算在内）。以 1988 年价格为基数计算，农民净增加支出约 1500 亿元，这既是农民在通货膨胀中的损失，又是农民对抑制通货膨胀作出的巨大贡献。[①]

数据显示，市场经济制度建立之前的中国，其城乡居民人均收入差距基本上呈扩大趋势。在 1978 年改革开放之后因制度创新因素的综合作用有下降趋势，但进入 20 世纪 90 年代后，城乡居民人均收入差距又呈现波动上升的趋势，且差距越来越大。从城乡居民之间的生活消费支出对比分析，农村居民生活消费水平远低于城市居民，其差距越来越大，且这种差距从 1983 年之后呈现明显的波动上升趋势，这同样反映出中国城乡之间在消费水平方面存在明显的二元结构，且随市场制度确立有进一步强化的趋势。

---

① 韩志荣：《工农三大剪刀差及其现状分析》，《经济研究》1996 年第 10 期。

表 4 - 3　　　　　1983—1994 年中国城乡居民生活消费支出水平对比

年份	农村居民生活消费 （元/人）	城镇居民生活消费 （元/人）	城乡居民消费差 异绝对额	城乡居民消费差 异倍数
1983	248.3	505.9	257.6	2.04
1984	273.8	559.4	285.6	2.04
1985	317	673	356	2.12
1986	357	799	442	2.24
1987	398	884	486	2.22
1988	477	1104	627	2.31
1989	535	1211	676	2.26
1990	585	1279	694	2.19
1991	620	1454	834	2.35
1992	659	1672	1013	2.54
1993	770	2111	1341	2.74
1994	1017	2851	1834	2.80

资料来源：根据《中国农业发展报告（2006）》、《中国统计年鉴（2005）》相关数据资料计算整理。

　　1976 年年底，农村市场逐步复苏，农民获得了改进资源配置的外部条件，中国农村制度变迁得以发生。[1] 20 世纪 80 年代中期，重点围绕撤社建乡、废除人民公社体制，农村确立了农户生产经营的主体地位，家庭联产承包制改革从局部地区迅速扩展到各地并被确立为中国农村基本经营制度而延续至今。这就标志着农村微观经济基础发生了本质变化，城乡要素流动和经济组织重组主要围绕市场需求力量的引导而逐步展开。在这之前，依靠重合行政边界和集体土地边界及政社合一，国家可以直接控制农村集体组织；当集体土地的产权边界被家庭承包制确认和保护时，这种排外权也可以使乡村政府摆脱国家控制，主要为本组织的利益服务。[2] 事实上，当中国 82％的人口组成的农村集体单位在 20 世纪 80 年代初变成千千万万相对独立的经济组织时，这种状况本身就是一个初步但又巨大的市场

————————

　　[1]　张厚义、明立志：《私营企业蓝皮书：中国私营企业发展报告（1978—1998）》，社会科学文献出版社 1999 年版，第 83 页。
　　[2]　裴小林：《集体土地制：中国乡村工业发展和渐进转轨的根源》，《经济研究》1999 年第 6 期。

环境，这种由农户个体微观组织汇聚成的巨大能量，足以启动和左右中国以后的整个经济转轨。[①] 家庭承包经营的成功变革奠定了农村改革的基石，成为推进市场取向的农村改革不断奔涌向前的不竭源泉和动力；农村改革是一个渐进的过程，实行包干到户后所产生的问题，即包干到户后农村的新体制建设问题，要比它已经解决的问题更为繁多和复杂，这里主要包括农村土地制度、农村财产制度、农村基层经济组织、农业市场制度，以及乡镇企业制度的建设等。[②] 其中，在中国农村经济发展基础较好、人地关系矛盾紧张的区域，以农村集体经济组织或者农民投资为主，在乡镇（包括所辖村）兴起了乡镇企业的发展高潮。

基于农村人口长期的身份限制和不流动性约束，在农村地区自发生成的乡镇企业与其他企业相比具有特殊的成员构成、社会地位、发展轨迹和运作方式，乡镇企业成为 20 世纪 80 年代中国农村具有独特性质的经济组织和社会群体。从发展过程看，乡镇企业在市场经济制度确立之前，曾经历了明显的阶段性演进轨迹[③]：1978—1983 年是农村社队企业恢复与发展时期，随着农村家庭联产承包责任制的推进、农业劳动生产率的提高，农业劳动力逐步从土地的束缚中解放出来，农村生产关系发生了较大变化，突出表现为社队企业的生产规模增长较快，1981 年农村企业的就业人员中，社队集体企业职工人数占到了 96％，社队企业总产值从 1978 年的 493.07 亿元增加到 1983 年的 1016.83 亿元，5 年平均增幅为 21％。1984—1988 年是乡镇企业的飞跃发展阶段，乡镇企业打破了集

① Pei, Xiaolin, 1996, "Township Village Enterprises, Local Governments and Rural Communities: The Chinese Village as a Firm during Economic Transition", *Economics of Transition*, Vol. 4, No. 1, pp. 43—66. Pei, Xiaolin and Christer Gunnarsson, 1996, "Agrarian Structures, Property Rights and Transition to Market Economy in China and the Former Soviet Union", In Jacques Hersh and Johannes Dragsbaek Schmidt (eds.). *The Aftermath of "Real Existing Socialism" in Eastern Europe Volume 1: Between Western Europe and East Asia* (International Political Economy Series, Macmillan, London), pp. 247—268. Pei, Xiaolin, 1998, The Institutional Root of China's Rural Idustry and Gradual Reform (Lund Studies in Economic History), Lund University Press.

② 杜鹰：《〈中国农村改革：回顾与展望〉评价》，《经济研究》1999 年第 11 期。

③ 尚列、刘小玄：《中国乡镇企业的发展和变化》，中国社会科学院经济研究所，中经网 http://www.cei.gov.cn/LoadPage.aspx? Page=ShowDoc&CategoryAlias=zonghe/jjfx & ProductAlias=lianhlt & BlockAlias=lhhgjj & filename=/doc/lhhgjj/200108010915.xml。

体企业的单一格局，户办和联户办形式在乡镇企业中得到快速发展，以集体经济为主体的苏南模式、以个体经济为主体的温州模式、以外向型为导向的珠江模式、以侨资为依托的晋江模式和城郊型的沪郊模式等发展取得巨大成功，乡镇企业逐步完成原始资本积累，开始向技术、质量、规模型转变，1984年乡镇企业的数量从1983年的134.64万个猛增到606.52万个，浙江农民仅在1984年5月份就集资1.4亿元人民币，兴办起2万多个乡镇企业。1989—1991年是乡镇企业调整与波折时期，由于中国当时出现经济增长过热、信贷规模过大、货币发行过多等经济问题，中央提出治理经济环境、整顿经济秩序的改革方针，着手调整经济发展的速度和规模，乡镇企业的外部环境变得日益严峻，面对银行不贷款、原材料专营、电力不足、煤炭价格飞涨等市场环境约束，乡镇企业的生存环境趋于恶化，企业普遍开工不足、亏损上升，尽管乡镇企业的发展速度虽有所减缓，但总产值的年增长率还是保持在14.36%—21.3%，到1991年乡镇企业的总产值首次突破了1万亿元大关。其后的1992—1995年，以邓小平南方谈话为契机，乡镇企业进入了市场经济条件下的高速增长、深度变动、整合与提升时期，1992年乡镇企业的营业收入比1991年增长了48.82%，固定资产增长了28.11%，流动资产增长了29.27%，税金增长了44.39%；1993年乡镇企业的营业收入、固定资产、流动资产和税金分别增长了82.88%、57.66%、84.08%和74.88%。

　　乡镇企业的崛起，对充分利用乡村地区的自然及社会经济资源、向生产的深度和广度推进，对促进乡村经济繁荣和农民物质文化生活水平的提高，改变单一的产业结构、吸收数量众多的乡村富余劳动力，以及改善工业布局、逐步缩小城乡差别和工农差别，建立新型的城乡关系均具有重要意义。同时，乡镇企业的发展也对城乡产业分工起到了重构作用。一方面，城乡产业按一般分工原则进行纵向和横向分工，这使得城乡间利用比较利益关系和按专业化要求，形成以最低成本为原则的产业分工；另一方面，城乡产业又以平行扩散规则，进行"平铺式"增长，即城市产业向乡村平行转移，这使得城乡产业结构往往具有"同构化"趋向。城乡间产业的平行扩散，尽管不符合一般的专业化分工原则，会产生某些副作用和效益损失，但它仍然是那个特定时期中国城乡产业发展的一种空间分工现象。当乡村面临着"要么无法发展农业、要么发展与城市同构的产业"的抉择难题时，后者也许就成为一种次优方案。① 乡镇企业高度分散的布局是生产要素不能充分流动和优化组合的结果和表现，它对乡镇企业自身的结构、效率、就业及环境和资源的有效利用已造成巨大的显性和隐性损失。因此，乡镇企业的进一步发展必须解决"城镇排斥现象"②，必须通过兼及城乡的改革来谋求以乡镇企业为代表的农村工业化过程与城镇化过程紧密结合的新的发展模式。正如萨克斯和吴永泰对中国渐进转轨成因的解释③：中国是一个以农民为主的农业社会，而东欧和苏联的城市化和工业化程度已很高了。中国的高增长之所以可能是因大农业部门中包容着巨大的富余劳动力，他们既不享有国家补贴也没有软预算约束。一旦在地区和工作间的流动限制被解除，这一巨大的富余劳动力可使新工业部门迅速扩张。实践证明，乡镇企业的发展演变与中国农村改革以及相应经济体制演变过程紧密相关，在农村经济改革取得初步成功、城市经济体制改革初步展开的阶段，变动巨大的经济环境给予具有灵活体制的乡镇企业以巨大的发展空间，这使得 20 世纪 80 年代中后期乡镇企业在中国获得了迅猛的发展，曾一度被誉为"有中国特色的城市化道路"④。然而，随着社会主义市场经济体制的逐步建立和完善，激烈的市场竞争使得乡镇企业外部环境不断恶化，乡镇企业在经营机制、管理体制上的不完善性逐步显现，并成为其进一步发展的障碍。更为严重的是，乡镇企业发展粗放性所导致的巨大环境成本也逐步显现，这对乡镇企业的生产经营和农村居民的生活产生了严重影响，促使我们必须重新思考乡镇企业的发展前景。然而，值得关注的是，随着市场经济体制改革的进一步深入，乡镇企业城乡割裂的"乡镇"特征会逐渐模糊，其市场化的中小企业特征会逐步显现。乡镇企业制度作为中国经济制度转型的重要主体，需要纳入中国经济转型的制度分析框架，这不仅是对中国企业理论的丰富，也是对中国经济转型理论的创新

---

① 周叔莲、金碚：《国外城乡经济关系理论比较研究》，经济管理出版社 1993 年版，第 22 页。

② 陈锡文：《中国农村改革：回顾与展望》，天津人民出版社 1993 年版。（此书获 1998 年度第 8 届孙冶方经济科学奖）

③ Sachs, Jeffrey and Wing Thye Woo, 1994, "Reform in China and Russia", *Economic Policy*, April 1994, pp. 101—145. 裴小林：《集体土地制：中国乡村工业发展和渐进转轨的根源》，《经济研究》1999 年第 6 期。

④ 刘广海：《乡镇企业可持续发展问题探悉》，《中国软科学》2001 年第 7 期。

与完善。[①] 虽然乡镇企业的提法可能会随着制度创新、中小企业的发展而逐渐退出历史舞台，但是企业制度变迁与创新终究会促使中小企业逐步形成新经济制度下的现代企业制度，这是中国乡镇企业转型发展的必然选择。

表 4 - 4　　　　　　　1978—1994 年中国城乡二元对比系数

年份	农村 GDP 占全国 GDP 比重	城镇 GDP 占全国 GDP 比重	农村从业人口占全国从业人员比重	城镇从业人口占全国从业人员比重	农村比较劳动生产率	城镇比较劳动生产率	二元对比系数
1978	0.3365	0.6635	0.7631	0.2369	0.4410	2.8001	0.1575
1979	0.3706	0.6294	0.7563	0.2437	0.4901	2.5822	0.1898
1980	0.3618	0.6382	0.7515	0.2485	0.4814	2.5685	0.1874
1981	0.3942	0.6058	0.7593	0.2407	0.5192	2.5167	0.2063
1982	0.4211	0.5789	0.7560	0.2440	0.5570	2.3723	0.2348
1983	0.4257	0.5743	0.7539	0.2461	0.5647	2.3336	0.2420
1984	0.4121	0.5879	0.7563	0.2437	0.5449	2.4123	0.2259
1985	0.3676	0.6324	0.7548	0.2452	0.4870	2.5793	0.1888
1986	0.3760	0.6240	0.7408	0.2592	0.5076	2.4073	0.2109
1987	0.3841	0.6159	0.7389	0.2611	0.5199	2.3585	0.2204
1988	0.3714	0.6286	0.7374	0.2626	0.5036	2.3940	0.2104
1989	0.3714	0.6286	0.7399	0.2601	0.5020	2.4169	0.2077
1990	0.4029	0.5971	0.7368	0.2632	0.5468	2.2687	0.2410
1991	0.3793	0.6207	0.7333	0.2667	0.5172	2.3277	0.2222
1992	0.3820	0.6180	0.7300	0.2700	0.5233	2.2888	0.2286
1993	0.4214	0.5786	0.7266	0.2734	0.5799	2.1169	0.2739
1994	0.4229	0.5771	0.7235	0.2765	0.5846	2.0868	0.2801

注：农村 GDP＝第一产业 GDP＋乡镇企业增加值；城镇 GDP＝全国 GDP-农村 GDP；农村比较劳动生产率＝农村 GDP 占全国 GDP 比重/农村从业人口占全社会就业人口比重；城镇比较劳动生产率＝城镇 GDP 比重占全国 GDP 比重/城镇从业人口占全社会就业人口比重；城乡区域二元对比系数＝农村比较劳动生产率/城镇比较劳动生产率。

资料来源：王千六：《基于城乡经济二元结构背景下的城乡金融二元结构研究》，西南大学出版社 2009 年版，第 97 页。

在经济学研究中，二元对比系数指标能够从一定程度反映城乡两部门比较劳动生产率的相对高低。从城乡发展的现实看，改革开放初期中国的

----

①　石琛：《转型期乡镇企业制度变迁与创新理论综述》，《当代财经》2005 年第 1 期。

二元对比系数非常低，说明城乡二元经济结构反差十分典型。其后，随着城市化推进过程中农村从业人口比重逐年下降、从业人员知识水平对劳动生产率的提升作用以及城乡经济结构的变动，城乡二元对比系数开始上升，说明城乡经济二元结构在逐渐缓解。

（三）经济发展中的城乡形态演变特征

1. 城市偏爱型发展倾向内生于国家追赶战略

在 1956 年社会主义改造基本完成、计划经济制度得以确立后，以毛泽东为核心的第一代中共领导集体对中国的工业化道路进行了艰辛探索，对于如何正确处理工农关系、城乡关系、沿海和内地关系等事关国民经济社会发展的重大关系作出了开拓性的贡献。毛泽东指出，工业化道路的问题主要是指重工业、轻工业和农业的发展关系问题，发展工业必须与发展农业同时并举；把重工业作为经济建设的中心和投资的重点，优先发展，以逐步建立起独立的比较完整的基础工业体系和国防工业体系，这是维护国家独立、统一和安全，实现国家富强之必需，毋庸置疑。"但是决不可以因此忽视生活资料尤其是粮食的生产"[①]。农业是人们生活资料的重要来源，关系到 5 亿农村人口、城市、工矿人口的吃饭问题，农业是工业原料的重要来源，同时也是工业的广阔市场，农业是出口物资和国家资金积累的重要来源，农业关系国计民生极大。国家和合作社、国家和农民、合作社和农民，都必须兼顾，不能只顾哪一头，"必须在增加农业生产的基础上，争取 90％的社员每年的收入比前一年有所增加"[②]。但是，新中国成立后的现实国情决定了面临如何在较短时期内迅速实现现代化的问题。发达国家的经济发展实践表明，工业化是传统农业国转变为现代化强国的必由之路。发展中国家推进工业化的路径选择要么是人为赶超型的优先发展重工业战略，要么是由轻工业再逐渐建立后向联系的金属、化学和资本品等重工业发展的自然演进型战略。为了奠定国家工业化的基础需要，出自社会安定和城市建设的需要，中国不得不通过实施一系列强化二元社会经济结构的宏观政策，以超经济手段、牺牲农民利益为导向来为工业提供原始资本积累，这是一种在政府

---

① 《毛泽东选集》第 5 卷，人民出版社 1977 年版，第 268 页。
② 同上书，第 274 页。

的作用下强力推进的"城市偏爱型工业化"，是通过对工农业和城乡之间的不平等交换实现的。特别是偏向城市市民的劳动就业和社会保障制度，不仅阻碍了人力资本在城乡之间的合理配置和流动，而且使城市职工形成一种贵族化倾向，市民与农民心理意识上城乡隔绝关系的长时间存在，逐渐成为社会经济结构转型过程中难以克服和逾越的非正式约束，城乡发展的这种共生关系[①]属于一种典型的寄生共生型模式，其特点在于城乡单元之间的能量和要素与乡村寄主向城市寄生者单向流动。同一时期，在"消灭三大差别"的思想指导下，中国实行了"反城市化"政策，号召城市青年学生、工人、知识分子深入农村锻炼；1978年，全国城市工作会议提出"控制大城市规模，多搞小城镇"；1989年，全国人大通过《城市规划法》，规定"国家实行严格控制大城市规模、合理发展中等城市和小城市的方针"；1993年10月，建设部召开全国村镇建设工作会议，确定了以小城镇建设为重点的村镇建设工作方针和未来小城镇建设发展目标。

表4-5　　1952—1990年中国农业为工业化提供的资金积累变化

年份	农业提供的积累（亿元）	占GDP积累额的比重（%）	年份	农业提供的积累（亿元）	占GDP积累额的比重（%）
1952	55.66	42.8	1972	220.31	34.0
1953	67.40	40.1	1973	254.02	34.0
1954	81.60	41.8	1974	245.02	31.1
1955	79.62	43.0	1975	364.52	31.9
1956	83.03	38.3	1976	244.67	32.7
1957	64.12	40.4	1977	270.95	32.6
1958	133.56	35.2	1978	297.06	37.3
1959	155.31	27.8	1979	322.22	37.8
1960	158.13	31.6	1980	360.74	31.0
1961	105.29	54.0	1981	362.94	32.8

① "共生"作为一个生态学上的概念，首先是由德国真菌学家德贝里于1979年提出的，其含义是指生活在一起的不同种属的生物之间在一定环境中按照某种形式形成的相互作用和相互结合的方式。

续表

年份	农业提供的积累（亿元）	占 GDP 积累额的比重（%）	年份	农业提供的积累（亿元）	占 GDP 积累额的比重（%）
1962	121.02	62.0	1982	366.41	29.6
1963	121.41	66.3	1983	379.94	26.7
1964	150.96	57.4	1984	353.06	19.7
1965	157.61	43.2	1985	532.80	20.3
1966	194.64	41.4	1986	705.54	24.0
1967	171.75	56.5	1987	716.13	21.7
1968	141.30	47.4	1988	845.00	20.0
1969	160.58	45.0	1989	1068.84	22.9
1970	103.92	33.0	1990	1127.55	23.0
1971	219.18	32.0	合计	11594.14	—

资料来源：冯海发、李溦：《我国农业为工业化提供资金积累的数量研究》，《经济研究》1993 年第 9 期。

　　事实表明，在国家初始工业化战略的推动下，城市工业化和经济发展十分迅速，与被抽走资金和资源的农村经济形成鲜明对照，从而形成城乡二元经济结构。由于采取了高度集权的计划经济体制自上而下来推动工业化，"一旦经济发展的目标选定，沿着这一逻辑起点，根据中国自身经济、社会特征，便形成了一套特有的经济体制"①，国家从宏观上也只能把有限的资源用于发展重工业，从而这一时期各地区各产业的形成及其结构状态便主要取决于中央政府的偏好和地方政府的自身努力。相反，这种以资本和技术密集型为主要方式的工业化自身需要的企业家队伍、制度创新和技术进步等因素在中国城乡区域却始终没有成为自发扩展秩序，而是长期受制于中央政府的工业化战略与策略，从而导致中国推进工业化的内部动力不足。同时，由于过分强调重工业优先发展，忽视了其他产业的协同配套，致使城乡产业结构失调，农业、轻工业、重工业发展不协调。而且，由于投资结构高度倾斜于重工业领域，农业、轻工业以及交通运输、商业物流、金融、通信等第三产业投资相对不足，农业与工业增长速度差距较

---

　　① 林毅夫、蔡昉、李周：《中国的奇迹：发展战略与经济改革》，上海三联书店、上海人民出版社 1999 年版，第 32 页。

大，城乡之间基于产业关联效应的应有联系无法有效建立。这种城乡联系受阻的实践影响，又进一步降低了本身处于弱势地位的农业的自我发展能力，特别是"三农"领域经济资源的非市场化转移对中国工业化的支持，进一步加剧和恶化了农村生产力进步和社会发育。从反映这一状况的农业与工业增长弹性对比，20世纪50—70年代，在推进工业化的国家中，初级产品和制造业的增长弹性之比韩国为0.32，印度为-1.25，叙利亚为0.29，乌拉圭为-2.00，中国为0.25。[①]

表 4-6　　　　　1952—1978 年中国投资结构的变化（用现价计算）

年份/时期	固定资产总投资（亿元）	基本建设总投资（亿元）	基本建设投资结构（％）			
			农业	轻工业	重工业	其他产业
"一五"时期	611.58	587.71	7.1	6.4	36.2	50.3
"二五"时期	1307.00	1206.09	11.3	6.4	54.0	28.3
1963—1965	499.45	421.89	17.6	3.9	45.9	32.6
"三五"时期	1209.09	976.03	10.7	4.4	51.1	33.8
"四五"时期	2276.37	1763.95	9.8	5.8	49.6	34.8
1976—1978	1740.96	1259.80	10.8	5.9	49.6	33.7

　　资料来源：林毅夫、蔡昉、李周：《中国的奇迹：发展战略与经济改革》（增订版），上海三联书店、上海人民出版社 2002 年版，第 73 页。

　　2. 城乡区域显著有别的制度安排

　　不仅如此，沿着上述逻辑不难发现，中国自 20 世纪 50 年代以来实行的以大城市为依托的工业化道路和城乡空间发展规划从属于工业发展要求的主导理念，由于不能带动农村劳动力就业结构的变化和居民居住方式的变迁，不能解决农村富余劳动力的有效转移，其结果只能使二元经济结构愈加强化，工农差别和城乡差距不断扩大，使国民经济运行难以协调，并日益趋向恶性循环[②]；计划制度下的城乡分割体制还造成农村工业化进程严重受阻，而重工业的单向自我循环发展也带来诸多弊端，主要表现为：初级产品的附加值低，资源利用经济效益差，且易受国际市场影响；产业

　　[①] ［美］H. 钱纳里等：《工业化和经济增长的比较研究》，上海三联书店 1989 年版，第135—138 页。
　　[②] 赵勇：《城镇化：中国经济三元结构发展与转换的战略选择》，《经济研究》1996 年第3 期。

链条短，经济带动作用小；技术改造成本大，投入、产出比不经济；区
际、区内外市场相互割裂，城乡发展相互隔离，造成城乡二元结构和工业
效率低水平周期震荡型发展，最终的结果便是国家工业化赶超战略，在客
观上不断加剧城乡社会联系的制度性断裂。这种制度体系主要包括：一是
高度集中的计划体制——保证国家对关系全局的重大经济活动进行有效的
控制，在全国范围内大规模地调动资源，按照中央的意图安排生产力布
局，并保证重工业得以靠自己为自己创造市场的方式，实现自我循环；在
高度集中和统得过死的计划经济体制下，由国家控制全部经济资源（包括
物质资源和人力资源），由政府计划部门分配资源（包括生产要素投入、
生产工艺和产出），并长期向国有企业和城市倾斜，否定市场作用而缺乏
激励机制，不利于城乡经济的平等竞争。二是统购统销制度——实质是农
村征购，城市配售，严格管制私商（国家垄断农产品市场），用变相的无
偿形式把剩余农产品收入国家之手，而且由于收购品种和收购量由国家单
方面决定，使得国家可以将农民"生存工资"以外的全部农产品都作为农
业剩余收入自己手中。三是人民公社制度——统购统销制度的重要保障，
保证了国家以低价向农民征购农副产品，减少了征购过程中的冲突环节。
这种"一大二公"、"政社合一"的组织形式，不仅剥夺了农民对土地经营
的自主权和农产品的支配权，形成农村的平均主义和大锅饭局面，而且抑
制了农村家庭和个人隐含的无穷活力，农村经济长期处于勉强维持的状
态，城乡分割和对立日益加深。四是户籍管理制度——把中国公民划分为
"农业"和"非农业"户口，"农业"户口的农民除考取国家正规大中专院
校、工矿招工等特殊情况以外，原则上不能转成"非农业"户口，没有权
利和机会迁入城市定居寻找职业。五是统包统配的劳动就业制度——"统
包"和"统配"的对象主要是正式的城镇居民，即有城镇户口的公民，确
保了国家对劳动力市场的垄断，城镇户口就是在城市就业的"资格证书"；
农民没有城市户口，国家在农村千载难逢的招工机会又没有落到农民的头
上，那农民就注定无法在城市找到工作，不能靠自己的劳动在城市中生活
下去，使得户口与就业的一体化成为阻挡农村人口向城市流动的一道闸
门。六是城市福利制度——国家把本该由自己承担的社会保障功能推给了
企事业单位，较大的企事业单位，不仅要完成自己的"本职工作"，还要
建宿舍、食堂、洗澡堂、理发店、医院、托儿所、小学，等等，还要有自

己专用的商店、邮局、储蓄所，等等。这样的社会结构和企事业单位的组织结构造成的社会后果之一就是就业与福利一体化，这是继户口与就业一体化之后，阻挡农村人口流向城市的另一道闸门①。除此之外，还有由财产制度、住宅制度、粮食供给制度、副食品和燃料供给制度、教育制度、医疗制度、就业制度、养老制度、劳动保险制度、劳动保护制度甚至婚姻制度等具体制度以及与之相应的一系列成文与非成文的体制和政策，包括以条例、规定、通知、说明等作为补充的细则。

表 4－7　　　　　1978—1994 年中国城乡二元经济结构强度对比

年份	农业 GDP（亿元）	工业 GDP（亿元）	农村人均（元/人）	城镇人均（元/人）	工农业二元结构强度（倍）	城乡二元结构强度（倍）
1978	1018.40	1607.00	155.25	1402.45	1.58	9.03
1979	1258.90	1769.70	190.48	1311.56	1.41	6.89
1980	1359.40	1996.50	206.71	1515.63	1.47	7.33
1981	1545.60	2048.40	241.34	1469.07	1.33	6.09
1982	1761.60	2162.30	279.60	1434.66	1.23	5.13
1983	1960.80	2375.60	314.40	1537.38	1.21	4.89
1984	2295.50	2789.00	369.73	1764.44	1.21	4.77
1985	2541.60	3448.70	410.35	2272.31	1.36	4.54
1986	2763.90	3967.00	476.20	2431.65	1.44	5.11
1987	3204.30	4585.80	567.47	2683.61	1.43	4.73
1988	3831.00	5777.20	678.26	3299.37	1.51	4.86
1989	4228.00	6484.00	758.89	3615.82	1.53	4.76
1990	5017.00	6858.00	893.92	3691.51	1.37	4.13
1991	5288.60	8087.10	976.22	4333.14	1.53	4.44
1992	5800.00	10284.50	1210.09	5171.15	1.77	4.27
1993	6887.26	14187.97	1744.48	6163.39	2.06	3.53
1994	9471.39	19480.71	2379.20	8139.73	2.06	3.42

资料来源：王千六：《基于城乡经济二元结构背景下的城乡金融二元结构研究》，西南大学出版社 2009 年版，第 97 页。

---

①　中国科学院国情分析研究小组：《第 3 号国情研究第三号报告：城市与乡村——中国城乡矛盾与协调发展研究》，科学出版社 1994 年版。转引自林平《论我国工业化的基本方针》，《新建设》1953 年第 9 期。

　　数据显示，市场经济制度建立之前，在工业化进程中中国城乡二元经济结构强度从不同角度表现不同的结构。从产业发展角度衡量，城市重工业化进程的加快和农业小部门分散化趋势使得城乡二元经济结构强度不断加大；从城乡人均 GDP 衡量，城乡之间的差距却呈现逐年缩小趋势，即以城乡区域角度衡量的二元经济结构强度在逐步弱化。有理由认为，这一时期导致城市化同工业化脱轨、城乡二元社会结构形成的基本制度安排已经完成，中国以后的城市化政策选择，在很大程度上只是这一制度框架的补充和延伸。

　　3. 初始发展路径下的城乡布局

　　与此相应，城市空间布局形态模式也内生于这一制度框架，主要表现为在具有一定生产基础的城市形成内部集约形态，或在较为封闭的传统城市形成外部扩张，抑或在几乎没有任何基础的资源开发加工及工矿点完全新建城镇。至于计划经济制度下的中国农村形态演变，尽管没有城市那样引人注目，但是以人民公社为典型代表的人民公社规划与建设，集中体现了以毛泽东近代大同思想"新村"设想为原型的农村乌托邦，这种农村社区是中国社会主义结构的工农商学兵相结合的基层单位和社会主义政权组织的基层单位。由于人民公社在当时是新生事物，因此各地的规划建设也各不相同。[①] 总体上看，公社总体规划布局类似小范围的区域发展综合规划，它需要解决农村土地利用、农林牧业发展、工业交通水利建设、公共建筑布局以及居民点的分布等一系列经济社会发展问题。于是，普遍的做法是考虑现有的社界划分、结合自然地形划界以及在城市人民公社规划中增加居住功能区、独立布置工业等，多采取街坊式布局，城乡形态力求整齐有序。例如，北京市昌平区在红旗试点公社规划建设中，以原来乡界为基础，利用现有乡政府所在地，将原来 56 个村庄合并为若干居民点，在公社适中的位置建立社本部作为全社的政治经济文化中心，居民点的空间布局包括生产区（工厂、农业生产基地、试验田、畜牧场等）、住宅区（住宅、小学、绿地、生活服务设施、幸福院等）、公共服务区（社本部、医院、影剧院、俱乐部、大学、研究所、商业服务中心、军事演习场等）

---

　　① 　沛旋、刘据茂、沈兰茜：《人民公社的规划问题》，《建筑学报》1958 年第 9 期。

等功能分区。① 沈阳市红旗人民公社、洛阳市西郊的街坊规划和以纺织工业为主的武汉余家头工业区规划等，都不同程度地体现了工作与生活相结合、政社合一的布局模式。因此，在高度集权的计划经济体制下，政治经济活动对中国城乡空间布局形态演变的影响更为明显。这种城乡布局规划与建设发展，尽管与现代城乡布局理念相比不尽合理，但它是中国在独立自主的状态下自发寻求和处置城乡规划建设的探索过程，它不仅体现在国家干预城乡建设的政策层面，也体现在国民经济发展计划的全面实施实践层面。这一阶段的城乡形态演变是新中国成立以后中国关于城乡在国民经济发展中地位的基本认识，它构成处于革命年代的新生政权旨在创立一种新的分散式的自给自足的城乡发展模式的基本内容。

表 4 - 8　　　　　1980—1994 年中国城乡固定资产投资差异对比

年份	全社会固定资产投资总额（亿元）	农村投资（亿元）	城镇投资（亿元）	城乡投资差异	
				绝对额	倍数
1980	910.9	133.0	777.9	644.9	5.8489
1981	961.0	250.0	711.0	461.0	2.8440
1982	1230.4	329.9	900.5	570.6	2.7296
1983	1430.1	415.7	1014.4	598.7	2.4402
1984	1832.9	553.9	1279.0	725.1	2.3091
1985	2543.2	677.7	1865.5	1187.8	2.7527
1986	3120.6	820.2	2300.4	1480.2	2.8047
1987	3791.7	1061.1	2730.6	1669.5	2.5734
1988	4753.8	1322.0	3431.8	2109.8	2.5959
1989	4410.4	1276.4	3134.0	1857.6	2.4553
1990	4517.0	1242.6	3274.4	2031.8	2.6351
1991	5594.5	1536.5	4058.0	2521.5	2.6411
1992	8080.1	2000.4	6079.7	4079.3	3.0392
1993	13072.3	2768.9	10303.4	7534.5	3.7211
1994	17042.1	3507.8	13534.3	10026.5	3.8583

资料来源：王千六：《基于城乡经济二元结构背景下的城乡金融二元结构研究》，西南大学出版社 2009 年版，第 79 页。

---

① 黄立、李百浩、孙应丹：《转型与转移背景下的 1949—1978 年城市规划与城市形态演变》。田银生、谷凯：《城市形态研究的理论与实践》，华南理工大学出版社 2010 年版，第 12—22 页。

　　与此同时，计划经济时代的城乡发展主要是由政府通过对城市数量的严格控制和特定的制度安排进行的，城市供给的缓慢原因除了人口增长的城乡转换机制被阻断以外，还在于以封闭运行为特征的工业化战略缺乏基于收入分配的部门需求机制，致使市场需求被人为地扭曲为单一性的投资需求，加之沟通城乡的基础设施长期滞后和民间积累机制的缺失，使得城乡较低层次的市场贸易未能通过专业化分工向现代市场交易功能转变。总体而言，在计划经济制度下的中国，城市与乡村发展是在垂直分工体系下产生联系的，由于农业富余劳动力不能自由流动和分享工业化带来的成果，压抑了中产阶级的顺利成长，进而削弱了城市依靠现代部门的自我积累功能和设施分配功能，城市化也因此趋于停滞甚至出现逆转，城乡发展成为一个不稳定的均衡，其可持续发展总是受到挑战。[①] 至于市场经济体制改革以后，中国的工业化发展之所以在不同的区域和地理范畴中会诱发出各异的城市化模式，则是因为在特定的背景与环境下工业化作用与城市化的中间路径发生了变化，即工业化的偏差不仅表现为工业产值比重的片面上升，而且还体现在产业选择和地域推进上，例如轻工业主要集中于乡镇企业，乡镇企业中从事就业的劳动力基本上亦工亦农，劳动密集型工业扩张对非农就业增长的带动效应并没有充分发挥出来，这在某种程度上能够解释工业化与城市化未能保持一致的原因。在农村工业内部，明显缺乏收益递增的区位聚集机制，这不仅是由于地方保护主义对市场的物理分割中增加了对区外贸易的成本，而且更是在缺乏内部技术创新的情况下，还面临着农村工业边际劳动生产力递减的持续发展问题，进而城市化代理人缺位使农村工业化难以由低级的城镇化向高级的城市化阶段升级，小城镇尤其因缺乏财权而不具备公共产品供给投资的谈判与争取能力，最终导致城乡之间的产业分工与合作、要素流动与配置、基础设施建设以及工业化和城市化推进等无法协调，城乡发展差距的逐步扩大便成为必然和常态。

---

　　① 胡彬：《区域城市化的演进机制与组织模式》，上海财经大学出版社 2008 年版，第 130—149 页。

二　计划经济制度下城乡发展的反思与检讨

(一) 计划制度与城乡二元体制结构影响城乡发展

在计划经济制度下，中国城市规划思想与苏联城市规划思想作为影响1949—1978年城市规划的两股主要力量，在影响力上此消彼长，共同造就了中国城市规划与城市形态的演变过程。[1] 事实证明，中国在计划经济年代长期隔离固化的城乡关系，无法对城乡居民形成微观主体的经济激励。改革前，大量农业富余劳动力达不到转移和为生产而生产的高积累工业化催化政策，使得经济的增长并没有给人民带来多大实惠，尤其是广大农民在行政强化了的二元结构下，在为工业化和城市化承受双重牺牲的同时，自己却只能接受通过平均主义大锅饭制度维持着极低的生活标准，由此极大地伤害了广大农民的生产积极性。[2] 与此相应，城市居民将国家从农民身上强制剥夺的农业剩余被低效率和无效率地使用着，这可以从不少城镇在岗职工工作马马虎虎、不求进取，做一天和尚撞一天钟、缺乏责任感，以及一些下岗职工宁愿失业在家等待国家重新安排工作甚至甘愿长期接受政府救济，也不愿依靠自己谋生路等怪现象中得到证明。[3] 农民被禁锢在农村土地上的同时，城市居民却得到了特别偏爱；城市居民对落后农民持有知识上的优越感和轻蔑，而农村对城市居民持有道德上的优越感和妒忌，两者针锋相对。[4] 以至后来，"以农补工、以乡保城"几乎成为一种制度化模式，它的负面影响显得越来越突出。不仅如此，国家在对农村社会保障进行适当投入的同时，依靠集体经济和家庭保障功能的支持，并充分发挥土地这种保障效能低但最有稳定性的保障手段的作用，使传统的农

---

① 黄立、李百浩、孙应丹：《转型与转移背景下的1949—1978年城市规划与城市形态演变》。田银生、谷凯：《城市形态研究的理论与实践》，华南理工大学出版社2010年版，第12—22页。

② 徐庆：《中国二元经济演进与工业化战略反思》，《清华大学学报》（哲学社会科学版）1997年第2期。张国：《中国城乡结构调整研究——工业化过程中城乡协调发展》，中国农业出版社2002年版，第137页。

③ 张国：《中国城乡结构调整研究——工业化过程中城乡协调发展》，中国农业出版社2002年版，第163—167页。

④ 郭文峰、王承云：《论我国城市化过程中的城乡关系问题》，《成都行政学院学报》2004年第4期。

村社会保障得以维持。随着改革开放的不断深化和社会主义市场经济的建立和发展，农村集体、家庭和土地等传统的保障功能由于多种原因而受到了不同程度的削弱。30 年多来，尽管中国的改革开放是以追求效率为出发点的，其目的就在于改变社会存在着严重的平均主义而效率很差的问题，改革以共同富裕为最终目标，允许让一部分人先富起来为手段而启动。① 但是，中国出现区域发展以及城乡居民的收入差距的不平等性更加严重，这种现状持续伤害着作为弱势群体而存在于社会边缘的农民的经济利益和生产积极性。

同时，城乡关系失调阻滞了中国工业化、农业现代化进程和城乡经济社会协调发展。由于计划经济制度后工业结构长期以资源开发型的重工业为主，形成了工业化水平与城市化水平不同步的不协调局面，造成城市与乡村两大板块自成体系，相互分割，缺乏应有的社会经济文化往来。政府也曾作过一些努力，试图通过行政手段来调节城乡之间、工农之间业已存在和扩大的差距，消除彼此间的成见，并从城市向农村排放"过剩"人口。例如，20 世纪 60 年代初期，国家为了缓解城市食品供应紧张的矛盾，让 2600 万城市人返回农村，70 年代又号召城市知识青年"上山下乡"，让 3000 万城市人口迁往农村。整个 20 世纪 60—70 年代，总计有 5600 多万市民迁到农村，其中包括 2000 多万知青注销了他们的城市户口，这在市场经济制度下是无法想象的。但是，无论这一重大举措的政治动机多么美善，实际结果却不尽如人意。因为它违背了世界城市化和现代化的一般规律，也不可能从根本上动摇城乡之间坚如磐石的重重壁垒。不仅如此，城乡二元结构和城乡分割体制的主要危害是造成城市化滞后，阻碍中国农村经济结构转换和发展，阻碍农业现代化进程和农业生产率的提高，结果引起国民经济比例失调、工农业结构和城乡人口结构的严重错位，形成所谓"工业国家、农业社会"扭曲的社会结构，而且造成劳动生产率和经济效益下降。② 加之计划体制下城乡分割的户口管理制度，使大量农村人口长期沉淀在农村已经严重超载的土地上，生态环境急剧恶化，尤其

---

① 周建明：《必须正确处理社会主义现代化建设过程中的几个重要关系》，《毛泽东邓小平理论研究》2004 年第 7 期。

② 中国科学院国情分析研究小组：《第 3 号国情研究第三号报告：城市与乡村——中国城乡矛盾与协调发展研究》，科学出版社 1994 年版。

是西部贫困地区形成"越穷越生、越生越穷"恶性循环，农村人口结构凝固化，农村文盲、半文盲低素质人口多，最终造成西部地区的生态环境问题与经济发展问题之间存在着相互影响与相互制约的因果链……→生态环境恶化→经济发展迟缓→生活贫困→生态环境更加恶化→……欠发达→生态环境恶化→经济难以顺利起飞→继续贫困→……，形成 PPE 和 RAP 恶性循环。[1]

　　城市"是直接从生产中得来的"[2]，是社会生产力发展的产物，城市作为生产力的空间存在组织形式又伴随社会生产力的发展而发展；城乡之间内在的、本质性必然联系——城乡关系是随社会生产力发展变化而发展变化的必然过程。从发展经济学的角度讲，城市与乡村属于社会经济发展进程中的不同物质承担者，城市与乡村的关系是反映经济上的社会分工和互通有无的关系。[3] 当城市与乡村之间消除对抗，变对立关系为协调、平衡、融合的分工协作、共同发展的关系时，社会经济就能以较快的速度健康发展，反之亦然。然而，在城乡隔离的政策背景下，工人和农民、市民和农民事实上却处于不平等的地位，享受完全不一样至少很不一样的待遇。在偏爱城市、城市优先的城乡关系下，城乡联系断裂、工农联盟弱化，在小农经济占主导的传统农业区域，城乡间的联系和互动性差，乡村对城市产生的推力小，城市对乡村产生的拉力也弱，城市与乡村发展缓慢。深层结果则表现为乡村越落后，城市进一步发展的阻力越大，整个社会经济起飞和社会转型的任务越难以完成。

　　如何合理配置和有效利用有限资源，是关系到国家兴旺和人民富裕的重大问题。改革开放前，广大农民不但失去土地经营权和产品支配权，而且失去自由流动的权利，因而进一步激化已经过剩的劳动力和资源相对短缺的矛盾，农村普遍贫困化并造成严重贫富差异和收入分配不均。[4] 这种城乡资源分配双轨制使城乡区域在资源分配和利用上存在许多矛盾，诸如争地、争水、争能源、争原材料、争项目等矛盾，尤其是城乡边缘地区，

---

① 聂华林：《论生态发展》，《开发研究》2002 年第 1 期。
② 《马克思恩格斯全集》第 21 卷，人民出版社 1979 年版，第 38 页。
③ 蔡云辉：《城乡关系与近代中国的城市化问题》，《西南师范大学学报》（人文社会科学版）2003 年第 9 期。
④ 中国科学院国情分析研究小组：《第 3 号国情研究第三号报告：城市与乡村——中国城乡矛盾与协调发展研究》，科学出版社 1994 年版。

由于缺乏统一规划，各自为政，自成系统，重复布点、重复建设严重，造成有限资源浪费，造成工农收入差距进一步拉大。① 在城乡产业发展的关联性方面，仍然是由于长期以来在处理城乡关系上对于城市的偏向以及过分保障城市、市民和工业发展，使得城乡产业间缺乏关联效应，乡镇工业布局分散，农村工业化举步维艰，城乡间缺乏互动作用，城乡投资关系不协调，就业矛盾突出，城乡协调发展的有效机制无法建立。经济学中衡量城乡收入差距的基本参数是城乡居民人均消费比率和城乡居民收入比率。数据表明，不论采用哪一种指标，改革以来中国城乡收入差距均呈扩大趋势。以城乡消费比率为例，在计划经济时期 1952—1978 年 26 年间（除 1959 年和 1960 年个别年份），城乡人均消费比率（农民消费为 1）在 2.5 左右，改革以后的 30 多年中一直呈上升趋势，20 世纪 90 年代末这一比率为 3.53，即大约 3.5 个农民的消费水平之和等于一个城镇居民的消费水平。城乡收入比也是一样，即使采用最保守的计算，仅以城市居民的工资收入与农民的全部收入比较，这一比率目前也达到 2.89，比改革前的 1978 年的 2.36 高出约 0.5 个百分点。仅以统计年鉴提供的数据计算，城乡收入比从 1978 年的 2.36 下降到 1985 年的 1.85。1985 年城市经济体制改革启动后，城乡居民收入差距开始扩大，1994 年最高点达到 2.86，以后经历缓慢下降再上升，2001 年达到 2.9。两个不同时期，经济均呈现高速增长，但城乡收入差距经历了下降和扩大的不同变化。如果将城市居民的工资收入外的住房补贴、医疗补贴、价格补贴②和实物收入计算进来，如果以是否务农而不是以农村户籍统计农户收入③，如果再考虑农民必须支付而城市居民一般不用支付的生产资料费用④，城乡居民可支配收入的比率为 5—6。这一比例不仅大大超过了国内外经济学界公认的 1.5—2 的

---

① 中共安徽省委组织部课题组：《关于正确认识和处理新形势下我国工农关系、城乡关系问题的调查报告》，《马克思主义与现实》2001 年第 2 期。

② 指财政用于物价补贴总额指标中扣除已变为明补，且随工资发放的肉类等价格补贴以及补给企业的价格补贴外的部分。

③ 农民收入统计是根据户籍来进行的，一些从事非农业的个体私营企业主，由于户口还在农村，也被统计为"村民"了。这就导致少数高收入的"非村民"掩盖了大多数种田的"真村民"。

④ 为了真实反映城乡居民的收入比，需要研究农民收入与城市居民收入的不同点：农户收入中只有现金和实物而没有补贴收入。据邱晓华计算，实物收入所占比重在 20% 左右，现金收入中有 30% 要用于购买生产资料。

差距水平①，而且居世界所有国家的前列。

以城乡税负为例分析，税负不公平的表现之一个人所得税存在严重城乡歧视。按当时税制规定，城市职工个人所得税起征点是月收入800元，年收入在9600元以内不纳税，2001年农民收入为2366元，距起征点甚远，可以说95％以上的农民不应当纳税。即使把农民与城市个体工商户平等对待纳税，城市个体工商户所得实行五级累进税率，年应税所得不超过5000元适用5％的税率，农民至多也只能适用5％的税率。但农业税一直在10％左右，大大超过了个体工商户所得税5％的负担率。据农业部1992年的一项统计，农民负担项目（不包含集体提留项目）多达160项，集合各种负担，目前农民承担的费用平均为200元，总额当在1500亿元以上。如果将这一块看作农民上缴的个人所得税，那么，在中国城乡居民目前缴纳的2500亿元个税中，农民自然成为纳税大户，这与农民在国民收入分配格局中的地位极不相称。据孙立平提供的数据，在2002年的国民收入分配中，获得居民总收入33％的8亿农民，缴纳的个税占60％。从这一数字可以看出，个税征收上存在明显的"逆向调节"。

表4-9　　　市场经济制度下中国国民收入主体分配结构变化　单位：亿元，％

年份	资金流量表可支配收入			政府非预算收入	调整后可支配收入			再分配格局		
	政府	企业	居民		政府	企业	居民	政府	企业	居民
1992	5064.9	3560.3	18090.3	2177.6	7242.5	1757.8	17715.3	27.11	6.58	66.31
1995	9504.6	9618.8	38491.2	4480.4	13985	5695.4	37981.2	24.25	9.88	65.87
2000	17352.9	13895.5	57562.7	8312.2	25665	6997.2	56498.5	28.79	7.85	63.37

---

①　城乡收入比率在多大范围合适？理论界的意见并不一致。蔡昉等人收集了36个国家农业与非农业标准劳动者的收入比率，发现这一比率大都低于1.5高于2的国家1985年只有4个，1999年末也只有5个。严瑞珍（1988年）根据城乡劳动力受教育状况、劳动复杂程度以及农村富余劳动力等因素来考虑劳动力再生产费用折算，一个工人的收入大体相当于1.43个农民，或者1个农民的收入大体相当于城市居民收入的70％。杨继瑞（2001年）从我国是一个农业大国出发，采用加权平均法计算，我国现阶段的城乡收入比率应为1.53，或者把农民的人均收入相当于城市收入的65％视为合理的收入水平。刘心斌（2000年）考察了国际社会发展一般规律，当经济发展水平的人均GDP在800—1000美元阶段，城镇居民人均收入大体上是农村居民人均收入的1.7倍。

续表

年份	资金流量表可支配收入			政府非预算收入	调整后可支配收入			再分配格局		
	政府	企业	居民		政府	企业	居民	政府	企业	居民
2005	38251.3	37307.4	110609.5	13822.3	52073.5	27447.9	110100.5	27.46	14.48	58.06
2007	63084.4	48298.5	150816.3	20908.5	83933.0	35147.1	150230.4	31.18	13.05	55.77
2008	67977.4	69002.7	181429.5	21822.5	89800	54065.3	181861.6	27.57	16.60	55.83
2009	75191.7	75249	196478.8	25519.9	100711.5	61873.7	195925.3	28.09	17.26	54.65
2010	95056.6	81310	227513.7	36152.7	131209.3	67297.3	226973.7	30.84	15.82	53.35

注：政府部门的经费预算收入包括制度外收入、地方政府土地出让收入、农村非税收入。
资料来源：常兴华、李伟：《我国国民收入分配问题研究》，国家发展和改革委员会宏观经济研究院社会所课题组；马晓河：《"中等收入陷阱"的国际关照和中国策略》，《改革》2011年第 11 期。

令人担忧的是，随着国民收入总量规模的逐步增加，在政府、企业和居民三大收入主体结构中，国民收入在不断向政府和企业倾斜，城乡居民在国民收入分配中的比重连续下降。数据显示，1995—2010 年政府在国民收入初次分配和再分配中所占比重由 24.25％上升到 30.84％，企业所占比重由 9.88％上升到 15.82％，而居民所占比重则从 65.87％下降到 53.35％。其间，在 2008 年世界金融危机后，国民收入这种向政府和企业倾斜的格局又有所加剧；2010 年城乡居民收入名义增长率分别为 21.1％和 24.3％，而同期全国财政收入名义增长率为 35.5％，规模以上工业企业实现利润增长 27.1％。同样，在不同收入群体之间，国民收入初次分配和再分配过程中不断向高收入群体倾斜，不利于中低收入群体增加收入。以城乡居民收入为例，根据国家统计局抽样调查资料推算，2000 年以来城镇居民分组中中高收入户 9 年里的收入增长了 264.3％，低收入户收入只增加了 142.8％；2009 年农村居民内部 40％的中高和高收入户收入占农村居民总收入比重达 63.02％，而 60％的低收入户、中低收入户和中等收入户的农民收入比重只占 36.98％，国民收入的城乡分配状况在市场作用下均呈现收入水平越高的群体收入增长越快，这种收入的两极分化不利于城乡经济发展从"生产型社会"转向"消费型社会"，也不利于中国中产阶级的整体形成。

表 4-10　按五等份分组的中国城乡居民收入分别占城镇和农村总收入的比重

项目	占调查户比重（%）	城镇（%）			农村（%）
		2008 年/2000 年	2000 年	2009 年	2009 年
低收入户	20	1.94	11.11	8.78	6.67
中低收入户	20	2.21	15.46	13.81	12.77
中等收入户	20	2.37	18.89	17.67	17.54
中高收入户	20	2.57	22.68	22.99	23.33
高收入户	20	3.07	31.86	38.40	36.69

资料来源：根据相关年份《中国统计年鉴》、《中国统计摘要》等提供的数据计算而得。马晓河《"中等收入陷阱"的国际关照和中国策略》，《改革》2011 年第 11 期。

　　从以上分析可以看出，市场经济改革以来的中国，由于收入分配体制框架下的中央与地方财权事权不匹配，地方政府过多地占有公共权力、公共资源并在极大化地方财政收入目标冲动下侵蚀城乡居民的利益空间，社会保障体系不健全、标准过低、覆盖面过小，农业产业现代化的主体缺位，工农业发展水平差距大，制造业"大"而不"强"，服务业需求总量因农民难以进城落户、人口无法在城镇有效聚集而缺乏需求空间，从而最终导致城乡分配制度的不公形成了"收入差距扩大的动力学"[1]。特别是随着 2010 年中国整体上已进入中等收入国家行列[2]，中国收入分配体制中长期隐含的系统性问题已日益显露，制度安排和分配渠道的缺陷正成为阻碍收入向居民进而向中低收入群体正常流动的关键变量。因此，理顺城乡收入分配关系，从根本上缩小城乡收入差距，不仅直接影响农民的生活改善、农业再生产和农村社会的稳定，而且关系到整个中国城乡社会的稳定发展，更关系到中国能否从根本上顺利跨越所有转型国家在促进经济社会政治结构调整过程中所普遍面临的"中等收入陷阱"这一战略性难题。

（二）城乡发展亟须冲破计划制度和二元体制约束

　　反思城乡发展历史的思考方法，不仅在于关注过去和现在的相通之处，也在于揭示过去和现在的不同，也就是与过去的事实相对照，在我们将现在作为已知条件来接受而形成某种认识时，又不把这种已知条件看作

---

　　[1]　孙立平：《城乡收入差距是如何扩大的？——兼与几种流行观点商榷》，《经济研究》2004 年第 1 期。

　　[2]　世界银行：《2010 年世界发展报告》，清华大学出版社 2010 年版，第 98 页。

理所当然的状态。尽管经济发展阶段及国内城乡现实条件是决定中国城乡关系走向及城乡形态演变的主要原因，但是从制度安排的框架设计与发展特征来看，中国城乡关系的演变事实上深受作为政府意志反映的发展战略和策略影响，并且越是在经济欠发达地区和阶段、越是在市场力量发挥作用微弱的领域，这种国家意志的影响作用就越发明显。由于社会思潮影响国家决策者的战略取向，进而上升为国家意志，国家意志通过发展战略及相关政策对城乡经济社会发展产生重要影响。换句话说，基于这一思想和逻辑，中国城乡关系演变的深层次原因在于社会思潮对国家决策者的影响，进而影响国家发展战略，最后作用于城乡发展战略及政策。①

　　传统的发展经济学认为，政府干预是第三世界摆脱贫困陷阱所必需的，建立社会主义计划经济是不发达国家取得经济社会进步必需的、真正不可缺少的条件。② 在计划经济制度实施的时代，受当时国际社会发展经济学领域工业化、计划化社会思潮以及马克思、恩格斯思想指导下的苏联社会主义国家成功经验、凯恩斯革命所鼓吹的国家干预以及经济增长理论中的投资决定论的影响，中共决策层认为只有工业化才能最终解决中国的贫穷落后问题，虽然发达国家无一例外地建立在私有制和市场经济的基础之上，但是这种制度安排并不适宜于发展中国家。③ 因此，国家通过宏观层面人为的制度安排即人民公社体制来调节工农业及城乡发展关系，相对于原有的农村互助合作经营体制而言，其制度安排并不是加速工业化初期积累的必要条件，却部分地抑制了农业生产效率的提升。为了提升国家实力，中国长期以来主要通过"价格剪刀差"从农业中获取大量的资金支持城市工业的发展，即采用农产品的国家定价形式，由政府力量主导从农民手中低价统购，又对城市居民和工业企业低价统销，用以维持大工业的低工资和低原料成本，提供不断产生超额利润的条件，最后又通过大工业利税上缴，集中起国家工业化的建设基金。在高度集中的计划经济体制下，

---

　　① 白永秀、赵勇：《国家意志、战略转型与西部城乡经济社会一体化》，《区域经济论丛（十）》，中国经济出版社 2010 年版，第 120—131 页。

　　② ［美］詹姆斯·A. 道、史迪夫·H. 汉科、［英］阿兰·A. 瓦尔特斯：《发展经济学的革命》，上海三联书店、上海人民出版社 2000 年版，第 1—5 页。

　　③ 之所以不适，一是照搬发达国家的模式需要很长时间才能实现现代化，发展中国家必须进行赶超和跨越式发展；二是私有制带来的资本主义问题是社会主义公有制所不允许的，发展中国家一定能够做得更好；三是发展中国家处于世界的边缘，与发达国家进行贸易存在极大劣势。

建立起这种农产品低价统购统销制度，把农业所提供的积累以隐蔽的"农民的贡赋"的形式，不断地转化为工业投资。

表 4 - 11　　中国 1952—2001 年主要年份农业和非农业部门的比较
　　　　　　劳动生产率及二元对比系数和二元反差系数

年份	农业部门 GDP 比重（a）	农业部门劳动力比重（b）	比较劳动生产率		二元对比系数（c/d）	二元反差系数（b-a）
			农业（c）	非农业（d）		
1952	0.50501	0.8354	0.6045	3.0072	0.2010	0.3304
1962	0.39424	0.8211	0.4801	3.3864	0.1418	0.4269
1972	0.32858	0.7888	0.4165	3.1796	0.1310	0.4603
1978	0.28101	0.7302	0.3848	2.6647	0.1444	0.4492
1985	0.28352	0.6242	0.4542	1.9065	0.2383	0.3407
1990	0.27049	0.6013	0.4498	1.8297	0.2459	0.3308
1995	0.20509	0.5220	0.3929	1.6630	0.2363	0.3169
1998	0.18575	0.4980	0.3730	1.6220	0.2300	0.3122
1999	0.17650	0.5010	0.3523	1.6503	0.2135	0.3245
2000	0.15869	0.5000	0.3179	1.6821	0.1890	0.3410
2001	0.15230	0.5000	0.3046	1.6954	0.1797	0.3477

　　说明：比较劳动生产率为某一部门的收入比重与该部门的劳动力数量比重的比值。该表中二元对比系数＝农业劳动生产率/非农业劳动生产率，其值越小，说明传统部门与现代部门的比较劳动生产率差距越大，亦即经济结构的二元差异性越强；反之，其值越大，说明二元差异性越小。二元反差系数＝农业部门劳动力比重—农业部门 GDP 比重，其值越小，经济的二元性越不明显。

　　资料来源：孙海明：《2003 中国区域经济发展报告——国内及国际区域合作》，上海财经大学出版社 2003 年版，第 136、137 页。

　　据估计，1952—1990 年国家以农产品"剪刀差"形式拿走的农民收入达 8708 亿元以上，平均每年 223 亿元。[1] 这种由农业提供的积累支撑的城市高速工业化是以农业的衰落、农民的贫困和农村商品经济发展的迟缓为代价的。其实，在那样的年代对工农业生产而言，肯定存在帕累托改进的可能性。如果将"剪刀差"所造成的转移定量的农业剩余给工业看作推进工业化战略的必要成本的话，那么中央集中计划调度失误的损失远远大于推进工业化战略的成本。[2] 伴随着农业合作化和集体化，中国农村工业

---

　　① 李徽：《农业剩余与工业化资本积累》，云南人民出版社 1993 年版，第 308 页。转引自张国《中国城乡结构调整研究——工业化过程中城乡协调发展》，中国农业出版社 2002 年版，第 308 页。

　　② 孙圣民：《工农业关系与经济发展：计划经济时代的历史计量学再考察——兼与姚洋、郑东雅商榷》，《经济研究》2009 年第 8 期。

在相当艰难的环境中顽强生存且日益壮大，到 1978 年年底，全国已有
94.7％的人民公社和 78.7％的生产大队办起了以工业为主的各类企业，
总数达到 152.4 万个；社队企业总收入为 431.4 亿元，占人民公社三级经
济总收入的 29.7％，其中，社队工业总产值由 1975 年的 169.4 亿元增加
到 385.3 亿元，增长 127％，在全国工业总产值中的比重也由 1975 年的
5.3％上升为 9.1％（按 1970 年不变价格计算），社队企业安置农村劳动力
2826.5 万人，占农村劳动力总量的 9.32％。[1]

表 4-12（a）　　20 世纪 90 年代初中国区域间城乡二元结构对比

	中国	东部沿海地区	中部地区	西部地区
居民消费水平指数（1993）	100.0	120.5	85.3	81.2
农民	100.0	120.1	87.0	84.9
非农业居民	100.0	119.6	88.8	95.3
非农业居民/农村居民消费集中度	2.7	2.7	2.7	3.1
城市化水平指数（1991）	100.0	110.0	100.34	79.1
工业化结构指数	100.0	118.8	93.4	72.1
农村工业化结构指数	100.0	137.0	87.1	50.6
二元结构水平指数	100.0	75.9	118.7	155.1

资料来源：周叔莲、郭克莎、金碚：《中国城乡协调发展问题研究》，1996 年版，第 76 页。

表 4-12（b）　　1996—2002 年中国区域间城乡二元结构动态对比

年份	二元对比系数			二元反差系数		
	东部地区	中部地区	西部地区	东部地区	中部地区	西部地区
1996	0.2459	0.2839	0.1400	0.2677	0.2865	0.4409
1997	0.2273	0.2708	0.2108	0.2792	0.2975	0.3664
1998	0.2101	0.2337	0.1952	0.2903	0.3291	0.3817
1999	0.1886	0.1999	0.1806	0.3071	0.3598	0.3956
2000	0.1685	0.1897	0.1777	0.3204	0.3683	0.3944
2001	0.1691	0.1748	0.1695	0.3112	0.3795	0.4006
2002	0.1678	0.1747	0.1463	0.3021	0.3747	0.4301

资料来源：夏绪梅：《我国二元经济结构的区域差异分析》。白永秀、王正斌：《统筹城乡和区域经济发展专题研究》，经济科学出版社 2004 年版，第 158 页。

[1]　马泉山：《新中国工业经济史（1966—1978）》，经济管理出版社 1998 年版，第 354、355 页。

改革之前，尽管乡镇企业（当时为社队企业）的发展受到中央政策允许和鼓励，但实际上存在许多限制因素，制约着生产要素从其他部门（主要是农业部门）向乡镇企业流动，特别明显的是对人口和劳动力在区域间迁徙的限制，对农业劳动力从事非农产业的限制（许多非农业生产被作为"资本主义倾向"横加批判），对建立个体和私人企业的禁止，对乡镇企业进入某些生产领域的限制（社队企业的活动主要限制在"为农业服务"的领域内），对某些重要原材料、能源及信贷资金的计划控制（若干重要投入品无法从市场上取得），等等。[①]

实践证明，工业化不仅是工业领域的发展，而且是工业产业协调带动整个国民经济的发展；一个国家如何推进和实现工业化，不仅要有量的要求，更要有质的提升。中国计划经济体制下的传统赶超式工业化道路，过分强调工业特别是重工业自身的发展，难免造成畸形工业化的恶果。例如，1949—1957 年是新中国成立后农业生产发展较快的时期，农业总产值年平均递增 7％。即使如此，农产品商品率仍呈下降趋势。粮食的净收购额占粮食总产量的比重从 1952 年的 21.5％降到 1957 年的 17.4％。农民通过集市出售的农产品占全部农产品的收购额的比重从 1952 年的 8％降至 1957 年的 6％。这种状况决定了农民收入与城市居民收入的差距不断拉大，导致农村居民自给部分的消费不可能有实质性增长，人均货币收入 6 年间仅增加 9.7 元，而同期城市居民人均货币收入增长 59 元。货币收入的减少，必然导致农村商品经济的萎缩，其突出表现在中小城镇的相对衰落上，许多繁华的农村集镇退化为普通的村落，阻塞了传统农业经济与高速工业化城市之间联系的渠道。到了改革前的 1978 年，中国农民人均年度纯收入折合人民币为 133.57 元，比 1957 年增长 60.62 元，年平均递增率只有 2.9％，同时约有 2 亿人口不得温饱。农民以原始落后的生产方式维持简单再生产，农村社会发展停滞不前，农产品严重短缺，市场狭窄，这又反过来在很大程度上延缓了城市工业化的步伐。因此，农村为城市的发展做出了巨大的牺牲，农业发展缓慢，农村工业落后，农民也未能享受到工业化和城市化带来的文明成果。在中国，随着城镇发展和城市生活中

---

① ［澳］王晓鲁：《对乡镇企业增长的重新估计——制度变革对增长的影响》，《经济研究》1997 年第 1 期。

村社生活方式的解体，公众领域有了扩张（我们只要考虑以下城乡日常生活的不同：乡村居民与家庭成员、亲戚、村邻都有较密切的联系，而与外界较少联系；而城镇居民对亲友保持一定距离，但与近邻之外的外界有交往）。然而，中国不像中世纪晚期和近代早期的西欧，城镇并不处于政权的控制范围之外，城镇的发展并不意味着市民政治权利的发展。[①] 可以认为，农村工业企业主要围绕农业办工业，为农业生产服务，为城市工业加工服务；就地取材，就地生产，就地销售，因此具有较大的发展空间和较好的灵活性。在农村工业企业发达地区已涵盖了以下门类：以食品、饲料为代表的粮食转化行业；以经济作物和林业、牧业以及其他副业产品为原料的农副业产品加工行业；围绕开发利用自然资源的小型矿业、能源和建筑材料等行业；传统工艺、各类编织等劳动密集型行业；为农业生产服务的制造、修理行业；为大工业协作配套或拾遗补缺的行业；为城乡市场服务的轻纺、五金以及当地土特产加工等行业；供出口创汇或为外贸部门加工服务的行业等。[②] 自 20 世纪 80 年代以来，在城乡经济社会体制依然分割的情况下，中国农村工业兴起，就地实现富余劳动力的转移，使中国农民直接进入工业化流程，逐渐生成农村工业部门，成为促使二元经济结构发生历史性变革的新的选择。以乡镇企业为代表的中国农村工业部门，既不同于现代工业部门，又有别于传统农业部门，成为介于两者之间的新兴部门，从而打破了中国二元经济结构的原有平衡[③]，使国民经济呈现传统农业、乡村工业和现代工业三大系统并存的三元结构[④]的新局面。诺顿认为[⑤]，"乡镇企业的成功在很大程度上是由于它能有效地适应外部环境。它反映了中国整体转轨的一个最显著特征：在没有要素市场的很长时期内产品市场率先形成壮大。乡镇企业的发展是对这一环境的灵活、有效但基本属常规性的适应"。与此同时，农村工业还促进了城镇化的发展，促进农村人口向城镇集聚迁移，改变了农民的居住方式和乡村布局形态。为了快

---

① ［美］黄宗智：《华北的小农经济与社会变迁》，中华书局 2000 年版，第 397 页。

② 王玉玲：《新中国的农业合作化与农村工业化》，《当代中国史研究》2007 年第 2 期。

③ 赵勇：《城镇化：中国经济三元结构发展与转换的战略选择》，《经济研究》1996 年第 3 期。

④ 李克强：《论我国经济的三元结构》，《中国社会科学》1991 年第 3 期。

⑤ Naughton, Barry, 1994, "Chinese Institutional Innovation and Privatization from Below", *American Economic Review*, Vol. 84, No. 2, pp. 266—270. 裴小林：《集体土地制：中国乡村工业发展和渐进转轨的根源》，《经济研究》1999 年第 6 期。

速实现国家主导下的工业化赶超战略，新中国在成立后被迫走上了依靠中央"高度集权和高度计划体制"剥夺农民——"内卷化"完成国家资本主义原始积累的工业化道路；农民在国家工业化中从整体意义上被迫完全丧失自主性，农业和农村成为国家工业化的资本积累来源，"剪刀差"为中国建成完整自主的工业体系、农业体系等作出了历史性贡献。这种以牺牲农民自主性为代价而获得的国家自主性发展策略，由于没有顺利实现由"以农补工"到"以工补农"的转变，导致国家工业化最终遇到了农民的消极抵抗——出工不出力（创造性不足）和有效需求不足，以致人民公社体制失效，直接的后果是大量的城市工业品下乡不能获得等值的农产品，城乡交换不能有效进行，国家工业化陷入困境。[①]

表 4 - 13　　　　1978—1990 年中国各省份的二元对比系数

省份	1978—1980	1981—1985	1986—1990
全国	0.1787	0.2392	0.2372
北京	0.1357	0.2784	0.4922
天津	*	0.2864	0.4038
上海	0.0840	0.1515	0.3134
河北	0.1368	0.2030	0.2241
山西	0.1526	0.3428	0.2147
内蒙古	0.1856	0.2924	0.4740
辽宁	0.2354	0.3254	0.3468
吉林	0.4392	0.5445	0.4150
黑龙江	0.3265	0.4778	0.3702
江苏	0.1805	0.3193	0.3829
浙江	0.2510	0.3244	0.3161
安徽	0.2011	0.2422	0.2749
福建	0.2056	0.2725	0.3015
江西	0.2276	0.2796	0.3302
山东	0.1539	0.2402	0.2403
河南	0.1550	0.1984	0.2349
湖北	0.2267	0.2919	0.3550

---

①　李昌平：《中国农民自主性与中国自主性——从被殖民到自我殖民》，李昌平 2008 年 7 月 15—22 日演讲的整理文稿。此文可见 http://www.eiiq.com/20100821/137731_0.html。

续表

省份	1978—1980	1981—1985	1986—1990
湖南	0.2153	0.2695	0.2823
广东	0.1799	0.2466	0.2984
广西	0.1711	0.1843	0.1911
海南	0.3051	0.3772	0.3694
四川	0.1859	0.2048	0.2129
贵州	0.1495	0.1824	0.1899
云南	0.1259	0.1521	0.1453
西藏	0.3540	0.4242	0.3387
陕西	0.1934	0.2054	0.2128
甘肃	*	0.1189	0.1724
青海	0.1513	0.1938	0.2467
宁夏	0.1420	0.2052	0.2185
新疆	0.2433	0.3482	0.3663

注：1978—1980 年天津和甘肃的二元对比系数因资料所限缺失。

资料来源：胡彬：《区域城市化的演进机制与组织模式》，上海财经大学出版社 2008 年版，第 167、168 页。

城乡社会经济发展应是城市与乡村经济竞争、互补和协同的过程，其目的是实现城市和乡村经济的共同协调发展。法国学者弗朗索瓦·佩鲁认为，发展的前提是人们之间以商品和服务、信息和符号为形式的交往。所以，孤立地发展城市或者通过压制城市的发展来均衡地发展农村，都不是真正意义上的发展。[1] 中国的农村改革，起初是一个"有偏（纠偏）"的改革，它以提高农产品价格为核心，从而让农民得益，城市居民受损。尽管政府对城市居民的食物补贴也随之提高，但总体而言，农民收入的增长速度超过了城市居民，一个重要的证据是城乡收入差距从 1978 年的 2.8 倍缩小到 1985 年的 1.8 倍。但是，自 1985 年之后，城乡收入差距始终没有缩小过，到 2010 年已经达到 3.5 倍。这其中的原因比较复杂，但政府对城市投资力度的加大难逃其责。[2] 这一时期，中国城乡发展的主要特点体

---

① 杨晓娜、曾菊新：《加强城乡关联：统筹城乡社会经济发展》，《贵州师范大学学报》（社会科学版）2004 年第 2 期。

② 贺大兴、姚洋：《社会平等、中性政府与中国经济增长》，《经济研究》2011 年第 1 期。

现在城市建设主要是通过国家力量有计划地进行集中投资或扩建新城，城乡发展方向受国家政策调控影响作用较大，特别是土地由国家计划划拨无偿使用，城市用地规模扩张及功能布局缺乏规划，乡—城人口无法自由流动，城市建设发展以工业建设带动为主导，工业建设决定着城市用地的扩展及其用地结构形态，并带动居住和仓储、交通用地的扩展，乡村与农业服务于城市和工业，形成就业的农村其实和产业政策的"重城轻乡"，乡村发展缺乏内源动力和自主性，城乡在分离的不平等状态下各自独立发展，城乡在人文景观、文化观念、建筑格局上显著不同。同时，"三线"建设时期由于生产地点的分散、孤立化，在客观上影响了新建城镇的空间结构，城乡松散化、分片或连片化的布局形态特征明显，不符合地租级差原理和土地资本的保值增值原理。西欧的小农经济经历资本主义的发展和改造时，中国的小农经济却在日益"内卷化"；西欧的小农社会经历阶级分化和全面向资本主义转化时，中国仍停留在小农社会阶段；西欧越来越多的小农转化为新兴的无产阶级成员时，中国的小农仍旧为小农，只是经历了部分的无产化。[①] 在中国社会主义生产资料公有制和计划经济体制条件下，对城市空间结构的形成与演变起决定作用的是把城市作为一个完整的社会经济活动单元，强调工业建设在城市建设中的主导地位，由此形成了城市较为明显的以工业用地为主导、各项功能用地计划配置为辅的总体结构特征。[②] 随着 20 世纪 80 年代中国放弃集体化农业，中国转向市场经济体制，改革开放意味着中国城乡经济在计划经济的社会主义革命探索之后，最后又回到了市场推动发展的正确途径。如果问题仍旧存在，那只是因为全面推进城乡的综合改革还不彻底。[③] 乡镇企业在中国各地"遍地开花"式的无序发展，造成土地浪费、空气和水源污染蔓延，这种粗放式的低水平量化扩张，对乡村布局形态起着明显的再造和重塑作用，亟须各领域改革的进一步深入推进。温铁军指出[④]："我国农村存在严重的组织空白和制度空白，随着农村税费改革的深入，还有可能出现管理空白"；"假如

---

① ［美］黄宗智：《华北的小农经济与社会变迁》，中华书局 2000 年版，第 301 页。
② 周春山：《城市空间结构与形态》，科学出版社 2007 年版，第 185 页。
③ ［美］黄宗智：《华北的小农经济与社会变迁》，中华书局 2000 年版，第 301 页。
④ 转引自陈建萍《中国的根本体制矛盾是城乡二元结构：中国经济体制改革研究会副秘书长温铁军谈"城乡统筹"》，《人民政协报》2004 年 7 月 13 日。

农民依然无法联合起来应对市场，依然无法形成自己的利益表达机制，依然无法实现自治原则下的自我管理，那么农村无以为继之日，也就是光鲜的城市颓然倒退之时"；"中国'三农'问题面临的一大矛盾就是城市导向的制度在农村无法适应的问题。许多城里人以为只要学习在国外行之有效的制度，似乎就可以解决中国的问题，其实，这只是一种浪漫的想法。"以上的论述启发我们，对于中国的城乡关系协调演进来说，重要的是进行城乡经济体制的改革与调整，经济体制改革的程度，决定着城乡统筹发展的程度与速度，决定着城乡一体化建设的实效。

第二节　市场经济制度下的城乡形态演变与发展

在纯经济学层面上，中国的经济成就来源于不断的市场化改革以及采纳了符合标准经济学理论的经济增长药方。[①] 改革开放初期，一系列重大的制度变革、农村工业化的推进和带有显著市场需求导向的乡镇企业发展，极大地改变了中国城乡发展关系，使得原有城乡二元结构转变为三元多重结构。20 世纪 90 年代以来，在市场经济体制的建立和西部大开发战略、中国加入世贸组织的国内外宏观因素影响下，城乡区域实现了和正在实现着由制度性固化的隔绝关系向多元动力推动下协调关系转变；中国城乡发展的演变正经历着由寄生共生模式到偏利共生模式（其特点在于尽管城乡能量和要素只向某一方流动，但总的说来是对城市无害而对乡村有利的类似帕累托改善性质）再到非对称互惠共生模式（其特点在于城乡共生单元之间存在能量与要素的竞争和互补，城乡之间因存在利益交流机制而互有发展）的转化[②]。当前，推进城乡一体化已经构成中国工业反哺农业、城市支持农村的具体手段，也成为城乡发展坚持科学发展观的重要体现和全面建设小康社会的重大任务；以成—渝为代表的各地城乡一

---

① Perkins, D., China's Economic Development in an International Perspective, Paper Presented in the Conference: China's Economic Reform and Growth, China Center for Economic Reaserch, Peking University, 2004.

② 曲亮、郝云宏：《基于共生理论的城乡统筹机理研究》，白永秀：《统筹城乡和区域经济发展专题研究》，经济科学出版社 2004 年版，第 55—63 页。

体化战略所创造的独具特色的典型模式，从不同层面促进新型城乡关系和新型城乡形态的发展演变，中国城乡发展取得了实践和理论的重大突破。

一　市场经济制度下的城乡发展实践

具有中国特色的社会主义市场经济体制改革给中国的城乡关系和城乡形态演变提供了不同于计划经济体制的宏观制度安排，也使中国城市化的推进和乡村经济的发展进入加速阶段。20 世纪 80 年代以来，在农村富余劳动力自主寻求外部发展机会的过程中，城乡二元结构逐步松动，市场化伴随城市化与工业化共同构成中国城乡现代化的主要表现形式。

（一）市场导向下的城乡形态演变

自 1992 年中国政府明确提出建立社会主义市场经济体制后，中国城乡发展呈现多元动力推动下的复杂化演变趋势，并与城乡二元结构转型共同影响着和揭示出不同形式的城市化与工业化发展关系，城市结构转型、城乡联系机制、城乡空间布局形态等的共同作用使得不同区域之间的发展模式出现分异特征。

1. 土地利用方式

在各类城市，随着对原有无偿划拨土地变为土地有偿使用，最繁华的城市核心区地价不断上升，地价的不同导致土地功能的空间置换，促进城市建成区面积迅速扩展，城市空间形态向边缘区蔓延，工业布局郊区化趋势明显，不同内容和形式的开发区在各省会城市边缘引起城市空间的定向突破，省级以上经济开发区逐渐成为城市经济的新的增长点。受政府绩效评价机制不科学、城乡公共产品投资主体长期缺位、城乡利益关系不对称和区域间要素流动存在制度壁垒等原因影响，尽管市场化水平不断提升，但是作为独特的经济形态"诸侯经济"形式在各大经济区间普遍存在。20世纪 90 年代中期以后，地价的差异使得城市中心区土地利用重新发生调整，土地批租、土地置换和企业外迁共同进行，加之住房制度改革引起人口居住区位选择的自由、各地城镇化引起大规模市政建设和新型城市化促进旧城改造，从而带来居住、服务业郊区化和新城区蔓延发展，郊区也吸引了用地较大、收益较低的工业和与之相关的人口。在这一过程中，国内外巨额投资则为郊区化提供了充足资金，大学城、郊外工业区、工业卫星城市或新开发的工业区兴起①，土地利用重构、新的交通设施、通信设施的建设大幅度克服了郊区的缺点，城市建成区内部的重新组合呈现更为复杂的特征，极核化现象出现，CBD功能得到加强和重视，中心现代商业服务设施的建设改变了传统市中心空间，城市建筑密度加厚，一些历史街区遭到破坏，社会阶层的空间分离日益明显，城市发展整体处于功能与空间结构转型阶段。

表 4 - 14   1996—2004 年不同口径的中国城乡建设用地数量变化（不含西藏）

年份	国土资源管理部门口径下的城乡建设用地（km²）	建设管理部门口径下的城乡建设用地（km²）	二者差值（km²） 3＝1－2
1996	218421	183674	34747
1997	220318	188752	31566
1998	222214	191415	30799
1999	223713	191249	32464
2000	224973	193535	32438
2001	226547	200456	26091
2002	228717	203339	25378
2003	231412	205860	25552
2004	235191	208253	26938
变化量	16770	34579	－ 7809

资料来源：林坚：《中国城乡建设用地增长研究》，商务印书馆 2009 年版，第 13 页。

从城乡建设用地变化分析，1996—2004 年中国城乡建设用地总规模在国土资源部和建设部门提供的数据上存在明显差别（7809 km²）；建设部门统计的城镇用地总规模介于土地利用变更调查的城市、建制镇用地规模与城镇工矿用地规模之间，和土地利用变更调查的城镇工矿用地规模差距逐年减少，但和土地利用变更调查的城市、建制镇用地规模的差距逐年增大；从乡村建设用地分析，土地利用变更调查的农村居民点用地高于建设部门统计的集镇、村庄用地之和，而这在 1996—2004 年间的变化量基

① 数据显示，截至 2004 年初中国的经济技术开发区、高新技术开发区、保税区、出口加工区等总数超过 3600 个，这些开发区以特有的魅力吸引着大量的外资，成为各地政府投入大量人力、物力促进其大规模规划建设的亮点，其总规划面积 3.6 万平方公里，超过了全国当时现有城镇建设用地面积之和。参见 2004 年 8 月 31 日《中国建设报》。

本保持一致。[1]

表 4 - 15　1996—2004 年不同口径的中国城镇建设用地数量变化（不含西藏）

年份	国土资源管理部门口径下的城镇建设用地（km²）		建设管理部门口径下的城镇建设用地（km²）	二者差值（km²）	
	城镇工矿用地	城市、建制镇用地		4＝1－3	5＝2－3
1996	54067	26413	40543	13524	－14130
1997	55735	27513	42538	13197	－15025
1998	57404	28613	44788	12616	－16175
1999	58584	29333	47365	11219	－18032
2000	59599	29733	48935	10664	－19202
2001	60999	30422	52872	8127	－22450
2002	63565	31405	56540	7025	－25135
2003	66142	32371	60421	5721	－28050
2004	69840	33929	64175	5665	－30246
变化量	15773	7516	23632	－7859	－16116

资料来源：林坚：《中国城乡建设用地增长研究》，商务印书馆 2009 年版，第 13、14 页。

表 4 - 16　1996—2004 年不同口径的中国乡村建设用地数量变化（不含西藏）

年份	国土资源管理部门口径下的农村居民点用地（km²）	建设管理部门口径下的乡村建设用地（km²）	二者差值（km²）3＝1－2
1996	164355	143131	21224
1997	164581	146214	18367
1998	164809	146628	18181
1999	165129	143884	21254
2000	165374	144600	20774
2001	165548	147584	17964
2002	165152	146799	18353
2003	165270	145439	19831
2004	165351	144078	21273
变化量	996	947	49

资料来源：林坚：《中国城乡建设用地增长研究》，商务印书馆 2009 年版，第 14 页。

---

① 林坚：《中国城乡建设用地增长研究》，商务印书馆 2009 年版，第 12、13 页。

由于城镇建设用地增长与交通、人口、经济发展以及农用地价格之间存在密切关联，因此从城乡建设用地增长考察城乡形态演变可以发现城乡之间的某种作用机制。数据显示，一方面，中国城乡经济的快速增长伴随着固定资产投资规模扩张、资源消耗增加、生态环境危机加大和土地利用规模扩大的趋势，导致建设用地的低效率使用、用地结构失衡和集约度低、效率欠佳等问题，国土资源的有限性与人口增长、产业发展、基础设施建设等加剧了城乡用地的供需矛盾。另一方面，伴随城乡经济不同发展阶段，城乡空间形态、城乡用地的变化也处于不断演变过程中。其间，城镇扩展延伸和乡村居民点的选择都与交通区位的改善、产业的聚集和要素的流动引导密切相关。

2. 要素配置方式

在城乡经济发展上，中国农村和城市先后进行了市场化改革，城乡内部的生产力得到自由释放，例如到 1995 年，全国乡镇企业已发展到 2500 万个，1.25 亿职工，5 万亿元营业收入，4280 亿元利税，4400 亿元外贸出口产品，乡镇企业、私营经济已成为中国农村经济主体和国民经济的重要力量，其地位和作用日益得到全社会的承认。[①] 1995 年全社会消费品零售总额 20598 亿元，比上年增长 26.6%，扣除价格因素，实际增长10.3%。分城乡看，城市消费品零售额 12389 亿元，比上年增长 28.2%；农村消费品零售额 8209 亿元，增长 24.3%，扣除价格因素，实际分别增长 13% 和 6.8%。[②] 同时，农村劳动力大规模向城市流动，"民工潮"成为社会关注的热点，城乡之间、国内外之间的互动进一步增强，计划经济时

---

① 笔者在不同地区的实地调研与访谈也印证了这一至今仍然能够成立的结论，例如笔者于 2012 年 1 月 12 日在对湖南省邵阳市隆回县山界回族乡马蕊进行访谈的过程中了解到，作为一个回族人口占主要比例、地处丘陵地带的农村地区（该地是思想家魏源的家乡，当地的魏源故居即为其一重要人文旅游景点），当地人汉化程度较深，农民致富且最为成功的方式与途径主要就是那些较早办起私营企业（如建材、家具加工）并逐步扩大规模与市场范围而在邵阳市定居的、受过较长年限教育的、市场知识的学习能力相对较强的农民，其收入的显著增加是因他家开办的企业（"实惠木材加工厂"，主要加工门窗家具、棺材等成品，现常年雇用工人 10 人左右）带动而实现的。基于自身经验和认识，他认为类似当地农村的其他地区要实现快速经济发展，首要的是要头脑灵活、思想开放、积极利用市场信息、提高自身人力资本积累，同时通过私营企业主重点发展非农产业，否则城乡一体化会因城乡难以消除的巨大差距而并非人们想象的那样容易。

② 国家统计局：《中华人民共和国 1995 年国民经济和社会发展统计公报》，国家统计局网站，1996 年 3 月 1 日。

代城乡区域长期相对封闭固化的格局被逐步瓦解，劳动力、土地、资本等生产要素快速向相对收益较高的城市流动聚集，新型工业化、特色城镇化进程伴随区域协调发展战略的实施而大大加快，城乡自我发展能力和居民生活水平显著提升，城乡建设发展的自主性决策、实施机制和规划布局的科学性得以加强。其中，市级政府在城市建设方面，结合产业结构调整、政府职能转变和政企分开改革趋势，经营城市成为最热门的话题之一。在这一过程中，对于先行实施改革开放并受之辐射带动的发达地区广大农村，农村工业化曾经承载了农民自发市场化、城镇化的愿望，也加剧了这些区域在环境保护、吸纳人口就业方面的矛盾，市场竞争的加剧也使农村工业化的弱质性问题逐步暴露。与此相应，在市场化进程中发展相对迟缓的落后地区的农村，城镇发展对工业化自然演进的依赖性特征明显，农村经济更多依赖农业发展和资源开发，这些区域更多地需要市场化推进、比较优势的发挥、制度创新与政府职能转变。

3. 多维的结构转变

在市场化力量作用下，工业化和城镇化不仅放大了城乡经济发展水平的不平衡性，而且还实现了对城乡区域空间形态演变的再组织功能，使得城乡发展的区域影响范围不断延伸。农村地区原有农村社会结构的改变、小城镇作为城乡联系的纽带与能量转换的中心，以及这种空间层面的延展性与经济层面的分工合作关系，成为城乡二元结构发生改变、新的城乡空间不断生成以及城乡社会发育的物质基础。

表 4 - 17　　　　　1991—2000 年中国各省份的二元对比系数

省份	1991—1995	1996—2000	省份	1991—1995	1996—2000
全国	0.2115	0.2253	广东	0.2570	0.2085
北京	0.5356	0.3589	广西	0.1954	0.2305
天津	0.3520	0.3601	海南	0.2933	0.3923
上海	0.2407	0.1591	四川	0.2126	0.2226
河北	0.1589	0.2372	贵州	0.1745	0.2236
山西	0.1985	0.1709	云南	0.1032	0.1053
内蒙古	0.3826	0.3535	西藏	0.3841	0.2371
辽宁	0.3297	0.2920	陕西	0.1867	0.1781
吉林	0.3848	0.3991	甘肃	0.1430	0.1928

续表

省份	1991—1995	1996—2000	省份	1991—1995	1996—2000
黑龙江	0.3779	0.2639	青海	0.2116	0.1066
江苏	0.2557	0.2223	宁夏	0.1808	0.1807
浙江	0.2358	0.2069	新疆	0.2803	0.2437
安徽	0.2079	0.2395	河南	0.1886	0.2030
福建	0.2641	0.2525	湖北	0.2766	0.2493
江西	0.3565	0.3514	湖南	0.2653	0.2581
山东	0.1921	0.2137			

注：（1）1991—2000 年数据来源于上海财经大学区域研究中心（2003）；参见胡彬《区域城市化的演进机制与组织模式》，上海财经大学出版社 2008 年版，第 167、168 页。（2）计算方法解释：二元对比系数＝农业劳动生产率/非农业劳动生产率，其值越小，说明传统部门与现代部门的比较劳动生产率差距越大，亦即经济结构的二元差异性越强；反之，其值越大，说明二元差异性越小。劳动生产率以某一部门的收入比重与该部门的劳动力数量比重的比值计。

在改革开放前的 30 年间，中国工业化资本高积累特征显著，城乡就业结构变动滞后于 GNP 产值结构变动。1957—1978 年中国非农产值与非农就业之间的结构偏差长期保持在 40 个百分点以上，非农就业结构变化与城市化之间总体呈低水平吻合状态，二者总体上较小的结构偏差反映了农村非农产业不发达、农村城镇化推进缓慢的发展状态。

表 4 - 18   1952—2004 年中国产业结构、就业结构与城市化变动趋势

年份	GNP 结构（%）			就业结构（%）			城市化（%）	结构偏差 I	结构偏差 II
	第一产业	第二产业	第三产业	第一产业	第二产业	第三产业			
1952	50.5	20.9	28.6	83.5	7.4	9.1	12.5	33.0	4.0
1957	40.3	29.7	30.1	81.2	9.0	9.8	15.4	41.0	3.4
1960	23.4	44.5	32.1	65.7	15.9	18.4	19.7	42.3	14.6
1962	39.4	31.3	29.3	82.1	8.0	9.9	17.3	42.7	0.6
1965	37.9	35.1	27.0	81.6	8.4	10.0	18.0	43.7	0.4
1970	35.2	40.5	24.3	80.8	10.2	9.0	17.4	45.6	1.8
1975	32.4	45.7	21.9	77.2	13.5	9.3	17.3	44.8	5.5
1978	28.1	48.2	23.7	70.5	17.3	12.2	17.4	42.4	11.6

注：结构偏差 I ＝（GNP 结构第二、三产业占比之和）-（就业结构第二、三产业占比之和），结构偏差 II ＝（就业结构第二、三产业占比之和）-（城市化率）。

资料来源：徐同文：《城乡一体化体制对策研究》，人民出版社 2011 年版，第 28 页。

表 4 - 19 1978—2011 年中国城乡二元结构变动趋势

年份	农业产值 比重（%）	农业就业 比重（%）	农业比较劳 动生产率	城乡收入 差距	城市化率 （%）	结构偏 差Ⅰ	结构偏 差Ⅱ
1978	28.1	70.5	0.40	2.57	17.92	-42.4	-11.58
1980	30.1	68.7	0.44	2.50	19.39	-38.6	-11.91
1985	28.4	62.4	0.46	1.86	23.71	-34.0	-13.89
1990	27.1	60.1	0.45	2.20	26.41	-33.0	-13.49
1995	20.5	52.2	0.39	2.71	29.04	-31.7	-18.76
2000	16.4	50.0	0.33	2.79	36.27	-33.6	-13.78
2004	15.2	46.9	0.32	3.21	41.76	-31.7	-11.34
2010*	10.18	34.9	0.29	3.23	46.59	-24.7	-18.51
2011*	10.12	34.8	0.29	3.09	51.27	-24.68	-13.93

注：（1）农业比较劳动生产率＝农业产值比重/农业劳动力比重，结构偏差Ⅰ＝非农就业比重-非农产值比重，结构偏差Ⅱ＝城市化率-非农就业比重；（2）2010 年数据来源于中华人民共和国国家统计局 2011 年 2 月 28 日发布的《中华人民共和国 2010 年国民经济和社会发展统计公报》；（3）2011 年数据来源于中华人民共和国国家统计局 2012 年 2 月 22 日发布的《中华人民共和国 2011 年国民经济和社会发展统计公报》，其中农村居民人均纯收入为中位数（扣除价格因素为 6194 元），城镇居民人均可支配收入为中位数（扣除价格因素为 19118 元）；（4）2010 年、2011 年农业产值比重计算所用数据为第一产业增加值。

资料来源：徐同文：《城乡一体化体制对策研究》，人民出版社 2011 年版，第 34 页。

相对于城乡经济结构变动而言，改革开放以后中国非农就业结构变动滞后于非农产业结构变动，1978—2004 年其结构偏差始终在 31 个百分点以上，城市化与非农就业间的结构偏差则总体上呈扩大态势，城乡社会结构转变滞后，城乡二元结构呈加剧与改善交替变化状态。不同时期中国各省二元对比系数的变化表明，改革开放初期，东部沿海地区的二元结构非常突出，中部地区大部分省份二元对比系数略高于全国平均水平，西部地区的情况则更为复杂。20 世纪 80 年代中期以后，中国城乡二元结构在不同地区之间表现出不同的演变格局，大多数地区都因城乡改革的推进和劳动力市场的发展而出现劳动力以县市为半径和在农村内部的跨部门流动，因此引起城乡二元结构有所改善。20 世纪 90 年代以后，除天津、河北、吉林、安徽、山东、河南、广西、海南、四川、贵州、云南、甘肃以外，中国其他省份的二元对比系数均经历了持续下降的过程，说明这些地区的城乡二元差异程度进一步加深，并未表现出与经济发展的同步变动关系。2000 年以来，尽管中央加大了对"三农"领域的投入，但由于各省份非农化的结构效应与地理效应存在差异、制度性因素带有很强的地方特征、基础设施分布的区域不均衡、地方化知识拥有的多寡程度不一、城乡组织的不对称性、市场化水平差异大等诸多因素影响，中国各区域城乡发展差距及其演变态势并未明显缩小和呈现一致性特征，由此使得分析城乡关系和考察城乡一体化进展水平变得更为复杂。

表 4-20　　2001 年中国省级二元对比系数与人均国内生产总值比较

省份	二元对比系数	人均 GDP（元）	省份	二元对比系数	人均 GDP（元）
内蒙古	0.2584	6503.11	北京	0.2677	20575.92
广西	0.2080	4659.96	上海	0.1341	30674.35
四川	0.1999	5117.78	山西	0.1205	5440.01
贵州	0.1709	2855.75	辽宁	0.2049	12000.67
云南	0.0992	4839.54	黑龙江	0.1322	9344.00
西藏	0.1451	5274.90	浙江	0.2065	14628.55
陕西	0.1467	5040.37	福建	0.2137	12365.35
甘肃	0.1635	4165.09	山东	0.1534	10439.45
青海	0.1103	5754.30	湖北	0.1861	7802.98
宁夏	0.1533	5299.82	广东	0.1564	13680.73
新疆	0.1842	7918.34	海南	0.3857	6858.79
湖南	0.1709	6038.51	天津	0.1781	18327.69
河南	0.1636	5902.78	江苏	0.1821	12932.58
安徽	0.2074	5199.32	江西	0.2840	5197.52
吉林	0.2451	7552.88	重庆	—	6344.06★

资料来源：孙海明：《2003 中国区域经济发展报告——国内及国际区域合作》，上海财经大学出版社 2003 年版，第 147 页。另，重庆人均 GDP 为 2002 年数据，二元对比系数暂缺。

4. 区域竞争的加剧

随着城市化推进、城市发展空间的拓展，城市内部的结构重组、城市整体实力和居民个体经济实力的增强以及大规模的市政建设、投资巨大的开发区，城市现代化逐步具备了良好的发展环境，并促进城市之间展开激烈竞争。为改变城市形象和适应城乡居民生活发展高层次的需求，从发达地区到欠发达地区，轰轰烈烈的城市美化运动、亮化工程、土地开发经营创新逐次展开，这直接导致 20 世纪 90 年代中国大多城市形态的演变都以外延增长为主。例如，在 1990—2004 年长江三角洲 16 个城市的用地扩展系数中，有 8 个城市的用地扩展系数在 1.5—2.0，用地扩展系数小于1.12 的城市只有 1 个，仅占 6.25％；用地扩展系数大于 2 的城市有 2 个，系数在 1.12—1.5 的城市有 5 个；平均用地扩展系数为 1.56；1997—2000年中国城镇建设年均征用土地 456 平方公里，此后征用规模急剧增加，

2001 年和 2002 年分别达到 1812 平方公里和 2880 平方公里，2001—2010年总共征用土地 16097 平方公里。[①] 同时，政府财政收入和支出也伴随城市化与高速经济增长而大幅增加。2000 年中国公共财政收入、公共财政支出仅为 1.34 万亿元、1.58 万亿元，到 2010 年达到 8.3 万亿元、8.96万亿元，年均增长 20％、19％。[②] 作为城市化的重要推动力量，掌控土地资源和公共物品供给的政府成为土地红利和税收增长的受益者。1998 年以前，中国土地平均价格持续下降，2001 年以后地价则明显上升，2002年突破每亩 7 万元，2007 年工业用地以招牌挂方式突破每亩 35 万元的价格，2009 年则猛然上升至每亩 50 万元，2006—2009 年单位地价年均增长32％。与此相应，土地出让收入也水涨船高，1987 年全国土地出让收入仅为 0.352 亿元，1994 年保持在 639 亿元水平，1995—2000 年土地市场因宏观因素低位运行，2001 年以来，土地出让收入猛增，2006 年为2978.29 亿元，2010 年再攀新高至 2.9 万亿元，2001—2010 年 10 年间，中国土地出让收入增长近 24 倍，土地财政已然成型。[③] 尤为重要的是，城市土地的地价决定土地资源的配置，成为这一过程中促进城市土地利用结构调整和决定城市空间形态发展方向的首要动力；道路系统延伸拉开了城乡空间形态的基本骨架，基础设施的完善对城乡形态具有重要影响；政府在破解城乡人口、资源、环境等发展问题方法上惊人的相似性，城乡规划管理的国际化、法制化，以及城乡居民活动方式的同化，则对城市空间趋同起到推波助澜的强化作用。在城乡形态呈现外延增长的同时，城乡空间的外部性收益与内在化成本也在经历着一个集量变与质变为一体的同步变化过程，多个城市化空间通过再组织过程形成的集合优势促使城乡区域发展进入一个超常规的加速发展阶段，继续推动区域城市化进程对实现城市政府间的博弈均衡（如确立有效的协调机制和形成动态的竞争与合作关系等）提出了新的要求。[④]

---

　　① 熊国平、杨东峰：《20 世纪 90 年代以来中国城市形态演变的基本总结》。田银生、谷凯：《城市形态研究的理论与实践》，华南理工大学出版社 2010 年版，第 5—11 页。

　　② 中国经济增长前沿课题组：《城市化、财政扩张与经济增长》，《经济研究》2011 年第11 期。

　　③ 同上。

　　④ 胡彬：《区域城市化的演进机制与组织模式（前言）》，上海财经大学出版社 2008 年版，第 2 页。

表 4-21   2007—2010 年中国土地使用权出让收入与地方财政收入的比例

单位：亿元

年份	2007	2008	2009	2010
①国有土地使用权出让收入	7285	9942	14254	30108
②地方本级财政收入	23573	28650	32603	40613
①：②	0.31：1	0.35：1	0.44：1	0.75：1
③地方公共财政收入	41711	51641	61166	72954
①：③	0.18：1	0.19：1	0.23：1	0.41：1

资料来源：贾康、刘徽：《"土地财政"论析——在深化财税改革中构建合理、规范、可持续的地方"土地生财"机制》，《经济学动态》2012 年第 1 期。

通过分析 2007—2010 年中国土地使用权出让收入与地方财政收入、政府收入结构等指标可以发现，在城镇化过程中因各种原因产生的土地使用权市场化出让方面，地方政府过于倚重土地批租收入现象较为明显，土地使用权交易环节出让收入规模独大，与税收收入规模小之间不均衡，土地出让收入形成政府收入的表现形式为"一次性"，且政府收入中土地使用权出让收入比例连年攀升、增长幅度远超过税收收入。

表 4-22   2007—2010 年中国政府收入结构及其比重   单位：亿元，%

项目	2007 年		2008 年		2009 年		2010 年	
	绝对额	占比	绝对额	占比	绝对额	占比	绝对额	占比
公共财政收入	51332	72.4	61330	70.0	68518	68.1	83102	60.7
其中：税收收入	45622	64.3	54224	61.9	59522	59.1	73211	53.5
政府性基金收入	10737	15.1	14989	17.1	18351	18.2	36785	26.9
其中：国有土地使用权出让收入	7285	10.3	9942	11.4	14254	14.2	30108	22.0
国有资本经营预算收入	140	0.2	444	0.5	989	1.0	559	0.4
社会保险基金收入	8729	12.3	10805	12.3	12780	12.7	16513	12.1
政府收入合计	70927	100	87568	100	100638	100	136959	100

资料来源：贾康、刘徽：《"土地财政"论析——在深化财税改革中构建合理、规范、可持续的地方"土地生财"机制》，《经济学动态》2012 年第 1 期。

这种土地使用权出让的结果便是新问题和矛盾的不断累积，直接导致地价房价双高，地方经济容易被房地产市场"绑架"[1]，同时"土地财政"在促进政府基本公共服务能力提升方面并未发生等幅正向作用，土地配置

---

① 贾康、刘徽：《"土地财政"论析——在深化财税改革中构建合理、规范、可持续的地方"土地生财"机制》，《经济学动态》2012 年第 1 期。

和财政分配很大程度上处于游离状态，容易引发地方政府对于市场和经济秩序的扭曲式干预和短期行为，最终让土地财政格局难以持续。

从 1990—2002 年中国城市形态演变分析，以产业经济发展为主体的开发区其区位选择和功能演化主导着城市形态演变，城市空间蔓延中的渐进与跳跃并存。跳跃式扩展主要是通过交通干道沿市中心放射状建设新区和建设有生态空间分割相对配套的新区，用地结构紧凑且向多中心或组团形态发展；城市扩展年均增长 20% 左右的城市多以跳跃方式进行，城市扩展年均增长在 20% 以下的城市多以渐进方式进行。从城市分布看，2000 年全国共有超大城市 13 个，东部 7 个，西部只有 3 个；特大城市 27 个，东部 14 个，西部 4 个；大城市 53 个，东部 25 个，西部 2 个；中等城市 218 个，东部 104 个，西部 36 个；小城市 352 个，东部 145 个，西部 76 个。[1] 2004 年，在中国 54 个建有国家级开发区的城市，相应发展新城的城市 19 个（占 35%），保持为团块状或连绵带或星状城市形态；相应发展为城市组团的开发区有 23 个（占 43%），形成组团状或组团带状城市形态；相应发展为独立城区的开发区有 9 个（占 17%），形成组合城市形态。[2] 在这些新生的复杂结构形态演变中，如果要素流动通畅、贸易壁垒和运输成本很低并且规模经济、外在效应能够显现、城乡之间与城市之间的经济往来非常频繁，这些城市化区域就越容易形成一个更为开放的结构体系，并有望通过促成多个区域共同行动而发挥区域发展合力对于城乡一体化实现的强大作用。

表 4 - 23　　　　　2000 年中国四大经济区域城市化水平差异　　　　单位：%

区域/项目	东部地区	东北地区	中部地区	西部地区	全国
第二、第三产业从业人口比重	62.28	54.2	44.78	38.38	50
城市化人口比率	52.88	51.82	30.59	27.8	36.09

资料来源：根据《中国统计年鉴（2001）》相关数据资料计算整理。

城市用地规模扩大和结构演变是城市化过程在空间地域上所反映的重要特征，土地资源是城乡发展的物质前提和物质载体，土地利用变化是城

---

① 《中国城市统计年鉴（2001）》，中国城市年鉴出版社 2002 年版。
② 熊国平、杨东峰：《20 世纪 90 年代以来中国城市形态演变的基本总结》。田银生、谷凯：《城市形态研究的理论与实践》，华南理工大学出版社 2010 年版，第 5—11 页。

乡形态演变过程中的一个重点问题，合理的城乡土地利用结构能促进城乡功能发挥及用地效益提升，促进区域经济与环境的和谐发展。早在19世纪初，以大卫·李嘉图为代表的古典政治经济学家就在地租理论中提出了土地集约经营问题。他们认为，农业土地集约经营的关键是在一定面积的土地上，集中投入较多的生产资料和劳动、使用先进的技术和管理方法，以求在较小面积的土地上获得高额产量和收入。现代经济学将这种集约经营方式分为资金密集型、劳动密集型和技术密集型三种类型。马克思在《资本论》中亦提出："在经济学上，所谓耕作集约化，无非是指资本集中在同一土地上，而不是分散在若干毗连的土地上。"[1] 一般而言，影响城乡土地集约利用的自然因素主要包括地质、地形、气候和环境，社会因素包括城市化和城镇化水平、人口密度、技术水平和区位条件，经济因素包括经济水平、产业结构、产业集聚和地价，人为因素包括政策制度、宏观调控和文化习俗等。研究认为[2]，自然因素是限制性因素，社会、经济因素是促进性因素，人为因素是控制性因素，各因素必须相互协调、共同作用，才能促使区域土地集约利用健康发展。但是，中国土地产权制度改革滞后使得城乡土地的低效率利用加剧了农业耕地数量的减少，具体表现在过度占用和低效率开发等方面。数据显示[3]，中国4%—5%的城市建设用地处于闲置状态，40%左右处于低效率利用状态，城市规划整体容积率一般为0.4—0.45，而实际容积率不足规划容积率的70%，若按低效率利用相当于25%闲置，则空闲地占到城市用地面积的15%；从农村宅基地的闲置率看也占到10%—15%，部分地区甚至高达30%，中国农村有45%的村庄还存在废弃的旧房及宅基地，闲置宅基地占村庄居住总面积的10.4%；1996—2006年，农村总人口减少了1.23亿，而人均宅基地面积却从193.33平方米上升到226.67平方米，10年间中国共增加农村宅基地5.33万公顷左右。由于市场经济制度安排和多种合力作用，随着城市人口快速增长、经济发展和社会进步，中国建设用地不断增加，耕地面积不断减少，建设占用土地与农田保护的矛盾日益突出，部分城市已为环境污

---

① 《马克思恩格斯全集》第25卷，人民出版社1972年版，第760页。
② 杨峰、袁春等：《区域土地集约利用影响因素研究》，《资源与产业》2010年第8期。
③ 刘成玉：《耕地保护视野的土地产权治理"困境"及至我国粮食安全》，《改革》2011年第12期。

染、空间拥挤、绿化率低、秩序混乱等严重的城市问题所困扰。例如，江苏在城市化水平提高的同时建成区面积不断扩展，2000 年是 1991 年的 1.5 倍，人均建成区面积也不断上升，小城市上升幅度最大（为 40 平方米），特大城市最小（为 17 平方米），人均建成区面积从小城市到特大城市呈倒三角形分布，经济发展和用地配置机制及 20 世纪 90 年代以来兴起的开发区、城市新区建设是城市用地扩展的主要驱动因素。[①] 根据从经济、社会、政府、地理四类因素选择变量所构建的中国建设用地增长驱动力模型，可以发现决定中国宏观层面建设用地变化的驱动力核心变量主要是人口、GDP 和公路营运里程，而这三个变量对建设用地增长的作用表现为 GDP＞公路营运里程＞人口；在东中西地区，核心变量对建设用地的影响程度略有差异，即东部地区为 GDP＞人口＞公路营运里程，中西部地区为 GDP＞公路营运里程＞人口。[②] 从城镇用地扩展的区域间差异分析，20 世纪 90 年代以来中国城镇用地扩展呈现明显的非均衡性，扩展面积较大的地区主要分布在经济发达的东部沿海以及城市化推进迅速的四川盆地等大中城市群集聚发展的地区。

表 4 - 24　　　　　1990—2000 年中国土地和城市开发的区域差异

单位：万平方千米，千平方米

地区	土地面积		2000 年城市用地面积		1990—2000 年新增城市用地面积		城市用地年均扩展强度指数（‰）
	面积	%	面积	%	面积	%	
东部	130	14	27227	59	7828	68	0.60
中部	285	31	12900	28	2569	22	0.09
西部	515	55	5992	13	1168	10	0.02
全国	930	100	46119	100	11564	100	0.12

资料来源：顾朝林：《中国城市化空间及其形成机制》，中国发展研究基金会研究项目——中国发展报告 2010 背景报告，2010 年。

其中，广东、山东、江苏、河南、河北、北京、四川、浙江等省

---

① 赵翠薇、濮励杰：《城市化进程中的土地利用问题研究——以江苏省为例》，《长江流域资源与环境》2006 年第 3 期。

② 陈春、冯长春：《中国建设用地增长驱动力研究》，《中国人口·资源与环境》2010 年第 10 期。

（市）的城镇用地扩展面积占同一时期全国城镇用地扩展面积的 66.7％，城镇用地扩展面积占用耕地面积占全国的 66.53％；同时，多数地区城镇用地扩展以占用耕地为主，西北地区（陕西、甘肃、宁夏、青海、新疆等）城镇用地面积以占用草地为主，东北及南方地区城镇用地以占用林地为主，直辖市北京、天津、上海和广东省城镇用地扩展来源则呈现多元化趋势，主要包括农村居民点、独立工矿用地等的重新开发与再利用。[1] 换句话说，区位条件好和交通便捷、经济发达的东南沿海地区，城乡土地集约利用水平较高；而地理位置比较特殊、社会发育程度低、与外界联系不紧密的经济欠发达地区，其土地集约利用水平相对较低。

表 4-25　　　2000—2008 年主要年份中国国土空间结构变化比较

单位：万平方公里

项目分类	2000 年	2005 年	2007 年	2008 年
耕地	128.24	122.08	121.74	121.72
园地	10.58	11.55	11.81	11.79
林地	228.79	235.74	236.12	236.09
牧草地	263.77	262.14	261.86	261.83
其他农用地	3.81	25.53	25.49	25.44
城镇建设用地	2.98	3.61	3.93	4.06
农村居民点	16.56	16.57	16.54	16.53
独立工矿	2.99	3.66	4.00	4.15
交通用地	1.95	2.31	2.44	2.50
水库—小计	3.53	3.60	3.63	3.65
水库面积	2.66	2.72	2.74	2.76
其他建设用地	2.18	2.17	2.18	2.18
未利用土地—小计	285.30	261.72	260.95	260.76
河流、湖泊	14.81	14.80	14.85	14.85

资料来源：根据国土资源部历年国土报告整理计算。详见中国发展研究基金会《中国发展报告 2010——促进人的发展的中国新型城市化战略》，人民出版社 2010 年版，第 52 页。

5. 规模与体系的巨变

数据显示，1978 年中国城市建成区面积只有 7140 多平方公里，到

---

[1]　田光进、庄大方：《90 年代中国城镇用地动态变化的遥感监测》，《资源科学》2003 年第 5 期。

1990 年全国城市建设用地面积接近 1.3 万平方公里；1990—2004 年全国设市城市的建成区面积扩展到 3.4 万平方公里，同期 41 个特大城市主城区用地规模平均增长超过 50%；2005 年中国人均城市建设用地已达 133 平方米，远远超过经济发达国家城市建设用地人均 82.4 平方米和发展中国家人均 83.3 平方米的水平。[①] 1997—1998 年中国城市耕地减少 1.19 亿亩，"十五"期间新增建设用地 3285 万亩，建设占用耕地 1641 万亩，新增建设用地中耕地约占 50%。截至 2007 年 4 月，中国耕地面积已减少至 18.26 亿亩，接近 18 亿亩的最低警戒线。中国城市建设用地 60% 以上来自耕地，尤其是占用了大量交通方便、长期投入积累较多的高质量耕地，从而影响耕地总体生产水平。总体来看，中国 31 个省市城市化与土地利用低强度低协调型与低强度中协调型主要分布在西南、西北和一些中部省市区域，城市化与土地利用高强度高协调型则分布在东部沿海的经济发达省市。[②] 这些特征既反映出各区域土地资源的稀缺程度与城镇经济社会发展对土地需求之间的矛盾关系，也暗示着中国城镇用地扩展的方向，特别是随着未来城镇化进一步推进，农村土地资源市场化是市场经济条件下的必然选择，也是解决目前中国农村土地利用中所存在矛盾的有效途径。

表 4-26　　　　主体功能区规划对中国陆地国土空间开发的规划指标

指标	2008 年	2020 年
开发强度（%）	3.48	3.91
城市空间（万平方公里）	8.21	10.65
农村居民点（万平方公里）	16.53	16
耕地保有量（万平方公里）	121.72	120.33
林地保有量（万平方公里）	303.78	312
森林覆盖率（%）	20.36	23

资料来源：国务院关于印发全国主体功能区规划的通知［国发〔2010〕46 号］。http：//www.china.com.cn/policy/txt/2011-06/13/content_22768278.htm。

---

① 国家统计局城市社会经济调查总队：《中国城市统计年鉴（2006）》，中国统计出版社 2006 年版，第 33—113 页。建设部部长：《中国城镇建设土地浪费现象普遍存在》，人民网，2006 年 7 月 14 日。

② 许君燕：《城市化与土地资源利用的耦合协调机制研究》，《资源开发与市场》2010 年第 10 期。

　　市场经济制度改革和市场在资源配置中主导作用的进一步发挥，也促进了中国城镇体系的日趋发展完善，特别是以产业带动、园区建设、基础设施建设为驱动力的小城镇数量迅速增长，与农村工业化发展相伴生的小城镇发展打破了城乡分割体制，推动着中国新型城市化进程。在城乡区域，市镇作为城乡之间的聚落，兼具城乡的基本功能和人文景观，新建的建制镇大多由原乡建制发展而来，成为分布广泛的乡村要素聚集中心，并正在发展为以农业服务、商贸旅游、工矿开发等多种产业为依托的、各具特色的新型城镇。1978 年中国仅有建制镇 2173 个，且以县城关镇和工矿镇为主；2008 年末共有建制镇 19234 个，比 1978 年增加 17061 个；2008 年全国城镇人口达 6.07 亿人，城镇人口占总人口比重为 45.68%，比 1978 年提高了 28 个百分点。其中，小城镇人口占城镇总人口的比重由 1978 年的 20% 上升到 45% 以上，2007 年全国建制镇建成区面积 2.8 万平方公里，人口密度 5459 人/平方公里，小城镇聚集效应逐步显现。[①] 同时，中国城市和城市人口分布的东、中、西三大地带呈现明显的梯度差异特征，东部地带以仅占全国 14.17% 的国土面积集中了全国 44.91% 的城市和 51.10% 的城市人口；中部地带占全国国土面积的 29.17%，分布了全国 36.98% 的城市和 34.11% 的城市人口；而占国土面积 56.66% 的西部地带，却仅分布了全国 18.11% 的城市和 14.79% 的城市人口。从城市人口总体结构分析，1996 年中国 100 万以上人口的特大城市 34 个（占设市总数的 5.1%，却占全国城市人口的 35.2%），50 万—100 万人口的大城市 44 个（占设市总数的 6.6% 和全国城市人口的 14.4%），20 万—50 万人口的中等城市 195 个（占设市总数的 29.3% 和全国城市人口的 28.6%），20 万人以下的小城市 393 个（占设市总数的 59%，却仅占全国城市人口的 21.8%）。[②] 1978—2008 年，东部地区新增城市 215 个，中部地区新增 162 个，西部地区新增 85 个；东部、中部、西部地区城市个数比例为 1∶0.9∶0.4，城市人口的比例为 1∶0.51∶0.27。

---

　　① 国家统计局城市社会经济调查司：《中国城市统计年鉴（2009）》，中国统计出版社 2010 年版，第 11、12 页。
　　② 顾朝林、胡秀红：《中国城市体系现状特征》，《经济地理》1998 年第 1 期。

表 4-27　　　中国人口各省份城市化率与人均国内生产总值对比

省份	人口城市化率			人均国内生产总值		
	2003 年 (%)	1990 年 (%)	年增长率 (%)	2003 年 (元/人)	1990 年 (元/人)	年增长率 (%)
北京	93.25	64.97	2.82	15817	4611	9.95
上海	92.54	62.86	3.02	23048	5570	11.54
天津	82.02	62.54	2.11	13089	3397	10.93
辽宁	67.03	51.43	2.06	7034	2432	8.51
广东	63.98	38.93	3.89	8492	2319	10.5
黑龙江	62.10	48.61	1.90	5730	1792	9.35
吉林	61.46	47.78	1.95	4607	1586	8.55
江苏	54.29	25.68	5.93	8293	1942	11.81
内蒙古	48.80	34.36	2.73	4428	1325	9.72
海南	47.97	30.83	3.46	4103	1433	8.43
新疆	47.22	33.27	2.73	4785	1647	8.55
湖北	47.06	31.94	3.03	4445	1457	8.96
山东	45.06	24.23	4.89	6740	1569	11.87
福建	44.79	23.40	5.12	6896	1534	12.26
宁夏	44.15	25.87	4.19	3301	1299	7.44
山西	43.68	29.68	3.02	3668	1374	7.85
浙江	41.78	25.02	4.02	9939	2008	13.09
陕西	40.21	22.61	4.53	3197	1130	8.33
青海	38.95	33.75	1.11	3590	1961	4.76
河北	35.20	17.64	5.46	5186	1331	11.03
江西	34.91	18.71	4.92	3295	1095	8.84
湖南	30.63	17.49	4.41	3727	1147	9.49
安徽	29.81	15.70	5.06	3185	1069	8.76
甘肃	29.40	18.82	3.49	2478	1040	6.91
四川	29.29	15.12	5.22	3166	1061	8.77
广西	27.44	15.11	4.70	2945	922	9.34
河南	26.62	14.07	5.03	3735	1036	10.37
云南	22.74	13.75	3.95	2793	1061	7.73
贵州	21.80	12.69	4.26	1778	779	6.55
西藏	17.26	9.77	4.48	3390	1101	9.03

注：人均国内生产总值按照 1990 年价格水平计算，1990 年的统计年鉴尚无人均国内生产总值，因而用人均国民生产总值代替。

资料来源：根据《中国统计年鉴》和《中国人口统计年鉴》相关年份计算整理。

　　从不同区域内城市等级规模结构看，东部和中部地区城市体系较为完备，西部地区不但城市数量少，且城市体系也较为欠缺，大城市比重过低，仅占城市总数的 7.4％，更多地表现出以中小城市为主的地域城市分布特征。

　　随着基础设施和基础产业投入的增加，中国城镇化步伐快速推进，城乡产业结构持续改善。数据显示，"十一五"时期，中国城镇基础设施累计完成投资 22.1 万亿元，年均增长 21.8％。其中，铁路运输业累计投资 22688 亿元，年均增长 46.0％；城市公共交通业累计投资 7543 亿元，年均增长 37.1％；农林牧渔业和能源等基础产业累计投资 12151 亿元，年均增长 37.7％。2009 年城镇人口占总人口的比重为 46.6％，比 2005 年提高 3.6 个百分点，年均提高 0.9 个百分点，特别是中西部地区城镇化步伐明显加快，由大中小城市和小城镇构成的城镇体系初步形成，城市群迅速崛起，人口和产业经济集聚能力显著增强，城乡产业结构逐步优化。2006—2010 年，中国第三产业年均增长 11.9％，"十一五"末第三产业占国内生产总值的比重为 43.0％，第二产业占国内生产总值的比重则由 2005 年的 47.4％下降到 2010 年的 46.8％，第一产业的比重由 12.1％下降到 10.2％。

表 4-28　　中国各省份人口城市化率年增长与产业结构变动对比

省份	2003 年人口城市化率（％）	1990 年人口城市化率（％）	年增长率（％）	2003 年三次产业比	1990 年三次产业比
北京	93.25	64.97	2.82	2.6∶35.8∶61.6	11.2∶72∶16.8
上海	92.54	62.86	3.02	1.5∶50.1∶48.4	5.2∶77.1∶17.7
天津	82.02	62.54	2.11	3.6∶50.9∶45.5	12.1∶70.4∶17.4
辽宁	67.03	51.43	2.06	10.3∶48.3∶41.4	18.1∶68.6∶13.4
广东	63.98	38.93	3.89	8∶53.6∶38.4	33.6∶49.6∶16.8
黑龙江	62.10	48.61	1.90	11.3∶57.2∶31.5	18.9∶69.2∶12
吉林	61.46	47.78	1.95	19.3∶45.3∶35.4	26.7∶58.6∶14.7
江苏	54.29	25.68	5.93	8.9∶54.5∶36.6	29.4∶59.4∶11.3
内蒙古	48.80	34.36	2.73	19.5∶45.3∶35.2	41.4∶43.7∶14.8
海南	47.97	30.83	3.46	37∶22.5∶40.5	60.2∶25.5∶14.2
新疆	47.22	33.27	2.73	22∶42.4∶35.6	44.3∶39.3∶16.4

续表

省份	2003年人口城市化率（%）	1990年人口城市化率（%）	年增长率（%）	2003年三次产业比	1990年三次产业比
湖北	47.06	31.94	3.03	14.8：47.8：37.4	39.3：49.8：10.9
山东	45.06	24.23	4.89	11.9：53.5：34.6	34.5：56.3：9.1
福建	44.79	23.40	5.12	13.3：47.6：39.1	38.1：47.2：14.7
宁夏	44.15	25.87	4.19	14.4：49.8：35.8	33.2：51.1：15.6
山西	43.68	29.68	3.02	8.8：56.6：34.7	24：61.9：14.1
浙江	41.78	25.02	4.02	7.7：52.6：39.7	29.5：55.7：14.8
陕西	40.21	22.61	4.53	13.3：47.3：39.4	33.5：54.1：12.5
青海	38.95	33.75	1.11	11.8：47.2：41	33.2：51.5：15.3
河北	35.20	17.64	5.46	15：51.5：33.5	30.9：58.9：10.2
江西	34.91	18.71	4.92	19.8：43.4：36.8	43.2：43.1：13.8
湖南	30.63	17.49	4.41	19.1：38.7：42.2	42.5：43.3：14.2
安徽	29.81	15.70	5.06	18.5：44.8：36.7	44.1：44.5：11.4
甘肃	29.40	18.82	3.49	18.1：46.6：35.3	28.1：48.9：23
四川	29.29	15.12	5.22	20.7：41.5：37.8	39.7：46.1：14.2
广西	27.44	15.11	4.70	23.8：36.9：39.3	48.6：37.7：13.7
河南	26.62	14.07	5.03	17.6：50.4：32	41.3：45.5：13.2
云南	22.74	13.75	3.95	20.4：43.4：36.2	40.5：48.7：10.8
贵州	21.80	12.69	4.26	22：42.7：35.3	45：42.8：12.3
西藏	17.26	9.77	4.48	22：26：52	63.8：20.2：16

注：2003年三次产业比利用国内生产总值的三次产业结构计算得出，1990年的三次产业比利用国民收入的部门构成计算得出。

资料来源：根据《中国统计年鉴》和《中国人口统计年鉴》相关年份计算整理。

6. 区域城乡联系

城乡互动与关联发展是协调城乡关系、促进城乡共同繁荣的有效途径，城乡之间客观存在着交通和通信等各种关联性基础设施，以及以这种关联实体为载体的各种要素（物资、人力、资金、技术、信息）在城与乡之间的流动，要素流转的数量、质量和速度受自然、社会、经济等一系列因素的影响。段娟、战金艳、文玉源、曾磊和鲁奇等人的研究结果表明①，中国城乡互动与关联发展水平区域不平衡性和空间差异性显著，并呈现东中西地带性区域分布规律，这种空间分布特点与中国区域经济总体地带性差异基本规律相一致。东部地区城乡经济发达，区位优越，交通通信条件好，人口总体素质和技术水平较高，相应地城乡互动与关联发展水平也较高；西部地区区域经济技术水平总体不高，属典型欠发达地区，其城乡互动与关联发展水平相应落后于中部地区，与东部相比差距更为明显。

城乡协调发展是一个地域社会经济过程，其本质是城乡的联系程度，因此，运用城乡关联发展理论及其指标体系，就城乡发展水平进行评估，这对于实现城乡发展水平区域差异的空间表达、把握城乡协调的过程与阶段性、制定区域发展规划乃至实施城市化发展的宏观调控都有积极的现实意义。②

表 4 - 29　　　　　　2004 年中国省份城乡互动与关联发展水平对比

地区		AHP 得分法	标准分	秩	主成分法得分	标准分	秩	灰色关联法得分	标准分	秩	汇总得分	秩
西部地区	重庆	0.3034	41.3477	8	0.1019	18.1948	15	0.4188	31.9660	6	30.503	8
	宁夏	0.3457	13.0418	23	0.2726	10.3247	24	0.3203	5.6732	23	9.680	22
	四川	0.4183	9.8791	27	0.2703	10.4273	23	0.3299	8.2142	21	9.516	23
	内蒙古	0.4046	10.4763	26	0.2017	13.5932	17	0.3141	4.0043	29	9.358	24
	青海	0.2905	15.4494	21	0.4197	3.5386	29	0.3313	8.6175	20	9.202	25
	新疆	0.3483	12.9278	24	0.3115	8.5286	26	0.3178	5.2351	25	8.897	26
	陕西	0.3964	10.8312	25	0.2687	10.5008	22	0.3142	4.0348	28	8.456	27
	云南	0.4253	9.5734	28	0.4872	0.4275	31	0.3168	4.7468	26	4.916	28
	广西	0.5430	4.4416	29	0.3318	7.5939	27	0.3071	2.1407	30	4.725	29
	甘肃	0.6052	1.7287	30	0.3969	4.5911	28	0.2991	0.0000	32	2.107	30
	西藏	0.6115	1.4534	31	0.4834	0.6026	30	0.3146	4.1525	27	2.070	31
	贵州	0.6448	0.0000	32	0.4964	0.0000	32	0.2997	0.1720	31	0.057	32

---

①　战金艳、鲁奇：《城乡关联发展评价模型系统构建——以山东为例》，《地理研究》2002年第 4 期；曾磊：《我国城乡关联度评价指标体系构建及区域比较分析》，《地理研究》2002 年第 6 期；段娟、鲁奇：《我国区域城乡互动与关联发展综合评价》，《中国人口·资源与环境》2005 年第 1 期。

②　战金艳、鲁奇等：《城乡关联发展评价模型系统构建——以山东为例》，《地理研究》2002年第 4 期。

续表

地区		AHP得分法	标准分	秩	主成分法得分	标准分	秩	灰色关联法得分	标准分	秩	汇总得分	秩
中部地区	山西	0.0278	26.9057	12	0.1115	17.7513	16	0.3404	11.0430	15	18.567	13
	黑龙江	0.1032	23.6202	16	0.0442	20.8567	12	0.3391	10.6767	16	18.385	14
	湖北	0.0823	24.5283	14	0.1013	18.2215	14	0.3484	11.9385	13	18.229	15
	吉林	0.0812	24.5780	13	0.0999	18.2883	14	0.3376	10.2769	18	17.714	16
	湖南	0.1556	21.3345	17	0.2789	10.0330	25	0.3453	12.5161	12	14.628	17
	河南	0.2464	17.334	18	0.2430	11.6863	19	0.3370	10.1308	19	13.063	18
	安徽	0.29.0	15.4616	20	0.2502	11.3560	20	0.3254	7.0280	22	11.282	20
	江西	0.3235	14.0130	22	0.2227	12.6218	18	0.3196	5.4846	24	10.706	21
东部地区	上海	1.6484	100.00	1	1.6718	100.00	1	0.6736	100.00	1	100.00	1
	北京	1.4967	93.3868	2	1.0297	70.3854	2	0.5741	73.4241	2	79.065	2
	天津	0.8422	64.8441	3	0.7615	58.0145	3	0.4571	42.1860	3	55.015	3
	江苏	0.6382	55.9506	4	0.6636	58.4999	4	0.4378	37.0472	5	48.833	4
	广东	0.4412	47.3581	6	0.3840	40.6046	6	0.4552	41.6763	4	43.213	5
	浙江	0.5099	50.3523	5	0.4815	45.0997	5	0.4056	28.4425	7	41.298	6
	辽宁	0.2830	40.4610	9	0.1687	30.6749	8	0.3731	19.7617	10	30.299	9
	山东	0.1185	33.2846	10	0.0608	25.6985	10	0.3805	21.7465	9	26.910	10
	福建	0.1116	32.9856	11	0.0594	27.2927	11	0.3566	15.3707	11	25.216	11
	河北	0.0991	23.7987	15	0.0334	21.3542	11	0.3432	11.7932	14	18.982	12
	海南	0.2540	17.0424	19	0.2508	11.3273	21	0.3381	10.4305	17	12.933	19
全国		0.3036	41.3562	7	0.3611	39.5504	7	0.3967	26.0747	8	35.660	7

　　资料来源：段娟、鲁奇等：《我国区域城乡互动与关联发展综合评价》，《中国人口·资源与环境》2005年第1期。

　　不仅如此，分析上表所报告的各省份城市化水平及城乡关联度的对比关系可以发现一个有趣的结论，即城市化水平与城乡关联度并不吻合。将对比结果分为三组：一组为两者基本吻合地区，一组为城乡关联度水平排序高于城市化水平排序地区，另一组为城乡关联度水平排序低于城市化水平排序地区。分析三组结果不难看出，位于第一组的地区不是总体条件较好的地区（如上海、北京、天津），就是总体条件较差的地区（如云南、贵州和西藏）。城乡关联度高的地区基础设施水平较高，多处于交通枢纽地位，有发展贸易、扩大开放的区位优势。第二组中城乡关联度水平高于城市化水平的地区多是近年来城镇体系逐渐完善、基础设施建设速度较快、经济发达、城乡要素流转较快的地区，如广东。第三组中城乡关联度水平低于城市化水平的地区多是由于历史及政治原因造成，以新疆、黑龙江为例，由于政策原因其城市化水平较高，非农人口比重较大，但基础设施相对落后，加上距离经济核心区较远，资金、技术、人才等生产要素欠缺，经济不够发达。这说明城市化水平较高的地区，城乡关系发展水平不一定最好；反之，城市化水平较低的地区，城乡关系的发展也有其理性的一面，不能简单地通过提高城市化水平来促进城乡关系的发展。[①]

从城乡经济发展水平的空间分布考察中国区域城乡互动发展与关联程度，我们可以对不同区域的城乡进行归类。此处我们参考赵保佑[②]等人所用的变异系数[③]的研究方法与成果对城乡发展关联度进行阐释。通过计算，中国各省城乡经济关系发展变异系数平均为 37.5％，各省间的城乡经济发展差异则比较大。

表 4 - 30   2005 年中国各省份城乡经济关联度对比

省份	城乡经济关联度	排名	省份	城乡经济关联度	排名
北京	67.26615	2	湖北	34.13533	12
天津	55.18291	4	湖南	30.85409	20
河北	33.93353	13	广东	41.14326	8
山西	36.03364	10	广西	23.96381	27
内蒙古	30.88954	19	海南	24.04470	26
辽宁	41.75799	7	重庆	32.19645	16
吉林	32.26535	15	四川	29.94384	18

---

① 曾磊：《我国城乡关联度评价指标体系构建及区域比较分析》，《地理研究》2002 年第 6 期。

② 赵保佑：《统筹城乡经济协调发展与科学评价》，社会科学文献出版社 2009 年版，第 137—140 页。

③ 变异系数是反映地理数据相对变化（波动）程度的指标，变异系数越大，表明城乡一体化发展越不平衡。变异系数的计算公式为：Cv＝样本的标准差/样本的均值。

续表

省份	城乡经济关联度	排名	省份	城乡经济关联度	排名
黑龙江	34.57440	11	贵州	21.11549	29
上海	74.01321	1	云南	16.19521	30
江苏	50.87983	5	西藏	15.32523	31
浙江	55.59664	3	陕西	33.26992	14
安徽	29.81479	21	甘肃	22.91641	28
福建	40.73056	9	青海	29.68132	22
江西	31.44605	17	宁夏	28.54492	23
山东	44.59539	6	新疆	25.39692	25
河南	26.97558	24			

资料来源：赵保佑：《统筹城乡经济协调发展与科学评价》，社会科学文献出版社 2009 年版，第 137—140 页。

以 2005 年全国城乡经济关联度综合得分值/均值（0.3536）为参考，设 D 为各省份得分值/均值，将全国城乡经济关联发展水平划分为四组，可分别为密切型（D>1）、较密切型（0.85<D<1）、中度型（0.22<D<0.85）和落后型（D<0.22）。西部地区各省基本属于中度型和落后型。

表 4-31　　　　　　　2005 年中国各省份城乡经济关联度分组对比

类型	省份	地域分布							
		东部个数	所占比例	中部个数	所占比例	西部个数	所占比例	东北个数	所占比例
密切型	上海、北京、天津、江苏、浙江、辽宁、广东、福建、山东	8	88.9	0	0	0	0	1	11.1
较密切型	湖北、吉林、山西、河北、江西、黑龙江、内蒙古、陕西、重庆、湖南	1	10	4	40	3	30	2	20
中度型	河南、四川、青海、安徽、广西、海南、宁夏、甘肃、新疆	1	11.1	2	22.2	6	66.7	0	0
落后型	贵州、云南、西藏	0	0	0	0	3	100	0	0

资料来源：赵保佑：《统筹城乡经济协调发展与科学评价》，社会科学文献出版社 2009 年版，第 137—140 页。

从城乡经济关联度的分析中不难发现，区域经济发展水平与城乡互动关联发展程度存在一定的关系，但这种关系并非明显地相互吻合。

表 4-32　　2005 年中国各省份经济发展水平与城乡经济关联度对比

城乡经济关系发展水平与区域经济发展水平基本吻合区域			城乡经济关系发展水平高于区域经济发展水平区域			城乡经济关系发展水平低于区域经济发展水平区域		
省份	城乡经济关联度	经济发展水平	省份	城乡经济关联度	经济发展水平	省份	城乡经济关联度	经济发展水平
上海	1	1						
北京	2	2						
天津	4	3						
江苏	5	4						
山东	6	6						
辽宁	7	7	浙江	3	9	广东	8	5
福建	9	8	山西	10	15	内蒙古	19	10
黑龙江	11	12	湖北	12	16	河南	24	17
湖南	20	20	陕西	14	23	海南	26	19
青海	22	22	江西	17	24	新疆	25	14
广西	27	27	四川	18	26	云南	30	26
河北	13	11	安徽	21	28	西藏	31	25
吉林	15	13						
重庆	16	18						
宁夏	23	21						
甘肃	28	30						
贵州	29	31						

　　资料来源：赵保佑：《统筹城乡经济协调发展与科学评价》，社会科学文献出版社 2009 年版，第 137—140 页。

对于近 55 年（1950—2005 年）来区域城乡经济发展的动态变化趋势，赵保佑利用网络层次分析法得出结论：就其数据反映的城乡发展动态而言，新中国成立之后各区域城乡发展和关联程度的变化没有明显的规律，城乡差距的扩大主要发生在 20 世纪 80 年代以后，这一时期既是城乡经济发展的加速期，也是乡—城人口流动规模较大、城乡人口流动与城乡经济关联发展水平相对应的时期。如果以 10 年为一个步长，可以发现城乡经济发展的空间变化规律。

表 4‒33　　　1955—2005 年中国区域城乡经济发展水平分组及变化

类型	1955 年		1965 年		1975 年		1985 年		1995 年		2005 年	
	个数	比例%	个数	比例%	个数	比例%	个数	比例%	个数	比例%	个数	比例%
密切型	2	6.67	2	6.67	2	6.67	2	6.67	2	6.67	2	6.67
较密切	10	33.33	10	33.33	8	26.67	11	36.67	11	36.67	11	36.67
中度型	7	24.14	8	26.67	9	30.00	7	23.33	7	23.33	8	26.67
较落后	6	20.69	6	20.00	8	26.67	6	20.00	7	23.33	6	20.00
落后型	4	13.79	4	13.33	3	10.00	4	13.33	3	10.00	4	13.33

资料来源：赵保佑：《统筹城乡经济协调发展与科学评价》，社会科学文献出版社 2009 年版，第 137—140 页。

分析不难发现，在 1955—2005 年中国城乡经济关系密切型的省份个数没有变化，维持在 6.67%。到 2010 年年底，各区域城乡关联发展仍处在复杂的过渡形态演变之中，主要表现为城乡社会分工扩大、乡村城镇化和工业发展、乡村人口和经济资源进一步向城镇转移、城乡商品交换关系扩大、城乡相互依存关系加深，在诸多良好政策的引导下城乡关系朝着协调发展的态势演进。

［小结］

在区域发展的多轮驱动战略实施以来，中国城市发展体系逐渐走向成熟，以城市特别是以大城市发展为代表的、城市区域空间为主体发展的新格局日益显现，一些区域具有区位、资源和产业优势，已经达到了较高的城市化水平，形成了城市发展相对集中的城市群或都市圈，除原有的长江三角洲、珠江三角洲、京津冀、厦泉漳闽南三角地带外，山东半岛城市群、辽中南城市群、中原城市群、长江中游城市群、海峡西岸城市群、川渝城市群和关中城市群也初露端倪。由于都市圈、城市群在本质上打破了行政区的束缚，在一个巨大的城乡交融的区域内实现经济社会的整合，极大地缩短了人们在空间上的距离，经济活动不再局限于某一地区之内，跨地区的产业集团、金融网络和贸易集团也以前所未有的速度和规模发展，从组织结构上确保资本、技术、信息等更加畅通无阻地向全国流动、扩散，成为中国区域经济发展的支撑点。[1] 21 世纪的中国，城市不断吸纳着大量的工人、农民和中产阶级，公众对居住环境改善的强烈需求刺激着房

[1]　国家统计局城市社会经济调查司：《中国城市统计年鉴（2009）》，中国统计出版社 2010 年版，第 12 页。

地产业的市场化、工业化，城市似乎在无止境地蔓延和过度开发，城市高度建成区的发展饱和，老城区的破败和严重的卫生问题，基础设施的建设仍然无法满足城乡的连续性，地方政府在"GDP"竞赛晋升激励中导致产品及要素市场分割和"土地财政"、各自为政、自成一体……面对中国正逐步遭遇的欧美发达国家曾经在城市发展中经历的相似问题，保证城乡未来发展的有序性，以往的策略可能越来越捉襟见肘。城乡一体化需要的是发展理念的转化和城乡价值认同，国家体制改革、政治的民主化、社会公平、公民教育、制度安排的完善需要与城乡发展相适应；城乡发展具有精神承载功能，价值认同表现为一种信念，当一个社会中绝大多数人一致认为这种行为是妥当的，那种行为是丑恶的，这表明该社会已经形成了一种特定的社会价值观。① 不论是在城市抑或乡村，人们需要身处和谐宜居的住宅和心满意足的幸福生活，那时城乡居民的心灵都能得到安顿。在现阶段，从强化城乡联系角度促进制度创新，不断弱化行政区经济对市场一体化的体制障碍，针对不同区域内城乡组织模式和联系方式的特点，有助于促进城乡一体化的实现，也会对其他层面的制度创新产生积极影响。因此，只有当城市化赖以发展的结构特征、制度安排和联系机制发生重大转变时，城乡形态演变才能发生重大转变。在城乡区域差距已成为影响中国未来发展的重要制约的条件下，只有进一步释放市场化、工业化和城市化对于城乡一体化实现的联动力量，不断改善城乡关系和促进城乡布局形态合理化，发现和分析有碍于城乡协调发展的微观问题，并通过形成新的体制与机制导入而影响更大层面的城乡区域空间与功能再组织过程，才会有助于解构城乡一体化实现的真实内容，从而避免单纯从外延扩展或经济增长角度寻求城乡一体化发展政策措施的不合理性。

(二) 市场导向下的城乡经济社会发展

1. 新的工业变革力量

20世纪90年代，中国社会主义市场经济体制改革模式正式确立，城乡经济关系发生了重要转折，人口流动的跨区域性特征明显，农民寻求非农岗位就业的理性选择在各种制度障碍的逐渐调整过程中得以自由发挥，

---

① 张荣明：《权力的谎言——中国传统的政治宗教》，浙江人民出版社2000年版，第2页。

特别是沿海地区以劳动力密集型制造业为主的外向型经济的发展以及所有制形式多元化推动的城镇经济的发展，对农村劳动力产生巨大的增量需求，农村向城市、中西部向东部地区的劳动力流动规模显著扩大。顺应劳动力市场扩大和一体化的趋势，城市就业政策和企业劳动制度逐步打破"大锅饭"，政府在应对失业问题上的就业政策也更多地趋向于利用劳动力市场的调节机制，城市社会保障体系逐步建立，城乡劳动力市场一体化程度有所提高。但是，在中国劳动力无限供给的二元经济发展阶段，城乡居民之间仍然存在着较强烈的利益对峙，户籍制度仍发挥着保护城市劳动者优先获得就业机会、排斥农村迁移者均等享受城市社会福利待遇的双重作用。①

市场竞争的加剧、城市工业转型以及其他外部环境的深刻变化，中国乡镇企业20世纪90年代末以来逐步陷入发展困境。数据显示，2002年中国乡镇企业数为2084.66万个，乡镇企业增加值2.7万亿元；1995年全国平均每个乡镇企业增加值为57.8万元，而2000年为13万元，只占1995年的22%，乡镇企业的发展已经出现了很大的问题，这主要是市场环境和融资渠道发生了不利于乡镇企业发展的变化；2002年末中国乡镇企业银行贷款余额为6282亿元，比2001年末减少6亿元，乡镇企业增加值占全国GDP的1/3，而贷款仅占全国贷款总量的6%，乡镇企业融资出现困难，同年中国乡镇集体企业"两项"资金（指产成品和应收账款）余额为7954亿元，占全部流动资产的比例达58%，其中产成品为2103亿元，占流动资金的15.4%，应收账款为5851亿元，占流动资金的42.6%，可见乡镇企业产品积压问题严重，货款回笼不畅。

从农村工业发展对农业农村的带动作用来看，2002年中国乡镇轻工业企业中以农产品为原料的企业数为13.77万个，而1995年这一比重还保持在20.3%，以农产品为原料的乡镇企业仅占乡镇企业总数的0.7%。城乡分离的二元经济结构以及城市部门的积聚效应，形成了农村生产要素单向流向城市的机制，由此导致农村长期处在社会发展的边缘状态，发展能力和水平严重滞后于城市，无法分享城市文明的成果，从而使得农村工业化得不到农业资本的支持；并且，为工业化提供资本原始积累必然导致

---

① 蔡昉：《户籍制度改革与城乡社会福利制度统筹》，《经济学动态》2010年第12期。

自身的再生产能力严重削弱。换句话说，在乡镇企业发展环境发生变化和
城乡二元制度没有彻底消除的前提下，让农业剩余来支持农村工业化的发
展不仅是不现实的，而且对农业的可持续发展来说是危险的。如何使乡镇
企业走出困境，从而推动农村工业的发展，如何对乡镇企业重新定位，如
何通过制度创新使得乡镇企业成为农村工业化和服务"三农"的重要力
量，至今仍然是中国城乡一体化进程中的一大难题。

表 4 - 34　　　1996—1998 年中国农业产业化经营组织的区域分布特征

年份	分布状况	东部	中部	西部	合计
1996	组织数目（个）	6613	4334	877	11824
	地区分布（%）	55.90	36.7	7.40	100
1997	组织数目（个）	14588	13588	2188	30344
	地区分布（%）	48.07	44.78	7.15	100
1998	组织数目（个）	32344	21198	13146	66000
	地区分布（%）	48.50	31.80	19.70	100

資料来源：牛若峰：《中国农业产业化经营的发展特点与方向》，《中国农村经济》2002 年第
5 期。

2. 城乡劳动就业与产业发展

从产业城乡发展比重分析城乡产业发展水平，由于以制造业和服务业
为主体的现代部门在城乡间发展水平的巨大差异，以及由此引起的城乡区
域对资金、人力等要素的吸引和配置能力不同，城市产业发展水平明显高
于乡村，乡村第二、第三产业的增长速度因改革开放的叠加效应而稍快于
城市，城市第二产业发展速度因工业化稳步推进而表现为速度较缓，乡村
第三产业在非农产业、农村工业化和农村商贸经济发展带动下增长较快。

表 4 - 35　　　　　　1985—2006 年中国城乡产业发展水平对比　　　　　单位：%

年份	第一产业	第二产业			第三产业			农村合计
		占比	城市	农村	占比	城市	农村	
1985	28.4	43.1	34.5	8.6	28.5	21.8	6.7	43.7
1990	27.1	41.6	30.3	11.3	31.3	21.6	9.7	48.0
1991	24.5	42.1	28.5	13.6	33.4	23.0	10.4	48.5
1992	21.8	43.9	27.2	16.7	34.3	23.5	10.8	49.3

年份	第一产业	第二产业			第三产业			农村合计
		占比	城市	农村	占比	城市	农村	
1993	19.99	47.4	25.7	21.7	32.7	22.1	10.6	52.2
1994	20.2	47.8	27.1	20.7	31.9	21.2	10.7	51.6
1995	20.5	48.8	28.1	20.7	30.7	20.3	10.4	51.6
1996	20.4	49.5	28.5	21.0	30.7	19.9	10.2	51.6
1997	19.1	50.0	28.2	21.7	30.9	19.9	11.0	51.8
1998	18.4	48.7	26.9	21.8	32.9	21.0	11.9	52.1
1999	17.6	49.3	27.1	22.3	33.0	21.1	11.9	51.8
2000	15.9	50.9	28.0	22.9	33.2	21.4	11.8	50.6
2001	15.2	51.2	28.2	23.0	33.6	21.9	11.7	49.9
2002	13.5	44.8	24.3	20.5	41.7	29.0	12.7	46.7
2004	13.1	46.2	25.1	21.1	40.7	28.3	12.4	46.6
2005	12.5	47.5	25.8	21.7	40.0	27.8	12.2	46.4
2006	11.8	48.7	26.5	22.2	39.5	27.6	11.9	45.9

资料来源：中国社会科学院农村发展研究所、国家统计局农村社会经济调查总队：《农村经济绿皮书——中国农村经济形势分析与预测》，社会科学文献出版社 1993—2007 年各卷。转引自王千六《基于城乡经济二元结构背景下的城乡金融二元结构研究》，西南大学出版社 2009 年版，第 97 页。

　　在市场化力量推动下，中国城乡差距基本保持着持续扩大的趋势。"十一五"期间，中国城乡就业人数从 2005 年末的 75825 万人增加到 2009 年末的 77995 万人，年均增加 543 万人。其中，城镇就业人员从 27331 万人增加到 31120 万人，年均增加 947 万人；乡村就业人员从 48494 万人减少到 46875 万人，年均减少 405 万人。随着城市化与工业化进程的加快，城镇吸纳就业的能力有所增强，城镇就业人员占全国的比重从 2005 年末的 36.0% 增加到 2009 年末的 39.9%，城镇新增就业人数保持在 1100 万人左右。分析中国 1992—2010 年城镇登记失业率和经济增长率数据可以发现，高速的经济增长和事实上较高的失业可能同时发生，就国家统计局发布的年度数据而言，中国经济增长与城镇登记失业率之间并不存在反比关系，"奥肯定律"不能解释中国现象已是学界共识。未来时期，能否在城乡统筹的基础上，加快进城农民成为完整意义上的市民的进程，促进城乡居民在就业与劳动保障权益的前提下优化劳动力资源配置，让更多和更大范围的社会成员在更深程度和更高质量上共同参与城乡统筹发展、城乡现代化进程，进一步释放城乡居民每一位成员的发展潜能和参与机会，完善鼓励创业创新的劳动就业保障制度和政策，以健全的法制环境保障每位成员都能在实现自身价值的过程中对未来抱有乐观和稳定的预期，这对于促进城乡人力资本积累水平的提升和破解就业难题意义重大。

表 4-36　　中国 1992—2010 年城镇登记失业率和 GDP 年均增长率　　单位：%

年份	失业率	增长率	年份	失业率	增长率	年份	失业率	增长率
1992	2.3	14.2	1998	3.1	7.8	2005	4.2	11.31
1993	2.6	13.5	2000	3.1	8.0	2006	4.1	12.68
1994	2.8	12.6	2001	3.6	7.5	2007	4.0	14.16
1995	2.9	10.5	2002	4.0	8.3	2008	4.2	9.63
1996	3.0	9.8	2003	4.3	9.5	2009	4.3	9.11
1997	3.1	8.8	2004	4.2	9.5	2010	4.1	10.3

资料来源：廖海亚：《人口红利：理论辨析、现实困境与理性选择》，《经济学动态》2012 年第 1 期。

表 4-37　　中国 2001—2010 年外出农民工及城镇就业数量和增长率

年份	农民工		城镇职工	
	人数（万人）	增长率（%）	人数（万人）	增长率（%）
2001	8399	7.0	23940	3.4
2002	10470	24.7	24780	3.5
2003	11390	8.8	25639	3.5
2004	11823	3.8	26476	3.3
2005	12578	6.4	27331	3.2
2006	13212	5.0	28310	3.6
2007	13697	3.7	29350	3.7
2008	14041	2.5	30210	2.9
2009	14500	3.3	31312	3.6
2010*	15335	5.8	32480	3.7

资料来源：2001—2009 年数据来自《2010 年中国统计年鉴》和《中国农村住户调查统计年鉴 2009》，2010 年数据来自人力资源和社会保障部 2011 年 5 月 23 日发布的《2010 年度人力资源和社会保障事业发展统计公报》。

3. 城乡金融二元分割

长期以来，中国城乡之间的金融活动在其内容、总量等方面均存在较大

的差异，城乡金融发展也呈现明显的二元分割状态。相对而言，农村金融发展
中的资产结构比较单一，现金流通量、农村存款、农村贷款、农业股票发行
额、农业保费收入等均较少；城镇金融资产不仅总量上升速度明显快于农村金
融资产总量上升速度，而且金融资产总量、金融中介、金融市场规模及其结构
等，其效率均较农村高且城市还有众多各类以商业银行为主体、政策性银行和
外资银行为补充的银行业体系和其他投资公司、财务公司、金融租赁公司、信
用担保公司等。由此便造成在金融领域，城镇强势的经济个体和企业便能够以
较低的成本使用正规金融体系提供的金融服务，而处于弱势甚至受到歧视的农
村经济个体和小企业往往被排除在正规金融体系之外。进而，由于在正规金融
之外存在较大规模的资金需求缺口，又有较大规模的资金供给缺口，最终遍布
于中国城乡各地的地下金融市场和地下金融契约的产生便成为必然。

表 4 - 38　　　　　　1995—2005 年间中国城乡金融资产总量差异对比　　　　单位：亿元

年份	全国金融资产总量	农村金融资产总量	城镇金融资产总量	城乡金融资产差异	
				绝对额	倍数
1995	119695.4	18576.07	101119.33	82543.26	5.4435
1996	147901.6	21552.43	126349.17	104796.74	5.8624
1997	179495.6	26299.77	153195.83	126896.06	5.8250
1998	209828.0	29996.12	179831.88	149835.76	5.9952
1999	236725.1	33723.62	203001.48	169277.86	6.0196
2000	262927.2	36211.59	226715.61	190504.02	6.2609
2001	300472.9	40021.24	260451.66	220430.42	6.5078
2002	354849.1	44968.29	309880.81	264912.52	6.8911
2003	426623.0	52983.93	373639.07	320655.14	7.0519
2004	488174.6	59240.53	428934.07	369693.54	7.2406
2005	556229.3	67074.86	489154.44	422079.58	7.2927

　　资料来源：王千六：《基于城乡经济二元结构背景下的城乡金融二元结构研究》，西南大学出
版社 2009 年版，第 68 页。

　　当前，地下金融活动在中国城乡各区域均有一定的规模，在东三省和
中西部地区多以农村民间借贷行为为主，而在浙江、福建和广东等沿海发
达地区多以中小企业融资为主。[①] 活跃于地下金融体系中的资金大多为民

---

　　① 姜涛、李晓义：《地下金融：履约机制、组织形式与治理策略》，《中国工业经济》2011
年第 12 期。

间闲散资金（也有正规金融资源因追逐利差而以各种途径流入地下金融的情况），这些融资活动的契约履约机制因其隐蔽和脆弱性，极不利于金融监管当局对其进行监管和保护，只有当资金链突然断裂时（如浙江的"吴英案"，内蒙古的"石小红案"、"金利斌案"），人们才得以窥见其冰山一角。因此，在金融领域，如何发挥地下金融的正面作用、削弱其负面影响，促进城乡金融二元分割状态的消除，特别是为农户、农村中小企业提供便捷的小额资金或信用担保，仍然是较长时期内城乡协调发展必须关注的重要问题。

4. 多维视角中的城乡差别

（1）居民收入

在城乡居民收入差距方面，改革开放前中国并未发布过准确信息，推测在 2.5：1 左右；改革开放后的 30 年，从国家统计局发布的信息看，城乡居民收入差距的阶段性特征明显。[①] 如 2010 年城镇居民人均可支配收入 19109 元，农村居民人均纯收入 5919 元，二者绝对额相差 13190 元，城乡居民收入绝对额比为 3.23：1。从国际对比看，由于中国正处于转轨时期，由市场调节要素收入分配的机制还没有形成，城乡二元经济结构更加典型，非农部门的工资很大程度上还由农业部门的生产效率决定，城乡劳动力缺乏畅通的利益诉求渠道，因此，中国 2008 年的城乡收入差距与1961 年的日本类似。

表 4 - 39　　　　　　中日两国不同时间收入分配状况比较

	居民收入基尼系数	区域收入变异系数	城乡人均收入相对差距	劳动所得占国民收入份额（%）
日本（1961 年）	0.376	0.384	1.6	49.3
中国（2008 年）	0.472	0.590	3.3	39.2

资料来源：张车伟、蔡翼飞、董倩倩：《日本"国民收入倍增计划"及其对中国的启示》，《经济学动态》2010 年第 10 期。

城乡区域之间、居民收入之间的贫富差距问题，不仅是中国长期存在的现实问题，也是历史学、经济学、社会学和政治学问题，更是城乡一体化进程中必须进一步解决的重大发展问题。1983 年中国城乡居民收入比

---

① 李昌明、王彬彬：《中国城乡二元结构转换研究》，《经济学动态》2010 年第 10 期。

为 1.82：1，2009 年拉大为 3.33：1，幅度不仅远高于发达国家，也高于巴西、阿根廷等发展中国家；农业增加值占 GDP 比重从 1982 年的 33.4% 下降到了 2009 年的 10.6%，而农村人口的比例从 78.87% 下降为 46.59%，特别是第一产业就业比例直从 68.1% 下降到 38.1%。中国农村居民内部和城镇内部居民各自收入基尼系数分别计算在 0.35 上下，而城乡综合计算则高至 0.45—0.5。其中的深层次原因之一，就是在农村和农业财富生产比例持续快速下降的同时，农业人口和农业劳动力向城市和非农业转移过慢，导致相对越来越少的农业增加值被相对越来越多的农村人口和劳动力所分配，与城市和非农业人口的分配相比，差距必然会拉大。同时，随着农民工教育水平的提高、观念和生活方式的改变、城市生活费用的提高，"80 后"、"90 后"和未来的 21 世纪后农民工靠外出务工平衡城乡收入差距的作用将越来越弱；加之农民土地没有资产收益、粮食等农产品价格不顺等，也不断加剧已有城乡差距的继续扩大。[①] 1997 年至 2002 年，农民人均纯收入平均增长 3.97%，城镇居民人均可支配收入平均增长 7.8%，比农民人均收入增幅高 3.84 个百分点，城乡居民收入差距逐年拉大。1978 年城乡居民收入比为 2.51：1，1983 年为 1.82：1，2002 年达到 3.11：1，2003 年又扩大到 3.24：1，2009 年这一差距已经超过 3.33：1，如果把衣料、教育、社会保障等非货币性因素考虑在内，中国城乡居民收入差距比约为 5.16：1。[②] 2001 年中国农业占 GDP 份额已下降到 15.2%，而农业就业份额仍高达 50%。

表 4-40　　　1993—2000 年国家预算内基本建设投资的地区分布

年份	国家预算内资金（亿元）	各地区所占比重（%）			人均占有预算内资金（元）			沿海与内地之比
		东部	中部	西部	东部	中部	西部	
1993	431.76	37.8	24.4	17.1	33.8	25.0	27.4	0.91
1994	434.57	40.7	25.8	16.9	36.2	26.3	26.8	0.95
1995	491.67	38.8	28.6	20.2	38.4	32.7	35.9	0.80
1996	524.38	42.4	28.9	16.5	44.5	35.0	30.9	0.93

① 周天勇：《从调结构入手改善收入分配差距》，《光明日报》（理论周刊）2010 年 11 月 9 日第 10 版。

② 任毅、易淼：《贫富差距的学理演进与引申》，《改革》2011 年第 2 期。

续表

年份	国家预算内资金（亿元）	各地区所占比重（%）			人均占有预算内资金（元）			沿海与内地之比
		东部	中部	西部	东部	中部	西部	
1997	574.51	43.7	30.9	20.6	49.8	40.6	42.0	0.85
1998	1021.32	36.7	24.4	19.3	73.9	56.7	69.3	0.84
1999	1478.88	36.5	27.5	19.4	105.6	91.9	99.8	0.78
2000	1594.07	31.5	26.5	21.4	93.7	96.1	118.8	0.66

注：由于存在不分地区投资，因此各地区比重之和不等于 100%。
资料来源：国家统计局编：《中国统计年鉴（1994—2001）》，中国统计出版社。

城乡居民收入差距、贫富差距扩大，是市场经济运行发展中不可避免的产物，合理适度的城乡居民收入差距，能够利用普遍的利益差别以及由此产生的利益落差压力驱动城乡经济发展。但是，不合理的、超度的贫富差距，则容易引起两极分化，造成社会的不平等，引发经济效益和社会效益下降。1979—2006 年，中国城镇居民人均可支配收入年均增长 8.9%，农村居民人均纯收入增长 4.9%，两者相差 4 个百分点。2006 年城镇居民人均可支配收入达 11760 元，农村居民人均纯收入 3587 元，城市是农村的 3.3 倍。2006 年城镇居民人均消费水平为 8697 元，农村居民为 2829 元，城市是农村的 3.1 倍。中国城乡居民的恩格尔系数由 1978 年的 57.5% 和 67.7% 分别下降到 2006 年的 35.8% 和 43%，差距较大。从城镇居民看，生存型消费占总消费支出的比重由 1990 年的 74.6% 下降到 2006 年的 56.6%，而发展型和享受型消费比重则由 13.1% 和 11.3% 提高到 21% 和 18.9%。从农村居民看，1990—2006 年生存型消费占总消费支出的比重由 75% 下降到 56.6%，而发展型和享受型消费比重则由 13.4% 和 10.4% 提高到 17.6% 和 14.7%。[1] 2010 年，中国城镇居民人均消费性支出 13471 元，农村居民人均生活消费支出 4382 元，"十一五"时期年均分别增长 11.1% 和 11.4%。从消费特点对比分析，城乡居民消费结构由生存型向发展型、享受型方向转变趋势明显，交通通信支出大幅增加，主要耐用消费品拥有量显著增加。数据显示，2010 年中国城镇居民人均消费性支出和农村居民人均生活消费支出中食品比重为 35.7% 和 41.1%，城乡居民人均用于交通通信的支出分别为 1984 元和 461 元。2010 年年底，

---

① 梁达：《在消费升级中挖掘农村商机》，《中国商界》2007 年第 9 期。

城镇居民家庭平均每百户拥有家用汽车 13.1 辆，拥有移动电话 188.9 部，拥有家用电脑 71.2 台；农村居民家庭平均每百户拥有电冰箱 45.2 台，拥有移动电话 136.5 部，拥有家用计算机 10.4 台。总体而言，消费领域的城乡差别依然较大，由此也导致不同部门的最终需求劳动报酬拉动系数及最终需求结构呈现不同变化和差异。

表 4-41　1987—2007 年中国最终需求劳动报酬拉动系数及最终需求结构

年份	最终需求劳动报酬拉动系数					最终需求结构				
	农村消费	城镇消费	政府消费	投资	出口	农村消费	城镇消费	政府消费	投资	出口
1987	0.58	0.52	0.52	0.42	0.32	25.99	17.91	13.74	30.11	12.25
1992	0.59	0.54	0.54	0.40	0.37	20.49	17.62	17.48	29.16	15.25
1997	0.60	0.54	0.69	0.47	0.42	19.35	18.81	12.09	31.97	17.78
2002	0.47	0.42	0.53	0.37	0.33	10.18	22.86	12.49	31.68	22.78
2007	0.43	0.37	0.52	0.31	0.27	6.57	18.71	8.03	33.65	33.04

资料来源：孙文杰：《中国劳动报酬份额的演变趋势及其原因——基于最终需求和技术效率的视角》，《经济研究》2012 年第 5 期。

（2）城乡居民消费

与收入直接相对应的是农村消费水平偏低，城乡居民在消费领域的差距甚至比收入差距更大。[①] 根据《中国统计年鉴》提供的数据，城乡居民人均消费水平差距由 1985 年的 2.3∶1 扩大到 1999 年的 3.5∶1。2002 年，在居民消费中，农民消费占 46.3％，比 1978 年的 62.1％下降了 15.8 个百分点；2000 年，农村人均消费总支出 1670.13 元，相当于城镇居民人均水平的 1/3。2006 年，全国县及县以下农村零售额实现 26867 亿元

---

① 李泉、王茜的实地调研发现，影响农民消费品购买的最主要因素是价格，价格与商品的品牌、质量、安全性等正相关。一般来讲，越是较低的收入越容易导致农民作出购买问题商品的决策，进而城市中无法藏身的假冒伪劣产品大多通过各种渠道大量流向农村。同样，农民为了自己生产的优质农产品得到较高的出售价格，一般都不能也不愿意自己享用而通过流通领域转向城镇居民的消费领域。如甘肃省庆阳市宁县早胜镇，在其中心街也有农民自己开设的自选商场——农村超市，但其出售的商品特别是当地无法提供的工业产品和生产生活用品质量仍然较低。又如，2011 年 4—5 月中国出现的区域性"菜贱伤农、菜贵伤民"同时并存问题，农民在地头以很低的价格出售应季蔬菜，市民购自零售商贩中的菜品价格却极高。笔者针对兰州市榆中县和平镇的调研分析认为，关键是生鲜农产品的特点、中间环节较多、大型蔬菜批发市场的"霸头"干扰市场秩序和地方政府工商行政管理部门"不作为"等综合因素造成。

（增长 12.6％），比上年增长 14.3％。与城市消费品零售额相比，城乡居民消费增速差距进一步缩小，增速差距已由 2005 年的 2.1 个百分点缩小到 2006 年的 1.7 个百分点。从城乡居民消费变化状况分析，1995 年城市与农村社会消费品零售额分别为 12979 亿元和 10634 亿元，城市是农村的 1.2 倍，2001 年这一差距扩大到 1.7 倍，而到 2006 年为 2.1 倍，农村市场消费品零售额占社会消费品零售总额不足 1/3。从消费总量看，2006 年中国农村人口是城镇人口的 1.3 倍，但实现的消费品零售额仅为城市居民的 48.2％。农村市场对社会消费品零售总额增长的贡献率，2003 年只有 20.8％，2006 年也仅为 30.2％。

表 4-42　　　　1995—2005 年中国城乡居民生活消费支出水平对比

年份	农村居民生活消费（元/人）	城镇居民生活消费（元/人）	城乡居民消费差异绝对额	城乡居民消费差异倍数	城乡居民恩格尔系数差异绝对额
1995	1310	3538	2228	2.70	8.51
1996	1572	3920	2348	2.49	7.54
1997	1617	4186	2569	2.59	8.50
1998	1590	4332	2742	2.72	8.74
1999	1577	4616	3039	2.93	10.53
2000	1670	4998	3328	2.99	9.66
2001	1741	5309	3568	3.05	9.50
2002	1834	6030	4196	3.29	8.52
2003	1943	6511	4568	3.35	8.50
2004	2185	7182	4997	3.29	9.50
2005	2555.4	7943.0	5387.6	3.11	8.80

资料来源：根据《中国农业发展报告（2006）》、《中国统计年鉴（2006）》的相关数据整理或计算。

从消费结构上看，2006 年城镇居民的恩格尔系数已下降到 35.8％，属于小康水平，而农村居民的恩格尔系数仍达 43％，属于温饱水平，其消费支出仍以衣、食、住等生活必需品为主。如果再加上实物商品以外的文化、教育和服务等方面的服务消费，城乡消费差距更加悬殊。有些例外的是，自 1995 年起，服务消费在中国城乡居民总消费支出中所占份额增长逐步加快，在考虑将居住服务视为全部消费需求的情况下，城乡服务消费份额分别从 1995 年的 31.57％和 34.52％提高到 2009 年的 50.08％和

53.22％。但是，无论从消费的总量、结构还是质量上看，农村居民的消费水平大约相当于城镇居民 1997 年的水平，比城镇居民落后 10 年左右，城乡服务消费占比的增加，无法掩盖城乡居民消费水平的巨大差异，7.4 亿的农村人口在全国消费品市场所占份额仅为 33％，而占全国人口 43.9％的城镇人口，却占全国 67％多的市场份额。更为严重的是，在市场经济主导的耐用消费品时代，城市家庭的每月收入花费在主副食品上的比例并没有多大提高，即使加上其他与农副产品有关的开销，变化幅度也不大。其余大部分的花费在住房、汽车或其他交通的费用、电器、医疗、子女的教育、旅游以及其他的服务等。而这些消费项目，大多与农村或农民关系不大。也就是说，市民的主要支出，很难流入农村。这首先意味着，城市居民的生活越来越多的部分不再与农民和农村有关。[①] 他们日常生活大部分依赖的是城市而不是农村。事实上，就是原来许多由农村提供的食品，现在也有相当的一部分是来自国际市场。在这个时候，我们可以看到城市和农村之间一种新的形式的断裂，这种断裂主要不是由人为的制度造成的，而是由市场造成的。但这同样是一种断裂，甚至是一种更为深刻的断裂。[②]

表 4 - 43　　　中国服务消费占全部消费支出比重变化的城乡对比[③]

年份	服务消费占比（％）	
	城市服务消费占比	农村服务消费占比
1995	31.57	34.52
2000	40.45	45.12
2005	50.45	48.70
2008	48.99	50.53
2009	50.08	53.22
2010*	86.70	13.30

注：2010 年数据为当年城镇（或农村）消费品零售总额占全国全年社会消费品零售总额的比例；数据来源于中华人民共和国 2010 年国民经济和社会发展统计公报，http：//news. xinhuanet. com/politics/2011－03/01/c_ 121132026. htm。

　　收入分配不公会危及社会和谐稳定。从国民收入初次分配的各要素回

---

① 李婧：《耐用消费品时代的城乡关系》，《发展导报》2002 年 7 月 9 日第 3 版。
② 孙立平：《耐用消费品时代的城乡关系》，《经济参考报》2003 年 7 月 16 日。
③ 夏长杰、刘奕、李勇坚：《"十二五"时期我国服务业发展总体思路研究》，《经济学动态》2010 年第 12 期。

报看，中国市场化进程中存在资本侵占劳动的现象。1978—1995 年，中国初次分配中的劳动报酬、资本收益、生产税净额之间的比例变化不大；1995—2006 年，生产税净额在初次分配中的比重轻微上涨，劳动收入份额却从 59.1％逐年下降到 47.31％，资本收益份额则相反上升了 11.79 个百分点；同一时期，资本对经济增长的平均贡献达到 42.5％，劳动的平均贡献为 11.6％，全要素劳动生产率的平均贡献为 45.9％，相对来讲劳动贡献逐年降低（2006 年劳动对经济增长的贡献已降至 6.8％）。[①] 因此，居民收入占国民总收入比重连年下降是造成城乡居民不公平感的基本原因。数据显示，1996 年至 2007 年中国居民收入在国民收入分配中的比重从 69.3％下降到 57.5％，累计下降 11.8％。1996 年至 2007 年在劳动者报酬比重大幅下滑同期，企业利润所占比重却从 21.2％升至 31.3％。目前，作为中国居民收入主要渠道的工资收入，在生产要素中的分配比例偏低，仅占企业运营成本的不到 10％，远低于发达国家的 50％。2007 年中国公共财政收入占 GDP 比重为 19.9％，2008 年为 19.5％，2009 年为 20.4％，明显低于国外水平。[②]"十二五"期间，建立民生财政，促进整个财政支出中的较大比例用于城乡教育、医疗卫生、社会保障和就业、环保、公共安全等领域，逐步理顺分配体制、改革税收制度、缩小贫富差距等作为一系列相互关联的重要民生问题，应该成为让全体居民共享发展成果的着力点，中国城乡一体化进程中的收入差距、贫富差距的治理路径选择，已成为未来改革发展能否继续稳步推进的重要影响因素。

表 4 - 44　　　　　1995—2005 年中国城乡固定资产投资差异对比

年份	全社会固定资产投资总额（亿元）	农村投资（亿元）	城镇投资（亿元）	城乡投资差异	
				绝对额	倍数
1995	20019.3	4375.6	15643.7	11268.1	3.5752
1996	22913.6	5346.3	17567.3	12221.0	3.2859
1997	24941.1	5746.8	19194.3	13447.5	3.3400
1998	28406.2	5914.8	22491.4	16576.6	3.8026

---

① 焦斌龙：《人力资本：调整我国初次分配关系的政策着力点》，《经济学动态》2011 年第 2 期。
白重恩、钱震杰：《国民收入的要素分配：统计数据背后的故事》，《经济研究》2009 年第 3 期。
② 贾康：《谈"国富民穷"说的偏颇》，《光明日报》（理论周刊）2010 年 12 月 14 日第 10 版。

续表

年份	全社会固定资产投资总额（亿元）	农村投资（亿元）	城镇投资（亿元）	城乡投资差异	
				绝对额	倍数
1999	29855.0	6123.0	23732.0	17609.0	3.8759
2000	32918.0	6695.9	26222.1	19526.2	3.9161
2001	37213.5	7212.3	30001.2	22788.9	4.1597
2002	43499.9	8011.1	35488.8	27477.7	4.4300
2003	55566.6	9754.9	45811.7	36056.8	4.6963
2004	70477.4	11449.3	59028.1	47578.8	5.1556
2005	88773.6	13678.5	75095.1	61416.6	5.4900

资料来源：王千六：《基于城乡经济二元结构背景下的城乡金融二元结构研究》，西南大学出版社 2009 年版，第 79 页。

（3）城乡公共服务

在公共产品供给上，截至 2002 年年底，中国农村还有 184 个乡镇，5 万多个行政村和大量的自然村不通公路，即使通公路的行政村也有 45 万个不通沥青或水泥路，最为典型的是"晴通雨阻"，这种现象在黄土高原、西南山区等农村地区表现更为明显；至于自来水饮用、清洁能源燃料使用、卫生厕所普及率、粪便无害化处理率、废物垃圾处理、医疗保健条件等方面，农村和农民的生活发展环境与城市和市民相比，差距就更为明显。例如，农村婴幼儿死亡率高于城镇水平，农村人口的疾病死亡率是城市人口的 2 倍多，农民小病靠熬，大病无力治疗，因病致贫的现象十分普遍；同时，农村劳动力的文化素质整体上偏低，人力资本投资及其积累低下，农民医疗保健、健康教育、权益保护等跟不上，中国近 5 亿农村劳动力中初中文化程度以下的占到 88%，使得农民这一弱势群体在落后而缓慢发展的农村从事着弱势的产业进而缺乏政策制定和政治影响的话语权；农村发展环境的改善滞后，也导致农村产业经济发展无力，金融支持弱化甚至缺位，加之政府公共产品的投入偏重城市，使得农民在市场竞争中日益处于更加不利的地位，进一步加剧城乡发展差距。2006 年，在全国范围内取消农业税，与税费改革之前比，每年减轻农民税费负担 1355 亿元。与此同时，制定和推行最低小时工资标准，逐步解决了农民工工资偏低问题，对保证进城农民收入稳步增长起到重要作用。

表 4 - 45　　　　　　　　　中国城乡居民家庭收入分布的统计特征

	基尼系数	均值（元）	中位数	扭曲系数	变异系数
2005 年城镇	0.45	4524.70	3000.00	1.51	1.53
2007 年城镇	0.57	5743.60	3008.37	1.91	2.87
2007 年农村	0.45	1297.15	861.77	1.51	0.90

资料来源：梁运文、霍震、刘凯：《中国城乡居民财产分布的实证研究》，《经济研究》2010年第 10 期。

　　城乡区域是人类社会两种不同的聚集方式，存在不同的资源分布形式。在城市，人口集中、产业集中、资源集中，很容易产生聚集效应；在农村，人口分散，面积广阔，农业领域宽，资源松散，很难实现资源的集中从而难以产生聚集效应，加之城乡之间的产业类型、基础设施、生产条件、经营方式等存在较大差异，因此农业劳动生产率普遍较低，导致城乡收入差距历经时间积累，而产生财富占有的累积性差距。梁运文等人通过奥尔多中心的调查数据分析发现，中国城乡居民的财产分布不平等程度已经比较严重，特别是农村财产分布的基尼系数已经超过城市；金融性资产和房产分布的不平等是净资产分布不平等的主要来源，职业、受教育程度以及党员身份对居民财产积累影响显著。现有研究表明，1978—2010 年中国城乡家庭收入主要表现为财产性收入占可支配收入的比例非常低，且呈现典型二元特征。1993 年之后，城乡财产性收入平均差距为 3.089，最小差距为 2.01，最大差距为 6.52，城乡收入差距指数从 1994 年的 2.86下降到 1997 年的 2.47，城乡差距缩小，其后又呈震荡性变化；与此同时，城乡财产性收入差距指数从 1993 年的 6.52 下降到 1996 年的 2.63，城乡财产性收入差距缩小；1997—1999 年，城乡财产性收入差距逐步拉大，分别为 5.27、4.38 和 4.08；2002 年后，城乡财产性收入差距指数又呈现逐年上升的态势，城乡财产性收入差距扩大，2007 年后略有缩小。[1] 总体来看，直到 2010 年城镇家庭人均财产性收入（主要以工资性收入为主）所占比例也仅为 2.47%，农村家庭人均财产性收入（主要以家庭经营性收入为主）所占比例为 3.41%，与发达国家相比，中国城乡家庭财产性收入占可支配收入比重都非常低，但城乡家庭财富差距日益扩大的趋势并

---

　　① 何丽芬、潘慧峰、林向红：《中国城乡家庭财产性收入的二元特征及其影响因素》，《管理世界》2011 年第 9 期。

未改变。

表 4 - 46　　　市场化条件下中国城乡居民家庭人均收入及恩格尔系数

年份	城镇居民家庭人均可支配收入		农村居民家庭人均纯收入		城镇居民家庭	农村居民家庭	
	绝对数（元）	指数（1978＝100）	绝对数（元）	指数（1978＝100）	恩格尔系数（%）	恩格尔系数（%）	城乡居民收入之比
1995	4283.0	290.3	1577.7	383.6	50.1	58.6	2.71：1
1998	5425.1	329.9	2162.0	456.1	44.7	53.4	2.51：1
2000	6280.0	383.7	2253.4	483.4	39.4	49.1	2.78：1
2002	7702.8	472.1	2475.6	527.9	37.7	46.2	3.11：1
2004	9421.6	554.2	2936.4	588.0	37.7	47.2	3.21：1
2005	10439.0	607.4	3254.9	624.5	36.7	45.5	3.22：1
2006	11759.5	670.7	3587.0	670.7	35.8	43.0	3.28：1
2007	13785.8	752.5	4140.4	734.4	36.3	43.1	3.33：1
2008	15780.8	815.7	4760.6	793.2	37.9	43.7	3.32：1
2009	17174.7	895.6	5153	860.6	36.5	41	3.33：1
2010	19109.4	965.5	5919	954.4	35.7	41.1	3.23：1

　　资料来源:《中国统计年鉴（2009）》；2009—2010 年数据来源于国家统计局 2010 年 2 月 25 日和 2011 年 2 月 28 日公布的国民经济和社会统计公报。

　　就城乡居民收入而言，作为一个发展中的转型国家，中国也许是收入构成最复杂的国家之一。2003 年，中国城镇居民人均可支配收入与农民人均纯收入之比由 1997 年的 2.47：1 扩大到 2003 年的 3.23：1；1998—2003 年，农民人均纯收入的增量仅及城镇居民人均可支配收入增量的 15%。如果考虑到城乡居民收入数据中的不可比因素，考虑到平均数对于实际收入差距的掩盖作用，城乡居民之间实际收入差距要远远大于数据显示的结果。从可比口径看，城乡居民实际收入差距已达到 5：1 乃至 6：1，这种差距甚至是世界上最高的。[①] 1978 年中国城乡收入绝对差距 182 元，城乡收入比率为 2.37：1，2009 年以上指标分别扩大为 12021.5 元和 3.33：1，同比上升 0.96 倍。城乡居民收入分配最终格局失

　　　① 国家发展和改革委员会产业经济与技术经济研究所课题组:《统筹城乡发展研究》2005 年第 10 期。

衡的根本原因之一，在于"低价工业化"[①] 增长机制——改革开放 30 多年来，政府与企业在经济规模扩张上的目标一致，国家以较强干预形式的生产要素投入和人为压低劳动力、土地、资源等要素价格"低价"促进工业化，配合经济管理中的歧视性政策，造成初次分配领域居民部门所占份额持续下降。在个人所得税对收入分配的调节方面，尽管中国坚持"高收入者多缴税、低收入者少缴税或不交税"的立法原则，但从税收累进性和平均税率的实践效果看，个人所得税的再分配力度非常小，而平均税率过低则是制约个人所得税收入调节功能发挥的最主要障碍。[②]

表 4 - 47　　　　　　　　1995—2005 年中国城乡二元对比系数

年份	农村 GDP 占全国 GDP 比重	城镇 GDP 占全国 GDP 比重	农村从业人口占全国从业人员比重	城镇从业人口占全国从业人员比重	农村比较劳动生产率	城镇比较劳动生产率	二元对比系数
1995	0.4374	0.5626	0.7203	0.2797	0.6072	2.0114	0.3019
1996	0.4426	0.5574	0.7111	0.2889	0.6225	1.9291	0.3227
1997	0.4426	0.5574	0.7024	0.2976	0.6301	1.8728	0.3365
1998	0.4353	0.5647	0.6940	0.3060	0.6272	1.8454	0.3399
1999	0.4388	0.5612	0.6861	0.3139	0.6396	1.7876	0.3578
2000	0.4212	0.5788	0.6788	0.3212	0.6204	1.8024	0.3442
2001	0.4083	0.5917	0.6722	0.3278	0.6074	1.8050	0.3365
2002	0.4031	0.5969	0.6640	0.3360	0.6071	1.7763	0.3418
2003	0.3978	0.6022	0.6555	0.3445	0.6068	1.7483	0.3471
2004	0.3926	0.6074	0.6479	0.3521	0.6060	1.7252	0.3512
2005	0.4020	0.5980	0.6396	0.3604	0.6286	1.6590	0.3789

　　注：农村 GDP＝第一产业 GDP＋乡镇企业增加值；城镇 GDP＝全国 GDP－农村 GDP；农村比较劳动生产率＝农村 GDP 占全国 GDP 比重/农村从业人口占全社会就业人口比重；城镇比较劳动生产率＝城镇 GDP 比重占全国 GDP 比重/城镇从业人口占全社会就业人口比重；城乡区域二元对比系数＝农村比较劳动生产率/城镇比较劳动生产率。

　　资料来源：王千六：《基于城乡经济二元结构背景下的城乡金融二元结构研究》，西南大学出版社 2009 年版，第 58 页。

　　增大生产力布局结构优化的空间，有力促进各种生产要素由城市中心向郊区以及乡村流动，推动城乡土地资源的重新配置，政府通过一系列的

　　①　夏华：《收入分配失衡与"低价工业化"增长机制的牵引》，《改革》2011 年第 3 期。
　　②　万莹：《个人所得税对收入分配的影响：由税收累进性和平均税率观察》，《改革》2011 年第 3 期。

土地使用政策制度变革，鼓励土地作为一种具有权属价值的财产可以按照等价交换的原则使之与其他生产要素自由组合和合理配置。这一方面强化了要素的经济功能，增强了城乡不同用地属性的空间聚集作用，也导致一些劳动力密集型、适用于中小规模经营或占地较多的企业逐步远离城市中心而迁往郊区或其他乡村区域，城市周边的土地则可能由于其面积大、地价低、靠近农副产品原料生产基地、劳动力资源丰富等，而日益显示出对工业布局的吸引力。城市大工业的扩散、城市核心区的辐射与乡村非农因素的增加，有力地促进了城市化蔓延和乡村现代化进程，也逐步改变了城乡经济社会之间的强度对比关系。

表 4-48　　　　　1995—2005 年中国城乡二元经济结构强度对比

年份	农业 GDP（亿元）	工业 GDP（亿元）	农村人均（元/人）	城镇人均（元/人）	工农业二元结构强度（倍）	城乡二元结构强度（倍）
1995	12020.01	24950.61	3093.56	9724.66	2.08	3.14
1996	13885.79	29447.61	3702.59	10635.08	2.12	2.87
1997	14264.59	32921.39	4152.14	11159.10	2.31	2.69
1998	14618.03	34018.43	4418.23	11455.34	2.33	2.59
1999	14548.13	35861.48	4797.12	11502.80	2.47	2.40
2000	14716.22	40033.59	5168.97	12510.38	2.72	2.42
2001	15516.17	43580.62	5626.76	13500.12	2.81	2.40
2002	16238.62	47431.31	6199.19	14305.26	2.92	2.31
2003	17068.32	54945.53	7030.19	15616.90	3.22	2.22
2004	20955.83	65210.03	8291.50	17889.13	3.11	2.16
2005	23070.40	76912.90	9873.95	19476.34	3.33	1.97

资料来源：王千六：《基于城乡经济二元结构背景下的城乡金融二元结构研究》，西南大学出版社 2009 年版，第 60 页。

工业化与信息化融合是中国经济发展方式转变的国家战略，构成当代中国新型工业化的重要内容。以信息化带动促进城镇制造业、原材料产业、能源产业等领域，实现信息技术或产品融合到工业产品中，增加产品的信息技术含量，将信息技术应用到企业生产、经营、管理的各个环节，促进业务创新和管理创新。同时，通过支持物流、金融等生产性服务业，拓展其为工业直接服务的深度和广度，能够催生出的新型产业业态。中国正处于工业化加速发展和城市化快速推进的阶段，各区域有必要不断协调信息化与工业化的融合成本，使其方向和重点有助于促进城乡产业的融合与经济发展联系度的加强。

从发展的角度看，中国城乡居民之间的收入构成存在巨大差异——城镇居民的收入主要是货币收入，农村居民收入中的很大一部分仍是自产自用的实物性收入；从转型的特点看，城乡居民收入来源均呈现多元化趋势，但收入形成机制缺乏充分的透明度，特别是计划经济时期遗留的各类或明或暗的补贴在城镇居民收入中仍占有较大比重。

表 4 - 49　2000—2009 年中国 31 个省市工业化与信息化融合路径分类

		工业化促进信息化融合路径			
		第 1—8 名	第 9—16 名	第 17—24 名	第 25—31 名
信息化带动工业化融合路径	第 1—8 名	湖南	山西、河南、甘肃	江西	上海、内蒙古、陕西
	第 9—16 名	黑龙江、湖北、辽宁、天津、浙江、广西		西藏	安徽
	第 17—24 名	四川	吉林、福建、云南	新疆、贵州、江苏	宁夏
	第 25—31 名		重庆、青海	海南、河北、山东	北京、广东

资料来源：谢康、肖静华、周先波、乌家培：《中国工业化与信息化融合质量：理论与实证》，《经济研究》2012 年第 1 期。

至于国家公务员，实际收入来源则会更加复杂——国家规定的工资和补贴、地区类别补贴、单位发放的收入、实物性收入以及表现为暗补的公共福利项目，像公有住房、住房公积金、公费医疗、养老保障、失业保险等——这些补贴或福利项目是其他许多居民所无法获得的，其市场价值也很难有效估算，甚至在收入统计中被严重忽略。李实等人的研究表明[1]，高收入人群样本偏差导致了城镇内部收入差距的严重低估，也导致了城乡之间收入差距的较大程度低估，而且城乡居民享有的社会保障和社会福利的市场价值会使得城乡之间收入差距扩大近 40%，中国的收入差距已经

---

① 李实、罗楚亮：《中国收入差距究竟有多大？——对修正样本结构偏差的尝试》，《经济研究》2011 年第 4 期。李实、罗楚亮：《中国城乡收入差距的重新估计》，《北京大学学报》2007 年第 2 期。

达到了一个令人担忧的水平，而且它仍处于继续上升的阶段。

表 4-50　1998 年中国各地区综合知识发展指数排名（全国平均水平为 100）

项目	东部地区	东北地区	中部地区	西部地区
高水平地区 （指数≥150）	北京（606.05） 上海（529.03） 天津（283.70） 广东（212.74） 福建（156.48） 江苏（154.55）			
中上水平地区 （150＞指数≥100）	海南（127.64） 浙江（122.71）	辽宁（126.69）		
中下水平地区 （100＞指数≥75）	山东（82.05） 河北（75.69）	吉林（99.53） 黑龙江（84.64）	湖北（92.18）	陕西（88.05）
低水平地区 （75＞指数≥50）			湖南（69.72） 山西（64.27） 河南（63.74） 江西（61.04） 安徽（57.69）	新疆（65.85） 重庆（63.71） 甘肃（58.32） 内蒙古（56.59） 宁夏（54.70） 四川（51.49） 广西（50.88）
极低水平地区 （50＞指数）				云南（48.75） 青海（44.18） 贵州（39.32） 西藏（31.99）

资料来源：胡鞍钢：《新世纪的新贫困：知识贫困》，中国社会科学出版社 2001 年版，第 14—23 页。

　　总体来看，国民收入分配失衡已成为市场经济条件下中国城乡发展过程中的重要问题，并且其程度还在逐步扩大，无论从人均收入水平、消费水平、城乡劳动生产率、工农技术装备水平看，还是从城乡居民享受的社会保障、医疗卫生、文化、基础教育程度看，城乡居民收入差距扩大与行业差距、区域差距以及居民劳动报酬、工资增长脱节于高速经济发展、资本收益压低劳动报酬等交织在一起。农村工业发展困境的存在，农民收入增长空间有限，农村内部正在产生着越来越强烈的力量推动农民离开农业，但城市对农民工就业存在各种不公正待遇，使得生产要素的城乡双向流动正逐渐成为从农村向城市的单向流入，城市的资金、技术、管理和人才向农村流动的规模和速度停留在非常低的水平上。究其原因，主要在于市场经济发展所必然导致的市场化竞争客观引起收入水平差距拉大、收入分配体制不能适应现阶段经济发展关注民生要求、政策导向上的城市偏好惯性、税收调节功能不足、垄断与市场竞争的不公平性及权力寻租、社会保障制度不健全等。

换句话说，中国现阶段的城乡差距问题，不仅表现为城乡居民收入差距，更反映在城乡基础设施和基本公共服务的差距上。进入新世纪以来，中国农村改革从经济领域拓展到社会领域、上层建筑领域，国家相继提出并实施社会主义新农村建设、把国家基础设施建设投入重点转向农村、对农村义务教育实行"两免一补"、建立新型农村合作医疗[①]和农村最低生活保障制度、加强农民工权益保护等一系列重大政策措施。例如，1999 年中国有 1935 个县市实行了农村最低生活保障，2003 年达到 2037 个，到 2006 年则有 24 个省 2400 多个县市建立该制度；2000 年以来，中国各地纷纷开展了乡村撤并工作，通过"减人、减事、减支"推进乡镇机构精简和职能转变；始于 2003 年试点的新型农村合作医疗制度，到 2005 年年底已扩大到 678 个县（市），其中参加新农合的农民 17879.66 万人，2007 年全国 2451 个县（市）的 72623.7 万农民纳入新农合医疗制度，参合率为 86.2%[②]；2005 年以后，中央安排专项资金对 592 个国定贫困县的贫困家庭学生实行"两免一补"，2007 年该政策在全国普遍实施；按照个人缴费、集体补助、政府补贴相结合的新型农村社会养老保险制度，也在 2009 年开始试点。

---

①　李泉、周新余在实地调研走访中发现，城乡医疗卫生事业发展差异巨大，城市条件好的医院、医疗机构人满为患，农村乡镇小医院门可罗雀。例如，在甘肃通渭县山坪村，据当地医务人员介绍，2004 年新型农村合作医疗改革之前，村卫生所与乡镇卫生院几乎没有业务交流，基本处于脱离孤立发展状态，既无国家资金、医疗设备的支持投入，也缺乏对医务人员的培训和相关激励。如此一来，村卫生所属于自负盈亏、独立经营的个体户，没有为村民提供服务性、公益性的动力与责任。特别是村卫生所设备不足且老化、条件简陋、药品种类少、缺乏监管，药品质量和安全得不到有效保障，村医专业素质低、缺少培训，难以发挥其医疗保障的基本职能。2004 年之后，农村新型合作医疗制度逐步建立，国家对村卫生所房屋建设、医疗设备采购与配发、村医定期培训、薪酬激励等方面不断加大支持，当地医疗条件、设施开始有所改善，基本实现了省—市—县—乡—村的医疗网覆盖，民政局还建立了贫困医疗救助制度，帮助农民家庭中的五保户和贫困户，农民就医负担也有所减轻，因病致贫、返贫的现象也有所缓解。目前，问题仍然存在，诸如基层、农民对农村新型合作医疗政策含义不清楚、收费制度不完善、行政化色彩明显、医务人员培训收效甚微、薪酬过低等，都是需要进一步探索解决的问题。

②　韩俊：《中国经济改革 30 年（农村经济卷）》，重庆大学出版社 2008 年版，第 259—262 页。

表 4 - 51　　　　　　　　1990—2005 年中国城乡区域卫生费用比较

年份	卫生费用（亿元）				人均卫生费用（元）			
	城市	比重（%）	农村	比重（%）	合计	城市	农村	城乡之比
1990	396.0	52.98	351.4	47.02	65.4	158.8	38.8	4.09
1991	482.6	54.01	410.9	45.99	77.1	187.6	45.1	4.16
1992	597.3	54.45	499.6	45.55	93.6	222.0	54.7	4.06
1993	760.3	55.18	617.5	44.82	116.3	268.6	67.6	3.97
1994	991.5	56.30	769.7	43.70	146.9	332.6	86.3	3.85
1995	1239.5	57.51	915.6	42.49	177.9	401.3	112.9	3.55
1996	1494.9	55.17	1214.5	44.83	221.4	467.4	150.7	3.10
1997	1771.4	55.41	1425.3	44.59	258.6	537.8	177.9	3.02
1998	1906.9	51.84	1771.8	48.16	294.9	625.9	194.6	3.22
1999	2193.1	54.18	1854.4	45.82	321.8	702.0	203.2	3.45
2000	2621.7	57.16	1964.9	42.84	361.9	812.9	214.9	3.78
2001	2793.0	55.57	2233.0	44.43	393.8	841.2	244.8	3.44
2002	3448.2	59.55	2341.8	40.45	450.7	987.1	259.3	3.81
2003	4150.3	63.04	2433.8	39.96	509.5	1108.9	274.7	4.04
2004	4939.2	65.07	2651.1	34.93	583.9	1261.9	301.6	4.18
2005	6285.4	72.58	2374.5	27.42	662.3	1122.8	318.5	3.53

资料来源：根据 1991—2006 年《中国统计年鉴》相关数据计算整理。

　　尽管新农合在公众看来其保险力度似乎很弱小，但现有研究还是证实了这项制度对于农村地区消费增长的显著刺激作用，而且它比直接的转移支付效果要更为有效。[①] 当保险的覆盖面更广且补偿更高时，家庭因对未来的预期趋向乐观而使家庭消费呈现更高的增长；欲使保险对消费的刺激作用发挥得更大，加强农村居民对于医疗保险和新农合制度的信任以及进行适当的现代保险教育也很重要。"十一五"期间，农业税被废止，农村居民人均可支配收入年均实际增长 8.3%（城镇居民人均可支配收入年均实际增长 10.2%），新型农村合作医疗实现全覆盖；面对国际金融危机冲击，中央出台近 7000 亿元的民生投资计划，2006—2009 年，城镇新增就

---

　　① 白重恩、李宏彬、吴斌珍：《医疗保险与消费：来自新型农村合作医疗的证据》，《经济研究》2012 年第 2 期。

业年均增长 1100 万人以上。①

事实证明，中国医疗卫生资源不仅集中于城市，而且优质资源主要集中于城市中的大中型医院，而乡村卫生资源少、质量和服务能力低，城乡之间的医疗卫生差距较大。根据 2005 年发布的第三次全国卫生服务调查数据，中国人口占世界人口的 22%，但医疗卫生资源仅占世界的 2%，而且 80% 在城市，20% 在农村，分布严重不均，79.1% 的农村人口没有任何医疗保障。

表 4-52   1997—2003 年中国城乡社会保障水平比较

年份	城市				农村			
	社会保障支出（亿元）	人均社会保障支出（元）	社会保障水平（%）	占全国的比重（%）	社会保障支出（亿元）	人均社会保障支出（元）	社会保障水平（%）	占全国的比重（%）
1997	3511	890	14.64	97.64	85	9.8	0.16	2.36
1998	4108	987	15.44	97.69	97	11.2	0.18	2.31
1999	5992	1141	17.42	98.31	86	10.5	0.16	1.69
2000	5647	1230	17.39	98.86	92	11.4	0.16	1.13
2001	6362	1324	17.30	98.38	106	13.2	0.17	1.62
2002	7061	1416	17.50	97.68	119	15.2	0.17	2.32
2003	7979	1516	18.10	98.20	146	16.3	0.19	1.80

资料来源：曾国安、胡晶晶：《论中国城市偏向的社会保障制度与城乡居民收入差距》，《湖北经济学院学报》2008 年第 1 期。

在社会保障差距方面，城乡居民差距也较大，主要表现为城市社会保障制度设计的相关保障项目比较齐全，而农村和农民工社会保障项目则十分缺乏。1997—2003 年的数据显示，城市社会保障支出占全国社会保障支出的比重基本保持在 97% 以上，支出总额远高于农村，城市人均享受的社会保障费用支出是农村的 90 多倍，城乡社会保障水平的差距也在 15 倍以上。截至 2011 年上半年，农民工参加各项社会保险人数占外出农民工总数的比例分别为：工伤保险 42.7%、医疗保险 26.2%、养老保险 23.2%、失业保险 14.1%，以上各项没有一项险种的参保人数超过半数。

① 阮春林：《"十二五"期间保障和改善民生的路径》，《光明日报》（理论周刊）2010 年 12 月 21 日第 9 版。

从中共十六大的统筹城乡发展，到中共十七届三中全会明确提出到2020 年城乡经济社会发展一体化体制机制基本建立的目标，城乡一体化战略已经上升为国家战略，城乡一体化发展的体制机制与政策创新全面提速。从长期来看，涓滴效应将会缩小城乡区域经济发展差异，如果"通过涓滴效应与极化效应显示的市场力量导致极化的暂时优势，周密的经济政策将会应运而生以改变这种状态"①，科学发展观指导下的统筹城乡经济社会发展的提出就是对这一规律合理性的经典证明。目前，在市场经济体制不断完善、改革开放力度不断加大的发展环境中，通过加强城乡之间的关联效应，使城乡发展融合到互补的生产、交换和消费的关联网络中，充分发挥城市对乡村的带动作用和乡村对城市的支持作用，努力促进并实现城乡诸要素的有序流动，统筹城乡社会经济的协调发展，才能逐步彻底地解决城乡发展失衡问题，也才能保证城乡一体化进程稳步发展。

二 市场经济制度下城乡发展的反思与检讨

（一）市场成为城乡发展的制度基础

事实表明，中国在改革开放后逐步放弃重工业化优先发展战略、果断选择构建具有中国特色的社会主义市场经济制度和不断稳步推进经济政治体制改革，并使市场在资源配置过程中承担基础性功能，这对促进城乡发展和整个国民经济与社会事业现代化均起到了至关重要的作用。以市场为导向、充分发挥城乡应有比较优势并形成良性互动的城乡发展关系，是城乡区域经济自组织系统不断优化的必然要求，是城乡要素市场培育与健全、城乡专业化分工与贸易往来、城乡空间重新组织与形态合理化的基础条件。在市场经济制度下统筹推进城乡一体化发展，是对计划制度下城乡分割体制结构的一种深层次否定和对长期以来实施城市偏爱政策的及时纠正，也是对城乡公平、和谐发展的制度性保障，市场制度的完善能够有效消除计划经济条件下城乡二元体制结构障碍对城乡均衡发展所造成的诸多历史性影响。通过市场经济制度的初步发展，中央政府从现实中认识到了竞争性的市场机制在促进城乡发展中的重要促进作用，认识到了自由价

---

① 高洪深：《区域经济学》，中国人民大学出版社 2002 年版，第 30 页。

格制度不但起着传递信息和遏制损人利己行为的作用，而且起着诱导人们试验各种可能的经济组织结构已发现最高效率的分工结构的作用，特别是认识到政府失灵对经济发展的阻碍远大于所谓的市场失灵，国家机会主义行为及其制度缺陷所带来的巨大交易费用是发展中国家经济发展的最大障碍。因此，在 20 世纪 90 年代中期，中央果断地提出发展中国特色的社会主义市场经济，才是中国经济发展战略及政策的正确选择。市场制度下城乡发展的事实表明，经济自由与城乡发展之间存在正相关关系，与产权明晰之下的自由市场相伴随的文化、道德、政治和经济发展的相互作用，既显得复杂又令人着迷。"经济成就的取得主要取决于人们的能力和态度，也取决于他们的社会政治制度。这些决定性因素的差异在很大程度上可以解释经济发展水平和物质进步速度的快慢。"① 中国市场化水平提升仍然面临体制制约，各级政府的市场化改革无法与企业和要素市场的市场化改革同步推进，工业化与城市化过程中的市场化推动呈现不平衡，政府的过多行政干预容易抵消其他市场化要素的推动作用。由于中国城乡经济发展的不平衡性，一些地区还未完成工业化进程，东部沿海经济发达地区由于受资源约束、能源约束和生态环境约束，已经率先面对经济和社会结构的转型要求。因此，城乡协调发展过程中，必须重视市场化之于新型工业化和新型城市化、新农村建设的推动机制，坚定市场化改革决心与信心。

　　西方经济学教科书的理论指出，如果市场结构满足完全竞争条件，那么要素会因各部门间的边际生产率差异而在部门之间自由流动，并且生产要素总是从边际生产率较低的部门流向较高的部门而使这种差异趋于消失，最终部门间的要素边际生产率是相等的。但是，这种苛刻的条件在存在交易成本的世界里很难满足，从而会导致城乡劳动力流动受阻，工农部门间的边际劳动生产率差异因此会长期保持。20 世纪 80 年代初期，市场化导向的社会思潮认为发展中国家和发达国家发展水平的巨大差距其根本原因在于计划化的失败，在于政府强干预下所导致的市场制度无法发育，在于国家计划主导型的赶超发展战略所依赖的制度安排在解决行为主体的激励机制问题上存在严重不足，因此必须逐步减少政府对经济发展的宏观

---

① Bauer, Peter T., Dissent on Development, Cambridge: Harvard University Press, 1972.

干预。在这一背景下，中国政府逐步从相对比较容易改革的领域，探索具有渐进性质的市场化导向的制度创新与发展道路。例如，改革开放 30 多年来，中国城乡发展在人口流动方面的制度安排大概经历了由限制农民进城、引导农民进城、再到鼓励农民进城的过程，这对创造就业机会、提升城乡产业结构、推动经济增长发挥了重要作用。同时，在促进新型工业化和工业化整体水平提高的过程中，中央政府还特别强调市场化、信息化、城市化对于工业化的重要推动作用。事实证明，在中国市场化改革取向以来，市场化水平的不断提升，有效推动了工业化程度的提高；市场化改革停滞不前或出现倒退，将直接影响工业化的进程。市场化的制度效应具有多级传导和扩散的功能，通过对经济运行机制的影响，对工业化产生影响。这主要表现在市场化程度的提高，不仅直接促进工业化的程度，对经济增长也起到了推动作用。为了工业化进程的顺利推进和可持续、健康发展，必须在市场化改革的攻坚上进行重点突破。[①]

　　中国改革开放初期取得令人瞩目的增长绩效，原因之一要归功于它落后的起始发展水平，特别是改革开放之前束缚农业发展、用来调整工农关系的特殊制度安排。[②] 中国农村家庭联产承包责任制只是否定了城乡二元体制的一种极端的组织形式（人民公社制度），却没有从根本上改变城乡二元体制持续存在的事实。或者说，中国 30 多年的经济体制改革，对于计划经济制度中形成的城乡二元体制这一重要支柱，基本没有触及。[③] 或者如厉以宁所说的"略有松动"。[④] 继续推进有中国特色的社会主义市场化体制改革向纵深发展，通过支持和引导农民收入水平提升、新农村建设与现代农业发展逐步破解二元经济结构难题，这是我们当前在全面建设小康背景下继续建设有中国特色市场经济所必须完成的迫切任务。1978 年以来，中国农地产权结构沿着不断强化农民土地产权的方向演进，无论是土地使用权还是土地收益权或土地交易权，在政策指向上都更多地指向了农

---

　　① 董晓宇、郝灵艳：《中国市场化与工业化均衡关系的检验：基于 30 年的实证分析》，《贵州财经学院学报》2010 年第 5 期。

　　② 孙圣民：《工农业关系与经济发展：计划经济时代的历史计量学再考察——兼与姚洋、郑东雅商榷》，《经济研究》2009 年第 8 期。

　　③ 杨敬年：《中国二元经济问题研究的一部新作——评陈宗胜等著〈中国二元经济结构与农村经济增长和发展〉》，《经济研究》2009 年第 8 期。

　　④ 厉以宁：《论城乡二元体制改革》，《北京大学学报》2008 年第 2 期。

民，呈现不断强化的农民土地产权特征。① 因此，进一步完善农地产权结构，对农民私人的土地使用权、收益权和交易权进行法律界定并加以保护，赋予农民更多的土地产权，有利于促进农业增长。在城乡形态演变过程中，城镇及非农产业发展必须减少对耕地的直接占用，城镇应该在基准地价更新中适时调整土地级别及其范围，科学利用交易土地的价格指数，结合新的城镇土地使用税暂行条例的贯彻落实，调节不同地区因土地资源的差异而形成的级差收入、提高土地集约使用效益，将土地利用主体的决策过程和环境要素变化过程综合起来，实现土地自然生态系统与社会经济系统的动态耦合，最终选择合理的城镇用地空间拓展方向。

印度裔诺贝尔经济学奖得主阿玛蒂亚·森认为，改革前中国在教育、保健、土地改革和社会变化方面的成就，对改革后的成绩作出了巨大的积极贡献，使中国不仅保持了高预期寿命和其他相关成就，还为基于市场改革的经济扩展提供了坚定支持；意大利社会学家乔万尼·阿里吉则用大量跨国数据证明，中国经济后 30 年之所以能够快速增长，奥妙就在于中国的劳动力素质比其他发展中国家高。② 在政府城乡公共服务的提供方面，不论哪一级政府供给更多的公共服务，都可以带来更多的投资和更多的财政收入；更多的投资和更多的财政收入又会增强政府提供公共服务的能力保障，这二者之间相互促进。然而，竞争能否激励政府更多地供给公共产品，取决于经济体中的资本存量；资本存量越少，外部竞争会降低政府从公共服务中获得财政收益的强度，从而导致政府对自身是不是一个高效廉洁政府的自我约束力度的下降。③ 据统计，1991 年至 2000 年，中国政府农村卫生预算支出累计只有 690 亿元，仅占政府卫生总预算支出的 15.9%。

一般情况下，如果市场化程度提高带来对个人禀赋回报的提高，或者个人禀赋的分布发生变化引起收入差距的扩大，那么这种扩大是可以被接受的；然而，如果收入分配受到劳动力市场分割因素的影响，加剧了收入

---

① 冀县卿、钱忠好：《中国农业增长的源泉：基于农地产权结构视角的分析》，《管理世界》2010 年第 11 期。

② 吴波：《中国模式与两个 30 年》，《光明日报》（理论周刊）2010 年 11 月 23 日第 9 版。

③ 楼国强：《竞争何以有效约束政府？》，《经济研究》2010 年第 12 期。

不平等的状况，那么由此带来的收入差距扩大则是不可接受的。[1] 20 世纪
80 年代末期以来，中国城镇就业、城乡居民及其内部收入差距显著扩
大，这可以被理解为计划经济工资体系瓦解、市场化特征增强带来的必
然结果。除此之外，市场分割因素，表现为性别间、行业间、省份间、
城乡区域间的收入差距扩大，也对收入不平等的加剧起了推波助澜的作
用。2010 年，经济学中衡量社会不平等状况的基尼系数在中国高达
0.47，接近于被认为有不稳定风险界限值的 0.50。几十年的经济增长使
贫富收入和城乡收入差距进一步深化。2009 年，中国 10％的最富人群
集中了 45％的财富，10％的最贫困人群只占了 1.4％的财富。[2] 专家指
出，很多农村的年轻人没有社会升迁的机会。相反，富有和有影响力的
人可以送孩子到更好的学校，还能通过父母的关系获得更好的工作。中
央政府对这一状况深表担忧。政府采取了一些措施来阻止社会差距的进
一步拉大，例如提高收入、提高最低工资和不拖欠工资等，还提出改善
城市和农村的社会保障制度。市场化程度提高和进入门槛低的劳动密集
型部门工资水平的适当上升刺激了劳动供给，从而吸纳了大量的农村富
余劳动力。[3] 因此，放松对劳动力价格的政府控制，促进城乡劳动力市场
一体化，让市场主体自主决定工资价格水平，这将会促进劳动力就业市场
机制的正常发挥。但是，若从各区域内部分析，在城乡收入差距总体上呈
现不断扩大趋势的过程中，城市化的推进对缩小城乡发展差距具有积极作
用，城市化越高的省份，其省内的城乡差距和城乡居民收入之比也越小，
城市化水平高的地区人类发展成就越突出，基本公共服务改善显著，经济
增长迅速，资源利用效率高。[4] 这启示我们，在中国正致力于解决收入分
配差距过大问题的过程中，加快城市化进程将会为解决这一问题提供更多
的政策选择空间。

（二）城乡一体化面临诸多难题

中国的城乡关系及其形态演变并不是在市场经济制度下自然形成和演

① 李实、宋锦：《中国城镇就业收入扩大及其原因》，《经济学动态》2010 年第 10 期。
② 西班牙《拉美新闻》报道：《中国人最担忧社会差距问题》，《参考消息》2010 年 12 月 16 日
③ 李博、温杰：《中国工业部门技术进步的就业效应》，《经济学动态》2010 年第 10 期。
④ 蔡昉：《全球化、经济转型与中国收入分配优化的政策选择》，《改革》2006 年第 11 期。

进的，城市化与工业化之间在整体上的发展逻辑并无严格的规律可循，其中主要的原因在于非农化机制在各大区域内部的运行条件并不相同，它与当地的产业结构、制度条件以及三次产业的相对要素竞争力之间都有关联。① 尽管改革开放后宏观层面的财政分权引起了地方政府和微观主体在市场机制作用下以自主的方式寻求各种支持和发展途径，但区域性的优惠政策在市场一体化、经济国际化的过程中逐步趋于一致。现阶段，中国城乡发展还面临着内需不足、农民工市民化、"民工潮"与"民工荒"并存、城乡结构调整及空间布局优化等方面的问题。表4-53所反映的中国城乡劳动力及其就业分布状况变化情况表明，1995年以来随着农村非农就业的增长，从事农业的劳动力数量显著下降，而城镇就业数量则呈快速上涨趋势，其中城市的非正规就业则是发展最快的部门，农民工起着填补城镇本地劳动力自然增长缓慢无法满足城镇雇主日益增长的劳动力需求，但农民工工资由于更多地受到市场因素的影响并且未出现与城镇职工工资水平同样的上涨态势。

表4-53　　中国1995—2007年的城乡劳动力和就业分布状况

	数量（百万人）			增长率（%）	年均增长率（%）
	1995	2007	1995—2007	1995—2007	1995—2007
农　村					
劳动力规模	490	476	-14	-2.9	-0.03
就业人口	490	476	-14	-2.9	-0.03
乡镇、私营企业和个体户	165	200	35	21.2	1.62
家庭农业	325	276	-49	-15.1	-1.36
第一产业就业	355	314	-41	-11.5	-0.01
城　镇					
劳动力规模	196	325	131	66.8	4.43
就业人口	190	294	104	54.7	3.7
正规部门	149	114	-35	-23.5	-2.21
非正规部门	41	180	139	339	13.12
失业人口	6	31	25	416.7	15.55

---

① 胡彬：《区域城市化的演进机制与组织模式》，上海财经大学出版社2008年版，第163页。

续表

	数量（百万人）			增长率（%）	年均增长率(%)
	1995	2007	1995—2007	1995—2007	1995—2007
农民工	30	132	102	340	13.14
城镇平均实际工资（元/年，按1995年价格调整）	5348	19904	14556	272.2	11.16

资料来源：根据《中国统计年鉴2008》（中国统计出版社）相关数据资料计算整理。

就城乡人口流动而言，一方面外来人口的大量流入，为城市提供了丰富廉价的劳动力资源，促进了城市经济发展，并与城市产业结构调整相互作用和影响，加速了城市化进程，加快了社会保障体系的完善、管理体制改革和社会多元文化的融合。另一方面，外来人口的突增，大批劳动力长期无序地流动，使得城市就业形势日趋严峻，也给计划生育、社会治安以及流入地公共基础设施、环境保护等带来了严峻挑战。

我们必须认识到，"民工潮"问题并不是单纯的人口流动问题，它是一个处于转型时期的人口大国在实现新型工业化和新型城市化进程中必然出现的现象，"民工潮"与"民工荒"现象并存，其实质是中国农民基于既定生存和发展约束条件下不同务工选择行为效用比较引致的理性行为结果。[1] CHIP调查数据所提供的证据表明[2]，农民工劳动力市场在空间上正在变得更加一体化，供给和需求因素都在影响着农民工的工资及其增长，农民工工资的上升并不能简单地归因于富余劳动力的减少乃至消失。同时，随着新移民的不断进入，在中国起初主要因农民工在就业城市聚居而形成的"城中村"，与其他国家的城市"贫民窟"也存在显著不同，中国城市中的"城中村"是快速城市化进程中容纳了不同人口结构、身份的外来移民的复杂居住生活空间（如"城中村"不仅居住着农民工，还居住着其他因无法支付高房价和高房租的初来城市创业者和大学毕业生群体——"蜗居"的"蚁族"，他们构成城市中的边缘

①　罗光强：《"民工潮"、"民工荒"及其转变的行为效用研究》，《经济学动态》2010年第10期。
②　约翰·奈特、邓曲恒、李实：《中国的民工荒与农村富余劳动力》，《管理世界》2011年第11期。

人群①），也构成了与城市原有居民社区有显著区别的新型"社区"——城市中的"二元社区"②，即城市农民工和本地人相对隔绝的两个社区。城市社会对于农民工群体的社会排斥是新移民社区真正融入城市的壁垒所在，缓解消除社会排斥，促进二元社区交往和社会参与，是形成社区内社会关系"互构共变"的基础，是城市新移民真正融入社区的前提。中国农村普遍存在的外出务工效用大大高于在家务农效用条件下，"民工潮"成为中国城乡社会较长时期存在的经济社会现象；尽管 2004 年以来中国已经出现了几次区域性的"民工荒"现象，但这种现象还属于低福利社会的行为性质和短期现象，是城乡经济快速发展和社会急剧转型的必然结果。"民工荒"的出现，意味着劳动力从买方向卖方市场的转变，意味着农民工在劳资双方中谈判能力的提升，标志着市场逐步成为维护农民工利益的基本力量，更标志着人均资本数量提升下的产业发展正实现由劳动力密集型向资本、技术、知识密集型产业的转变，这会进一步诱发城乡产业升级和技术创新。而且，农民身份转化滞后于农民在城镇的非农就业转移，导致原有未解决或破解的城乡二元结构进一步向城市蔓延，形成基于外来从业人员与城镇户籍从业人员的二元差别待遇显现而成的"新二元结构"问题。③ 这一时期，城乡劳动力市场呈现新的特点，主要表现为建立市场经济体制下的城乡劳动力市场统筹已经成为改革取向，劳动力无限供给特征消失、城乡劳动力就业总量矛盾让位于结构矛盾，社会保险社会化过程中

---

① 中国社会科学院人口与劳动经济研究所张翼通过 2010 年在全国 103 个城市进行的 106031 个农民工个案的动态抽样调查数据分析发现，在中国进入工业化中期阶段，城市对女性劳动力的需求大大增加，而且在省会城市与计划单列市中，女性农民工的人数已超过男性，农民工对于户籍的选择主要为省会城市与计划单列市，而并非县城中小城市；新农村建设、农村社会保险体系的完善以及农村土地价值的重塑，使农民工降低了对非农户籍的估值，农民工愿意转化为非农人口的人数占比并不如预期的那样高；以现在的房价，绝大多数农民工——尤其是"80后"农民工，已经没有能力在城市购房了——其只能租住在城市，城市拆迁与城中村改造等，在力图消除贫民窟的同时，也将他们一步步逐出城市中心区，使他们不得不在城乡结合部大规模地集聚在一起，将原来的城乡二元结构转化为城市户籍居民与非农户籍农民工新二元结构。由此可见，国家制定的通过户籍改革而深度城镇化的政策——引导农民工到乡镇、到县城、到中小城市落户的政策，恰好与农民共享进入大城市落户的意愿相矛盾。参见张翼《农民工户籍转化意愿及其政策含义》，《比较》第 35 卷，中信出版社 2011 年版，第 32—44 页。

② 周大鸣：《外来工与二元社区》，《中山大学学报》2000 年第 2 期。

③ 顾海英、史清华、程英、单文豪：《现阶段"新二元结构"问题缓解的制度与政策——基于上海外来农民工的调研》，《管理世界》2011 年第 11 期。

城乡共享的基本公共服务理念已经形成，城市居民与新移民之间的利益冲突相对缓和，政府对待城乡居民就业问题的理念和行为也发生了根本转变。① 如何加快推进城乡各领域的改革步伐，促进国民财富分配政策的调整更多地向生产要素倾斜，不断提高劳动报酬在国民收入分配中的比例，进一步促进农村富余劳动力的合理流动，重点解决城镇外来农民工及其家属的市民化问题，实现社会财富真正意义上的增进和共享，使城镇化从布局突破过渡到全面推进阶段，需要从不同维度确立保证城乡一体化顺利实现的战略与策略。

在区域发展过程中，并非所有的国土空间都必须实现工业化和城镇化，城乡经济社会发展的目标在于通过不同的主体功能定位，统筹考虑城乡人口分布和资源环境承载能力，引导经济布局和人口分布与自然环境协调发展，使经济条件较好和适宜人居的区域形成人口和经济密集区，其他国土空间保持自然状态或作为生态环境得到改善，或者形成人口密度较低的农业区。改革开放以来，中国城市化的空间布局与人口分布、经济布局高度相关，城乡区域空间格局差异巨大。在全国范围内，由于城乡制度壁垒引起的城市发展偏向使得劳动力的乡—城转移并没有必然地带来城市化的人口增长，区域专业化分工与产业聚集发展极不均衡，进而引起城市化的区域分异特征相当明显。从城市空间结构形态看，位于平原或依山傍水的城市空间扩展受到地形的影响相对较小，城区规模一般较大、扩展速度较快，多数情况下形成以平原城市为中心的环带圈层扩展或沿交通干线放射状扩展，如北京、郑州、西安等，许多城市在原有纵横交错的布局或放射状布局基础上逐步扩大，如天津、石家庄等。同时，位于大江大河两岸的城市，逐步与流经城区的河流融为一体并在河流两侧扩展延伸，如上海、南昌等；相对于平原地区的城市，在依山河谷、盆地形成的城市，扩展趋势明显受到河谷山地的地形影响，如重庆、兰州等；位于沿海沿边的城市，则在占用陆地面积的同时向海洋或沿边区域延伸，如青岛、新疆的沿边城市等。从城市空间扩展速度看，建成区扩展速度相当快，不同城市的扩展速度差异巨大，而且呈现城市规模越大、扩展速度越快的趋势。由产业集中区带动城市化发展的现实则在华北、华东、华南和西北地区等均

① 蔡昉：《户籍制度改革与城乡社会福利制度统筹》，《经济学动态》2010年第12期。

有表现，典型的如鞍山工业区、大庆石油化城、长春汽车企业联合城等，生产力布局在极大程度上为这些区域的人口城市化提供了产业经济支撑，而非农业人口的分布在受到国有经济布局影响的同时，还与农业产业化中出现的特色农业、农产品生产经营基地等建设有关。当然，运输成本的存在，也使得价格成为与区位相关的变量，产业发展在不同的运输条件下引起空间经济布局的异质性；为了提高产品竞争力和扩大市场份额，产业更易倾向于在运输成本降低到中间水平时向特定区域集中，空间贸易流的增长由此加强了城乡区域间的相互联系，从而扩大了城市化的区域范围。事实上，例如广东、江苏和浙江等地区，因为其区域贸易发展较快、外向型强，因而产业的区域化程度和城市化总体水平也较高，城乡关联发展也更容易实现，那些能够有效内部化区域聚集经济的地区其城乡均会获得长足发展。在这一过程中，城市化扩展对耕地的占用仍然是建成区面积增加最主要的来源，平均约占总扩展面积的57%。[①]

城乡二元经济结构作为影响区域经济结构差异的重要组成部分，是缩小区域经济差距的前提条件；城乡关系的协调是区域经济组织模式不断优化的结构，其中区域的形成与成长扮演重要角色，为城乡关系的再组织和城乡空间结构合理化提供了执行与实施的载体。[②] 城乡一体化的实现受制于城乡关系的初始状态、城乡发展演变的制度体系、城乡联系的组织模式以及城乡区域之间的要素流动与贸易往来状况和城乡空间结构应变的机能。当前，在中国城乡发展带有强烈区域性差异的过程中，城乡矛盾由非显性状态进入显性状态，城乡发展的区域协调性在城乡统筹改革实践中初见成效，城乡关系走向更多依赖区域经济增长和社会发展的新型道路。中共十七届五中全会提出，构筑区域经济优势互补、主体功能定位清晰、国土空间高效利用、人与自然和谐相处的区域发展格局，这也是对城乡空间结构布局的基本要求。从经济社会发展过程中的城乡形态演变分析，随着工业化和城市化进程的加快，市场机制主导下的中国城市空间也快速扩展，农业生产空间持续减少，绿色生态空间总量稍有增加。数据显示，

---

① 中国发展研究基金会：《促进人的发展的中国新型城市化战略》，人民出版社2010年版，第53—60页。

② 胡彬：《区域城市化的演进机制与组织模式》，上海财经大学出版社2008年版，第166页。

2004 年全国城镇规划范围内共有闲置土地 7.20 万公顷，空闲土地 5.48 万公顷，批而未用土地 13.56 万公顷，三类土地总量为 26.24 万公顷，占城镇建设用地总量的 7.8%；2004 年 8 月，全国清理出各类开发区 6866 个，规划面积 3.86 万平方公里[①]，超过了 2003 年总面积为 3.25 万平方公里的城镇建设用地。国土资源部第七次（2007 年）卫星照片执法检查统计显示，在被检查的 90 个城市中，未能提供合法用地手续的有 13997 宗，涉及土地面积近 50 万亩，其中耕地 24.8 万亩，约占所涉及土地的 50%，并且与第六次（2004 年）卫星执法检查结果相比有所上升。[②] 在支撑中国城乡经济社会迅速发展的同时，国土空间的以上演变趋势导致生产空间偏多、生态空间偏少，工业生产空间偏多、城市居住空间偏少，农村居住空间偏多、部分地区开发强度过高共存的特点，造成生态环境损害、土地开发中的浪费和低效率现象严重。例如不管大城市抑或小城市，普遍追求大广场、大马路、大场馆，不仅耗费巨额资金、挤占公共服务投入，而且占用宝贵的土地资源。与此同时，城市的新建开发区和工业园区也大量圈占农民土地，甚至在没有项目的情况下让土地"晒太阳"；在乡村，随着农民生活水平的提高，其居住用地也在扩大，大量耕地被占用，进而出现很多"空心村"。另外，因社会保障和户籍没有解决，大多数进城农民仍然保留农村居住用地，也造成占地闲置。由于主体功能区规划除了涉及经济发展内容外，还涉及人文和社会、城市和区域、结构和效益、资源和环境、公共事业和公共服务等诸多方面，这就决定了城乡一体化进程中的主体功能区建设，必须将城乡区域的增长中心培育、城镇体系完善、产业聚集发展、基础设施建设等落实到具体的地域空间，适度打破行政区划界限，发挥城乡各自优势，提高城乡区域整体竞争力和协调性。

从经济总量的差距来看，1980 年东部、中部、西部 GDP 比重分别为 50.20%、29.75%、20.04%，到 2002 年 GDP 比重分别为 57.86%、25.12%、17.01%，其中，东部比重增加了 7.66 个百分点，中部、西部比重分别下降了 4.63 个和 3.03 个百分点。从人均 GDP 来看，1980 年东部地区的人均 GDP 分别是中部、西部地区的 1.53 倍、1.92 倍，到 2002

① 田代贵、罗伟：《土地集约化利用的创新思路：重庆个案》，《改革》2006 年第 8 期。
② 李婧云：《论我国城市土地的集约利用》，《理论学刊》2009 年第 5 期。

年分别扩大至 2.03 倍、2.59 倍。① 2006 年东部、中部、西部地区社会消费品零售总额所占份额，东部地区占 56.4％，中部地区占 26.％，西部地区仅占 17.5％，与三大区域所占的人口数相比，中国广大的西部地区与目前所占消费份额极不相称。截至"十一五"末，东部地区国内生产总值占全国的比重为 53.0％，比 2005 年下降 2.5 个百分点；中部地区、西部地区国内生产总值占全国的比重分别为 19.7％、18.7％，分别比 2005 年提高 0.9 个和 1.6 个百分点，东北地区基本持平。2010 年，东部地区固定资产投资占全国的比重为 41.7％，比 2005 年下降 9.7 个百分点；中部地区、西部地区、东北地区固定资产投资占全国的比重分别为 22.6％、22.2％和 11.0％，分别比 2005 年提高 4.4 个、2.3 个和 2.4 个百分点。在促进城乡一体化新格局形成的"十二五"及未来时期，推进形成主体功能区是对中国区域利益格局的重大调整，是对传统的以行政区为地域单元组织经济运行的重大改革，是依托行政区推行的跨行政区经济社会管理，要求政府和市场这两大主体彼此协调，形成合力。城乡一体化进程中重视主体功能区建设不仅具有现实紧迫性和必要性，还具有坚实的理论基础，既是全面建设小康社会、建设和谐社会对区域协调发展提出的新要求，又是针对中国城乡协调发展面临的挑战提出的破解之策。2006—2010 年，尽管中国单位国内生产总值能耗累计下降 19.06％，基本完成"十一五"节能降耗目标（其中：单位铜冶炼综合能耗下降 35.9％，单位烧碱生产综合能耗下降 34.8％，吨水泥综合能耗下降 28.6％，原油加工单位综合能耗下降 28.4％，电厂火力发电标准煤耗下降 16.1％，吨钢综合能耗下降 12.1％，单位电解铝综合能耗下降 12.0％，单位乙烯生产综合能耗下降 11.5％），但是城乡协调发展仍然受到资源环境承载力和区域自身发展能力双重约束，人口空间分布失衡，区域经济活动的种类和强度失控是导致经济社会发展受到资源环境承载力约束的重要原因。因此，推进形成主体功能区中的人口转移，对各类主体功能区经济活动的种类和强度施加限制，主要目的是缓解经济社会发展的资源环境承载力的约束，最终实现城乡发展的可持续性。

---

① 肖玉明：《区域经济协调发展：理论、现状与对策》，《唯实》2004 年第 6 期。

第三节　中国城乡发展实践与理论总结

一　中国城乡区域一体化发展实践

(一) 多重合力下的城乡区域发展

中国城乡发展的实践证明城乡形态演变是多元化动力共同作用的结果，城乡形态演变和新型城乡形态的出现是城乡经济增长、功能结构调整、社会需求变化等内在动力与城乡交通网络完善、行政区划调整、发展规划政策引导等外在动力共同作用的结果。城乡一体化进程中的新型城乡是新时期中国城乡区域发展过程中的诸多动力共同作用的阶段性表现形式，不同动力的作用发挥使新型城乡形态在经济社会发展水平不同的区域呈现多元化的具体形式或模式，也使新型城乡形态的未来演变进一步体现出复杂性。为了加快推进城乡一体化进程，中国各地区坚持城乡发展规划一体化，有效保证促进城乡基础设施建设、生产要素流动、空间功能布局、生态环境保护建设、社会保障与公共服务等领域的一体化发展，同时围绕农村土地流转、产权制度、城乡建设用地市场建设、户籍制度、城乡基本公共服务制度、农民工市民化、城乡社会管理等多个领域的改革进行积极探索，形成了诸如成—渝地区以农村产权制度改革为基础推动"三个集中"的发展经验；以浙江嘉兴、江苏苏州等地在充分保障农民权益的基础上推动"两分两换"的经验；以及河南新乡等地以新型农村社区建设为平台推动城镇化进程的实践等，也积累了许多行之有效的经验。有理由认为，区域产业结构处于较稳定的发展状态时，城乡形态就具有较强的稳定性，也具有维持原有城乡形态自然演变的趋向，在地域空间自然地表现为惯性扩展。但是，当区域产业结构发生质变，进入置换、转型跨越发展阶段，则原有的城乡形态就因无法实现城市产业结构的调整要求而依照新的功能重新排列组合，城乡形态演变便进入新的阶段。这是产业结构调整、产业空间转移与承接对城乡形态转换要求的必然结果，是城乡资本、技术、劳动力等要素在地域空间上重组。因此，积极合理地调整城乡空间布局规划，为战略性新兴产业发展和区域间的产业转移提供空间基础，建立新的城乡空间秩序和城镇发展体系，必然有利于城乡一体化发展目标的实现。

随着城市化的不断演进，一种新型的城乡形态呈现在世人面前。国内城乡发展领先地区也彰显各自特有模式。[①] 如苏南模式，通过发展乡镇企业促进非农化，从而推动城乡一体化。提出农田向规模经营集中、工业向园区集中、农民向小城镇集中"三个集中"方针，建立"以工补农、以工建农"的农业投入制度；成都模式，按照"全域成都"理念开展城乡一体化实践探索，坚持工业向集中发展区集中、农民向集中居住区集中、土地向适度规模经营集中"三个集中"方针，做好农业产业化经营、农村发展环境建设和农村扶贫开发"三大工程"，履行规范化服务型政府建设和基层民主政治建设"两大保障"；上海模式，统筹城乡规划，在社会结构的变迁层面上破除城乡二元结构，围绕率先实现现代化和建设世界城市的战略主线，通过郊区的工业化与城市化建设，推进农民社会身份的变迁。

（二）城乡发展中的区域差异

1. 经济地理因素的区域差异

中国东部沿海地区处于太平洋西岸中心位置，相邻港澳台地区、日本和东盟七国，与美国、加拿大、澳大利亚、新加坡、马来西亚等国隔海相望；沿岸的大连、北京、天津、烟台、青岛、上海、宁波、杭州、厦门、广州、深圳诸城市均与亚太诸国和世界其他国家有着广泛的经贸联系，并有珠江三角洲、闽浙台三角地带、山东半岛和环渤海经济区以及长江流域、黄河流域等广阔的腹地。该区域交通发达、城市密集、基础设施完备。在历史上，东部沿海地区既受到中国优秀传统文化的熏陶，又程度不同地接受西方工业革命浪潮的洗练，民族工业已有一定基础，人民群众的商品意识、市场经济意识较强，有兴办实业和经商的良好传统，并与海外华侨有着天然的联系往来。[②] 这些优势在改革开放大潮的推动下，焕发了

---

① 杜秀清、曹扬、范富、李莉：《太原市新型城乡形态探析》，《中共太原市委党校学报》2011 年第 5 期。

② 孙淑敏、王东霞：《我国东西部差距成因分析及解决对策》，《内蒙古电大学刊》2003 年第 4 期。

新的生机，取得了长足的发展。城市化的水平在某种意义上代表着工业化水平和生产力的发展水平，西部地区的城镇化是中国城市化进程中不可逾越的阶段。西部地区城镇化起点低，城镇体系结构不完善，城乡二元结构明显，而且内部自然条件和社会经济条件差异大，其发展水平大致只相当于东部地区 20 世纪 80 年代中后期的水平①，城镇体系也呈现不同于东部地区的显著特点：非农业人口在 50 万以上的大城市（包括 50 万—100 万人的大城市、100 万—200 万人的特大城市和 200 万以上的超特大城市）作为区域经济中心，其在城市体系中的比重较低，难以起到带动整个西部地区经济发展"增长极"的作用。1999 年，西部 50 万人以上的大城市数仅为 8 个，占西部城市总数比重为 6.7%，而中部为 14.2%，东部为 14.4%，西部仅为东部地区的 46.5%；尽管中等城市数量有所上升，但与东中部比较起来仍显不足。1999 年西部地区 20 万—50 万人口的中等城市 36 座，比 1997 年增加了 4 座，而与中部地区的 80 座、东部地区的 100 座相比，仍存在较大差距。20 世纪 90 年代，小城市在西部地带所占比重虽然较高，达到了 63.3%，但其绝对数量严重不足，仅为 76 座，还不到东部地区的一半，难以覆盖地域辽阔的整个西部地区。

2. 制度变迁的区域差异

东部地区是中国经济体制改革的主要试验区和优先受惠地区，在国家改革开放之初率先改革，开始打破传统的高度集中的计划经济体制，使经济的市场化程度不断提高，城乡经济发展的潜力得到了快速释放。可以说，东部地区城乡经济活跃、生产力得到迅速发展，是因为改革开放之初便开始引入了市场机制，是因为不同的制度安排所带来的城乡经济发展激励机制。不论以何种角度对比，工业似乎总是比农业的发展速度快、城市比乡村的发展速度快、城市的改革步伐比农村大、城市居民的收入水平和生活水平都比乡村高。同时，出于传统户籍制度的松动和信息的加速流动，城乡差别问题开始以显性的和动态的方式凸显，东西区域差距最主要的表现是工农业及城乡经济差距，集中表现为工业发展差距。西部地区的经济体制，在整个 20 世纪 80 年代基本上仍是实行计划经济体制，城乡经济发展受到僵化的计划模式的束缚，明显地落后于沿海地区。事实上，东

① 傅琼：《试论我国西部城镇化进程中地方政府的作用》，《农村经济》2004 年第 4 期。

部沿海地区特别是广东、福建、浙江和江苏正是由于获得了经济体制改革率先进行的优势，才使各类经济主体享有了较多的自主权和较为灵活的经营方式，从而促进了生产力的快速发展。[①] 西部地区由于长期受制于计划经济体制影响，无论是经济改革还是对外开放，都无法与沿海地区相比，城乡经济发展水平整体落后便成为必然。数据表明，1998 年西部地区按市镇非农业人口占总人口计算的城市化率为 17.9%，比东部地区低 10 个百分点；按市镇总人口占全部人口比重计算的城市化率为 23.4%，比东部地区低 12 个百分点；西部 76.6% 的人口生活在农村，82% 左右的人口是农业人口。2002 年西部地区人口绝对数占全国的 28.56%，其中农村人口占 80% 的绝对多数。由于民族区域较多，除内蒙古、重庆人口出生率分别在 9.60‰、9.36‰ 外，其余省份均在 10‰ 以上，其中西藏高达 18.83‰，比全国平均水平 12.86‰ 高 5.97‰，人口增长率也保持较高增速。

3. 经济结构的区域差异

改革开放以来，东部地区非国有经济比重明显增大，企业机制相对灵活，市场适应能力较强，保证了城乡经济长期相对较快的增长速度。西部地区则由于国有经济比重大，受传统体制的束缚比较严重，城乡二元发展关系长时间难以有效改善。现代城市是区域经济的增长核心和区域开发的重要依托，是区域经济活动的空间依托、第二和第三产业发展的载体及聚集中心，也是城乡经济组织的节点；乡村则是相对于城市和城乡边缘区而言独立存在的空间组织单元，其主要以第一产业的发展同城市共同构成完整的城乡产业经济。中国现代化进程监测系统研究课题组 2003 年的研究发现[②]，国内各区域之间现代化程度差异较大，特别是东西部地区之间差异非常明显，排在第一位的上海现代化达标率为 64.19%，排在最后一位的西藏现代化达标率仅为 25.72%；排在前 10 位的全部是东部省份，排在最后 10 位的除山西省之外，全部是西部省份。社会发展综合评价研究中心 2003 年对中国区域间社会发展总指数的研究结果同样显示了东部发展

① 石淑华：《渐进式改革对东西部差距扩大的因素分析》，《辽宁商务职业学院学报》2002年第 4 期。

② 中国现代化进程监测系统研究课题组：《中国现代化进程监测系统研究》，《统计研究》2003 年第 5 期。

远远高于西部地区的结论。[①] 2001 年东西部社会发展总指数分别为 1.36
和 0.74，其中人口现状指数、生活水准指数、公益服务指数和社会保障
指数等领域指数，东西部地区依次分别为 1.36 和 0.16、0.41 和 0.15、
0.31 和 0.22、0.28 和 0.22。可以说，东西部地区城乡经济增长速度的差
异主要是非国有经济发展不平衡造成的，这种差异在 1978 年以来的每次
经济高涨期表现更加突出。数据表明[②]，东部地区的市场化程度高，集体、
私营、外资等非国有经济发展迅速；西部地区的市场化改革进程相对较
慢，国有经济比重一直较高。在经济高涨期东西部国有工业发展速度的差
异并不大，而非国有工业发展速度的差异却非常显著。在 20 世纪 90 年代
经济高速增长时期，东部非国有工业的增长率高于国有工业 25.85 个百分
点，而西部仅高出 15.1 个百分点。

　　区域城乡经济增长的快慢，除了自然环境、体制和政策等因素外，还
取决于该地区的分工格局与产业结构状况。综观世界各国经济发展过程，
无论是西方发达国家，还是发展中国家、经济不发达地区，通常都有一个
共同的特点，即在全国区域分工和区域竞争中，拥有一个相对不利的分工
格局和产业结构。从当前东西部地区之间的分工来看，表现为西部地区以
原材料生产和初加工为主，东部地区则以原材料深加工和高附加值产品生
产为主。这种分工使西部地区蒙受原材料输出和加工成品输入所造成的双
重利益损失，弱化了西部地区自我资金积累的能力。从区域内部的产业结
构看，西部地区三次产业的结构不合理，第一、第二、第三产业的相互渗
透和相互融合互补性差，产业间的分工协作关系松散。这种格局对西部地
区城乡经济增长很不利，直接影响城乡经济发展和人民生活水平的提高。
目前，西部地区由于较低的农民素质、不断减弱的县域经济承载力、正式
制度供给流失严重、非正式制度创新不足，加之农村富余劳动力转移的推
拉作用减弱以及社会歧视、过高的劳动力转移成本等因素制约，造成以产
业发展为支撑推进农民市民化进程中存在的关键问题，这些问题的连锁反
应又进一步制约着西部城乡产业竞争力的提高与产业结构演进的高级化。

---

　　① 社会发展水平综合评价研究中心：《我国社会发展水平综合评价结果揭晓》，《中国国情国
力》2003 年第 6 期。
　　② 雷敏、底瑜：《试论我国东西部差距的成因》，《社会科学研究》2002 年第 2 期。

　　4. 文化变迁的区域差异

　　经济学者 E. E. Hagen 在《社会变动的理论——经济成长是怎么开始的》一书中指出："在经济从停滞状态走向成长的飞跃当中，是文化的观念发生了基本的变化。此时，经济的变量仅仅是个参数，或者是个外在的条件而已。"所以，在城乡经济发展过程中，不仅存在文化的制约性，而且还存在文化与经济的互动性，即文化能够促进经济发展，文化的进化又是以经济发展为前提。如中国存在的以孔孟儒家积极入世、崇尚进取为特征的齐鲁文化，因历史上商贾云集且重商遗风远扬的江浙文化，以 20 世纪 20—40 年代金融意识为底衬的海派文化，善于开拓、敏于接受新事物的岭南文化，以及起于政治嗅觉灵敏而长于经济态势分析的京派文化等[①]，都从不同程度分别促进了所在区域的经济发展。中国东南地带本非儒家传统文化的发源地，因此虽也为传统文化这一主体文化所主宰，但一直是主体文化的边缘控制区，再加上近代以来西方新文化的冲击及临近港、澳、台等"儒家资本主义"文化的影响，使该地区亚文化是一种由传统主体文化和西方新文化复合而成的双重文化。[②] 总体来看，在双重的复文化环境中，文化主体会积极适应或主动创造各种经济机会，这便是西方新文化的经济本质，因此受第二重文化的主导作用的影响，经济主体的思想解放较早，能较快适应现代市场经济的新思想，使市场交易的规模得到比较快的扩张。与此形成鲜明对照的是，西部地区城乡板块由于长期生活环境的差异形成了不同的社会文化结构。相对而言，乡村人口流动少，"世代定居是常态，迁移是变态……生活富于地方性，在区域间接触少，生活隔离，各自保持着孤立的社会圈子……乡土社会在地方性的限制下成了生于斯、死于斯的社会……这是一个熟悉的社会，没有陌生人的社会"[③]，造成农民个体意识较为薄弱而更加珍惜地缘血缘关系，最终束缚了个体的自由和能力。"在为生存进行不断斗争的过程中，他们对较好生活的渴望不断破灭，除了少数人勇敢地流向他乡闯荡生活外，多数人仍然在巫婆神汉的话语里寻找安慰和寄托"[④]。同时，在新中国成立以前几千年的历史变迁中，西部

---

　① 夏永祥：《中国区域经济关系研究》，甘肃人民出版社 1998 年版，第 244 页。

　② 岳天明：《我国东西部差距的非正式制度成因考察》，《开发研究》1999 年第 3 期。

　③ 费孝通：《乡土中国：生育制度》，北京大学出版社 1998 年版，第 6—11 页。

　④ 张敦福：《区域发展模式的社会学分析》，天津人民出版社 2002 年版，第 12 页。

地区一直是自然或半自然经济，经济主体沉浸在浓重的传统文化的氛围中，他们虽会受到外界力量的触动，或多或少地有西方文化的渗透，但总体而言，主体在儒家中庸、等级、礼教文化的熏陶下，对机会的反应迟钝、思想较为保守，追求安宁、和静、知乐，缺乏竞争意识和冒险精神。传统是人类的"存在方式"、"行为的模式"和"心灵框架"。传统从来就是一种现实的力量，它既记录在历代典籍之中，也活在人们的观念、习俗与行为方式之中，并直接影响着各项制度的实际运作过程。传统文化的"背景"规定着人们在生活"舞台"上的活动地位和角色类型，规范着人的思想和行为。"传统"与"现代"并非二元对立，而是否定和扬弃、继承和发展的关系。"器具"的现代化并不是观念和行为的现代化，经济制度赖以有效运作还必须依靠社会民众文化中的心理与习惯。人类不能违背历史，否则将无法继续进步。社会文化的变迁必须建立在本土文化的基础上，文化建设和文化改造不可能逃逸"过去的"痕迹。可以认为，传统意识形态对人们观念的禁锢，在西部要大于东部，在西部人看来不可思议的行为，在东部则有冒险一试的可能，于是东部不断的"试错"过程增强了人们对经济投入的激励，促进了城乡经济的发展和绩效的提高，而西部因固守陈规，失去了一次次的城乡经济社会发展机会。

二　中国 30 多年城乡发展的理论总结

立足城乡发展的制度安排，通过计划经济制度与市场经济制度这两种截然有别的制度设计下中国城乡发展的不同实践及其特征，基本可以形成用以解释城乡发展及其形态演变的理论框架。我们尽管并不期求穷尽支配城乡发展及其形态演变的所有因素，但我们仍然可以通过反思这种历史发展轨迹，试图给出中国城乡发展及其形态演变过程中的本质特征与理论判断。一方面，城乡发展在时间维度上表现为城乡区域的经济增长与社会进步，亦即城乡社会生产力的进步、生产关系的变化以及由此而来的城乡区域商品和劳务的增长；另一方面，城乡发展在空间维度上又表现为城乡形态的演化，区域社会经济发展的各种活动都最终会反映和投射在城乡空间上，特别是经济活动在多种区位因素影响下的集中与扩散，会构成城乡经济的非均衡增长，城乡经济的非均衡增长又会使一定空间范围内原有的各种社会经济客体和现象的位置、相互结合关系、聚集规模和形态发生相应的变化。以上两方面的结合，便使得城乡发展在城乡关系的维度上表现为城乡区域的地域特征分异、产业分工合作及其不同交互作用的形成。

（一）中国城乡形态演变伴随着城乡改革发展的伟大实践

乡村聚落形态的规模及其等级次序的分布，是乡村聚落结构的重要特征；不同聚落在聚落系统中的地位、相互作用及其发展趋势是聚落发展演变的重要研究内容之一。[①] 在中国历史上，土地制度的变动十分频繁，从早期井田制、土地国有制（两汉的官田、曹魏的屯田、隋唐的均田）到大土地私有制或小土地私有制（农户家庭），在不同的历史朝代有不同的表现形式。但是，从乡村农业生产的组织方式看，分散的小农家庭始终处于主导地位。1910 年中国农村每户家庭平均人口 5.17 人，人均耕地 3.95 亩；到新中国成立前的 1947 年，户均人口 5.34 人，人均耕地 3.05 亩。这也是长期以来农户农业生产的大致规模。[②] 自然地理因素（包括地形条件的限制、水源条件的制约和农业生产条件的影响等）是乡村形态发展演变的基础因素，人文社会因素（主要包括人口因素、家庭因素、经济因素、政策制度因素等）是乡村形态演变的重要影响因素。农业社会交往（交易）的关系性和互联性，交往范围的乡土性和市镇性，以及属地管理的集权的科层政治结构构成了社会结构、经济结构和政治结构三位一体的理想组合，保证了中国历史上的长治久安和社会经济的发展。即使在农村，市场化改革也是在没有破坏农村给予家庭的社会纽带的基础上展开的。[③]

长期以来，中国在计划经济制度下人为加剧的城乡二元结构矛盾及其历史积累，构成了这个国家城乡发展体制选择的基础，今天为促进城乡一体化实现的策略选择就是对城乡发展历史选择的扬弃；任何新型城乡形态的区域性发展，都不是纸上谈兵式的规划，更不是异想天开的一厢情愿，而是真正地认识反思城乡发展的过去和现在，科学把握城乡发展的趋势与未来而做出的必然选择。计划经济制度下城市居民的福利性住房供应通过国家的力量，以"政府强力推动"为主导，即使遇到居民拆迁、企业搬

---

① 艾南山、朱治军、李后强：《外营力地貌作用随机特性和分形布朗地貌的稳定性》，《地理研究》1998 年第 1 期。

② 许道夫：《中国近代农业生产及贸易统计资料》，上海人民出版社 1983 年版，第 4—7 页。

③ 王永钦：《大转型——互联的关系型合约理论与中国奇迹》，格致出版社、上海三联书店 2009 年版，第 200—201 页。

迁、旧城改造、历史遗迹保护等工程，也带有非常强烈的行政色彩，这些行为也同时改变了城市空间结构布局和发展形态。市场的发育程度内生地决定了一个社会在一个阶段具有的产权形式、组织形式和政治社会制度架构。① 纵向分析中国 20 世纪 70 年代末期至 20 世纪 90 年代中期的发展脉络，不难发现其核心之一就是给城乡居民以自主选择和市场决策的自由，包括劳动力市场与创业市场的自由，即从计划到市场的"市场化"过程中实现了区域市场的整合、劳动力的跨区域流动，这反过来又促进了市场范围的扩大。20 世纪 90 年代中期以后，市场经济制度的建立极大地激发了原本压抑在经济体制内部的创造力。伴随高速的经济增长，中国逐步实施了土地有偿使用制度，开发区成为城市经济建设的主要代表形式，资本密集型企业和高新技术产业在城市新建开发区加速聚集，这也促进了城市区域的产业结构转换，进一步引起城市发展结构呈现原有城市改造、开发区建设和新的城市社区并行推进的状态。在此之后，市场机制在人口迁移、产业聚集、城乡结构调整、城市外部扩张、城市之间的竞争与协调以及城乡关系调整方面逐步发挥了基础性和主导作用，并通过多种不同的具体发展方式改变了城乡空间结构形态。但是，户籍制度的存在以及政治体制改革的推进困境又从另一个方面印证了米尔顿·弗里德曼在《资本主义与自由》一书中文版（2002 年）序言中的判断："中国仍然远不是一个自由社会，但是毫无疑问，中国居民要比以往更为自由及富有——除了政治以外，在各个方面都更为自由。在政治自由方面甚至有了一些初步的、微小的增长的征兆，具体的表现为日益增多的农村干部的选举。中国还有很长的一段路要走，但是它是朝着正确的方向前进。"②

等级分形的基本原因是生态位分化导致个体大小分隔，以保证在不同空间类型共存的同时减少资源的浪费；只有竞争没有再生，只会导致平面的均匀形态，只有再生没有竞争，可能导致散点形态。③ 城市与乡村在社会发展过程中的作用是相互的，功能是互补的，利益是互惠的，职能上是有所分工的。中国曾经在处理城乡关系的过程中与其他发展中国家一样，

①　王永钦：《大转型——互联的关系型合约理论与中国奇迹》，格致出版社、上海三联书店 2009 年版，第 205 页。

②　熊培云：《重新发现社会》，新星出版社 2010 年版，第 78 页。

③　张宇星：《城市和城市群形态的空间分形特征》，《新建筑》1995 年第 3 期。

在特定的发展阶段选择了城市偏向的城乡发展策略，它以低廉的食物价格以及其他一系列不利于农村的价格政策，偏向于城市工业的投资战略以及由此引起城乡区域内乡村地区技术的缺乏，农村地区普遍存在的医疗、教育、就业等基础设施的落后。这种处理城乡关系的历史过程在与城市集团利用自己的政治权力，通过城市偏向政策使社会资源不合理地流入自己的利益所在地区①，造成很不利于乡村社会发育的发展态势和路径依赖。诺斯指出，"路径依赖，意味着历史是重要的……制度加上所利用的技术，决定了人们从事经济活动的获利性与可行性。他们将过去与现在和未来连接了起来，因此，经济的历史绩效主要的是一个制度演进的渐进过程。它们只有作为一个连续的过程才能得到理解"②。因而，任何现实的城乡发展形态及其制度选择都不是任意的，都是城乡已有发展历史积累的结果，都是城乡形态演变历史的延伸。新型城乡形态及其基本特征，来自城乡历史对其发展集合所施加的限制性影响，因而也使得未来城乡一体化目标的实现途径选择建立在可以理解的基础上。

中国在渐进式改革下保持了基于关系的社会结构，促进了市场化和经济发展，但是市场化和经济发展又反过来消解了关系型社会赖以存在的基础。专业化市场替代并弱化了原来由家庭和社区来发挥的功能，人口流动性的增强缩短了人们之间互动的时间长度，动摇了关系型社会的另一个基础。③ 中国城乡发展的终极目标是建设城乡一体化基础上的共同家园，城乡居民的命运是连在一起的；如果城市区域只想着自己的繁荣昌盛，而周边的广大农村腹地却长期处于贫困落后状态的话，那城市的繁荣则是无法持久的。在市场经济条件下，城市空间区委确定机制、城市主导产业选择机制、企业主体的投融资机制、城乡之间的要素流动机制、城乡基础设施建设运营机制等，无不存在市场"无形的手"的作用力，中国城乡社会真正开始了从传统社会向现代社会的转型。带来这种转型的

---

① 战金艳：《城乡关联发展评价模型系统构建——以山东省为例》，《地理研究》2003 年第 7 期。
② ［美］道格拉斯·诺斯：《制度、制度变迁与经济绩效》（中译本），上海三联书店 1994 年版，第 134、158 页。
③ 王永钦：《大转型——互联的关系型合约理论与中国奇迹》，格致出版社、上海三联书店 2009 年版，第 205 页。

不是别的，恰恰是市场机制，市场机制深刻地改变了城乡之间的博弈规则和社会结构。特别是市场经济与民营经济的发展，私产入宪与物权法的制定，民间草根力量及公民社会的逐步觉醒，等等，为中国的社会主义注入了它过去曾极力反对的资本主义因素，使之收获现实的活力与历史的报偿。[①] 新时期，综合国力的不断增强和一系列体制与机制创新为中国城乡发展注入了新的活力，中国城乡经济社会、文化制度等各项活动的组织结构、管理体制、调控机制和运行方式等不断与世界惯例寻求接轨。尽管中国城乡发展面临的宏观体制环境及其市场规则基本类似，但是不同区域其新型城乡形态发展的实施机制和实施方式以及城乡居民的行为准则和行动者的主观模型却无法求得统一，因此抛开本国、本区域城乡发展的历史、传统和文化，东施效颦抑或一刀切地认为城乡一体化就是城乡一样化，是难免要失败的。当前阶段中国人口的城镇化进程，一个重要的方面应该是解决农民工在城市与城镇的民生问题。如果大城市创造的就业岗位仍然增长、如果城市的教育资源仍然优于农村、如果城市的福利关门主义态度或集体排他性利益决策机制不改变，那么农民工将仍然会对土地寄予厚望，农民工城市落户预期与国家的政策诱导政策的矛盾就仍然会继续。[②]

（二）新型城乡形态生成于城乡一体化新格局的特定阶段

　　区域是一个空间的概念，从空间角度研究经济现象，是区域经济学有别于其他经济学科的根本所在。[③] 城乡经济社会发展的地域空间分异，是人类社会经济活动区位选择的必然结果，是各种社会经济、文化制度在地域空间分化组合、聚集扩散的动态演变过程，也是城乡自组织系统与其环境之间、系统内部各子系统之间恒常的相互联系和相互作用在地域空间的表现形式。城乡区域空间结构的运动转化过程，就是城乡形态结构的演变过程。在市场经济条件下，城乡区域是一个开放的系统，城乡之间存在合作分工与竞争博弈的多重关系。在聚集力的作用下，城市往往成为城乡区

　　① 熊培云：《重新发现社会》，新星出版社 2010 年版，第 79 页。
　　② 张翼：《农民工户籍转化意愿及其政策含义》，《比较》第 53 卷，中信出版社 2011 年版，第 32—44 页。
　　③ 郝寿义、安虎森：《区域经济学》，科学出版社 1999 年版，第 3 页。

域各类要素资源的聚集中心；在离心力的作用下，城市区域的经济活动又会向周边区域进行扩展和辐射。

新中国成立后特别是改革开放以来，随着城乡居民思想观念的改变、家庭结构逐渐向小型化转变以及扩展家庭（家庭成员多为三代以上）、核心家庭（两代人的家庭成员构成）逐渐占据城乡居民户的主体。城乡家庭结构的小型化，加剧了家庭的增生与分裂，加速了城乡社区居民户数和村落数量的增长，同时也加剧了城乡居住空间的扩散与"陌生人世界"的形成。在传统农业社会，乡村聚落的空间集聚与扩散和农业产业结构密切相关，并受制于劳作半径和交往距离的限制，农户大多呈分散点状散居于农田之间以提高劳动效率；在以第二、第三产业为主体的城镇区域，居民分布居住形态则呈相对集聚式的空间聚居特征。20 世纪 80 年代中期以来，随着农村工业化、乡镇企业和城市化步伐的加快以及城乡交通通信等基础设施条件的改善，人口逐步趋向于聚集在非农产业较为发达的城镇化地区和交通沿线及枢纽节点、产业集中区。同时，系统性的制度变革因素也导致了生产要素由生产率较低的农业部门向生产率更高的乡镇企业部门转移，极大地改善了资源配置状况，整个城乡经济因此获得收益，增长也因此加速，农业部门的生产率也会随之提高，这为传统农业向现代农业的转变提供了关键力量。在考察中国城乡形态的演变过程中，我们还必须特别重视国家宏观政策因素和正式制度安排对城乡人口空间分布所产生的显著影响。与城镇建设发展相比，长期以来中国的乡村聚落规划与建设未能得到应有的重视，不但缺乏统一规划、缺少资金投入，而且缺乏必要的管理政策和措施，导致乡村聚落盲目扩散、布局散乱。[①] 尽管这种状况将会随着社会主义新农村建设的逐步推进和新的城乡规划法的实施而得到有效改善，但是在农村，人口因素、经济发展始终是乡村形态演变的主要驱动力量。相对于正处于迅速转型中的农村而言，城市化因素和市场经济因素在乡村形态演变中的作用会逐步增强，新型城市化战略的稳步推进、"中心村"建设引发的农村社会发育和农村现代产业经济的进一步发展、人口劳动力乡—城的季节化、稳定性迁移等因素，都会对乡村形态演变和聚落空

---

① 郭晓东、牛叔文、李永华、张馨：《陇中黄土丘陵区乡村聚落时空演变的模拟分析——以甘肃省秦安县为例》，《山地学报》2009 年第 3 期。

间分布产生重要影响。①

　　在一个地域中，平面上的空间充填是一个有序的体系，人为分割可能有利于行政惯例，但违背真实的系统运行行为，城乡之间的新型发展关系必须如实地看作一种结构有序、功能互补、具有统一基础的复杂系统；新型城乡形态布局应当符合空间充填原理，它在宏观上是可辨识的，在微观上是随机的，在实践中是可以把其看作立足于乡村平面上的、具有等级特点的一组空间充填物，共同构成城乡地域综合体，并相应发挥各自的功能。同时，城乡之间还符合社会分工原理，它在本质上是由于社会分工的不同和创造能力的差异而产生了在获取财富、分配财富、消费财富上的差异，但最终城乡必须服从一个临界阈值，即作为区域内社会成员的每一个个体，都至少应该获得作为体面生活标志的最低门槛，满足基本人权赋予

---

　　① 李泉、蒯刚的实地调研走访发现，农民外出务工经商获得收入后，大多都会将投资中的较大份额用作自家房屋建造（不同农村的农户情况千差万别，农户在农业上的投资也可能很大，但我们无法清楚地知道他们在手机、电脑、冰箱等耐用消费品和住房、农用卡车及农机具和非农经营方面的支出到底分别有多大比例。林毅夫的研究曾指出，对于中国农民来说，建新房和修缮房屋，是其累积资产的一个主要方式；农户用于改善房屋的资金数量相当巨大，平均来说，农户在改善房屋方面的支出超过了其年均收入，且大幅度高于生产性投资。详见林毅夫《制度、技术与中国农业发展》，格致出版社、上海三联书店、上海人民出版社 2008 年版，第 104—106 页。梁鸿在《中国在梁庄》中则以文化的视角解读了农民工回老家盖房的现象：第一代打工者还愿意在村庄盖房子，因为那是他的家，在这里，显示自己的财富是确定自我价值的象征。但是，更年青一代的乡村青年对乡村的感情非常淡薄，他们在家乡待的时间很短，往往初中毕业就出去打工。他们对未来的渴望更为开放，也正因为此，他们的命运与处境也更为尴尬。他们又将在哪里扎根呢？十几岁就离开家乡，在城市打工，但他们没有城市户口，没有任何社会保障，城市不是他们的家；而乡村对于他们来说，也是一个遥远的、没有情感的事物，他们在乡村也找不到归属感。新一代农民工这种双重的精神失落所产生的社会问题该怎样弥补和改变呢？详见梁鸿《中国在梁庄》，江苏人民出版社 2011 年版，第 38—39 页)，特别是在一些农村地区，是否拥有新房可能成为家庭成员在市场竞争中获得成功的标志之一或者男性青年准备结婚的前提条件（顺便需要提及的是，当地婚嫁过程中，苗族姑娘的聘礼自 2006 年以来也由几千元一路高升，2010 年 9 月一苗族家庭的婚嫁聘礼已高至 7.2 万元。这可能与其长辈、父母及家族观念、乡邻间的攀比有关）。例如，在较为偏远的贵州毕节地区纳雍县化作乡，当地山地较多且多为喀斯特地貌，"石漠化"现象较为严重，交通仍然不便利，能耕作的土地面积较少且大多贫瘠，当地农民的收入主要靠外出务工、留守当地居民农闲时兼业做临时工（日均 50—60 元）、出售农副产品等。据村民介绍，10 多年来当地的路面由黄泥地硬化为水泥地、住房由土墙房（当地居民用泥筑墙建屋、用茅草遮盖屋顶）改为用水泥、砖、钢筋等为原料修建的平房的过程中，其资金主要来源于外出打工。而且，细数周围村民中有 2—3 层平房的，至少这个家户有 2 人以上或举家（部分举家外出者是为逃避计划生育政策）长期在外打工。由此可以做大胆判断，正是本村外出务工人员从基础设施、房屋布局形态、生活观念等方面改变了农村的发展趋向。

的机会平等。不仅如此，新型城乡关系还符合产业结构演变规律和产业升级原理，它在产业链形成与产业聚集发展上，既有外在的联系与制约，又有内在的联系与制约；乡村作为第一产业的集中地，提供了城乡居民生存支持系统和生态环境保育功能；城市作为第二、第三产业的集中地，提供了产品、服务及相应的供需支持系统，二者在城乡区域整体上是互补和不可分的。从人口的结构分布分析，新型城乡发展关系还符合人口流动原理，乡村提供了人力资源的丰厚土壤，不同等级的城市对于人才的吸纳和创造"生态位"的条件差异，表现出宏观的可识别的吸附特征。[①] 城乡发展不同阶段的任何形态演变都是有条件的，在此条件下是合理的在彼条件下不一定存在；任何区域的城乡发展战略与策略选择，都是城乡发展历史已有沉淀的延续，城乡一体化需要解决的问题绝不是简单的经济问题，而是历史、文化、习俗、传统等因素综合作用的结果；新型城乡形态也不是城乡一体化实现的简单工具，不是万能的"螺丝刀"——成都田园城市建设能用的，放在中国的其他地区不一定能用。在促进城乡形态演变和实现城乡一体化的过程中，我们必须找到历史与未来、一般与特殊、现实与理想的均衡点。

城乡在特定区域内所承担的职能、城市的规模与空间结构，是影响城乡形态演变趋向的重要组合因素。例如，大城市的空间形态演变具有从圈层式扩展形态走向分散组团形态、轴间发展形态乃至最后形成大都市连绵区（带）扩展形态的发展规律，中等城市的形态有别于大城市又区别于一般小城镇单一街道轴线的空间形态，小城镇形态则体现了人性化的空间尺度。在中国城乡发展的不同区域性社会，城乡形态演变将会导致边际上的适应，受到根本性影响的发展边际可能往往是那些促进城乡一体化需要解决的棘手问题，其解决方式将由城乡区域不同参加者的相对博弈力量来决定。也就是说，城乡形态会在特定的制度逻辑下演进。但要说明的是，城乡形态演变和城乡发展不是在一夜之间因某种突发力量的外在干预而出现突变式的革命性跨越，新型城乡形态和城乡一体化将是一个边际调整转换过程，这种渐进式的演变是建立在先前的制度安排下的。由于不同区域城乡发展的相互作用与促进城乡发展的主导力量显然存在差异，因此不同区

---

① 谢永琴：《城市外部空间结构理论与实践》，经济科学出版社 2006 年版，第 221—222 页。

域的城乡形态演变和城乡一体化发展的边际调整转换过程一般并不完全相同。

(三) 中国城乡二元结构转化是城乡自组织系统演化的重要内容

从区域科学的角度来看，城乡结构调整与空间结构形态不仅包括了基本的部门结构和与城乡地区之间的空间结构，还包括了由于城市的聚集作用而形成的城市中心向乡村腹地外围过渡所表现出的城乡空间结构。尽管城市经济结构比乡村产业发展的分工更为精细、领域更多而且更复杂，但是城市区域总存在于乡村及其他地区之间的空间等级结构体系和地域分工合作关系，从而形成具有等级规模与功能结构的城乡联系机制，这一机制的内部核心结构是为城市所占据，过渡及边缘区域则是一个由中心向外围各种要素都呈梯度递减、一切围绕城市中心的一个自组织的空间系统。同时，这些复杂的城乡结构也复杂化了城乡管理者的相互交叉性，打破城乡分割和职能交叉就成为城乡一体化过程中的关键问题之一。

温铁军指出[1]："中国的国情是资源紧束、城乡结构二元对立。农民一向都是弱势群体，农业一向都是做出牺牲的产业。有许多涉及农民和农业的问题，如农民负担过重、各方对农民利益的侵害、农民收入水平持续下降、城乡差距不断拉大、农民上访告状问题等多年来不断得到各种反映，中央三令五申要求妥善处理，但至今成效仍不大，这也从一个侧面说明农业问题的复杂性"；"事实上，城乡二元结构这个基本体制矛盾没有突破，无论什么调节微观机制的政策都难以发挥作用。现在应该强调的是，在调整国土资源结构的战略指导下，调整城乡结构和区域结构"。对任何存在典型城乡二元结构的国家和地区而言，经济结构升级和高级化始终构成城乡形态调整的物质基础。调整城乡结构、促进城乡形态合理化和提高城镇化水平，一方面可以吸纳更多的农民进城从事非农生产并使其获得相对较高的收入，带动城乡消费水平、消费观念、生活方式发生根本变化，从而为国民经济发展提供广阔的市场和持久的动力；另一方面，城乡结构调整和城乡形态转变本身，既是加速农村产业化和规模化经营、推动农村市场

---

① 转引自木子《关键：突破城乡二元结构》，《浙江科技报》2001年5月15日第1版。

经济水平提升和提高农村劳动生产率、降低生产成本的过程，也是强化城乡联动功能、促进新型城市化的重大举措，是城乡系统自然的经济和社会变迁过程。

由于受特定体制环境影响，中国的城乡发展表现出诸多方面的"病态"特征，行政割据、市场分割已经严重阻碍了城乡关系的协调，不利于城乡各自功能的正常发挥，更不利于城乡一体化的顺利推进。中国城乡经济社会发展至今，其多重二元结构仍表现为：城乡生产方式的二元——在城市已初步建立起了现代大工业的生产方式，并在此基础上开始发展知识经济或新经济的生产方式，但在农村仍然广泛存在传统落后的农业经济生产方式；城乡生活方式的二元——随着工业经济和知识经济的发展，城市居民已开始进入现代城市文明，但在广大的农村，农民大部分还处在农耕文明阶段，远离城市文明；城乡收入水平的二元——城乡居民之间存在巨大的收入差距、生活差距和财产差距；城乡市场的二元——城乡居民消费的产品及其档次都存在较大的差别；城乡宏观政策的二元——城市的基础设施建设、社会保障、九年义务教育等由政府承担，而农村则由农民承担，显示了对农村的政策性差别待遇；城乡就业的二元——城市就业主要是对城市居民的，农民进城就业甚至务工都要受到种种限制。因此，尽快改变摆脱这种多重的二元结构制约，是城乡一体化推进的必然要求。在统筹城乡一体化发展的新时期，加快推进城镇化是中国区域发展的必然趋势和强劲动力。完善城乡布局和形态，以大城市为依托，以中小城市为重点，逐步形成辐射作用大的城市群，促进大中小城市和小城镇协调发展，促进城乡形态合理化，就必须遵循城乡一体化发展规律，重视阻碍城乡协调发展的制度障碍。

空间竞争是保持空间类型个性特征的状态和趋势的因素，也是系统丧失整体性、整体失稳的因素；作为空间竞争对立面的空间协同则是保持空间系统集体性状态和趋势的因素，也是使得空间系统保持和具有整体性、整体稳定的因素。空间竞争和协同不仅相互依赖，而且在一定条件下可以相互转化。① 随着城市的逐步繁荣、乡村城市化程度的提高和城乡固有联系的加强，城乡会形成一个自主运行的复杂系统。在这个系统内，城乡区

---

① 张勇强：《城市空间发展自组织与城市规划》，东南大学出版社 2006 年版，第 147 页。

域内的基础设施、产业经济、社会分工、公共事业等都形成各自的子系统，并且子系统相互之间又形成严密的城乡大系统，从而维持着城乡之间复杂的人流、物质流和信息流。而且，信息技术还加剧了这种异质性，移民的生活形态、文化、价值体系、意识形态与原住民的差异，通过移民对城乡空间的塑造固化为不同的城乡空间形态。在城乡复杂的系统内，经济密度和市场厚度是乡村无法比拟的，城乡社会形态关系趋于非人格化主体，公共关系变得复杂多元；自然环境也被人为改造、专门服务于高密度人群；人们倡导交通通达性的平等，允许土地的混合开发利用。与此同时，信息网络和知识积累也为城乡居民构建理想社区、使人们过上向往的美好生活提供了媒介支持和环境条件，自由平等、和谐宜居、开放互动的城乡空间成为人类长期以来追求的理想模式，新技术的应用和城乡制度创新也就显得尤为迫切，科学规划、城乡公共服务均等、城市经营理念和精明增长日益成为城乡发展的新趋势，城乡居民将在更加广泛的跨文化交流基础上创造新型地域文化，未来的城乡区域发展将沿着可持续增长的方向迈进。

（四）新型城乡形态是中国统筹城乡一体化发展的有效实现形式

在计划经济制度下，中国城乡系统演变基本上以行政体系为依托，城乡之间的联系以行政关系为主，经济联系也是垂直系统内的分配与交流关系；随着市场经济制度的发展，城乡之间的经济关系逐步进入市场联系的框架，城乡系统开始从垂直体系转化为横向网络化。[①] 现代市场经济条件的城乡二元发展，在一系列制度创新和国家对"三农"问题的关注下，自上而下与自下而上相结合的混合发展促进了新型城乡形态的形成，也为城乡一体化的实现探索出了行之有效的实践模式。根据世界银行统计[②]，1995年世界高收入国家城市化为75%，中等收入国家为60%，低收入国家为30%，2008年中国城市化率尚未达到50%。按照年均1个百分点左右的增长势头，未来5—10年将是中国实现城乡融合向城乡一体化发展跨越的重要时期。

---

① 谢永琴：《城市外部空间结构理论与实践》，经济科学出版社2006年版，第14页。
② 牛文元、刘怡君：《中国新型城市化报告2009》，科学出版社2009年版，《序言——中国的新型城市化之路》。

有证据证明，城市的空间分布实际上是具有结构性的，例如 Dobkins 和 Ioannides 通过考察美国 1900—1990 年期间城市的变化，发现在此期间出现的新城市如果邻近其他城市的话，则发展会比较快，而且相邻城市的增长率是紧密依存的。① 这符合"城市簇"的概念，证明确实存在城市间的空间相互作用。同时，小城镇在城乡经济发展中也具有重要的连接作用，它们可以提供地方市场、繁荣农村经济、促进城乡商品和物流集散，一些具有良好成长性的小城镇还可以发展成为大城市，并成为新兴城市群的有机组成部分。这样的小城镇可以称为城乡发展过程中的生长点，对于改变人口流动取向和塑造城乡形态具有重要作用。

随着全球空间一体化和区域主义的兴起，世界经济空间正加速重构并引导城镇空间结构与布局形态的嬗变。② 面对当今世界范围内的城镇区域空间整合和地区城乡发展战略调整，中国"十二五"及其未来较长时期内如何推进新型城市化、加强城镇包容性增长和形成城乡良性互动发展新格局，成为这个巨型经济体必须慎重考虑和科学破解的区域发展关键与难点问题。最优的制度安排取决于经济发展的阶段和市场范围，在经济欠发达的阶段，依赖关系型交易的非正式制度比较重要；在经济发展到一定的程度，市场范围足够大的时候，依赖正式制度（法治）的规则型交易更重要，这样可以更好地实现规模经济和技术进步。③

城乡形态演变受制于多种因素的综合影响，是城乡区域内部矛盾运动的结果。城乡社会经济的发展，必然引起城乡各种功能地域的空间移动、集聚或扩张，从而引起城乡形态演变和城乡空间重组；城乡形态的演变实质是城乡在区域发展过程中多种动力（如经济增长、产业结构调整、城市功能演变、国家发展政策变动、资金投入、城乡规划变更）的空间演变。今天的中国，日益成为一个政治虔诚和经济自由放任的特殊混合体。④ 结果，中国的主要城市迅速扩张，也许是世界上增长最快的经济区，并且在

① 王小鲁：《中国城市化路径与城市规模的经济学分析》，《经济研究》2010 年第 10 期。
② 吕拉昌：《区域整合与发展》，中国社会科学出版社 2007 年版，第 38—40 页。
③ 王永钦：《大转型——互联的关系型合约理论与中国奇迹》，格致出版社、上海三联书店 2009 年版，第 211 页。
④ ［美］海尔布罗纳、米尔博格：《经济社会的起源》，李陈华、许敏兰译，格致出版社、上海三联书店 2010 年版，第 210—211 页。

这些地区，特别是沿海地区的城市，变成了外国投资的聚集地和有活力的出口增长中心，而政府对农村仍然保持一定程度的控制。德国农业经济学家卜凌克曼认为，交通位置和自然状况构成了一个地区农业集约经营的客观条件，企业家的个人状况（包括经营管理水平和个人经济状况）则是农业集约经营的主观因素①，培养大批高素质的农业企业家是推进农业产业化，实现经济腾飞的必要条件。② 根据中国城乡发展的速度与规模，也许未来的城乡一体化还有很长的路要走；在战略机遇期和矛盾凸显期，中国的长期发展面临诸多制约，我们也有不同的道路可供选择。但是，加快转变城镇发展方式，统筹城乡产业化连接机制，促进城乡区域协调和积极稳妥推进城镇化，实施主体功能区战略，完善城市化布局和形态，加强城镇化管理，构筑区域经济优势互补、主体功能定位清晰、国土空间高效利用、人与自然和谐相处的区域发展格局，应该成为中国新时期促进城镇发展和建设生态宜居家园的主旋律。

（五）主体功能区的建设发展有助于促进中国城乡空间结构优化

时间和空间是城乡系统和结构转换过程的根本属性。基于综合考虑和权衡中国区域经济发展总体推进状况，中共十六届五中全会提出了"优化开发、重点开发、限制开发和禁止开发"等四类主体功能区战略定位，这四类不同的主体功能区，分别承担工业品和服务产品、农业产品及生态产品提供的不同功能，进行城市化工业化、农业发展或生态发展等不同内容的开发发展。在此之后，中国国民经济社会发展"十一五"规划纲要明确提出，根据资源环境承载能力、现有开发密度和发展潜力，统筹考虑人口分布、经济布局、国土利用和城镇化格局，进一步将国土空间划分为优化开发、重点开发、限制开发和禁止开发四类主体功能区。中共十七大报告进一步明确指出，到 2020 年中国区域经济发展基本形成主体功能区的开发发展布局。

优化开发区是指国土开发密度已经较高、资源环境承载能力开始减弱的区域。这一类型区的功能定位是改变依靠占用大量土地、大量消耗资源和大量排放污染实现经济较快增长的模式，把提高增长质量和效益放在首

---

① 赖作卿：《造就农业企业家推进农业产业化》，《农业经济》1998 年第 9 期。
② 尹志刚、李炜：《谈现代农业企业家的素质培养》，《财金贸易》2000 年第 5 期。

位，提升参与全球分工与竞争的层次，继续成为带动全国经济社会发展的龙头和我国参与经济全球化的主体区域。重点开发区域是指资源环境承载能力较强、经济和人口居住条件较好的区域。这一类型区的功能定位是充实基础设施，改善投资创业环境，促进产业集群发展，壮大经济规模，加快工业化和城镇化，承接优化开发区的产业转移，承接限制开发区和禁止开发区的人口转移，逐步成为支撑全国经济发展和人口聚集的重要载体。限制开发区域是指资源承载能力较弱、大规模集聚经济和人口条件不好并关系到全国或较大区域范围生态环境安全的区域。这一类型区的功能定位是坚持优先发展、适度发展、点状发展，因地制宜发展资源环境可以承载的特色产业，加强生态修复和环境保护，引导超载人口逐步有序转移，逐步成为全国或区域性的重要生态功能区。禁止开发区是指依法设立的各类自然保护区域。这一类型区的功能定位是依据法律法规和相关的规划实行强制性保护，控制人为因素对自然生态的干扰，严禁不符合主体功能定位的活动。

主体功能区这一具有国家战略意义的国土空间开发发展功能区定位，不仅有助于引导城乡区域相互协调发展，相互补充调剂余缺，实现资源要素和经济、社会的共同发展，逐步打破原有的城乡二元经济、产业经济同质化现象和城乡市场阻隔；而且有助于发挥我们正在致力于健全和完善的"好的市场经济制度"的诸多积极作用，促进资源高效合理配置和城乡区域间相互合作，使城乡建立与本地区资源环境相吻合的产业结构，不断"又好又快"地提高国民经济核心竞争力。不仅如此，由于主体功能区还将资源环境纳入评价系统并处于重要位置，这也从根本上有助于从内部推动和改变现有的 GDP 评价指标体系，诱致不同区域树立根据自然条件的适宜性进行开发、根据资源环境承载力进行开发、区分主体功能区进行开发等理念，同时兼顾城乡空间结构调整，强调工业品和生态品及农业品的生产都是发展，最终促进中国重新设立更科学的指标体系并向实施绿色GDP 迈进。

主体功能区建设规划对于中国未来的城市发展空间格局做了现实的勾勒，即以"两横三纵"为主体的城市化战略格局——构建以陆桥通道、沿长江通道为两条横轴，以沿海、京哈京广、包昆通道为三条纵轴，以国家优化开发和重点开发的城市化地区为主要支撑，以轴线上其他城市化地区为重要组成的城市化战略格局。推进环渤海、长江三角洲、珠江三角洲地区的优化开发，形成 3 个特大城市群；推进哈—长、江淮、海峡西岸、中原、长江中游、北部湾、成—渝、关中—天水等地区的重点开发，形成若干新的大城市群和区域性的城市群。其中，综合实力较强、能够体现国家竞争力，经济规模较大、能支撑并带动全国经济发展，城镇体系比较健全、有条件形成具有全球影响力的特大城市群，内在经济联系紧密、区域一体化基础较好，科学技术创新实力较强、能引领并带动全国自主创新和结构升级的优化开发区，是提升国家竞争力的重要区域、带动全国经济社会发展的龙头、全国重要的创新区域和中国在更高层次上参与国际分工及有全球影响力的经济区、重要的人口和经济密集区。重点开发区域需要在优化结构、提高效益、降低消耗、保护环境的基础上推动经济可持续发展，推进新型工业化进程，提高自主创新能力，聚集创新要素，增强产业集聚能力，积极承接国际及国内优化开发区域产业转移，形成分工协作的现代产业体系，加快推进城镇化，壮大城市综合实力，改善人居环境，提高集聚人口的能力，发挥区位优势，加快沿边地区对外开放，加强国际通道和口岸建设，形成中国对外开放新的窗口和战略空间。在城乡统筹一体化发展方面，优化开发区和重点开发区也是最具影响力的区域。

从实践层面分析，一方面，我们可以把推进形成主体功能区的整个过程，看成主体功能区的建设发展过程；而建设主体功能区的过程至少应包括主体功能区的区域细分、主体功能区的基本规划、主体功能区的发展模式选择、主体功能区发展的政策支持、主体功能区布局的形成及自我发展能力的提升等关键环节和重点内容。另一方面，我们又必须明确，主体功能区并不是一剂包治百病的神丹妙药，它在城乡区域国土空间的具体落实是一个涉及面相当广的系统工程，并且它也不能保证解决城乡发展中可能出现的所有问题；不同城乡在不同发展阶段，面临不同类型的发展问题，必须根据客观环境的变化而不断进行适度调整。以上所进行的这种分析，并未否定城乡发展的物质基础，如作为生产要素中最主要的资本问题，城乡区域面临的环境状况，交通及基础设施的完善、通达与便捷程度，文化传统、制度因素等对城乡转变与城乡协调发展的作用和影响。更进一步，特定时空区域的城乡发展是否能够实现协调，根本上说可能具有某种"自然的方式"，它是自发的聚集、扩展、合作而形成的。如果在市场制度运行优良的条件下人为地滥用政府组织、企业组织等其他强势力量对城乡发展进行干预，设定其发展途径、发展规模、发展形式，就可能会导致城乡发展的失范及与此相关的其他经济社会问题的产生，如失地农民问题、城市发展的摊大饼问题、城中村改造中的搬迁问题，等等。同时，城乡系统运行与结构转换的效率标准最终取决于各子系统对资源利用的效率与交易成本的节约程度，只有组成城乡系统的各子系统经济产出的边际增量超过边际成本性质的变迁，城乡的发展才是有效率的。城市与乡村是人类两种聚居模式，现代城市由于集聚了经济产出的绝大部分，因而也发挥着与其经济规模相当的提供人类生活居住的职能。

　　经济地理要素的空间扩散一般通过接触扩散、等级扩散与非等级扩散等形式实现，不同形式的扩散会导致城乡空间的分离化、一体化与跳跃化、非连续性。主体功能区的发展理念，要求城乡在其内部发展及统筹过程中，必须汲取国土开发的经验教训，着力加快发展方式的转变与经济结构调整，使城市化变得更加集约紧凑，使农村发展更加符合社会主义新农村建设的基本标准，使城乡最终走上资源节约、环境友好、适宜人居、功能互补的绿色发展道路。这既包含了低碳经济、循环经济、保留必要绿色空间、生态景观和人文景观的协调发展的基本内涵，又蕴含着城乡发展过程中的人口、资源与环境的良性互动以及宜居性强的可持续发展观。从历史较长时期来讲，乡村发展及城镇化扩展至今，物质形态的经济利益型、合作形式的经营管理型、知识形态的数字信息网络型，可能构成城乡系统在不同阶段演进的基本功能和结构类型。在一个具有整体性的区域经济社会系统中，如果城乡区域各系统的目标不一致而相互冲突，或者特定范围内具有客观联系的城市之间、乡村之间以及城乡之间没有建立协调发展的共同目标，城乡一体化的动态协调机制就无法形成，城乡区域发展就会呈现一种各自为政的不和谐状态，城乡区域发展就无法在有序互动状态下实现良性循环。因此，城乡一体化不仅需要推行可持续的城乡发展模式，促进资源和能源节约，确立政府对环保的第一责任主体，加强城乡环境管理能力，实施"使用者付费"、"污染者付费"，构建绿色生产和绿色消费体系，而且需要完善环境治理机制，突出城乡发展过程中的环境导向、绿色导向，统筹城乡污染防治和重新审视家用汽车和住房消费政策，理顺资源能源领域的价格机制，提高资源使用成本，减少资源利用过程中的浪费，逐步扩大生物多样性的保存能力和环境承载容量，实现城乡自然生态系统、经济社会发展系统、人口资源环境系统等各系统之间的功能网络耦合。越是在市场化条件下推进城乡一体化，就越是要更加注意不同利益竞争下的合作机制的建立，从而，最终从城乡协同发展的动态平衡中寻求城乡系统主体功能的最优运行。

（六）城乡形态演变与城乡一体化是多种力量综合作用的必然结果

城乡形态的形成与演变是城乡历史发展的必然结果，城乡开发建设史和城乡空间发展演变过程中蕴含着城乡形态演变运动的规律及趋势。尽管城乡所处的地理环境不同，城乡空间形态千差万别，但城乡发展模式并不是不具有规律性，分析不同的河流、海港、山地以及生态环境对城市形态的影响，可以发现不同跨水域的城市形态、港口城市布局形态、山地城市空间形态演变的阶段及生态组织等。因此，中国城乡形态与城乡关系演变伴随城乡发展的全过程。沃纳·赫希（Werner Hirsch）指出："只要聚集区的经济活动者开始在某种特定工业取得比较成本利益，则规模经济和出口需求所支持的生产就会增加，就业机会、劳动力规模、经营管理组织能力和人口也会随之增加……"[1]城市的发展，还会导致"资本流入这个地区寻找新的投资，新的投资连同完善的教育机构又导致产生一个不断增大的专业化高技能劳动力储备库，为其他工业提供了外在经济，外在经济又引起进一步增长，使经济基础更为宽广雄厚"[2]，城市空间向周边的扩展就成为可能，因而城市经济发展和功能变化是城市形态演变的关键驱动因素。城市功能多种多样，对于绝大多数城市来说，经济功能是城市空间结构形态演化的主要驱动力。城市形态可以看成城市功能分化和多种活动所造成的土地利用的内在差异而构成的一种地域结构，包括城市空间外部形态和城市空间内部形态。城市功能和空间形态都包括形式与过程两个方面，城市发展的核心内涵是经济的发展，经济发展会导致城市内涵的日趋丰富化、复杂化，尤其是对人的需求结构的影响，会导致城市经济结构的进化与城市功能的进一步分化，从而会使构成城市的物质要素系统发生变

---

① ［美］沃纳·赫希：《城市经济学》（中译本），中国社会科学出版社 1987 年版，第 31 页。
② 同上。

化，导致要素增多、要素类型多样化和要素之间的关系趋于复杂化。这些物质要素都需占有城市空间，要求一定数量和质量的土地，并能很好地满足它们对土地使用的要求。为达此目的，就需在城市空间结构现状的基础上进行重新调整与组织，从而造成城市形态的演变。同时，城市发展对其空间形态变化的影响在不同发展阶段表现不同，越是结构复杂、功能高级的城市，城市发展对其空间结构变化的影响程度越大，改变其空间结构形态的难度也越大。从根本上说，城市形态演化就是其空间结构不断适应城市经济功能变化的过程。一方面，城市功能区发生空间置换，会推动城市地域范围扩大和用地结构优化，促进城市新经济区的形成；另一方面，新兴产业的出现和集聚发展，会促进现代产业集中区的形成，引导城市空间结构发生变化。因此，城市形态演变过程，既是城市发展和功能完善的过程，也是城市产业结构不断调整的过程，更是一个多因素综合作用影响的动态自组织优化过程。例如，作为人的生活居所，房地产开发区自然倾向于那些既方便生活、消闲，又便于工作的交通便捷、环境优美之地，由此形成的城市用地多中心化格局不仅有益于缓解城市中心交通压力、人口密集、基础设施超负荷等问题，而且也对城市内部空间结构的合理化发展起到一定的推动作用，并且极大地改变了城市原有的布局形态。

城乡工业化促进了城乡产业升级与连接。中国都市社会学家吴景超早在 20 世纪 30 年代就明确提出利用都市工业、发展交通、扩充金融机构等多种动力，实现带动农村发展的目标。特别地，城市工业的发展可以吸收城市周边的富余劳动力，解决乡村人口的生计问题；发展交通能沟通城乡和便利农产品流通；扩充金融机构、广设支行或代理分行处于内地农村，既能吸收内地资金以便发展都市生产事业，又可放款于内地，减轻农民的利息负担，资助农民购买机器设备，从而推动农村工业化。[①] 经验表明，农村工业的发展不仅可以带来大量的农村就业和产出，而且为农村家庭提供了收入的重要来源。此外，其他证据也表明有几种农村工业化比其相对

---

① 吴景超：《发展都市以救济农村》，《独立评论》1934 年第 118 期。转引自周石峰《孰为本末：20 世纪 30 年代前期的城乡关系之争》，《贵州财经学院学报》2010 年第 5 期。

应的更大规模的城市工业更具经济效率。[1] 城乡关系调整过程中，中国
农村地区的关键方面是农村小企业变得越来越重要，特别是 20 世纪
80 年代的乡镇企业发展成为促进城乡联系加强的经济原因之一。在农
村实施联产承包责任制后，农民将生存发展的理性需求冲动转化为
"离土不离乡"的市场投资冲动——在本乡本土发展乡镇企业、社队企
业、个体户等经济实体的自主权，农民从土地上解放出来，农村不仅
出现了卖粮难和农产品的极大丰富，而且兴起了农产品加工业、建材
建筑业、服装加工业、流通运输业等非农产业，农业企业家在城乡夹
缝之中开始成长壮大。从促进城乡生产结构转变的角度来看，农业企
业家的创业精神既是一个经济过程，也是一种积极的心理特征，这种
"创造性的破坏"精神为探索城乡改革的制度变迁提供了肥沃的思想
土壤，并且成为城乡经济活力得以维持的终极动力。由于经济社会领
域内相关因素之间的联动效应，在 20 世纪 80 年代中后期，发端于农
村腹地的乡镇企业亟须寻求农村区域之外更加广阔的城乡市场，农业
企业家和农民又一次在生存发展的需求冲动下实现了"离土又离乡"，
这种源自民间的自主性和创造性成为中国当时最活跃的发展力量，并
为困境中的国有企业创造了巨大的内需市场[2]，有力地促进了国民经济
整体竞争意识的提升和小城镇的发展，同时也逼迫国有企业和城市步入改
革开放之路。在 20 世纪 90 年代的中国，对于大多数工业部门，在农村集
体企业中生产力的进步超过了大城市企业中的生产力的进步。[3] 进而，城
乡社会出现一个紧密联系的连锁反应：乡镇工业化促进城乡三元经济结构
生成，伴随农村富余劳动力的转移和居民居住方式的变迁引起城镇化、城
镇基础设施和功能强化，从而促进市场机制形成和市场化水平提升，市场
化力量又促进城乡经济发展和工业能力增强，导致三元经济进一步发展转
化和扩大了的城镇化以及新的城乡社会结构一体化变革。

---

　　① ［美］斯图亚特·R. 林恩：《发展经济学》，格致出版社、上海三联书店、上海人民出版
社 2009 年版，第 225 页。
　　② 李昌平：《中国农民自主性与中国自主性——从被殖民到自我殖民》，李昌平 2008 年 7 月
15—22 日演讲的整理文稿，此文可见 http://www.eiiq.com/20100821/137731_0.html。
　　③ ［美］斯图亚特·R. 林恩：《发展经济学》，格致出版社、上海三联书店、上海人民出版
社 2009 年版，第 229 页。

　　制度变迁是城乡发展的重要动力源泉，城乡形态演变离不开城乡社会文明发展的轨迹；传统城乡形态是民族文化内涵的基本体现，新型城乡形态凸显了人们对城乡存在的新认识。新经济史学的代表人物道格拉斯·诺斯经过考证指出，"产业革命不是经济增长的原因，它不过是一种新现象，即经济增长现象的一种表现形式，一个能够说明问题的迹象。经济增长的起源可以远远追溯到前几个世纪所有权结构的缓慢确立过程，该结构为更好地分配社会活动创造了条件"①。因此，制度是经济发展过程中的内生变量，城乡发展与形态演变的空间增长过程，就是企业、政府、市场等制度安排或行为主体的空间经济聚集扩散过程，制度规定了城乡系统对外界环境变化和资源状况的反映和选择，制度变迁及其影响构成了城乡空间形态演变的重要动力机制之一。认识城乡形态演变，就是要发现城乡空间的形成和城乡居民的交往图式或环境体验之间的内在关系，找出影响城乡发展的人文原因或场所效应。长期以来，中国村落的功能布局似乎都受到空间组织的影响，在空间形态上呈现某种规律性，例如祠堂、店铺等与居民生活密切相关的公共建筑有向村落中可达性较高的街区聚集的趋势，而这部分街区的路网密度即句法结构特征也表现出高于其他街区的强化特征，因而使得主要公共建筑处于某种有利的空间位置。这就反映了乡村非正式约束中的生活价值观、宗教信仰、民俗习惯、文化心理传统等对乡村形态的影响作用。制度作为城乡社会广泛存在的社会习惯，实质上就是个人或社会对有关的某些关系或某些作用的一般思维习惯②；不同的环境形成不同的制度，任何制度在深层都能找到其固有的独特"基因组"。城乡发展的经济秩序本身不会自己形成，它总是依赖于具体的历史状况，有不同的表现形式。以意识形态为核心的城乡非正式约束决定着正式制度的形成与演变，城乡居民的文化信仰对经济和政治制度的选择和变迁产生持久的影响，而后者的发展状况又在很大程度上决定了城乡社会经济发展的历程。③

　　基础设施的完善极大地改变和塑造了新的城乡关系。以交通干线为主

---

① [美]道格拉斯·诺斯：《经济史的结构与变迁》，上海三联书店、上海人民出版社1999年版，第225—226页。

② 凡勃伦：《有闲阶级论——关于制度的经济研究》，商务印书馆1964年版，第139页。

③ 李新：《经济转型中的制度移植与非正式约束》，《财经研究》2008年第9期。

的基础设施对区域城乡经济发展具有重大的影响，它构成城乡经济增长中供给基础的主要部分。交通条件的改善对于提高生产率、促进城乡经济交流以及形成和增强区域吸引力和比较优势、扩大经济规模和促进城乡产业结构调整、经济增长都具有重要的积极作用。综观古今，城乡的对外联系无不与交通运输有密切的关系，沿海、沿江、沿线等交通完善的区域，不仅经济运行效率高，而且城市吸引和辐射乡村区域的经济势能也更容易发挥作用。一般而言，交通通信技术会对城乡发展产生诸多影响，主要表现为：第一，交通通信技术能够拓展城乡地域空间范围，促进新型城乡形态的生成。不同交通方式下城乡地域范围不同，交通通信技术的发展会突破地域限制约束，促进城市总体的集聚效应增加，推动资源要素更大规模的集中；当集聚规模过大时，交通和通信技术的发展会有利于促进城市经济空间结构向乡村区域分散。第二，局部范围内交通条件的改善，推动城乡空间结构调整。在某些城市郊区，局部交通条件的改善有利于推动城市经济空间结构由"单中心"向"多中心"演变，有利于促进城市经济聚集的分化和形成；随着部分城市郊区交通条件的改善，城市扩展将会沿交通线的方向优先扩展，必然会促进城乡联系的加强。城乡发展因聚集效应由城市集中增长壮大发展到因扩散效应而出现城乡边缘区直至推动乡村的发展，这是市场本身作用的体现。第三，交通技术的改善，推动城市中心商业地区的辐射范围扩大，提高商业中心的级别，使商业中心呈现个数少、规模大的特点，从而从内部推动城市地域商业布局形态的调整。不仅如此，信息技术还提供了这样一种可能，既允许城乡各种功能发挥的形式不受空间的限制，也根据其各自的发展战略需要自主调整。虽然城乡区域的信息网络无法阻止和取代现代化交通运输网络的发展，但它们之间所产生的相互补充作用大大拓宽了城乡的活动空间范围，使城乡得以延伸其各种功能的地域分布，由基础设施发展变化引起的城乡形态、规模、结构也处于变化之中，从而促进新型城乡形态的生成。

人力资本积累与投资为城乡发展提供了基本保障。城乡发展是以特定区域的自然资源和人力资源为基础的。为了促进收入水平的提升，也为了将来的工作积累经验，城乡居民都必须保持健康并提高教育水平。教育，特别是对女童和妇女的教育，是降低农村人口出生率和提高穷人生活质量的最有效投资之一，而且教育必须适应城乡居民当前的特定需求和实际的发展前景，有关促进城市教育体系完善的措施也必须考虑到流动人口和农民工及其子女对教育的公平需求。因此，城乡发展过程中的政府财政制度至关重要，财政金融不仅作为新农村建设、现代农业发展和和谐社会建设的一部分，而且也是农村发展、社会进步的基本推动力。阅读和书写的能力（读写能力）和与数字打交道的能力（数理能力）都能提高生产率。阅读能力的提高几乎可以改善在所有工作中的表现：农民想要学习种植的更好方法，工厂工人想要熟悉他们的机器以及机器在生产过程中的作用，服务人员的工作经常需要阅读和解释复杂的说明书。大多数人的工作都需要他们具备一定的数理能力，而每个与钱打交道的人更是如此。使用计算机、适应网络信息社会，需要同时具备读写和数理能力。最后，由于人类居住的社会环境和政治结构体系日益复杂，如果人们希望利用社会所提供的一切，或者避开陷阱，就有必要理解政府的工作和整个经济状况。①

　　"如果每件事情同时发生，就不会有发展。如果每件事情存在于同一地方，就不会有特殊性，只有空间才使特殊性成为可能，然后在时间中展开。"② 改革开放以来，随着中国对外开放政策的实施，中国城乡发展获得了新的机制、新的动力，呈现新的形态。城市现代工业、农村现代农业和城乡现代服务业等产业体系发展，新型城市化和工业化持续推进、城乡边缘区发展，以及城乡快速交通网络形成、城市新区、开发区、高科技（创业/孵化）园区、大学城建设、城乡经济发展方式由粗放到集约的转型、城乡土地利用与投资机制的多元化、城乡消费需求的升级（汽车、住房、旅游）与结构转变、城乡行政区划调整与调控机制的引导，都为城乡形态演变和城乡一体化发展贡献了份额不等的推动力量，由计划到市场的制度变迁则为城乡发展提供了关键保障机制。城乡相互联系所产生的区域组合效应，不仅引起城乡区域的职能分化，而且共同构成城乡相互作用的空间基础。不仅如此，全球化、信息化和知识经济等国内外经济社会发展的宏观环境对中国城乡形态演变所产生的重要影响也在逐步凸显。换句话说，

---

　　① ［美］斯图亚特·R. 林恩：《发展经济学》，格致出版社、上海三联书店、上海人民出版社 2009 年版，第 187 页。

　　② ［德］奥古斯丁·勒施：《经济空间秩序——经济财货与地理间的关系》，商务印书馆 1995 年版，第 88 页。

中国新型城乡形态和城乡一体化发展具有推进动力的多元性、复杂性，尽管城市用地的快速扩张、城市人口的急剧增长、城乡基础设施的不断完善以及新的消费需求、经济结构调整和主体功能区建设，都从不同程度促进了城乡形态演变发展，但其中最根本的原因仍然在于城乡经济增长以及由此引起的乘数效应的发挥和关联效应的带动。从这个意义上讲，中国新型城乡形态演变和城乡一体化的推进始终必须以城乡经济发展为根本动力，只有通过保持城乡区域经济社会实现可持续发展和科学发展，中国才能有效应对城乡发展过程中出现的各种问题。

第五章　中国新型城乡形态发展研究

Higgins 和 Savoie 在 1995 年指出："如今，这个世界的经济活动具有史无前例的流动性特征，区域发展模式的变化因而也越来越迅疾、越来越不可预料。如果不了解组成民族国家的各个部分的发展状况，就不可能理解整个国民经济中发生了什么。"① 同样，不了解中国城乡一体化进程中出现的新现象、新问题并从城乡发展实践中寻求启示，就无法真正科学地发现城乡形态演变的内在规律，就无法找到一条植根于城乡民众生活的协调发展道路、一条从中国城乡实际出发促进城乡一体化融合的发展之路。

城乡一体化进程中新型城乡形态的形成与演变，与不同区域的地理特征、经济发展、制度演变、开放水平和人口迁移特征紧密相关。现代社会发展中的城乡形态演变，更多地表现为市场机制的自发力量与政府干预的人为力量共同推动。考察中国城乡发展过程中的新型城乡形态及其演变，可以概括出因不同区域、不同发展阶段而呈现不同类型的城乡形态。② 国内学者张建华从空间上能否接受城市辐射的角度把城乡新形态划分为近距离和远距离两类。像城中村、城市近郊农村和都市圈内的城市和农村，构

---

① 张敦福：《区域发展模式的社会学分析》，天津人民出版社 2002 年版，第 29 页。
② 我们发现，在一般的地理学教科书中，人们对中国的城市发展形态做了不同的理论类型划分，主要包括：（1）环辐/棋盘/宇宙/同心圆/圈层扩张形态，以北京、西安、沈阳等城市最为典型，这些城市具有相对对称的城市布局，交通方格网形态特征明显，且有城市空间围合及防御性缺口、人文宫殿等标志性中心建筑群，城市轴线有规则的行进序列，轴线大道呈对称辐射状等；（2）组团/分离状扩张形态，以重庆最为典型，该市处于嘉陵江和金沙江交汇平原，被金沙江和嘉陵江分成三块，且地处四川盆地底部金沙江边丘陵山地地区，城市依山而建，城市呈组团式发展；（3）条带状/轴线/河谷型扩张形态，以兰州市最为典型，不管是城市布局还是建筑选址，其城市形态演变显著受制于地形、地貌以及河流的分布或走向影响。

成了近距离的城乡形态；而接收不到城市辐射的农村属于远距离的城乡形态，诸如中西部农村与东部城市之间，或者在一个省域范围内难以受到城市影响的农村。根据这个划分思路，他认为中国目前逐渐显现的新形态有城镇化农村、城中村、城郊村、都市圈、新农村等不同形态。[①] 戴宾则立足城乡统筹一体化发展背景，通过发现大城市及其周边地区城乡地域功能和演进机理所出现的新特点——城乡之间地位平等、功能协调、产业互补、发展一体、服务均等，城市现代物质文明和精神文明向乡村地域延伸，乡村自然特质向城市地域渗透等，从理论上将这种城乡融合发展过程在实践中体现和反映出来的外在形式界定为新型城乡形态。[②] 笔者根据城市化对农村的带动辐射效应、城市化在不同区域的推进特征、农村城市化的生成机制、城乡关联发展的现实背景以及城乡形态是否有助于城乡一体化的实现目标，从宏观层面将中国新型城乡形态划分为城市（区）主导带动形态、农村内生发展驱动形态和城乡关联互动发展形态等三种形态。

第一节　城市(区)主导带动形态

　　城市作为区域经济活动与社会活动的中心，它的存在是以其辐射范围内的广大农村地区作为依托的，二者无时无刻不在进行着物质、人员、技术的交流，使得城乡之间建立了密不可分的联系。[③] 城市是否必然剥夺农村完全取决于城市经济发展的方式和城乡联系的组织形式以及特定时空一个国家的社会经济发展状况、政府的体制选择和对于战略策略的行为实施方式。区域经济发展的理论和实践表明，中心城市是城乡区域经济增长的主要推动力量，一个相对完整的城乡区域经济系统或地域经济综合体，总是以中心城市为依托建立起来的空间经济组织体系。区域城镇体系是各类规模城市发育成长的过程，大中小城市都有其发展的必然性，也都存在具体的产业结构、就业创造能力和环境承载力以及发展形态。

---

① 张建华：《城乡一体化进程中的新型城乡形态》，《农业经济问题》2010 年第 12 期。
② 戴宾：《新型城乡形态的内涵及其建构》，《财经科学》2011 年第 12 期。
③ 罗吉、王代敬：《关于城乡联系理论的综述与启示》，《开发研究》2005 年第 1 期。

一　城市（区）主导带动形态类型与发展机制

（一）城市空间结构类型

城市形态与空间结构存在相互联系，特定形态反映特定结构，不同结构决定不同形态。一方面，城市形态是城市空间结构在地理环境中的直接反映，受要素分布、经济发展、地理环境等影响而表现出多样化的外在形式；另一方面，城市空间结构包括城市形态和城市相互作用，城市空间结构通过城市相互之间的内在机制将城市要素整合成城市系统。[1] 中国学者杨吾扬[2]从区位理论出发，将大城市的结构分解为市中心、边缘区、放射近郊区、第一和第二代卫星城、第三代卫星城等内容。其中，市中心和边缘区构成团块状城市，加上放射近郊区和卫星城构成星状城市或形成城市体系，最终发展演变为城市连绵区。为量化城市发展过程，他提出潜能模式，其基本方程为：

$$\mathrm{IV} = \sum_{j=1}^{n} \frac{P_j}{D_{ij}^b} + \frac{P_i}{D_{ii}^b}$$

式中，IV 为潜能，P_i、P_j 代表 i、j 的人口或经济规模，D_{ii} 代表市中心占有吸引范围的平均半径，D_{ij} 代表 i、j 之间的距离，b 代表距离的摩擦性指数。在平面坐标中，若以 X 轴代表 D^b，Y 轴代表 P，则随着城市规模扩大，市中心的潜能发生变化，这种变化解释了城市扩展的阶段性。

第 I 阶段：$\frac{P_i}{D_{ii}^b}$ 不断增长，$\sum_{j=1}^{n} \frac{P_j}{D_{ij}^b}$ 也相应增长，IV 曲线陡然上升，城市处于膨胀阶段，呈现团块状，构成向心环带的空间结构；第 II 阶段：$\frac{P_i}{D_{ii}^b}$ 增长缓慢，$\sum_{j=1}^{n} \frac{P_j}{D_{ij}^b}$ 增长受限，IV 曲线缓慢上升，城市处在市区蔓生阶段，呈现星状，城市次中心大量出现，第一代、第二代卫星城在市区边缘和近郊逐步兴起；第 III 阶段：$\frac{P_i}{D_{ii}^b}$ 增长停止，$\sum_{j=1}^{n} \frac{P_j}{D_{ij}^b}$ 无法增长，IV 曲线持平，出现包括母城和子城的向心城市体系，第三代卫星城在远郊区出现，形成反

---

[1]　冯健：《转型期中国内部空间重构》，科学出版社 2004 年版，第 5—8 页。
[2]　杨吾扬：《区位论原理》，甘肃人民出版社 1987 年版，第 172—175 页。

磁力中心；第Ⅳ阶段：特大城市之间，或大城市通过卫星城、中间城市与市区相互毗连，导致城市连绵带或超大城市的出现。

对于中国城市空间结构，我们已经形成了相对认可的类型划分，一般而言主要包括[①]：

单核集中块状结构类型——多形成于平原地形条件下，城市新增功能及用地扩展围绕原有核心区向周围较为紧凑、均衡、圈层扩展而形成和发展，核心区往往拥有"主宰"城市的影响力，带有强烈的向心和集聚倾向，如北京、沈阳、无锡等。

连片放射状结构类型——其形成机理与单核集中块状结构大体相同，只是受自然条件或交通要素的限制，城市向不同方向的扩展表现出不均等性，在特定情况下，可以与集中块状结构相互转化，如南昌、柳州等。

连片带状结构类型——由于自然条件（如河谷、滨海地带、带状交通线）等影响，城市中心区和外围功能区连片向两侧拉伸，卫星城镇和其他方向的外围功能区均无法发育，如兰州、青岛、洛阳等。

双（核）城结构类型——城市中心区分置于两个基本独立地块，各自形成特定外围功能区，通常有两种情形：一种发育在沿海港口城市，随着城市主要港口从内河向外海推移，港口型城区逐渐脱离原有的城市中心区而成为一个独立城区，并与原有中心城区形成双（核）城格局，如湛江；另一种发育在内陆城市，依托若干重点建设项目布局或规划因素等的影响，跳跃性地开辟新市区，与老城区共同形成双（核）城结构，如包头。

表 5-1　　　　　　　　　　　　　不同城市形态发展特征比较

城市形态	团块状	组团状	条带状或放射状
影响因素	平原地形、市中心吸引作用	城市用地限制或河流阻隔、规划控制等	沿交通线分布或受地形限制
地域形态	各组成部分比较集中，连成一片	城市由几片组成，每片就近组织各自的生产和生活，各片互不连属	城市地域沿主要交通干线或地形区延伸

---

① 胡俊：《中国城市：模式与演进》，中国建筑工业出版社1995年版，第132—154页；顾朝林、甄峰、张京祥：《集聚与扩散——城市空间结构新论》，东南大学出版社2000年版，第172—174页。

续表

城市形态	团块状	组团状	条带状或放射状
主要优点	便于集中设置比较完善的基础设施,各种设施的利用率高,方便生活,便于管理,节省投资	便于城市扩大规模,有利于保护城市环境	城市各部分接近郊区,亲近自然
主要缺点	易造成城市环境污染	用地分散,各片联系不方便,市政建设投资大	城市交通主要集中于某一方向,且运距很长
城市举例	成都、合肥	重庆、上海浦东新区	兰州、延安

资料来源:笔者根据相关地理学教材讨论整理。

带卫星城的大城市结构类型——城市核心区与外围组团高度集中发育,并在城市周围地区逐渐形成发育较为成熟的卫星城镇,这是因城市规划和政策引导而对城市中心市区或大城市外围进行新工业项目集中布置,形成新的小型城市发展中心,发挥疏散中心城区人口功能,并有限抑制中心区连片扩大,如上海、南京。

从以上分类中可以看出,每个城市受自然环境的影响都有其特定形态,但形态并非固定不变。在一定时期内,它表现出一种静态的位置关系;随着城市规模扩大,城市地域也相应扩展,表现出一种动态的地域演化过程。一般而言,城市发展早期多呈团块状、集中连片地向郊区扩展;当城市再扩大或遇到"障碍"时,往往又以分散的"组团式"去发展。到了第三阶段,由于自我发展能力加强,各组团彼此吸引,城市又趋于集中。到了城市区域化阶段,城市规模太大需要控制时,又不得不以分散的方式,在其远郊发展卫星城或新城。城市发展的总体趋势就是城市空间从紧凑趋于分散,封闭的单中心城市结构已经不适宜城市发展的需要,开敞式、多中心组团式的布局结构正给城市空间结构的增长带来新的生命力。

(二)演变发展机制

城市作为城乡系统的主体部分,不仅仅是按照工商业领土的连续性和从事产业的非农性带动区域增长,而是通过建构在功能节点(中心城市)以及节点间的轴(商品流、人流、资金流、信息流)之上的城乡经济社会联系;乡村作为与城市对应的城乡系统的另一部分,不是非要以纯粹的农业种植业和固着在土地上农民形成的传统发展区域,而是建构在能够参与到城市现代工业以及商品流通环节的发展区域;任何一个城乡区域内的形态结构中，劳动力、商品、资本、技术与信息的城乡移动是区域经济发展的显著特征，知识经济时代这些自由资本、信息和技术在城乡间的流动领域中，尤其以金融保险、信息通信、计算机网络等现代服务业和新能源、新材料等新兴产业发展最为迅速。在城乡经济发展过程中，城乡区域间的结构关系演变是有规律和有序的，城乡形态的演进因不同条件而有不同的具体形式。

表5-2　　　　　　　　城市范式的演变及其特征

城市范式	基本观点	性质	城市模式	总体特征
自然城市	自然决定论、朴素唯物论、宗教神学论	自然或理想主义城市	街道独立、建筑随机、融入自然	城市繁荣、文化灿烂、经济发达
人文城市	机械决定论、重局部轻整体、人为割裂自然	功能主义的机械城市	大熔炉嵌合体式的原子模式	生态破坏、资源耗竭、形态呆板
生态城市	整体性、自组织性生态性	功能与形态开发并进	社会—空间—时间三维复合模式	结构复杂、功能多样、适应性强

资料来源：笔者自行整理。

在城市化主导发展阶段，会形成城市极核发展形态，主要表现为极核型城市对其影响范围内的乡村区域具有不同能级的关联关系。在这种城市主导带动形态下，城市集中的空间因素作用十分突出，社会化、生产集约化和城市规模不断扩大化的现象很明显，城市区域内的人口集中、物质要素的集聚和自然环境的开发利用的集约化程度也是最高的；乡村区域在城乡区域发展中则居于被支配地位，经济的剥夺与制约是普遍现象，乡村地区的经济常常发生变化，城市生活方式将不断社会化，代替农业化经济成分。

城市（区）带动城乡发展是城乡形态发生演变的复杂系统过程，对城乡区域的经济社会都会产生重要影响和重构作用。当城市发展壮大并出现城市区域化态势之时，城乡边缘区随着形成，城市在不同组团板块范围内形成多中心发展形态，主要表现为城市次级中心、卫星镇、开发区等发展形态在一个大的城市经济区影响范围内呈多元态势成长。在经济发展水平一般的条件下，如果资源条件与交通条件相同，此时的城乡发展可能呈现新的特征，如城市职能较为复杂，产业门类比较齐备，城市不同功能区单元之间的互补性较强，交通网络相对发达等。同时，这种形态下的城市发展走向与其他区域经济联系趋向合理化，有利于区域经济联系和城乡区域之间的协作，客观上为城市拓宽了自己的经济腹地范围，增强了城市的辐射力与吸引力，更有利于城乡合作与实现城乡经济一体化。如果我们从既定的城市中心区发展开始分析，历经城市化与工业化的相互作用，城市中心区域的发展可能会使土地短缺的矛盾日益尖锐，导致地价飞涨、人口拥挤、噪声污染、交易成本增加、公共服务设施不足等问题。在城市中心（老城区），不仅建筑密度、空间有限、环境质量恶化，而且地价比郊区高几倍，由于作为竞争因素之一的劳动力成本的增加，竞争和技术的标准化迫使传统产业和公司向低工资的乡村居住地扩展迁移，大部分位于市区的产业部门也缺乏进一步扩展的城市用地，也迫使城市发展只有在外部空间寻找出路。

但是，如果这种以城市（区）主导带动形态的发展模式仅仅建立在郊区单一的产业结构基础之上，则会导致城市中心区辐射带动范围内的郊区无法形成持久的人口引力，这既延缓了城市中心区的人口疏散与外迁，还会导致城市郊区无法更好吸引乡村腹地的农民进城。以资源型城市的转型发展为例，城市发展条件组合的多元性及结构组织的多功能性使得城市（区）中心在主导区域城市化发展的过程中，会利用专业化分工的深化促使农村劳动逐步向社会化结构转变，要素流动和城乡制度变迁要求城乡发展的二元不平衡问题必须得到融合，最终城乡区域发展会在异质性空间达到帕累托最优。当然，经济地理区位条件的限制、城市发展的本位主义和文化的不相兼容性，都会引起城乡区域空间的有限融合，即城市（区）中心的带动辐射发展会根据边际收益递减规律而在边界处呈现不连续过渡的特征，特别是如果城市（区）中心的产业结构过度单一（如资源型矿业城市），城市的发展以大量消耗资源能源为代价，城市化也往往难以在更大范围对农村发展产生影响，并且城市自身的发展也会受到产业衰退与转型的严重制约。这种类型的城市以"大工业、小农业"，"大企业、小市政"，"大重工业、小轻工业"，"大第二产业、小第三产业"，"大国有经济、小民营经济"等经济结构为典型特征[①]，依赖"嵌入式"发展和条块分割的管理方式，造成资源型企业与地方经济难以融合的城市二元发展现象。一

---

① 聂华林、王宇辉：《甘肃省资源型城市经济转型问题研究》，《开发研究》2004 年第 4 期

方面，主导产业偏于外循环，使其往往无法发挥区域的"扩散效应"，导致区域内发达的城市工业经济与落后的区域农村经济同时并存，形成极大的反差和断层；另一方面，工业内部呈现二重经济结构，其表现是两极化，一极是由中央投资兴办起来的厂矿工业，一极是落后脆弱的地方工业，二者融合度差，也无法形成相互促进的区域经济发展体系。资源型城市的兴衰与资源型产业的发展紧密相关，这就决定了资源型城市不可避免地会因矿竭而衰退。

表 5 - 3 　　　　　　　　　城市不同功能区基本特征比较

城市功能分区	形态	特征	位置	
商业区	占地面积小，呈点状或条状	经济活动最繁忙；人口数量昼夜差别大，建筑物高大稠密；内部有明显的分区	市中心，交通干线两侧、街角路口	
工业区	集聚成片	不断向市区外缘移动，并趋向于沿主要交通干线分布	市区外缘，交通干线两侧	
住宅区	占地面积大，是城市的主要功能区。工业化后出现分化	建筑质量上，高级与低级住宅区分化；位置上，高级与低级住宅区背向发展	高级住宅区	城市的外缘，与高坡、文化区联系
			低级住宅区	内城、工业区附近，与低地、工业区联系

资料来源：笔者自行整理。

在实践领域，自 20 世纪 90 年代末期，中国众多的资源型城市长期"先生产、后生活"或"先有企业，后有城市"的发展模式所导致产品结构单一、技术层次提升缓慢、生活服务业跟进滞后等问题使其城市内部的后续接替产业群与市场价值链无法生成，城市整体对战略性新兴产业的吸引力和创造新产业发展空间的能力也随之降低。在向市场经济体制转轨的过程中，伴随着主体资源逐渐枯竭，大大小小的资源型城市先后不可避免地陷入了发展相对衰退的困境。因此，只有坚持可持续发展思路，避免产业生命周期共振效应，资源型城市也有可能随着其他产业的发展而再度繁荣，其中关键在于能否充分利用市场机制及时做出经济调整，引导和鼓励生产性与生活性服务业与资源型城市的主导产业在特定发展空间合理布局，实现资源在枯竭前就能从单一产业过渡到多元产业，从而使城市中心区产业的更新换代和郊区的承接密切相关。

阿德纳·韦伯指出，城市化趋于朝向郊区城镇的开发、带动乡村的发展，因为这种新的人口分布趋势将乡村广阔的空间与城市卫生的改善和舒适的生活方式结合在一起，预示着郊区化的来临。① 在经济发达的高度城市化地区，由于郊区化的发展蔓延，产业和人口重新集中，城市中心区企业与郊区企业的横向联系加强，郊区工业园区和各类开发区促进了聚集经济和规模经济在新的城市化地区的形成，满足社区需要的营利性生活生产服务、医疗保健服务、文化娱乐服务、教育服务等行业不断入驻郊区，这同时又给原有城市中心区的再次发展带来机遇，城乡边缘区的过渡性特点逐渐消失，城市和郊区之间的区别日益模糊，郊区成为近邻城市中心、依赖城市但又与城市中心区存在一定距离的城市化形态，呈现城市离心运动与向心增长并存、产业发展与人口流动双向作用下的区域化现象，并引起中心城市区域带动乡村腹地的关联发展态势。在这种条件下，城市中心（区）对乡村腹地发展的带动辐射作用主要体现在城市郊区化和农村城镇化的相互作用上，城市郊区化在地域上拉近了与乡村的空间距离，现实发展也要求城市规划者必须将城乡纳入一个完整的系统进行整体的规划建设。随着时间的推移、城市化推动下的郊区演变为城市（区）中心发展板块的有机部分，新的郊区化过程又开始了，城市就犹如"摊大饼"似的继续向外蔓延、扩张，不断挤占近郊城市绿化隔离地带的农业用地甚至耕地，城市土地供应可能由此出现紧张和不足，土地利用的功能分区与布局又一次面临新的调整，也给城乡规划管制和城乡社区治理提出新的挑战。在这一过程中，交通条件的改善是关键驱动因素，同时的推动者还包括企业的区位选择与布点、开发商的房地产项目开发建设和市政公用基础设施的延伸，而与此伴随的小轿车进入家庭，则为人口的城市郊区化趋势提供了便利保障。

二　中国推进城市化的普遍实践

（一）城市（区）主导带动形态的具体形式

区域分工是导致城市由单中心向多中心演变的地域分工机制，其诱变

---

① 谢永琴：《城市外部空间结构理论与实践》，经济科学出版社 2006 年版，第 80 页。

动因是外部空间贸易成本的降低，并通过产业的扩散（表现为既有聚态的被打破与产业的空间流动）和产业再聚集来实现工业化地理推进的序列发展。不仅如此，如果城市化要在区域范围内产生协同发展的集体效应，则还需要在内部实现功能方面的一体化和获得外部性制度一体化的保障。① 城市的规模决定了不同城市所能够承担的特定功能和所能发挥作用的范围，如各类型的经济中心、政治中心、文化中心、教育中心、制造业中心、物流中心、贸易中心、金融中心，等等。以城市（区）为区域性发展中心，通过中心区带动辐射功能作用的发挥，主要依托城市扩展而出现的人口迁移、土地竞争、基础设施、开发区建设等，对城乡形态结构、网络功能优化和城乡形态演变产生多种影响，进而促进城乡一体化的实现。"城市体系通过各种纯经济力量的相互作用而产生，有些经济力向着集中化的方向，有些则向着分散化的方向……在现实中，整个经济省在某些独特化的生产物方面，不断与其他首府有关系，而且在其他之点，基本上完全依赖邻近大都市的，对于许多财货来说，大城市也是大大超过所属的经济省，又成为包括整个在内的广大市场领域的中心。"② 这种形态与演进过程是中国较长时期内最为典型的城乡发展形态，其动力源泉在于城市内部的经济社会发展与制度变迁。从城乡形态演变的时间轴纵向分析，尽管中国以城市（区）主导带动形态的城市化进程始终存在，但典型的集中发展是在 20 世纪 80 年代之后表现出来并呈现多种具体的发展形态。

1. 城市中心商业街区形态

20 世纪 90 年代初，以彼得·卡尔索普（Peter Calthorpe）为核心人物的新城市主义者们主张借鉴第二次世界大战前美国小城镇和城镇规划的优秀传统，塑造具有城镇生活氛围、紧凑的社区——"公共交通主导的发展单元"，取代郊区蔓延的发展模式，其核心是以区域性交通站点为中心，以适宜的步行距离为半径，设计从城镇中心到城镇边缘仅 1/4 英里或步行 5 分钟的距离，取代汽车在城市中的主导地位；在这个半径范围内建设中

---

① 事实上，由于拥挤负效应及相关成本的存在，人口与产业的转移往往并不一致，只讨论人口的区域流动有可能忽略区域城市化的内在经济动因。胡彬：《区域城市化的演进机制与组织模式》，上海财经大学出版社 2008 年版，第 98、99 页。

② ［德］A. 勒施：《经济空间秩序——经济财货与地理空间的关系》（中译本），商务印书馆 1995 年版，第 225—227 页。

高密度住宅，提高社区居住密度，使每英亩 1 个居住单元增加到 6 个单元；混合住宅及配套的公共用地、就业、商业和服务等多种功能设施，以此有效地达成复合功能的目的，从区域宏观的视角整合公共交通与土地使用模式的关系。①

在中国，城市传统商业街区形态主要表现为空间偏窄，两侧建筑层数较少，街道长度的控制符合居民的心理感受，空间要素通常包括街道、广场、节点和店铺，聚集式布局着临街店、院落型商店、庙会集市等多种传统形式的活动场所和城市居民生活空间。随着中国新型城市化进程的加速推进、现代交通网络完善以及大规模的旧城改造、新城建设、卫星城镇的兴起，住宅郊区化现象不断蔓延，大规模不同层次的居住社区大量涌现。这种人口的区域性聚集要求具有规模效应的商业物业与之配套，并且在满足居民居住需求的同时提供购物、娱乐、休闲、消费的多样化生活需要，于是中国各类城市均在不同程度上开发建设多功能混合休闲社区商业街、特色街、步行街等的发展实践，而且社区商业街、城市（区）特色（仿古）街、步行街等形态从最初的功能使用走向城市或社区的品牌塑造，并逐渐成为城市再造、功能提升和房地产开发的一种流行时尚。应该肯定，新型商业街区形态是中国城市经济和文化发展的产物，是符合城市现代化发展要求和城市居民大众消费阶段物质文化需求的新型城市综合体。如万科城商业街，位于深圳旅游中心华侨城内，风情步行街商业面积 3 万平方米，是一个可以满足"逛"街乐趣和一条龙生活方式的购物公园。② 上海南京路则是世界上最著名、最繁华的商业街区之一，该街区东起外滩、西至延安西路，全长 5.5 公里，以西藏中路为界，分为东西两段，被誉为上海的城市名片和"中华商业第一街"。

现代城市产业的复杂性、多元化的特征决定了现代城市街区空间形态正由单一购物向复合型转变，空间形态合理化是城市传统街区可持续发展的核心内容。在中国，没有历史文化厚重感的城市特色商业街区，不可能有恒久的吸附力；城市商业街区的自然资源、基础配套设施不能满足消费者的需求变化，也难以获得强大的发展后劲；特别是一个没有政府相关部

---

① 百度百科《新城市主义》，网址为 http://baike.baidu.com/view/483869.htm。
② 魏雪琰：《新建社区商业街规划与设计研究》，《铁道勘测与设计》2008 年第 3 期。

门协同参与的城市特色商业街，这种新型城市街区也难以完全焕发出它应有的活力。[①] 面对各类商业街区形态对城市原有土地利用、产业分布、人口流动产生的形塑重构作用，城市的空间布局结构发生了不同程度的改变，新型商业业态不断丰富了城市整体的系统结构，商业街区也在城市发展系统中寻求更高的功能定位，并且是处于动态演变发展之中。与此同时，在各类商业街区以不同方式在不同城市的不同区域迅速发育的过程中，诸多问题也不断暴露。例如，短期追求经济收益最大化导向下的重复雷同式跟风投资大量出现，国内大城市模仿西方发达城市、中小城市照搬大城市，部分城市街区定位模糊、欠发达地区中小城市街区有场无市，个别城市商业街区由于缺乏综合规划管理而导致建成后对城市原有风格产生很大影响，噪声污染、环境破坏、交通拥堵等问题不断侵袭着原有居民的传统生活。城市最早可能是作为街区逐步发展起来的，现代新型街区的发展更近一步拓展了城市发展的内涵。在城市，每种商业业态都是一种文化的表达和传承，比如餐饮文化、中国文化、西方文化等；特色街的成功是一种城区整治和改造的成功，更是一种文化延伸和发展的成功。随着商业、城市、城市消费、市场竞争、市民生活质量的升级，城市街区的功能、特征、价值、形态等都将发生深刻的变化。[②] 反思不难发现，城市商业街区发展必须恰当融入城市形态演变过程之中，并对城市功能提升产生弥补或拓展作用，城市商业街区的设计、规划与开发建设也必须与城市其他领域的空间格局实现整体协调。对于老城街区的改造和更新，也必须顺应城市街区形态的演变规律，从结构合理、空间有序、历史继承的理念出发正确引导和实施有机改造更新，进而在丰富城市发展内容、提升城市整体发展能力的基础上，促进原有城市的空间结构优化和产业布局合理化。

2. 城中村形态

城中村（亦称为"都市里的村庄"）是中国城乡二元结构长期影响下的城乡居民低租金特殊居住生活形态。由于农村土地在城市高速发展进程中全部（或大部分）被征用，农村集体成员由农民身份转变为居民身份

---

① 肖月强、姜陈升：《空间经济学及产业集群聚集机制对城市特色商业街发展的启示》，《理论与改革》2011年第3期。

② 肖月强、马胜：《城市特色商业街内涵浅析》，《中国商贸》2011年第23期。

后，仍居住在由原村自发改造而演变成的居民区，这一新型城乡形态游离于现代城市管理和新农村建设之间。城中村形态，集中体现了政府、市场和个体驱动力量等多重作用下的城市社会空间统一，在地域上表现为城市包围农村、城乡混杂的二元城市景观和空间结构。从个体理性选择角度看，"城中村"这种特殊的建筑格局和新型城乡形态的形成，是农民在土地和房屋租金快速增值的情况下，追求土地和房屋租金收益最大化的必然结果。

中国的城市化进程催生了独有的城中村形态，通过笔者对兰州市安宁区孔家崖乡、城关区雁滩乡"城中村"的典型调研，结合其他研究者对中国北京、广州、深圳等城市"城中村"实证研究的文献成果，可以发现在某一既有城市的发展初级阶段，城市中心区的土地开发强度高，人口及要素聚集产生主要作用，城市形态扩张选择外向方式并遵循距离衰减规律；当城市核心区发展到一定阶段、城市辐射带动力量会促进城乡边缘区的形成，城市原有形态变得更为复杂；在城市中心区因拥挤而致使交易成本上升时，新的投资主体会因郊区发展空间大而将区位选择目标选定为城市外围，这种经济行为会绕过老城区，城市原有中心区的拆除重建会因土地价格上涨而变得有利可图，于是城市再开发具备了内在驱动力。在这一过程中，城中村是由农村居民点演变而来，新兴城市更容易出现"城中村"；城中村初始形态主要由村民所占据的空间区位决定，其空间形态差异表现为村内用地规模和村外土地利用类型的差异。同时，由于城中村受制于农村居民点建设红线控制，空间扩展范围有限[1]：根据城中村出租屋市场需求不同，城中村空间形态初始表现出区位性差异，靠近市中心的村在土地红线范围内迅速扩大建筑占地面积，并通过适度提高建筑层数增加建设总量；距市中心较远的村仅通过扩大占地面积便可以满足出租屋市场需要；而远离市中心的城中村仍维持原农村居民点建设布局形态。

"城中村"是城市发展中的"夹缝地"形态，因居住人口杂乱、街巷狭窄拥挤、卫生条件差、排水排污不畅和宅基地、工业用地、商业用地相互交织等特殊性，必然出现环境质量差、安全隐患大、社会问题多、市政

---

① 仝德、冯长春、邓金杰：《城中村空间形态的演化特征及原因——以深圳特区为例》，《地理研究》2011年第3期。

配套设施落后、违法建设泛滥、治理难度大等一系列人口社会经济发展问题，这种特殊形态阻碍城市现代化进程，制约城市发展质量的提升，已成为困扰许多城市发展的"痼疾"。在新型城市化战略实践过程中，"城中村"改造引起了21世纪中国市长们"经营城市"的普遍兴趣，"城中村"改造已经成为各地城乡统筹发展的重要组成部分。"城中村"改造涉及地方政府、开发商、村民等利益主体的激烈博弈，尽管村民对待"城中村"改造态度不一，但政府强力推进的态势十分明显。[1] 中国城中村改造的不同实践表明，尽管城中村是通过提高资本密度的方式实现原有居住空间的"更新"，但与一般城市更新的手段完全不同[2]：城市更新通过拆除重建不仅获得更高经济效益，更有助于有效改善城市景观、提升城市发展质量；而城中村资本密度的提升则建立在低水准居住空间的扩展方面，其建筑质量和景观美感都得不到保障和提升。当城市中心区的城中村进入稳定发展阶段后，其景观质量和环境会自然得以改善；而城市外缘城中村则继续城市中心区城中村先前的发展演变路径。在城中村空间形态演化速度方面，占地规模和建设总量都表现出城乡结合部高于城市中心区、工业用地周围高于城镇用地周围的特征，而开发强度表现出随距市中心距离增加而衰减的规律。

　　城市的不断发展、城市中心区人口、产业与住宅等要素不断向周边地区的扩展，会逐步将近郊农村卷入城市建设范围，城乡形态的深刻变化便成为必然。在城市开发建设进程中，城中村的存在是开发商、居民和地方

---

　　① 百度百科《城中村》，网址为 http：//baike. baidu. com/view/230873. htm。在实践方面，一些城市政府已经在探索将"城中村"纳入城市经济体系，通过撤村改制将"城中村"所属企业及土地、建筑等不动产折合成股份，设法改变"城中村"传统社会形态，促进城乡社区的城市化。例如，笔者在兰州市（甘肃省统筹城乡一体化试点城市）安宁区（兰州市统筹城乡一体化试点区）调研时发现，该区在城乡一体化试点3年来，将本区城乡发展和城中村改造纳入兰州市城市体系规划和都市圈建设总体框架，以打破城乡壁垒、消除二元结构、实现同城待遇、构建和谐安宁为重点，以兰州市委市政府关于加快推进城乡一体化的总体发展思路和"再造兰州"战略为统揽，围绕"统筹城乡发展、构建和谐安宁"发展主线，立足项目立区、产业强区、高位建区、生态宜区、民生安区的社会经济发展"五大工程"，加快推进东区改造、中区提升、西区开发"三大组团"发展，以户籍管理、劳动就业、社会保障、土地流转、农村综合体制"五项改革"为突破口，加快推进信息化带动新型城市化，逐步建立起了城乡一体的规划体系、产业体系、基础设施体系、市场体系、公共服务和社会管理体系。

　　② 仝德、冯长春、邓金杰：《城中村空间形态的演化特征及原因——以深圳特区为例》，《地理研究》2011年第3期。

政府博弈后的理性选择。有理由认为，城中村形态的演化与更新，是中国新型城市化进程中的复杂命题。在城乡一体化进程中，城乡物质和社会空间形态所表现出的总体与局部利益、空间与时间统一、拆迁与改造问题的协调，会促使城中村形态在不同城市呈现不同模式。城市物质空间形态与社会空间形态的发展有其自身的辩证规律，当其面临选择的困境之时，政府决策层和城市社会管理者需要在检讨旧城改造、城中村改造的有效性时，及时回答快速城市化进程中因不同利益驱动和制度变迁滞后而导致的空间混乱、发展失范等问题。政府统筹城乡一体化发展战略的实现，需要政策发挥健康的引导作用，需要我们认真考虑城乡发展的特性，并科学引导城乡形态演变的合理化。物质形态的改造必须与社会形态的改造同时进行，城中村这种新型城乡形态会在一定时期内适度延续城乡原有发展格局；充分考虑原有的空间布局和街区肌理，这是渐进式疏解社会空间形态的重要途径。①

3. 城乡边缘区形态

自 20 世纪 50 年代以来，伴随工业化城市化发展进入到郊区城市化阶段。尽管城市与乡村在相互对比之间的区域结构上存在明显的异质性，但由于城市与乡村之间的相互影响与相互作用日趋强烈，城乡区域的各种景观与功能相互融合、彼此交错，导致在人们可识别的经济地理空间上无法勾勒出明晰的界限，从而在城市与乡村的过渡地带形成一种特殊的兼具城乡二者功能的城乡结合部或城乡边缘区。作为一种特殊的区域结构形态，城乡边缘区是在土地利用、社会和人口特征等方面正在发生多种变化的过渡地带，一般位于城市建成区或城市郊区影响辐射范围内的村镇腹地边缘。城乡边缘区在时空分布上具有动态扩张和不规则形分布特征，即随着中心城市建成区的迅速扩张以交通干线、大型居住商贸区或产业集中区为依托向外扩展，将更多的非城市化区域纳入城市发展规划范围，同时也让城市区域逐步呈现郊区化或远郊区化发展特征。从这个意义上讲，城乡边缘区"既是城市又不像城市、既是农村又不像农村"，而是城市和乡村的

① 王金岩：《城中村的形态解析与改造策略——济南市沃家城中村调查》，《城市问题》2010年第 10 期。

过渡与结合地带，是城乡之间各类物质能量交换较为频繁的区域①，具有城乡自然地理、社会经济、生态绿地等复杂的地域特征。城乡边缘区的生成是随着城市化过程，城市建成区和辐射区不断向郊区外围扩展，使得毗邻乡村地区的土地利用逐步从农业用地转变为工商业建设用地、居住区以及其他职能（如机场、污水处理厂和物流用地等），并相应建成城市基础设施和提供较多公共服务，从而形成具备城乡交错特征的地带。从土地的混合使用（住宅和工商业）类型以及基础设施的质量分析，它是在乡村土地利用基础上孕育形成的同时又深受城市各种土地利用的活动及其扩展的影响，某些城乡边缘地区发展是有序的，有些则无序，会出现自发建设的居民点、不规则的小块土地、不规范的建设等情况。从区域管理的特征分析，城乡边缘地区可能存在多种制度治理城市社区、农村社区、企业及乡镇政府基本行政单位（街道）等类型。从城乡边缘区所具有的特殊界面效应分析，这类区域从一定程度上可以将城市和农村隔离为不同的景观单元，形成城市化过程对农村冲击的一个缓冲效应，生态要素变化从城市端向农村端的梯度效应，具有巨大的物质流、能量流、信息流、人流和资金流的廊道效应，并且导致多样性和异质性改变、景观聚集度增加的复合效应，以及通过同化、异化、协同等过程改变城乡区域形态的极化效应。②

　　在中国各地，不同形态的城乡边缘区为外来人口、进城农民工提供了生产生活空间，缓解了城市化速度过快与城市基础设施不足的矛盾，构成本地失地农民、主要依靠房租和打临工收入的居民完成市民化提供了过渡场所。随着城市郊区化与乡村城镇化进程的并行推进，城乡边缘区的发展建设及其治理成为城乡一体化进程中矛盾和问题较为集中的领域，主要存在用地功能混杂、违章建筑较多、市政公共设施缺乏、环境污染相对严重、人居条件较差、社会治安状况隐忧较多、人员结构复杂且流动性强等问题。从城乡边缘区的发展演变分析，在城市化发展初期，由于城市辐射影响范围有限，城市与乡村在小范围之内产生交叉，大范围景观仍保留着乡村的面貌特征，农村人口居多、农业生产占主导，区域管理与社会问题还不是十分突出。在城市化发展中期，城市化进程的加快会使城市区域与

　　①　齐童、白振平、郑怀文：《北京市城乡结合部功能分析》，《城市问题》2005年第2期。
　　②　李庆召、牛俊玲：《城乡交错带结构功能及管理》，《环境科学与管理》2008年第7期。

乡村区域不断连接融合，城市经济的发展、辐射影响范围的扩大和人口流动的加强会导致城乡边缘区被纳入城市规划建设范围之内；随着工业发展和城市建设用地对农业用地的占用、农民生产方式的变化、产业结构的转变，城市人口比重显著增加，城乡区域社会发展与管理问题增加，城乡边缘区进入加速发展阶段。在城市化发展后期，当城市化表现为城市区域化和区域城市化现象且其进程趋于稳定，城乡边缘区与城市呈现真正融合的状态，产业结构以第三产业和高技术产业为主导，城市人口比重增长相对稳定，城乡边缘区可能在一系列政策干预下发展为新型的城市社区，纳入城市管理范围。总体而言，由于受到地理环境、人文风俗、资源分布以及城市规划等多方面的影响，城乡边缘区的空间形态主要表现为圆环状（如北京、成都）、带状长条型（如兰州、常州）、环带交替型（如杭州、广州）、指状树枝型（如南京、重庆）等具体形式，而且其面积在城市化加速发展的阶段有增大的趋势。[①]

　　由于缺乏正确的引导和组织，城乡边缘区的产业发展表现为行业和产品雷同、恶性竞争、资源配置效率低下、产业结构失衡等，特别是第三产业大多以出租屋、小型餐饮和零售商业为主，管理粗放、经营混乱、档次一般、效益普遍不好；普遍缺乏城市基础设施，水、电、气、热等管网线路设施不全，且布局混乱，质量差，路网结构及交通指挥系统缺失，普遍缺少支路或次干路，与城市社区形成了鲜明对比，阻碍着城市对外经济联系和城乡一体化发展。同时，为解决农村富余劳动力就业和增加村一级的财政收入，各村在自身经济利益的驱使下积极在本村地域内发展工业，造成了大量耕地被占用，区域内企业和居民建设过程呈无序性外延扩张，布局零散杂乱，给城市政府背上了沉重的包袱；加之个体意愿与需求不同、村集体资产财产关系复杂、不同身份群体之间的利益纠葛，使城乡边缘区的征地开发过程极其复杂，很容易出现拆迁补偿的不均而引发村民在土地、宅基地和住房等方面的不满，导致行政成本和资金成本大大提高，政府和开发商介入困难。中国城乡边缘区的生成与形态演变表明，城市部分功能向郊区转移推动了城乡边缘区的形成，农村城市化是推动城乡边缘区

---

　　①　李伟国：《大城市近郊型城镇规划方法的思考——以杭州市近郊城镇——受降镇为例》，《规划师》2005 年第 9 期。

形成的重要原动力，大规模流动人口向大中城市寻求就业机会的现实需要和城乡二元体制的束缚形成了城乡结合部长期存在的需求基础。[①] 面对城乡边缘区社会群体现有素质和文化修养，如何改变其原有生活习惯，在谋生技能、消费习惯、理财技能、休闲生活乃至行为模式和思维方式层面逐渐向"市民"角色特质转变，做到真正意义上的"市民化"，实现终极意义上的"村落终结"[②]，可能需要更长的时间。[③] 这就要求我们必须始终紧紧依靠政府和农民两大主体，明确城乡边缘区在城乡一体化发展中的未来发展定位，重点解决市政基础和基本公共服务设施建设、流动人口服务管理、社会管理体制转型和遏制违法建设蔓延等现实问题，通过疏解中心城地区的功能、产业、就业，来疏散城乡边缘区的人口，解决功能、产业和人口过于集中的问题；通过制度层面各环节的"拆捆松绑"[④]，来解决城乡结合部的二元结构问题，合力推动城乡边缘区的城市化进程。同时，将城乡边缘区作为城市总体规划的整体进行统一规划，使之成为城市总体规划内容的一部分进行调整完善；重视对中小企业特色工业园区的规划和建设，根据不同的产业特点和区位条件，打破现有行政村界限，利用当地已经形成的具有一定规模的生产、销售或科研等产业链，建成生产要素集聚、资源共享的特色工业园区，加强城乡结合部传统工业升级和老工业区更新改造，发展都市农业、观光农业等现代农业模式，优化产业结构，提高综合竞争力；通过农居点的合理布局实现农居用地的集中有序布置，实现城乡土地利用方式由粗放向集约转变，节约宝贵的土地资源，便于对基础设施进行合理配置和布局；通过政策引导和严格管理，改革户籍制度，规范农民建房行为，确保农居点的合理布局，适当调整增加产业用地比例，提高规划建设用地容积率，在保障农民的土地发展权、集体资产权益、社会保障权益和促进农民的市民化、公共服务与社会管理城乡一体化的基础上，提高产业用地的产出绩效、创新产业用地出让金缴纳方式，使

① 宋洁尘：《城乡结合部的成因及未来发展方向》，《城市管理与科技》2011 年第 6 期。
② 李培林：《〈农民的终结〉中文版再版译者前言》，社会科学文献出版社 2005 年版，第6 页。
③ 刘杰：《城乡结合部"村落终结"的难题》，《人文杂志》2012 年第 1 期。
④ 张强：《从解决城乡结合部地区问题看城市发展阶段转型》，《城市管理与科技》2011 年第 6 期。

城乡边缘区发展纳入健康有序的轨道。必须明确，解决城乡边缘区的发展问题应从多方面、多角度去考虑。"十二五"及未来时期，城市化进程中的城市拓展还将继续对其周边的城乡边缘区产生影响，城乡边缘区的合理发展需要更完善的考虑和较为充分的论证；只有基于城乡区域本身特征和城市拓展的特点，通过充分的比较和选优①，我们才有最终获得合理发展方案的可能。

4. 大学城与高新区形态

城乡特殊空间形态的形成是城乡社会分化在地域空间上的表现，是城乡居民经济空间、社会空间、生产生活空间等多种空间形态的复合与重构。作为人口、资源、经济社会空间系统，我们需要探寻城乡一体化进程中的不同形态结构。国外发达地区科技与教育发展的历史表明，大学城或高新区形态的出现有其社会、经济、文化、教育、科技发展的背景，并且是一个长期渐进的发展过程。在以大学城为核心的人力资本支撑下发展的高新技术园区，集聚了城市、经济、教育等多重功能要素，因而其规划建设不仅仅是物质性空间的开发，更是实现建设初衷的综合性规划。经过20世纪末大规模的扩张，中国高等教育已步入持续快速的发展阶段，大学城具备了内发性发展动力。在中国高校密集或经济发达的城市，例如上海大学城、广州大学城、深圳大学城，集教育、科研、生产于一体，既是教育产业园区，也是高科技产业园区，它使城乡规划设计更具科学性和前瞻性，使城市的创新功能更完整和完善，不仅改变原来的城市范式和棋盘式结构，使其发展为具有更大框架的卫星式结构，而且有利于城市的整体

① 笔者认为，北京市在城乡边缘区开发发展模式探索实践中的具体做法，对其他城市城乡边缘区开发建设应该具有借鉴意义。就北京市而言，城乡边缘区的开发主要有四项内容：一是单块土地的一级开发和储备工作，包括征地拆迁、"七通一平"等；二是提升整个区域基础条件的建设项目，如公共水系、公共绿化等项目建设；三是实现城市服务功能的各类公共设施和公用设施，如行政办公、学校、医院、邮政、给排水设施等；四是土地二级开发。开发主体不同会形成不同的开发方式，并对地区经济社会发展产生深远影响。根据土地开发主体的不同，北京的城乡边缘区开发可分为三类基本模式：开发商主导模式、政府主导模式、农民和村集体主导模式。在落实城市总体规划过程中，北京进行大规模的绿地建设和村庄整建制搬迁，又涉及两类特殊的建设模式：绿隔征占地模式、整建制转居模式。相关研究成果详见陈雪原《推进城乡结合部地区开发建设的五类典型模式——以北京市为例》，《南方农村》2011年第4期。中共北京市委农工委研究室、中共北京市大兴区委研究室、中共北京市大兴区黄村镇委员会《抓好城乡结合部拆迁改造：统筹推进城乡一体化》，《北京农业职业学院学报》2010年第3期。

规划和城乡协调发展，有利于城市边缘区的联动发展，同时还成为当地经济的强劲增长点。但是另一方面，由于大学城的建设中部分地区的国土开发和布局无序乃至失控，许多高速增长的地区特别是大城市地区，产业和布局混乱，社会和经济发展与资源、生态、环境之间的矛盾和冲突表现相当严重；一些生态脆弱地区的人口和经济发展压力太大，自然资源过度开发利用，生态和环境状况严重恶化。据统计[①]，因大学城、科技园区、经济开发区等各类开发区的征地已经造成 1000 多万农民失去土地，中国各地大学城占地面积已超过 2000 多平方公里。

高新技术产业区具有引进和开发高新技术及新兴产业、产学研结合紧密、企业的资本技术密集程度高等特点。由于高新技术产业园区有催发高新技术的开发研究、试验、示范推广、产业化体系建设进而提升国家与区域经济竞争力的功能，因而高新技术产业园区的建设与发展在中国各地都能得到政府的大力支持。中国早期高新区定位比较笼统，走的是技工贸一体化发展的道路，高新区在地域上往往包含了各种类型的产业部门。由于各自功能上的差异，各种类型产业部门对用地条件的要求不尽相同，存在不同的区位倾向，于是在空间上产生了多个园区位于城市不同地区的"一区多园"形式和一个新建区内集中建立多个面向特定产业、担负特定功能、具有较高门槛的特色园区的区中园布局。[②] 为促进高新技术产业的发展及产业结构提升，中国自 1985 年创建深圳高新技术产业开发区、1988年建立北京中关村科技园后，于 1991 年定出 26 个高新技术产业园区，1992 年又批准成立 25 个新园区，后又增设杨凌农业高新技术产业示范区，使国家级高新技术产业区总数达到 53 个左右。除深圳、中山、佛山、威海、鞍山、襄樊、潍坊、大庆、宝鸡、淄博等地的高新技术产业园区因当地没有实力雄厚的高校群做依托而归属"体制型布局区位模式"外，其他的高新技术产业园区则都属"混合型布局区位模式"。[③] 这些国家级高新技术产业园区在基础设施建设、利用外资、发展经济、扩大出口、培养人才、改革试点和服务母城等方面都取得了明显的成效，对地方和区域经济

---

① 杨艳：《大学城与城市发展探析》，《现代物业》（中旬刊）2011 年第 3 期。
② 关伟、卢莹：《高新技术产业园区与城市空间结构演变》，《辽宁师范大学学报》（自然科学版）2007 年第 4 期。
③ 杨英：《中国高新技术产业园区布局评析》，《中国发展》2011 年第 3 期。

发展起到了良好的示范、带动和辐射作用。但是，中国各地的高新区发展初期，由于较多地依靠政府支持和政策优惠，大都走"以地引资、以地养区"的粗放式外延发展道路，依靠土地、税收、优惠政策等"政策倾销"来推动产业的迅速发展，使得高新技术产业的集约程度明显不足，具体体现在高新区单位土地的产出率低下，高新技术产品附加值低，高新技术企业的利润率低且呈现下降趋势，空间扩张太快，导致高新技术企业创新动力不足，竞争力不强。

城市产业结构升级换代的优化进程是导致城市空间结构演变的重要内在因素，人力资本积累水平的提升和高新技术产业的发展，会促使城市功能逐渐由有形产品的生产中心向技术创新、组织知识的网络中心和第三产业的生产中心转变，这不可避免地影响到原有的城市产业结构布局和经济空间，进而引起城市空间结构的变化。大学城是中国新时期高等教育改革的直接产物，"一块空地，许多大学的高楼大厦在短时间内拔地而起，有计划地引进生活、服务行业，既热闹又幽静，令人惊叹，这便是中国当前的许多大学城的模式"[①]。面对逐年递增的本科扩招、教育产业的社会化转型，传统"校园型"模式已不能符合未来高等教育发展的需求。大学城的发展并不是一朝一夕的，在新型城市化进程中，如何突破大学城自身瓶颈，与城市发展的理念同频合拍、互相促进，培养出富有创造力和鲜明个性的高素质人才，仍然任重道远。随着高新区规模的扩大和功能的完善，高新区与所在城市之间的经济联系与融合日益密切，高新区对城市经济及城市经济空间结构演变的影响也越来越深刻。在未来，如何实现从注重招商引资和优惠政策的外延式发展向主要依靠科技创新的内涵式发展转变、从注重硬环境建设向注重优化配置科技资源和提供优质服务的软环境建设转变、努力实现产品以国内市场为主向大力开拓国际市场转变、推动产业发展规模由小而分散向集中优势发展特色产业和主导产业转变、从逐步积累式改革向建立适应社会主义市场经济要求和高新技术产业发展规律的新体制新机制的转变[②]，并不断提升高新技术产业园区的集聚效应、创新效

---

① 潘懋元、高新发、胡赤弟、张慧洁：《大学城的功能与模式》，《高等教育研究》2002年第2期。

② 朱美光：《我国高新技术产业园区发展面临的问题与战略探讨》，《科技管理研究》2008年第10期。

应、示范效应、合作效应和创业效应，使高新技术产业园区成为自主创新高地、科技成果转化示范基地和高新技术新生企业的生态"栖息地"，实现高新区、大学城与现有开发区或产业园区形成地理布局和技术链条的有效衔接①，并逐步构筑城市与大学城、高新区多中心、网络化、组团式的空间结构，最终形成城乡协调、城乡一体化发展的协调体系，就成为高新区"二次创业"的重点与难点问题。

5. 开发区与产业园区形态

国内外工业发展史表明，工业化与城镇化初期的企业分布一般呈现无序和分散状态，或依托原料基地或靠近市场区或具备交通优势来选择布点，区域性的生产集聚和要素集中的程度往往不高。随着工业化与城市化推进程度的提高、市场范围的拓展和产业规模的扩大，原材料的便利获得性、人力资本与技术配套能力的丰盈度和生产性服务设施使用成本的高低等，逐步成为确定企业布点和保证生长持续性需要考虑的首选因素。改革开放以来，基于开发区域产业园区对于区域经济社会发展所能产生的多重积极效应，中国城乡区域不同类型的开发区与产业园区（集中区）的规模不断扩大，这些新型土地利用形态和产业发展组织不仅加快了城市化进程，而且拉近了城乡产业联系的距离并在地理边界上促进了不同功能区域的融合。在设立初期，开发区规模普遍较小，大多以发展外向型经济为主要功能，行政事务相对简单，几乎不承担任何社会管理职能。进入功能提升阶段，开发区依靠政府给予的优惠政策，实现了经济总量的持续增加、规模的较快扩张，并且因生产活动的高度聚集而衍生出多种功能及管理需求，诸如居住、治安、交通等社会管理需求和为基地化产业集群提供配套服务等需求。特别是 1990 年以来，在各级政府与政策的积极支持下，各类开发区和产业园区获得了显著的要素和产业集聚效应，成为城市发挥经济产出功能的主要承载平台。例如，西安高新区"行政特区"开发模式、北京亦庄经济技术开发区"园中园"开发模式、大连软件园"官助民办"开发模式、廊坊固安园区"市场化"开发模式等，先后成为不同条件下以园区带动区域经济发展的成功样板。与此同时，鉴于开发区和产业园区能

---

① 张颖熙：《国内外经验对滨海高新技术产业园区建设的启示》，《港口经济》2007 年第 4 期。

够给地方政府带来可观的经济利益，地方政府也成为开发区制度变迁的主导者。在这一过程中，由于缺乏法律规范和有效的监督，大量的农村土地通过建设开发区的形式转化为城市空间，地方政府在实施制度供给时，倾向于利用设立开发区的形式争取包括增加行政区、提拔与安置官员、扩大行政与经济管理权、土地出让收入和政绩等在内的各种利益，不少园区的建设与城市总体规划、土地利用规划脱节，更多的情况是没有将开发区或园区的功能规划、形态规划、商务规划统筹协调，这既偏离了中央政府发展特定区域和产业的宏观政策目标，也与政府试图运用企业化管理技术创新管理与服务职能的改革方向不相一致。① 其必然的结果就是，各地区在发展开发区中不仅出现数量失控和规模膨胀的过度竞争现象，加剧了与其他行政区的利益与冲突；而且由开发区扩张形成的二元城市空间导致社会分异现象突出，内部功能相互断裂。进入 21 世纪以来，当功能日渐成熟时，开发区的管理内容、重点和方式被迫发生变化，各地开发与建设现代服务业集聚综合体或城市综合体作为大都市再城市化的重要举措，旨在提升城市发展的质量和在全球城市网络体系中的层级地位，寻求经济大流通和大循环条件下新的财富创造模式，其管理体制也表现出一定的超前性和独特性。此时，开发区的优势来源不同于功能开发阶段的成本竞争和功能生成阶段的产业组织竞争，而是主要依靠创新网络、创业环境和生态宜居性等新的竞争基础，吸引人才、知识等高级生产要素和培育核心优势。

在国家实行历史上最为严格的耕地保护制度大背景下，开发区和园区传统的土地利用方式在实际操作中变得日趋艰难。当前，因开发区和产业园区的功能变迁而引发的产业空间重构、居住与就业的社会空间重构、城市形态与功能重构等，都是功能区管理面临的新问题。这就内生决定了当城市发展的战略目标发生变化时，开发区的单一生产功能也必然要做出适应性调整并探索土地利用的多样化方式，将成为促进园区建设和发展的突破口由重点发展外向型经济、驱动经济增长转变为围绕创新转型，引导城市发展方式转变，并根据功能区的产业特点和经济组织的演化需求，改革

---

① 胡彬、郑秀君：《开发区功能演化与职能职责重构》，《改革》2011 年第 8 期。

与创新管理体制和运行模式。[①] 如何认识和看待这些新问题，是政府在城乡一体化背景下实施科学管理与决策的前提和依据。相对于开发区早期凭借封闭运行的体制架构获取效率优势而言，创新管理体制机制，满足开发区功能演变过程中因类型分化而产生的差异化管理需求，实现功能区与城乡发展的一体化深度融合，特别是将开发区或园区的不同功能、形态、商务规划相结合，完善各类开发区与园区的可持续性发展规划，根据资源、产业、区位等特点实行分类指导，不断进行产业链延伸，加强企业间和产业链条间的分工与协作以形成市场竞争力，应该成为开发区和产业园区继续承载区域发展战略转型任务的重要目标。

　　中国新型城乡形态具体类型中的各类开发区域产业园区发展实践表明，未来各类开发区的开发建设活动都必须严格贯彻尽量不占或少占耕地的原则，以城镇周边零星分散的建设用地为重点，加大建设用地整合力度，把节约的建设用地集中用于产业园区建设；积极探索利用坡地、山地及其他非耕地支持产业发展和环境建设的技术及方法，减少对耕地的占用。确需占用耕地的，要在依法报批用地前，补充数量相等、质量相同的耕地。在城市新区建设中，主要扩大城市居住、公共设施和绿地等空间，严格控制并压缩工业空间；在工矿建设空间中，压缩并修复采掘业空间，逐步实现将城乡区域的国土空间开发从占用土地的外延扩张为主转向调整优化空间结构为主。同时，按照建设资源节约型社会的要求，把提高空间利用效率作为城乡国土空间开发的重要任务，引导人口相对集中分布、经济相对集中布局，走空间集约利用的发展道路。具体而言，资源环境承载能力较强、人口密度较高的城市化地区，可把城市群作为推进城镇化和实现城乡一体化的主体形态，其他城市化地区可依托现有城市集中布局、据点式开发，建设好县城和有发展潜力的小城镇，严格控制乡镇建设用地扩张；各类开发区和产业园区的经济开发活动都必须充分利用现有建设空间，尽可能利用闲置地、空闲地和废弃地；城乡区域的工业项目建设必须按照发展循环经济和有利于污染集中治理的原则集中布局，以工业开发为主的开发区可通过提高建筑密度和容积率来实现，国家级、省级经济技术开发区在提高空间利用效率上必须率先探索；各类开发区在空间未得到充

---

① 胡彬、郑秀君：《开发区功能演化与职能职责重构》，《改革》2011 年第 8 期。

分利用之前，不得扩大土地占用面积；城市建设必须为农村人口进入城市预留生活空间，有条件的地区逐步将城市基础设施和公共服务设施延伸到农村居民点。[①] 同时，考虑到环境与资源的矛盾越来越突出，特别是人类活动对自然环境的破坏与自然资源严重短缺问题对于城乡发展的困扰，非常有必要以从事静脉产业生产的企业为主体建设生态产业园区[②]，将产业废物和生活垃圾经过回收、分拣、再生、加工等过程，转换为再生资源或再生产品，重新进入消费领域，并以园区企业间的连接程度作为空间布局的根本依据，使产业链相关成员在地理位置上形成良好的关联关系。从长远来看，这种在低碳化、生态化和可持续发展理念主导下的新型园区，可以实现对原有的土地充分利用，保持其原始地貌，使园区与自然生态系统充分结合，最大限度地降低人为因素对原有景观、水文、生态系统功能造成的影响，真正实现经济社会发展与自然共生的和谐目标。在这里，对于卫星城或城市新区建设发展而言，同样需要科学设置企业、居民、公共设施及服务的地理区位，采用集约化的产业要素及功能布局、追求空间资源的合理利用，对卫星城镇或城市新区的人口资源、社会经济、生态环境进行通盘考虑、统筹规划，完善交通、医疗卫生及教育、社会保障、生态环境等基础保障，并充分利用原有土地和荒坡滩地，提高土地集约利用率、减少生态破坏，开拓郊区生态农业旅游、商贸服务等第三产业发展领域，适度发展第二产业，利用城镇技术资源优势和自身特点带动周边农村发展，推动农业的科技化、规模化，以提升整个产业园区及城市的综合竞争力。

（二）城市（区）主导带动形态的实证案例

美国城市学者凯文·林奇在《城市形态》中以"标准模式"回答了城市形态应该是什么样的问题，他说："无论我们做什么事情，都必定要用到某种特定的模式，即我们头脑中的既有原型。模式是关于某件事物是怎样运行的一种抽象理论，阐述的是各构成元素和元素之间的关系。对模式

---

① 国务院 2010 年 12 月 20 日通过《全国主体功能区规划》，详见中新网 http://www. chinanews. com/gn/2011/06 - 09/3099774 _ 10. shtml. 2011 - 6 - 9。

② 王军、岳思羽、乔琦：《静脉产业类生态工业园区标准的研究》，《环境科学研究》2008年第 7 期。

的研究能使我们更好地认知事物。就城市说来，模式展现了一幅应该什么样的图景，一个可以遵循的原型形态。我们的头脑中有各种各样关于城市的模式，从习以为常的细节，比如街边的人行道，到我们通过分析研究而提出的主要模式，如卫星城镇的思想。"① 在城市经济社会发展、内部空间结构与外部物质形态互动演变影响过程中，根据自然地形、气候气象、城市规模、地理边界和尺寸以及居民生活社区单元、交通网络、建筑物布局等自由和非几何形的空间布局，甘肃省兰州市的城市形态因南北两山地形限制和黄河流向而属于典型的不规则曲线几何形态——河谷型（带状）城市形态。我们在此以兰州市为案例，对中国城市（区）主导带动形态的城乡一体化发展做一实证分析。

1. 兰州城市发展基础与关键制约

兰州市是甘肃省的省会，位于东经 102°30″—104°30″、北纬 35°5″—38°之间，处在黄河上游、甘肃省中部及中国陆域版图几何中心，在西北地区处于"座中四连"的独特位置，属于国家区域经济发展战略陇海—兰新经济带的重要支撑点和辐射源，也是新亚欧大陆桥通往中亚、西亚和欧洲的国际大通道和陆路口岸以及沿海地区和中部地区联系西北的纽带以及通往新疆、青海、西藏等边远少数民族地区的中转站和桥头堡。城市依山傍水而建，人口产业聚集于兰州盆地与黄河沿岸，市区南北群山对峙，黄河东西走向穿城而过，形成"两山夹一河"的空间格局。兰州现辖城关、七里河、西固、安宁、红古五区和永登、榆中、皋兰三县，全市总面积 1.31 万平方公里，其中市区面积 1631.6 平方公里。兰州属中温带大陆性气候，冬无严寒、夏无酷暑，气候温和干燥，市区海拔平均高度 1520 米，年均气温 11.2℃，年均降水量 327mm 左右，全年日照时数平均 2446 小时，无霜期 180 天以上。境内探明有极具潜在经济开发价值的黑色金属、有色金属、贵金属、稀土等 35 个矿种，以兰州为中心的黄河上游干流段现已建成刘家峡、八盘峡、盐锅峡和大峡等水电站，所辖远郊农村盛产白兰瓜、黄河蜜瓜、软儿梨、白粉桃等瓜果，百合、黑瓜子、玫瑰、水烟等土特产品蜚声中外。

---

① ［美］凯文·林奇：《城市形态》，林庆怡译，华夏出版社 2003 年版，第 112、113 页。

表 5 - 4　　　　　　　　兰州市 1986—1995 年人口净迁入情况　　　　　　万人

年份	兰州市区	全市	年份	兰州市区	全市
1986	1.65	1.97	1991	1.43	1.38
1987	1.09	1.23	1992	1.25	1.22
1988	1.38	1.64	1993	0.85	0.52
1989	1.11	1.02	1994	2.50	2.31
1990	0.11	0.24	1995	2.67	2.55

资料来源：根据历年兰州市统计局统计资料汇编整理。

兰州市居住着汉、回、藏、东乡、裕固、撒拉等 38 个民族，2010 年全市户籍总人口 323.54 万人。[①] 其中，市区人口 210.36 万人，户籍总人口中非农业人口 202.92 万人，农业人口 120.62 万人。截至"十一五"末，兰州城镇居民人均可支配收入 14061.84 元，其中工资性收入 9623.8 元，人均消费性支出 10930.39 元，城镇居民家庭恩格尔系数为 38.83%；农村居民人均纯收入 4587 元，其中工资性收入 2226 元，人均生活消费支出 3256 元，农村居民家庭恩格尔系数为 38.42%；2010 年全社会固定资产投资总额 660.69 亿元，其中城镇固定资产投资完成 591.98 亿元，农村固定资产投资完成 22.91 亿元；在城镇固定资产投资中，房地产开发投资 118.28 亿元；固定资产投资中第一产业投资 5.68 亿元，第二产业投资 219.84 亿元，第三产业投资 435.17 亿元。

城市发展最直接的动力是通过以工业化为核心的生产要素聚集和创新，引导产业升级与结构调整，并带动城乡社会形态的城市化转变。兰州是新中国成立后"一五"、"二五"和 20 世纪 60 年代"三线"建设时期国家重点布局建设的重要工业城市。改革开放以来，兰州的经济规模和综合实力不断增强，初步形成了以石油化工、冶金有色、装备制造、能源电力、医药生物、农产品加工、高新技术为主体，门类比较齐全的工业体系，现已成为黄河上游最大的工业城市和西部重要的原材料工业基地。数据显示，2010 年兰州实现生产总值 1100.39 亿元，其中第一产业增加值

---

① 兰州市统计局：《2010 年兰州市国民经济和社会发展统计公报》，兰州市统计局官方网站，2011 年 3 月 25 日，网址为 http://www.lzstats.gov.cn/newsshow.asp?id=2491。下文若无特殊说明，数据来源同此。

33.79 亿元，第二产业增加值 529.18 亿元，第三产业增加值 537.42 亿元；三次产业比例为 3.07：48.09：48.84，非公有制经济增加值 433.4 亿元，占全市 GDP 的比重为 39.4%。

兰州历史上是古丝绸之路上著名的"茶马互市"，是新中国成立后的全国 32 个物流中心之一，2009 年国家发改委确定为国家级 21 个物流节点城市之一。1994 年以来，国家相关部委支持兰州进行商贸中心改革试点，目前已发展成为区域性的商贸中心和物流基地，初步形成大商贸、大流通、大市场格局，人流、物流、资金流、信息流非常活跃，市场辐射面达到 8 个省份近 400 万平方公里和 3 亿多人口，在开拓西部大市场中具有较强的集聚辐射功能。2011 年全市社会消费品零售总额 545.11 亿元，商贸流通业整体水平得到提升，超市和连锁经营等新兴业态快速发展。在对外交流方面，兰州先后与日本国秋田市、澳大利亚新南威尔士州杨市等 10 个城市缔结为友好城市；与美国亚特兰大市、埃及法尤姆市等 14 个城市缔结为友好交流城市。兰州与国内各省市的经济技术合作交往也不断扩大，先后与南京、福州、沈阳、石家庄、长春、合肥、西宁、银川、拉萨、呼和浩特、杭州、厦门、南昌、海口、三亚、蚌埠、上海卢湾区等 17 个城市缔结为友好城市（区），与国内 170 多个城市和地区建立了信息交流和合作网络。

表 5-5　1980—2005 年兰州市城市资本存量增量/建成区面积增量的比值

年份	建成区面积增长率	各时期建筑平均层数	各时期建筑平均层数增长率	各时期平均层数增长率/建成区增长率
1980—1989	0.27	2.90	-0.01	-0.029
1990—2000	0.44	2.47	-0.05	-0.336
2001—2005	0.06	7.55	2.06	36.071

注：从资本视角审视，兰州市在 1980—2000 年间的城市紧凑化程度有所降低，指标为负数反映了城市化进程中的城郊及"城中村"居民自行建房量大；2001—2005 年城市紧凑化程度提高，指数高达 36 以上反映了城市建设用地扩张受到严格限制，因而建筑层数迅速提高。

资料来源：杨永春：《突变成长——中国西部城市转型的多维视角》，兰州大学出版社 2011 年版，第 165 页。

兰州城市发展的最大制约在于土地资源极度稀缺，城区可作为建设用地的土地面积少，受市区"两山夹一河"的地理条件限制，市域近郊四区可供开发建设的存量土地不足，城区发展空间狭小，老城区基本已无发展空间。作为一个拥有 300 多万人口的城市,城区日益拥挤与容量远远不足并存,农民转为市民的速度远低于与城市扩张对等的数量。

发展资金短缺是影响兰州城市经济发展的又一重要因素。从财政收入看,"十一五"末,兰州地区性财政总收入 304.13 亿元,一般预算收入 72.76 亿元,一般预算支出 146.93 亿元,城乡居民储蓄存款余额 1295.95 亿元;地区财政仍然属于"吃饭财政",用于正常运转的支出逐年增加,用于建设方面的支出严重不足。不仅如此,兰州特殊的地理环境、以重化工和传统产业为主的产业结构和不合理的能源消费结构,城市发展面临的环境问题十分严重,特别是受河谷盆地的静风天气、冬季城市上空逆温层、春夏季沙尘暴等因素影响,大气污染治理难度大;黄河兰州段人口稠密,工业企业集中,工业废水、生活污水排放量逐年增加,有害污染物的成分渐趋复杂,浓度也日趋加大,加之生态环境脆弱、自然灾害频仍,兰州已成为全国地质灾害最为严重的省会城市。

2. 城市发展空间拓展

在城市发展演变过程中,人口、产业及其城市各个要素通过内在机制相互作用自然地塑造出不同的城市空间形态,主要表现为城市空间组织的等级体系和城市内部各单元的主体功能,如城市中心(副中心)区、开敞空间、商业区、居住区、工业区等的分布以及交通系统的组织布局。历经新中国成立后 60 多年来的发展演变,兰州城市规模迅速增加,城市空间结构发生巨大变化,经济社会发展的综合效应促使其已由 20 世纪 50 年代的单核心团块状结构逐步过渡到 21 世纪的由外围多个卫星城组成的大型带状多中心组团结构。

(1) 城乡二元结构演变

"一五"期间,中央和甘肃政府投入 24 亿元进行基建投资,其中重工业投入资金达 10 亿元,全国重点建设的 156 项工程有 16 项安排在甘肃,4 个项目布局在兰州,新建了炼油、化工和石油化工、机械等企业,其中苏联帮助援建的有大型重工业项目兰州化肥厂、兰州热电厂、兰州石油机械厂、兰州炼油厂和永登水泥厂等。同时,国营 504 厂和国营 471 厂也决定在兰州建厂。以上这些工厂的筹建部门经过选址论证后,决定将厂址设在兰州市西郊的西固区。这一时期政府投资推动的工业布局建设,为兰州初次工业化的完成奠定了坚实的基础,也为中国实现产业均衡布局战略作出了巨大贡献。从一定意义上说，西固区的经济状况在一定程度上代表了兰州经济发展水平，西固区实际上成为了解兰州乃至甘肃工业经济的一个窗口。

"二五"计划对甘肃工业建设原定的部署是以钢铁、有色金属和大型水电站为中心的新基地的建设，而始于1958年的"大跃进"运动片面强调炼钢的意义，不仅没有加快反而延误了兰州工业化，致使大部分项目处于关、停状态。"大跃进"运动是兰州工业化中的灾难，直接破坏了工业发展的内部规律，引发了其他工业与农业间的矛盾，同时造成国民经济部门的比例关系严重失调。

表 5-6　　　　兰州西固区"一五"期间建立的工业企业

	企业名称	建厂年份	建筑面积（万平方米）	工业门类
中央企业	兰州化学工业公司	1956	551.59	化工
	兰州炼油化工总厂	1956	117.15	炼油
	西固热电厂	1955	25.24	电力
	国营504厂	1958	44.60	国防
	国营471厂	1959	2.40	国防
省属企业	省建筑构件工程公司	1955	13.99	水泥预制构件
	省第一建筑机械制造厂	1955	9.52	建筑机械制造
	省建筑木材加工厂	1956	7.43	木材加工
	兰州平板玻璃厂	1958	15.60	建材玻璃棉纺
	兰州棉纺印染厂	1958	24.23	
市属企业	兰州自来水总公司	1956	13.55	自来水
	兰州西固食品厂	1957	1.68	食品
	兰州制桶厂	1958	0.98	包装容器
	兰州衡器制造厂	1958	0.69	各类衡器
区属企业	兰州人民印刷厂		90	印刷
	兰州红旗制袋厂	1958	1.59	纸制品
	兰州低压阀门厂	1958	0.95	低压阀门
	通用标准件厂	1958	0.79	标准件
	塑料箱包厂	1956	0.84	塑料箱包
	蔬菜加工厂		0.15	蔬菜食品

资料来源：根据西固区发改局相关历史资料整理。

20世纪60年代开始的"三线"建设，兰州工业迎来了一个特殊的发展时期，使创业阶段的发展雏形在结构上稍有充实。中央从东部老工业基地向兰州、白银等地区迁入了一批机械、电子和国防军工企业，客观上扩充了兰州工业门类，拓展了兰州工业的区域空间布局。经过"三线"建设，兰州初步形成了以能源、原材料工业为基础，以原油化工、机械、电子、建筑建材为骨干，以西固区为基础的城市单一布局的工业体系。仅兰州西固区1958—1978年建立的工业企业中，兰州铝厂、八盘峡水电厂属中央企业，兰州棉纺织印染厂、兰州第三毛纺厂、兰州维尼纶厂、兰州高压阀门厂、西北合成药厂等是省属企业。这些新企业的建立，客观上进一步扩充并完善了兰州的工业门类。

　　20世纪70年代中期，伴随中国外交政策的变化和调整，从西方引进的一批以石油化工和冶金为主的大型成套项目，促进了兰州工业结构层次的深化和工业技术的档次的提高。根据历年《甘肃统计年鉴》、《中国统计年鉴》资料计算整理，分析1953—1976年兰州国内生产总值、三次产业产值及其比重变化，可以发现，新中国成立后至"文化大革命"结束这一时期，兰州GDP总值的不断增加主要是靠第二产业实现的，经济发展尽管经历了较大波折，但第二产业产值保持了持续的增加趋势，这为兰州工业化的推进奠定了一定基础。另外，分析1952—1977年兰州工业总产值及轻重工业比重变化和工业总产值增长率等历史数据，可以发现，兰州在"一五"、"二五"和"三线"建设时期是中国的工业重点布局建设区域。随着时间的推移，兰州的工业产值在持续增长的同时，工业结构越来越表现出偏重型。

　　改革开放后30多年来，在需求强拉动下，兰州工业化的推进主要靠增量的投入，大量的新建项目形成新的生产能力，工业化有较快的发展速度。但是，区域资源环境和需求约束型经济的形成，要求兰州必须加快经济结构调整和发展方式转变，实现重工业与其他产业的协同发展，特别是城市经济发展过程中的用地受限、环境保护、污染治理、生态建设等构成兰州实施新型工业化的重大障碍。同时，在主要以城市为载体的现代工业经济和以广大农村为载体的农牧业传统经济构成的二元结构内部，中央投资发展的现代工业与地方投资兴办的地方工业在城市经济中并存，传统落后的原始农业与以乡镇企业为主体的农村工业在农村经济中并存。由于特殊的自然、经济、社会条件以及工业化推进的特殊方式，兰州这种双层二元结构中经济发展的各单元，无论纵向还是横向间都缺乏必然的联系，各自为政，相互封闭，自我循环，从根本上造成区域经济发展的封闭性、僵化性和离散性。20 世纪 90 年代以后，随着中央政府和地方政府的分权化趋势加深，城市和农村的利益主体多元化，政府力量特别是中央政府对城乡二元结构的调整能力减弱，欠规范的市场力量对城乡二元结构的影响加剧。即使政府某一时期努力缩小了城乡差距，弱化了城乡二元结构，但面对复杂的部门利益、地方利益和城市偏斜性政策惯性，在机制不健全的市场力量作用下，兰州城乡二元结构的利益重心又进一步向城市区域倾斜，巨大的城乡差距仍然存在。

区域城市化不仅与工业化进程相伴随，而且会带来城乡经济社会、文化制度、政治治理的变迁及其人口与资源、环境关系的变化。"十一五"规划实施以来，兰州按照培育产业、强化城镇经济实力，适度超前、系统配套基础设施，突出重点、梯次推进城镇发展的原则，积极实施重点镇建设发展战略。根据笔者的典型调研，在迅速推进城市化的过程中，兰州城乡基础设施有所改善，城镇建成区规模逐步扩大，辐射带动力不断增强，城镇化率由 2005 年的 59％提高到了 2009 年的 62％，城乡居民收入差距也逐步缩小。

表5-7　　　　　　　"十一五"时期兰州城乡居民收入差距对比

年份	城镇居民人均可支配收入	农村居民人均纯收入	城乡收入比	城镇居民		农村居民	
				人均消费	恩格尔系数	人均消费	恩格尔系数
2006	9418（＋10.42％）	2898（＋6.82％）	3.25：1	10275	—	3807	—
2007	10271（＋9.06％）	3103（＋7.07％）	3.31：1	10785	37.43％	4134	44.01％
2008	11677（＋13.7％）	3503（＋12.9％）	3.33：1	11293	37.97％	4553	45.2％
2009	12761（＋9.28％）	4001（＋14.2％）	3.19：1	9653	38.29％	3317	42.37％
2010	14061（＋9.83％）	4587（＋14.65）	3.07：1	10930	38.83％	3256	38.42％

资料来源：根据兰州市统计局历年统计资料汇编计算整理。

历史证明，在工业化达到相当程度以后，工业反哺农业、城市支持农村，实现工业与农业、城市与农村协调发展是一个带有普遍性的趋向，建设社会主义新农村是构建新型工农城乡关系取得突破进展的关键内容。2006 年以来，为了缩小城乡发展差距和消除城乡二元经济结构，根据城乡经济社会发展差别大、区域自然条件禀赋差异大、近远郊区经济基础差距大的客观实际，兰州逐步推进小城镇建设、"城中村"改造和新农村试点示范村建设"三位一体"的新农村建设。

表 5-8　　　　　　2004—2010 年兰州市 GDP、一般预算收入

单位：亿元

指标	2004	2005	2006	2007	2008	2009	2010
GDP	504.65	567.04	638.47	732.76	846.28	925.98	1100.39
一般预算收入	24.95	28.93	33.14	46.63	50.86	57.04	72.76

资料来源：根据兰州市统计局历年统计资料汇编计算整理。

为确保新农村建设依法有序、规范高效进行，兰州出台《兰州市社会主义新农村建设规划纲要》及《兰州市新农村试点示范村建设标准》等指导意见，建立比较完整的指标考核体系和协调运转机制，逐步启动实施各级各类新农村建设试点示范村 152 个（省市重叠的 8 个），其中市级试点示范村 50 个，省部联建点 3 个，省级试点村 9 个，市级扶持发展村 10 个，县区级 88 个。笔者的调研发现，新农村试点示范村建设改善了试点村农民生产生活条件、培育了农村主导产业、弘扬了健康文明的风尚，也探索出一些具有地方特色的城乡协调发展经验和模式。分析兰州市域不同县区发展态势，可以发现城关区经济发展突出，该区域经济总量最大，农民人均纯收入较高；西固区、七里河区经济实力也不断增强，工业经济发展迅猛；而皋兰县工业不发达，资本积累率较低，经济总量较小；榆中县、永登县的相似性较高，大部分地区以农业生产为主，农业生产技术相对较为落后，经济增长缺乏动力。

在城中村改造方面，兰州市的城中村主要分为三种类型：成熟型城中村——以雁滩乡和孔家崖乡为代表，村内人口密度大，建筑密度高，布局相对凌乱、采光通风条件差，但房屋出租率高，居民家庭收入以打工和出租房屋为主，没有农业收入。笔者调研发现，雁滩乡村民住宅以 4 层楼房居多，有个别家庭修建比较整齐，如雁西路大雁滩村的临街村民住宅；张苏滩村路窄人多车多，村民住宅修建混乱，受建材市场、蔬菜批发市场和家具市场的影响，村民住宅居住、加工和经营各种功能混合，居住环境恶劣；整个雁滩乡租户以各种外地来兰打工人员居多，素质较低。孔家崖乡基本为 3 层左右院落，室内装修整齐，像水挂庄村、廖家庄村、真乐村因为临近西北师范大学、兰州交通大学、甘肃政法学院、甘肃省委党校等高

校，租房人员以学生居多，呈季节性和阶段性变化，房租比雁滩略低。发展型城中村——以崔家崖乡为代表，该村庄建筑密度高，布局凌乱，村落内的部分道路实现硬化；村民住宅1—2层，有部分家庭住宅尚未翻新，房屋功能相对单一，也有部分临街房屋用于经营；家庭收入中农业、打工、家庭副业各种形式均有，但没有成熟型城中村家庭收入高。萌芽型城中村——因离城市中心距离远，城市对村民有一定影响，生产生活方式没有根本性改变；家庭居住条件有所改善，但仍有个别家庭没有翻新土坯房，自然村落的形态依然存在，房屋出租现象很少，个别临公路或者国道的家庭住宅用于个人经营或出租。

　　为了有效推进城中村改造，兰州出台了多项措施进行实践探索。例如，城中村改造项目的土地出让金、储备土地的增值收益金扣除在提取的失地农民养老、医疗保险金和教育救助金后，优先用于城中村改造建设，由兰州市、区两级政府统筹使用。将城中村改造中安置村民的住房列入经济适用房建设计划，免收城市基础设施配套费等相关费用；发展经济的其他建设项目减半收取城市基础设施配套费，收取的城市基础设施配套费，转为城中村改造专项资金，全部用于城中村基础设施建设。同时，除城市规划涉及的市政公用设施及市级以上（含市级）重大公益建设项目外，城中村的现有集体所有土地，不再审批与城中村改造无关的项目，全部用于城中村改造；将城中村的基础设施建设项目优先列入城市建设维护年度计划，尽早安排实施；将城中村的市政公用设施、市容园林建设管理工作纳入城市管理体系，按现行城市管理体制和标准，落实工作任务、经费和队伍。在这一过程中，兰州还积极探索城中村经济实体自行实施改造、项目开发方式实施改造、统征储备方式实施改造等多种改造模式，积极支持城投公司参与城中村改造，鼓励土地资源紧缺的村庄实行易地改造，并通过建设新社区或购买经济适用房的方式进行安置。笔者对雁滩乡城中村村民转为城市居民后的生产生活情况调研发现，该区域内失地农民就业统一纳入城市就业管理，并享受职业培训、职业指导、职业介绍等待遇；市、区劳动保障部门为有劳动能力且有就业要求的原村民进行专门的技术培训，并推荐就业；市、区政府对技术培训所需经费给予适当补助；因城中村改造增加的就业岗位，优先用于原集体经济组织成员；鼓励城中村村民围绕城中村改造兴办第三产业，开拓就业门路，增加收入；对自主创业的，给予政策上的扶持和优惠；建立被征地农民养老、低保、医疗救助和大病保险等社会保障制度，所需资金由土地置换和个人、集体按比例承担。

中国城乡分割、差距悬殊，是国民经济发展长期积累的结构性和体制性矛盾的集中体现。中西部地区因经济相对落后，其城乡分割与全国相比更为明显，城乡分割的缘由也因中西部的特殊性而具有与全国其他地方相比相对独特的地方。作为中国西北地区"座中四连"的区域中心城市，国家西部大开发战略的深入实施及黄河上游多中心经济区的开发，要求兰州不断促进城市发展战略调整，深入分析城乡分割二元结构的主要成因，丰富城乡产业发展内涵，尽快打破制约兰州城乡统筹一体化发展的难点制约，这是兰州"十二五"期间城乡协调发展的重要内容。

（2）城市布局形态演变

新中国成立后，兰州市共辖 9 个区和皋兰县，区名以序数排列。榆中县属定西专区，永登县属武威专区。1953 年，国家把兰州市列为全国重点建设城市，为了满足经济、交通建设以及科技文教事业发展的需要，不断扩大市区。1953 年市区扩大为 450 平方公里；1955 年又扩大为 540 平方公里，辖城关、东岗、七里河、西固、盐场、安宁、阿干、河口等 8 个区；1958 年又扩大至 9688 平方公里，除辖城关等 7 个区外（河口区并入西固区），永登县划入兰州市，改为永登区。1962 年为压缩城镇人口，市区面积缩小为 2714 平方公里。次年，恢复永登县，划归武威专区。1963 年撤销白银市，将市区及郊区 5 个人民公社成立白银区，划归兰州市。1970 年 4 月，永登、榆中、皋兰 3 县划归兰州市，在全国较早实行市管县制。当时，兰州市辖 3 县 6 区，即永登县、榆中县、皋兰县、东风区（1968 年改城关区为东风区，1973 年恢复城关区）、七里河区、西固区、安宁区、红古区、白银区，全市总面积 14414.5 平方公里。为了适应新时期经济发展的需要，1985 年 10 月，白银区划归白银市。此后，兰州市行政区划未有大的变动。至 1990 年底，兰州市 5 区 3 县共辖 77 个乡、14 个镇、41 个街道办事处，总人口 251.7 万人。至 2001 年，兰州市辖城关、七里河、西固、安宁、红古 5 区和永登、皋兰县、榆中 3 县，总面积 13085.6 平方公里，总人口 314 万人。1949 年，兰州在册的人数只有 30 万，2010 年第六次全国人口普查数据兰州总人口则达到 361.62 万（全市户籍总人口 323.54 万人）。

　　规划期限为 1954—1972 年的第一版兰州城市发展规划，规划区面积 146 平方公里，人口控制在 80 万人左右，按照田园式分散组团结构进行了用地布局与功能分区，确定了城市以中央广场为中心、酒泉路为轴线的发展，向以东方红广场为中心、皋兰路为轴线的发展转变，奠定了城市发展的基本格局。该规划明确提出将兰州建设成为一个以石油工业、化学工业、机械制造工业为主的社会主义现代化工业城市。在市区除安排居住区和交通道路之外，集中发展工业，主要布局在西固、安宁、七里河、市中心、庙滩子等 5 个片区，兰州形成以城关区为核心、其他 4 个片区为次级发展中心的多中心组团式的城市空间发展形态。在发展实践中，兰州西固区建成以兰炼、兰化为龙头的石化工业体系，与其相配套的基础服务设施相继建成。西固区工业组团的初步发展将大洪沟以东的城关中心组团连为一体，共同构成城区空间基本形态，两大组团之间的农田和绿地形成天然的隔离防护带。20 世纪 50—60 年代，随着国家投资力度进一步加强，兰州在距市中心一定距离内先后形成七里河和安宁组团。其中，七里河组团主要围绕着火车西站铁路枢纽、小西湖商贸中心等地发展起来，安宁组团则依托于长风、万里、兰新等几个大型国有企业发展起来。这两大内层组团的形成，既接应了市区部分功能外溢，也为外来人口和本地居民的居住、就业、教育以及货物的仓储、中转运输提供了发展空间。20 世纪 60—70 年代，在西部地区资源开发和初级加工工业发展带动下，兰州城市近郊周围具备良好矿产资源条件的地区先后形成海石湾、连城、窑街等城镇，初步建成以"一主多次"为特征的多中心组团式的空间结构。[①]

　　在工业化动力主导带动城市发展进程中，人口、要素和产业的空间区位选择会极大地影响城市形态演变。20 世纪 60—70 年代后期，由于经济优先发展偏向，兰州城市规模无序蔓延、工业用地布局混乱，生活服务、商业网点布局也不尽合理。面对住房、绿化、给排水等无法适应城市居民需要等问题，时间期限为 1978—2000 年的第二版城市规划将兰州规划区面积限定为 148 平方公里，人口控制在 90 万人以内，明确了"带状组团分布、分区平衡发展"的城市用地布局和建设发展原则。这次规划在坚持

---

　　①　靳美娟：《兰州城市空间结构演化与持续性发展研究》，西北师范大学出版社 2005 年版，第 28 页。

第一版规划中多中心组团式布局特征的基础上，进一步明确了城市功能分区：西固是石化工业基地，七里河是机械、轻工、铁路枢纽为主的工业区，安宁区以发展机械、精密仪表工业为主，城关区为全市政治、经济文化科研中心，以机械、轻工和电子为主。兰州第二版城市体系规划是对原有发展格局的扩展、延伸和完善，呈现了各城市组团之间和组团内部横向填充的形态演变过程。伴随着城市规划的实施，兰州市区用地紧张的矛盾不断凸显，土地资源极度缺乏成为制约兰州发展的掣肘因素，特别是新建居住小区、工业小区对原有组团之间空间区域的填充，兰州发展拥挤程度不断加剧，建筑高层化发展的趋势日益明显。尽管处于市区中心地段、占地较多、污染较重的工业企业在"退二进三"产业政策引导下逐渐向外围郊区地带扩散，但城区内被置换出来的土地很快又被商业购物中心、大型娱乐休闲广场、高级办公写字楼等所挤占，兰州城市扩展需要寻求新的空间。

20世纪90年代后期以来，兰州区位条件、经济战略地位、城市规模、城市布局结构等均发生显著变化，成为欧亚大陆桥之重镇，西北交通枢纽之中心城市，同时，国家经济发展政策开始向西部倾斜。为适应城市迅速发展及实施国家西部大开发战略的需要，兰州市第三版城市总体规划明确提出将兰州建成为以石油和化工为主、机电和轻纺协调发展的综合工业基地、西北地区最大的交通枢纽和重要的商贸金融中心，以及连接西亚及欧洲各国的开放型、多功能的内陆口岸中心城市。第三版规划市区面积221平方公里，人口控制在194万人，坚持"带状组团分布，分区平衡发展"的原则，将城区分为7个组团，即城关中心区、东岗、雁滩、盐场、七里河、西固、安宁组团，具体提出"一河两城七组团"的城市用地布局结构、"一水两山三绿廊"的城市风貌建设原则，引导了城市从偏于东市区、以东方红广场—三台阁为轴线，向以黄河为轴线的转变；以单中心结构，向双中心城市结构演变，使市中心、区中心乃至片中心构成放射式的多中心结构形态。

同时，第三版规划还突出城市交通发展需求，对城市道路、快速交通、城市轻轨交通、停车场用地、地下空间等方面重点建设和进行用地控制，以期改善长期以来过境交通和城区交通"一条道"的混乱局面，有效实现二者之间的相互分离，并为市区内部剩余人口、产业向外快速扩散、转移提供便捷通道。依托兰州"两山夹一河"的自然生态主体，规划还以南北两山绿化为重点，以黄河四十里风情线为纽带，建设市区三大绿色地带：青白石—雁滩水上游乐园—桃树坪防护林带，白塔山公园—伏龙坪—兰山公园，仁寿山公园—崔家大滩—彭家坪公园，构筑出"一水两山三绿廊"的生态兰州城市形象。

（3）"再造兰州"战略

在 2011 年通过的兰州第四版城市总体规划中，兰州市市域行政区划范围面积 13085.6 平方公里，规划 2020 年兰州市域总人口为 500 万人（其中，中心城区人口规模为 275 万人，城市建设用地面积约为 250 平方公里，人均城市建设用地面积约为 91 平方米）；城市性质定位为甘肃省省会，西部地区重要的中心城市之一，国家重要的工业基地和综合交通枢纽；城市职能主要体现国家向西开放的战略通道和内联外引的综合性交通与通信枢纽，国家重要石油化工、能源储备基地和转运枢纽，国家重要的装备制造业和有色冶金产业基地，国家重要的基础科学研究和新材料、新能源、生物医药、航天技术等研发生产基地，西部地区重要的现代商贸物流中心和旅游服务中心，甘肃省经济、行政、文化与科教中心。

"再造兰州"新区规划以区域协调视野，着力兰州三县五区 27 乡 34 个镇的统筹发展，初步提出了"一河两翼三城四片区"的城市空间结构，完善"双城五带多点"的城镇体系（双城——主城兰州中心城区和副城兰州新区；五带——依托交通廊道形成五条主要城镇发展带；多点——五条城镇发展带上的形成各级重点城镇带动周边地区发展），力图以黄河为轴，两山为翼，完善跨河形态，拓展城市空间，构筑昼夜山水整体空间新形态。"再造兰州"战略实施下的兰州新区，位于兰州市中心城区北部永登县境内，南距兰州市中心城区约 70 公里，北距永登县城约 53 公里，东距白银市区约 79 公里，处于兰州、西宁、银川三个省会城市的中间位置。至 2020 年，兰州新区城镇人口规模规划为 60 万人，建设用地规模 110 平方公里左右（不含机场控制范围，其中重化工业和储备区 40 平方公里）。在国家层面，兰州新区是国家向西开放的战略平台，国家经济转型和承接东中部装备制造业转移的先导区；在西部层面，兰州新区被定位为发展战略性新兴产业、高新技术产业和循环经济的重要集聚区，沟通西部地区的重要交通枢纽和物流中心，"两型"社会和城乡统筹发展的重点示范区，生态建设和未利用土地综合开发实验区。

　　新城区是未来现代化大城市和打造城市品牌和提高知名度的重要区域，将是"十二五"投资的亮点。2012年8月，继上海浦东新区、天津滨海新区、重庆两江新区、浙江舟山群岛新区后，兰州新区成为国家级最为年轻的城市新区、西北地区第一个国家级新区和西部地区重要的增长极。在未来，拉开新城区空间发展框架，提升土地开发利用价值，仍需不断创新发展措施。在市场经济条件下，确保新城区建设有投入、有收益，进入良性循环的状态，必须运用市场经营的手段来运作，按照"政府引导、社会参与、市场运作"的原则，构建"投资主体多元化、融资方式多样化、运作方式市场化"的新机制，建立一个好的融资平台，开辟多种渠道筹集新城建设资金。充分发挥市场配置资源的基础性作用，确立企业在经营性市政公用投资中的主导地位，调动社会参与城市基础设施建设的积极性，推动城市基础设施建设投资主体多元化、投资方式多样化、项目实施市场化，不断吸纳民间资本和外来资本投入新城区公益事业和商业、服务业。根据沿海地区新区建设实际，可供参考的开发模式主要有三种选择：一是政府规划引导，授权有资质的开发公司具体操作的模式。如由新城开发建设领导小组统筹协调，政府授权新城办或国投公司进行一级开发和基础设施建设，将生地变为熟地后由政府土地储备中心收购储备，进入二级市场，以招牌挂形式引入开发商参与城市建设。二是公司合作投资建设的模式。由政府或政府下属的企业与引进的开发商合作投资建设新城，土地由政府提供，城市基础设施和商业设施主要由引进的开发商以不同形式投入。三是以社会开发商为主体，政府政策倾斜的模式。由引进的开发商作为投资主体，政府给予一定的政策支持。

　　兰州新区作为"再造兰州"战略的核心内容，是国家作出的一项重大决策。在永登县中川镇建设兰州新区，旨在解决中川机场与城市发展之间的矛盾，最大限度综合利用各类城市发展资源，解除发展瓶颈，构建节约型社会，保证城市可持续发展，提高城市综合竞争力。在此理念指导下，新区规划确定中川镇的城市性质为兰州市的空港卫星城，以循环经济理念为主导，以精细化工、生物医药、机械加工、现代物流等产业为主的工业城，用地在原镇区东侧西槽村、牛路村、何家梁、倒水塘一带选址建设。

中川镇区采取组团式布局，形成"一心三片九组团"的城市空间格局。"一心"指城镇中心，位于生活区中部，承担着城市行政中心、文化中心、商业金融中心等职能；"三片"指由1♯—08♯路东西向道路划分的南北两片区（北部为居住区，南部为工业区）和空港工业区；"九组团"指根据城市发展分区进一步划分的4个居住组团和5个产业组团；4个居住组团包括西北组团、东北组团、东南组团和西南组团；5个产业组团包括生物医药组团、产品加工组团、精细化工组团、物流组团和空港工业区组团。

不仅如此，兰州新区规划在全区层面提出明确发展目标和总体布局，并与兰州总规修编衔接。通过从国家层面、区域层面以及市级层面提出的对兰州新区的发展要求的研究，明确了全区的发展定位为"西部和谐发展示范区"，核心区的发展定位为"空港产业城、生态活力城"。新区空间布局结构按照兰州近期北拓的思路，北部以生态建设和城乡统筹为主，南部以集中城市建设为主，构建"一轴一心三组团"的带状组团式空间布局结构。"一轴"指依托城际轨道、兰中快速路、机场高速北延线等交通干道，南北向串联秦王川各组团，充分展示地区形象的综合发展轴；"一心"指中川组团，为秦王川开发建设的核心区域，依托空港资源和生态环境资源打造城区主中心；"三组团"指树屏组团、秦川组团和上川组团。产业发展定位为国家循环经济产业示范基地、甘肃临空产业集聚区、甘肃新兴产业振兴基地。新区规划在重点地区层面，参照总体规划深度，为重点地区建设提供规划依据。重点地区充分利用交通区位优势，最大限度发挥土地价值，营造完整环境与强烈形象，彰显新区开发的信心，构建"南商北产、一轴多团"的带状组团式空间结构。2030年人口规模不超过100万人，城市建设用地不突破100平方公里。

在促进城乡一体化方面，兰州新区规划提出统筹城乡各类资源的利用，提高城乡空间资源的集约、节约利用水平，按照规划区、外围镇区、村庄等空间层次，有序引导人口集中发展，适度控制外围镇区规模。同时，积极促进城乡社会管理一体化，去除城乡分割的制度壁垒，有针对性地推进各项制度创新，重点抓好农村土地流转、公共财政体制、金融体系、社会保障、环境保护、基本公共服务均等化、户籍管理、失地农民社会保障八项制度建设，逐步建立城乡一体的劳动就业和社会保障制度，推动城乡一体化制度改革；均衡配置城乡教育、卫生、文化、体育等资源，促进公共服务均等化发展，在建制镇配置基本公共服务设施，服务广大农村地区；进一步推动城乡文化的交流与融合，丰富城乡文化生活。规划期内实现基础设施城乡全覆盖统筹发展，形成高效能运转的现代化发展支撑体系，主要包括市域基础设施和公共服务设施，城乡基础设施主要包括道路交通、供水、排水、供热、燃气、电力、通信、广播电视、信息网络、污水处理、垃圾处理、环境卫生等，公共设施包括教育、文化、医疗卫生、体育、商贸和社会福利设施等；优先实施北部农业集中发展区内的市政基础设施和交通设施建设及各项民生工程，逐步缩小兰州新区建成区与周边农村区域的基础设施差距，重点推进城乡供水、交通、电力和通信的一体化建设；加强生态保育区和限制发展区的生态环境建设，建立城乡互补的生态格局；以循环经济发展思路加强城乡生活污水和垃圾处理设施建设，加强工业"三废"处理设施建设，确保工业排污达到相应的环保标准；推进农村能源结构调整，把养殖业与改圈、改厕、改灶结合起来，大力推广使用沼气，发展可再生能源，建设生态农业和生态农村，提高农民生活质量。

分析不难发现，《兰州新区总体规划》和《兰州都市圈规划纲要》其实质在于淡化行政区划，从区域角度完善经济发展环境，强化城市间的经济联系，形成经济、市场高度一体化的发展态势；协调区域城镇合理发展，进行科学布局规划，重点建设核心区及节点城市，辐射、带动都市圈内其他城镇及广大农村地区的共同发展；推进跨区域基础设施共建共享；保护并合理利用各类资源，改善人居环境和投资环境，促进区域经济、社会与环境的整体可持续发展。但从目前的经济发展现状来看，兰州都市圈的整体经济发展水平相对落后，都市圈内的城镇体系结构、城市与城市之间的经济联系程度并不十分紧密，各圈层之间显著的差异显然有悖于协调发展的本质。树立"全域兰州"的发展理念，就是要按照建设1.31万平方公里的现代化都市区，整体推进城市和农村的现代化，努力建设现代城市与现代农村和谐相融，历史文化与现代文明交相辉映的新型城市形态。

兰州市城乡一体化发展不仅要求建立城乡一体的规划体系，包括城乡发展人口规划、空间规划、基础设施建设规划、社会事业发展规划、产业发展规划、生态环境建设与保护规划，而且要求在城乡规划中全面贯彻"工业向园区集中，农民向城镇集中，土地向规模经营集中"的"三个集中"的原则和要求，编制城市总体规划、城镇和农村新型社区建设规划以及各个专项规划，科学合理地规划城市、小城镇、农村新型社区的人口规模以及基础设施和公共服务设施，增强村镇对产业、人口的集聚能力，解决产业布局、村镇聚落分散问题；坚持"集中、集群、集约"发展原则，最大限度地实现资源优化配置，克服过去城乡规划建设上存在的宽马路、大广场、大草坪等误区，努力做到各项规划相互衔接。同时，将城乡一体化发展规划与第四版城市总体规划、土地利用总体规划、产业布局规划、区县和重点镇规划等各项规划有机衔接、协调统一。按照东扩西进、南伸北展的"点团式"城市发展思路，在兰州高新技术开发区向彭家坪扩展、兰州经济技术开发区向沙井驿扩展、扩大西固石化科技产业园的基础上，将空港循环经济产业园、和平开发区、三川口工业开发区等作为工业布局调整的重点区域，纳入城市建设总体规划，推进工业园区建设。充分发挥兰州高新区示范带动效应，推动高新区雁滩核心区、彭家坪园区、九州开发区、西固石化科技园、空港循环经济产业园的整合，突出产业定位，错位发展。按照产业提升、产品调整、新设施、新机制和节能、节地、环保的要求，抓好城区 60 多户企业的出城入园搬迁改造，促进产业转移和集聚发展，实现工业化和城市化的协调发展。在构建新型城乡形态的过程中，严格依法执行规划并加强监督，维护规划的严肃性和权威性，对于城乡一体化的实现具有重要意义。

　　3. 兰州城乡一体化的实践

　　城乡一体化是解决"三农"问题，加快农业、农村现代化的有效途径，也是加快兰州城市化的一个重要环节。2009 年，甘肃省将兰州市确定为全省城乡一体化发展 3 个试点城市之一，这不仅对于兰州市构建兰—白都市经济圈、发挥中心带动作用都具有重要影响，也为尽快在创新实践中探索城乡一体化途径、促进农业发展、农村繁荣和农民增收提供了重要现实依据。为了有效促进城乡一体化进程，专门编制《兰州市统筹城乡综合配套改革试点工作方案》，作为兰州市统筹城市综合配套改革试点工作的最新纲领性文件。方案提出，兰州将以城乡规划、基础设施建设、产业发展、小城镇建设、体制机制创新、深化改革发展等多方面为重点，逐步缩小全市城乡发展差距。

从具体推进步骤看，第一步到 2012 年，全市城乡一体的规划体系基本健全完善。全市农民人均纯收入年均增幅保持在 12%，达到 5500 元以上，比 2008 年增长 57%。"三个集中"取得较大成效，全市城镇化率达到 68%，城乡居民收入拉大的势头得到遏制，安宁、城关两区整体实现城乡一体化。第二步到 2014 年，提前 6 年实现全面建设小康社会目标。以兰州市区为中心，以半小时和一小时为生活半径的卫星城和城市群基本形成，辐射带动能力大幅提高，城乡发展的协调性进一步增强。"三个集中"取得明显成效，全市城镇化率达到 70% 以上。西固、红古、七里河三区整体基本实现一体化，榆中、皋兰、永登三县河谷川台盆地以乡镇政府所在地为中心的小城镇体系全面建立。第三步到 2020 年，全市城乡一体化发展格局全面建立。农村新型工业化、城镇化、农业现代化水平显著提高，农民收入和消费水平大幅度提升，城乡居民收入差距进一步缩小，农村社会管理体系更加健全完善。

统筹城乡一体化发展，必须试点先行，只有抓好试点，取得经验，才能够全面推进，真正取得成效。因此，兰州市将皋兰、安宁两个县区和永登中川镇、榆中夏官营镇确定为市级试点单位，大胆探索，为全市创造经验。2010 年，全市推进城乡一体化和新农村建设的投入资金达到 7.23 亿元。同时，全市推进城乡一体化和新农村建设试点工作还围绕城中村改造、小城镇建设、新农村建设和扶贫开发"四位一体、整体推进"的发展思路，以点带面，强力推进，各项工作有序推进，呈现健康活跃的发展态势。2010 年，有 36 所农村寄宿制学校开工建设、110 所标准化村卫生所建设和 100 家规范化药房创建工作进展顺利、农村低保标准由每人每年不低于 728 元提高到 850 元、新型农村合作医疗市级统筹和门诊统筹工作正式启动。各县区在大力发展特色种养业的基础上，充分利用地处市区近郊的地缘、人才、资金、技术等优势，积极整合各类资源，培育和壮大适合于本地发展的特色优势产业，不断壮大县域经济实力，为农民就近就地转移就业创造条件，进一步拓宽农民增收渠道。

相对于全国其他都市圈来说，兰州都市圈经济总量较小，基础设施薄弱，都市圈内部各地区经济差异较大，长期以来核心城市与广大农村地区的差距愈发凸显，反映出核心城市呈"孤岛型"发展的问题。这种失衡的经济空间对于促进城乡一体化和建设兰州都市圈有着诸多不利的影响。2009 年中国社会科学院年发布的《2009 年城市竞争力蓝皮书：中国城市竞争力报告》中根据人才、资本、科技、产业结构、基础设施、综合区位、环境、文化、制度、政府和企业管理竞争力等指标，分析评价了全国 294 个城市，其中兰州的综合城市竞争力排名第 73 位。报告对甘肃省 12 个城市进行了比较，并发布了《中国甘肃城市竞争力报告》。文中指出，从总体来看甘肃省大部分城市综合竞争力排在全国 250 名之后，城市竞争力整体较弱，除兰州在全国的排名是第 73 位外，其他 11 个城市均排在全国 150 名之后，而排在本省后 8 位的城市白银、天水、平凉、酒泉、武威、张掖、陇南和定西，都处在全国后 50 名的位次。报告显示，甘肃省城市的综合竞争力基尼系数（国际上用来综合考察居民内部收入分配差异状况的分析指标）在全国倒数第二，这也表明城市之间存在的显著差异。事实证明，兰州市城乡二元结构矛盾突出，已经成为制约全市经济社会发展的"瓶颈"之一，要突破这一难点制约，就要从根本上推进农村城市化，通过盘活农村住房、土地等农业资源，通过市场化运作来撬动城乡一体化进程。

分析表 5—9 数据不难看出，2000 年兰州市的城关区、七里河区、西固区、红古区的离差值较高，其他地区的离差都小于零。就比率计算结果来看，其中最高比率为西固区 2.4827，最低比率为 0.2007。就 2008 年来说，兰州市的城关区、七里河区、西固区、红古区的离差值仍然大于零，比率最高仍然为西固区，比率最低的地区仍未发生变化。从 2000 年、2008 年兰州市内各个地区人均 GDP 的相对发展率值来看，各圈层内部各地区之间的相对发展率相差很大。其中，兰州市的城关区、七里河区、安宁区、红古区相对发展率值大于 1，这说明以上地区的人均 GDP 增长速度大于该圈域的平均增长速度，而落后地区的发展相对率值是小于 1 的。可以看出，无论是 2000 年还是 2008 年，兰州市所辖 5 个区的经济水平都远高于整个兰州都市圈的整体水平，就其比率来说，5 个区所占的经济比重也远大于其他县。同样，就其相对发展率值来说，5 个区的人均 GDP 的增长水平高于整个兰州市的人均 GDP 的平均增长速度，3 个县的发展增速相对较低，因此，兰州市各县、区间表现出明显的空间经济差异。

表 5-9　　兰州都市圈各辖区经济空间二元比率、离差和相对发展率

	2000 年		2008 年		相对发展率
	比率	离差	比率	离差	
城关区	1.6276	6007	1.3404	8171	1.1499
七里河区	1.1038	994	1.2583	6201	1.3606
西固区	2.4827	14191	2.2663	30402	2.1229
安宁区	0.7536	-2358	0.9161	-2014	1.0238
红古区	1.2223	2127	1.3709	8905	1.4695
永登县	0.4935	-4848	0.5336	-11197	0.5602
皋兰县	0.4366	-5392	0.4365	-13528	0.4364
榆中县	0.2007	-7650	0.2902	-17042	0.3494

注：此处用离差和比率主要来刻画都市圈域内经济差异的空间特征。其中，离差的计算方法是：某段时间内各地区的人均 GDP 与某一圈层的人均 GDP 均值之差；比率则是某段时间内各地区的人均 GDP 与某一圈层的人均 GDP 均值之比。通过离差和比率的计算，可以得出各个地区在某一区域内的经济比重。同时，在计算中采用能够反映相对增长量的差异指标，即相对发展率，该指标表示各区域在某一时间段内的人均 GDP 的变化与同一时期内整个大区域内的人均 GDP 的变化关系，计算公式为：$(Y_{2i}-Y_{1i})/(Y_2-Y_1)$。式中，$Y_{2i}$、$Y_{1i}$ 分别表示第 i 个地区在时间段 1 和时间段 2 的人均 GDP；Y_2、Y_1 则分别代表整个大区域在时间段 1 和时间段 2 的人均 GDP。

　　显然，兰州城乡之间因经济发展水平差距所造成的二元空间结构还在进一步加剧着城乡间经济发展水平的差距，如此不断循环和累积，最终形成了兰州内部、县区与农村之间现存的地理上的二元结构，造成了城乡间不发达的鲜明对比。而在上述二元空间结构的往复循环过程中，应该存在的两种经济效应——回波效应和扩散效应表现出并非我们所希望的巨大差异：城市和县城地区对于城乡的回波效应（是指由于地区间经济发展的不平衡，落后地区的资源、人才会向发达地区流动，从而对落后地区的经济产生不利冲击）不断加剧；城市和县城地区对于乡村的扩散效应（是指发达地区通过空间上的关联性，经由技术扩散、需求扩散等途径，对不发达地区经济产生正面的拉动作用）难以形成，表现为回波效应极强而扩散效应极弱。基于这种与人们通常的观察和经验相吻合的结论，我们认为如果没有大规模的投资，兰州城乡尤其是乡村的发展将是一个相当漫长的自然过程，通过现有城镇（增长极）—交通主干道（增长轴）带动乡村区域经济发展只是具有阶段性的重要意义。只有当兰州的新型工业化进行到一定阶段而趋于成熟时，上述发展过程才会向边缘区渗透从而使乡村区域也得以迅速发展。

［小结］

从新中国成立初期至今，中国已经历了十一个五年计划，每个五年计划时期中央政府均从国家战略层面确立有所差别的城乡发展基本路线、方针和政策，直接或间接地对城市化发展实践产生重大影响，不论是在《全国城市规划工作会议纪要》中提出"控制大城市规模、合理发展中等城市、积极发展小城市"的20世纪80年代，还是在《中华人民共和国城市规划法》中限定的"严格控制大城市规模、合理发展中等城市和小城市"的20世纪90年代，抑或在中共十六大、十七大以及"十五计划、十一五"规划中提出"坚持大、中、小城市和小城镇协调发展"、"把城市群作为推进城市化的主体形态，逐步形成若干城市群为主体，其他城市和小城镇点状分布，永久耕地和生态功能区相间隔，高效协调可持续的城市化空间格局"的21世纪初期，抑或在多数城市尚处于拉大城市框架为主的外延扩张城市化中期阶段，以及"十二五"规划强调"坚持走中国特色城镇化道路，科学制定城镇化发展规划，促进城镇化健康发展"的新时期，主导中国新型城乡形态最为明显的标志就是不同时期普遍突出中心城市（区）功能的完善和承载能力的增强，通过具体细致的政策导向，重点以城市（区）主导带动形态促进城市化道路的合理发展和促进新时期城乡一体化的实现。

三　城市（区）主导带动形态的发展趋势

中国幅员辽阔，各地城乡发展差异甚大。统计数据显示，2008年全国城镇人口为6.066亿，城镇化水平为45.68%。按照每年提高1个百分点计算，2020年中国的城镇化水平可达到60%左右；城市化水平提高1个百分点，就可实现1000万—1200万农村富余劳动力向城市的转移。以此推算，到2025年中国会有约10亿人居住在城市，城市化水平达到73%，将出现219座百万人口大城市、25座500万人口的特大城市、15个平均人口规模达到2500万的超级城市或11个平均覆盖人口超过6000万相互之间紧密联系的城市群或都市圈。① 这些具有强大辐射带动能力的

---

① 顾朝林：《中国城市化空间及其形成机制》，中国发展研究基金会研究项目2010年版；麦肯锡全球研究所（MGI）研究报告，2008年版。转引自袁志刚、绍挺《土地制度与中国城市结构、产业结构选择》，《经济学动态》2010年第12期。

中心区域,将成为中国城乡一体化推进的主导力量,特别是那些需要大量信息和彼此频繁接触、交流和联系的,以知识创新为基础的企业,或企业内管理、控制、协调等职能和价值链环节,逐渐向城市中心区聚集,而生产大批量、标准化和操作程序化的生产制造环节或产品等传统劳动密集型和资本密集型制造业从城市中心向郊区甚至远郊区扩散,此时的城市化发展除了受到产业结构转变的影响以外,还按照全球价值链治理需求对劳动力流动产生间接的传导效应。① 中国不仅城市化和工业化所需的平地资源少,人均平地资源更少,只有尽可能把人口、产业高度集中在主体功能区中的优化开发区和重点开发区,通过中心城市带动城乡一体化发展和通过土地的集约化利用保障基础设施建设和工商业用地,才能不断缓解城市化工业化进程中的人地关系矛盾,并保证足够的土地发展现代农业和保障粮食安全。特别是包括京津冀、辽中南和胶东半岛在内的环渤海特大城市群、长江三角洲、珠江三角洲特大城市群,其区域开发强度已经较高而资源环境承载力有所减弱,因此,必须在主体功能区建设中突出优化发展主线,通过经济发展方式转变优化经济结构、城乡结构和进一步增强综合实力,最终对中国国家竞争力的提升和促进全国创新发展起到重要带动作用,使其成长为有全球影响力的综合经济区。

对于其他特大城市群之外的城市群、城市化区域和陆路边境口岸城市以及中小城镇,则需要综合考虑资源环境承载力、现有开发强度、发展潜力以及政治、民族等多种因素,按照不同的功能定位、采用不同的发展方式,节约城乡建设用地,提高土地配置效率,促进国土空间格局优化和产业与人口的协调发展。换句话说,对于中心城市(区)主导带动城乡一体化的实现,需要分类对待。例如,处于大的综合经济区、定位为全球性中心城市的超大型城市,如北京、上海可通过 20 年左右的发展,继续承担引领中国区域经济发展参与国际分工的"火车头";南京、杭州等长三角中心城市,广州、深圳等珠三角中心城市,天津等渤海湾中心城市,武汉、重庆、成都和西安等区域性中心城市,可通过继续发展,壮大成为以区域性为主要特点的大型中心主导带动城乡发展的城市;各省、自治区的首府城市,则可以在城乡发展中形成对本省、本区域并对周边省份的城乡

---

① 成德宁:《城市化与经济发展——理论、模式与政策》,科学出版社 2004 年版,第 226 页。

发展有主要带动辐射作用的中心城市；各省份辖内的非首府城市，可以发展成为本地城乡、城镇的聚集中心和经济中心，并发挥重要主导作用；除此之外的各县、镇、乡或集中园区，可以作为城乡一体化的基础性层面，对解决农村人口向城镇转移起关键的桥梁和纽带作用，是最基本的带动作用力点和面。

从区域来讲，中西部的大部分地区和东部的小部分区域，在城乡一体化的进程中仍然需要突出工业化的基本推动力，围绕工业化、城镇化促进中心带动作用的发挥；对东部地区的中心城市而言，新型城市化将继续是其所在区域城乡一体化和经济发展的主要推动力量。总体来看，在城乡一体化中心带动作用发挥的进程中，诸如北京、上海、广州、天津、南京、武汉、重庆、成都和西安等城市，需要逐步地以教育经济、文化（包括影视、娱乐、动漫等）经济、医疗保健经济、养老经济、旅游经济、总部经济、设计研发经济、房地产经济、物流航运经济、金融经济、商业经济和会展经济等为经济发展的主要内容，不断调整经济结构。在这个过程中，逐步形成以北京、上海、广州、天津、南京、武汉、重庆、成都和西安等为中心的区域性都市经济圈；同时，在这个过程中，随着户籍制度改革和城乡居民收入水平的提升，收入较高的居民可以向中心城市迁移并拉高这些城市的消费价格水平，与此相应的一些原先居住于中心城市的居民可能由于消费支付能力的不足而选择转向城市周边或次一级中心城市生活。①

由此，在这个过程中，农村人口向城镇的流动和城镇人口在不同等级的城镇之间的流动以及城乡之间的人口流动将逐步成为不可避免的现象，这种自由选择下的人口流动及其要素市场化自由配置，将会引致人们思想观念、行为方式、生产生活方式的一系列变化，而且引致城乡管理体制、机制、行政区划、经济区域关系、城乡关系和相关政策与制度安排的进一步适应性调整。在这个过程中，就刚刚脱离农业的劳动者而言，进入紧邻家乡的小城镇，风土人情熟悉，谋职顺利时容易扎根成长，遇到挫折时容易得到乡亲照应，而且进退方便，省时省钱，比之远走千里之外的大城市来说，虽然工资福利稍显低些，但谋职不成或失业留置他乡的风险却大为

---

① 王国刚：《城镇化：中国经济发展方式转变的重心所在》，《经济研究》2010 年第 12 期。

降低，这种利益同样会使小城镇具有强大吸引力。[①] 在这个过程中，城乡便捷交通网络的对接、公交事业的发展、公共汽车和私人汽车的使用，会大大扩展人们的居住范围，促进城市向越来越大范围的地域延伸，进而使中心城区域的郊区在功能上实现统一。中心城市主导带动城乡一体化实现的关键之一，就是要通过交通网络的改善（特别是城市轨道交通、城乡快速公共交通），以便捷的方式满足城乡居民生产生活、工薪阶层的上下班需求和"住、行、学"等方面的需求。在这个过程中，城市化的推进会自然适应人民在住房、消遣、医疗和商业等方面的普遍需求，对城市化的进一步发展产生积极效果。这种城市（区）主导带动发展形态下的城市化并不意味着城市化水平的降低，而是一种更高层次的新型城乡发展形态，城市化在这一进程中逐步走向无形的城市化[②]，亦即生产生活方式的城市化、现代化，是城乡居民逐步共享现代城市文明成果的城市化。此时，中心城市的经济圈由若干个功能区构成，每个功能区都具有专业化的特点，由此，经济圈就成为各个专业功能区相辅相成所形成的、不同等级规模和功能的综合性城乡经济一体化经济群和新型城乡形态，城市与郊区、乡村的区别只是由于它们分属不同的地理单元、具有不同的分工而存在。在这个过程中，从规划伊始就必须突破由行政区划所界定的体制机制关系和与此关联的各种权益关系，放眼于城乡一体化经济群内的社会整体发展和可持续发展。以上各种过程的交叉融合，能够有效应对部分地区提出重点发展小城镇和积极发展中小城市政策所可能引发的分散化、低密度、低容积率城市化道路的负面影响，纠正部分地方政府通过"乡改镇"、"县改市"、"县改区"、"地改市"等行政手段促进城市化水平提升的扭曲做法，逐步革除以行政区主导城乡经济增长、财政体制助长"以地生财"、户籍制度制约农民工市民化的不利影响，促进中国在紧凑型城市发展模式下的城乡可持续发展。

城乡形态演变过程是遵循一定规律而进行的，城乡变革需要城市化力

---

① 曹宗平：《三种城市化发展模式述评》，《改革》2005 年第 5 期。

② 弗里德曼将城市化过程分为城市化Ⅰ和城市化Ⅱ。前者包括人口和非农业活动在规模不同的城市环境中的地域集中过程，非城市型景观转化为城市型景观的地域推进过程；后者包括城市文化、城市生活方式和价值观在农村地域的扩散过程。因此，城市化Ⅰ是可见的、物化了的或实体性的城市化过程，城市化Ⅱ则是抽象的、意识或精神上的城市化过程。详见郑立波《中国城市郊区化动力机制研究》，经济科学出版社 2008 年版，第 38 页。也可参阅许学强《城市地理学》，高等教育出版社 1997 年版。

量的推进。人口的非自然乡—城转移增长规律揭示了城镇人口的集中方式和增长途径，回答了增加的城镇人口主要是怎样和从哪里来的；城市化三阶段规律是对城乡自然增长规律的进一步拓展，指明了城市化过程在不同时期对于城乡结构变动过程的作用[1]；城乡的失衡不是无限的，而是有一定历史限度的，促进新型城乡形态朝着有助于实现城乡一体化方向演变可以解决城乡失衡的历史限度问题。破译中国城乡二元结构问题的前提在于了解和掌握城乡规模结构成长规律，在于结合中国国情选择有特色的城市化道路，使进入城市（镇）的人口拥有容纳他们的生产组织载体，促使城乡空间结构、城乡产业结构和城乡人口结构日趋合理。需要指出的是，城乡生产力发展的内在规律决定了城乡社会经济发展本身是一个耗散结构系统，开放和关联是该系统的基本特征和运行规律，任何形式的城乡隔离、分而治之的行为都是对城乡客观经济规律的违背。中国城市的成长和郊区化以及中心城市主导带动乡村腹地的发展，聚集和扩散过程贯穿其中、政府与市场的力量如影随形，但这一复杂的过程从来就不是现行过程，甚至因为这种演变的不稳定性和制度安排的特殊性使人们不容易明确地划分界定出某个区域城乡发展所处的阶段。在促进中心城市（区）主导带动城乡协调发展的过程中，只单方面地强调农村的发展或是城市的成长都是不科学的，新型城乡形态不仅体现了城市对农村的作用，而且也意味着农村对城市的影响；它不仅是农村的发展，而且也是城市自身的发展；农业剩余的大部分市场需要在城市寻找，大多数农村的投资需要向城市的机构组织寻找，农村富余劳动力的就业及农村地区满足人民基本生活需求的社会、健康、教育和其他服务的机会更多地都来自城市社会。[2] 唯有如此，这种由城市（区）中心带动型的新型城乡形态才能有助于城乡一体化发展目标的实现。

第二节　农村内生驱动发展形态

20世纪30年代中国的乡村建设代表人物梁漱溟指出，基于中国是一

---

[1]　范海燕、李洪山：《城乡互动发展模式的探讨》，《中国软科学》2005年第3期。
[2]　［英］蒂姆·昂温：《发展中国家的城乡相互作用：一个理论透视》，《地理译报》1991年第3期。

个庞大的农业社会，是以乡村为根本，大多数人长期生活在乡村，乡村发展好了，城市自然繁荣，唯有建设乡村才能获得"平均的"和"普遍的"发展与进步。[①] 也就是说，先有乡村的内生发展，进而促进支持城市的发展，农村与城市才得以相通，城乡之间难以调和的矛盾才有可能避免。1949 年新中国成立后，国家政权在政治、经济、文化诸领域完成了对城乡生活的全面介入，从官方层面实现了对乡村社会的重构，并缔造出新的秩序均衡；从此，乡村演化的自组织机制让位于对国家意识的绝对服从，系统演化表现出被动变迁的特征，乡村聚落空间形态作为承载系统演化的载体，不可避免地受到影响，体现在经济水平制约外部形态拓展、制度变迁引导乡村内部形态重组、文化革新阻断建筑形态传承等各个方面。[②] 改革开放以来，随着传统计划经济体制的逐步转变和社会主义市场经济体制的逐步建立，乡村地区因生产专业化和市场化交易类型的增加而促进了市镇数量的增加和规模的扩大，乡村经济与城市贸易甚至国际市场的联系日趋密切，工业产品大量涌入农村居民生活，农产品市场化程度也不断提高，乡村对市场的依赖程度也相应增强；在现代交通体系不断向乡村腹地迅速延伸的过程中，乡村之间、城乡之间的联系也日益紧密，在一定区域内区域间竞争因素也逐步加剧，其结果便是市场力量在分工协作下促进了城镇网络的形成，不同类型和功能的城镇通过与乡村经济的紧密联系实现了在新经济格局下的功能定位，不同但存在相互关联关系的市场网络与城镇网络在大尺度范围内的区域市场网络结构中出现了明显分化，地区间的社会分工逐步加强。尽管如此，乡村区域无论是其市镇分布、人口与产业聚集程度还是总体经济发展水平，仍然与处于中心地带的城市存在显著区别，但乡村内部产业力量的推动却为其接受城市工业主义的全面辐射提供了必要的物质基础，也不可避免地影响到城乡形态的演变趋势。由此，乡村内部的经济社会驱动和外部多元刺激的存在，便成为乡村形态演变的主要动力源泉。

---

① 梁漱溟：《乡村建设运动》，《广播周报》1937 年第 143 期。梁漱溟：《往都市去还是到乡村来》，《乡村建设旬刊》1935 年第 28 期。转引自周石峰《孰为本末：20 世纪 30 年代前期的城乡关系之争》，《贵州财经学院学报》2010 年第 5 期。

② 李立：《乡村聚落：形态、类型与演变——以江南地区为例》，东南大学出版社 2007 年版，第 99—102 页。

一　农村内生驱动形态的演变机制

(一)　制度变迁推进机制

在城乡发展历史进程中,中国各个地区的村庄都曾有过出色的表现,如江苏江阴市向阳村、广东东莞市的雁田村、山西原平市屯瓦村和陕西商州市的王涧村等。[①] 但是,当城乡二元分割的制度体系被人为确定之后,城乡差距开始持续扩大,村庄的发展需要突破自身组织的束缚,依靠内部的驱动力量削弱乡村的封闭性对变迁力量的对抗,包括:行政村的自治能力及相应的制度设计,这在极大程度上成为遏制和消解传统村落家族文化的正式约束;对外来劳动力的接纳与利用程度,体现的是要素流动在村庄中的萌芽与发育,这同时为企业家的诞生创造了条件;市场交易制度向农村社区的渗透,表现为农户之间交易的日益频繁、村庄组织与农户之间交易的增多等现象。[②] 改革开放后,村庄作为与外在制度相协调的组织结构,与强制性的制度安排具有相互博弈的关系,乡村发展的聚集程度毕竟有限,空间布局形态的分散化同构特征相对典型,尽管外在规则的变化方向并非总是与个人更加自由地追求其自身目标相一致,但开放的环境有助于在地方化知识积累下的微观主体突破原有约束而成为外部经济提供服务的

---

① 李泉、王茜在不同区域的乡村走访调研时发现:从居住形态看,中国大多数可达性较强的农村,毗邻道路(已实现了硬化并与更高等级的国际交通网相连)或村镇中心小学、中学、私立幼儿园、医务室、小型店铺公共设施基本完备;农户普遍经历了由土木瓦房到分散布局的水泥砖(楼)房的过渡,部分农户甚至建起了别墅型楼房,其设施基本接近城市居民家庭(如电视、洗衣机、机动车,液化气、楼盘炊具、太阳能供水洗澡间等);一般行政村也修通了自来水管道,几乎所有农户都能正常用电,自然村也具备通电话的条件;中青年农民持有手机相对普遍,家庭拥有电脑且可上网者也并非少数;传统的庭院养殖日益减少,(平原或平垣、塬、坝、川地区)农民日常劳作更多依赖机械化;住宅向单一居住功能演化,厨房与厕所甚至入户配套而非单独布置,农村住宅整体上也逐步实现了由专业人员装修而非纯粹原生态型(例如,在甘肃庆阳部分农村,农户原有的窑洞住宅形态大多已被废弃,农民普遍新建瓦房或平房、楼房;少数依然在窑洞生活的农户,也将其进行了精细的工业化装修,涂料、瓷砖、琉璃瓦、镜面玻璃等在一些农户庭院中偶有看到),乡村建设中的"跟风、攀比"现象普遍存在。当然,那些紧邻公路且身处集镇的农户,也以更为创造性的市场化方式,通过商业经营、产品加工、零售代销与休闲娱乐、房屋租赁等,极大化地实现和扩大自己房屋的商业利用价值(他们中的大部分业已挤入农村高收入群体行列)。

② 胡彬:《区域城市化的演进机制与组织模式》,上海财经大学出版社 2008 年版,第 186、187 页。

多种组织形式，这也为农村工业化的起步创造了有利条件。

（二）产业发展支撑机制

农业产业化的推进机制是乡村内生驱动型城乡形态的基本物质支持。以普遍实行家庭联产承包责任制、废除人民公社制、重建农户小农经济为突破口，中国农村的经济体制改革在相当长的时期内有效促进了农业农村经济的发展。但是，这种经营机制内生的小农户分散经营难以与市场条件下的大市场衔接，无法获得规模效益，导致农民无法获得准确的市场信息，生产经营利益往往被中间环节截去，等等，这些经营体制存在的严重缺陷在很大程度上影响着农业的发展和农民的增收，农业产业化便在改革开放和市场化转型中应运而生。广泛存在于中国各地的"一村一品"[①]、农业产业化经营形式主要包括龙头企业带动型的"公司＋基地＋农户"模式、市场带动型的"专业市场＋农户"模式、主导产业带动型的"主导产业＋农户"模式、中介组织带动型的"农专协或农产联＋农户"模式、集团开发带动型的"企业集团＋农户"模式等形式。不论哪种形式，由牵头单位与农户建立合同（契约）关系，组成"风险共担、利益均沾"的经济共同体是农业产业化的关键和核心。[②] 信息时代的中国农业产业革命需要城市支持、财政反哺，需要城乡结合、工农结合，为城乡之间、城市大公司与农户之间、国内外市场同农业生产基地之间构筑起稳固的桥梁，也为城乡之间、工农之间、科技研究与农业生产之间的有机结合奠定基础。因此，在农村发展农村工商业，并通过制度创新、组织资产联合与劳动联合的村级集体经济联合体，使农村的工业化与农业产业革命在联合体内实现

---

① 李泉、曾凡林的调研访谈发现，中国农村"一（镇、乡）村一品"式的发展模式在促进农民收入提升和塑造乡村品牌的过程中起到了重要支撑作用。例如，紧邻 G42 沪蓉高速的湖北荆门市石牌镇，是一个拥有 52 个行政村 8 万多人的大镇，是中国著名的效益农业大镇、工业经济强镇、私营经济富镇、历史文化名镇，特别是由被当地人称作"豆腐郎"、长年在外从事豆制品加工的近 3 万人、遍布中国 200 多个大中城市及东欧、东南亚等多个国家和地区、年创产值超过 10 亿元的豆制品产业，使得石牌镇成为"中国豆腐之乡"，"石牌佬"豆制品品牌商标驰名中国，所谓"只要有阳光的地方，就有石牌豆腐郎"。当然，该地这种以外向型为主的产业发展方式，从本质上仍然属于"能人"带动型，即"豆腐郎"凭借自身的豆制品技术，以私营方式分散于各地市场获得资本和利润积累。与此同类的，还有四川资阳市乐至县天池镇、石佛镇、回澜镇等由天池藕粉厂、仲弘藕粉厂、天芯藕粉厂等数家生产企业形成的"天池"、"仲弘"、"天芯"藕粉，已成为中国地理标志产品保护产品之一和带动当地农村经济发展的主要力量。

② 李小健：《论农业产业化》，《农业经济》1998 年第 12 期。

有机结合的牵头者、组织者的职能，双层经营体制才能真正建立，村级集体经济才能得到充分巩固和发展，农业产业化经营中城市工商业的利益最大化与小农户个体经营之间的利益冲突才能真正得到解决。①

（三）人力资本保障机制

农业企业家的成长为乡村内生驱动形态发展提供了人力资本保障。刘易斯认为，一国的贫困主要是因为缺少企业家，一国经济的增长速度不在于自然资源的多少，而取决于企业家资源的丰富程度。熊彼特也认为，没有企业家的创新就没有资本主义经济的发展。企业家作为人力资本的最高层次，其本质特征是具有边际报酬递增特性。笔者在此强调城乡协调发展中所培育的农业企业家，是以农业资本增值为经营目标，通过产权市场竞争的过程将自己的人力资本与农业企业的物质资本结合在一起，从而在其经营管理中独立地、创造性地组织和指导农业企业，根据农产品市场需求进行生产、流通、服务等经济活动并承担经营风险的职业经营管理者。农业企业家正是通过优化农业配置资源、发现农产品进入市场的机会以及创新管理等手段，实现生产边际报酬递增的核心职能。因此，对于目前农村的各类农业专业大户的户主型企业家培养，就是通过在业培训形式的投资增加其人力资本，并以当地农业生产状况和农产品市场的供求为指向对其现有的人力资本进行调整优化。对潜在的未来有可能成为农业企业家的人员培养，通过向学校教育投资来进行。相应地，各级政府首先保证农村学龄期青少年达到初级文化程度，为农业基本生产提供合格的劳动者；在此基础上积极发展地方性的农业职业教育，为农村提供中等水平的农业生产和经营管理人才；继而努力创造条件、支持和选择合格的农家子弟去接受农业技术和农业经济方面的教育，为农村提供高层次的农业企业经营管理人才。

（四）要素流动驱动机制

农村富余劳动力转移为乡村内生驱动形态提供了发展空间。传统的二

---

① 笔者在西南调查过程中发现，四川、广西、云南、贵州等省份农业产业化经营过程中的困难在于：龙头企业的经营是企业化、市场化条件下的追求经济利益最大化，农业的弱势性地位使得农业生产要素被第二、三产业的进步所剥夺，导致农户较多地顾及眼前利益，企业利益与农户的利益相冲突。

元户籍及社会保障制度阻碍了农村劳动力向城市的流动，延缓降低了农民进入城市的就业概率，阻止了农民向城市的迁移。事实证明，在有限的土地上仅靠种、养、植产业结构的调整，承载能力有限，难以使农民走上富裕之路。中国农村富余劳动力向城市转移决定其未来城乡社会经济发展的走向，以劳动力流动的市场化改革清理各种限制农村劳动力流动转移人为规定迫在眉睫，并且这一转移将是一个战略性长期循序渐进的必然过程。中国需要将城镇化、工业化、市场化结合起来，在城乡关系的协调中构建农村富余劳动力向城市的流动转移机制，在政府参与下的市场化过程实现劳动力全社会的自由配置。在短期内可制定促进农村劳动力向农村流动的政策，包括建立各种劳务中介组织，使农村劳动力的流动规范化，为农民提供各种劳务信息，有针对性地对进城农民进行培训，严格对农村劳动力的劳动保护和用工合同的监督检查，为农民进城提供物质方面的帮助，比如对贫困农民在进城务工上的信贷帮助，等等；着眼于长期则应建立有利于农民向城市迁移的配套制度，包括逐步打破城乡分割的户籍制度并建立起统一的公民身份制度，建立城乡一体的社会保障制度和劳动力市场，引导农民建立自己的利益保护组织，在城市的规划中预见到城市扩张所吸纳农村劳动力对住房、基础设施等的需求，制定鼓励有利于吸纳农村劳动力的中小企业和服务业发展的政策，等等。从转移形式上讲，可以有以下几种：内外部转移式、就地转移式、城市化式、中间技术发展式、劳务输出式、农田集中经营式、深分工式、区域经济持续发展式、符合转移式以及私营经济式，等等。

（五）服务体系辅助机制

农业生产性服务业发展有助于强化农村内生驱动形态的服务体系。城乡一体化发展过程中农村内生驱动形态的基本物质支撑是农村内部产业经济发展，现代农业建设或农业产业化是农业领域的重要构成部分。当前，在面向农业产业链提供生产性服务的农业生产性服务业方面，由于农业公共服务机构职能定位过宽，容易出现经费少、人员短缺、机构不健全、服务供求错位和供不应求等现象，县乡公共服务体系改革滞后，队伍不稳、专业结构不尽合理、人员知识老化等问题，而且社会化服务机构规模小、层次低、功能弱、融资难，农业生产性服务业市场化、产业化、社会化发展滞后，强化政策支持已是当务之急。为了进一步适应现代农业发展、农业经济结构转变和推进农业产业化，必须重视农业生产性服务业发展，加强农业生产性公共服务体系建设，如面向区域农业主导产业的共性技术、关键技术攻关或推广应用等，努力增强其服务能力；促进合作社和专业协会加快发展，通过结合各种类型的农民合作经济组织、农产品行业协会、农业公共服务平台和其他中介服务组织，积极引导行业协会成为面向农业产业化提供公益性服务的中坚力量；有效扶持农业产业化龙头企业加快发展，注意利用供销合作社、国有粮食企业、农业示范户、示范村、示范基地、示范企业等，引导其在农业生产性服务业中发挥骨干带头作用；引导农产品批发市场和民营服务业加快发展，结合实施区域层面、产业链层面的农业重大项目或专项行动，突出加强农业生产性服务业能力建设，积极培育市场化农业生产性服务业的生力军。同时，强化对农业生产性服务业的投入支持和税费优惠，创新其支持方式，鼓励传统的农业生产性服务组织增强创新能力，积极培育不同类型农业生产性服务业优势互补、网络发展的格局。[①]

二　中国农村发展的典型实践

鉴于中国大多数人口尚生活在乡村环境中、农民工及其他人口真正转变为城市居民还需时日的现实，在资源禀赋条件相对丰裕的开放性区域，中国农民或因生存压力或因外部束缚的松动或因政策优惠鼓励或因其他偶然因素促动，他们以个人或群体性的力量且主要依靠自己的力量发展以市场为导向的农业或非农产业，逐步兴建小城镇及其他产业集中区，特别是在那些人口稠密度、条件较好的乡村或小集镇，农民为解决人口生存发展问题而自发实现了某种形式的观念创新、产业改造、组织创新和甚至制度创新，从而在小范围内实现了由传统乡村向现代农村的实质性转变——乡村原有产业结构的调整升级、劳动生产率的日益提升、乡村经济的整体性振兴、某种特定发展模式的形成，等等——旧的束缚因素不断解体，新的积极因素不断产生并逐步发挥更大的主导作用的过程。其中，最为典型的就是农村工业化、城镇化力量驱动下的乡村社会结构、乡村人口与流动及

---

① 姜长云：《农业生产性服务业发展模式举证：自安徽观察》，《改革》2011年第1期。

乡村教育与农民素质的提高等。

（一）农村内生驱动形态的具体形式

长期以来，以多种制度为核心而造成并强化的计划经济条件下自然隔离的城乡二元结构，具有一种约束城乡资源自由流动的本能取向，是一种在体制约束下由省、市、县、乡等逐级传递，并被严格限制在特定行政区域内的资源配置形式。在这种方式下，政府的力量日趋强大，人为的主观因素不断深入并侵蚀市场产生作用的范围，区域性的城市与乡村发展没有自己独立的经济功能，城乡联系的半径受到限制。20世纪80年代以来，以乡镇企业为代表的市场微观主体对利益空间的追求和农民工的市场化理性逐利行为，极大地扰动了计划经济条件下封闭的城乡经济系统，市场的自发作用得以逐步强化，迅速推动了诸如长江三角洲、珠江三角洲等区域的城乡发展，并促使其网络化的城乡结构日益成熟和扩展。随着市场化的深入推进，以农业产业化、农村创办工商企业、发展壮大非农产业等形式的产业发展为经济支撑，通过新农村建设中的生产发展、村容整洁、管理科学、村风文明等推进，实现农村工业化与农村城市化基础上的农村生产力提升，农村自我积累能力和投资能力增强，进而在改造小农生产和自然经济增长方式的同时，对原有城乡形态结构、城乡关系产生多种影响，完成农民由种地耕田到务工经商，身份由农民到农民工、工人，再到市民以及乡村整体的城镇化转变，从根本上消除城乡之间的严格界限，逐步由"村村是镇、镇镇似村、村镇融合"到创造出大批"新城、新区"和新型城乡形态，实现农村主导下的城乡一体化连接发展，最终走出"农村转变城市"[①] 的新路子。其中，集体经济实力强大、农民生活水平较高的村庄，已发展成引人注目的"明星村"、"单位化村落"或"超级村庄"。[②]

1. 社会主义新农村

中国历来重视农业在国家经济社会发展中的重要功能，特别是封建社

---

① 曹钢、何磊：《第三阶段城镇化模式在中国的实践与创新》，《经济学动态》2011年第2期。

② 折晓叶、陈婴婴：《社区的实践："超级村庄"的发展历程》，浙江人民出版社2000年版，第58页。

会长期延续的重农思想造就了一个以自给自足为特征的小农社会，也造就了闭关自守的社会特性和安土重迁、小富即安的民族性格。在清代末期及民国时期剧烈的社会动荡影响下，夹杂西方政治色彩与中国封建制度的"乡村自治"组织被思想启蒙者们反复设计成多种版本的实践方案。① 新中国成立后，中国政府在特定的发展阶段选择了城市偏向的发展战略，突出表现为以低廉的食物价格以及其他一系列不利于农村的价格政策，偏向于城市工业投资以至于引起城乡区域内乡村地区技术缺乏，医疗、教育、就业等基础设施落后。② 这种处理城乡发展的历史过程使得城市集团便于利用自己的政治权力，通过城市偏向政策使社会资源不合理地流入自己的利益所在地区③，造成很不利于乡村社会发育的发展态势和路径依赖。因此，"一旦经济发展的目标选定，沿着这一逻辑起点，根据中国自身经济、社会特征，便形成了一套特有的经济体制"④，城乡规划与建设的重心被更多地置于城镇，广大农村地区发展机会和能力提升空间受限，农村地区各类设施严重缺乏，环境恶劣，农民生活长期处于较低水平而得不到改善。21世纪以来⑤，随着"三农"问题的凸显，如何加强农村地区的规划发展，通过社会主义新农村建设彻底改变农村居民点脏、乱、差的现状，使城市的生活方式、基础设施、社会服务设施向农村地区延伸，日益成为中国实现现代化的重要步骤和"统筹城乡发展"的当务之急⑥。

---

① 这一时期受到西方思潮的影响，中国国内涌现出了一大批致力于农村建设的实践者，比如梁漱溟、晏阳初、高阳、卢作孚等，他们积极呼吁、广泛实践，在各地地方政府给予资金与场所方面支持的情况下，开展了各具特色的乡村建设实验，其中一些实践活动取得了成效、积累了宝贵的经验。

② 必须肯定的是，在中国革命时期与社会主义建设时期，以毛泽东为代表的中国共产党领导集体高度重视"三农"问题，继承和发展马克思主义农业思想，深入实际调查研究，取得了对"三农"问题的一系正确认识。

③ 战金艳：《城乡关联发展评价模型系统构建——以山东省为例》，《地理研究》2003年第7期。

④ 林毅夫、蔡昉、李周：《中国的奇迹：发展战略与经济改革》，上海三联书店、上海人民出版社1999年版，第32页。

⑤ 改革开放以来，在建立社会主义市场经济体制的导向下，以邓小平、江泽民、胡锦涛同志为代表的中国共产党人继承了毛泽东、邓小平的"三农"思想，针对新时期中国"三农"问题的新情况、新问题，根据"三个代表"重要思想和"以人为本"的科学发展观，创造性地提出了一系列解决"三农"问题的思路，并将"三农"问题置于全党工作的重中之重，这对进一步指导中国的农村改革、实现中国农业和农村经济稳定发展以及农民收入较快增长作出了重要贡献。

⑥ 仇保兴：《论五个统筹与城镇体系规划》，《城市规划》2004年第1期。

随着新农村建设不断深入，相关的规模经济发展、村容村貌整治、项目资金调配、新型农民培育、机构职能定位等矛盾和问题日益凸显。"生产发展、生活宽裕、乡风文明、村容整洁、管理民主"是推进社会主义新农村建设的基本要求，它既体现了发展农村生产力、调整完善农村生产关系、加快农村经济和社会事业发展的内在要求，又体现了加强农村物质文明、精神文明、政治文明与和谐社会建设以及社会主义新农村的基本特征与发展方向。其中，生产发展重点要求加强农业综合生产能力建设，实行最严格的耕地保护制度，通过农业区域布局调整，优化资源配置，发挥各地的比较优势①；通过农产品结构调整，全面提高农产品质量和安全水平，加快实现农产品的优质化和专用化；通过农村产业结构调整，加快发展农产品加工业，大幅提高农产品的附加值；通过农村就业结构调整，加快转移农村劳动力，拓宽农民增收渠道，实现农村生产发展和农民增收的紧密结合，为解决农村当前矛盾和促进农村长远发展提供物质保障。② 促进农民生活宽裕的基本条件在于通过实行国家农业资金直接惠农的投资机制，将国家农业资金的投入真正用于惠农，用于支持和农民息息相关、直接用于改善农村生活条件的小项目，如小型道路、小型水利、小型水库、小型

---

① 在实践方面，由于中国区域差距大，因此西部地区以及部分资源禀赋较差地区形成以政府的资金和政策扶持为主要特征的农村建设政府主导模式；自然环境和资源无明显劣势条件、个体家庭间差异较大、个体经济比较发达的农村形成以个人资金投入为主、政府投资为辅促进农村结构转型的新农村建设合作模式；以某一村庄为辐射中心向周围村庄扩张，通过村集体力量来提供其他兼并村庄、增加其他村庄的家庭收入和福利的地区，形成以集体福利扩张（如北京市房山区韩村河村经过发展原有的村建筑队组成韩建集团）和集体资本扩张（如华西村对邻近华明、泾滨、三余巷、前进等周边村进行不同程度的带动直至发展成为华西集团公司）为主导的市场化新农村建设模式。

② 李泉、王茜在甘肃省平凉市泾川县的实地调研中了解到，产业带动下的经济发展是欠发达地区新农村建设的根本举措之一。自2006年以来该县围绕人均1亩粮、1亩果、1亩草，户均1亩菜、3头牛、4口猪、1人外出务工，广开农民增收的新思路，突出特色、优化布局、区域推进、规模经营，持续扩大果菜草畜四大产业基地规模，形成了南北塬优质红富士苹果、泾河川南北面山特色杂果、边远山区草畜产业、川区无公害蔬菜四大区域性特色产业经济带，建成了29.8万亩优质果品、22万亩优质牧草、10万亩无公害蔬菜、20万头肉牛、30万口生猪基地。同时，还围绕产业深度开发，招商引资建办了浓缩果汁、肉食加工、饲草加工、酒精加工等一批农产品加工龙头企业；通过发展果品贮藏、中介服务、农产品加工、商贸流通、餐饮服务、建筑建材等促进农村第二、三产业壮大。在农村富余劳动力转移方面，该县坚持县内调剂和向外输出并举，扩大劳务输转规模，年输出劳动力7多万人，劳务总收入达到3亿多元。目前，该县基本形成了以产业增收为主导，以劳务、加工、商贸、流通为补充的增收体系，农民收入保持了快速增长。

电力、小型沼气，让农民摸得着、看得见，直接受惠。同时，采取各种综合措施，充分挖掘农业内部增收潜力，扩大养殖、园艺等劳动密集型产品和绿色食品的生产，努力开拓农产品市场；围绕发展县域经济，加强农村劳动力技能培训，引导富余劳动力向非农产业和城镇有序转移，带动乡镇企业和小城镇发展；继续完善现有农业补贴政策，保持农产品价格的合理水平，逐步建立符合国情的农业支持保护制度；加大扶贫开发力度，提高贫困地区人口素质，改善基本生产生活条件，开辟增收途径。在社会主义文化繁荣发展的新时期建设文明乡风，就必须用社会主义新文化占领农村阵地，提高农民的思想道德素质，从社会公德、家庭美德等方面着手，逐渐树立"家庭和睦不拌嘴、孝敬老人不忤逆、崇尚科学不迷信、移风易俗不浪费"等良好风尚。根据农村生活的现实和农民的思想状况，不断对农民进行有理想、有文化、有道德、有纪律的"四有"教育，尽快建立有农村特色，适合基层操作的日常行为规范、村规民约，形成文明礼貌、诚实守信、遵纪守法的公民道德风尚。同时，紧紧围绕建设社会主义新农村的总目标，在改善农村基层文化的硬件设施上取得突破，建立文化图书馆、文化活动站、文化活动所、文化活动室，把报纸、杂志送到农民手中，使农民的知识有鲜明的时代感，与时代同步，以培养健康的现代人格；建立和完善发展农村基层文化的工作机制和制度，加大对农村文化建设的投入，尽快建立起适应社会主义新农村建设的新型文化模式，解决农村文化生活贫乏、水平低下等问题，用丰富多彩的群众文化满足农民的精神文化需求。实现农村民主管理，关键是完善村民自治制度，即由农民群众对村里的重大事务实施民主管理，使群众在了解真实情况的基础上参与村务决策与管理，并实施有效监督，不断增强农民群众的自我教育、自我管理能力，真正给农民平等权利，让农民当家做主，切实推进农村民主法制建设。

从新型农村形态分析，村容整洁是社会主义新农村建设的外在反映。新型农村形态一般应包括道路硬化率、安全饮水、排水、清洁能源户使用率、垃圾收集处理、农村改厕、公共照明、绿地率等内容。历史地分析，中国绝大多数农村都是在自然发展的基础上形成的。随着村民数量的增加，村子的户数也在增加，每家每户都有自己的宅基地，这些宅基地都是在原有的村庄外围逐步向外蔓延，与城市"摊大饼"式向外蔓延如出一辙。① 这种方式的宅基地扩展不但会造成村子有限的耕地无序利用，而且将很多好的耕地都被划为宅基地，在耕地较少的地区农民面临着"有宅无地"的问题。② 这就要求各地农村要在着力解决直接关系农民切身利益的各类生产生活问题的基础上，通过建立和健全农村社会组织良性管理模式、运行机制，结合创建文明生态村，按照"经济发展、民主健全、精神充实、环境良好"的要求，从改善人居环境入手，集中精力抓好硬化道路、净化街道、绿化村庄和村庄建设散乱及"空心村"问题，拆除违章建筑，清除卫生死角，开展家庭大扫除，保持村容村貌整洁，做到道路畅通、农居清洁、院落整齐、圈厕卫生，并对国道、省道、县道和乡村主要道路两侧环境卫生进行整治，使新时期的乡村建设和管理符合社会主义新农村的要求。为此，中国新农村建设必须首先重视村庄布局规划的科学性，通过调整农村居民点布局使其达到相对合理的规模与结构，集中配置较高质量的城市化基础设施和社会服务设施，改善农村居住环境、提高农民生活质量，达到逐步缩小城乡差距的目的。这就要求必须从重组乡村居民点布局入手，通过中心村的合理选择、布局，并利用其辐射作用，迁移部分位于山区、交通不便、生产生活条件差、经济收入低的农民进入城镇和平原村庄生产生活，使其脱离发展条件不良地域，从而缩小乡村地域发展的差异，逐步从整体上建设高质量且有一定人口规模的乡村居民点，构建体现人本思想和经济法则的现代化乡村人居环境。③其次，社会主义新农村必须强调综合性、系统性，必须将"生产发展、生活宽裕、乡风文明、村容整洁、管理民主"的要求结合起来，坚持以发展农村经济为中心任务，协调推进农村经济建设、政治建设、文化建设、社会建设，着力解决广大农民生产生活中最迫切的实际问题，让农民从新农村建设发展过程中真正受益。同时，从实际出发，坚持农村基

---

① 孟祥林：《我国城市化进程的小城镇发展选择》，《城市》2006 年第 4 期。

② 孟祥林：《农村城镇化：国外实践与我国新型城乡形态发展设想》，《广州大学学报》（社会科学版）2011 年第 10 期。

③ 杨建军、陈飞：《统筹城乡发展的实践：村庄布局规划》，《经济地理》2006 年第 26 卷增刊。

本经营制度①，在实践中推进农村各方面制度的创新发展，尊重农民意愿，科学规划，因地制宜，分类指导，不强求一律，不盲目攀比，不搞强迫命令，更不能搞形式主义，将城乡社会各方面的积极性发挥出来，使社会主义新农村建设成为促进"三农"问题彻底破解的国家战略。最后，新农村建设和村庄空间布局优化的目标在于谋求中心城市和周边农村地区联动发展，通过城乡统筹解决城乡居民的市场需求、农产品流通、农外就业以及教育、文化、交通、通信等问题，谋求城市与农村的均衡发展。在这里，尽管坚持以发展农村经济为中心、进一步解放和发展农村生产力、促进粮食稳定发展、农民持续增收是首要基点，但新农村建设领域更涵盖了农业和工业等满足地区居民基本生活需求的生存环境的优化，以及文化娱乐、教育医疗、村民自治等有助于提高地区居民生活质量的发展环境的改善。另外，随着农村改革向纵深推进，各项改革措施综合配套进行，涉及的领域越来越广，触及的矛盾越来越深，影响的范围越来越大，新农村建设的体制保障与运行机制也需要不断调整。其中，新农村建设过程中坚持有制度约束的"能人"领导，充分调动村民群众建设发展的积极性，走生态经济、绿色经济、绿色GDP的科学发展道路，坚持以农业为基础、以工业求致富，合理运用政策条件和市场信息，发展以集体经济为主、多种所有制经济并存的经济体系，为村民群众创造一个宜农则农、宜工则工、宜商则商的增收环境，公平合理地分配收入和福利，并协调经济建设与政治建设、文化建设、社保建设、卫生建设、公共基础设施建设的关系，应该成为新农村建设科学发展模式基本

---

　　① 事实上，无论是发展现代农业还是建设新型社区，都不可避免地涉及农村土地的流转问题，都对农村土地政策提出了调整要求。因此，可以认为农村土地制度已经被推至无可回避的焦点位置，农村土地制度如何服务于新农村建设的需要已成为农村诸多发展问题的关键内容。另：笔者在对甘肃省景泰县草窝滩镇张仕杰（其家现已搬迁至临近县城20公里左右的条山镇——县政府所在地）访谈的过程中了解到，他家20世纪80年代末在草窝滩镇开办了第一家塑料粗加工制品作坊（主要由其父从兰州市西固区石化公司买得聚乙烯经熔化加工成中间产品，再卖给宏泰公司为其提供塑料薄膜编织袋原材料），较早在全镇实现了农户家庭非农化收入的大幅提高后，于2007年搬迁至县城置业。在离开农村时，其父将自家的房子（砖房6间）和土地（4.3亩）以口头协议形式、"捆绑式"彻底永久性卖给了邻居。当时，这一交易行为并未经过村集体组织，属于一种农户之间的市场化权交易谈判。笔者认为，这种农民自发变卖土地、房产而脱离农村进入城市的自主性市民化过程，是一种农村内生驱动型的发展形式，有效降低了农民进城的迁移成本，对于不同地区进一步创新农户土地和房产管理具有启发意义。

理念;[①] 围绕农民主体正确处理好新农村与新农民的关系,充分调动和激发农民的积极性和创造性,加大对农民的培训力度,提高农民素质,培育社会主义新型农民,发挥农民在农村制度改革、农业科技发展、农业经营管理、农田水利建设等方面的创新能力,为新农村建设提供有力的智力支持和创造力,使新农村建设符合当地经济社会发展水平、符合群众的愿望、符合市场经济规律,最终使新农村新型城乡形态成为促进城乡一体化实现的重要内容和表现形式。

2. 农村工业集中区

农村是城乡区域经济的基本单元之一,是发展现代农业及其他非农产业、推进新农村建设的载体。中国的农村产业发展随着社会的全面转型和经济发展也发生着巨大变化,在地方传统商业文化影响、市场经济意识确立、外资大量投入、工业化与大规模城市化的快速推进以及中国经济和民主政治改革等因素的影响下,农村产业发展与竞争力的提升正呈现出不同的发展模式。工业集中区因其能够在特定范围内的要素聚集、资源共享、吸引就业和产业带动方面发挥农业所无法比拟的功能,因而成为诸多农村改变区域欠发达状态和促进城乡一体化的基本土地利用和产业发展形式。改革开放以来,在民营企业与民营资本集中选择的木材加工及竹藤棕草制品业、化学原料及化学制品制造业、其他矿采选业、纺织业、金属制品业、服装及其他纤维制品制造业、食品加工业、皮革毛皮羽绒及其制造品业、非金属矿物制造业、电气机械及器材制造业、家具制造业以及餐饮、小型商业零售、维修服务等规模小、技术含量低且对劳动力数量要求多的行业部门,小城镇和乡村区域基于准入门槛低、新增就业机会多等优势,通过发展乡镇企业、农村非农产业人口的集聚,使原有规模较小的集市乃至中心村逐步成长为新的小城镇,从整体上加速了乡村城镇化进程,推动了城乡整体发展,形成了所谓的"半城市化地区"。以温州和苏南为例,温州、苏南走的是"农村包围城市"的道路,各乡镇大办企业,呈现出城镇数量多、分布密、规模小的特征。[②] 但是总体而言,产业的布局分散带

---

① 王华华:《新农村建设科学发展模式的创新——华西村、南街村、大邱庄崛起的成功经验》,《党政干部论坛》2007年第4期。

② 熊国平:《当代中国城市形态演变》,中国建筑工业出版社2006年版。

来的是缺少规模经济、城市化滞后、土地浪费和环境污染等一系列问题，再加之国内市场供求关系变化、竞争加剧，企业迫切需要通过提高技术水平、扩大经济规模、降低成本来提高竞争力，而离散型空间布局无疑成了其进一步发展的严重阻碍。与此对应，集中布局的产业和城镇，不仅有利于共享公共设施、吸引优秀人才、获取市场信息、集聚生产要素、取得规模效应，而且有利于释放城乡各自的发展优势和资源潜能。此时，具有各类地方性优惠政策、鼓励民资进驻的工业集中区便在中国各地农村得到了长足发展。20 世纪 90 年代以来，市场经济的进一步发展要求打破城乡壁垒，以城市化促进区域经济的现代化，因此，城乡企业开始走向联合，城乡企业的界限和城乡区域日渐淡化，城市的功能进一步向乡村扩散，乡村要素向城市集中，从而形成发达地区不同地带、城镇特有的城乡一体化新型形态。同样，珠江三角洲地区数以万计的私营企业和其他混合所有制企业，也在空间分布上形成一个日趋紧密的城镇群体，呈现区域一体化发展的现象。这充分显示了城乡各要素已渗透和统一运行，导致城市扩散到乡村和乡村向城市转变，城乡经济一体化又推动了城乡空间逐渐融为一体，形成一种城乡融合的新型形态。

（二）农村内生驱动形态的实证案例

随着社会主义市场经济体制的建立与逐步完善，中国城乡之间相互补充、相互渗透，特别是乡镇企业及其他非农化发展因素的推动实现了农村经济结构的多样化和综合化，以单纯农业种植生产实现乡村现代化已显得难以适应时代要求，乡村发展整体呈现出日益显著的动态性、多元性、复杂性，乡村地域非农化的发展方向日益成为发达地区农村和国家现代化的重要标志，由此乡村与城镇的界限也变得日益模糊，城乡关系与城乡发展形态呈现整体性变迁。以天津大邱庄、河南南街村、江苏华西村、山西大寨村、北京韩村河、江西进顺村、云南福保村、浙江滕头村等为代表，中国农村在市场经济宏观环境下通过内生驱动形成了不同的新型乡村形态。我们在此处仅以大邱庄、华西村和南街村为例做典型案例研究。

1. 大邱庄的实践

静海县大邱庄镇位于天津市西南 30 公里，距天津机场 45 公里，离天津新港 60 公里，紧靠津沪铁路和京福高速公路，地势平坦开阔，交通区位条件优越。目前，全镇共辖 26 个村街，总面积 123.4 平方公里，总人口 11 万人，其中原户籍人口 3.5 万人，外来人口 7.5 万人。随着 1978 年10 月大邱庄第一个工业企业——冷轧带钢厂建立，高频制管厂、印刷厂、电器厂、开关厂等乡镇企业不断壮大，这是集体工业经济助推下该镇腾飞的开始。1983 年至 1985 年，大邱庄农业专业队改组为农场，全部耕地改由 4 个组承包，全村事农劳力由以前的 1200 人减少到 112 人；到 1990 年年底大邱庄种田人口由 1985 年的 112 人减少到 8 人；粮食总产量 350 万公斤，比 1978 年增长 1.5 倍，比 1949 年增长 9.4 倍；1992 年大邱庄共有工业企业 197 家，工业总产值 40 亿元，从业人员 12342 人，固定资产总值 15 亿元，利润 4.73 亿元。[1] 在禹作敏[2]时代结束后，针对集体工业日益暴露出的种种体制弊端，特别是大邱庄企业因缺少流动资金而逐渐出现的经济倒退和多数企业陷入停产或半停产状态，天津市、静海县着手对拥有四大集团公司的大邱庄提出了整改意见，即在保持大邱庄行政区域不变的前提下，撤村建镇，尧舜、万全、津美、津海四大集团公司转变为四个街道办。1996 年 3 月，大邱庄镇政府启动改制，全面出售原本属于集体所有的 18 万平方米普通住宅和别墅，取消居民医疗、交通通信、子女入学、物业管理等 14 项福利制度，拍卖所有集体产权，并对集体企业进行了各种改制尝试，鼓励个人承包小企业，大中型企业实行股份合作，用市场化思路革除原有发展障碍。在具体实践中，为了避免企业债务悬空，大邱庄通过产权交易形式对企业进行改制，企业根据资产状况承担相应的债

---

[1]　郭新磊：《大邱庄 30 年》，《人民文摘》2008 年第 5 期。转引自《民主与法制时报》2008 年第 3 期。

[2]　在大邱庄成为中国农村改革的先进典型成长历程中，禹作敏是无法绕过的核心人物。1986 年夏，由中央电台联合中央新闻单位评选出"全国十大农民乡镇企业家"，禹作敏与鲁冠球、常宗琳、区鉴泉、李桂莲、武吉龙、周作亮等一起脱颖而出。其后，禹作敏还被选为全国政协委员和全国劳动模范。但非常不幸的是，禹作敏居功自傲、刚愎自用，竟然发展到目无法纪的地步，私设审讯，接连发生殴打致人死亡的严重事件。1992 年 12 月 13 日，大邱庄发生了殴打致人死亡的刑事案件，禹作敏竭力包庇、藏匿罪犯，设法帮助罪犯潜逃，阻止执法办案，最后发展到完全无视法律与警察武装对抗，走上了违法的道路。1993 年 2 月 18 日，天津武警封锁了通往大邱庄的道路，禹作敏命令全村民众与武警对峙。1993 年 4 月 15 日，禹作敏被天津市公安机关依法拘留，21 日被逮捕；7 月 13 日、8 月 14 日，检察院就刘玉田、危福合被殴打致死案向法院提起公诉。法院对案件进行了审理，8 月 27 日，天津法院对 8 名被告进行审理和判决，禹作敏因犯窝藏罪、妨害公务罪、行贿罪、非法拘禁罪和非法管制罪被判处有期徒刑 20 年。详见杨正泉《大邱庄纪事》，《百年潮》2008 年第 11 期。

务，个别资不抵债但仍然可以存活的企业，由集体承担超出资产部分的负债实行零资产竞价出售；新成立的公司重新注册资金，由公司高层、企业员工购买企业股份；部分大企业实行"三社一自"的股权改革模式，由街道、有供应关系的企业、企业法定代表人和职工共同投资成立。历经 13 年时间的集体工业企业改革，大邱庄原有 197 家企业全部转制为 91 家有限责任公司和 6 家股份合作制企业，形成了以民营经济为主体的企业格局，民营经济比例占到 80%，其余 20% 为外资和集体参股。数据显示，企业产权改制完成的 1997 年，大邱庄工业销售收入达到 117 亿元，全镇生产总值 16.1 亿元，税收 9300 万元；2001—2007 年该镇财政收入从 3700 多万元增加到 3 亿元；2009 年全镇实现生产总值 41.5 亿元，工业销售收入 456 亿元，社会固定资产总投入 15 亿元，税收完成 4.23 亿元，全年实现钢材产量 1208 万吨（全镇涉及钢铁行业的生产性企业 141 家，形成了以焊管产业为主要支撑的黑色金属轧延加工业产业格局，占天津市实际钢材产量的 1/3；其中的焊接钢管占中国焊管产量 1/5 强，热轧薄板、热轧窄钢产量占到 1/3，强焊管占到 1/4），农民人均纯收入 11580 元。在此之后，大邱庄经济彻底复苏，并逐步实现了"二次创业"的发展转型。作为中国农村改革开放的先驱之一，2009 年大邱庄镇在人民网"新中国 60 周年·'三农'盛典"评选中荣登"中国十大特色名镇"榜首；在中国社会科学联合研究中心主办的"第一届中国百佳产业集群名镇"评选中被授予"中国大邱庄钢管产业集群名镇"称号；在 2010 年上海世博会，大邱庄作为中国小城镇工业发展代表在中国馆小城镇展示区展出。随着城乡区域统筹发展，大邱庄已成为天津市城市建设规划的一部分，其目标是建设成为具有高度产业聚集的钢铁生产和深加工基地、团泊新城的产业支撑和主要就业区。①

在中国推行着一条严厉而务实且非教条主义的现代化道路的过程中，大邱庄自建立之初起，便从未变更过其集体公有的性质，其工业集体化的路径恰如其分地把与其他众多走个体农业经济模式、个体资本主义模式的村庄区别开来。② 大邱庄的经验和教训表明，中国农村的发展无论是工业化、城镇化还是新农村建设都必须尊重经济发展规律，采用科学的治理结

① 华兹：《大邱庄的兴衰》，《今日中国》2008 年第 4 期。
② 王佳宁：《大邱庄与华西的颠沛浮沉》，《改革》2008 年第 7 期，扉页。

构与政治体制，尊重农民的意愿、充分调动农民的积极性和创造力，立足长远、促进生态发展和实现经济增长的可持续性；同时，清晰界定产权和保护产权，以市场化理念促进多元化市场主体发育，让企业在市场环境中成长，不断促进产业结构转型和新兴战略性产业聚集发展；在探索农村土地集体所有制的实现形式时，也需要紧密结合农村土地的权益与农民个人利益，鼓励农民自由地支配土地并通过入股、租赁、转让等多种形式，让每一个农民都能享受因经济发展而产生的土地增值①；农村的建设发展离不开好制度的约束作用，尤其是民主制度，强调制度建设对于发展农村经济、稳定提高农民生活水平的重要作用，并不是为了限制抑制"能人经济"，而是为了"能人经济"作用的更好发挥，以民主制度约束村主要领导人的决策行为，可以有效防止那种"拍脑袋决策、拍胸脯保证、拍屁股走人"的不正常现象②；而与城乡居民医疗、教育、卫生、社会保障及户籍、就业制度等公共服务均等化和制度创新，也是促进城乡一体化目标实现的重要保障。

2. 华西村的实践

华西村地处自古就是人杰地灵的鱼米之乡，位于江苏省江阴市区东，华士镇西，1961 年建村，最初面积 0.96 km²，人口 568 人，集体积累仅 1764 元，人均分配 53 元，欠债 1.5 万元。历经 20 多年的缓慢积累，改革开放初期的华西村，集体经济已经有了相当的规模，除积累了 100 多万元的固定资产外，还拥有 100 多万元的现金存款，村民们也全部搬进了由村里统一建造的住房，并实行村民子女免费入学制，从小学到高中的学费全由集体承担，出国留学的学生还可获 10 万元资助，女 50 岁、男 55 岁的村民，每年可享受 1.2 万—1.6 万元不等的保养金，其他养老、医疗、教育等保障基本俱全。③ 改革开放 30 多年来，华西村通过"造田"实现农业现代化、"造厂"实现农村工业化和"造城"实现农村城市化④，其农业、

---

① 于建嵘：《大邱庄的启示》，《民主与法治》2008 年第 17 期。

② 王华华：《新农村建设科学发展模式的创新——华西村、南街村、大邱庄崛起的成功经验》，《党政干部论坛》2007 年第 4 期。

③ 张彧、舒毅彪：《华西村"致富经验"的启示》，《湖北经济学院学报》（人文社会科学版）2010 年第 3 期。

④ 彭维锋：《华西村新农村建设实践经验研究》，《农业部管理干部学院学报》2011 年第 3 期。

工业、商业、旅游业和建筑业都得到了快速发展。从空间规模看，通过兼并周边 16 个村，华西从建村之初时的 0.96 平方公里、568 口人的小村发展成为 2010 年村域面积超过 35 km²、人口超过 3.5 万的大华西。由于坚持以集体统一经营为主，华西村在 20 世纪 80 年代中后期依靠集体的力量，在大力度整合全村钢铁、毛纺、旅游等企业资源的基础上，形成了以加快发展第二产业为主体，一、三产业为两翼的多元化产业发展格局，并实现了年产值过亿元的目标，成为中国农村发展的成功典型之一。为改变传统公有制产权单一的情况，华西村还较早动员村民把每年分配的钱入股，使华西集体经济逐步平稳地过渡到适应市场经济发展规律的股份制合作经济。数据显示，从 20 世纪 90 年代开始，通过实行"工业反哺农业"、企业向园区集中，结合产业结构调整优化，华西村 3 年增加土地 1000 多亩，有效推进了农业工业化、农民知识化、农村城市化进程，实现了产业发展的多元联动格局。其中，农业以观光农业、设施农业、高效农业为主，农林科技示范园已经成为一个著名的农业品牌；工业产品档次从低到高，不断提升，产值从 1978 年的 69 万元达到 2006 年的 400 亿元，2007年工业生产的利润超过了 10 亿元；商业总量从 1978 年的 39.8 万元增加到 2006 年的 103 亿元；建筑业从建筑装潢一条龙到形成富有自身特色的建筑文化；旅游业形成钟王、牛王、鼓王等 80 多个特色景点，每年接待游客 200 万人次，年营业额达到 2 亿元，华西旅行社连续多年进入全国百强旅行社行列；华西村办的集体企业则在 2007 年实现销售收入 450 亿元。① 华西村的经济支柱是江苏华西集团公司，该公司是合作经济组织型的乡镇企业，于 1994 年组建集团公司，1999 年公司上市，下属 8 大公司（钢铁建材一公司、钢铁建材二公司、钢铁建材三公司、宝昌化纤公司、毛纺服装外贸公司、有色公司、旅游服务公司、建筑房产装潢公司和彩板、香港、上海公司），80 多家企业。2001 年，华西村适时进行了新一轮村庄规划，将全村划成三大区：南为"钱庄"，即工业集中区；北为"粮仓"，即现代农业集聚区；中为"人间天堂"，即村民集中生活区和山水园林风景区。2001—2005 年，根据村庄综合发展规划先后投入资金 7.75 亿元，铺路造桥、治理

① 游新华、杭邦华、李克海：《中国特色社会主义富华西——华西村改革开放 30 年经验探索》，《群众》2008 年第 6 期。

荒山、整治环境、改善居住，全村形成生产与生活兼顾、经济与环境统筹的崭新格局。① 2003 年，华西村开始涉足现代物流业，与香港澄华国际有限公司联合投资成立江阴诚信储运有限公司，华西村还参股江苏银行，开设 2 家投资担保公司、1 家典当公司，投资参股 5 家银行、2 家证券公司、10 家拟上市公司，企业参股、对外投资、诚信典当、村镇银行、财务公司实现年效益接近 5 亿元，资本经营与产品经营涉足建筑装潢、房地产经营等领域。在人才培育方面，华西村先后举办了英语、纺织、冶金、管理大专班，与国内 10 多家大专院校建立了纺织、冶金和"三农"研究所，吸引了 2000 多名大中专毕业生前来创业，外贸公司 90％员工为大学毕业生，与美、日、韩等 30 多个国家和地区进行电子商务合作。2008 年，华西村年销售收入超过 450 亿元，人均收入超过 8 万元；2010 年全村实现销售收入 512 亿元，可用资金 35 亿元，人均缴税 85 万元，人均纯收入达到 8.5 万元。② "华西村"牌被评为"中国驰名商标"，连续 5 次入选"中国 500 最具价值品牌"排行榜。

　　华西村的发展一直被评价为推行一条独特道路的结果，这其中的关键表现在依赖华西村的能人阶层。从社队企业干部、供销员，到农民企业家，他们是华西村的经济能人和政治能人，是小地方的大人物。恰恰，中国第一代农民企业家又有着极为特殊的经历。在长达几十年极其艰辛的创业和掌管企业的生涯中，造就了他们深刻的市场感觉，也造就了打着自己烙印的企业文化，与企业形成了血肉亲情般的关系。他们主观上希望最亲近最放心的人来继承自己一手开创的事业，亲生后代便是当然的最合适的人选，这是产生家族经营的决定性因素。③ 同时，华西村始终重视经济发展这一核心任务，通过以集体经济为主的混合型经济发展，结合吸收现代股份制的优点，对于村民实行既可以搞集体经济又可以从事个体经营的一村两制，对于村内大企业实行抓大放小，而一些效益较差的小企业转给个人经营，以此逐步建立健全现代企业制度。1999 年，华西村在中国 A 股

---

① 省委省政府专题调研组：《新农村建设的一面旗帜——华西村改革开放 30 年调查》，《群众》2009 年第 6 期。

② 娜琴：《关于加快塔城市新农村建设的思考——对江苏省江阴市华西村的考察报告》，《中共乌鲁木齐市委党校学报》2011 年第 3 期。

③ 王佳宁：《大邱庄与华西的颠沛浮沉》，《改革》2008 年第 7 期，扉页。

上市，成为"中国农村第一股"。在财富分配与发展成果共享上，华西村实行按劳分配、多劳多得制度，对超额利润按 20％上缴集团公司，80％留给企业进行分配；留归企业的部分按"一三三三"比例分配，即 10％奖承包者，30％奖给予技术、管理人员，30％奖给职工，30％留作公共积累。这一分配机制，平衡了集体、个人的利益关系，调动了经营者和职工群众的积极性。[①] 华西村是通过工业化从农村演变为城市的典型[②]，面对国内外区域产业转移和产业升级步伐的加快，华西村有必要推进产业转型升级，在淘汰落后产业、改造传统产业中通过发展新兴产业、拓展经营领域，实现集约集聚、降低要素成本，进一步加快经济发展方式由投资拉动向创新驱动、资源依赖向科技依托、生产制造向设计创造转变，这是华西村实现可持续发展和提升自我发展能力与发展质量的内在要求。

3. 南街村的实践

南街村位于河南省临颍县城南，紧靠 107 国道，西临京广铁路，东临京珠高速公路，总人口 3180 人，总面积 1.78 km²，耕地 67 km²，大部分土地属于豫西山前冲积平原，土质良好，排灌方便，水热资源充足，是著名的农业高产区；加上区内城市众多，交通便利，为南街村经济在资源、产业和市场发育等方面的发展提供了良好的条件。1978 年前，南街村是单一的集体产权和农业社区，其基本社会阶层的主体是农民。1980 年，南街村[③]办起了一家面粉厂

---

① 刘玉娟：《中国村落发展模式的思考——以华西村为例》，《中国集体经济》2010 年第 9 期。

② 纵观世界各国近代以来城市化的历程，大多都是通过工业化向城市迈进的。华西村人口密度是 19271 人/km²，中国同期人口密度平均是 126 人/km²，华西的人口密度是中国平均水平的 153 倍，比香港（6420 人/km²，2007 年数据，下同）、澳门地区（16300.36 人/km²）、上海（2931 人/km²）的人口密度还要高。因此，从人口学的观点出发，华西村是城市。华西村仅幸福园景区的厂房占地面积就有 140359 m²，塔群占地总面积 110250 m²，华西村 350 户人家，每栋别墅面积在 400 m²—600 m²，以平均每栋 500 m² 为计算标准，村民住房总面积为 175000 m²，仅这几项的总建筑面积就为 425609 m²，人均建筑面积 283.7 m²。但是，借鉴华西村城市化演变的经验必须具备一定的工业基础。详见张真《华西村新农村建设学习热的再思考》，《广东农业科学》2009 年第 9 期。

③ 众所周知的是，南街村一直以强调"政治挂帅，思想领先"，突出思想政治工作而著称。"政治工作是一切经济工作的生命线"被河南省官方部门总结为"南街村经验"之一。甚至有学者把南街村的经济效益归因于毛泽东思想的精神力量和高强度的思想政治工作。不可否认，南街村的"红色"吸引了很多人，进而被树立为典型，得到大力扶持而走上了发展壮大。详见高哲、高松《南街之路：社会主义的实践与探索》，中共中央党校出版社 1998 年版。冯仕政《国家、市场与制度变迁——1981—2000 年南街村的集体化与政治化》，《社会学研究》2007 年第 2 期。

和一家砖厂，开启了致富的第一步。1981 年，随着人民公社在中国土崩瓦解，南街村也实行了土地联产承包制度。1981—1984 年，集体企业实行了个人承包经营制，同时个体企业和私营企业也发展起来。1986 年，该村开始实施公共福利政策，且公共福利部分每年递增。到 1991 年年底，全村个体经商的种类约有 29 种，糖、烟、酒、食品批发站有 4 个，代销店有 18 家，个体餐馆有 12 家，百货布匹摊点有 11 个，修理店有 12 家。在这一时期，家庭经营、个体经营及私人企业曾一度成为主导的生产方式。① 1984 年，南街村率先从村办工业企业入手实施了再集体化，由其村党支部收回面粉厂和砖厂交集体承包。从 1986 年 5 月至 1990 年 10 月，全村村民都先后将所承包的责任田交给村委会集体承包。此后，面对大量闲置土地，南街村将耕地逐步回收进行集体经营。至 1990 年，全村 2300 亩耕地全部交回村集体，通过完全机械化，由 70 人经营。与此同时，村个体工商业者也陆续将自己的产业献给集体，从而全部实现了产权制度安排的生产资料公有制。②

南街村（集团）有限公司是南街村创建的集体经济实体，有南街村、南德、颖松等 3 个品牌，至 2004 年已形成"产、供、销一条龙，农、工、贸一体化"的大型集团公司。集团公司下设方便食品公司、食品饮料公司、调味品公司、面粉厂、啤酒厂、制药厂、包装厂、油墨厂、养殖场、高新农业科技园区和中外合资企业河南耐可达彩色印刷公司、彬海胶印制品有限公司、麦恩鲜湿面公司等 26 家企业，拥有员工 1.1 万多人，其中工程技术人员 1600 多名，现代化设备 3000 多台（套），产品 100 多种，2000 年完成产值 14 亿元，实现利税 6900 万元。③ 同时，为了进一步增强集体经济的实力，南街村人提出了"二次创业"的理念，将经济发展的重点由初级产品加工业转移到附加值更高的制造业，发展第三产业。利用其品牌优势，开始着手兴建食品、农业生态旅游、医药、电器、钢铁等 5 大工业园区。例如南街村"红色旅游"业自 2005 年 5 月 1 日正式启动以来，形成了独具特色的 8 大观光旅游景区——工业园区、高新农业园区、村民

---

① 李孔岳、罗必良：《制度维护的四种因素——基于南街村的案例分析》，《学术研究》2005 年第 9 期。

② 刘行玉、魏宪朝：《农村集体经济发展模式探讨——基于南街村的个案分析》，《中国集体经济》2010 年第 3 期。

③ 高乐：《从经济学的视角浅析南街村现象》，《科教文汇》（上半月刊）2006 年第 7 期。

住宅游览区、文化园区、文化教育游览区、广场文化展示区、热带珍奇植物游览区和革命传统教育区等，3 年中接待中外游客 40 多万人次，有力地带动了当地餐饮、住宿、购物等新兴第三产业的发展。

南街村体制是国家与市场互动演化的结果，村民加入集体以及对集体的依赖，根本原因在于市场在解决小农家庭发展问题上的失败，市场失败给农民造成的生存和发展压力迫使村民与集体进行交换。[①] 同时，"外圆内方"的治村策略则使南街村既能够利用外在的市场竞争环境，又能够利用集体的力量在资金、技术等方面获得先发优势；工资加供给的分配制度增大了村民退出集体经济的成本，把村民与集体组织之间的博弈由一次性博弈转变为重复博弈，大大削弱了机会主义倾向，加强了集体的凝聚力；"六定一赔偿"的监督、约束机制，最大限度地实现集体利益和个体利益的相容，减少集体生产中的机会主义和"搭便车"现象。[②] 面对市场化的深入推进，南街村尽管还存在许多发展的挑战，但它由一个贫穷落后的村庄演变成一个富裕发达的乡村都市却是不争的事实。反思后不难发现，南街村的集体经济主要靠四种因素：充分的资源（由地理环境决定）或创造的收入、相应的法律和法规、特有的意识形态以及领导者[③]的魅力权威。在农村土地有限以及农业生产力水平提升空间短期内受限的前提下，南街村依靠"以工养农"的战略，最终解决了"三农"问题，令南街村的经济、政治、文化、教育、卫生、社会得到全面发展。南街村乡镇集体企业的发展奇迹并不是来自于其产权制度的实质性效率，而是主要来自特殊历史条件下的制度环境落差，来自于结合当地资源面对外部大市场，建立社

---

① 冯仕政：《国家、市场与制度变迁——1981—2000 年南街村的集体化与政治化》，《社会学研究》2007 年第 2 期。

② 曹昭：《基于经济学视角的河南省南街村发展模式研究》，《安徽农业科学》2012 年第 2 期总第 40 卷。

③ 南街村集团"公社体制"的建立和维护起决定性作用的核心人物是村党支部书记王宏斌。王宏斌 1951 年生，大专学历，南街村党委书记，南街村集团董事长，全国优秀乡镇企业家，全国劳动模范，中共十四大、十五大代表。1992 年起任中共临颍县委副书记，2002 年 8 月任河南省漯河市人大常委会副主任。王宏斌个人的魅力权威主要来源于两个方面：一是王宏斌个人的"企业家"能力；二是王宏斌个人的人格魅力。尽管南街村遭受"股份化和私有化"以及南街村的村干部已经成为"资本家"的质疑，但全村仍旧实行工资占 30% 的按劳分配和福利占 70% 的按需分配制度。详见李孔岳、罗必良《制度维护的四种因素——基于南街村的案例分析》，《学术研究》2005 年第 9 期。

区企业体系和社区企业制度而完成农业集体化，并在经济集体化基础上构建了特殊的分配体系和激励机制，形成了一套"共产主义"的意识形态，以此维系社区整合和社区企业发展。

［小结］

在中国，城乡一体化进程中的农村内生驱动形态主要发生在农村生产力基础好、农村产业体系较为完善和农村城市化进展迅速的发达区域，其动力源泉在于农村内部的经济社会发展与制度变迁。没有外部市场需求的扩大和国家相应的体制变革，仅靠乡村经济、社会、政治和文化等诸要素的相互作用，很难顺利实现乡村聚落形态的创新，乡村也很难在短时期内取得如此惊人的经济社会进步。这种农村内生驱动型的新型城乡形态，改变了城市主导下农民、农村和农业被边缘化的被动过程，改变了农民必须进城以求得收入提高的传统认识，扭转了农村各种资源向城市单向流动的非均衡趋势，使得农民成为农村发展的创业主体、农村经济发展方式转变的推动主体和农村城镇化建设的投资主体，实现了农村资源的高效配置与利用、农村产业的多元性发展、农村经济结构市场化转变，也实现了传统农业改造、新农村建设与农民科学素养提升、农村社会进步的紧密结合，进而形成"城市在发展、农村在繁荣"的新格局。同时，因与不同区域条件相联系，这种形态因地制宜地促生了区域城镇网络化发展、区域点线串接发展和区域点面辐射发展等多种具体的城镇化实现模式，创造了在城乡一体化进程中多种类别城镇成长模式共同发展的生动局面。不仅如此，农村内生驱动型的城乡形态演变，使得传统的城乡二元矛盾在国家有控制、有步骤的推动下得以化解，城乡关系的调整成为一个较为平稳和渐进式的转化过程，它共同构成中国渐进式改革的基本方面、中国特色城镇化的核心内容和"中国模式"的特殊元素。当然，随着农村经济改革和社会发展，有胆识、有能力、懂经营的农村经济能人迅速崛起，并随着农村民主政治特别是村民自治制度的发展而逐渐进入乡村公共政治领域，成为村庄领袖人物在村庄政治运作中居主导或支配地位，在中国农村形成了独特的能人治理型村治模式。[①] 针对农民和集体组织利用集体建设用地自主开发

----

① 刘行玉、魏宪朝：《农村集体经济发展模式探讨——基于南街村的个案分析》，《中国集体经济》2010 年第 3 期。

建设所形成的农村内生驱动形态的城乡一体化模式，在现行制度、法律法规特别是土地管理法等方面的制约，如何探索农村集体建设用地进入市场的途径和农民自主推进城乡一体化的法律政策空间，如何按照"产权明晰、用途管制"的原则实行城乡土地管理体制创新，逐步建立城乡统一的建设用地市场，实现城乡建设用地同地、同权、同价，从而对农村内生驱动型的新型城乡形态给予政策支持和规划指导，将成为"十二五"及未来中国推进城乡一体化的新挑战。[①]

三　农村内生驱动形态的演变趋势

面临中国城乡和区域间发展失衡的现状，以及当前日益迫切的经济结构调整，中国农村未来的发展应该走一条怎样的道路？一种观点认为[②]，给定现有的户籍制度，通过政府鼓励农村工业化、发展工业园区，并让更多的农民非农化，与此同时，继续加大对农民的各种补贴以缓解日益扩大的城乡收入差距。这是一种继续推进农村工业化的路径主张。另一种观点认为[③]，必须加快推进户籍制度改革，同时加速要素资源在城乡间的自由流动和推进城镇化、农业现代化。这是一种通过制度变迁顺应经济全球化和市场化发展趋势的路径主张。国际学术界关于发展中国家城乡经济发展曾经被看作两个独立的经济体系来分开研究，并形成两种代表性的观点[④]，即主张以城市为中心、寻求自上而下的城市中心论和主张以农村为基础、自下而上的农村基础论。中国的改革开放以农村为起点，在一些发达地区逐步走出了城乡发展的新途径。

（一）环境约束日趋凸显

中国集体建设用地约为 2.5 亿亩，容纳了 67.2% 的农村人口（含被统计在城镇人口中的农村外出流动就业人口），人均实际占有 188 平方米；

---

① 事实上，清华大学政治经济学研究中心与国家发改委城市和小城镇改革发展中心已经于 2011 年 5 月 5—6 日，在北京郑各庄村联合举办了"第二届统筹城乡发展论坛：农民自主型城市化"，就农村内生驱动型的新型城乡形态所面临的法律法规和政策约束问题进行了理论和实践探讨。

② 王震：《新农村建设的收入再分配效应》，《经济研究》2010 年第 6 期。

③ 陈锡文：《当前农村改革发展的形势和总体思路》，《浙江大学学报》2009 年第 4 期；陆铭、陈钊：《城市化、城市倾向的经济政策与城乡收入差距》，《经济研究》2004 年第 6 期。

④ 苏雪串：《工业化中期阶段的城乡经济关系》，《改革》2005 年第 12 期。

按 47％的城镇化率计，人均占有 229 平方米；如果城镇化率达到 55％的水平，农村人均集体建设用地将为 265 平方米。[①] 20 世纪 80 年代以来，随着城乡建设需求的急剧增加，特别是乡村居民点、乡镇企业、工业开发区（产业集中区或农业园区）等用地的分散化低密度急剧开发，农地的非农化趋势非常严重，小城镇的规模扩张也异常迅速。换句话说，中国农村集体建设用地存在较大整合优化空间，加快集体建设用地改革，可以为未来城市化的推进提供重要物质和政策保障。其实，在中国部分城市周边区域，这种围绕土地所进行的实践探索正在发生。例如，在城乡经济社会综合发展水平较高的北京、广东、浙江、江苏等发达省（直辖市），自主性极强的农民在农村内生驱动形态的城乡一体化方面进行了创新探索：广东珠三角农村集体大量出租厂房，农民在宅基地上兴建出租屋；长三角农村集体经济组织运用集体建设用地兴办企业；在浙江和江苏的一些大城市郊区，集体或者农户大量利用集体建设用地开办农家乐等观光旅游休闲服务业；北京宋庄、怀柔的官地村和成都郊区的农家乐等，还允许城镇居民到农村长期租赁宅基地或者集体建设用地；在天津、成都郊区开展的"宅基地换房"以及由国土资源部推动的"城乡建设用地挂钩试点"等，这些地区的农民利用集体建设用地进行自主开发、基础建设和招商引资，不但兴办企业，还建起具有部分城市功能的基础设施，其居民也享受到与城市居民同样甚至更高水平的公共福利。这种农民自主开发建设所形成的农村内生驱动型新型城乡一体化形态，为乡镇集体和当地农民在遵循城乡规划的前提下，不经过土地征用而直接利用集体土地推进工业化和城市化，并实现农民生产方式转变与分享经济成果开拓了新的空间。以集体组织和农民为主体的自主性开发，不仅提高了农民在开发过程中所最终获得的财产性收益，而且使农民在集体建设用地上的长期收益得到充分保障，并为集体建设用地实现高效集约利用提供了现实可能性。

在中国，不论是以现有城市规模扩展为依托将原来属于农村的乡镇变为城市地域，还是原有农村中心镇、建制镇人口和用地的扩大实现了农村

---

　　① 李铁：《加快集体建设用地改革：促进城乡经济要素的双向流动》，详见国家发改委城市和小城镇改革发展中心主任李铁的个人空间，http：// blog. caijing. com. cn/expert _ article - 151560 - 17765. shtml。

地域的城镇化，农业重点发展领域、农村热点发展地区都为农村内生驱动形态提供了新的发展机会。在城乡一体化进程中，一方面，一线城市逐步受到人口饱和、交通拥堵等问题的制约，发展空间和余地不大；另一方面，大量的二线、三线城市发展空间还较大，在避免城市化进程中可能出现的问题的同时，正逐步有选择地进行着对发达地区的产业转移承接，从而形成与自身资源优势相匹配的特色产业体系。这为既适合生存又适合产业发展的农村地区提供了新的发展机遇。[①] 特别是随着国家开发开放新区（重庆两江新区）、综合配套改革试验区（成渝地区）、国家节约型和环境友好型社会建设综合配套改革试验区（武汉、长株潭城市群）、沈阳经济区综合配套改革试验区、山西国家资源型经济综合配套改革试验区、北部湾经济区、关中—天水经济区等一批不同规格或地域性经济区成为中国经济发展的新引擎和新热点，那些散布于各区域的自然地理、气候气象、光热条件和生态环境优良的平原、坪坝、川区农村，因其优越的生态承载力将会出现越来越多的新发展机会。为此，农村内生驱动形态的城乡一体化区域，可以采取"大村（庄、社区）—大（集）镇—县城"的"三位一体"农村城镇化、城乡一体化发展模式，促进"农村/社区—县城"连接中小城市的一体化趋势成长拓展，在结合"村办学前教育、村办卫生室、敬老室—镇办小学、镇卫生所、养老院—县办初高中、县医院、县敬老院"布局模式的基础上，实现人口"农村务农、外出务工、城镇就业"相结合的劳动力转移模式，最终通过农村内部经济、社会、文化发展，实现城乡一体化发展的新格局、新形态。

（二）区域差异长期存在

城乡适于发展的产业类型选择其内在规定性是引起城乡组织差异的主要原因之一，在农村内生驱动力量实现农村城镇化发展的进程中，在新农村建设和产业支撑基础上发展起来的小城镇，可以通过建立和培育乡村市场带动农村经济发展，或借助旅游区、经济开发区、产业转化、兴办工商业项目吸纳农村劳动力等最终逐步壮大城镇规模，并有可能使有实力的集镇发展为小城市，小城市发展成中等城市，中等城市发展为大城市，最终

---

① 白永秀、吴丰华：《中国经济形势总体判断及其宏观走向》，《改革》2011 年第 2 期。

将大片农村转化为城市或郊区城镇。工业的发展意味着乡村传统就业方式的转变，其结果往往是新的土地开发利用方式出现、乡村非农化就业结构的形成、就业转移中的兼业现象、以非农就业收入为主的家庭收入结构、城乡日益接近的收入水平与消费结构以及乡村工业化与社会结构的现代化变迁。在这一过程中，产业聚集和人口聚集成为发展小城镇的依托，产业聚集以基础产业为支撑、主导产业为龙头的新的经济增长点，并以这个经济增长点来带动整个农村经济的发展，从而产生数倍于单个产业效应之和的效应；人口聚集强调产业聚集区对劳动力和专业人才的吸引，从而创造出对城市基础设施和第三产业的需求。

表 5-10　　　　　　　　乡村人口就业转移与居住迁移的多元类型

居住/就业	家庭成员全部从事农业生产活动	部分家庭成员从事非农业活动	全部家庭成员从事非农业活动
无家庭人口居住迁移	传统居住形式的延续——无居住地迁移，家庭成员从事传统农业	无居住地迁移，部分家庭成员就近在村办乡镇企业务工或经商及其他服务业	无居住地迁移，部分家庭成员就近在村办乡镇企业务工或经商及其他服务业
部分家庭人口居住迁移	家庭成员居住空间分离，部分劳动力异地承租土地或受雇务农	家庭成员居住空间分离，部分劳动力异地从事农生产活动	家庭成员居住空间分离，在不同地区从事非农生产活动
家庭全部人口居住迁移	家庭居住空间转移，全部劳动力异地承租土地或受雇务农	家庭居住空间转移，部分劳动力异地从事非农生产活动，部分从事农业活动	家庭居住空间转移，家庭成员全部脱离农业生产，异地从事非农生产活动

资料来源：李立：《乡村聚落：形态、类型与演变——以江南地区为例》，东南大学出版社2007年版，第131页。

　　总体来看，小城镇在吸纳劳动力上所需要的就业费用和城市基础设施费用要比大城市低得多，由于紧傍农村，易于接受并适应农业富余劳动力的转移，也能够充分利用农村工业、服务业的资源优势来发展自身等相对优势。与大中城市相比、在农村地域范畴，尽管小城镇也是城市化的必要和有益补充，总体上是一种低密度、分散化的城市形态，具有连接城乡的桥梁纽带作用。但是，中国现存许多小城镇并不具备针对资产服务（如会计、法律、研究、证券投资等）的城市高级功能，无法持续、大规模地创造就业岗位（受制于服务半径、人口规模、产业层次等因素影响），而且小城镇大量发展的资源成本、社会成本较高，基础设施代价巨大，聚集效应、规模效应低，范围经济、外在经济不明显，遍地开花式的小城镇也是环境容量所不允许的。因此，以农村内生驱动形态发展所形成的小城镇，并不能作为中国未来城市化和城乡一体化实现的主体形态。随着世界经济中心的转移，城市群已成为世界城市化的主流趋势。"十一五"规划指出，中国未来城市化发展的主体形态，是促进形成以特大城市和大城市为龙头，若干用地少、就业多、要素集聚能力强、人口分布合理的新城市群，突出以城市群为主导，逐步形成以沿海及京广京哈线为纵轴，长江及陇海线为横轴，若干城市群为主题，其他城市和小城镇点状分布，永久耕地和生态功能区相间隔、高效协调可持续发展的城市化空间格局。"十二五"规划进一步强调，城乡一体化的主体形态是以大城市为依托，以中小城市为重点，逐步形成辐射作用大的城市群，促进大中小城市和小城镇协调发展。这就决定了在城市群内和在大城市周边的小城镇①，主要在于分担大城市的部分特定功能；而远离城市群和大城市的小城镇，主要在于立足乡村发展层面，促进人口、少数特色产业聚集，发挥其作为农村区域的公共服务中心功能。

（三）新问题新矛盾亟待破解

改革开放 30 多年来，随着中国工业化、城镇化的快速发展，农村常住人口逐渐减少，造成了农村"人走房空"的现象，产生了大量的"空心村"。同时，由于城市规模扩展与基础设施建设用地增长需求旺

---

① 李泉、程语在广东东莞市常平镇调研访谈过程中了解到，该镇 2000 年前后还是一个发展相对落后的普通乡镇，由于京九铁路、广梅汕铁路、广深铁路以及东莞站、东莞东站等枢纽客运站和铁路口岸建设运营，该镇在不到 10 年左右的时间便成为一个 50 多万人口（以外来流动人口为主）的"京九第一镇"，经济实力在京九沿线近百个县（市）中名列前茅，早在 2006 年便跻身于中国千强镇。在产业发展方面，工业已形成以五金、毛织、电子、塑料制品等为重点的支柱行业，全镇有"三来一补"、"三资"企业超过 600 家；城郊（交）型农业种养和农业现代化方面，荔枝、龙眼等水果生产和蔬菜、水产、家禽生产特色优势明显；利用南方铁路枢纽优势，该镇还积极发展物流支柱产业，并建立大型粮食农产品批发市场。令笔者非常意外的是，常平镇似乎是中国星级酒店最多的乡镇，麦当劳也有 4 家（西部地区的一些省会城市如兰州截至 2012 年 1 家也没有）。当然，发展越是快速，可能也越容易出现问题，如色情服务业败坏社会风气；治安混乱，人们对盗窃、抢劫（摩托车抢劫行人背包）习以为常；交通运输行业中的黑摩的、黑面包车、三轮车困扰市政管理；"金钱至上"观念盛行，等等，可能都是中国城市化进程中必须应对的重要社会问题的具体表现。

盛，保障经济发展与保护耕地红线的"双保"压力不断增大。面对土地资源紧张的基本国情和城乡发展的现实矛盾，集约节约利用土地资源，推进空心村整治，成为中国推进新农村建设、促进城乡协调发展的重大战略问题。2012 年 3 月底由中国科学院地理科学与资源研究所发布的《中国乡村发展研究报告——农村空心化及其整治策略》[1] 认为，基于农村土地、人口、经济等 3 大类、9 项指标，中国农村地域可划分为东北平原人口经济平稳发展型空心化中值区、黄淮海平原人口经济平稳发展型空心化中值区、长江下游平原人口经济发达型空心化高值区、西南丘陵山地人口经济滞后发展型空心化低值区等 10 个大区 47 个亚区；总体上进一步评估中国农村空心化整治现状潜力约 1.14 亿亩，实现城乡统筹发展的远景理论潜力约 1.49 亿亩。因此，在城乡一体化进程中空心村整治应上升为国家保耕地、扩内需、惠民生的重要战略，通过因地制宜、创新农村空心村整治的区域模式与长效机制，循序渐进、遵循城乡转型发展的时空规律，以民生为先、充分考虑农村地域特点和农民意愿，创新统筹城乡土地配置机制与管理制度，建立以空心村整治为重点的农村土地综合整治与新农村建设试验区，这对于农村发挥其在城乡统筹协调进程中的基本功能和相对优势至关重要。面对乡村发展正进入新的阶段，中国村落空间面临着分化重组的新格局。在这个新的发展阶段，村落重构的目标需要重新定位，在城乡统筹的视角下重构村落的空间体系。对在此过程中出现的"村落重构"、"空心村"[2] 问题需要各级政府、学者、居民共同参与，统筹协调。基于中国的新农村建设是在工业化水平参差不齐的状况下开始，农村各地发展水平又各有差异，因此，城乡一体化的演进过程必然是漫长和复杂的。新型城乡形态是一个全新的命题，如何看待、如何解决城乡发展过

---

① http://scitech.people.com.cn/GB/17515648.html.

② 空心村主要是农村建设上、在农民新建住宅的过程中，由于村庄规划严重滞后等原因，农村居民点用地往往不能合理、有效地利用。新建住宅大部分都集中在村庄外围，而村庄内却存在大量的空闲宅基地和闲置土地，形成了内空外延的用地状况，即所谓的空心村。在经济层面，空心村是随着中国城市化和工业化进程，大量的农村青壮年都涌入城市打工，除过年的十几天其他的时间均工作在城市、生活在城市。因此，使得留在农村的人口都是老弱病残的现象。在此，还需要区别的一个概念是"空壳村"，空壳村不同于空心村，可描述为"没有生命力"的村庄。如在陕北地区，农村劳动力转移正经历着由"离土不离乡，到临时性外出，再到离土离乡举家外出"的变化，由此出现了一批丧失活力、劳动力缺乏的空壳村。

程中的不同命题，需要各利益主体的共同努力，更需要我们去做更加深入的探讨和甄别。① 无论如何，在农村突出以民生为先、因地制宜，有序推进空心村组织、产业、空间整合，应该成为未来中国政府促进农村发展的基本政策主导理念。

第三节　城乡关联互动发展形态

城乡关联互动发展形态是中国城乡经济社会运行的一种新型城乡结构系统，主要表现为在中央和地方各级政府强有力的统筹城乡发展战略与促进城乡一体化发展的政策支持下，以实现城乡统筹协调发展为基本手段，通过城乡人口迁移、土地流转、基础设施完善、以工促农等的双向力量的作用机制发挥，逐步改变城乡二元结构和促进城乡一体化目标实现的发展形态。这是在政府主导的制度安排下由地方推动的一个独特转型过渡发展形式，它造就了与特定区域相对应的城乡低于组织形式与相关特征，由此成为政策层面提得较多、各地政府较为关注但现实推进又存在较多约束和障碍的一种发展形态，它同时奠定了城乡发展的新型空间形态，也是在城乡实践层面发展程度最为不足的一种形式。

一　城乡关联互动发展形态的理论阐释

为了更清晰地发现支撑城乡关联互动发展的基本元素，以便能够从理论分析城乡关联互动发展形态的发展现状及其趋势，从而形成具备区域性特征，实践中可供借鉴和选择的城乡经济发展战略与策略，有必要将城乡关联互动过程中的城乡产业发展关系、城乡空间布局关系、城乡文化互动关系、城乡运行机制关系及其城乡要素流动、城乡生态协调、城乡统一市场形成等方面进行详细考察，从而在中国城乡发展的工业化、市场化、现代化等"普世化"的历史交融与统一背景下，探讨协调城乡关系的主要支撑、动力源泉、运行结构与运行机制。

---

① 李红波、张小林：《城乡统筹背景的空间发展：村落衰退与重构》，《改革》2012 年第1 期。

（一）系统性是城乡关联的基本属性

城市和乡村是区域经济发展的基本构架，城乡关联互动发展表现为一种系统和过程，即城乡之间通过各种有形和无形渠道而相互依存、协调发展①。城乡良性互动形态有其自身的发育过程，在不同演进阶段具有不同特征，城乡一体化系统趋于稳定并形成跨地域的空间关联网络，需要城乡不同功能单元的共同作用。② 从理论上讲，城乡在关联互动发展中具有不同的发展重心，以不同重点推进城市与农村发展适合中国城乡发展的社会经济实际。尽管城市与农村在同一经济层面上激烈竞争，有利于产品质量提高、产品的更新换代、经济结构的调整及产业的升级，但是，目前中国宏观环境决定的经济体制和机制现状并不能将理论更快更好地变为现实，而且经济发展实践证明，即便在市场经济制度相当完善、市场机制相当成熟的条件下，单凭市场力量解决诸如重大产业结构调整这类问题是难以收到预期效果的。城市与农村的要素以及经济和财富的激烈竞争既然不能在既定的时间内使经济结构合理化，反而带来农村发展资金增密，会大大限制农民的生活消费水平的提高和农村富余劳动力的转移速度，不能实现真正意义上的全面推进小康社会建设和现代化，就应该从经济发展的远景和长远利益出发，通过实施正确的城乡互动和农业反哺战略加以解决。所以，通过城乡关联互动发展实现城乡一体化，就是要通过市场的调节手段，使城市和农村在不同经济领域和产业层面形成网络，主要发挥城市的力量辅之以农村的力量加快推进城乡一体化。概略地讲，就是在劳动密集型的轻纺工业、食品工业、部分电子工业中增加农村工业的份额，相应地提高农村工业在消费市场上的占有率，使城市工业从上述领域适当退出，转而发展附加值高，以资金、技术密集为主的新兴行业和部门，从而在产业内部，使城市经济和农村经济形成互动、良性、有序的分工格局，各自扬长避短，共同发展。

（二）城乡关联发展涉及经济利益格局调整

如何实现城市辐射扩散、城乡关联发展的一体化，不仅是资源配置问

---

① 聂华林、李泉：《城乡网络非均衡：甘肃新型工业化的现实选择》，《工业经济》（人大复印报刊资料）2004年第3期。
② 曾菊新：《论西部地区的城镇网络化发展》，《地域开发与研究》2003年第2期。

题，也是经济利益格局的重大调整。在市场化改革的取向不断深入的背景下，就是要选择以信息化、知识化、可持续发展为根本标志，把城乡关系放在和谐社会的构建中，综合考虑农村工业化、农业产业化和农民的市民化，全方位统筹推进城乡共同发展。这一过程是城乡国民经济关系不断全面市场化的过程，市场机制是城乡要素自由流动的基础和主要机制。从这个角度讲，城乡一体化首先是实现城乡市场一体化，没有市场化水平的提高，也就没有乡村的经济发展。选择市场化的推进方式体现了改革和发展的有机结合，体现了城乡一体化的内涵。随着城乡改革的不断深入，市场对城乡经济的基础性作用发挥将会更为突出。但是，采用市场化的方式，并非走传统的市场化自然演进道路，而是要把市场的基础作用与政府导向的城乡统筹政策结合起来。一方面，充分发挥市场机制的作用，另一方面政府要给予有效的引导。

（三）资本积累对城乡关联至关重要

在"乡—城"人口流动到进城农民的适度控制性转化，再到将符合一定条件和需要的部分进城农民逐步转变为城市居民，以消除城市化滞后于工业化的失调现象的过程中，城乡一体化既要解决城市与农村互动的产业发展领域，也要解决资金的争夺问题，足够的资金投入是配合城乡统筹发展的必要条件。只要首先解决了资金问题，随着城乡产业活动主体的日益多元化，原来清楚的城市产业和乡村产业便会逐渐失去原有的意义而统一到国民经济整体中去，政策体制的约束会因经济的发展而逐步变弱，城乡在经济发展的统筹政策中将逐渐从城市偏爱向相对平衡的方向发展。加之城乡基础设施会使乡村地区成为新型产业具有相对竞争优势的发展空间，新型城乡产业的相互联动和扩展是城乡逐渐形成平等的竞争发展关系，与此同时，城市的创新能力使其正在开拓新的产业领域，进而使城乡在更高层次上实现联动与协作。

城乡一体化发展既是城乡关联互动形态演进可供选择的区域经济空间组织的高级形式，也是城乡相互作用的表现形式和要素"投入—产出"效益形式的具体表现（城乡之间的巨大差异性）；城乡一体化的实现是推进城市化及促进新型城乡形态转变的理想形式，也是农业劳动力转为城市居民、城乡居民就业结构多元化及劳动力配置的城市化过程。当城市产业从一部分领域退出后，必须尽快开辟新的市场，寻找新的盈利产品，城市产业经济会因此降低依靠自身积累实现经济结构优化的能力，这就使已经相当紧张的资金问题更为尖锐，及时筹措资金和提高资金的利用率就成为城乡良性互动发展的必要条件。有效利用国内外比较利益关系变化对城乡发展也极为重要。只要实现城市和农村在经济发展上形成协调的互补分工关系，并由此形成新的市场格局，传统外力推动的结构转变就被自觉有序的一体化自组织系统所取代。

（四）城乡二元到关联发展的实现

　　城乡一体化的实践中，二元产业经济形态就越来越表现为城乡的二元结构。二元结构的存在将逐步弱化城乡之间的市场关联，成为城乡统一市场体系发育的原因。如果把非农化和城镇化的进程统一考虑，相互协调，城乡二元结构就又可能更多地转化为大城市和小城镇尤其是专业镇之间的二元结构，以小城镇为聚集主体的乡村经济结构会不断适应城市化和农业经济关系向市场化工业经济关系转型。在这一联动转化的过程中，充分凸显城乡的功能特色和比较优势及其耦合联动发展机制，既将城市功能和要素形成的网络融入乡村发展之中，又将乡村功能和要素形成的网络融入城市发展之中，乡村发展利用生态农业、休闲农庄、生态旅游、绿色食品基地等体现城市需求，城市发展利用工业园区、技术创新、信息咨询等体现乡村的特色。由此可见，从产业二元到城乡二元，从城乡二元再到大城市与小城镇二元，是中国城乡关系协调过程中可能出现的现实形态。随着小城镇发展，农村人口比重下降，加之农村工业化的推动和农村工业文明的发展，乡村发展将会因城市化的加速而不断加速，乡村发展将会与市场化、信息化、知识化融为现代化的进程中。

二　成—渝统筹城乡关联互动发展的实践

　　1949—1978 年以来，中国国家发展的战略与策略选择是在计划经济体制与制度安排下，以实施重工业超前发展为主导的工业化过程，并辅之以城乡分割发展政策，直接导致城乡二元结构关系的逐步强化与固化，使城乡二元体制结构成为中国城乡发展的典型特征。1979—2009 年以来，中国采取以经济建设为中心的市场经济制度变迁，以此促进资源配置效率提升和实现城乡经济社会全面转型发展。换句话说，改革开放前中国的城乡发展关系，更多的是基于政府强势力量而人为实施"城乡分治"政策策略，进而形成"制度化"城乡分割的产物；改革开放后由于实行了从农村开始进而到城市的系统性经济社会改革和制度创新，城乡关系的逐渐松动和进一步融合则是市场力量和政府力量综合作用的结果。前后30年显著不同的发展战略，从不同层面和尺度深刻改写了和改变着城乡区域发展矛盾，使城乡对立关系逐步消解，城乡关系发生了历史性变革。在促进城乡一体化发展的实践过程中，国内的成功做法与典型经验也非常值得我们反思和总结。

（一）成都的城乡统筹实践

城乡形态演变过程与发展目标直接影响到城乡规划的编制与实施，涉及城乡土地拓展方向与空间格局、交通结构、城镇体系分布、产业布局以及城乡生态和社会文化等方面。自2003年伊始，成都立足城市带动农村的城乡区域联动发展思路，启动了统筹城乡"自费改革"，以创新破解长期以来的城乡二元体制矛盾和"三农"问题顽症，推进城乡一体化实践。这一试图改变中国农民命运的前沿试验，其核心就是破除城乡二元体制，让城乡居民共享发展权利和发展机会。2009年年底，成都市委对城乡一体化实践全面提升和深化，确立了建设"世界现代田园城市"的历史定位和长远目标，将农田保护、生态环保、现代高端产业、城市先进功能有机融合，以多中心、组团式、网络化的布局，走出一条科学建设世界级特大城市的新路。为了解决工业布局分散、农村公共配套欠缺、农地零碎低效生产等问题，成都市双流县探索创造了"三个集中"——工业向集中发展区集中、农民向城镇和新型社区集中、土地向适度规模经营集中发展途径，并成为成都全域推进城乡一体化的基本原则和根本方法。在推进城乡一体化实践中，成都市规划了由1个特大中心城市、14个中等城市、30个小城市、156个小城镇和数千个农村新型社区构成的城乡体系，梯度引导农民向城镇和新型社区集中。如远离中心城区的郫县安德镇，城镇建成区面积由2004年的0.65平方公里扩大到4.2平方公里，城镇人口由0.8万增加到2.5万，城镇化率达到65%。2004—2009年，全市平均每年向城镇转移农民近20万，累计建成农民集中居住区和农村新型社区630个

（不含灾后重建），总面积 2800 多万平方米，74 万多农民入住，生活居住条件得到根本性改善。同时，成都按照"一区一主业"的定位和工业集群发展思路优化工业布局，将 116 个分散的开发区整合为 21 个工业集中发展区，打造电子信息、软件、汽车、生物制药、航空航天等 11 个现代产业集群，并积极发展新能源、文化创意等战略性新兴产业，2009 年成都市工业集中度达到了 70%，规模以上工业增加值同比增长 21%。按照依法、自愿、有偿原则，成都市稳步推进土地向农业龙头企业、农村集体经营组织、农民专业合作经济组织和种植大户集中，实现土地规模经营总面积 195.6 万亩，占农村流转土地总面积的 68.5%，发展优质粮油、生猪、茶叶、花卉、蔬菜、水果等 10 大特色优势产业，农业增加值由 2002 年的 125.5 亿元增至 2009 年的 275 亿元。[①]在城乡基本公共服务均等化实践中，成都实施城乡居民基本医疗社会保险制度全覆盖和相互衔接、中学"名校下乡"、教师"县管校用"和"同县同酬"、"同城同酬"等工程，对农村 410 所中小学、223 个乡镇卫生院、2396 个村卫生站全部进行了标准化建设，推动城乡教师、医生互动交流和优质教育、卫生资源向农村倾斜，实现城乡居民完全平等参保、平等享受报销待遇。如在都江堰市，按距市中心的工作半径向教师发放补贴，半径大的农村教师补贴超过城市教师；2009 年，成都七中、石室中学、树德中学等分别领办远郊农村的都江堰聚源高级中学、彭州白马中学、崇州怀远中学等，促进城乡基础教育资源均衡布局。在农村，成都市实施农村产权制度改革、农村新型基层治理机制建设、村级公共服务和社会管理改革、农村土地综合整治"四大基础工程"，为农民承包地、宅基地、房屋开展确权登记和颁证，并建立市、县两级农村产权交易机构，引入农业担保、投资和保险机制，使农民成为市场主体，平等参与生产要素的自由流动，通过市场配置资源基础性作用的充分发挥，建立归属清晰、权责明确、保护严格、流转顺畅的现代农村产权制度；在耕地保护基金上，市、县两级财政每年将投入 26 亿元，为有效保护耕地的农户每年分别按基本农田 400 元/亩、一般耕地 300 元/亩的标准发放耕保金，用于补贴农民购买养老保险，确保耕地总量不减少、粮

---

① 国家信息中心课题组：《西部大开发中的城市化道路——成都城市化模式案例研究》，《经济研究参考》2010 年第 15 期。

食生产能力不下降。在灾后重建中，群众通过村（社区）议事会、监事会等自治组织，自主解决重建方式、重建选址、户型设计、工程监理、土地流转等涉及群众利益的各种疑难问题，充分发挥群众主体作用，保证了重建工作健康有序推进。在村级公共服务和社会管理改革中，按照新型基层机制，围绕文体、教育、医疗卫生、就业和社会保障、农村基础设施和环境建设、农业生产服务、社会管理等内容，率先在全国将村级公共服务和社会管理资金纳入财政预算，为每个村每年安排 20 万元资金，确保"财政下乡、民主决策"的实现。通过城乡公共服务一体化，成都形成了城乡群众共创共享改革发展成果的机制。

　　总体而言，成都市在构建城乡一体化新格局方面不断探索，逐步走出了一条颇具特色的成都发展道路——"三轴三阶梯"模式①，即以"复合城市化（城市化与工业化、全球化的叠加与融合）、要素市场化（在更大空间范围内以改革创新动力促进市场化基础上的要素聚集和积累）、城乡一体化（以区域中心城市快速发展为基础、大城市代大农村破解城乡二元结构难题）"为路径，从"全城谋划（1999—2003 年以盘活土地、资本、劳动力要素资源为主，引入民营经济发展和经营城市）"到"全域统筹（2003—2009 年实施的五个统筹，推动全域成都均衡发展）"再到"全球定位（2010 年后的世界现代田园城市建设阶段，实现城乡同发展共繁荣、现代高端产业聚集、社会和谐、人民幸福、生态良好，在成都全域范围内构建现代城市和现代农村和谐、历史文化和现代文明交相辉映的新型城乡形态）"的发展模式。通过这一模式，成都聚集于改变城乡分割分治的体制机制，谋求加快建立城乡机会平等和规则公平的制度保障，逐步推进公共政策在城乡合理调控、市场机制在城乡有效作用，从而促进了平等公平城乡关系的加速形成。② 同时，成都还把城市和农村作为一个整体来规划建设，坚持以城带乡、以工促农，并适度依靠制度创新弥补财力不足，推动社会资源科学配置、社会事业均衡发展、社会利益合理分配，促进城乡居民各尽其能、各得其所，推进城乡经济结构和就业结构的共同优化升

---

　　① 国家信息中心：《西部大开发中的城市化道路——成都城市化模式案例研究》，商务印书馆 2010 年版，第 8—11 页。

　　② 国家信息中心课题组：《成都模式的理论分析》，《经济研究参考》2010 年第 15 期。

级，加速形成互动互促、和谐共富的城乡关系。

在城乡经济发展实践层面，成都"三轴三阶梯"模式的内容体系主要包括：一是以创新型政府建设为战略支点，强调政府将创新精神融入跨越发展的雄心、政策设计的精心、政策实施的耐心中；二是以"四位一体"发展为战略格局，全面推进经济建设、政治建设、文化建设和社会建设，特别是突出农村产权制度改革、新型村级治理机制创新、城乡社会事业均衡发展的亮点；三是以"三个集中"为战略途径，实现工业向集中发展区集中、土地向规模经营集中、农民向城镇集中，促进新的要素组合、现代城乡和谐相融；四是以"协同联动"为战略实施要点，具体表现为政策协同、政策实施环节的联动，从而将城乡一体化发展作为一个系统工程协同推进。截至 2008 年，全市率先在西部实现县县通高速路、村村通水泥路，城镇居民人均可支配收入与农村居民人均纯收入的差距从 2003 年的 2.637∶1 缩小到 2008 年的 2.26∶1，2010 年城镇居民人均可支配收入达 20835 元，比 2005 年增长 83.4％，年均增长 12.9％；农村居民人均纯收入达 8205 元，比 2005 年增长 82.9％，年均增长 12.8％；覆盖城乡的公共财政体系初步形成，2008 年全市财政支持"三农"资金达 147.7 亿元；2010 年全市生产总值达到 5551.33 亿元，比 2005 年增长 95.9％，年均增长 14.4％，高于全国 4 个百分点左右；地方财政一般预算收入达到 526.9 亿元，年均增长 30.1％。同时，积极促进行政管理体制改革，先后对规划、农业、财政、交通、园林和林业等 30 个部门进行了改革调整，初步建立了统筹城乡发展的大部门管理体制。在 2006 年获批全国统筹城乡综合配套改革试验区后，成都逐步推进了农村产权制度改革、城乡基本公共服务均等化等探索实践，特别是"三个集中"、统筹推进"六个一体化"和实施农村"四大基础工程"，已经成为颇具特色的"成都经验"。2010 年，成都地方政府高层决策明确提出，未来一段时期，将着重针对改革试点中出现的新情况、新问题，更加务实有效地开展综合配套改革试验，坚定不移地坚持市场化改革方向，更加注重保障和改善民生，把解决人民群众切身利益问题放在突出位置，维护和保障社会公平正义；注重深化完善全域成都的规划，大力推进两枢纽三中心建设，加快推进世界现代田园城市示范线和示范带建设，加快推进重点产业功能区建设，完善城乡居民共创共享机制等。

　　在城市空间结构优化层面，成都突出构建"三个圈层"：① 城市空间由城中心向周边地域呈圈层状逐次推进，至 20 世纪 90 年代末形成中心城市（城市建成区）、近郊区（中心城周边城镇组团）、中远郊区三大圈层。至2005 年，城市建成区面积由 2000 年的 207.81 平方公里增至 395.5 平方公里，增加 90%。为避免"摊大饼"式的城市空间发展模式，进入"全域统筹"阶段后成都又进一步对各圈层的功能和地位重新界定，从而使城市在整体上由大城市带大郊区的形态转变为城乡统一协调的形态。近年来，成都形成了环状加放射状的交通格局，中心城区与郊区县市的关系进一步明晰，近郊区县开始分担和承担部分中心城区的城市功能，郊区县市逐步由中心城区卫星城发展为小城市或中等城市，以城市群为基本形态的层次分明、功能齐备的城市体系逐步完善，对农民变市民的承接能力随之显著增强。2007 年成都近郊区人口城市化率较 2003 年增加了 21.47 个百分点，远郊县市人口城市化率 5 年间增长了 12 个百分点，突破 30%，步入了城市化快速发展阶段。围绕"三个圈层"构建，成都自 2004 年启动工业集中发展区布局建设，按照产业空间布局的区位寻优和"一区一主业"原则，不断制定和完善工业发展规划，把 116 个工业园区整合优化为 21 个工业集中发展区，从而形成了中心城区重点发展总部经济和高新技术产业，第二圈层重点发展现代制造业，第三圈层重点发展传统产业和特色优势产业的梯度产业发展新格局。

　　为了有效促进世界现代田园城市发展目标的实现，成都"十二五"规划进一步提出，未来成都将以市域生态本底及现实条件为依据，在充分保护和尊重生态本底的基础上，将市域划分为提升型发展区、优化型发展区、扩展型发展区、两带生态及旅游发展区四大总体功能区。其中，提升型发展区——包括中心城区的锦江区、青羊区、金牛区、武侯区、成华区，以现代服务业为主导，优化调整产业结构，提高城市承载能力，提升城市功能和品质，改善人居环境；优化型发展区——包括市域西部的彭州、都江堰、郫县、温江、崇州、大邑、邛崃和蒲江以平原为主的地区，以现代农业为基础，促进现代服务业与先进制造业协调发展，城镇布局要注重显山露水；扩展型发展区——包括市域东部的新都、青白江、金堂、

<hr />

① 国家信息中心课题组：《成都模式的探索与实践》，《经济研究参考》2010 年第 15 期。

龙泉驿、双流和新津以丘陵为主的地区，以先进制造业为主导，促进现代服务业与现代农业协调发展，城镇布局要保护生态本底；两带生态及旅游发展区——包括彭州、都江堰、崇州、大邑、邛崃、蒲江、双流、龙泉驿、青白江、金堂的山区。是成都市的生态屏障，也是旅游产业的重点发展区。实践表明，成都围绕"三轴三阶梯"所开展的探索与实践，充分展现了其跨越式发展的实现路径。在不断的探索与总结中，成都"复合城市化、要素集中化、城乡一体化"的发展主线与不同阶段的实践与做法相融合、相交织，取得了显著成效，有效加快了城市的工业化与城市化进程，从而形成了有成都特色的新型工业化、城市化和农业化道路和城乡一体化发展新格局。

　　成都城乡一体化的宗旨和目标是致力于建立一个以人为本、机会均等的和谐社会。成都的户籍制度改革消除了城乡差别和身份歧视，产权改革保护了大多数农村弱势群体的个人权利，地方性公共服务——包括教育、基本养老保险、医疗、社会救助和社会福利等——实现了全面平等，确保本地城乡居民享有同等权利。一切努力都是为了打造一个标准的服务导向型的政府，保持政府机构的精益、透明和效率，提升城市经济发展与社会稳定。产权改革、公共服务均等化与基层民主，这便是"成都铁三角"，它们共同奠定了个人获得更多权利的法制基础。[①] 实践证明，成都在推进城乡一体化进程中所坚持的"三个集中"，不仅适应人多地少的客观市情和节约资源、保护环境的迫切要求，避免了资源浪费、环境污染的粗放式发展弊端，而且符合新型工业化、新型城镇化和农业现代化有机联系的规律，有效推进和促进了城乡统筹发展。统筹城乡发展的目标在于建立新型城乡关系，构建城乡经济社会发展一体化体制机制。成都市通过推进城乡规划一体化、城乡产业发展一体化、城乡市场体制一体化、城乡基础设施一体化、城乡公共服务一体化、城乡管理体制一体化等"六个一体化"，全方位构建城乡统筹的科学发展体制机制。成都城乡一体化实践已经超越了社会公平的范畴，正成为中国公民权利从城乡二元分割走向城乡一体化的现实标志。成都在其城市化进程中，特别重视有选择地发展工业，加快

　　① ［美］约翰·奈斯比特、［奥］多丽丝·奈斯比特：《成都调查》，魏平、毕香玲译，吉林出版集团、中华工商联合出版社 2011 年版，第 4、8 页。

发展中心城市，不断夯实产业基础，大力推进工业向园区集中、人口向城市集中，以实现城市化的集聚效益。在推进工业化的过程中，适时进行空间重构，按照"一二三圈层"的构想，实现部分产业向外转移，中心城区主要建设中央商务区，大力发展总部经济及金融等现代高端服务业。同时，不断提升对外开放水平，明确提出将成都建设为国内一线城市或者世界二级城市，加快融入全球城市网络的步伐，成为西南地区连接国际市场的中心城市节点。因为成都选择了复合发展道路，城市化过程中较好把握了产业结构升级和空间布局调整的节奏，妥善处理了速度和质量、长期和短期的矛盾，因此城乡发展逐渐表现出均衡、和谐和可持续特质。[1] 2009年12月，成都市委按照科学发展观要求和"自然之美、社会公正、城乡一体"的核心理念，确立了建设世界现代田园城市的历史定位和长远目标：力争用5—8年把成都建成中西部地区创业环境最优、人居环境最佳、综合竞争力最强的现代特大中心城市；用20年左右初步建成"世界现代田园城市"，进入世界三级城市行列；用30年到50年最终建成"世界现代田园城市"，建成世界二级城市。

在西部大开发走过10年历程之际，著名经济学家厉以宁和诺贝尔经济学奖获得者蒙代尔担任负责人的课题组发布了"成都城市化模式案例"的研究报告[2]，认为成都已经成为"西部大开发引擎城市"、"中国内陆投资环境标杆城市"以及"新型城市化道路的重要引领城市"。成都作为试验区，"在城市化进程中为全国提供了自己的经验"。西部大开发战略实施以来，特别是2003年全面推进城乡一体化以来，成都浓缩了发达国家典型城市从早期工业化到中期去工业化再到当前建设全球城市、信息城市的百年历程，在短短十年时间既推动了工业化，又调整了城市空间布局和产业结构，同时加快了全球化、信息化进程。成都城乡一体化实践在全国具有较强的示范效应和典型意义，为破解西部乃至全国长期存在的结构性矛盾特别是城乡二元结构矛盾，提供了大量可推广的典型经验。通过统筹城乡综合改革发展，成渝地区正对中国城乡一体化发展起到示范作用，并成

---

① 国家信息中心课题组：《成都模式的理论分析》，《经济研究参考》2010年第15期。

② 国家信息中心：《西部大开发中的城市化道路——成都城市化模式案例研究》，商务印书馆2010年版，第6、7页。

为西部地区重要的金融、科技、商贸中心和综合交通枢纽，全国重要的高技术产业、先进制造业和现代服务业基地；带动西南地区发展和支撑全国发展的重要增长极，其城乡自我发展的能力不断增强。

（二）重庆的城乡统筹实践

城市与乡村在不同的社会、在社会不同的发展阶段，会呈现不同的内部结构和发展形态，城乡区域之间的相互关系亦会存在种种差异。成渝地区位于全国"两横两纵"城市化战略格局中长江横轴的西端，包括四川省以成都为中心的成都经济圈和重庆市以主城为中心的重庆经济圈两个相对独立的组团。该区域是西部地区经济腹地广、市场辐射能力强、宜居空间大的人口和经济密集区，重要的制造和研发中心，是西部开发和增强西部自我发展能力的战略支撑。特别是成都和重庆的区位条件十分优越，其影响和示范效应，对全国性的区域经济发展，特别是西部地区的发展作用突出，成为带动西部地区发展的增长极。成渝两市"新特区"的设立，会使两市在西部地区的地位更加重要，作用更加明显。同时，成渝地区的城乡差距大、区域发展不平衡、资源和环境问题严重等特点，都代表了西部地区的共同特点。通过成、渝两市来探索城乡统筹的区域发展模式，对西部地区的发展具有巨大的推动作用。

2007 年 6 月 7 日，重庆市、成都市被中央批准为"统筹城乡国家综合配套改革试验区"。统筹城乡国家综合配套改革试验区的设立昭示了未来我国制度创新的一种倾向：考虑到我国区域空间的巨大差异，根据不同类型地区发展中的不同重点，设立不同侧重点的国家综合配套改革试验区，取得分类指导区域发展的经验和模式，最终逐步实现国家层面的统筹协调发展。作为全国首个省级城乡统筹改革试验区，成渝已经在一些重点领域和关键环节改革上有所突破，特别是把改革农民工制度作为统筹城乡的结合点，逐步推进户籍、社会保障、土地使用以及财政、金融、行政管理等制度改革等，已经取得显著进展。如成都截至 2008 年年底，已在统筹城乡规划、建立城乡统一的行政管理体制、建立覆盖城乡的基础设施建设及管理体制、建立城乡均等化的公共服务保障体制、建立覆盖城乡的社会保障体系、建立城乡统一的户籍制度等重点领域和关键环节取得率先突破。同时，重庆也提出并实践着"一圈两翼"的发展战略：以主城区为中心、一小时车程为半径展开的"一圈",是它的躯体,绵延的库区和渝东南地区,是它的"两翼";重庆集中重大项目和资金,构筑清洁环保、竞争力强的现代产业支撑体系,催生新的西部城市群:1个特大城市、5个大城市、9个中等城市、300个中心镇。从经济实力和发展优势看,2006年成都市的GDP达到2371亿元,重庆市达到3486亿元,均高于中西部的其他城市。经过10年的西部大开发,成渝地区已经确立了在西部地区的经济发展优势、教育科技优势和市场优势,通过设立"新特区"使这些优势得到进一步发挥,能够顺利达成"新特区"设立的目的。从体制条件和已具备的综合配套改革的经验看,重庆作为4个直辖市之一,其管理体制在西部地区具有优势;成都作为近年来一直进行城乡统筹的改革试验区中心城市之一,已经具备了相当丰富的综合配套改革经验。把成渝地区作为增强西部地区自我发展能力的重点地带,无疑是西部地区最好的空间选择之一。

重庆面积8.24万平方公里,南北长450公里,东西宽470公里,城乡区域差异明显,核心都市发达经济圈、渝西经济走廊和三峡库区生态经济区三大经济圈之间城市化水平各异,所辖各个区县经济社会发展呈现明显不平衡特点,属于典型的大城市带动大农村、城市相对发达、农村特别落后的发展格局。2006年市农村常住人口大约是1500万人,户籍人口2300万人,占了全市户籍人口的73%,这种突出的城乡二元结构,加上大库区和内陆山区腹地环境,统筹城乡发展在重庆同样具有代表性,在重庆开展体制机制方面的探索和改革,对于中国城乡一体化的推进具有典型的示范效应。① 作为重庆市统筹城乡综合配套改革试验试点区,从2006年6月起沙坪坝区通过消除城市化中的体制性和政策性障碍,对加快推动城市化进程进行了一连串的探索实践。在农民市民化的政策创新方面,沙坪坝区政府在曾家镇进行农民自愿退出承包地和宅基地转变成市民的试点,并启动曾家镇转非农民就业园建设,入驻红旗钢圈、弹簧厂、金福来等企业稳步推进,拆迁农民的就业矛盾有所缓解,农民收入增加明显。在此基础上,沙坪坝从全区范围探索"宅基地换住房"、"承包地换社保"等的可行做法,进一步放宽户口迁移政策和统一实施城乡户口登记制度,以村镇为基础单元坚持"政府鼓励、农民自愿、试点推广"引导农民向城镇集

---

① 何独明、谷继建:《成渝城乡统筹改革背景及前景分析》,《农业经济》2008年第12期。

中居住；"城中村"改造的重点包括建设"歌乐山中梁镇生态旅游产业带"、"缙云山农林休闲产业带"，以此带动逐步改变农民传统分散居住方式，实现农村人口的有序转移。在基础设施的城乡衔接方面，沙坪坝区于2006年下半年投入6500万元在曾家开建"两横两纵"的4条具有城市干道规格的道路，实现了曾家与大学城、外环高速的便捷连接，并在镇内形成了环道；新修的连接曾家镇清明、白林、农安和虎峰山村的5.8公里长的农业生态园区主干道彰显着城市街道形态；在歌乐山和中梁镇，城市的自来水等基础设施已延伸进村，在陈家桥、青木关、曾家等镇天然气管道已接入农家。2008年二环全线通车后，沙坪坝区已成为重庆西部的现代新型城区。在农转非后续问题的处理上，重庆市以土地承包经营权收益换取城镇基本社会保障，确保转为市民的农民享受养老、医疗、失业、低保等保障，自愿放弃宅基地和承包地转为城镇户籍居民的，在子女接受教育、就业培训、享受最低生活保障等方面享受与原城镇居民相同待遇。

2009年1月26日，国务院立足重庆市集大城市、大农村、大库区、大山区和民族地区于一体，城乡二元结构矛盾突出，老工业基地改造振兴任务繁重，统筹城乡发展任重道远等现实，及时发布了《关于推进重庆市统筹城乡改革和发展的若干意见》[①]，要求重庆在城乡一体化和新型城乡形态发展方面，着力打造以重庆主城区为核心、一小时通勤距离为半径的经济圈（"一圈"），加快建设以万州为中心、三峡库区为主体的渝东北地区和以黔江为中心、少数民族聚居的渝东南贫困山区（"两翼"），并分别突出发挥三大区域各自的优势实现错位发展，即渝东南和渝东北两翼地区实施生态移民和加快富余劳动力转移，依托一小时经济圈带动渝东南和渝东北两翼地区发展，逐步缩小市域的城乡差距和区域差距，形成大城市带大农村的整体推进格局和优势互补的区域协调发展新格局。在此基础上，重庆市遵循城乡总体规划，在构建大都市连绵带、增强国家中心城市辐射带动力的过程中，推进区域性中心城市功能开发，活跃区县经济，加快小城镇和新农村建设，促进城乡共发展共繁荣。2010年6月，重庆市又获得国家批准设立重庆"两江新区"，使改革试验有了更高的平台和载体。数

---

① 　具体内容详见中华人民共和国中央人民政府官方网站《国务院关于推进重庆市统筹城乡改革和发展的若干意见》，http://www.gov.cn/zwgk/2009-02/05/content_1222355.htm。

据显示①，2005 年重庆近 3200 万人口中农村人口占 3/4，仍有 55％的人口生活在农村，城镇化率 41.7％，低于全国平均水平，2005 年"都市圈"城市化率达到 62％，而"渝西经济圈"和"三峡库区"城市化率分别只有 20.8％、15.8％，城镇居民可支配收入 10243.46 元，农民人均纯收入 2809.32 元，1997—2005 年城乡收入比由 3.02 扩大到 3.64，收入分配和再分配的比例不均，2005 年城乡初次分配收入比 3.21，再分配后该数据扩大到 3.75。经过"十一五"期间的统筹发展，2011 年重庆市生产总值 10011 亿元，地方财政收入达到 2908.8 亿元，商品销售额突破 1 万亿元，社会消费品零售总额达到 3400 亿元，固定资产投资完成 7600 亿元，工业总产值达到 1.38 万亿元，市属国有企业资产达到 1.5 万亿元，各类市场主体增加到 113 万户。在城乡统筹发展试点上，截至 2011 年底累计交易地票 8.9 万亩，农民直接获得增值收益 124 亿元，建成农民新村 519 个、巴渝新居 5.2 万户，改造农村危旧房 12 万户，组建 30 亿元资本金的兴农融资担保公司，"三权"抵押贷款达到 180 亿元，发展农村新型股份合作社 817 个，建立起农民按股份分享经营收益的体制机制。在民生发展方面，重庆市以农民工为主体的户籍制度改革开全国先河，平稳有序转户 322 万人，累计开建公租房 2871 万平方米，配租 11 万套，创办微型企业 5 万户，带动 40 万人就业；"两翼"农户户均累计增收 7900 元，城乡居民收入分别达到 20250 元和 6438 元，城乡差距缩小到 3.15∶1，"圈翼"人均 GDP 差距缩小到 2.17∶1，全市基尼系数降至 0.421；2011 年全市财政用于"三农"的支出 584 亿元，完成城区菜市场标准化改造 453 个，建成规范化乡镇农贸市场 436 个，在全国各大城市设立营销网点 940 个，较好地解决了农产品"卖难"、"买贵"问题；新建、改建农村公路 8000 公里，行政村通畅率达到 65％，21 座大中型水库加快建设，500 座病险水库除险加固和 33 处城市堤防工程稳步推进，解决了 218 万人饮水安全问题，实现 450 个贫困村整村脱贫，减少贫困人口 29 万人。根据重庆市统计局 1‰人口抽样调查数据，重庆市 2011 年末户籍总人口 3329.81 万人，其中农业人口 2052.17 万人，非农业人口 1277.64 万人；截至 2011 年农转城

---

①　相关数据来源于《重庆市人民政府工作报告（2012 年）》，重庆市人民政府 2012 年 1 月 16 日。具体网址为 http://www.cq.gov.cn/zwgk/。

共完成 82.3 万户 321.90 万人；全市居住在城镇的人口为 1605.96 万人，城镇化率为 55.02%，居住在乡村的人口为 1313.04 万人，占常住人口的 44.98%。分"一圈两翼"分析城乡发展现状，重庆一小时经济圈城镇化率为 66.24%，渝东北翼城镇化率为 38.63%，渝东南翼城镇化率为 31.58%；主要城市沿成渝高速公路和长江水道以及其他交通干线分布，小城镇则散布全市各地，城乡空间结构区域分布呈西密东疏态势，构成了大、中、小城市有机结合的组团式、网络化的现代城市群，是中国目前行政辖区最大、人口最多、管理行政单元最多的特大型城市。

　　中国统筹城乡综合配套改革试验区在成渝有共同的经验。特别需要提及的是，重庆市在土地管理制度改革方面的具体做法为其城乡统筹注入了新的内容，也构成重庆推进城乡一体化的土地制度改革新探索。2008 年，重庆市人民政府办公厅颁布的《关于加快农村土地流转促进规模经营发展的意见（试行）》（渝办发〔2007〕250 号）是重庆市农村集体建设用地流转的政策依据，该文件指出："积极运用建设用地指标置换与周转政策，支持农村集体建设用地使用权及指标跨区域有偿合理流转与转让。"2008 年，重庆市政府又颁布了《重庆农村土地交易所管理暂行办法》（渝府发〔2008〕127 号）。2009 年，重庆市人民政府为贯彻落实"国发 3 号"文件，颁布文件规定本届政府任期内全力推进 18 项攻坚任务，其中包括"设立运作土地交易所"。2008 年 12 月 4 日，全国首家农村土地交易所在重庆正式挂牌成立。对于土地交易所，其基本功能是集合农村建设用地转让的买方和卖方，通过公开竞价发现价格、完成土地转让和配置建设用地资源。土地交易所由政府负责筹办，主要是审查交易所可行方案，准备交易所章程，确立监管机构的权限和责任，建立交易所的治理结构，纳入试验区改革试验方案。① 不仅如此作为中国统筹城乡综合配套改革试验区，2010 年 8 月，重庆市以解决农民工城镇户口为突破口全面启动户籍制度改革，推出两年 300 万人、十年 1000 万人的农民进城计划，促进进城农民在城市就业、社保、住房、教育、医疗等公共服务方面的基本均等化，同时促进农民与农村承包地、宅基地、林地脱钩，进而彻底实现农民的市

---

① 杨顺湘、李颖：《欠发达地区统筹城乡：有序推进土地管理制度改革——基于成渝改革试验区的实践》，《改革与战略》2011 年第 2 期。

民化，这是同期中国户籍制度改革规模最大、配套制度设计最完善、影响最深远的一次实践。2010 年 10 月 25 日，重庆市国土局出台《关于规范地票价款使用促进农村集体建设用地复垦的指导意见（试行）》，规定复垦宅基地及其附属设施用地的地票平均价款，扣除复垦项目工程成本和融资成本后，85％支付给该区县（自治县）退出宅基地的农户，平均费用每亩不低于 9.6 万元；15％支付给该农村集体经济组织，平均费用每亩 1.7 万元。这种通过政府规划和用途管制下推进集体建设用地的创新流转以及城乡建设用地市场的统一，促成了土地资源的优化配置。在此基础上，重庆市在推进城乡统筹发展中从人的流动、兼顾各类群体的需求入手，构建了"一圈两翼"区域发展格局，创造非农就业岗位促进农民工转化，解决"壮有业、居有房、少有教、老有养"四大关键问题，以"生产发展、生活宽裕、乡风文明、村容整洁、管理民主"为目标，推进城镇化、新型工业化和新农村建设；同时突出城乡改革发展的系统性、配套性，积极推进城乡规划、土地管理、公共财政、金融支撑、行政管理、社会管理等 6 项相关改革进程。

（三）成渝实践的小结

发展中国家经济发展的本质就是二元经济消失并融合为一元经济的过程，这是城市与农村相互依存共生共荣、城乡发展必须统筹推进的现代化规律。统筹城乡发展过程中并不具备普遍性的"重庆模式"，是中央直辖市政策、库区移民区政策、老工业基地改造政策、西部大开发政策和城乡综合配套改革试验区政策等多重正式制度安排叠加效应作用的结果。成都城乡一体化实践，正是基于中国城乡关系的现实，并集中体现了这条现代化的重要规律，把城市和农村统筹考虑、三次产业联动发展、经济发展和公共服务配套推进，形成一个城市是现代城市，农村是现代农村，现代城市和现代农村和谐相容，现代文明和历史文化交相辉映的新型城乡形态。从中国推进城乡一体化的实际来看，统筹城乡发展面临着突破传统格局，实现新发展的良好机遇，也面临着严重挑战，特别是观念、体制上的城市偏向和实际工作中抓"三农"的力度仍需加强，优化生态环境、促进可持续发展还面临经济发展、人口增加的压力以及保护建设投入不足的双重制约，农村基础设施条件差、政策实施难度大、广大中西部乡镇自我发展能力不强、东中西部乡镇联动发展不够，农民就业能力不强和就业岗位结构性、观念性短缺的制约还在一定时期内难以彻底消除。因此，城市发展受阻、农村经济落后以及城乡二元结构和人地矛盾凸显等主要发展问题，要求城乡一体化的具体实践必须以城市现代化的工业和第三产业带动农村的农业和工业，并以此为物质依托实现农业的现代化和进行城镇建设，实现人口向城镇的有序迁移和城市化。同时，乡村的工业化和农业的现代化也必须为城市工业和第三产业的发展提供粮食、原料、市场、要素、外汇等贡献又促进城市的发展，从而形成城乡经济协调发展的良性循环。在此基础上，形成城市经济反哺农村经济，农村经济助推城市经济新格局，支柱产业和优势产业得到明显发展壮大，第二、三产业对农村劳动力的吸纳力明显增强，生产要素在城乡之间合理流动，配置合理、高效统一的城乡文化教育、医疗卫生、社会保障、科技信息等公共服务和社会管理体系和城乡基础设施一体化基本实现，城乡经济、社会、文化和生态协调发展，城乡系统呈现结构优化、布局合理、优势互补、互助共荣和城乡发展步入人文环境和谐、公共服务配套完善轨道。自 2007 年以来，作为中国统筹城乡综合配套改革试验区，成—渝地区的城乡发展进程与改革经验始终是社会各界关注、讨论的热点前沿问题。尽管我们在此无法穷尽中国各地统筹城乡的方方面面，但是对成—渝统筹城乡试点实践及经验进行剖析、归纳和总结，却有助于我们了解在促进城乡一体化战略实施的进程中，我们都做了什么、我们怎样做的、效果如何、有哪些经验和教训值得反思和探讨，以及未来我们该如何做得更好。

三　城乡关联互动发展形态的发展趋势

城乡关联互动发展是城乡形态不断演变的动态过程，主要体现为城乡区域内各种网络中人流、物流与信息流所依托的人口迁移、要素配置、市场发育、基础设施建设的完善与协调演进过程。通过城乡关联互动形态促进城乡一体化实现，必须充分利用现有各类型大、中、小城市的已有发展基础，以产业经济发展为物质基础，以消除二元结构为基本目标，放大城市辐射影响农村发展的强度与效应，弥合城乡产业链和消费链在地域空间上的"脱臼"现象，形成城乡之间的合理分工，并借助城乡产业与市场的空间耦合，通过城乡市场一体化形成城乡市场的整合优势，从而产生市场化、产业化和城镇化的联动效应,将中国东部、中部、西部地区不同空间等级规模、职能类型分工的城镇发展作为加速推进城乡一体化发展的动力源。与中心城市(区)主导带动城乡一体化发展形态类似,城乡关联互动发展仍然强调把城市辐射乡村作为城乡一体化的基点,通过城乡产业的分工与协作使城乡形成相互联系的网络,农村工业化和城市工业化互动良性推进,农村城镇化与城市现代化互相作用。农村工业化进程必须避免资金、技术要素对劳动力的过早、过度替代,使劳动力过剩状况有所缓解;城市主要在于把握国内外经济结构调整、产业转移和战略性新兴产业体系的"孵化"培育,充分利用进一步加快发展方式转变的宏观环境,加速传统工业的升级换代,根据发展特色经济和比较利益、比较优势原则,以资金、技术和知识密集型工业为重点,实现城市工业化的高级化,并将产业不同领域适时向农村进行不断地转移和扩散,加强城市与农村在产业发展上的分工联系和专业化协作。

城乡关联互动形态促进城乡一体化的实现,就是通过市场力量的推动,即依赖几个非均衡发展起来具有较大规模的区域及其产品市场延长产业链条,以促进城乡市场一体化为导向,同时在城市和农村进行不同程度的资源依赖型产品深度加工,以农村非农产业发展形成的产品生产、供应市场,推动城市产业发展形成的深加工要求和销售市场,形成城市与农村产业发展进而带动城市和农村两个市场不断成熟、促进国民经济发展的循环推动,以城乡互动策略推进新型工业化和产业高级化,这是城乡一体化实现的基本手段。客观地讲,构建城乡一体化发展机制,必须面对其多层次的二元结构现实。由于城乡关联互动形态的演进必然呈现非均衡性,中国城乡现代经济部分主要集中在大中城市,传统经济主要集中在广大农村,二者的收敛与弥合出现断层,因此,必须首先突出依靠市场和城乡之间的多种力量,发挥城市集聚、辐射、扩散功能,在城市产业与农村产业互动良性发展的过程中,实施城市新型工业化和农业非农化、农村工业化的互动融合与推动,提高现代经济份额和降低传统经济份额,实现城乡二元结构的一体化融合,加快城乡共同繁荣目标的实现。在这一过程中,城市发展所必需的要素和服务会使乡村受益,乡(村)—城(市)的富余劳动力流向会使农业劳动力的平均收益提高,这种要素流动进而引起的产业之间的对接及其互动融合,会逐步实现城乡一体化统筹发展的态势。

由于中国农村综合经济实力、资源禀赋状况、社会文化发育程度、自然因素等差异巨大，均衡地推进城乡一体化是不现实的，因而只能有差别、有层次和呈非均衡。城乡关联互动发展中的增长、聚集与辐射中心以城市为主或以城市为主要依托，欠发达地区在市场化水平较低的背景下，利用"企业—产业—城镇—市场"推动手段，既能发挥市场的导向和纽带作用，又能培育农村、城市两个市场的成长、完善，从而为城乡一体化实现提供环境支持。这种非均衡机制在于城乡各种经济活动主体通过空间相互作用对城乡一体化格局的形成和整体功能产生作用，从而构成影响各经济主体的成长发育的基本环境，又决定了各经济主体之间相互作用的方式和疏密关系。当前，中国农村聚落从整体而言，大多数存在"散、乱、脏"的问题，新型城乡形态在农村发展建设的根本点在于将城镇文明融入乡村。虽然通过新农村建设、农村工业化等战略从根本上改变农村的面貌还需要花费更多的时间和精力，并且即使花费了很大的力气也不一定能够取得很大的成效，[①] 但是从乡村的外观入手对其进行改造，可以在较短时间内取得比较显著的效果。从这个意义上讲，城乡一体化进程中的新型城乡形态在中国农村至少应该包含以下几个要素，即交通相对便利，村庄内部有明确的功能分区，居民空间居住格局更加紧凑，农村进行着有意识的生态保护建设，农民的生活在张扬个性中体现出现代城市居民对更高生活质量、更强社会责任心和更加丰富的内容的追求。[②]

重庆和成都同时被国家批准成为全国统筹城乡综合配套改革试验区，是在新的历史条件下中国深化改革的战略规划。成渝合作就是通过政府间合作、依靠政府的政策资源和法规营造统筹城乡发展的特殊试验田打造成渝经济区。建立共谋统筹城乡机制并确保这一机制的有效运转，推动中国西部这两个统筹城乡综合改革试验区经济一体化，直接取决于成渝能否建构起良性的制度环境、合理的组织安排和完善的区域合作规则。以成渝合作来共谋统筹城乡，并不是强调以政府的力量去替代市场，而是试图通过

① 孟祥林：《京津冀"双核＋双子"模式城市化进程研究》，西南财经大学出版社 2010 年版，第 100—103 页。
② 孟祥林：《城镇扩展过程中的聚集均衡与新型城乡形态的农村聚落分析》，《青岛科技大学学报》（社会科学版）2011 年第 2 期。

区域内地方政府的共同行动，共同尝试并进行以市场化为导向的制度创新，尽快形成统筹城乡发展的体制机制，为成渝经济社会资源的优化配置提供一个一体化的制度平台，为推动中国深化改革、实现城乡科学发展与和谐发展发挥示范和带头作用。① 成、渝两地统筹城乡综合配套改革的共同重点是率先在户籍管理制度、行政管理体制、教育投入、劳动力市场、城市化模式创新等方面取得突破；成都地区统筹城乡综合配套改革的侧重点是在"全域成都"理念下建立统筹城乡一体化发展体系，重庆地区统筹城乡改革的侧重点是"一圈两翼"格局下实施统筹城乡制度创新。现实表明，成—渝城乡统筹成功的典型案例以城市附近的城乡区域居多，特别是近郊农村由于在区位条件、交通设施、农民素质等方面都较优越，而且还能较好地接受成都和重庆两个特大城市在产业转移、资金技术、人才等方面的辐射，其经济发展水平本身较好，城乡统筹的起点较高，因此相应区域城乡统筹发展相对比较顺利和成功。但是，对于广大偏远的西部农村应如何进行城乡统筹，还非常值得我们进行探索。② 尤其是重庆是典型的大城市带动大农村，而且大多数农村都处于经济发展水平十分落后的偏远地区，这与大城市小农村的成都市有着诸多不同，更应在城乡统筹方面积极探索、大胆实践，给西部的广大农村提供更多的借鉴经验。总体而言，由于自然环境、地理区位、历史发展、人口分布和现实经济基础等因素的综合影响，中国不同区域的乡村经济社会发展明显滞后于城市，必然导致城乡之间、城市与区域经济发展之间的关联程度低、关联效率低和关联结构不合理③。从城市发展看，多数地区城镇的辐射半径短小，要素流动受阻，难以形成区域性互动发展和区际关联发展，现有的城镇密集区之间互补性较差；从乡村发展看，广大农村尚处于传统农村向现代农村转变的加速阶段（部分区域甚至处于传统初级阶段），农村经济社会自身发展的能力弱小、自组织程度低。因此，拓宽城镇发展空间，改善区域发展质量，削弱城乡之间分散、封闭和孤立发展的格局，整合城乡发展优势和

---

① 杨顺湘：《成渝合作共谋统筹城乡的机制及制度安排——政治关系新视角论区域政府合作》，《理论与改革》2007 年第 6 期。

② 段小梅、黄志亮：《成渝地区统筹城乡发展的典型模式及经验借鉴》，《软科学》2009 年第 2 期。

③ 曾菊新：《论西部地区的城镇网络化发展》，《地域开发与研究》2003 年第 2 期。

力量，不同等级类型规模的城镇与广大乡村之间由不同容量、便捷的现代化交通通信设施和适合可持续发展的生态基础设施的有效链接，是城乡一体化在不同区域以非均衡状态发展的基本表现："城乡企业二元的消解→城乡产业二元融合→二元大城市与小城镇的一体化→城乡二元消解与城乡关系融合→城乡分别代表的区域二元融合（区域城市化、城市区域化）→区域关系协调与城乡区域发展一体化"在这一演进过程中，重视城乡规划的有机结合，强化城乡不同片区的发展的功能定位，不断创新土地制度、户籍制度、金融制度、劳动就业与社会保障制度等制度体系，促进城乡公共服务均等化和新型社会治理机制的建立，对处于不同阶段的区域促进城乡一体化目标实现始终具有重要保障作用。

第四节　新型城乡形态的一个尝试性总结

城乡发展及其形态演变承载着城乡居民不同阶段的特定生产生活方式，其演变进程也清晰地对应着不同的城乡关系发展轨迹。中国城乡一体化进程中的新型城乡形态，不仅在空间结构上具有多层次性、多样化特征，而且包含着城乡居民不同的行为方式、经济结构、产业组织、政策制度及社会文化观念的影响因素，并且也与城乡区域自然、经济、社会、技术、制度及其物质、能量、人员、信息交换等紧密关联；城乡区域间的物质联系——交通基础设施网络、生态联系、水域关系，城乡区域间的经济联系——要素供给、市场结构、产业结构、资金结构、产品消费、收入分配，城乡区域间的技术联系——技术创新、通信通讯、技术转移与扩散，城乡区域间的社会联系——能量信息交流、人际交往、人口就业与社会保障、教育文卫、社会团体等，城乡区域间的政治联系——权力结构、管理体制、行政区划、社区治理，等等，都会从不同层面引起城乡关系的变革和城乡形态的演变。显然，中国的城乡形态及城乡一体化统筹发展，必然是城乡区域间各类联系的综合作用的表现，也是城乡区域时间空间过程和社会经济过程的统一。而且，城乡形态的差异也无法掩盖城乡之间千丝万缕的固有联系，也不同于全部代表城乡发展的诸多差异。

一　新型城乡形态是中国城乡一体化特殊阶段的具体表现

正确处理好城市化进程与农村、农业的关系是世界各国面临的共同问题。① 随着城市化进程的不断推进，乡村人口不断减少是城乡发展中一个不可逆转的趋势，城市和乡村之间的界限越来越模糊，其关系也越来越密切。对于发展中国家而言，城乡地区间的相互作用至今仍是理解发展中国家社会和经济变化过程的核心。城乡形态演变一般具有某些共同的阶段性特征，在生产力发展水平低下、经济活动前后向联系和旁侧联系少、城市化水平极低的条件下，经济活动以分散孤立、小地域范围内的封闭式循环为特征，城镇规模小、职能较单一、等级均衡，城乡间主要以上下等级之间的行政、商业及其他服务性活动的联系为主而形成典型的低水平空间形态。当经济部门在空间上集聚发展促使中心城市逐步成长而形成极化发展的空间结构时，城市首位度提高、城镇数目比（即下一等级城镇数量与上一等级城镇数量之比）增加、城市化进程加快。同时，技术革新的较快发展和第三产业的大量出现会导致城乡区域依托大力开发的交通网络将异质地区的资源和潜力更多地吸聚到经济循环中，从而形成极核城市发展较快的非均衡城市体系，这是工业化社会典型的城乡形态。当生产的高度发达使极核城市的反集聚效益出现，经济活动会由极核城市向外围地区扩散；随着扩散作用的日益加强，区域经济活动过密过疏的问题将日趋缓和，区域生产力逐步向均衡化发展，中心城市发展速度减缓，郊区化、逆城市化现象逐次到来，城乡间逐步形成以网络化、均衡化、多中心为特征的空间结构，城乡间的阻隔和差异将逐渐消失并完全融合为一体，城乡区域空间结构处于高水平、动态的均衡发展之中。这是后工业化社会或信息社会典型的城乡空间形态。

中国城乡一体化进程中的新型城乡形态及其演变发展作为一种时空统一的经济社会过程，其各种影响因素的构成、相互关系、作用机制是复杂多元和动态化的，片面强调某一经济因素、社会因素或其他因素的单一作用，都是对城乡关系演进的曲解。新型城乡形态中的新型城乡社会经济形态主要包括城乡经济生产生活方式、社会文化观念和价值观念以及与此相

---

① 石忆邵：《城乡一体化理论与实践：回眸与评析》，《城市规划汇刊》2003 年第 1 期。

关的社会群体、社会结构的变革。新型城乡空间布局形态则需要从宏观、中观和微观三个空间层面进行建构。宏观上包括城乡用地比例关系、城乡地域功能重构的空间组合、城乡聚落体系及其区域分布形式、区域性的城乡整体景观特征；中观上包括城市和乡村聚落的外部空间形态与内部分布格局、城乡聚落功能的空间组合、城乡聚落与环境的关系、城乡聚落的景观特征；微观上包括城乡居住区两种特质的融合、建筑空间组织和外观风貌，等等。[①] 城乡居民总是依托独特的地理环境和社会条件，在自身生产生活渐进演变的过程中理性地选择塑造不同的城乡形态，从而孕育出不同的具有特色的发展模式。同时，国家的制度设计、体制变迁与城乡关系的演变也隐含着城乡社区作为不同社会单元所经历的不同地位与功能变动。因此，不论是中心城市（区）扩展、产业集中区（开发区）带动所形成的城乡一体化，还是农村内生驱动（农村工业化与农村城镇化）、城乡统筹关联发展所引致的城乡一体化，其以不同模式表现出的新型城乡形态，都有其生成发展的内在规律，都与市场经济发展和城乡社会生产力的进步紧密相关，也都在不同层面反映着城乡发展过程中的商业竞争分工、要素流动配置、运输效能改变、空间结构再造等在城乡区域间的异质性特征及其相互关系。随着城乡区域不同因素的相互交织重叠与城乡结构系统开放性、非平衡性和自组织性的作用，现存的、处于正在演变中的各类城乡形态还将自然而然地发生不同程度的改变，同时也为未来更为合理化的城乡形态提供某种背景约束或支撑因素，城乡一体化进程中的区域空间形态在其生长过程中必然竞争与其发展演变相适应的优质区域，最终通过分化、再造而在新的程度达到共生，并在一定时期形成相对有序的稳定结构。例如，成都市拟通过推进形成总体功能区规划建设天府新区，推进形成各具特色的战略功能区促进灾区发展振兴，从而以"世界现代田园城市"的历史定位和长远发展目标为导向，[②] 坚持以人为本，以新型工业化为动力，以统筹兼顾为原则，以和谐社会为方向，以全面、协调、和谐、可持续发展为特征，推动城市现代化、城市集群化、城市生态化、农村城市

---

① 杜秀清：《太原市新型城乡形态探析》，《中共太原市委党校学报》2011 年第 5 期。
② 唐建兵：《对构建新型城乡形态促进成都现代田园城市建设的思考》，《特区经济》2011年第 8 期。

化，全面提升城市化质量和水平，走科学发展、集约高效、功能完善、环境友好、社会和谐、个性鲜明、城乡一体的大中小城市和镇协调发展的新型城市化道路。没有人能够决定未来的城乡形态呈现何种新的具体表现形式，但可以肯定的是，任何形式的城乡形态都是城乡发展特定阶段的阶段性表现形式，城乡形态进而城乡关系也总是处在城乡区域发展演变、有机延续中。

二　中国现阶段的城乡一体化存在多种新型城乡发展形态

在任何一个国家或地区，联系并主导着城乡区域要素流动的机制主要是城市化，城市化水平的不断提高也意味着区域的一体化进程将逐步受到来自于经济发展要求的推动，城市化会逐渐演变成为区域经济发展的重要推进因素。[①] 不同学者在研究城乡发展、市场主体的区位选择、商业的运作、信息的交流等社会经济活动时，不可避免地接触到空间问题，人们的切入点大多是透过分析空间和空间属性来研究社会经济发展问题。张建华的研究指出："一种新形态的选择取决于一定量的产出和资源之间的关系。远距离城乡形态中，城乡之间的连接、要素和产品流动的成本要高于近距离的城乡形态，除非有更高的价格，否则远距离的城乡形态最终会弱化，近距离的城乡形态会得到强化。在近距离的城乡形态中，都市圈将是主要的选择。理由是，一个单独的城镇化农村将因为规模经济不足而限制自身城镇形态的进一步演变，如企业经营者因不能得到更有利的区位、及时掌握市场信息、获得范围更大的消费者等，而把企业或者企业的非生产型职能迁移到中心城市。如果这个城镇化农村距离中心城市比较近，将促进二者在产业间、企业内分工、市场连接、居住与工作等功能上的改变和融合，这将促使一个区域内都市圈的形成。"[②]

结合中国城乡一体化进程中的新型城乡形态发展状况，本书简要概括总结了城市（区）中心带动形态、乡村内生驱动形态和城乡关联互动形态等三种类型。在这三种宏观意义上的新型城乡形态发展演变过程中，中国各地当然肯定还存在着微观意义上的各种不同发展形态，如中央商务区、

[①]　胡彬：《区域城市化的演进机制与组织模式》，上海财经大学出版社 2008 年版，第 130 页。
[②]　张建华：《城乡一体化进程中的新型城乡形态》，《农业经济问题》2010 年第 12 期。

城市综合体、城中村、卫星镇（新城区）、开发区、经济特区、产业园、大学城、新农村及各类新型城乡（住宅）社区，它们都是城乡发展过程中的必然存在状态，是城乡人口迁移流动、经济社会发展、交通条件改善、生活水平提升、要素流动配置、制度创新等因素综合作用的结果，不同城乡形态的生成、演变的原因和对城乡发展产生的影响均有一定差异，但同时也具有一定的规律性。不论中国的城乡一体化进程是政治主导，抑或是经济主导，新型城乡形态是有益于城乡一体化抑或是无助于城乡一体化的实现，也不论城乡发展过程中的人口流动迁移、产业结构调整、企业区位选择的改变是自然的还是人为的、是自发的还是有组织的过程，作为一种现实客观存在，中国的城乡一体化进程正在进行之中，与之相伴随的新型城乡形态也处在不断演变之中，而且城乡一体化进程中的新型城乡形态必将给城乡区域经济社会发展带来诸多的深远影响，这些实践探索中的新现象、新问题都理应引起我们的重视。

表 5-11　　　中国城乡一体化进程中的新型城乡形态类型及其特征

项目	类别	基本特征	动力机制	范例
新型城乡形态的基本类型	城市（区）主导带动形态	临近中心城市（区），中心城市（区）发展规模大，城市空间结构演变明显，城市化的扩散效应自然引起对乡村区域的辐射带动，最终导致城乡一体化发展	以城市区域城市化过程中的产业扩散、人口迁移、新开发区生成、基础设施网络化等为主导动力机制	中国城乡发展普遍的形态
	农村内生驱动发展形态	自然条件好、农村富余劳动力规模大、人地矛盾突出，经济地理区位优势明显，交通条件好，乡村工业化和农村经济发展速度快，农村社会呈现出与城市类似的生产生活方式，农村自我发展能力高，最终导致城乡一体化发展	以乡村区域的工业化和城市化过程中的产业链接、富余劳动力在农村本地化就业和各类产业集中区等为主导动力机制	华西村、南街村、大邱庄等
	城乡关联互动发展形态	城乡联系相对紧密，制度安排的立足点在于强化城乡规划、人口、产业、基础设施、生态、公共服务的一体化，最终导致城乡良性互动下的一体化发展	以多个规模、结构、功能不同的城镇区域及其各自所辐射影响的乡村区域人口、产业、基础设施、土地制度创新等为主导动力推进机制	成—渝统筹城乡综合配套改革试验区
总体特征	人口密度大、农业生产条件好、非农产业增长迅速、生产力水平高、城乡交易环境良好、市场化因素明显、外资进入规模大、临近城市化区域和主要交通主干线、土地利用方式多元化、制度创新能力强、城乡治理相对完善，等等			

资料来源：笔者自行整理。

　　城乡一体化进程中的新型城乡形态特征决定了城乡发展首先是城乡地位平等的发展，是城乡待遇相同、城乡居民和城乡各类经济主体都能享受公平的国民待遇，拥有平等的权利、义务和发展机会；其次，是打破城乡界限、城乡开放互通下的发展，城乡居民和城乡各种生产要素都能自由迁徙和自由流动，能够提高生产要素配置的效率与效益；再次，是城乡互补互促、城市支持农村、农村渗透城市的发展，城市先进生产力和先进文化的扩散与辐射作用得以发挥，以城带乡、城乡互促的社会经济发展新路得以实现；最后，是城乡共同进步，工农差距、城乡差距、农民与市民差距逐步缩小前提下的发展，目的是尽快实现城乡的共同繁荣与进步。一般来讲，一国采取什么样的城市发展模式受该国的历史、政治、经济、文化、人口、地理环境、资源禀赋以及在全球一体化中所处的地位等多重因素的影响和制约[①]；城乡一体化的实质在于解决城乡区域之间在产业、市场、发展方式、设施条件、生活水准、文化精神、公共服务、社会保障、管理方式、治理模式等方面的对接和均等化问题，实现城乡经济社会整体素质的少差别或无差别；新型城乡形态的形成并非只是涉及城乡一体化的推进问题，还关系到城市化的发展模式和其他城乡诸多发展条件的综合考虑，这些因素或条件的不同会从最基本的层次上客观内在地决定其城乡一体化的进程，最终导致不同区域出现不同的城乡发展形态。现实表明，不同的城乡形态在促进城乡一体化发展方面具有不同的特点、面临着不同的发展难题，新型城乡形态演变反映着城乡一体化进程中的城乡社会经济与城乡地域空间结构之间的相互作用关系。城乡空间环境及其结构要素都是基于某种功能角色承担而形成和演化的，城乡空间系统本身一定存在着某种程度上类似自然规律而不以人的主观意志为转移的自组织特征；城乡居民赖以生产生活的城乡空间体系与其他人为制造的物体的根本区别，在于城乡形态是一种承载了时间空间属性的社会经济逻辑结构，它的演变发展始终受到城乡居民社会经济活动过程的影响；城乡空间系统和结构形态一旦形成，就会反过来影响城乡居民的行为并对其产生不同的社会经济效应；空间经济

---

① 曹宗平：《三种城市化发展模式述评》，《改革》2005 年第 5 期。

学、经济地理学和空间句法^①等理论，为人们认识和研究城乡一体化进程中的新型城乡形态提供了系统的指导和模型构造语言，多学科地审视城乡形态的合理性，有助于人们更加全面深入地分析传统工业社会城乡发展的规律性特征，从而揭示新的条件下中国不同区域城乡发展复杂多样的有机形态的共性和个性，避免从静态的和过于简单抽象的角度理解城乡发展的外部环境，最终为促进城乡一体化目标的实现提供有利的保障条件。

三　合理化的城乡形态有助于城乡一体化目标的实现

乡—城要素流动、交通基础设施的改善、城乡用地结构的调整、城乡功能的转换等因素都会促进城乡形态的演变。中国市场经济制度建设引致了城乡区域在生产型、服务型、交通枢纽型、科技文化型、资源型、生态服务型、政治文化型、旅游娱乐型等不同发展类型中的分异、集中和专业化，在公共设施完善、区域功能增强、信息知识中心等新的功能不断加强的过程中，城乡区域相应出现新的空间如城市新区、出口加工区或保税区、商贸会展中心、大学科技城、高新技术产业园区、新型住宅区、工业集中区或社会主义新农村等新型"人口—经济—社会"聚落发展形态。在中国，以成都为代表的新型城乡形态构建的实现，不仅与城乡区域结构的转换和经济要素的流动高度相关，而且与城乡一体化制度的安排和变迁高

---

① 英国 Archifield 建筑事务所主持建筑师、英国皇家建筑师协会注册建筑师伍端撰文指出：空间句法理论建立了研究空间—社会关系的理论和方法，它建立了一个可以从内部关系研究空间和社会的概念模式，解决了普遍模式与具体形态的差异的矛盾的问题，并建立了一种把空间秩序作为对随机行为的限定模式的分析方法。在这个意义上，空间句法对研究空间模式如何形成、空间如何在形成时带有社会的内容及信息等方面建立了系统的逻辑，即空间的社会逻辑和社会的空间逻辑。当然，空间句法理论的出现和发展为我们对空间概念的理解提供了一个新的视角，它从空间组构的方向为我们提供了对建筑和社会的重新思考。它并非局限于某一学科中的空间理论，相反，它是一个既有确定的核心范围，同时又是对外开放的理论体系。空间句法在空间理论方面为其他众多学科的交叉发展提供了科学的论证和强有力的支点。从它的发展过程可以看出，空间句法理论为当代空间话语提供了一个严谨、切实、开放的平台，它的产生引起了多个与之相关学科在各自领域的空间问题上的重新思考，并引发更多新的讨论。参见 ［英］伍端《空间句法相关理论导读》，《世界建筑》2005 年第 11 期。Hillie, B., The Architecture of the Urban Objects, Ekistiks (334/335), 1989: 5—21。段进：《空间研究 3——空间句法与城市规划》，东南大学出版社 2007 年版，第 159—166 页。王浩峰：《社会功能和空间的动态关系与徽州传统村落的形态演变》，《建筑师》2008 年第 132 期。

度相关。成都市新型城乡形态的主要特征表现为相互关联的诸多方面：城乡地位平等在于取消城乡间的种种不平等待遇，使城乡居民和城乡各类经济主体都能享受公平的国民待遇，拥有平等的权利、义务和发展机会；城乡开放互通重点是打破城乡界限，开放城市，使城乡居民和城乡各种生产要素都能自由迁徙和自由流动，提高城市化水平和生产要素配置的效率与效益；城乡互补互促是改变城乡分割、各自发展的传统模式，发挥城市先进生产力和先进文化的扩散与辐射作用，走以城带乡、城乡互促的社会经济发展新路子；城乡共同进步就是在坚持城乡地位平等的基础上，通过城乡开放互通、互补互促机制的作用，加快缩小工农差距、城乡差距、农民与市民差距，实现城乡的共同繁荣与进步。为此，成都市以体制机制创新为突破口，重点从新型城镇体系建设、产业布局、农民集中居住区和新型社会形态进行突破，构筑现代城市与现代农村和谐相融、历史文化与现代文明交相辉映的新型的网络式空间结构的城乡形态。[①]　成渝城乡一体化发展的实践证明，在国家层面的"顶层设计"与地方的制度创新有机结合推动下，中国新一轮的城市化进程正由"土地城市化"、"人口城市化"向以产业聚集升级为主导、城乡国土空间集约集中利用的"精明增长"、"节约发展"方式转变，城市中心区日益成为现代服务业的聚集发展载体，服务也由因城市的集约化发展而进入规模增长和结构优化期，现代服务也成为推动城市形态演变的新型动力系统。

　　土地是城乡形态演变的物质载体，21世纪以来的中国城市化快速推进过程就是土地城市化的过程，农地转为城市建设用地、工业用地和其他开发区、园区用地的巨大收益，对城市建设资金缺乏稳定渠道的城市政府形成巨大诱惑并扮演了"发动机"的角色。由此引发的"经营城市"、"以地生财"、"土地财政"所带来的城市面积快速扩张，导致土地城市化明显快于人口城市化，城市人口密度大幅度下降，城镇空间布局与资源环境承载力不相适应，本来存在的区域差距因城市化分布的区域差异而不断加剧。从区域层面分析，随着东部地区产业升级、产业转移和战略性新兴产业培育发展，中国环渤海地区、长江和珠江三角洲城市群内的城市建将实

①　四川省社会科学院课题组：《成都市新型城乡形态构建研究》，《经济体制改革》2010年第5期。

现功能重组；随着中西部地区部分重点开发区投资环境的改善、产业聚集和承接产业转移，新生次级城市群将会进一步吸纳周边农村人口和要素聚集；随着大城市的进一步发展和特大城市部分功能的疏解，部分位于大城市周边地区和城市群内的小城镇，将承担特大城市疏解出的部分城市功能并有可能发展为中小城市；随着经济进一步聚集和人口进一步流向城市群地区，绝大多数小城镇对人口的吸引力将主要体现在作为地域性农村公共服务中心。[1] 以上相互交织在一起的发展过程与城乡一体化如影随形，并不断促进不同类型的新型城乡形态演变。

表 5－12　　　　　　1997—2003 年中国地级及以上城市郊区面积变化

单位：万平方米，%

年份	市辖区面积	建成区面积	郊区面积	环比增速
1997	349651	13613	336038	0.0
1998	362730	14658	349117	3.9
1999	385661	14907	372048	6.6
2000	441225	16221	427612	14.9
2001	489421	17605	475808	11.3
2002	544840	19844	531227	11.6
2003	565104	21926	551491	3.8

资料来源：郑立波：《中国城市郊区化动力机制研究》，经济科学出版社 2008 年版，第 112 页。

中国 30 多年改革历程中居民收入差距与城市就业比之间呈现倒"U"形规律，经济增长是导致区域间总体收入差距呈现倒"U"形规律的主要原因，城乡之间收入差距始终占据主导地位，各地区之间收入差距显著地大于各地区内部收入差距，在各地区内部收入差距中沿海地区内部收入差距最大。[2] 尽管随着现代化基础设施向乡村延伸和普及，现代交通、现代通信、现代物流、现代交易和交往方式的高端化和普遍化将逐步"化"去城乡的区别，但是面对日益扩大的区域发展不平衡问题，不论现有城乡区域的发展处于何种状态和形式，中国西南地区、西北地区、长江上游和黄

[1] 中国发展研究基金会：《促进人的发展的中国新型城市化战略》，人民出版社 2010 年版，第 124 页。

[2] 孙早、卢宁、冯根福：《后危机时代中国经济改革与发展问题的理论探索——第十届"中国青年经济学者论坛"综述》，《经济研究》2010 年第 12 期。

河中上游地区在城乡一体化进程中面临的问题会更多，这主要是由于这些区域自身城乡经济社会发展尚处于欠发达状态，有助于实现城乡一体化目标的新型城乡形态发育形成的条件尚不完全具备，城镇的极化现象仍然构成主导区域内城乡发展不平衡阶段的主要方面，静态的地区差距和极化现象在所难免。这就要求在中国城乡发展的不同阶段，都需要重点关注这些欠发达区域的城乡关系问题，同时创造更好条件促进人口向较发达区域有序转移。坚持用改革的思路有创意地破除体制障碍，加快实现城乡基本公共服务均等化，从而在根本上破除传统城乡二元体制的反向作用，进而转化为一种正面的助推力量，① 是中国加速农村转变为城市和实现城乡一体化发展的必然选择。在这里，重视科学规划在城乡发展建设中的基础和引领作用，结合本地的资源禀赋、生态容量、历史文化和现实条件，构建可持续发展的总体功能布局，搭建中心城市、中等城市、重点城镇和农民聚居点为一体的城镇体系，努力构建新型城乡形态，走城乡同发展共繁荣的新路，从而消除城乡发展失据、建设无序、资源浪费的现象，有效转变政府领导发展的理念和方式，促进城乡科学发展；② 我们特别强调城乡一体化的实现必须建立在城乡良性互动关系之上，包括农村地区的农产品及其加工产品能够公平地进入城市市场合伙的加工设备，在实现增加值的同时促进农村居民的收入增长，农村的广义非农产品与服务的需求增长也能够较大程度地通过城市供给得到满足；区域性农村地区与地方城市中心间、地区性中心城市与更高层级的国家级中心城市间、农村地区与各类城镇之间的市场开放能够对区域层面的城乡联动发展产生积极反馈；在中小城市发展起到承上启下作用的条件下，农村生活水平的更大程度提高、城乡生产方式的多样化以及由此引起的农业投资与产品消费需求的强劲增长。③

---

① 曹钢、何磊：《第三阶段城镇化模式在中国的实践与创新》，《经济学动态》2011 年第 2 期。

② 刘嘉汉：《以发展权为核心的新型城镇化道路研究》，《经济学家》2011 年第 5 期。

③ 胡彬：《区域城市化的演进机制与组织模式》，上海财经大学出版社 2008 年版，第 228、229 页。

四　新型城乡形态是中国城乡一体化目标实现的重要内容

城乡形态演变是城乡区域功能转变的具体体现。根据城市形态和乡村聚落发展演变规律，结合中国新时期城乡一体化目标的基本要求和内在特征，可以认为新型城乡形态可能是城乡一体化进程中的阶段性表现。在新型城乡形态所要求的构成内容中，城乡经济发展及其各类新型业态的出现及其深化发展，在市场经济条件下有其自身的内在规律，政府的作用在于通过恰当合理的正式制度安排引导城乡经济一体化发展；城乡社会一体化则要求必须同时重视城乡社会成员自由发展权利的获得，重视推进城乡科教文化、医疗卫生、社会保障及就业制度、土地制度、社会管理与社区治理制度等领域的创新以及社会公共服务城乡基本均等化。新型城乡空间形态侧重于从经济地理角度，以城镇体系完善和城乡空间结构及其布局形态合理化为基本导向，涉及一定区域范围内城市与乡村两种聚落的区域分布和空间组合形式、外部空间形态、内部分布格局与功能组合、聚落与环境的关系、建筑空间组织和外观风貌，这些内容需要通过人们的主观规划和设计，以期借助于工程和技术手段在较短的时间内建成。因此，我们赞同今后和未来一段时期内中国构建新型城乡形态的重点是新型城乡空间形态的构建这样的认识。

城乡大地表面存在的不同城乡形态是城乡居民的塑造品，它折射着不同地域的文化风俗和群体想象。我们每个人，实质意义上都是城乡形态演变过程中的艺术家和景观设计者。我们人类总是在按照自身的感知和爱好来创造城乡秩序、组织城乡空间、时间和城乡间的诸多联系。这就要求我们更需要去理解在已经发生的现实中，城乡关系与形态结构中的我们的行为何以发生、如何决定和影响着城乡发展的未来。也许我们发现，我们的认识已经足够——人口密度由城市向乡村递减、农田在居住中心向外某一段步行距离以外减少、城市的发展总是呈现着未来乡村发展的图景、乡—城人口的流动在工业化进程中似乎始终存在，等等——这可能仅在有限范围内有效，在某些条件下，我们需要发现生活与城乡区域中的不同的人的关系，需要发现解释事件规律性的内容，需要认识城乡空间联系的实际……特别是随着人口密度的上升、土地利用强度的增加，对城乡空间管理的需要将变得更为迫切。因而，预测未来，并通过干预使城乡发展朝着人们预期的更加美好的方向发展，就变得至关重要。从实践层面，新型城乡空间形态通过不同层级的空间要素特征及其空间分布和组织结构反映出来，需要从宏观、中观和微观三个空间层面进行建构。[①] 因此，中国在城乡一体化进程中构建宏观层面的新型城乡空间形态，就是以具有城乡一体发展趋势的区域及其内部较大的地域空间为对象（市、区、县），以体现城乡统筹、融合发展为总体导向和演进趋势，构建宏观层面各具特点和相对适应性的新型城乡空间形态。其主要内容为：协调城乡用地比例关系——从宏观上协调整个区域的城乡用地比例，山、水、林、园、城有机结合，让城镇、乡村、生态等各种基质地域保持一个合理的比例和空间分布，保证城乡居民生产、生活发展空间，留足必要的生态空间；完善城乡地域功能的空间组合——根据本区域的城乡功能定位和功能分区，完善和优化城乡地域功能的空间组合，实现城乡地域功能的有机融合；完善和优化城镇体系及其区域分布形式——构建合理的区域城镇体系，使大中小城市、小城镇和乡村合理而有机地组合起来，在城市与乡村之间形成合理的层级关系，优化城乡聚落的区域分布形式，形成协调、均衡的城乡空间布局，促进城乡的空间融合；塑造城乡融合一体化发展的整体景观——立足本区域的自然地理条件、历史和人文特色、生态本底，确立并形成区域性、地域性的城乡整体景观特征。

　　城市与乡村总是处在不断发展和变化的过程中，任何一种类型的城乡形态只能适应于特定的城乡经济社会发展阶段，且与规模、功能、交通方式密切相关。在不同的城乡经济发展情况下，城乡形态会出现因内外力共同作用下的相应调整。中国城乡经济社会的快速发展带来了城乡功能的变化，推动着新型城乡形态的孕育、产生和发展，不断适应城乡社会经济背景和城乡功能变化的要求，促进城乡形态与经济发展规模、空间结构功能的协调，是判断城乡形态合理的重要标准之一，也是促进城乡一体化目标实现的基本理念。[②] 同时，由于城乡系统的开放性，物质、能量、信息、资金、人流等要素在城乡区域间的流动所呈现出的不可预测性，要求我们必须科学把握城乡发展速度和重点建设项目与发展机遇，人为的造城、主

[①]　戴宾：《新型城乡形态的内涵及其建构》，《财经科学》2011 年第 12 期。
[②]　熊国平：《当代中国城市形态演变》，中国建筑工业出版社 2006 年版，第 311—313 页。

观的城乡规划都是不可取的。只有立足现实、把握现状、攻克难点，从而在尊重城乡自身发展规律的基础上形成对未来多种可能性判断，才能有助于城乡一体化的顺利推进。同时，根据经济效益最大化的原则，通过土地市场的价值规律杠杆，实现城乡土地利用的最优化和集约化，提高土地的利用效益，使经济发展方式的转变趋向于投入最小的地区，并不断提高土地利用的效率，"节地、节能、节水"的节约型城乡社会是现代化社会的重要体现和城乡经济性的重要方面；积极建构环境优美、生态健康、生活舒适的新型城乡形态，根据生态学规律和城乡发展需求来组织城乡生态空间，建立起人与生物互惠共生的协调关系，则是保障城乡协调发展和人地关系和谐基本要求。因此，在中观层面①，新型城乡空间形态重点是以区域内部的城市和乡村聚落、城乡交错地带以及乡村地域为对象，以体现城乡一体、融合发展背景下不同地域的功能特色和演变机理为导向，构建新型城乡空间形态。这就要求：重构城乡聚落的外部空间形态与内部分布格局——完善和优化城乡两种聚落（包括各类城镇和乡村住区）的外部空间形态和内部分布格局，让城市在保持高度物质文明的同时兼具乡村自然优美的空间特质，让乡村在保持空间开敞、生态良好、环境优美的同时又具有城市的现代物质条件；协调城乡聚落之间的功能关系及其空间组合——在城乡统筹一体化发展的过程中，从空间上协调处理好城镇、农村新型社区、乡村聚居点的功能组合，形成自上而下体系完整、层级清晰、协调均衡的城乡功能结构和地域分布组合；协调城乡聚落与环境的关系——以主要城镇为重点，突出人类聚居环境与自然系统的和谐，保持生态系统的整体性和完整性，最大限度地恢复和维持其自我调节功能，营造田园化的城镇内部环境，形成人与自然和谐相融的内生系统；凸显城乡聚落的景观特征——城市与乡村在彼此吸收优势的基础上，重构城乡景观，让城市更像现代城市、乡村更像现代乡村。在这里，城乡交错地带的新型城乡形态构建重点是根据城乡规划和功能定位，确定并保持合理的城乡用地比例关系，划定城市与乡村的用地红线，实施更加严格的空间管制，防止低水平的无序混杂，体现城乡地域功能的有机融合，实现城乡景色的合理搭配和组合，形成城乡水乳相融的景观特色；以保持和增强乡

---

①　戴宾：《新型城乡形态的内涵及其建构》，《财经科学》2011 年第 12 期。

村地域的农业生产功能、生态保护功能、观光休闲功能为导向，优化乡村地域功能的空间组合，恢复和保持河流、湿地、草场、山地等地理区域的自然功能，明确乡村各类自然地域的保护边界及其发展引导，形成具有本土特色的田园型乡村大地景观，彰显田园四季更替的美景，突出乡村自然之美，体现乡村的神韵。在新型城乡形态的连接通道构建中，重点是构建城乡网络化现代交通体系，完善城镇中心地区交通能力，疏解城市密度，以交通引领城市空间拓展，实现中心城区与城市边缘区、城乡边缘区与乡村之间的快速联系，重视连接城乡的重要公路交通通道轴线，通过市场化运作机制，积极探索新增耕地和农民集中居住后节约的建设用地指标有偿调剂使用办法，解决城镇住房、保障房、廉租房和农村农民集中居住区建设资金问题，全面展示现代城市、现代农村、现代产业、生态环境和人文环境，形成新型城乡空间形态的示范效应，集中体现现代城乡产业融合、社会和谐、环境优美的特质。

　　新型城乡形态的特点决定了这种特殊阶段过渡形态的城乡空间结构形态在经济上具有以非农就业为主要内容的就业结构，城乡区域之间在竞争合作基础上的产业分工、集聚与合作加强趋势，城乡居民物质和生活条件显著改善、城乡差距显著缩小等特征。因此，微观层面的新型城乡空间形态构建[1]，关键在于以城市和乡村聚落范围内的居民住区，包括城镇住区、农村新型社区、自然村落、城乡建筑空间乃至单个建筑体为对象，以体现自然和谐、人性化、生活化为导向，将城镇和乡村各自的优势有机结合起来，将规划作为构建新型城乡形态的基本依据和重要手段，推进规划向乡镇、农村地区延伸，统筹考虑土地利用、生态环境保护、产业布局、基础设施、就业和社会保障等问题，注意城镇规划、村庄规划、土地利用规划、产业发展规划、经济和社会发展规划等不同规划之间的衔接，处理好不同层级规划、不同部门规划之间的关系[2]，尊重和维护城乡居民住区的机理，包括街坊、道路、广场、桥梁、树木、花草、设施等，重视历史、文化和精神的传承，保护历史文化遗产和乡土景观，美化建筑与环境设

[1]　戴宾：《新型城乡形态的内涵及其建构》，《财经科学》2011年第12期。
[2]　四川省社会科学院课题组：《成都市新型城乡形态构建研究》，《经济体制改革》2010年第5期。

计，优化建筑结构，完善基础设施配套，使其形成高效合理、特色鲜明的产业形态，区域一体、产业集群的空间形态，城乡互融、幽雅清新的生态环境形态，和谐文明、健康持续的社会形态，人与自然和谐相融、空间组织多样化、个性化的外观建筑形态。[1] 同时，构建多元化投入机制，调整财政支出结构，将新型城乡形态建设作为公共财政支出的重点之一，集中财力优先保证基础设施、制度创新、生态保护、民生工程和公共服务建设，广泛吸纳社会资金，建立投资主体多元化、运营主体企业化、运行管理市场化的财政金融投入保障新机制，[2] 充分发挥社会组织和市场主体的不同作用，有效促进新型城乡形态的形成和合理化发展。

---

[1]   王艺、付而康：《成都市郫县花园镇新型城乡形态发展思路初探》，《四川建筑》2011 年第 4 期。

[2]   孙建成：《统筹推进生态区建设：构建新型城乡形态》，《环境教育》2009 年第 7 期。

第六章　国外城乡一体化发展借鉴

对于应用经济学领域城乡一体化进程中的新型城乡形态问题，其不同层面的制度创新与各级政府的政策设计总是非常复杂的，因为其中夹杂、交织着有关城乡发展的诸多历史现实因素，而其中的关系又错综复杂、基础条件各具特色、城乡区域发展的政治经济社会含义多种多样。如此一来，不可避免的结果就是这种对策应用研究，或多或少、或明确或隐含地包含着一定程度的价值判断；同时，我们又必须通过实践去检验经过妥协确定的目标是否能够彼此相容，我们用于实现城乡一体化发展目的的手段在实践中是否是相对恰当和科学的，特别是这样的制度创新与政策转变是否最有利于城乡社会的进步和城乡人民生活质量的提升。

第一节　发达国家的城乡一体化实践

城乡形态演变及城乡一体化的成功实践是城乡区域内在与外在经济社会矛盾运动和发展的产物，不同国家和地区的城乡形态演变在不同时间呈现不同特征。一般而言，城乡区域各自经济的发展、结构功能的转变会相应引起城乡形态的转变。工业革命早期，在资本主义经济最发达的英国和西欧国家，出现了工农分裂、城乡差别加剧、阶级矛盾尖锐、城乡对立严重等社会现象。从19世纪中叶起，随着主要资本主义国家工业革命的相继完成，欧美资本主义世界整个社会、经济、技术等方面发生了巨大变化。对于处于21世纪的发达国家而言，城乡一体化发展以及城市部门对农村部门的促进和反哺机制日趋成熟，城乡互助共荣与融合已是现实。对于当代中国城乡关系的协调而言，尽管我们不能照搬发达国家的模式，但却可以从发达国家的经验中找到对于城乡关系的一般性认识，形成我们对于城乡协调发展的有益启示。

一　不同发达国家和新兴工业化国家的实践

实践表明，如何实现城乡协调发展，曾经是各国和地区在其发展的特定阶段必须面临的重要发展问题。从世界城市化的历史演进来说，英国在 100 多年前，就伴随原始资本积累和工业化推进完成了国家的城市化战略，其后大概是 80 多年前完成此过程的欧盟其他国家和 50 多年前的美国。在这一过程中，迅速的技术变化，新兴现代工业中心的出现，由国际商品流动、资本流动和劳动力流动的有力扩张所引起的个别经济之间的更紧密的相互依赖——所有这一切都引起了西方发达资本主义世界人口结构的巨大变化……再加上经济繁荣和消费者的财富（房屋、耐用品）的明显增长……而且强有力地推动了可以叫作"中间阶层态度"——一种在现存的社会经济制度之内而不是在它以外寻求改进的倾向——的高涨。[①]

美国通过长期发展，其城乡差异接近消失，不少美国大都市外围产业链上的村镇居民"幸福指数"甚至高于市内居民；日本城乡之间的界限越来越难以区别，城乡居民享受同等的政治经济待遇，政府在户籍、政治权利、社会保障和人员流动等政策上对城乡居民一视同仁；英国城乡差别不明显，城镇人口占总人口的比例在 90% 以上，在城市化过程中，英国通过对中小城市的改造和振兴，使大、中、小城市走向精密化，并相互协调，以此带动英国城乡一体化进程；法国城乡环境优美，重点保护城市与乡村居住环境的多样性，打造城乡环境一体化的"田园城市"，使得城市与乡村都能享受到清新的空气、美丽的景观、舒适的生活。

（一）英国的实践

在工业化、城市化率先推进的英国，其早期的城市化是一种自由放任式的发展模式，工业革命在重塑原有国土空间格局的同时，造成大量农村人口涌入城市、失业与贫困并行、城市污染严重、公共卫生设施严重缺乏等问题。为了摆脱城市化、工业化的消极影响，政府逐步承担更多责任，

---

① ［波］W. 布鲁斯、K. 拉斯基：《从马克思到市场：社会主义对经济体制的求索》，银温泉译，格致出版社、上海三联书店 2010 年版，第 25 页。

不断强化对城乡发展的干预和调节。例如，在19世纪末到20世纪初，英国先后通过了《济贫法》、《公共卫生法》、《环境卫生法》、《工人赔偿法》、《工人住宅法》、《养老金法案》、《失业保险法》、《国民健康保险法》、《教育法》、《儿童法》、《城市规划法》等一系列社会立法，为城乡居民提供更多养老、失业、医疗等社会保障并建立比较完善的福利体系，促进了英国现代社会保障制度的完善和战后建设"福利国家"目标的实现。同时，英国的花园城市建设探索也为世界城市化发展提供了启迪。例如，1935年伦敦郡议会拨出200万英镑用于城乡绿带系统内的征地，在专门调查的基础上建议控制伦敦增长，对交通拥挤的城市进行再开发，实现工业和人口的分散发展，鼓励平衡的区域增长，以完成花园城市或花园郊区、卫星城镇、贸易区的建设以及开发现有小城镇和偏远的区域中心。1946—1948年，大伦敦以同心圆形态在内环疏散人口和工业，在郊区周围不再开发而由绿带包围城市，阻止城市无边增长；在农村周围，开发现有城镇和建立全新城镇，容纳外溢人口和工业。经过一系列的政策调控，英国逐步进入了相对稳定健康的城市化发展道路，成为20世纪末世界上城市化率（达90%左右）最高的国家之一。英国皇家农业学院经济学家维尔·曼里指出，进入21世纪，尽管英国除面临农村人口老龄化问题，还要面对口蹄疫、英镑贬值等"天灾人祸"，但是为保持农村特色、避免农村衰败的情况发生，英国政府采取了不少对策，建立了完整的农业科研、推广和教育体系，对农村道路、地界围栏、排水设施等予以补贴。例如，在苏格兰北部克里夫镇，"小镇的路不过8米宽，路两边的房子看上去旧的多、新的少。但镇上的基础设施在20年前就很完善了，近20年来没什么改进[①]"。据统计，英国农业人口占总人口的1.7%，但这部分劳动力每年能满足英国55%的粮食需求，原因之一是英国农业人口人均拥有约70公顷土地，能够有效地进行现代农业的规模化经营。从农民转移实现市民化的模式来看，英国农村人口非农化主要是选择了以圈地运动为代表、以暴力为核心内容的强制性市民化模式。

从历史演进分析，前工业化时期英国的城乡关系发生了深刻的变化。

---

① 段聪聪：《大量人口涌向城市，农村发展会否停滞——世界村庄几家荒废几家旺》，《环球时报》2010年8月27日。

在乡村，农业革命特别是乡村工业的勃兴，使英国乡村社会经济结构发生了深刻变革——封建土地所有制变为资本主义大土地所有制，乡村自然经济转变为商品经济，部分农民与土地分离变成自由雇佣劳动者。当乡村经济社会结构发生变革、乡村工业的发展如火如荼之时，城市为适应这一变化也进行了调整——城市经济结构和它所体现的经济功能发生了重大变化，并且与新兴乡村市镇发展相协调，从而改变了英国城市的区域分布，初步形成了近代城市网络体系，具体表现为：城乡之间经济联系逐渐增强，城乡之间相互作用逐渐明显，城乡经济一体化初见端倪。到前工业化晚期，乡村非农化和城市化已略具规模。[1] 英国城乡经济一体化走的是农村推进城市的道路，农村经济的变革自然就构成英国社会变迁的一个核心问题。[2] 在这一过程中，英国城乡协调发展，首先表现为城市在以乡村工业为主体的乡村经济变革中的作用加强，乡村工业往往依托城市的资本、信息和市场，以城市为后期加工基地，城市商人雇主在组织乡村工业方面的作用不断加强，城市职能的转变对乡村工业产生了积极影响；其次，城乡协调发展还表现为乡村对城市经济的影响增强。如果说前工业化早期，乡村仍然是英国经济的重心，那么，工业化晚期，乡村的非农化和城市化已初具规模，城市在社会经济变迁中的作用和影响力逐渐超过乡村。对于乡村劳动力转移而言，英国乡村农业劳动力的非农化是从农业内部开始逐渐展开的。首先，种植业的劳动力不断向非种植业转移；其次，种植业和畜牧业劳动力不断向家庭副业（手工业）转移；再次，广义农业劳动力不断向非农产业转移；最后，农村劳动力不断向城市转移。[3] 如此这般，乡村非农化和城市化最终使乡村农业和居民从中世纪的简陋状态中解脱出来，英国新型城乡关系的出现，成为城乡经济内在联系和商品经济发展规律的体现，是城市经济繁荣的要求，也是乡村经济发展的必由之路。

（二）美国的实践

美国是一个移民国家，从 17 世纪初开始，英、法、荷等欧洲大陆

---

① 邹昭华：《前工业化时期英国城乡关系的转变》，《咸宁师专学报》1996 年第 4 期。

② 孔令艳：《论中世纪英国城乡经济一体化发展中的农村推动作用》，《辽宁师专学报》（社会科学版）2000 年第 3 期。

③ 解光云：《前工业化时期英国的城乡关系》，《安庆师院社会科学学报》1998 年第 3 期。

移民相继来到美国。美国在 19 世纪中叶开始的工业革命的推动下，社会生产力和物质技术水平有了巨大提高，特别是城市第三产业优先发展，城市可为农业劳动力提供更多的就业机会，构成一种"拉力"，即在城市规模聚集效益规律的作用下，形成对农产品和劳动力的大量需求。对于乡村经济来说，形成巨大的"推力"，即由于农业劳动生产率的提高，推动大量的农村富余劳动力从土地上游离出来走进城里。美国在城市化进程中，工业化带动城市经济发展，大量农村人口迁至城市，使城镇化的步伐不断加快。同时，工业化所推动的近代交通发展，也有力地加速了农村劳动力的转移，并促进了大城市的崛起。据美国农业部网站提供的数据，1870 年美国农业人口占全国总人口的 70%—80%，1950—1980 年间大城市圈由 169 个增加到 318 个，城市圈人口由 8485 万增加到 16943 万，在全国总人口的比例由 56.1% 增加到 74.8%，其中的 18 个都市圈分别占全国大都市圈人口和全国总人口的 45.6% 和 4.7%，20 世纪 70 年代初，制造业和第三产业就业人口的 75% 集中在大城市，美国以大城市为中心的都市圈分工结构模式基本形成。从 1990 年起，美国农业部向全国性农业合作开发项目提供援助，建立"州农村发展委员会"，要求每个委员会必须有区域振兴战略规划，确立提高农村居民生活质量的方法和措施。2008 年，美国直接从事农业的人口比例只有 2%—3%。农村人口减少，但美国联邦政府的财政补贴是重视农村发展资金的重要来源，这就保证了农村在基础设施建设、教育培训方面与城市基本同步。例如，在离曼哈顿约 3 小时车程的蓝卡斯特镇，"人口密度很低，机械化程度高，常常是一大片田地里只有一个人驾驶着拖拉机劳作。那里有很好的基础设施，但当地人却刻意选择宁静的生活，马车成了常用交通工具①"。同在北美的加拿大，长期以来农村社区在城市化进程中不断发展扩大。在加拿大，农民可以随意搬家进城，转变为"城里人"。但由于农民地位高，收入普遍高于城里人，所以这样做的人很少。例如，20 世纪 90 年代中期，加拿大农牧业人口仅占总就业人口的 4.3%，而到 2006 年这一比例却上升到 13%。纵观美国城市化进程

---

① 段聪聪：《大量人口涌向城市，农村发展会否停滞——世界村庄几家荒废几家旺》，《环球时报》2010 年 8 月 27 日。

中的城乡关系、城郊关系及都市带的发展，从城市与农村模式特质看，美国高度城市化，都市与非都市的区别越来越模糊不清，"都市性"已成为当今美国人普遍的生活方式，传统上"乡村—城市"的划分基本失去了意义。在美国城市化过程中，农村与农业的功能和经营性质的转化是城市化最具特色的表现形式。在现代的美国，农业已不再等同于乡村价值观和乡村生活，农场已经成为一种企业，农业与其他企业部门之间的区别正在消失，农业的主要变化表现为技术和教育水平的提高，商品化、专业化和资本化的发展以及由此带来的生产效率提高，农业规模扩大和农民数量减少。现在，美国农业与工业日益表现为经营与生产目的的同质性。这主要表现为农业企业的发展和农业相关工业的重要性增强，特别是垂直一体化和契约农业的出现，表明农业经营者与工商业经营者趋同与相互依赖。随着美国农业及农业劳动形式的变迁，美国农业工人的生活方式与城市人基本上没有差别。大众传播和交通运输的改善，地域性群体的重组使传统的农村封闭式结构不复存在。在农业地区，地缘或血缘群体即初级关系的重要性在降低，而具有相同利益的正式组织、政府机构及商业公司即次级关系的重要性在提高。

美国城乡一体化的主要特征表现为：一是技术革命为城乡一体化提供根本动力，特别是交通运输技术发展显著改变了城市化空间布局形态，城市功能专业化，相邻或相近的几座城市相互协调沟通，以相互扶持的方式共同发展，大规模城市群和城市连绵带日益形成；二是美国的工业化始于棉纺织业、面粉和肉食罐头等行业，其后才依次是石油、汽车、电气、化学工业和钢铁、机器制造业等，这就使得美国在产业层面形成了农工协调发展促进城市化较快发展的工业化、城市化和农业现代化良性循环，城市区域不断扩大，城乡界限日益模糊；三是美国在其推进城乡协调发展过程中，始终重视以国际移民方式从全球范围内吸引配置劳动力资源，并促使外来人口绝大部分转移至城市从事非农产业，从而服务于美国利益①。

---

① 例如，无论在哪一个地区或行业，华工都以吃苦耐劳而著称。中央太平洋铁路公司总裁斯坦福曾这样评价华工："这些华人安分守己，忍耐力强，肯于吃苦，节俭度日，比白人简朴得多，并从不计较工资的高低……"参见 T. 秦《加州华人史》，旧金山 1973 年版，第 33 页。

表 6-1　　　　　　　美国城乡一体化的发展阶段及主要特征

阶段	初始阶段	加速阶段	郊区化雏形阶段	城乡一体化阶段	城乡融合发展阶段
时间	1880 年前	1880—1920 年	1920—1950 年	1950—1990 年	1990 年至今
动力	马力、畜力、风力、帆船	建立连接全国城镇的铁路网	遍布全国的高速公路网络	科学技术发展交通通信革命	信息与知识的高度发达
产业	农业占主导	工业	汽车、石油业	第三产业崛起	第三产业主导
发展状况	城市迅速发展	城市化迅猛推进	中心城市规模扩大城市聚集	农村发展速度首次超过城市	城市网络化发展、区域平衡
城市人口	1800 年 6.1%	1920 年 51.2%	城市化率 64%	郊区人口比例显著增加	1990 年郊区人口占比 45%

　　资料来源：高强、王富龙《美国农村城市化历程及启示》，《世界农业》2002 年第 5 期。

（三）德国的实践

　　相对于英、法、美等国而言，德国城市化起步较晚，但是速度快、水平高，其城乡一体化的独特之处主要表现为境内城市分布均衡，城乡分布合理，城乡统筹一体化发展特征明显，城乡发展过程中的区域资源配置、产业结构演变与社会进步、环境变化状况紧密连接、相互协调。之所以如此，除了方便快捷的交通系统、城乡发展过程中广泛的公民参与等，其中重要的得益因素还在于德国从联邦宪法的高度非常重视对城乡建设、城乡规划管理体制和区域规划的政策指导上，促进全境内平等生活环境的营造，最大限度地减少区域差异、代际差异，从而实现城乡均衡的可持续发展。同时，统一健全的社会保障体系也为城乡人口自由流动降低了门槛，促进了城乡居民在选举、工作、迁徙、就学、社会保障等公共服务和自我发展领域中享有平等权利。值得一提的是，为了促进土地流转和提高农业效率，德国政府还出台了鼓励农民卖地退休的补贴政策，这就有效地提高了土地的规模化集中程度，促进了农业不断向现代化大生产的方式及时转变，加速了生产力的转移和城市化进程。德国在土地整理过程中推进乡村更新计划，由政府根据农业发展、乡村更新和公共建设需要，依轻重缓急、分类选择土地整理地区进行先期规划，并在广泛征求和考虑公众意见的基础上重新修订规划。20 世纪 50 年代，德国对落后农业区采取投资补贴、拨款、农产品价格支持、低息贷款等措施，加速推进农业和农村的现代化发展步伐。

（四）韩国的实践

韩国从 20 世纪 50 年代农村人口超过 80％的落后农业国，发展到 21 世纪人均收入超过 2 万美元的新兴工业国，并经历了迅猛的城市化过程。同样人多地少，特别是耕地面积狭小，但韩国坚信"农者天下之大本"，视农业为事关国家安全和根基的战略产业。

表 6-2　　　　　1974 年韩国新村运动（NCM）总投入来源及用途

（单位：百万韩元）

	总计		政府投入				村民投入					贷款与捐助
	数量	％	中央	地方	补贴	小计	现金	劳动	物质	土地	小计	
生活环境	43237	32.6	3738	4820	—	8558	4755	19879	6035	1610	32297	7205
生产基础	13214	10.0	1227	680	1082	2989	1155	1836	29	—	3020	
增收项目	27065	20.4	1390	3990	205	5585	9274	7718	68	—	17060	4420
绿化荒山	6718	5.0	1195	1484	—	2679	—	3945	—	94	4039	
保健福利	28771	21.7	2481	3891	34	6406	123	19227	—	—	19350	3015
精神启蒙	3237	2.4	2058	937	41	3036	156	6	36	—	198	3
小计	122242	92.1	12089	15802	1362	29253	15463	52629	6168	1704	75964	17025
城市 NCM	10548	7.9	—	1527	—	1527	2460	1510	3921	184	8075	946
总计	132790	—	12089	17329	1362	30780	17923	54139	10089	1888	84039	17971
％	—	100.0	9.1	13.1	1.0	23.2	13.5	40.8	7.6	1.4	63.3	13.5

资料来源：石磊《三农问题的终结——韩国经验与中国三农问题探讨》，江西人民出版社 2005 年版，第 195 页。

20 世纪 70 年代，面临工业化初期大量农村人口进入城市、农村劳动力老龄化严重等问题，政府与民间齐心协力用 15 年时间集中开展了富有成效的"新村运动"，中央政府成立由内务、农林、工商、建设、文教、邮电及经济企划院等部门行政官员组成的特别委员会，道、直辖市、市、郡、面、邑、村也成立相应的机构，建立了从中央到地方的领导体系与相互协作机制，一方面，加强农村基础设施，改善农民的居住环境，改造带草屋顶的民房，使乡村道路"柏油化"，改善供水设施，培育农民自主、自立、自强精神等；另一方面，在农村推广良种和先进的农业技术，通过建立农民合作组织、农村金融体制、城乡互动发展机制（如"公司＋农村"互助计划）和建立新的农村科技教育推广体制与机制（如成立韩国农村振兴厅），发展环境友好型有机农业。当前，韩国农村人口仅占全国人口的 5%，但农业产值约占国民生产总值的 10%，农村人收入是城里人收入的 80%，城乡差距相对均衡。

表6-3　　　　　　　　韩国新村运动的发展阶段及主要特征

阶段	基础建设阶段	扩散阶段	充实提高阶段	自发运动阶段	自我发展阶段
时间	1971—1973 年	1974—1976 年	1977—1980 年	1981—1988 年	1988 年以后
目标	改善农民居住条件	改善农民居住环境，提高生活质量	发展畜牧业、农产品加工和特产农业、农村保险业	改善农村生活环境和文化环境，继续提高农民收入	社区文明建设与经济开发
措施	政府无偿提供物资，激发农民自助协同精神，建中央研修院培养新农村指导员	修建公用设施及住房，发展多种经营，新村教育，提供贷款、优惠政策，推广科技文化技术知识	推动乡村文化建设，为农村提供各类建材，支援农村文化住宅、农工开发区建设	完善民间组织，提供财政、物资、技术服务，调整农业结构，发展多种经营和农村金融	国民伦理道德建设、共同体意识教育和民主法制教育，推动城乡流通业发展
主导力量	政府	政府	民间自发	全体国民	民间组织

资料来源：徐同文《城乡一体化体制对策研究》，人民出版社 2011 年版，第 48 页。

韩国的城乡一体化进程，不仅表现为通过新村运动促进农村发展，而且注意发挥内、外部两种力量，通过工业化与城市化同步推进，共同促进城乡一体化的实现，典型地反映了城市拉动型的城市化发展模式，并最终形成了高度集中的城市化布局形态。

（五）日本的实践

日本土地资源结构与中国相似，比较易于利用的类平原土地只有国土面积的 20%，人均平原面积只有 830 平方米左右，只有美国的 3%，农业生产用地与城市化进程矛盾关系紧张。随着 20 世纪 50 年代欧美产业的第一次转移，日本走上了工业化、城市化道路。1950—1980 年，日本城市人口在产业发展带动下增加了 3000 万，其中 70% 集中在东京、名古屋、大阪等城市圈，30% 集中在地方区域性城市。1970 年，仅占国土面积10.45% 的三大都市圈集中了全国 43.5% 的人口，每个都市圈都有一套相对完整的产业体系，产业发展的"雁形效应"明显，城市带动产业结构高度化、资本运营中心和技术中心的形成。[①] 在经济高速增长的 1955—1975年，日本花 20 年左右的时间完成了农村劳动力的市民化转型，每年平均约有 72.5 万农村劳动力进入城市并转入非农产业部门就业，这一规模占就业总人数的 64%。在这一过程中，日本政府不仅通过自由往来的"誊本"户籍制度促进劳动力自由流动，而且通过公营住宅、住房公司等对中低收入家庭进行保障性住房建设，以实现农民劳动力在城市的安居乐业。与此同时，政府还结合九年义务制教育促进学龄儿童随父母迁移，并由地方教育委员会安排其入学；对于进城的农民劳动力，日本采取了全民保险制度，促进转移的劳动力全部加入养老保险、医疗保险、工伤事故保险、雇佣保险等。[②] 日本特大都市圈模式的推进、农民工转型实现市民化的实施及其对农村的支持，使得当今"日本没有城乡差别"、"日本的农民都是地主"、"日本的农民工早已消失，现在农村最需要城市工"……在日本，人们常这样议论城市与农村的质变。例如，山梨县大月市所属的一个农村，"在一位 70 多岁老太太家，老人的子女都在东京，只有她一人留在村里，每到收获季节，她就通过当地农协雇来自城里的临时工[③]"。显然，各地农协是日本农业制度中很有特点的组织，它既能引导农民种什么，也和农民签约收购，不管市场、天气、收成有何种变化，在农业保险制度支撑下都能保证农民"旱涝保收"。当前，日本的农民收入是城市市民收入的 1.18 倍。总体来看，日本政府针对本国人多地少、资源短缺的特点，对农村富余劳动力转移进行了有效干预，走出了一条有别于欧美的"跳跃式转移"和"农村非农化转移"相结合的道路[④]，使农村就业人口占总就业人口的比重急剧下降，有效促进了城乡向发展水平的显著提升。

二　发达国家和地区城乡发展的共同经验

为了使城乡协调发展和体现城乡各自的功能，发达资本主义国家一般

---

① 袁志刚、绍挺：《土地制度与中国城市结构、产业结构选择》，《经济学动态》2010 年第 12 期。

② 《国际在线—世界新闻报》，2010 年 3 月 11 日，http://taobao.cri.cn/27824/2010/03/10/4545s2779848.htm。

③ 段聪聪：《大量人口涌向城市，农村发展会否停滞——世界村庄几家荒废几家旺》，《环球时报》2010 年 8 月 27 日。

④ 张季风：《战后日本农村富余劳动力转移及其特点》，《日本学刊》2003 年第 2 期。

都采取了绿化村庄，拓宽或取直道路，修整村旁河岸，修建公用水井、灌溉池塘和粪肥储存设施，修整住房，建造农村通信系统，建立社区中心等多项措施促进农村发展。其共同的经验做法主要包括以下几个方面。

（一）重视法律制度保障

政府通过合理的规划和政策立法，对乡村城市化进行支持。如英国政府早在 20 世纪 20 年代末 30 年代初就进行了"新城运动"；美国则于 1968 年通过《新城镇开发法》，第一批就建成了 63 个规模在 2 万人左右的新城镇。英、美两国都制定了《农业基本法》以确立农业现代化的重大方针政策，韩国的农业立法则有明确的宗旨和目标，有达标的途径和办法，有明确的赏罚条款，保持了法规的连续性。

（二）积极引导工业分散化

如意大利全国有 8000 多个市镇，已全部覆盖了农村，每个市镇平均 7000 人，工厂分布在周围的农业区域，市镇之间主要是商业、服务以及文化、教育等公益机构。韩国于 1970 年提出"培育新农村运动"，"使所有的村庄在最近的将来从传统性落后、停滞的社区，转变为现代的、进步的、有较好生活环境的社区"。从 1971 年开始的"新村运动"，由政府自上而下地动员大量财力、物力和农民劳动力，致力于改善农村环境、改变农民的生活方式。经过 30 多年的努力发展到了 20 世纪 90 年代，韩国农村社会确实发生了很大的变化，许多方面已经向现代化迈进，农民生产有所提高，农村社会结构和生活方式趋于现代化，乡村小城镇和村庄的基础设施建设、生态环境受到了重视。不仅有多种多样各具特色的建筑和完善的设施，而且到处绿草如茵，创造了一种高度文明的生活环境，从而避免了城乡之间的严重矛盾冲突。[①]

（三）发展农业集约经营和多种经营

发达国家在城乡一体化进程中重视改变农业生产落后局面，并在种植业内部创造更多的就业机会，促进城市工业部门对农村农业部门的反哺。如 1960—1980 年，日本中央政府农业预算在国家总预算中的份额一直保

---

① 张国：《中国城乡结构调整研究——工业化过程中城乡协调发展》，中国农业出版社 2002 年版，第 46—67 页。

持在 7％以上，对于农户购买农机，中央政府和地方政府各补 40％，剩余
20％由农协贷款，由此促进农业机械集约化经营；韩国则加大对农村农业
部门在科技、教育、交通等方面的公共投资，改变农业生产的落后局面。
20 世纪 80 年代中期开始，为适应世界高新技术发展趋势，日、韩两国都
加大了技术反哺农村农业的力度，自下而上建立了一大批现代化科研教育
设施，出现了"电脑村"、"高新技术村"及"高效农业村"。

（四）促进基础设施先行

大力兴建农村基础设施和资源开发工程，加强农业和农村的基础设施
建设，增加农村的就业机会，提高农民的收入水平。如在日本，当以工业
为中心的非农部门劳动力吸收能力减弱时，政府就将农村劳动力转移的重
点放在农村内部，转移的方向主要是向农业生产的广度和深度推进，向农
业的产前和产后部门转移。在美国，20 世纪 30 年代大危机之后，为解决
就业问题，罗斯福新政时期通过建立公民水土保持团进行农业基本建设和
水土保持工作，吸收了大量农业富余劳动力。这些国家在农业内部扩大就
业面的做法对西部地区农业富余劳动力的转移具有重大借鉴意义。[①] 在发
达国家，由于 20 世纪 70 年代以来城市工业的扩散和快速交通网络的建
设，大量城市人口由城市中心向郊区和小城镇迁移，智力密集型小企业在
郊区城镇的增长和集聚，给城市郊区和小城镇带来了新的发展契机，成为
城乡一体化过程中的一个新趋势。

（五）建立功能齐全的农村组织

如日、韩两国均建立了农协，农协网络了农村中的全部农户，不仅是
农村中的经济组织，也是农民的政治组织，在推进农村经济发展，提高农
民地位，维护农村社会稳定方面起着极其重要的作用。农协既可以代表农
民与政府讨价还价，也可以作为政府代言人，执行国家农业政策。政府反
哺农业的政策策略，是农协促使政府制定并通过农协实施。所有这些方法
和手段使日、韩农村农业同整个经济一起进步，实现了农村农业现代化，
促进了农民收入提高，维护了社会公平[②]。目前，发达国家和地区已经进

---

① 韩丽丽：《国外农业富余劳动力转移的做法》，《经济论坛》2004 年第 11 期。
② 农业部国外农业调研组编：《国外农业发展研究》，中国农业科技出版社 1996 年版，第
68—75 页。

入后现代化社会和城市化高级阶段，农业和工业之间的相互联系和相互依赖进一步加强，农业产业化和农工商综合企业迅速发展，农场经营管理趋向集中化、资本化和企业化，农民收入提高和城乡居民社会地位的平等化，小城镇兴起与郊区城镇化发展。它们面临的问题是保护城市与乡村的居住环境的多样化，推进城乡融合、城乡优势互补的城乡一体化发展。[①]

（六）重视劳动力流动与人力资本积累

在东欧，有"欧洲厨房"之称的匈牙利本是传统的农业国，"第二次世界大战"结束时匈牙利农业人口占全国总人口的53.8％。但是，随着城市化进程中大量农村人口流向首都布达佩斯甚至移民欧美国家，1990年匈牙利农业人口占全国总人口的比例下降至14.9％，2010年不足5％。同时，在1990—2010年的20年间，匈牙利部分农村的基础设施建设处于停滞状态，农业生产严重下滑，种植业产出减少30％，养殖业减少40％。匈牙利的劳动力乡—城迁移所带来的农村发展衰败，是城乡关系处理不当的代表国家之一。在促进人力资源开发方面，法国政府于1960年颁布《农业教育指导法案》，建立农业教育培训体系，由农业部负责在全国范围内建立农业研究机构和农业学校，从事农业人才的培养。同时，政府确立公立私立共同办农业教育的体系，逐步实现农业教育的系统规范化，国家对获得毕业证书的人员，在生活安置、农业经营方面给予优惠待遇。据统计[②]，在传统农业转变过程中，法国有25％的农场主接受过中等以上的专业技能培训。

第二节　发展中国家的城乡发展实践

发展中国家城乡发展中面临的共同问题是乡村人口比重大，城市化水平较低，城乡人口结构性矛盾突出，城乡分割、城乡二元经济社会结构典型，存在大量富余劳动力，农村人口大规模向城市迁移与城市高失业率持续并存，等等，导致其城乡之间的联系与发达国家相比要弱得多。第二次世界大战以后，在不同的国家发展战略的推动下，其城市化水平提升较

---

①　石忆邵：《城乡一体化理论与实践：回眸与评析》，《城市规划汇刊》2003年第1期。
②　赵庆海、费利群：《国外乡村建设实践对我国的启示》，《城市问题》2007年第2期。

快，各国的工业化对其经济发展也有重要影响，人口的乡—城流动趋势明显、规模庞大。

一　不同发展中国家的具体实践

（一）巴西的实践

巴西作为拉美最大的国家，农牧业是国民经济发展的基础和动力，政府始终将农牧业的发展放在国民经济的基础地位，重视对农牧业投资和科研投入的增加。1950—1975 年，巴西内地、海外移民规模巨大，特别是人口大量向沿海发达城市集聚，导致城乡之间差距扩大，城乡二元经济结构不断强化。经历教训和付出代价后，巴西政府积极采取反哺农业、扶助农村、加快农村地区建设的政策措施，如直接在农产区建立加工厂，解决农村就业和提高农产品附加值，逐步改善城乡关系。为适应国际市场变化，1990 年开始巴西实行对外开放，实现了国内生产总值构成比例的调整，工业产值比重下降，服务业比重上升。1991—2005 年，随着城市规模的不断扩大和"城市病"、"城市空心化"的产生，巴西出现了反移民、逆城市化趋势，大城市中部分人口向城市周边环境好的卫星城镇迁移。1999 年，巴西共有 5500 多个城市，2000 年的城市化率为 81.4%。[①] 为了缓解大量人口和经济活动流向大城市的压力，尽快消除日益恶化的交通、环境、社会和住房问题，巴西采取了积极的调整措施，如加强对农村发展的投入，由国家设立协调发展委员会和建立基金会，鼓励中小企业在小城镇及农村发展，从而带动农村及小城镇的发展。同时，为了改变工业和城市过分集中在沿海地区的不均衡状况，开发内地不发达区域，巴西政府还辅之以各种区域政策，如实行从圣保罗到边缘经济的工业资本转移补助，在圣保罗的中心主导作用下，提高互补工业，将圣保罗和其他区域经济连接起来；强化城镇发展的产业基础，如圣保罗的卫星城镇以水产业和旅游业为主导产业；伊瓜苏市则以旅游业闻名，人口只有 20 多万，基本没有工业，主要产业为旅游业及相关的服务业和农业，巴阿边界的瀑布群和伊泰普水电站每年吸引世界各地上千万的观光游客。佛兰卡则是以"鞋城"

---

① 浙江省外国专家局：《巴西城市化发展的实践与启示》，《专家工作通讯》2005 年第 2 期。

闻名，形成集聚生产，大大提高了当地农牧业的附加值。巴西有着丰富的资源和优越的自然环境，在推进城市化的过程中，巴西政府也非常注重城市发展与自然环境的融合和协调。

（二）印度的实践

农村人口涌向城市，是很多发展中国家共同面临的城乡问题。由于城市制造业规模较小，印度农村人口和劳动力的乡—城流动和转移规模并不大。在印度政府提出的"七大发展战略"中，农业排在第一位，其次是水资源、教育、医疗、就业、城市改建和基础设施建设。对农业的重视，使印度基本保证了粮食自给，但城乡差别仍是印度面临的一大难题。例如，在距离拉贾斯坦邦第二大城市、有"蓝色之城"之称的旅游城市焦特布尔仅有40公里的农村，"全是土墙草顶的屋子，没有自来水，只能在地上挖水窖，农户家里看不到有存粮和家具，因为没有电，也没有电视等电器[1]"。尽管印度农村发展滞后的主要原因不是农村人口涌向城市[2]，但为了改变农村这样的原始状况，印度政府提出建立10万个公共服务中心，覆盖60万个村庄，为哪怕是在最偏远地区的农村人口提供基础服务。

（三）以色列的实践

根据中国出版的发展经济学教科书的描述，以色列是一个高收入水平的发展中国家。20世纪50年代，面对大批外来移民定居本国，以色列政府积极创造安置空间，促使移民尽快实现专业型生产转变，使新的村庄布局既能保证乡村服务系统的服务效率，又能适应当时的农业生产力形式，同时兼顾移民群体的独立生产生活习惯。例如，以色列创造了等级化的服务中心村落布局，约80户居民组建村庄，6—10个村庄围绕1个乡村服务中心，来自不同国家的群体，居住于各自的村庄；村庄保留日常必要的服务设施，像杂货店、幼儿园、简单诊所和犹太教堂等。典型的服务中心包括一所学校、一个医疗所、一个社区中心、一个银行储蓄所和一批农业生

---

① 段聪聪：《大量人口涌向城市，农村发展会否停滞——世界村庄几家荒废几家旺》，《环球时报》2010年8月27日。

② 印度农村的发展滞后可以归因于农民传统思想和生活习惯致使其长期保持传统耕作习惯，大部分地区靠南亚季风带来的雨水播种，且农村面积广大、森林山川等地形地貌复杂，农村"靠天吃饭"的传统农业没有实现向现代农业的转变，加之从英国统治下独立后薄弱的经济基础和有限财力无法进行有效的农村基础设施建设。

产经营辅助系统。这些服务大致需要 500—800 户农户为服务门槛，与服务中心规模相仿。村庄与中心的距离为 3—5 公里。乡村服务中心为开设服务系统所需要的专业人才提供富有吸引力的居住场所。在服务中心建有社区，促进不同村庄的居民互相交往。随着农业专业化深入发展，特别是乡村发展非农产业和解决富余劳动力的要求，以色列乡村服务中心不断分化，出现了由低级到高级不同的乡村服务中心：村庄集团中心——为 4—8 个移民村提供日常和经济服务；地区中心——旨在为 10—25 个移民村提供日常服务，有更高标准、更大规模的设施以及某些经济企业；地区间的中心——主要由经济企业组成，为 25—50 个移民村的广阔地区服务；区域中心——集中着大量移民村共有的大型企业（比如饲料混合厂），承担农村工业中心职能。[①]

二　发展中国家共同面临的城乡发展问题

自 20 世纪中叶以来，在区域经济增长速度较快、人口密集的东亚和东南亚地区，工业化和城市化进程明显加快，中心城市的空间范围迅速扩张，在城市边缘出现了规模庞大的城乡交接地带。[②] 特别是 1970 年以来，亚洲发展中国家的快速城市化地区，出现了与西方传统城乡发展格局不同的空间发展过程，麦基[③]等人将其称为 Desakota——城乡融合区。这种特殊的城乡发展形态，主要是由乡村城市化、乡村与城镇联系加强而出现的，是亚洲发展中地区城市与乡村两种异质空间类型在经济社会发展过程中的相互作用及其空间表现出的特殊形式。[④] 城乡融合区是农业产业和非农产业并存、非城非乡、兼有城乡诸多过渡特质的地域类型，属于城乡之间的"灰色区域[⑤]"，深刻影响了城乡发展空间格局、城乡居民生活和城乡

---

①　徐全勇：《国外中心村对我国小城镇建设的启示》，《农场经济管理》2005 年第 1 期。

②　史育龙：《Desakota 模式及其对我国城乡经济组织方式的启示》，《城市化研究》1998 年第 5 期。

③　Ginsburg NS, Koppel B, McGee TG. 1991. The ExtendedMetropolis：Settlement Transition in Asia Honolulu：University of Hawaii Press.

④　Xie YC, YuM, BaiYF, et al. 2006. Ecological analysis of an emerging urban landscape pattern-desakota：A case study in Suzhou, China. Landscape Ecology，21：1297—1309.

⑤　邵怀友、朱宇：《大城市周边城乡融合区人口的就地城镇化——以福州市为例》，《市场与人口分析》2007 年第 1 期。

关系。

当前，许多新兴国家试图在建立福利体系之时面临着一个巨大的挑战。例如印度，尽管是个年轻的国家，但它也正在迅速老化，其老年人口的增长速度是总人口增速的3倍。为了创造赡养老人所需的资源和寻求以更具创新的方式使用自己的资源，印度除了在今后几年，甚至几十年里保持目前极其迅速的增长之外，几乎别无选择。巴西独创的家庭补助金计划是新型福利的典范，巴西把GDP的12%——这一比例与英国一样多——用于向平均在53岁退休的人发放养老金。这些国家人口的迅速老化——在许多情况下甚至快于美国和欧洲——使得理顺福利制度变得刻不容缓。如今，此类形式的现金发放计划已经很多，亚非拉40多个国家都有了有条件现金发放计划，而其他国家则正在制订新的计划。[①] 加入WTO以后，墨西哥小农经济受到巨大冲击。为此，政府于2002年推出了"农村发展计划"，通过成立"联盟在身边"互助基金，推动分散的农业生产者建立合作社，形成一体化、规模化生产、加工和销售，并在各州各市以及农村社区建立信息点提供生产、销售信息，以此增加农业综合竞争力。

拉美国家在进行经济结构性改革的新自由主义实践过程中，忽视经济与社会的协调发展，有利于中高收入阶层的政策、重工轻农政策和政府在调节收入分配方面的无力等，使贫富差距扩大、社会矛盾加剧、农业部门处于十分不利的地位，农业边缘化的趋势进一步加强，拉美成为世界上收入分配最不公平的地区，由此形成"拉美化"、"拉美现象"。当广大农民失去政府的保护，同时又面临外部市场激烈竞争之时，大多数农民就成为改革代价的承受者而非受益者，并最终成为经济改革的弱势群体，引发激烈的社会动荡。例如，2004年拉美贫困人口2.24亿，占人口比重的43.2%，其中赤贫人口9800万，占人口的18.9%，城市失业率持续保持在10%以上。2006年1月，由于墨西哥政府对本国玉米种植和生产不重视，玉米严重依赖从美国进口，玉米饼价格持续飞涨，导致墨西哥7万多农民和工会代表举行大规模游行和抗议。[②]

---

① 芦龙军：《中印巴等国纷纷提升福利计划，新兴国家欣然让穷人分享增长成果》，《参考消息》2011年1月1日第6版。

② 徐世澄：《拉美发展的经验与教训》，《时事报告》2006年第3期。

　　发展中国家以高度集中的空间模式推进城市化，往往直接造成区域之间和城乡之间发展的极度不平衡，体现在生产活动、就业机会、人口空间分布的不平衡，即在城市中，居民较富裕，非农业活动、就业机会多，人口集中；而在乡村地区，以农业活动为主体，就业机会少，这些都会限制乡村的经济发展而扩大城市和乡村之间的差距，进而带来许多社会方面的不平等，这给经济更快上升、利益的合理分配带来不利影响。当前，众多的发展中国家和地区仍然处于城市化初级阶段，它们的核心问题是如何解决农村富余劳动力转为非农业人口问题和城镇布局问题；如何节约资源，实现大城市的可持续发展，同时又避免农村地区的衰退问题；如何保证人类的生态安全问题；如何利用新技术革命带来的新机遇，加快工业化、城市化和信息化进程等问题。在南亚国家，城市化多属于高出生率和农村人口迁往城市等因素驱动，尽管我们不排除诸如印度的加尔各答、德里和孟买、巴基斯坦的卡拉奇和孟加拉国的达卡等属于世界上规模最大的城市之列，但该地区农村的发展特征突出，多数城镇仅有市场功能或者铁路、公路的枢纽功能而少有行政职能。在撒哈拉非洲地区，很多国家由于人口过快增长、外资缺乏、政府管理低效率致使城乡基础设施极度缺乏，自来水管道、电力、排水管道、道路设施不断老化，人们不断迁往生活成本更为低廉的城市边缘区，单一城市主导城市化发展的特征明显，城市网络无法形成。例如利比亚，人们为了逃离农村和小城镇的政治斗争或是避免局部冲突和战争，大城市人口增加年均超过 7%，经济增长缓慢和政治不稳定导致大城市无法有效应对不断增加的人口，大城市发展问题更加恶化。在拉丁美洲，城市化程度很高，75% 的人口聚集在城镇，但城镇景观却几乎与城镇化水平很低的东南亚国家相似，经济竞争促使该地区的制造业远离大城市以追求廉价的土地与劳动力。例如在巴西的圣保罗，工业企业远离中心城市，城市人口大分散、小聚居，土地资源浪费严重；阿根廷则通过驱赶农民进城实现城市化，农民失去土地在城市又无法就业，进而导致大量贫民窟问题。[①]

---

　　① 中国发展研究基金会：《代表性国家的城市化经验与政策》，收录于《中国发展研究基金会：促进人的发展的中国新型城市化战略》，人民出版社 2010 年版，第 203—209 页。

三　发展中国家城乡发展的共同经验

随着 20 世纪 90 年代信息技术的发展，经济全球化已成为世界经济发展不可逆转的趋势，强烈影响着当今的空间结构和社会结构，这就使得城市失去了原来的城区概念，突破了原有的物理空间，向郊区拓展，由信息网络构成的流动空间正逐渐取代原有的物理空间，城市和乡村之间在生产和消费、劳动和资本、管理和信息方面发生着新的密切联系。在发展中国家，例如中国和越南，限制乡村人口迁移的政策受到了质疑，大量案例研究显示了城乡联系的方式对经济的恢复与发展具有决定性的作用，伴随着这个过程的是市场经济体制的转变。但是，农民（尤其在非洲）从政府采取的结构调整政策中获益甚微，收入差距仍较大，生计移民依然存在。同时，城市周围的乡村人口趋于稳定，城市的吸引力并不能吸引大量乡村人口迁移，但他们从事的非农活动使乡村人口也可以获得可观的经济收入，城乡之间开始在某些方面具有某种相似性。[①] 颇具代表性的中国面对城乡关系的长期失衡带来的种种困境，在 21 世纪初期实行了一系列减轻农民负担、对农业实施补贴、统筹城乡协调发展和建设和谐城乡社会的政策，有实质意义地逐步取消了在其国内实行了几千年的农业税收政策，在相关领域进行着体制和制度创新（如户籍制度的逐步松动、对农民工和弱势群体的全社会关注、重视妇女地位的提高等），并在连续多年密集发布了中央一号文件对"三农"问题的消解进行直接指导。

（一）改善农业生产软硬环境，增加农业投入

农业发展的软环境是保证农业持续发展所必需的各种规范化的环境条件，其基本内核就是建立客观的农业制度体系、政策体系和市场体系，以客观的标准程序和科学方法处理日益复杂的各种经济和社会关系，维持并推动农业的发展过程，从而避免或尽量减少农业发展过程中的无序性。其中，政府的财政投入、税收补贴、金融支持及技术推广、政策服务和社会化服务体系建设等，对于农村经济发展水平较低的国家尤为重要。如巴西政府在 1965—1985 年用于农业的政策资金累计约 2191 亿美元，其中 310

---

① 谈静华、汤茂林：《发展中国家城乡关系探讨》，《城市》2004 年第 2 期。

亿美元用于农业补贴，其他用于投资和市场政策。1985 年非洲国家元首和政府首脑会议通过的《1986—1990 非洲经济复兴优先纲领》也指出，对农业的投资占国民经济总投资的 20%—25% 是比较理想的。[①]

（二）适时推进土地改革

土地既是农民基本的生产资料，又是大多数人生存和积累的物质基础。以实行土地所有权再分配为核心的农村土地改革，是发展中国家或土地资源贫乏的国家促进农村问题解决的重大问题和社会组织、政治动员的前提。发展中国家的土地改革主要有两种形式，即"规模缩小式"和"土地银行式"。如墨西哥把大土地所有转变为小农场所有，巴西则是由联邦政府向农民提供信贷用于购买农村地产，从而推动社会基础设施建设。菲律宾是先征收土地分配给无地或少地农民，然后由土地新主人分期向土地银行交付土地购买费，银行再付给原地主。

（三）推进乡村工业化

乡村工业化是乡村地区以工业为主的非农产业（主要包括中小型加工工业、采掘工业、建筑业、运输业及商业服务业等）发展的过程，它主要表现为乡村居民职业构成中从事非农产业的人口逐步增加，乡村社会总产值中非农产业产值的比重不断提高。发展中国家的乡村工业化既不同于早期发达国家以城市为中心的工业化，也不同于目前发达国家中的工业分散化。乡村工业化之于城乡关系调整的目的在于在农村地区开设工厂，使农村富余劳动力离土不离乡就业，增加收入，缩小城乡差别。如泰国政府在第四个五年计划期间（1977—1981 年），开始着重发展小规模的劳动密集型农村工业，之后又采取多项计划和措施来促进农村工业化。

（四）优化城市布局

发展中国家一般采用三种形式布局城市，发挥城市的带动作用。第一种是扩散化布局，使经济增长由中心城市向外围扩展。第二种是设新城，以边远资源开发地区或者以进行"绿色革命"的地区为新城建设点，形成新的增长极。如 1967 年巴西政府为了加速边远农村的开发，在远离海岸 1000 公里的亚马逊大森林中的马瑙斯建立增长极，以带动整个亚马逊地

---

① 解亚：《发展中国家统筹城乡得失及启示》，《中国经贸导刊》2005 年第 4 期。

区的发展。1974 年后；在这个增长极的辐射下，亚马逊地区又建立了 17
个次增长极，形成了带动整个区域开发的发展网络。第三种是发展小城
镇，在广大的农村地区形成多个经济增长点。

（五）转移农村富余劳动力

"农村富余劳动力"是一个相对的概念，是相对于特定国家、特定历
史条件下和特定的生产力水平而言，即农村劳动力的供给超过需求的多余
劳动力。发展中国家的典型特征是人口多、人口的高速增长和沉重的赡养
负担，低下的生产率导致经济不发达、人民生活水平低下，高水平的失业
和低度就业，对农业生产的严重依赖及国际关系中的劣势地位等[①]。其中，
在农村富余劳动力的转移方面，有一些普遍的做法值得注意。

1. 农业内部扩大就业面

基于农业产业内部的就业扩张潜力，发展中国家通过深化农业内部就
业来解决农村劳动力富余问题是一条可行的途径。与此相应，农业劳动力
外流或转移主要缘于落后的农业生产条件、低水平的农业生产结构和传统
的农业经营方式致使农业比较效益低下。为了让农民在从事农业生产过程
中有利可图，20 世纪 70 年代后期，印度政府认识到失业问题的严重性，
制定了通过农村综合发展扩大农业内部就业以及在农村实行农业劳动力就
地转移的方针。这种转移虽然没有突破大农业的界限而发生质的变化，但
对于农村经济结构调整、农民增收和农业生产稳定发展以及减缓农村富余
劳动力就业压力，合理引导其非农产业的转移方向，具有不可低估的积极
作用。

2. 移民政策的实施

如荒漠化的国家以色列，其历届政府都十分重视治理荒漠，并取得了
世人瞩目的成就，其经验之一就是移民。政府对移民制定了一系列支持政
策，如在农业社区定居的移民在一切方面具有优先权。正是这些原则使一
批具有理想主义色彩的年轻人创建了目前世界上独一无二的农村社区经济
组织——吉布兹和农村合作经济组织——莫少夫。这两种组织的建立，在
沙漠上实现了 95％的食品自给，创造了世界农业技术和农业生产的奇迹。

---

① 毕世杰：《发展经济学》，高等教育出版社 2001 年版，第 11—14 页。

埃及为解决粮食问题，其经验之一也是移民，移民的主要对象是大学毕业生和高中毕业生。埃及农业和土地垦殖部主持"新毕业生穆巴拉克国家项目"，每年为 2000 名毕业生提供 2000 个专门项目，每一个进入项目的毕业生都可获得 32 亩总价值为 17000 美元的土地和一套价值 3500 美元的住房。

3. 发展农村经济

除了农村外部力量的援助支持之外，缩小城乡差别的重要方面还在于不断提升农村自身经济发展水平。如在马来西亚，财政开支的一半左右用于农业和农村社会服务，农业和农村开发在各种公共投资中所占的份额最大。农村开发的主要目标是提高民族经济地位，缩小城乡差距。开发的结果是提高了农村人口的就业机会和技能水平，发展了农业生产力，使城乡平衡发展。泰国也十分重视农村经济的发展，其突出特点是大力发展农村的手工业、服务业等。

第三节　国外促进城乡发展的经验借鉴

城市化与城乡一体化发展本来是一个自发演进的过程，城乡的投资与回报并非都能在短期内全部实现。为了把握中国未来城乡发展的趋势并为城乡一体化进程中新型城乡形态的合理化演进提供政策依据，我们必须深入了解和理解当今的城乡世界都发生了什么、正在发生着什么、可能会发生什么。但是，在总体的城乡发展框架下，不同区域在经济社会发展的不同阶段，城乡发展的态势各有差别，我们很难穷尽所有的具体类型。因此，我们选择了国内外城乡发展走在前列、城乡关系处理的相对协调的先进地区或值得借鉴的发展中地区作为研究和借鉴对象。我们业已分析考察过的地区，它们在处理城乡关系的过程中特别是在解决特定时空条件下城乡发展的紧迫问题的过程中，都体现了某种重要的创新功能。无论如何，我们认为以下方面的结论可作为中国继续推进城乡一体化和促进新型城乡形态合理化的基本参考。

一　城乡二元经济社会结构转变是城乡一体化的本质属性

二元结构是城乡区域在实现产业结构转换和工业化过程中,由于部门间生产函数与劳动生产率的差异、区域间或区域内经济发展的不平衡等原因导致的经济性两极分化现象。城市与乡村在经济发展的不同阶段其相互关联的内容、形式、结果并不完全相同,城市较发达的市场经济与自给性强的农村经济所产生的二元结构是城乡生产和组织的不对称性和区域经济社会欠发达的标志,反映了城乡之间存在着明显的制度差异。20 世纪 90年代以来,以城市中心区带动辐射发展为主要形式,城乡区域在空间维度上的扩展主要是中心城区由制造生产或混合功能向以第三产业为主的现代商贸、金融服务、信息咨询、文化娱乐等功能转变,城市建设中第三产业和人口居住用地比重的上升,使得城市空间的演变主要呈现为以用地置换为主的城市空间更新,以(超)高层、多层开发为主所导致的城市空间集约度提高,中心城区原有的其他功能向郊区扩散,郊区大量农村被征用的土地更多地发挥承担外迁城区人口和企业的功能。在以上力量主导下,城市与区域的关系发生了重要的变化,城乡二元结构逐渐被打破,城市中的各种活动对城乡区域发展的引领作用日益重要,这就决定了中国调整城乡关系和促进城乡协调发展,必须通过工业化、城市化和市场化,通过发挥城市经济增长极的辐射带动功能,促进农村工业化与城市化,实现城市现代产业与乡村传统产业的协调发展,优化城乡稀缺资源配置。促进城乡二元经济社会结构向现代经济社会结构转变,基本途径是推进工业化、城市化和农业现代化、市场化等诸多"普世化"进程,用先进适用技术对农业和农村经济进行彻底改造,通过工业化和城市化实现农业人口向非农产业转移,通过深化改革把农村经济纳入城乡统一的市场化和现代化的转型轨道。

在城乡长期分离的传统运行机制下,城乡之间由劳动力和产品两个市场联结为一体,两个市场都处于供过于求的失衡状态:城市化水平低——劳动力市场失衡——农产品市场失衡——工业品市场失衡。在封闭经济条件下,这种失衡必须有外力的介入进行校正;在开放经济条件下,这种失衡因城市经济与外部市场日益紧密的联系而长期被掩盖,导致失衡状态持久化。一方面,由于城市主要从资本密集型产业开始推进工业化,城市对

劳动力的吸纳有限，对农产品需求不旺，城乡之间不能充分地交易、互动
与融合。另一方面，城乡市场循环会在经济开放程度的逐步加强中更多的
依赖国外市场，导致农业发展受阻，城乡市场发育迟缓。在政策设计方
面，旨在促进城乡收入差距缩小的再分配政策，在中国是全国统一性的，
这种统一性最大的弊端就是缺乏针对性，无法充分考虑城乡居民收入差距
对城乡差距缩小、经济增长影响的实现路径等具体问题，因而不仅导致再
分配政策的总体效率偏低，而且调控效果甚至有可能事与愿违。现实表
明，城乡居民收入差距过大不利于经济增长，但城乡居民收入差距过小也
并不意味着就一定有利于城乡一体化，关键是取决于现实城乡居民收入差
距与最优城乡居民收入差距的偏离方向。城乡发展并非孤岛式地进行，城
乡居民所创造的各种复杂的组织、形态、体系的构成，既保障个人日常的
发展需要，也保障集体的、世代的发展；只有城乡关系按照有利于人的自
由、进步、公平的方向继续演进，城乡社会才会因此而更加繁荣且具有可
持续性。新时期，中国城乡发展出现的诸多问题，我们需要有耐心与信心
去寻求具体问题的具体解决方式。随着中国改革开放的进一步深入，城乡
形态的演变必须遵循市场规律，城乡居民对市场的依赖性意味着他们要受
制于远大于其自身生活的空间范围更为激烈的竞争、财富积累和不断提高
的劳动生产率等法则的引导，城乡之间以竞争性生产为关联发展基本条件
的市场经济制度本身，正是受这些市场法则的驱动。其最为明显的结果之
一，便是在城乡之间形成主要是从属于经济关系的其他多种关系的同时，
也促成一种特色鲜明的城乡治理结构，而也正是这种不同的治理结构，会
逐步对城乡经济关系和其他关系以至于城乡之间的关联互动产生深刻
影响。

二　重视市场与政府作用的发挥是城乡一体化的内在要求

科学构建新型城乡关系、促进新型城乡形态合理化和实现城乡一体化
的实质，就是在城乡资源相对稀缺的状态下，通过何种方式促进生产要素
在城乡之间实现最有效的配置与流动。国内外城乡经济发展的实践表明，
公共投资始终是农村经济增长、贫困减少和城乡发展的重要源泉。城乡市
场体系的建立与完善是城乡之间双向而非单向的互动过程，它一方面要求
整个城乡社会是构建统一市场体系，另一方面又要求资本、技术、劳动力

和信息在市场机制的作用下能够在城乡之间实现有效配置。市场机制虽是资源配置的基础机制，但其自发作用的负面影响会导致城镇建设失序、城市贫困、城乡区域失衡及严重的资源环境问题。所以，城乡一体化的推进必须有效发挥政府的干预作用，主要是政府通过政策手段，如在户籍管理、土地制度、劳动就业与社会保障、教育和医疗卫生及其他公共服务等方面实行体制改革和较宽松的政策，从而使政府"看得见的手"和市场"看不见的手"两种手段实现有机结合，达到提高城乡空间经济组织化程度的目的。其中，政策对农业的扶持和保护对于农业发展至关重要，发达国家和发展中国家都竭尽全力从立法、政策（包括财政税收、货币金融、对外贸易）、科技教育等方面，为农业发展保驾护航。农业经济发展和农村社会发育，是城乡协调过程中使市场和政府力量有效起作用的物质基础；政府始终重视农业技术进步，用先进技术改造农业，推动农业发展，能够有效培育和提升农村区域的自我发展能力，促进城乡区域形成良性互动发展机制。尽管政府是推进城乡一体化发展的主导力量，但地方、民间蕴含着很多推进城乡一体化发展的好的做法与成功经验，将好的做法与经验推广，无疑可加快形成城乡一体化发展格局。①

　　长期以来，中国农民收入增长缓慢、增收空间有限、增收难度不断加大，其中一个重要原因就是农民的数量不能随着农业占 GDP 比重的下降而相应减少，从而严重地制约着农业劳动生产率的提高。同时，由于农业结构的调整严重滞后于产业结构调整，致使农业领域沉淀了过多的劳动力，这也是农民依靠农业增收困难的深层原因。由于在土地和其他生产资料以及生产技术条件相对稳定的情况下，客观上存在着投资报酬递减趋势，农业劳动生产率往往因为劳动投入量的增加而趋于递减。如果富余的农业劳动力未能转移到农业以外的其他领域和部门，必然造成潜在的剩余农业劳动力的大量增加。如果把所有的农业劳动力都投放在数量固定、甚至日趋减少的土地上，必然造成农业劳动生产率的不断下降。农业产业化经营和农村土地流转的实践表明，必须通过稳定的规模化经营、要素集中投入和科技进步、结构调整等力量，大幅度提高农业劳动生产率，用市场之手激活农村各种资源，因地制宜地发展农业生产，面向市场发展特色农

---

① 赵红：《推进城乡一体化发展的国际经验》，《党政论坛》2010 年第 8 期。

业经济，使农业走上大市场，实现效益的倍增。未来国家在制定通过再分配政策调节城乡居民收入差距时，必须充分考虑不同地区采用不同做法，而且政策作用的重点应该放在西部和中部地区，促进相对欠发达地区的农村经济发展，[①] 多渠道增加农民收入，以及向城乡居民提供基本均等化的公共服务和产品。国家作为经济主体之一发挥的经济作用和其他经济主体一样，必须遵循规则。[②] 在促进城乡区域协调发展过程中，国家应该提供重要的公共物品（法律和秩序、国防、良好的通货）和各种有价值的物品（教育、可能的健康，以及缓解人口贫困程度的社会安全网络），除此之外，经济活动最好留给私人机构。[③] 随着城市化浪潮和社会转型加速，主要源于生存环境恶劣、受教育程度低等因素而发生的农村贫困与主要源于文化、年龄和技能等人力资本约束而产生的城市贫困相互交织，导致城乡贫困群体有所扩大；在失业人口、流动农民工、失地农民和老年人口中，正形成新的贫困群体，中国的城市贫困阶层已经出现。[④] 在社会剧烈变革的关键时期，在许多大城市挖空心思地"挤出"所谓地段人口的同时，企业却叫苦不堪地落入了招工难陷阱。为适应人口结构转型所带来的劳动力市场结构变化，顺利落实社会建设的既定方针，使中央政府促进城镇化的宏观目标，不被地方政府的户籍屏蔽措施所消解，我们必须关注弱势群体的民生问题。如果公共服务资源配置得不到合理调整，社会保障体系不完善，非政府组织不发达，社会舆情沟通渠道不畅通，城乡社会领域各种常规性的协调机制不健全，各种错综复杂的社会矛盾势必干扰城乡一体化进程。那种希望逐步将农民工由农业户口转变为非农户口、使农民工成为就业地的"城里人"并以此获得享用城市公共资源入场券的城镇化思路，会在城市政府非常现实的"土地财政"的思想中失去执行力；改变城市政策配置中对于农民工利益保障的缺位，不在于将农民工户籍落在当地城市，

---

① 吕炜、储德银：《城乡收入差距与经济增长研究》，《经济学动态》2011 年第 12 期。

② ［波］W. 布鲁斯、K. 拉斯基：《从马克思到市场：社会主义对经济体制的求索》，银温泉译，格致出版社、上海三联书店 2010 年版，第 180 页。

③ ［美］狄帕克·拉尔：《发展中国家的经济转型——从计划到市场》，转引自［美］詹姆斯·A. 道、史迪夫·H. 汉科、［英］阿兰·A. 瓦尔特斯《发展经济学的革命》，上海三联书店、上海人民出版社 2000 年版，第 61—86 页。

④ 国务院发展研究中心课题组：《"十一五"规划基本思路和 2020 年远景目标研究》，《改革》2005 年第 5 期。

而在于首先以居住地和就业地配置社会保障与公共服务政策，使农民工能够与城市户籍居民均等共享保障和公共服务。① 我们相信，中国城乡的一切变革必在体制内部发生，虽然不同社会进程中的城乡发展都在其历史和特定的环境中进行，但终究而言，城乡社会并非一成不变，城乡关系和城乡形态总是不可避免地不断由城乡居民的不同行为而进行静悄悄的再创造。既然这些行为发生在特定的城乡关系条件下，城乡社会的再创造也是因时因地而多变。那些具有代表性的、地方性的城乡发展形态的生成与变革——例如韩国的新村建设发展实践——也是在广泛的城乡社会经济发展复杂背景下发生的，这种地方性的变化，预示着变化中的城乡社会发展的未来。在这个意义上，我们认为现实中存在的城乡空间结构不仅只是展现城乡社会关系的舞台，更是城乡经济社会关系演变及其城乡一体化实现的重组要素。在城乡一体化进程中，我们强调人与自然的和谐、强调城乡社会的健全而不仅仅是经济的健全，强调政府与市场作用合理发挥下的公正而不仅仅是效率，强调城乡居民生活质量的提高而不仅仅是商品数量的增加。

三　构建城乡良性互动发展机制是城乡一体化的基本保证

城市与乡村的发展状态是城乡社会经济系统的自组织与互动过程的有机结合，城乡融合发展的基本脉络是由乡村人口向城市集聚到大城市的郊区化到最后迈向城乡一体化，这是一个渐进的、城乡社会现代化的系统演化和动态自然发展过程，是一种恰当处理城乡关系的发展理念。这种发展过程强调城乡两个单元是互动发展的过程，是双向的而不是单向的作用；城乡经济一体化和城乡差别的消失决非一蹴而就，是一项长期性的系统工程。统筹城乡发展不是超越阶段，盲目奢求城乡同样发展；短期内完全消除城乡差距，实行完全相同的城乡政策既不现实也无法完成。在城乡区域经济发展中，应当校正"城市偏爱"导向，将城市与乡村有机结合起来，实施城乡平等发展战略，避免出现城市问题突出而乡村衰落萧条的两难困境；城乡一体化目标在于消除城乡二元结构，实现城乡融合，即城市地区

---

① 张翼：《农民工户籍转化及其政策含义》，《比较》第 53 卷，中信出版社 2011 年版，第 32—44 页。

和乡村地区的协调发展，是对工业与农业、城市与农村、城市居民与农民通盘考虑、整体发展的战略思想。注重资源节约、生态建设、环境保护，走可持续发展之路，也是许多国家推进城市化进程中付出了巨大代价换来的经验。城乡区域只有在产业经济发展、社会文化进步、公共服务均等化、生态宜居社区建设和制度创新体系等诸多机制和领域实现有效协调与有机链接，城乡发展才能走向最终的可持续性和谐基础上的一体化。

一切坚定的努力都将支持并加速所有其他方面的发展。日益加剧的城乡差别和贫富差距与中国建设现代、富裕和谐社会这一目标形成了鲜明的反差。经济发展本身并不能消除社会不公，克服可持续发展的最高障碍势在必行，造成中国两大阶层的城乡二元体制亟须废止。[①] 中国社会主义市场经济体制的建立是城乡制度创新的宏观体制保证，城乡二元经济社会格局的改变，重要的是推进制度创新机制的建立。作为促进城乡一体化的战略决策和重大创新，必须要求中央和地方政府通过一系列正式和非正式的制度安排，在城乡间建立平等的制度平台，赋予城乡及其居民同等发展权利的制度安排，[②] 致力于经济总量在长时期内持续稳定增长，着眼于解决制约农村和农业发展、农民增收的体制性和结构性矛盾，彻底改革传统经济社会体制下形成的城乡分离的各种制度，推动和实现各种制度创新，包括乡镇企业的合理集聚和布局、农村市场体系的健全完善、农业产业化经营和社会化服务体系的形成，以及符合市场经济运行规律和要求的多元化投融资机制、城镇户籍制度、社会保障制度和各有特色而富有成效的行政管理体制的建立健全。一个合法公民的基本权利，就是在何处就业就在何处参保、就在何处享受包括教育在内的一切公共服务。这一要求暗含的又一个政策含义就是：在不对进城农民工的承包地和林地权属变更的前提下，以社会保障和城市公共服务促进中国城市化，而不是继续强化户籍制度的福利与保障配置功能或城乡区隔功能。我们看到，在城市人口加速老龄化的背景下，能不能吸引农民工进城，将是城市劳动力供给不足时中国不得不面对的现实；中国的城乡一体化，在一定程度上将不是由城市政府

---

① ［美］约翰·奈斯比特、［奥］多丽丝·奈斯比特：《成都调查》，魏平、毕香玲译，吉林出版集团、中华工商联合出版社 2011 年版，第 2—4 页。

② 刘纬、黄忠伟：《统筹城乡社会发展战略选择及制度构建》，《改革》2004 年第 4 期。

抑或农村基层政府单方面说了算的过程，农民工愿不愿意进城、愿意进入什么样的城市成为城市市民，会在蓝领劳动力"卖方市场"的影响下成为农民工自己的选择。政府所要做的，就是顺应时代的变化，以基本公共服务的均等化和来自对改善民生的关注将常住人口完全城市化，不以投资改变产业布局，而仅仅以"宜居城市"的设想强制疏散人口的做法，会以失败而告终。① 我们认为，城乡居民每个人的生活都反映着他（她）所处时代的城乡关系与环境的戏剧；正是通过我们每个人自己的传记，我们才获得对于城乡形态演变的理解。进而，我们身处其中的头脑中的现象和结构，也是与特定的城乡社会经济以及与之相关的思想和认识的刺激因素相适应而寻求最美好的生活的。我们所强调的城乡发展需要体制与机制的保障，既不是为人们生活于何种城市或乡村提供既定的选择或作出最终决策，也不是为政府的制度安排提供非要选择的某种路径，而是通过我们对并不能破解城乡发展全部问题的论述分析，扩大人们包括政府对城乡一体化发展的认识视野，使城乡居民能够在体制的安排下和长效机制的保障下自己选择和主导城乡关系和谐演变的方向，因为城乡居民的理性选择需要一个有助于追求幸福的良性互动发展机制的支持与宽松自由发展环境的营造。

四　特定时空存在适于不同区域的城乡发展形态或模式

从各国实践发展看，城乡协调发展形态或模式，存在以城市为中心的发展模式、以乡村为中心的发展模式、城乡一体化发展模式、城乡网络化发展模式等几种。② 以城市为中心的发展模式体现的是一种城市发展观，强调城市的主导作用；以乡村为中心的发展模式体现的是一种农村发展观，强调立足自力更生的农村经济；城乡一体化发展模式追求城市和乡村对立的消失和城乡差距缩小；城乡网络化发展模式强调城乡之间各种经济活动主体有序化的关联系统及其运行过程。不管何种形态或模式，我们必须明确的是城乡一体化发展是科学处理城乡关系的标志和归宿，是社会生

---

① 张翼：《农民工户籍转化及其政策含义》，《比较》第 53 卷，中信出版社 2011 年版，第 32—44 页。

② 曾菊新：《现代城乡网络化发展模式》，科学出版社 2001 年版，第 29—31 页。

产力和城乡区域经济发展到一定水平的产物。在城乡区域发展的不同阶段，面对不同区域的初始条件的差异性，我们必须从实际出发，走大中小城市和小城镇协调发展的城市化道路，发展城市密集区和构建有综合功能的都市圈，既能发挥城市的吸引力，形成国民经济的增长极，又能增强城市的辐射力，扩大城市文明的普及范围，加速城乡协调发展，共同繁荣。同时，通过城乡联系过程获得城乡自组织功能效应，重视产业内在联系密切、要素流转和功能完善，进而选择不同特点的城乡协调发展系统和促进城乡区域共生共长。在这一过程中，伴随城乡经济发展的城乡形态演变其实质是城乡功能结构从适应—不适应到重新适应—再次不适应的周期性反复过程，功能形态相适应的过程是随着城乡区域社会经济的历史发展而逐渐变化的，这种变化既是对原有城乡结构再造重组的过程，也是对新的城乡发展关系的扬弃适应过程。概括 20 世纪 90 年代以来中国城乡形态演变的总体状况而言，外延跳跃是城市形态演变的主要形式，以产业空间为中心的新空间主导城市形态的演变，人文关怀和人地和谐将是城市形态演变的主要方向。

实践表明，国外在处理城乡协调发展问题的过程中，存在城乡隔离封闭式发展、城市优先发展、城乡均衡同质化发展和城乡非均衡协调发展等模式选择。其中，城乡隔离封闭式发展模式强调，城市自身存在对农村劳动力、水、矿产、农产品等资源的极化"磁石"引力，这一无法克服的必然规律导致了农村的衰败，农业和农村的良性发展必须通过区域孤立来避免城市的极化效应。中国计划经济时代的城乡分割发展实践，恰恰成为导致城乡二元结构长期存在、城乡差距不断强化和"三农"问题聚集爆发的历史根源。尽管 20 世纪革命所造就的平等社会结构为中国经济的高速增长奠定了社会基础，在此之上，中共完成了从激进主义到务实主义的转变，中央所领导的政府成为一个中性政府，它关心的不是短期和局部利益，而是社会的长远利益。但是，中国能否保持这种独特性？中国是否会变成一个"常态的"发展中国家？种种迹象表明，做出一个乐观的回答将越来越难。一个可能的图景是，当前的收入差距演变为社会壁垒，并最终葬送平等的社会结构。[①] 在非洲和拉丁美洲的城市化进程中，城市优先发

---

① 贺大兴、姚洋：《社会平等、中性政府与中国的经济增长》，《经济研究》2011 年第 1 期。

展模式坚持认为，一国的经济社会摆脱贫困的切入点在于优先发展大城市，只有大城市才能提供足够的就业并促进农业现代化。这一模式实施的结果是，在非洲、拉美等地区，城镇体系不健全，村庄大量消失，农民迅速地涌入大城市，不少国家80％的人口都集中在少数大城市，城市70％的土地面积被"贫民窟"所占据，城市脏乱差、疾病流行、治安恶化，农村衰败、饥民人数多这是非洲和拉美国家的普遍现象。实施城乡均衡同质化发展模式最典型的是美国，美国城市的蔓延提高了城市化率，郊区化则导致居民生活过度依赖小汽车，资源消耗严重，且过度的集中与过度的分散同时并存。在城乡非均衡协调发展实践中，法国及其他欧盟国家、日本、韩国等地区，农村与城市景观差异巨大，但农村生活条件非常好，最佳人居环境往往集中在小镇和农村。因此，城乡发展及其形态演变的内在机制并不是一个线性的具有明显因果关系的过程，也不是一个纯粹的经济增长过程，而是一个非线性的多因素多层面的交织耦合过程。同时，城乡关系演变及其促进城乡发展趋势调整的各种机制之间存在着相互反馈机制，这种反馈机制也是多层面、多渠道、非线性的。[1] 城乡区域在其内在产业发展、用地结构变化、空间布局调整等推进机制之间体现出一种整体和组分的关系，城乡区域整体层面所受到的刺激，可达到市场、产业、投资、调控等各个组分层面，而每个组分层面所受到的刺激也直接影响了城市空间结构的整体层面与城乡关系演变的方向。

---

[1]　熊国平：《当代中国城市形态演变》，中国建筑工业出版社2006年版，第219、220页。

第七章　中国城乡一体化进程中的难点问题

转型时期的中国城乡社会如此神奇——在人们连续经历的一年又一年里，城乡原有的发展秩序与状态被一点一点地打破以至瓦解，新的城乡形态正在继续孕育和演变，城乡经济社会一体化进程中的所有问题也在一天一天地以其特有的节奏继续消解……但是，城乡发展中不断出现的新问题、新情况又在重新构建起人们对未来的观念与态度。城乡改革发展的出发点是为了增加城乡居民的利益，不论出于何种理由，调整城乡关系的政策都不能任由大多数老百姓的实际利益有可能受到损失。这种理想目标的实现，有赖于人们对问题认识的准确性，更有赖于人们直面现实和解决问题的决心与信心！

第一节　城乡一体化中的制度创新

制度是一系列被制定出来的规则、守法程序和行为的道德伦理规范，它旨在约束追求主体福利或效用最大化利益的个人行为。[①] 在人们社会经济活动的历史发展过程中，制度的出现源于减少人们在社会交往过程中产生的摩擦和冲突，降低人们在经济活动中对成本的消耗。以道格拉斯·C.诺斯为代表的新制度经济学派认为，经济增长的关键在于制度因素，一种提供适当的个人刺激的有效制度是保障经济增长的决定性因素。[②] 不仅如

[①]　［美］诺斯：《经济始终的结构与变迁》，上海三联书店、上海人民出版社 1994 年版，第 225、226 页。

[②]　［美］诺斯：《西方世界的兴起》，华夏出版社 1988 年版，第 4 页。

此，在缺乏有效制度或者处在新旧制度转型时期的国家（地区），此时此地的制度创新效率是最高的。改革开放以来，中国以制度变迁和演进为实质内容的经济体制改革的实践同样证明：城乡区域经济增长是制度变迁和制度创新的结果，如果没有制度的深层次变革和根本性创新，城乡区域的经济社会发展是难以顺利推进的。[①] 作为处在进一步加快发展方式转变阶段的中国，现存有关城乡发展的制度结构运行效率不高，正式制度流失严重，非正式制度有较强的生存力和约束力，整个城乡社会经济活动缺乏激励性的制度安排，城乡一体化缺乏有效的制度保障。因此，制度变迁就成为统筹城乡一体化发展的关键因素和内在变量。

一　土地制度

一般认为，在土地、资金和劳动力三种传统生产要素中，土地经营权集中的难度是最大的，土地资源极为稀缺的国家和地区更是如此。随着市场经济制度的建立与发展，作为生产要素的土地资源配置日益成为中国城乡发展中的热点与难点问题。土地的空间配置结构和分布格局是决定城乡发展关系的重要因素，和谐的城乡发展关系必然要求土地资源的高效率配置和集约利用。中国农村集体土地所有制是计划经济体制和重工业化赶超导向战略的制度基础，建立它的目的就是要把农业剩余尽可能多和快地转化为重工业投资。[②] 在 20 世纪 50 年代初，中央政府无法控制基于个人之间合约的农村合作组织和它们的产出，所以国家有意地把最初源于底层的合作化（如互助组）导入大规模的集体化运动，土地的集体化就成为其中最根本的内容。农村集体化使得集体组织而非国家成为土地的所有者，尽管在集体组织内的成员间的产权很难界定得如合作组织内的成员间那样清楚，但集体组织的产权与合作组织具有同样的排外性。20 世纪 80 年代初的农村大包干，则利用自下而上的合同原则改变了原有的控制关系，在农户与村政府讨价还价和签约之后，将农户、集体和国家的关系自下而上地一揽子界定清楚了。

---

① 李泉：《中国西部少数民族地区经济增长与制度创新的特殊性研究》，《兰州大学学报》（社会科学版）2002 年第 4 期。

② 裴小林：《集体土地制：中国乡村工业发展和渐进转轨的根源》，《经济研究》1999 年第 6 期。

（一）土地制度功能的厘定

现代土地制度的功能，本质在于土地产权制度规范所确认和保障的土地资源配置效率与效益，土地制度的基本功能体现在明晰产权、激励约束及促进市场有序交易。与已有的关于合作经济的规范理论不同，林毅夫[①]开创性地将制度性变量引入生产函数，建立了一个关于农业制度变迁的理论模型，并用这一模型较好地解释了我国农业生产由"集体"制度向"家庭"制度的变迁。其后，徐刚[②]通过引入"平均劳动效率"这一数量指标，并采用"监督效果"这一新的变量得到了一个经过改进的新的农业制度变迁模型，从而使 20 世纪 70 年代末以来的中国分权式改革与适度的规模经营趋势包容起来，并能对这一诱致性变迁的全过程保持一种逻辑一致的解释。[③] 1995 年以来的诸多案例研究[④]的结果表明，随着经济发展和农民对土地依赖性的下降（表现为农业收入占家庭收入份额的下降），中国很多农村都出现了土地转包，而且土地转包出现得很早（在实行家庭联产承包责任制的同时就出现了），转包形式较多（不仅发生在农户之间，而且发生在村组之间），转包发生率在逐渐提高。转包者不是为了获取土地收益权，而是把保留土地使用权作为保险机制，一些收入更高、更稳定的农户已经放弃了承包土地的权利。无论主动将土地归还集体还是私下转包，都有扩大土地经营规模的效应。这种变化是中国农村经济迅速发展的映射，也是农村发展趋势的预示。由此可以看出，只要不遏制经济发展过程中内生的制度创新，土地集中并非不可逾越的障碍。农村集体所有制在中国成功实践的经验表明[⑤]，农村土地不仅是生产粮食，还承担着农村居民的生活保障功能，尤其是在维护社会稳定、经济持续发展上发挥的边际效用特别巨大，将来中国社会的稳定和经济的高速发展仍然离不开农村土地集体所有制这块坚固的基石。农村土地制度改革的关键在于农村土地的权力体

---

①　林毅夫：《中国农业家庭责任制改革的理论与经验研究》，《制度、技术与中国农业发展》，上海三联书店 1992 年版。

②　徐刚：《农业体制转换的制度根源》，《经济研究》1997 年第 4 期。

③　王红玲：《对一个农业制度变迁模型的再探讨》，《经济研究》1997 年第 10 期。

④　李周：《传统的创新与中国的崛起——评〈当代中国的村庄经济与村落文化丛书〉》，《经济研究》1997 年第 4 期。

⑤　李昌明、王彬彬：《中国城乡二元经济结构转变》，《经济学动态》2010 年第 10 期。

系的构建，土地制度改革要为建立城乡统一的土地要素市场提供保障，形成合理的土地要素价格机制；政府在土地管理方面的主要职能，是通过规划确保土地要素的公共产品属性得到合理的应用。① 事实上，农村富余劳动力在中国仍然无法顺利实现向城市的永久性转移，究其原因，主要的症结在于土地制度的不完整，土地的不可流动性。中国现行农民土地产权制度安排的主要缺陷表现在土地公有产权实现形式凝固单一，产权主体并未细化到农户本体层面，土地产权主体虚置；土地承包经营权性质不明，土地控制或利用中"搭便车"现象滋生，掠夺性经营行为盛行，土地征用过程中的腐败行为持续易发高发；市场主体缺位，在土地划拨、征用等场合，农户不可能平等地同土地主管部门、用地单位尤其是投资商、开发商就土地产权交易中出现的价格、利益补偿、潜在收益的现实分配等进行谈判、缔约、履约，或诉诸法律对其相关的土地产权予以强制性保护，农民的土地资本产权（土地肥力级差）、植物生物性产权、新型物质性产品（房屋、工作物、地上堆放物）产权、土地发展权等遭受严重损失等。② 同时，家庭承包制对农民拥有土地产权的内容没有明确界定，使得对农民产权权利和内容的解释具有很大的随意性，农户无法拒绝各级"土地所有者"对土地随意占用和分享导致现实生活中侵害农民权益的事情时有发生；土地使用权僵化，流转机制不健全使得那些进城农民无法也不愿将承包的土地转让给他人耕作，宁愿在土地上作很少的投资或干脆撂田抛荒，造成土地资源的极大浪费。③ 因此，加快土地流转制度改革创新，彻底清除农民进城的土地制度障碍成为促进富余劳动力转移的重要组成部分。这就要求从法律上进一步明确土地使用权的内容，从物权的角度对土地承包经营权给予明确界定，即从法律上明确承包土地具有物权性质，它是农民以合同契约形式取得的一种财产，从而使农民的土地财产在长度、广度、独立性和确定性上得到保障；赋予农民土地完全产权，把土地使用权由单

---

① 何元斌、姜武汉：《农地流转参与主体与社会福利的关联度》，《改革》2011 年第 1 期。

② 徐汉明：《创新农民土地持有产权制度研究》，《新华文摘》2010 年第 21 期。原文转引自《法学评论》2010 年第 4 期。

③ 笔者在劳动力输出转移有成效的四川乐山、峨眉山市周边农村调查时了解到，当地农村土地撂荒率为 1%—2%。随着中央对农业农民直接补贴，撂荒的土地又出现复耕态势。另外，2005 年 7 月的相关媒体报道启示我们，广大农村出现的"空心村"也造成对土地的闲置与浪费。笔者认为，中部河南省对"空心村"的整治做法应该对促进西部土地流转具有启发意义。

一的耕作权扩展到事实上的占有、使用、分配、转让、租赁、继承以及一定的处分权，并用制度和法律保障其权利的落实；实行土地使用权的自由转让，尽快建立和完善土地的流转机制，允许和鼓励土地登记后而进行的土地使用权的自由流动，既允许在农民之间互相有偿流动，也允许农民中断承包合同，把土地使用权返还给集体；尽快建立农村土地使用权的交易市场，使农业劳动力通过出让土地使用权获得一定的收益；政府应向已经落户并将承包土地一次性出让的农民提供最低生活保障，以解除"农转非"后的农民对土地牵挂的后顾之忧，从而推动农村富余劳动力的彻底转移；对于土地流转中出现的农民遭到变相剥夺问题，政府应加以重视，这是政府保护农民利益的重要方面。

（二）中国土地制度变迁与别国经验借鉴

反观新中国成立以来农村制度变迁不难发现，中国土地利用制度先后经历了 1949 年末实现农民土地个人所有制、20 世纪 50 年代中期土地集体所有制和 20 世纪 70 年代末期以来的家庭承包经营体制。20 世纪 50 年代中期开始的合作化运动和此后的人民公社化等运动剥夺了农民对土地的产权，降低了农民的生产积极性，使农民丧失了发展动力。市场经济的发展及其在农村的扩散是一个客观历史进程，受原制度约束的土地和劳动力等生产要素的价格与市场高级化条件下的要素价格形成显著差异，这种相对价格差的存在持续推动着农村土地产权制度和生产经营制度进一步发生变迁。当农民从事非农产业或外出务工的收益与从事农业的收益差足够大时，农户就会放弃对土地的经营；土地产权的模糊性使土地经营权转让的交易成本甚或高于土地本身的转让价格，此时土地的交易价格为零，农户转行往往意味着土地撂荒；为获得价差收益，农户在多方博弈中希望能有更为清晰的产权以降低转行成本或有效保护自己的经营权益以改进资源配置效率。[①] 尽管在现有土地制度安排下，农民的土地权利仍然得不到充分体现，农民尚不具备完全的土地使用权、交易权、收益权，在土地征用方面，农村集体土地必须经过国家征用转化为国有才能进入一级市场，农民根本无法进入土地交易市场，部分地区征地范围过宽、征地补偿标准过

---

① 蔡立雄、何炼成：《市场化、价格差异与中国农村制度变迁》，《改革》2006 年第 8 期。

低、对失地农民安置过少、土地收益流失严重、被征地农民失地后的身份
转换困难、宅基地及地面资产无法跨社区交易、承包地及宅基地无法抵
押、部分乡镇政府随意变更甚至撤销农民土地承包合同、强行推动土地流
转等诸多问题，但是国内外的事实证明，土地私有化也并非农地生产效率
提高和农民福利改善的必要条件。例如，作为一个发展中的人口大国
（2005 年印度农村贫困人口仍有 2.21 亿人），印度在独立之后，土地改革
就被提上政策议程，相关改革措施主要集中在土地的再分配，且一般通过
法律手段实现。Besley 和 Burgess 的研究发现[①]，1958—1992 年间印度出
台了一系列法律，包括土地租佃改革、取消中间人地主、土地持有上限和
土地整合等土地改革，重点在于土地所有权的改革，削弱中间人地主的势
力，即由国家付出赎金征收中间人地主的土地，在原佃农缴纳地价的条件
下取得所耕种土地的所有权而成自耕农，许多小土地所有者和无地者由于
土地最高限额立法的实施而得到了土地。结果，这些改革并没有从根本上
解决印度的贫困问题，土地改革的诸多局限性使得没有土地的农民大量涌
入城市，进而造成典型的城市贫民窟。从其他转型国家的农地产权改革实
践分析，Lerman 和 Shagaida 的研究发现[②]，俄罗斯农用土地改革的基本
思路是将土地转移到农民手中，形成新兴的农场主阶级，并推动新型市
场农业经济的形成与发展。2001 年通过的新俄罗斯联邦土地法典规定，
包括农业用地在内的土地可以实行私有化，但只允许非农业用地（居民
点占地、工业、交通和邮电用地等，约占全部农业用地的 2.7％）进入
流通；2002 年俄罗斯通过农用土地流通法，有限制地允许农用土地买
卖，但禁止将农用土地卖给外国人、无国籍人士及外资股份超过 50％的
合资企业；2005 年普京总统签发的农用土地流通法和土地规划法则对农
用地的占有、使用和处理程序进行了简化。土地私有化使俄罗斯实现了
由原来的国有农场和集体农庄经营的土地单一国有制转变为以私有和集
体所有为主、多种土地所有制并存的土地所有制关系，同时由于官方设
置的众多程序的障碍导致土地市场存在很高的交易成本。因此，建立一

---

① 林乐芬、王军：《转型和发展中国家农地产权改革及其市场效应评述》，《经济学动态》
2010 年第 12 期。

② 同上。

个从事土地交易业务、具有权威性并且文明有序的土地流转市场更显重
要。与以上两例不同的是，越南在 1986 年实行改革开放和建立市场经
济体制的过程中，陆续实施包括土地制度在内的一系列改革。1988 年越
南颁布了土地法，废除了原有的集体农场制度，将集体土地的使用权分
配给农民个人。根据土地法第 10 决议，土地所有权属于国家，农民个
人可以获得 15 年的土地使用权，土地使用权利不能用于交易。M.
Ravallion 和 D. van de Walle 的实证研究发现①，经过此项改革，最穷居
民的生活质量明显得到改善。1993 年，越南国会又颁布了新的土地法，
规定"任何农户或个人对所分土地享有交易、转让、租赁、继承或抵押
土地使用权"，这一新增加的规定使农民的土地权益得到了更切实的保
障，促进了农户投资和土地抵押、土地交易市场的活跃，提高了经济效
益、改善了农村地区居民的福利水平。不仅如此，保加利亚农村土地市
场改革、匈牙利和印度农村土地租赁市场发展实践同样证明，不同国家
企图地产权私有化改革后的农业生产效率和农民福利改进的效果差异明
显，土地买卖、租赁在一定程度上有利于土地资源的有效配置和规模农
业发展，但可能牺牲小农利益、造成"耕者无其田"和贫富差距拉大以
及扭曲市场经济制度的积极效应。美国在最近过去的 30 年，由于联邦
和州政府压缩了对地方政府的财政拨款，地方政府不得不开始征收土地
开发影响费，以增加地方的财政收入，回收一部分公共设施建设的成
本；英国则结合不同情况，选择不同的政策组合规范土地市场，即使在
一个城市内部不同项目之间，也采用多元化策略；荷兰和瑞典以建立土
地银行的方式来保证土地增值的收益归政府所有；韩国、日本和中国台
湾的政府当局则运用土地再调整的措施来收取部分增值收益。总之，发
展中国家和发达国家的政府在面临土地问题的时期，都较为积极地采用
了各种各样的政策来应对土地开发、制度设计、土地增值、收益分配、
土地管理等实践问题。

（三）土地流转中的新问题

旨在突破城乡二元结构的改革，必须破解"地往哪里转、钱从哪里

---

① 林乐芬、王军：《转型和发展中国家农地产权改革及其市场效应评述》，《经济学动态》
2010 年第 12 期。

来、人往哪里去"这几个基本问题。由于城乡一体化的持续推进，中国农村土地流转的现状表现为规模不断扩大，地区间呈现不均衡性，转包和出租占主导，股份合作形式逐步兴起，土地流转租金差别大，土地承包经营权流转市场初步建立，各地在推动流转方面的鼓励性政策措施灵活多样。数据显示，2009 年全国土地流转面积共计 1000 万公顷，总规模比 2008 年提高了 37.6％；流转面积比重较大的主要集中在浙江（28.7％）、上海（60％）、江苏（19.2％）、重庆（17.8％）、黑龙江（18.1％）等地；转包形式达 50％左右，出租占比为 30％左右；① 毗邻城市、经济发达、区位条件好的地区土地流转价格高，地处偏僻、区位较差的流转价格较低；各地出台的鼓励政策主要包括财政补贴、投资倾斜、就业扶持、政策倾斜等方面；土地市场化流转过程中的参与主体主要为农户、用地企业、农业经营大户、村委会、村民小组和村集体经济组织、县乡（镇）政府等。总体而言，中国农地流转市场历经多年实践探索，已形成以下三种模式：第一，以浙江省为代表的有形市场基本完善、政府扶持市场参与主体的模式；第二，以四川省、重庆市为代表的有形市场初步建立、政府扶持需求主体的模式；第三，以安徽、黑龙江等地为代表的流转有形市场尚未建立，政府扶持流转中介的模式。② 农民将自家土地的承包经营权作为股份，入股企业或经济合作组织享受相关收益，是较为前沿的改革探索。当前，土地入股只集中在农业生产领域，在城镇化领域则是浅尝辄止③。在城乡一体化进程中，如何合理地安排土地产权和土地市场制度，事关城乡经济发展、国民福利和社会的稳定。土地改革支撑户籍制度改革的关键，在于政府必须对现行土地管理制度进行大胆突破，让农民最值钱的财产能够自由变现，使农民获得级差地

① 王俊沛、伍振军：《农地流转的市场模式与参与方动机解析》，《改革》2011 年第 2 期。
② 同上。
③ 例如，2006 年 3 月上旬，广东省尝试用农民土地使用权作价入股的方式建设韶赣（韶关至江西赣州）高速公路，其中农民土地总入股价款将不低于总征地补偿款 30％。允许农民土地入股，实质就是保障农民应有的土地增值受益权，解决土地流转过程中损害农民利益的问题。仔细分析不难发现，农地入股可能是解决一次性补偿方式遗留下来的诸多问题，如失地农民的失业问题、社会保障问题、生活水平降低等问题的有益探索。但在实践中，土地入股不仅有风险，而且取得的分红十分有限，难以保障被征地农民的长远生计，特别是土地入股在具体操作过程中面临很多问题：什么样的项目才算有稳定收入？作价多少？采用什么样的方式作价？如何保证权益？如何不让入股农民变成完全吃地租的群体？等等。最终，这一尝试无疾而终。

租所带来的土地收益并具有市场自由选择权利和自主决策是否进城。城镇化进程中，如果农地不能盘活，进城农民除了自身劳动力之外就可能什么资本也没有。本身在专业技能培训上就存在不足的农民，又缺少资本，会严重影响这些农民的收入水平和生活质量。如果允许农民通过土地入股享受城镇化收益，意味着城镇化进程中的农民实际上是带着土地进城的，仍然继续享受土地带来的长期保障。当前，土地入股的探索主要集中在农业用途土地的规模化经营，这种入股没有改变农村土地的用途。但城镇化过程同时是农民逐步从农业中退出的过程，农民收入将主要依靠非农收益。由此释放出来的大量农村土地，将转为非农用途的土地，土地使用效率也随之提高。而限制土地的用途，只会降低土地的利用效率。① 例如，重庆在对进城农民土地的处置制度安排设计上，将户籍制度改革与土地制度相结合，对进城农民退出承包地和宅基地及附着建筑物，参照退出时当地征地政策进行补偿，并参照地票价款制度对宅基地使用权予以补偿；进城农民退出的宅基地纳入地票交易制度，对土地特别是宅基地复垦所腾挪出的用地指标进行统筹使用和处置，使复垦为耕地后可用于建设用地指标；同时，给予转户后宅基地和承包地处置三年的过渡期，为农民留出退路，解除他们的后顾之忧。② 土地入股实际上建立的是一种风险与收益分摊的投资机制，这种机制避免了土地补偿标准确定的难题。但是，土地入股作为城镇化过程中农地利用的一种制度探索，也是一种投资行为，有入股就有退出，如何退出、谁来补偿退出者股份、补偿多少，等等，存在诸多风险，必须有相应的交易市场支持。从更深的层次看，农村土地对农民的社保功能只是一种非常初级的保障，这样的保障实际上仍然是一种自我保障机制，不能体现对农民社会保障权利的应有尊重，这与经济社会发展的要求差距甚远。③ 在促进农业用地流转方式创新方面，尽管各地按照农村基本经营制度不变、土地所有权性质不变和农业用途不变的原则，采取流转形式多样化、运作方式市场化、实施程序合法化、流转合同规范化等措施，探索建立不同的土

---

① 杨志勇：《"土地入股"究竟可以走多远（内部版）》，《半月谈》2010 年第 11 期。

② 蔡昉：《户籍制度改革与城乡社会福利制度统筹》，《经济学动态》2010 年第 12 期。

③ 杨志勇：《"土地入股"究竟可以走多远（内部版）》，《半月谈》2010 年第 11 期。

地流转模式[①]。但是，各级政府只是在依法自愿有偿和加强服务基础上，原则性地强调土地承包经营权流转市场的建立，存在管理机制、服务机制等细节问题不明确的困难，实质性的突破并不多，土地流转问题主要表现为规模相对较小，层次相对较低，流转也不完全规范，例如农户间非正式的转包形式较多，以正式契约为依据租赁、转让、互换、转让、入股、拍卖等形式较少，一般农户间小面积流转占比较大，专业大户参与流转的占比小且困难较多，短期和自发性的流转较多，长期和集中组织化的流转较少等。面对30多年来的土地承包制度运行实践，中央政府在"十二五"规划中，也积极鼓励各地完善农村集体经营性建设用地流转和宅基地管理机制，并要求在节约用地、保障农民权益的基础上推进征地制度改革，积极稳妥地推进农村土地整治。笔者在实地调研中[②]明确地感受到，国家农业政策成功与否，不仅取决于政策的实施环境，更主要取决于农民对政策刺激反应的强烈程度，取决于这种政策是否顺应了农村发展的实际和农民的切身利益要求。实证结果表明[③]，农业支出政策和农村固定资产投资是拉动中国粮食产量最重要的因素。严肃审视中国当前的土地制度会发现其存在诸多弊病，诸如农民的宅基地等集体建设用地不能直接入市，城市建设用地只能通过征地的方法获得；农民与市民无法平等分享土地（住房）资本市场化的巨大收益，农民没有土地抵押后形成的流动性注入、缺乏流入城市的初始资本和无法完成由农民到市民身份的彻底转变；国家不允许建设用地指标的跨省间配置，导致全国范围内土地利用效率的巨大损失，

---

　　① 笔者通过对甘肃、四川、重庆、广西等地农村的调研，将其总结为以下模式：一是政府搭台、村民参与、企业经营模式，即农民以承包地折价入投，政府以前期建设资金入股，企业以无形资产入股，共同建设市场导向的股份合作制设施农业示范基地。二是专业大户引领型/种田能手的启发型，即农机户能手、村干部或种植大户发挥其农机耕作减少成本、增加利润的优势，带头自行租赁农户不愿耕种土地，进行规模种植以带动农村土地流转，给农业机械发挥效益找出路，也给农村社会进步带来机会。三是农民专业合作社推广型，即各类专业合作社参与农村土地承包经营权流转，促进土地规模化、产业化经营。四是吸引外商开发型，即开发公司以特定土地租金租赁社员耕地，发展产业化农业，农民获得租金的同时还获得劳务收入。

　　② 笔者在广西河池调研时，当地一位村干部的朴素认识为我们的结论提供了注解，该村干部讲："只要农民愿意干的、有利可图的，国家没有政策他们也会探索、会做，我们的工作压力也小；农民不愿意干、损害农民利益的，国家出台多少政策也无济于事，我们的工作压力就非常大！"同样，云南大理白族自治州的农村干部也根据多年的工作实践给笔者表达了类似的信息。

　　③ 陈飞、范庆泉、高铁梅：《农业政策、粮食产量与粮食生产调整能力》，《经济研究》2010年第11期。

也给东部地区的城市扩容和产业聚集造成了极大困难。[①] 就征地程序来看，集体土地上市必须经过国有土地转换环节。这表明现实中土地所有制是二元的，国有土地所有权高于集体土地所有权，集体土地所有权只是一种残缺的产权。农民在征地中之所以无法拥有平等的谈判地位，无法参与补偿标准制定，其实均与二元产权问题密切相关。目前，农村集体组织名存实亡，土地的集体所有权仅是名义上的或部分的所有权，而土地的终极所有权属于国家。否则，中国的土地管理法就不会规定，农业用地转为非农业用地须经政府批准。[②] 把土地收归国有，再以财产的形式永佃给农民使用，土地就具备了物权的意义，土地就成为农民手中稳定而有保障的财产[③]。土地物权化、财产化既可以调动农民的投资积极性，也有助于土地的流动，农民可以抵押、转让，也可以通过交易放弃，土地收归国有；农村集体作为组织者存在，其经济职能被弱化，也有利于强化其服务职能。

(四) 差异化的城乡土地制度

长期以来，在城乡二元土地制度下的中国土地资源分配，实际具有"以乡补城"特征，政府获得的大规模的城市建设用地和资本依靠从农民手中征地卖地所得。随着城市化进程中地价大幅度升值，建立在"土地财政"基础上的土地收入分配的不规范，是收入分配差距扩大的重要因素之一。尽管城市土地与住房基本实现市场化，但政府对农村的土地与住房的市场化仍然存在诸多限制，农民工在原农村的宅基地不能买卖，农民工不能将农村房产变现，无法在城市稳定安居和实现身份转变。同时，在现行财政体制下，各级政府财政支出的重心仍然倾向于城镇，生产要素的乡—城流动格局没有改变，在城乡分治的管理体制以及向城市倾斜的公共资源配置机制下，城乡二元公共服务的制度基础依然存在。以家庭承包经营为基础、统分结合的双层经营体制是适应社会主义市场经济体制、符合农业生产特点的农村基本经营制度，是中共农村政策的基石，必须毫不动摇地坚持；保持现有农村土地承包关系保持稳定和长久不变，就必须加快农村

---

① 袁志刚、绍挺：《土地制度与中国城市结构、产业结构选择》，《经济学动态》2010 年第 12 期。

② 刘美平：《统筹城乡空间结构的土地制度安排》，《山东社会科学》2004 年第 10 期。

③ 刘祎：《解决三农问题需要政府进行系统政策创新》，《山东经济》2004 年第 2 期。

集体土地所有权和农户土地承包经营权的确权登记颁证；推进农村土地经营制度创新、完善土地承包经营权流转市场、引导和鼓励家庭经营采用先进的科技和生产手段、促进农业经营走向农户联合合作与集约化、组织化经营等，必须坚持依法、自愿、有偿，逐步理顺国家对农地征收为建设用地后增值收益的分配关系，探索建立对依法取得的农村集体经营性建设用地，通过统一有形的土地市场、以公开规范的方式转让使用权的制度，实现集体闲置资产的增值。[①] 1999—2003 年期间，受政府退耕还林工程、城市扩张和开发区建设、乡镇企业和农民建房占用耕地等诸多因素影响，中国农业耕地面积共减少 2.06 亿亩。推进城乡生产建设，必须确保耕地面积不减少，实现农村建设用地与城市建设用地的相互贯通、保持土地总量的动态平衡。从利用效率看，中国农村村落面积是耕地面积的 13.3%，而日本的同一数据在 1954 年是 6.8%，中国村落占地 17 万平方公里（包括村庄内企业占地），通过有计划的村庄整理，至少可节约 1 亿亩土地，[②] 这可以为非农用地开拓新的空间。根据当前土地制度改革面临的难点问题，结合土地承包经营权的分散特征、农业组织发展特征和农户经济行为特征，中国必须更加关注农民土地使用权的长久不变问题，因地制宜地促进土地流转和实现农业规模经营。[③] 随着 21 世纪中国城市化进入相对独立的大发展阶段，土地要素的价值被市场重新评估，直接促成了各级政府的"土地财政"嗜好，公共基础设施投资在城市面积扩展的基础上不断扩张，土地城市化和区域经济增长如影随形。但是，土地的供给特性和跨期分配效应导致了宏观风险的累积与增加，尤其是房地产价格的过快上涨阻碍着人口城市化，导致城市化具有去工业化的明显特征。中国经济增长前沿课题组的数量分析表明[④]，土地财政和公共支出扩张虽然对城市化有直接加速效应，改变了时间轴上的贴现路径，但如果超前的土地城市化率不能带来城市规模收益递增效果，且政府财政收支结构和筹资方式不能转变，则

① 陈锡文：《十二五时期我国经济社会发展改革问题笔谈——加快社会主义新农村建设》，《经济研究》2010 年第 12 期。

② 党国英：《提速城镇化的多重信号》，《财经国家周刊》2010 年 1 月 25 日。

③ 林乐芬、王军：《转型和发展中国家农地产权改革及其市场效应评述》，《经济学动态》2010 年第 12 期。

④ 中国经济增长前沿课题组：《城市化、财政扩张与经济增长》，《经济研究》2011 年第 11 期。

中国未来的城市化及城市的可持续发展将会面临挑战，并且这些问题已经出现。这就启示我们必须转变政府职能，尽快改变财政体制和筹资用资模式，才能推动城市化带来的经济持续增长。新型城市化是推动中国城乡经济增长的重要动力，解决农业人口耕地资源短缺的关键途径之一也需要依靠城市化，这就要求土地管理政策的制定必须体现支持和推进城市化发展的目的，通过选择集约化的城市发展模式实施大都市区发展战略，走集中型的城市化道路。为了权衡土地分配中的公平与效率，有必要引入市场机制并从法律环境和制度框架层面建立健全土地租赁、交易市场，注重土地市场、劳动力市场、要素市场、信贷市场以及保险市场之间的互动，消除农民因城市房价、医疗、教育、社会保障等问题，而不愿放弃宅基地和小块土地的顾虑，综合改革土地管理制度，加强对不利于城乡一体化发展的土地交易监管，防止土地垄断，不断提高土地利用效率。

　　土地是农民的基本生产资料，土地和农民作为生产力的两个要素，千百年来它们唇齿相依。当前，由于有些地方对土地的所有权、承包权、使用权理解不清，妨碍了土地的正常流转，同时，许多地方政府为了弥补严重的财政缺口，打着"经营城市"的幌子，转卖农民的土地，廉买贵卖，赚取巨额差价，损害农民利益，使农村的土地资源没有发挥其应有的效益，公共产品的供给给土地带来了负效率。如前所述，城乡一体化需要工业化、城镇化、市场化的展开，这也就是农民土地被征用、农民离开土地的过程。从一定意义上说，这不仅是历史发展的必然，也是时代进步的需要。对于失地农民来讲，他们基本生活保障的主题资金来源于土地价值，土地补偿费及安置补助费的高低，直接决定其基本生活保障质量的高低。失地农民能够实现非农就业，是保障其家庭收入的主要渠道。失地农民与其家庭劳动力在失地后能够在本地顺利实现非农就业，则较为容易接受土地被征用；相反，若与其家庭劳动力在失地后很难实现就业转移，则对其保障家庭收入便存有疑虑，更倾向于继续持有土地。因此，就业环境及失地农民家庭劳动力在本地转移就业难易程度，会直接影响到失地农民被征地意愿的选择。[①] 但是，目前中国普遍存在着征地范围过宽、对农民补偿过低，对失地农民安置办法无法解决其后顾之忧和命运生计等问题，在一

---

　　① 罗文春、李世平：《农民被征地的意愿与影响因素》，《改革》2011 年第 1 期。

定程度上又加剧了城乡二元结构的矛盾冲突。特别是在城市化进程中，地方政府在利益驱动下存在非市场化的土地出让方式选择，存在降低土地收益中货币收益比重并将其转化为"实物地租"的内在动机，进而做出有悖于社会主义市场经济制度健全和中央政府意图的行为，导致土地一级市场透明度低、暗箱操作，土地资源配置和利用效率不高，行为短视，土地圈占、闲置、浪费普遍存在，土地市场混乱，并对未来的土地利用留下隐患。[1] 据业内专家估计，中国 20 世纪 80 年代末期以来，土地出让、转让所造成的国有资产流失最保守的估计每年达 100 亿元人民币以上，比走私造成的损失还要大。[2] 这其中就包括政府以低地价竞争吸引企业定位造成的土地收益流失。

（五）促进土地制度创新

在土地制度创新和配置机制方面，适度放开农地所有权市场，以法律形式确认农地所有权，建立起股份合作社与国家之间、股份合作社与股份合作社之间以及个人之间的多向流动关系，实现土地所有权的证券化、价值化和城乡建设用地增减挂钩平衡[3]；逐步把农民集体所有的土地所有权量化到每个农民身上并以土地股权证体现其份额多少，实现农民所拥有的土地股权证以一定规则仅在农民之间转让，让农民获得以土地股权为

---

① 邬丽萍：《城市土地利用中的博弈关系》，《改革》2005 年第 11 期。

② 陈菽红：《国务院三天连下两道"禁令"严查黑洞》，《北京青年报》2003 年 8 月 7 日。

③ （1）天津在城乡建设用地配置和利用中走出了一条"以宅基地换房"为主要特色的大城市周边建设小城镇的发展模式。这一模式的主要特点有：一是节约出来的建设用地指标主要用于新建小城镇或者说卫星城建设，从而突破了以往城市"摊大饼"的建设模式；二是节约出来的建设用地出让收入主要用于回迁农民的住房建设、工业园区建设以及学校、医院等配套基础设施建设；腾地农户不仅能无偿获得新建城镇的住房，而且还成为拥有薪金、租金、股金、保障金的"四金农民"；三是对原有村庄用地的复耕和耕种主要是统一建设现代农业园区，这样既有利于提高土地产出的经济效益，又为腾地农民提供了就业和增收机会。（2）河南新乡走出了一条"农村社区"模式，2006 年以来，新乡将全市 3571 个建制村规划为 1050 个新型农村社区。首批重点 369 个新社区全部建成后，可节约一半土地约 26 万亩。新乡对于整合之后的土地利用和收益分配的做法是：一切收益归农民，不以农民放弃土地承包权和宅基地使用权为前提。对农村宅基地和村庄整理拆并，节约土地首先用于复垦。节约出来的土地作为集体建设用地置换到产业集聚区，通过入股、租赁、转让、合作等方式用于农村发展第二、第三产业；其余土地收益专户储存全部用于新社区基础设施和公共服务配套设施建设。新社区建设不会让节省下来的农村土地"进城"成为城市建设用地，做到不从农民手中挖土地，不在农民身上打主意。张海鹏：《我国城乡建设用地增减挂钩的实践探索与理论阐释》，《经济学家》2011 年第 11 期；曲昌荣：《看新乡如何确保农民利益》，《人民日报》2010 年 10 月 23 日第 1 版。

抵押获取银行贷款的权利；培育农地产权交易组织，在县、乡建立农地产权交易所及其他农地产权交易中介组织，农民可以凭借其所拥有的土地股权参与分红，并使农民的子孙可以合法继承其土地股权；撤并人口规模在3万人以下的乡镇，组建全国性土地银行或成立土地抵押合作社，在中国农业银行、基层农村信用合作社内分设专门机构规范和完善交易行为，负责土地抵押贷款业务，加强对农地使用权市场运作方式、价格、期限、契约签订等方面的引导、监督与管理；修改现行法律中有关限制农地产权市场化流转、不利于农村土地市场发育的条款，规范国家的农地宏观管理权的行使，使各级政府的土地管理与使用行为符合法律规定。

同时，必须贯彻实行严格的土地保护制度，保证农民对土地有更加充分的权利，严格界定公益性和非公益性用地界限，公共事业用地可继续由政府出面征地，非公益用地可由工商企业和土地所有权主体谈判决定补偿标准和方法，突出农民在市场交易中的主体地位，积极探索农民集体建设用地直接参与土地市场交易的途径；继续探索转包、出租、互换、转让、股份合作等土地承包经营权的流转，探索耕地、林地、草地承包经营权的抵押办法，在法律层面实施农村宅基地私有化试点，允许农村宅基地及其建筑物依法自愿有偿转让、出租、互换、继承和抵押，使农村宅基地及其建筑物真正市场化[①]；探索实行城乡之间用地增减挂钩和人地挂钩的政策，实现城镇建设用地的增加规模与本地区农村建设用地的减少规模挂钩，城镇建设用地的增加规模与吸纳农村人口进入城市定居的规模挂钩；培育土地市场，健全土地法规，支持中介服务组织发育，加强监督监管，维护土地市场的正义公平，让农民分享收益，行使当家做主的权利和职权，使得在加快城镇化和工业化进程中，有利于缩小城乡差别而不是增加社会矛盾。从现实情况看，现阶段城乡一体化的重点不是强化农村土地的社会保障功能，而是加快弱化以至完全剥离土地的社会保障功能，转而以基本公共服务为农民生存和发展的基本保障，这是统筹城乡发展背景下农村土地制度改革的重要前提。基本公共服务是农民获得财产性收入的前提条件，也是实现土地物权保护的重要条件，城乡基本公共服务均等化有利于土地

---

① 马晓河：《建国60年农村制度变迁及其前景判断》，《改革》2009年第10期。

要素功能的发挥，实现充分而有保障的土地使用权必须与实现城乡基本公共服务均等化相结合。在农地赋权及其土地承包经营权入股探索实践中，破除将所有制实现形式视为社会主义制度属性的误区，确立土地集体所有制、公有产权实现形式可以而且应当多元化的理念，明确农民土地持有产权的法律地位，明晰国家、集体、农民相应的产权主体地位，除战争、自然灾害、国防等特殊的情形与特别公益事业外，国家征购土地必须按照市场价值规律，规范交易、平等保护不同产权主体特别是农民的产权权益，赋予入股农民于公司破产时对其所入股的土地承包经营权的优先购买权，构建类似于存款保险的"土地承包经营权入股保险"①，以解决入股农民行使优先购买权的资金来源；各级政府在改进失地农民社会保障制度的过程中，必须综合考虑农村土地所承载的所有权、就业、生存与发展、社会保障等多重功能，参考商业保险设计思路，建立"失地农民基本生活保障专项资金"，② 切实承担起制定政策法规、落实国家财政供款、监管制度运行的责任，改变以往改革只求单项改革成效而忽略各项政策综合效果的倾向，杜绝党政机关、社会团体及投资商以"促进公益"、"经济发展"等为由，盲目圈地、乱占耕地，搞"形象工程"、"政绩工程"，劳民伤财，应提高失地农民基本生活保障总体水平和促进农民可持续生计问题的彻底解

---

① 吴越、吴义茂：《农地赋权及其土地承包经营权入股范式》，《改革》2011 年第 2 期。

② 李一平：《失地农民基本生活保障制度：浙江的证据》，《改革》2005 年第 5 期。事实上，李泉、陈中跃在城乡一体化水平较高的浙江嘉兴市平湖市钟埭街道钟埭村马家浜调研的过程中发现，该地由于开放型、外向型特色产业经济特征明显，且有强大的企业支撑带动，因此新农村建设、城乡自我发展能力很高，城乡基本实现了公交一体化、供水一体化、就业一体化、教育一体化、垃圾收集一体化等。其中，在土地征用方面，该地恰恰是通过建立失地农民基本生活保障安置费的做法，较好地解决了农民、开发商、政府等之间的利益协调。例如，该村村民陈其根（男，46 岁）、顾引弟（女，45 岁）夫妇为笔者提供了他们家（乙方）与平湖市劳动保障事务所（甲方）签订的土地征用人员安置协议书。协议书 2—5 条明示，甲方在乙方提供相关资料、安置费到账后一个月内，为乙方办理基本生活保障手续，缴纳基本生活保障费。同时，为乙方办理签约、建档、退休等手续；乙方如有人员已到达法定退休年龄，甲方为其办理退休手续，从办妥手续的次月起按月领取基本生活保障费。甲方为乙方办好基本生活保障参保手续后，将《征地人员基本生活保障卡》移交乙方，乙方需继续以企业职工基本养老保险"自由职业者"缴费方式缴纳基本养老保险的，由乙方本人自行缴纳。乙方人员分流安置后，乙方 16 周岁（含）以上至男 60 周岁、女 50 周岁以下的人员可向甲方领取《征地人员手册》，凭手册进入劳动力市场自主择业。通过基本生活保障安置或一次性货币安置的人员，一律视作自谋职业，不再另行安排工作。据此，陈其根、顾引弟分别享有缴费年限为 15 年的基本生活安置费 28440 元，安置费抵缴保障费分别为 12690 元、12010 元，最终他们二人分别实领生活补助现金 3840 元。

决。另外，宁夏回族自治区平罗县的土地信用合作社（2006 年率先在姚伏镇小店子村正式成立，后迅速遍及全县）的实践，则为农村土地承包经营权流转制度创新、解决耕地细碎化与规模经营之间的矛盾、提高农民收入、提供农村公共产品等问题，以及初步构建存贷双方互利共赢的机制方面提供了积极的借鉴依据。[①]

二　户籍制度

（一）户籍制度的初始设计与城乡发展的尖锐矛盾

中国的户籍制度表现为人口居住权的城乡分离，即以出生地为主要参考依据决定一个居民的户口登记地，户籍一旦确定，户籍的转变就因苛刻的限制条件而在实践中非常困难，这相当于剥夺了居民自由迁徙的权利，这种状况在 20 世纪 80 年代以前是常态和典型。[②] 究其根源，落后的农业国急需实现工业化的独特初始条件，导致新中国成立后，在世界各国经济发展史上选择了相对特殊的户籍制度变迁路径：全国性的城市户籍限入制度在工业化的经济发展背景下，致使城乡居民福利差距得以形成、巩固和扩大；这种福利差距又使得城市居民成为一个相对独立的既得利益群体，后者反过来又成为维护这种制度安排的主体力量。Solinger 的研究指出，这一相互强化的"正反馈"机制，某种程度上构成了城乡户籍制度改革的强大阻力。在市场化改革背景下，以 1994 年的分税制改革及相应的中央与地方在事权上相对明确的划分为集中表现，中央与地方的责权利关系发生了相应调整，作为与地方公共福利相关的城市户籍制度也就开始由地方政府来主导。分析表明，[③] 户籍制度改革对劳动力流动可能有效，并且影响程度与改革的程度及实施户籍制度改革的城市多寡密切相关，改革程度越强、改革城市越多，影响也就越强，相反就越弱；21 世纪以来的户籍

---

① 根据平罗县农村土地信用合作社试点工作经验介绍的内部资料，到 2008 年 5 月该县共挂牌成立农村土地信用合作社 30 个，共存贷土地 9.6 万亩，涉及农户 1924 户，实现存地收入190.55 万元，转移劳动力 2530 人。参见程志强《对我国农村土地信用合作社实践的思考——以宁夏回族自治区平罗县为例》，该文收录于程志强《中国城乡统筹发展报告》，社会科学文献出版社 2011 年版，第 32 页。
② 蔡昉：《户籍制度改革与城乡社会福利制度统筹》，《经济学动态》2010 年第 12 期。
③ 孙文凯、白重恩、谢沛初：《户籍制度改革对中国农村劳动力流动的影响》，《经济研究》2011 年第 1 期。

制度改革对农民工作用不大的原因在于，农民工通过实际获得城市户籍的可能性极小，部分省市即使统一城乡户口称谓，但实际区别并未消失①；农民工的流动仍然更多地受到经济条件和自身条件的影响，户籍制度改革的成效也相对有限。因此，即使改革开放后中国明确了市场化的经济体制改革方向，但未建立全国统一的人口自由流动的劳动力市场而必须进行的户籍制度改革，只能沿着渐进而缓慢的路径艰难行进。以至于当前，对于户籍制度改革的进展，学术界常常并没有给予充分的认可和评价，甚至仍然把中国的城乡分割与印度的种姓制度相提并论。当人们呼吁户籍制度改革，并且中央和地方政府事实上积极尝试进行改革时，并非仅仅因为这个制度具有人口居住登记的地域分割功能。② 假定城市政府制定户籍政策所考虑的主要目的是 GDP 增长率与居民公共福利增长率，汪立鑫等人通过一个最优户籍政策模型得出③，城市政府所设定的户籍门槛与城市人力资本回报率、对市民征税税率、人力资本对本地 GDP 增长贡献率、周边城市对外来劳动力吸引力等负相关，而与城市政府对当地居民福利增长的重视程度正相关；公共福利初始水平较低的中小城市其户籍政策的自然走向是户籍门槛的不断降低直至消失，而公共福利初始水平较高的大城市其户籍政策的自然走向则是户籍门槛趋于提高并最终稳定在一个较高水平。不过，国家已经表示了对户籍制度改革的力度与决心，如重庆市正在进行的改革。

　　"没有谁可以做出永远正确的选择，如果说政治意义上的民主选举意

---

　　① 在跨区域流动的农民工的土地难以与打工地城市的利益相关的前提下，城市政府因地方保护主义影响几乎是毫无例外地设计了各种门槛限制流动农民工的进入，即使是为顺应中央政府关于放宽中小城市和城镇户籍政策限制的导向，仔细研究中国各地有关农民工户籍转化的"落户政策"条文，其实质大多嵌套或暗含了"以宅基地换住房、以承包地换保障"等的内容，这意味着中国实际的户籍制度区隔功能还在强化，围绕农民工户籍转化的"深度城镇化"的试水时间可能会进一步拉长。换句话说，城市对农民工市民化的政策并未有实质改变，农民工进入城市打工的目的仍然在于务工经商、换取收入，他们无法在就业地固化为城市市民，考虑到对承包地、宅基地的保留权，加之对于城市生活成本与高房价的担心，绝大多数农民工也不愿意将自己的户口"非农化"。参见张翼《农民工户籍转化意愿及其政策含义》，《比较》第 53 卷，中信出版社 2011年版，第 32—44 页。

　　② 蔡昉：《户籍制度改革与城乡社会福利制度统筹》，《经济学动态》2010 年第 12 期。

　　③ 汪立鑫、王彬彬、黄文佳：《中国城市政府户籍限制政策的一个解释模型：增长与民生的权衡》，《经济研究》2010 年第 11 期。

味着在时间上公民可以'通过选择救济选择',那么生活意义上的自由迁
徙同样意味着人们可以在地理层面'通过选择救济选择'。而这种在时间
与地理上的开放,正是一个现代国家的应有之义。"① 中国的户籍制度限制
了劳动力要素在城乡间的自由流动,阻碍了农村人口进入生产率更高的城
市工业部门就业。在这一制度下,乡镇企业给予了农村富余劳动力以"离
土不离乡"的方式参与到工业部门生产的机会,并使中国农村"偶然而被
迫"地走上了一条农村工业化的道路。② 乡镇企业的发展通过产品的城乡
间流动缩小了城乡居民收入差距。但是,面对国有企业改制、经济开放、
资本市场发展、劳动力价格提高、市场竞争的加剧等环境变化,乡镇企业
在缩小城乡差距方面的作用于 1998 年之后整体向下并不断减弱。正如中
国其他领域的经济改革一样,户籍制度改革也是结合了"自下而上"和
"自上而下"的两种方式:一方面,受到提高收入和改善生活的动机驱动,
农村劳动力跨地区流动突破了户籍对居住和就业的地域约束,同时也实现
了资源的重新配置;另一方面,政府先是默许劳动者离开农村居住地,随
后政策逐步转变为鼓励劳动者外出就业,乃至主动促进劳动力向城市流
动,改善农民工在城市就业和居住的制度环境。蔡昉的研究指出,由于户
籍制度改革涉及对传统制度安排的调整和废除,因此在整个户籍制度的改
革过程中,政府的改革动机和推动作用格外重要。③ 公民迁徙自由是现代
社会的普世人权。④ 中国城乡居民都应享有居住、迁徙及其他自由,实现
城乡互动、共生共荣必须拆除农民通往城镇的制度藩篱。因此,实行对城
市政府的 GDP 考核导向和对大行政区政府的民生考核导向,授权城市政
府征收入户特别税,促进城市第三产业发展和中小城市发展,推进全国范
围内的社会保障统筹与教育机会及资源的公平分配,可以为旨在减少城市
户籍限制的户籍制度改革找出一系列"杠杆解"。⑤ 市场化导致不同产业、
不同农业种植品种、不同区域的要素收入出现差距,进而引起农村产业

① 熊培云:《重新发现社会》,新星出版社 2010 年版,第 12 页。
② 钟宁桦:《农村工业化还能走多远?》,《经济研究》2011 年第 1 期。
③ 蔡昉:《户籍制度改革与城乡社会福利制度统筹》,《经济学动态》2010 年第 12 期。
④ 李昌明、王彬彬:《中国城乡二元经济结构转变》,《经济学动态》2010 年第 10 期。
⑤ 汪立鑫、王彬彬、黄文佳:《中国城市政府户籍限制政策的一个解释模型:增长与民生的权衡》,《经济研究》2010 年第 11 期。

制度与人口迁移制度的变迁。城乡一体化不仅需要提高农民的收入水平，还要促进农村农民在现代化中自主化程度的提高，人员流动扩大、人际交往扩展、现代信用发展，可以促使人们更多地依赖市场并更多地从家庭以外的空间获取各种经济资源和经济价值，从而更好地改善自身的处境。分析后不难发现，户籍制度改革是未来中国城乡社会改革的重点内容，户籍制度改革至少包括相互关联的两个方面：一是放宽过严的户籍门槛，使具备一定条件的流动人口能在流入地获得户籍，而不是在经济制度上承认流动人口的流动合理性，而在社会制度上否认其流动合理性；二是消除户籍背后所附带包含的城乡社会福利差异，使得每一个中国公民在城乡区域都能享受到同等的就业、居住①、税费、教育、医疗、社保等社会福利，在社会福利的享有上做到内容、程度的基本均等。户籍制度改革的实质是调整城乡居民识别标识，使行政制度的执行与户口相分离，倒逼就业、社保、教育等与户口相关制度的配套改革。例如，经济发展水平相对发达的浙江省嘉兴市，从 2008 年 10 月开始实施城乡一体化户籍管理制度改革，取消农业、非农业户口性质划分，实行城乡统一的户口登记制度和迁移制度，明确了只要具有合法固定住所、稳定职业或生活来源的申请人，准予其户口在本地落户。这一做法对其他区域具有较多借鉴意义。

---

①　在地方财政吃紧、综合实力不强的欠发达地区，为建立完善多层次的住房供应体系和保障体系，多渠道缓解低收入群体的住房压力，贵州省贵阳市政府出台了《公共租赁住房管理暂行办法》，首创推出"公共租赁住房"政策，通过政府行为收储社会闲置房源，再以准成本价租赁给城市中低收入家庭。这一创新探索使贵阳市成为中国首家采用公共租赁办法为困难群众提供住房保障的城市。按照设计，凡是具有当地常住城镇户口，且家庭成员中至少有 2 人须取得当地常住城镇户口 2 年以上；申请人在当地已缴纳社会保险；人均住房建筑面积低于 15 平方米；人均月收入不高于 1300 元等条件的家庭，都可申请成套公共租赁住房。值得一提的是，该政策搭建起的"房屋银行"平台，沟通了住房资源与住房需求之间的公信便道，对于释放中低收入家庭住房压力、激活社会闲置住房资源、缓解政府短期扶助性住房建设投入强度效果明显。截至 2011 年 6 月 22 日已征集到社会闲置房源上万套，首批 1 万户房源配租分配登记全面展开。据专家测算，以贵阳市 2011 年完成筹集 2 万套公租房来计，如果采取政府全资建设的方式来建，需要投入资金 26 亿元，政府的投资负担就会相当重。如果采用"房屋银行"收储配租模式来完成，政府只需对每套公租房每年补助 5000 元租金即可，一年支出的补助租金总额仅为 1 亿元，只相当于 26 亿元资金所产生的相关利息和财务管理费用。2011 年 6 月 23 日中央电视台《新闻联播》对贵阳市的这一经验进行了专门报道。详见《贵阳日报》、《新闻联播》等网站及媒体报刊报道 http：//house.focus.cn/news/2011 - 06 - 24/1355921. html。

从农民的角度看，户籍制度所设置的壁垒和限制是为了阻止农村人口大量涌向市中心或其他较为富裕的地区；从城市的角度看，城市人口的无序增长会为诸如住房保障等社会福利带来无法承受的负担，导致严重的财政问题。① 改革开放30多年来，中国的人力资本流动仅仅是实现了形式上的自由流动，是农民率先主动地促进制度变迁和以一种临时性的再配置方式满足城市经济工业化、城市化的过程。分析表明，② 户籍制度改革对劳动力流动可能有效，并且影响程度与改革的程度及实施户籍制度改革的城市多寡密切相关，改革程度越强、改革城市越多，影响也就越强，相反就越弱；21世纪以来的户籍制度改革对农民工作用不大的原因在于，农民工通过实际获得城市户籍的可能性极小，部分省市即使统一城乡户口称谓，但实际区别并未消失；农民工的流动仍然更多地受到经济条件和自身条件的影响，户籍制度改革的成效也相对有限。③ 特别地，近3亿农民工并没有作为城市和非农产业的一个存量而固定下来，而始终是作为一个补充的增量部分游离于城市人力资本的制度范围之外，教育、培训、健康和社保等制度保障并未和人力资本的流动如影随形。不过，国家已经表示了对户籍制度改革的力度与决心，如重庆市正在进行的探索性改革。

(二) 城乡一体化的顺利推进亟待户籍制度的改革创新

在中国城乡改革发展中，土地制度改革与户籍制度改革是紧密相关的。由于城乡统筹需要大量的资金投入，比如落户城镇人员的义务教育、社会保障、医疗保险、失业救济以及相关的基础设施建设等，更多地要依

---

① ［美］约翰·奈斯比特、［奥］多丽丝·奈斯比特：《成都调查》，魏平、毕香玲译，吉林出版集团、中华工商联合出版社2011年版，第26页。

② 孙文凯、白重恩、谢沛初：《户籍制度改革对中国农村劳动力流动的影响》，《经济研究》2011年第1期。

③ 在户籍制度改革方面，中国各地实践的做法不尽一致，比较典型的包括：一是始于2000年奉化市的浙江宁波模式，这是中小城市城乡籍制度改革的典型代表，表现为政府在城市化压力、政策压力、吸引人口动力等合力之下的主动作为；二是从2003年开始先后有河北、辽宁、江苏、浙江、福建、山东、湖北、湖南、广西、重庆、四川、陕西、云南等13省（市、区）模式，表现为政府宣布在辖区内取消城乡户口性质差别，统一登记为本地居民户口，但实质性的改进并不多；三是于2005年全面完成城乡户籍统一的大城市深圳，该市经过彻底的户籍制度改革，实现了"乡转城"后新市民与原市民在待遇方面的完全相同。除此之外，成都和重庆市的户籍制度改革也更为细化和理性，可以成为其他地区城乡户籍制度改革的参照样本。

靠地方政府解决。面对地方财政收支缺口,一些地方政府便不得不以农民放弃农村土地方式,通过土地开发、土地经营等灵活换取城镇户口及相关社会保障待遇的资金。这种探索在现实中的表现就是 2006 年以后,中国各地在进行城乡一体化的实践过程中,大量出现农民以土地换户籍的区域性试验。仔细分析这种试验,我们在不排除其中的积极意义的同时必须清醒,地方政府极力推动农民以土地换户籍的户籍制度改革,是否是基于上级政府的行政绩效考核压力和自身仕途升迁、政绩呈现的理性选择,其中更重要的秘密,是否在于政府以合法性程序获得了可以继续"土地财政"并从中获得财政支持的稀缺土地。这种试验的负面效应在于它可能会影响农民完整的土地财产权利的落实,甚至有可能是违背农民的意愿,而以改革的名义由地方政府主导实现了对农民承包地和宅基地的处置权。特别地,由于城镇户籍与诸多社会福利挂钩,这就要求改革的最终目标是剥离附着在户籍上面的各种附加功能,回到登记人口信息的基本管理功能,使公共服务与户口脱钩。[①] 因此,2011 年伊始,国土资源部、中央农村工作领导小组办公室及国务院等部门,加紧拟定了相关户籍改革的综合性配套政策文件,叫停"土地换户籍、宅基地换住房社保"等做法,继续放开农村人口落户中小城镇的限制,强调户籍改革必须根据城市的资源环境承载能力,保障农民土地财产权益的合法完整,逐步使土地由资产变为资本,促进土地资本在城乡之间根据农业和非农产业的发展需求进行再配置,以消除"土地换户籍"可能出现的问题。2012 年,温家宝总理在《政府工作报告》中提出,积极稳妥推进户籍管理制度改革,推动实行居住证制度,为流动人口提供更好的服务。从长期来看,取消现有户籍规定对人口流动的限制,允许所有公民根据自己的意愿和能力迁移到任何地方生活和工作,逐步将公共服务领域各项法律法规和政策与现行户口性质相剥离,按照"属地化管理、市民化服务"的原则,鼓励城市化地区将流动人口纳入居住地教育、就业、医疗、社会保障、住房保障等体系,切实保障流动人口与本地人口享有均等的基本公共服务和同等的权益,逐步促使户籍终将回归其原本只应该承载的人口统计和登记功能,应该成为城乡一体化进

---

① 张艳玲:《中央酝酿出台政策叫停土地换户籍做法》,《新世纪周刊》2011 年 1 月 31 日,http://news.sina.com.cn/c/sd/2011 – 01 – 31/110921904514.shtml。

程中户籍制度改革的基本取向。

令人倍感欣慰的是，为深入贯彻落实中共十八大、十八届三中全会和中央城镇化工作会议关于进一步推进户籍制度改革的要求，促进有能力在城镇稳定就业和生活的常住人口有序实现市民化，稳步推进城镇基本公共服务常住人口全覆盖，2014 年 7 月底，国务院发布了关于进一步推进户籍制度改革的意见，以此统筹户籍制度改革和相关经济社会领域改革，合理引导农业人口有序向城镇转移，有序推进农业转移人口市民化，并提出到 2020 年基本建立与全面建成小康社会相适应，有效支撑社会管理和公共服务，依法保障公民权利，以人为本、科学高效、规范有序的新型户籍制度，努力实现 1 亿左右农业转移人口和其他常住人口在城镇落户等改革发展目标。这一顶层制度设计，无疑将对促进中国城乡发展一体化和促进新型城镇化注入新的动力。

三 财政金融制度

中国城乡经济 30 多年来的高速增长，离不开财政金融体制的诱致性变迁所带来的基础设施整体性改善、地方政府招商引资、各类企业投资与技术创新等活动。其中，财政分权体制在赋予地方政府的剩余索取权、对 GDP 的锦标竞争的同时，也引起了区域间的地方保护主义和市场效率的损失；金融领域的城乡二元分割，则使得那些强势经济主体容易以更低的成本获得正规金融体系的支持，而弱势经济主体却往往被排除在正规金融体系之外，由此引起城乡区域、不同市场经济主体之间的"融资歧视"。显然，在城乡一体化进程中城乡区域均既离不开财政转移支付的激励机制，也离不开金融市场给市场主体带来的投融资要素需求的强力支持。而且，越是欠发达的乡村地区，财政金融对其经济社会发展的影响作用也越重要，这就要求我们必须更加重视财政金融改革对于城乡一体化发展的重要保障功能。

(一) 城乡财政体制

财政政策是政府实现宏观经济目标的基本手段之一，分级财政是世界各国中央与地方财政关系变化的基本走向，财政分权有助于调动地方加快当地发展的积极性，城乡公共服务均等化的前提是各级政府的财政支出能力与管理权限相均衡；地方政府更了解本地居民对公共产品的需求，分权制可以发挥地方政府在提供地方公共产品方面的优势。[①]

1. 财政体制的演进

从其演进历程看，中国财政体制发展大致可以划分为三个阶段：第一阶段从新中国成立后到 1978 年之前，主要实行统收统支的财政集中体制；第二阶段从 1978 年到 1993 年，财权逐步下放，实行分成与财政包干体制；1994 年分税制改革后进入第三阶段。其中，1980 年、1985 年和 1988 年的财税体制改革，实行中央政府对地方政府的"放权让利、分灶吃饭"的财政包干体制，导致财政收入占 GDP 的比重和中央财政收入占国家财政收入的比重明显下降。而在此期间，中央财政支出占国家财政支出的比重始终大于中央财政收入占国家财政收入的比重。中央不但要依靠地方政府上缴财政收入，而且还需要向地方政府"借债"度日，加之频繁调整的财政体制，使得中央与地方政府间的财政分配关系缺乏稳定性，但在财力划分的数量界限方面主观随意性却很大。[②] 1994 年推行的分税制改革，则使中央财政预算收入比例有了大幅度提高，地方财政预算收入比例下降；同时，也激发了地方政府与本地区财政预算以及监管其实际使用效果的积极性。在这一发展进程中，城乡二元分割格局是一个不容置疑的现实，财政属地化管理制度是城乡二元制度体系中的核心构成部分。"城乡分割"问题主要不是因财政体制不当引起的，但大多与财政有关。在计划经济制度下，农副产品的统购统销是政府凭借政治权力对农民所创造的社会产品的分配进行的必要扣除（农民交纳的暗税），低价农产品销往城市的直接结果是降低了工业的原材料成本与劳务投入成本。与此同时，工业品实行的是较高的计划价格制度，形成工农产品之间的"剪刀差"，正是这种制度安排，使得农民生活一直比较困苦。在市场经济条件下，分权化的财政管理体制导致了极端的赤字下移，各级政府集中财权的同时不受限制地把财政负担推给县乡基层政府。例如，公共产品供给资金的匮乏，实质上反映的是农村公共产品和公益事业到底由谁来提供的问题，即政府对农民是"多予少取"还是"多取少予"的基本政策问题。长期以来，广大农民自

---

① 平新乔：《财政原理与比较财政制度》，上海三联书店 1992 年版，第 137 页。

② 张闫龙：《财政分权与省以下政府间关系的演变》，《社会学研究》2006 年第 3 期。

己出资解决着义务教育、治安、医疗卫生、交通、人畜饮水、社会保障、基础设施等社会公共产品和准公共产品。① 在税制设计方面，中国长期实行的是传统的农业税制与现代的工商业税制并存的二元税制，即在城镇基本实行的是以增值税、营业税和所得税为主体的体现现代市场经济发展要求的工商税收体系，而在农村长期实行的是以农业税为主体的表现出明显的与自然经济相一致的地租特征的农业税收体系。20 世纪 80 年代以来的国家财政政策，相当程度上带有非均衡发展战略的特点，城乡税制不统一，城市和农村实行两套不同的税制，征税的基础、税率的设计区别考虑。② 而始于 1985 年的财政分权制度改革，有效地提高了城市和农村居民的收入并缩小了城乡收入差距；但 1994 年进一步的分税制改革后，地方政府采取的竞争手段以及竞争目的超越了良性竞争范畴，地方政府的经济竞赛导致的金融畸形发展对城乡收入的缩小产生较强的负面效应。在城市，无论是对个人收税，还是对企业收税，都是需要扣除一定的成本之后对纯收益征税的；但在农村，实际上就是对农民的总收益征税。综合权衡，这比城镇人口缴纳的税率要高。分税制改革先天具有对地区间收入分配非均等化效应的特点，因为它把收入分享原则从以前的收入再分配改为来源地原则，将更多的收入返还给富裕地区而不是贫困地区，引入均等化转移支付仍不足以抵消税收返还的影响。尽管从"分灶吃饭"到"分税制"的财政管理制度改革，极大地调动了地方政府的积极性，但同时造成城乡财政水平差距不断扩大，并成为城乡分治管理制度与管理组织机制分离的根本原因。③

　　2. 财政体制问题

　　优化资源配置、调节收入分配、进行宏观调控和监督经济运行是财政的基本职能，财政转移支付的根据目的就是保证公共服务，它是以各级政府之间所存在的财政能力差异为基础，以实现各地公共服务的均等化为主旨而实行的一种财政资金或财政平衡制度。现有研究表明，财政支出中的各种分项对城乡收入差距的作用也是不同的。其中，农业支出有利于改善

①　张兵、柳华平：《城乡统筹的公共财政检讨与政策取向》，《财经科学》2005 年第 5 期。
②　何振一：《逐步变革城乡公共分配的二元结构制度》，《中国财政》2004 年第 2 期。
③　许玉明、廖玉娇：《城乡分治制度下的若干表现及其内核》，《改革》2011 年第 1 期。

农业生产条件，提高农村居民收入水平，从而有助于缩小城乡差距；基本建设支出若主要利于城镇的发展，其对城市居民的直接和间接效应都远高于农村居民，因而不利于城乡收入差距缩小；科教文卫支出利于提高农村居民的健康状况和劳动技能，对农村的投入回报率相对较高，有助于提高农村的收入水平，进而利于缩小城乡之间的收入差距。[①] 中国就业人口比重的大部分在农村，如果让农村居民享受与城市居民大体相等的公共设施和服务水平，农村财政的规模至少不低于城市财政。但是，由于历史原因和农村的发展规律限制，来自农村的财政收入要远远低于来自城市的收入，也就是说要实现农村公共财政的职能，财政对农村的支出必然远远高于来自农村的财政收入，资源是净流向农村的，从结果看农村公共财政体制应是向内倾斜的。[②] 进入 21 世纪，随着中国经济调整和转型的深入，农业和农村经济发展出现了一系列新的问题，特别是县乡两级持续的财政缺口、财政体制不规范、农民负担加重等，这种状况使得中国政府完善省以下分税制财政体制的预期受到严重挑战。从财政角度分析，公共财政是政府与市场分工制度化的产物，是与市场经济相适应的财政模式。在中国市场经济发展的关键时刻，实施工业反哺农业、城市支持农村的发展战略，实现工业与农业、城市与乡村协调发展，是公共财政的重要职责。任何改革都不是一蹴而就的，财政体制改革是一个涉及面相当广泛的制度，它不仅是一项重要的经济制度，而且还牵涉到政治、社会、文化生活的方方面面，这就决定着这项改革必然牵涉到各方面的利益调整，在推进过程中会遇到种种阻力和困难。调整国民收入分配结构，缩小城乡居民收入差距，需要通过不同环节的制度设计，通过恰当的手段来逐步实施。例如，在初次分配中，通过减税、增加工资等方案直接增加居民部门收入；在二次分配中，通过扩大社会保障增加对居民部门的支出。改革开放 30 多年来，中央政府对"三农"领域的财政安排在绝对量上逐年增加，从 1978 年的 150.66 亿元增加到 2009 年的 7161.4 亿元，增加了 40.7 倍；但从相对量上看，支农资金占财政总支出的比重在起伏变化中呈总体下降趋势，其增长速度既低于财政总支出增长速度，也低于农业总产值增

---

①　陈安平、杜金沛：《中国的财政支出与城乡收入差距》，《统计研究》2010 年第 11 期。

②　皮国忠：《论我国的农村公共财政》，《当代财经》2004 年第 1 期。

长速度。1989—1993 年，支农资金占财政总支出的比重年均为 10.38％，而 1999—2006 年其年均下降为 8.45％。[1] 另外，财政投入农业的支出结构也不合理，大部分财政支农资金并未直接用于农业生产，农林水利气象部门的事业费等支出占支农资金总额的 60％—75％，能为农民增收的长期支持项目投资比重偏低，新增财政支农资金主要用于大江大河治理工程，真正用于农田水利、节水灌溉、人畜饮水等改善农民生产生活状况的投入极少，[2] 加之财力上划、事权下移所导致的财权事权不对称、转移支付制度不完善和地方政府没有彻底摆脱作为中央财政和上级财政附属物的地位，共同造成中国城乡居民收入差距扩大的财政诱因。国外的实践证明，确保财政体制有效运行的关键在于各级政府间形成体现宪政精神的良性互动关系，尽快制定规范各级财政关系的基本法律制度，实现财政法治化。

3. 城乡财政体制改革

统一城乡税制，意味着中国多年来歧视农业、农村、农民二元税制政策的结束，城乡居民在法律上具有平等的纳税义务和权利；意味着国家不再过度提取农业剩余，工业发展所需的资金依靠自我积累。[3] 在免除农业税后，城乡一体化的税制建设有必要在现有税制的基础上，按照完善社会主义市场经济体制的要求，从简化税种、统一税制、公平税负着手，合并重复设置的税种，适时开征新税种，使税制得到简化，结构得到优化，建立起多层次、多环节调节的城乡统一的税制体系。例如，对进入市场的农产品征收增值税，对农业生产者的收益征收所得税，将房产税、土地使用税的征税范围扩大到农村，适时开征环保税、社会保障税、教育税等税种，打通税收方面现实存在的城市和乡村的隔离，将对农民、农业的课税纳入全国统一的税收体系中，从而形成以增值税和所得税为主体，以财产税为补充的多层次、多环节调节的城乡一体化的税制体系。在这一过程中，科学设置各级财政预决算报告及其有关信息披露和民众参与的具体制度，加强财政对推进城乡一体化进程的市场机制引导，运用财政手段积极

---

① 国家统计局：《中国统计年鉴（2009）》，中国统计出版社 2007 年版。
② 姚林香：《居民收入差距与财政政策的关联度》，《改革》2011 年第 3 期。
③ 聂华林、高黎：《西部农村公共财政体制的构建与完善》，《改革》2006 年第 8 期。

引导支持金融机构、其他社会资本投入"三农"领域，通过增量奖励、贴息、设立专项资金等财政扶持措施，进一步提高现有金融机构开展涉农金融业务的积极性。不仅如此，一味增加政府的财政投入总量，并非解决日益扩大的城乡收入差距问题的根本举措。由于财政转移支付对促进城乡区域间的财力均等化发挥着显著的积极作用，地方财政支出具有典型的增量预算特征，因此，在城乡一体化进程中，财政体制改革的重点之一在于清晰界定地方政府对于公共产品供给的责任，并通过构建稳定透明的转移支付制度调动地方政府改善地方公共产品供给的效率。这对于从根本上消除城乡发展差距具有基础性作用。

（二）城乡金融发展制度

在经济学理论演变过程中，自古典经济学派开始学者们就特别强调金融资本积累对经济发展的决定性作用。斯密在《国民财富的性质和原因》中阐述了资本积累是经济增长的源泉之一，李嘉图、穆勒等认为资本积累是经济发展的动力。到 20 世纪中期，现代经济增长理论更是强化了资本在经济增长中的决定性作用。1973 年，美国斯坦福大学的两位教授肖（E. S. Shaw）和麦金农（R. I. Mckinnon）分别出版了《经济发展中的金融深化》和《经济发展中的货币与资本》两部著作，从不同的角度强调了金融在经济发展中的作用，系统地论述了金融体系和金融政策与欠发达地区经济发展的密切关系，从而打破前人只就真实变量论经济发展的传统。从理论上讲，城乡之间的金融资源禀赋可具体体现为货币、资金的双向流动，或者金融工具、金融组织体系、整体功能性金融资源等方面的地域运动。城市金融发展对农村具有一定的扩散效应，城乡金融系统之间并非完全割裂，城市不能仅看作农村资金的"抽水机"，它也通过实物渠道和资金渠道带动农村经济，两者存在地理上的溢出关联效应和互补效应。[1]相对城市而言，农村金融发展在逻辑上是"金融发展"在"农村金融"领域的延伸，[2] 穷人将钱存到银行，实际上是在补贴富人和企业进一步发展。中国经济转轨以来，包括城乡个体经济、家庭经济、集体经济和私营经济

---

[1]　田霖：《我国金融排斥的城乡二元性研究》，《中国工业经济》2011 年第 2 期。

[2]　王修华、邱兆祥：《农村金融发展对城乡收入差距的影响机理与实证研究》，《经济学动态》2011 年第 2 期。

在内的民营经济之间产生了民间金融活动，经济转轨过程中民营经济存在对民间金融的融资依赖。①

　　1. 金融发展中的二元结构

　　理论研究与金融实践证明，金融发展能够促进发展中国家二元结构转型②，城乡二元经济结构的转化率与金融部门产出增长率、总产出与金融部门产出之比的增长率以及劳动力在两部门的分配比例增长率呈正相关关系，而与工业部门的产出增长率负相关，金融部门产出的持续增长能够促进城乡二元经济结构的转化；金融部门效率的提高能够促进金融发展，发展中国家的金融发展能够通过金融部门的技术创新、资本和劳动力在金融部门的投入量、资本弹性以及劳动力弹性的交叉效应，实现城乡二元经济结构的转化。③ 换句话说，一方面，城乡区域金融体系及其规模的持续扩大，意味着城乡居民金融资源可利用程度的增加；另一方面，城乡区域金融体系结构的优化，会逐步缓解城乡金融分割问题。这两个方面的综合变化将会导致金融资源在农业与非农业部门间的配置趋于合理。例如，农业部门得到资金，可用于农业技术创新、改善农民生产条件，进而促进农业劳动生产率的提高；农业劳动生产率的提高会对农业劳动力需求相应下降，从而为农业劳动人口向非农产业转移提供条件，并促使农村劳动者人均收入的相应提高；这种金融发展与二元结构转变机制发挥作用的最终结果是，随着农业相对于非农业部门相对劳动生产率的提高和农业富余劳动力逐步转向非农领域，农业与非农产业部门的劳动力价格逐步在市场作用下趋于均衡，城乡二元经济结构将逐步弱化。特别地，当资本供给等于劳动力供给时，城乡发展就进入刘易斯所谓的二元经济转型阶段，城乡发展也将逐步趋于均衡。从理论上讲，在均衡增长状态时，城乡二元经济结构的转化率仅取决于劳动力在两部门中分配比例的变化，若工业部门的劳动力增加快于农业部门的劳动力增加，那么农村富余劳动力

---

　　① 李元华：《共生视角下民间金融研究——基于共生经济视角的机理解释和对策建议》，《经济学动态》2012 年第 4 期。

　　② 刘澄、黄翔：《金融发展与二元经济转型》，《山东大学学报》（哲学社会科学版）2010 年第 5 期。

　　③ 吴鸣鸣、刘澄、王军：《金融发展与二元结构转型——基于两部门模型的分析》，《金融发展研究》2009 年第 4 期。

的流动将会加快，城乡二元结构的转换率将得到提高，这将最终有利于二元经济向一元经济结构转化和城乡一体化目标的实现。作为正处于经济体制转轨时期的发展中大国，中国城乡区域经济发展具有多重二元结构，并造成城乡之间以及城乡各产业部门之间在金融发展水平上的明显差异。在城乡一体化均衡发展的背景下如何实现城乡区域经济和城乡金融的协调发展，需要我们不断完善金融产权制度和优化金融资源配置结构，通过发展金融市场和培育多元化融资体系，统筹金融资源在城乡区域之间的合理配置，进而实现中国城乡金融发展和城乡经济增长的良性互动，促使城乡区域经济结构和金融结构得到优化提升，为城乡一体化的实现提供基本保障。

2. 中国城乡金融改革中的难题

在发展中国家，信贷市场制度不完全，主要是由政府介入信贷分配或道德风险引起的，它有可能导致特定部门的利率偏低或形成有选择性的信贷配额，这在农村地区表现得尤为严重；不完全的信贷市场对其他要素市场具有广延性的负面效应，包括对土地使用制度、人力与物质资本的积累规模和劳动力市场的影响等，发展中国家因此会出现大量资本向现代部门集中的状况，农业发展由于缺乏必要的资本积累只能过分依赖土地并形成土地密集型的农业生产模式，经济结构的二元差异和城乡不平等也因此而被不断强化。[1] 20 世纪 90 年代前，中国农村的金融发展政策呈明显抑制特征，其结果是大量金融剩余被外生的金融机构政策性地实现资本的乡—城、农—工转移；20 世纪 90 年代中后期，伴随以企业化、商业化、股份化、市场化为导向的金融改革，中国国有金融大规模撤离农村，尽管国家在其中不乏对农村金融发展的政策支持、实施财政支农，但是农村大量资金的外流趋势始终没有改变，农村陷入不同程度的金融排斥之中。从城乡金融发展的差异来看，农村金融发展是通过金融服务的供给影响城乡收入差距的。这种供给影响主要包括金融抑制条件下收入低的穷人因享受金融服务需要成本支出而无法获得贷款产生的门槛效应，政府通过发展微型金融和提供小额信贷、储蓄、汇兑、制服、保险等交易服务而对农村低收入

---

[1] 胡彬：《区域城市化的演进机制与组织模式》，上海财经大学出版社 2008 年版，第 31、32 页。

者产生的减困效应，金融机构为追求价值最大化目标进入为质量而竞争且出于控制风险、降低成本、增加利润权衡致使对低收入者提供金融服务的排斥效应。实证检验表明，[1] 1978—2008 年中国城乡收入差距与农村金融规模、金融效率存在长期均衡关系：农村金融规模的增加扩大了城乡收入差距，农村金融效率的提高缩小了城乡收入差距，且前者作用大于后者，因而总体上表现为城乡差距的扩大。历史研究表明[2]，地方一般预算内财政收支缺口越大，地方政府就越容易干预银行体系（包括用虚增土地价值融资等间接干预），地区信贷不良率就越高。当前，中国地方政府收支缺口正在扩大，变相的高杠杆融资风险也在积聚。进一步地，因收入差距扩大而导致的话语权的不同最终所造成的社会不平等意味着，当某一群体的政治力量增大时，要维持社会相对平衡，另一群体也应该相应增加它的政治力量。同时，当社会趋于平等时，群体的政治力量也和自身的人口规模正相关。[3]

城乡金融系统具有不同的运行特征与运作模式，导致相同的诱因因其作用机制和渠道不同而使解决城乡金融排斥的着力点和侧重点有所不同。由于信息不对称以及交易成本等问题，正规金融机构往往不愿意向经营规模小、信息不透明、缺乏抵押品的农村客户提供信贷服务；垄断条件下的农村信用社拥有更强的市场势力，对农户实施信贷配给成为其合理选择，越来越多的资金被配置到非农领域。[4] 从城乡金融排斥程度的时空差异、不同区域城乡金融排斥的二元性诱致因素以及城乡金融地域系统的空间溢出效应、有限联动角度分析，中国省域平均意义水平上的金融发展差异往往掩盖了农村地区金融滞后问题，共存的"短板"在于金融发展存在严重的城乡失调，不仅中西部地区面临城乡金融排斥的二元性问题，而且一些金融经济相对发达的东部省份也受到该问题的困扰，从而最终造成城乡区域的金融协调发展目标的实现。[5] 因此，降低金融排斥的城乡二元性，并

---

①   王修华、邱兆祥：《农村金融发展对城乡收入差距的影响机理与实证研究》，《经济学动态》2011 年第 2 期。

②   中国发展研究基金会：《促进人的发展的中国新兴城市化战略》，人民出版社 2010 年版，第 139 页。

③   贺大兴、姚洋：《社会平等、中性政府与中国经济增长》，《经济研究》2011 年第 1 期。

④   黄惠春：《金融市场准入与农信社信贷支农关联》，《改革》2011 年第 2 期。

⑤   田霖：《我国金融排斥的城乡二元性研究》，《中国工业经济》2011 年第 2 期。

非要牺牲城市发展，而是促进城乡的同向成长，并且推进农村的加速发展，使农村居民最基本的金融需求得到满足，走出"金融沙漠"陷阱。对于地处偏远、人口稀少、无法接受城市金融核心辐射的农村地区，不能强求城乡金融的关联互动，其重点应在于金融产品和资源供给推动作用的发挥，通过建立新型农村金融机构，如采取流动服务的村镇银行、贷款公司、农村资金互助社等形式，就地解决农村金融发展问题，政府同时需要政策性金融机构的扶持发展，从关注分散农户转移到培育整合大型农业企业，关注各要素、主体间的内在联系，帮助农民走出金融排斥的恶性循环。

　　面对农村金融体系不完善、资金外流和农村金融产品供给创新不足，尽管中国已对包括农村信用社、农业银行、邮政储蓄等在内的农村金融机构进行了股份制改革和公司治理改造，但这种引导资本向农村流动的强制性制度安排需要有效的激励相容机制，由政府主导且集中的农村金融体系很难适应多元化的金融需求和分散化的金融创新需要，最终表现为农户和农村小企业仍然无法从根本上摆脱融资难问题的困扰，由此也造成农村内生驱动发展缺乏充足的资本投入。由于中国整体上已进入工业化中后期，需要实施以工补农、以城促乡战略，将以政府主导的农村金融资源动员和转移为特征的体系转变为反补农村金融的体系，将城市资金引导到农村地区。因此，自 2006 年开始，中国启动了新一轮农村金融体制改革，逐步放宽农村金融市场的资本准入，允许国内外银行资本、产业资本和民间资本等进入农村，进行投资、收购、新设村镇银行、贷款公司、资金互助社以及小额贷款公司等各类新型金融机构，这是中国农村金融体系演变的重要阶段。数据显示，2008 年全国共有 107 家新型农村金融机构开业，共吸纳股金 41.2 亿元，吸收存款 64.6 亿元，贷款余额 34.2 亿元，其中农户贷款 13.98 亿元。[①] 根据银监会《关于加快发展新型农村金融机构有关事宜的通知》和《新型农村金融机构 2009—2011 年总体工作安排》部署，中国计划在 2011 年末设立 1294 家新型农村金融机构，其中村镇银行 1027 家，贷款公司 106 家，农村资金互助社 161 家。实际上，截至 2011 年 9

---

　　① 洪正：《新型农村金融机构改革可行吗？——基于监督效率视角的分析》，《经济研究》2011 年第 2 期。

月，全国仅组建开业村镇银行 537 家，筹建 87 家；贷款公司和农村资金
互助社的数量也未达标。① 从现实运行情况分析，一方面，现有商业银行
缺乏明显的监督比较优势，尤其组建的村镇银行和贷款公司无法长期持续
经营；另一方面，小额信贷公司因需要全部自有资本运营，对民营资本监
督效率提出了过高要求而难以在农村地区普遍设立。这就使得新型农村金
融机构难免出现数量少、资金匮乏、服务方向偏移、经营状况欠佳、风险
较大等问题。与此同时，新型农村金融机构农户贷款占比基本不超过一
半，已经表现出明显的"弃农"倾向，甚至开始变为地方政府的融资工
具。② 因此，在未来较长时期内，这种新型农村金融机构能否改善农村融
资条件，不仅取决于更多、更有效率的民间资本的进入，还取决于各自的
监督效率、制度安排的激励相容机制。事实上，资金互助社是从农户生产
经营中内生出来的，它具有实施相互监督的有效机制，当其与专业合作社
或龙头企业等农村经济组织联合发展时，可显著改善农村融资条件。③ 这
同时启发我们，在搞好存量改革的同时，关键还要通过增量改革逐步培育
新兴的市场力量以推动金融环境改变，这也要求政府必须赋予农民更多的
金融交易权，鼓励民间资本及民间经济主体自发地进行各种形式的金融市
场及产品创新，借此解决农村融资难问题，最终促进整个城乡一体化金融
体系的完善。

　3. 创新城乡金融制度

　　土地金融是以土地获得信用保证而取得的资金融通，它是发达资本主
义国家土地制度和农业信用制度的重要组成部分，对其农业现代化起到了
非常积极的作用。④ 由于中国农村长期存在的金融抑制导致农村金融机构
单一且网点少、涉农金融产品供给不足、服务创新速度慢、资金外流现象
严重、市场准入存在限制、政府支持力度不够，因此，盘活农村土地、实
现土地合理流转、促进农地适度规模经营以至增加农民收入都需要金融的

---

　　① 王煜宇：《新型农村金融服务主体与发展定位：解析村镇银行》，《改革》2012 年第 4 期。

　　② 马勇、陈雨露：《作为"边际增量"的农村新型金融机构：几个基本问题》，《经济体制改革》2010 年第 1 期。

　　③ 洪正：《新型农村金融机构改革可行吗？——基于监督效率视角的分析》，《经济研究》2011 年第 2 期。

　　④ 刘冰：《国外土地金融制度对我国农地制度改革的启示》，《四川师范学院学报》1996 年第 3 期。

支持，土地金融构成农村金融服务体系的重要组成部分。具体到农村土地金融方面，农民不仅缺乏有效信贷抵押资产，获取信贷支持困难，农业生产的高风险低收益以及预期收益的不确定性，与农村金融机构财物可持续性之间存在矛盾，而且农业保险发展落后，相关的风险补偿和分担机制不健全。有理由认为，"三农"问题的解决，有待中国农村土地产权制度改革，更有赖于一体化的农村金融服务体系的建立与完善。[①] 根据国外大多数发达国家和地区建立土地金融制度的实践，尽管其构建土地金融制度的时机、运作方式与相关的配套政策、组织方式各有差异，但总体而言都是立足农业发展、增加农民收入和实现农村现代化这一最终目标的，土地金融制度在加快农村金融体系完善、协助政府推行农业政策、集中资金加快农业基础设施建设、促进农村金融与城市金融的一体化发展等方面发挥了十分重要的作用。[②] 因此，中国农村的土地金融制度创新，需要政府为农村土地金融机构提供一定比例的初始资本金，通过建立相应的农村土地金融风险分担和补偿机制，实现土地金融与其他金融机构、金融市场之间的良性互动。例如，可以由中国农业发展银行或农村信用合作社、中国邮政储蓄银行在发挥其长期服务于"三农"领域的优势，通过改制、合并或新建等方式逐步成立中国农村土地银行，专门从事各类与土地有关的长期信贷业务，政府及监管机构兼顾城乡经济社会一体化发展的多重目标，对土地银行赋权，给予它主导土地流转的权限，促进集体土地和国有土地市场逐渐对接和对等，并更好地服务于城乡协调一体化发展的全过程。另外，也可以考虑由政府自上而下地在全国建立相互关联的土地金融机构，最上层的中央土地银行执行国家关于土地信贷业务的相关政策，类属于最上层管辖的其他各级各类土地金融机构具体开展土地银行业务，以市场化导向促进土地金融监管和土地金融产品与服务创新。与此相应，城市土地金融制度创新以现有城市土地储备中心为基础，可以通过发行土地债券从债券市场融资，或者由土地储备中心将土地一级市场开发权和拍卖权转移给信托投资公司，在此基础上吸引更多社会资金参与土地信

---

① 吴军：《也谈"三农"与农村金融问题》，《中国金融》2007年第23期。

② 罗剑朝：《积极稳妥推进农地金融制度创新的必要性、方案设计与配套条件》，《农业经济》2010年第1期。

托。[①] 为了优化土地资源配置和促进土地合理开发利用，国家或政府可通过收取土地使用权出让金、土地租赁费用、土地增值收益等途径集合资金建立土地基金或建立土地银行，用于土地收购储备、土地开发整理和城市基础设施建设等。

现代农业是社会主义新农村建设的物质基础，产业发展是农村发展的经济支撑。国外农村合作性金融发展的实践表明[②]，合作金融可以在一定程度上弥补国家对农村资金投入不足，解决农业发展、农户生活等金融需求。虽然各国农业产业的地位、农业的发展程度各不相同，但都从本国国情出发，建立了符合当地实际的农村合作性金融模式，并基本上建立了相对完善的民主管理制度、法人治理结构。在中国农村地区，由于信息不对称、激励与合约履行机制约束的存在等信贷市场发展的微观障碍，造成交易成本过高、正规金融与非正规金融并存，借款人的艰难甄别、贷款人的道德风险、借贷合约的设计、金融机构的监督等因素无法满足借贷双方的需求。联系到农村金融市场的发展，在农地残缺的产权制度安排下，农村是一个传统乡土社会和现代工业社会并存的组织形态，以亲缘关系为基础的社会网络作为传统乡土社会的重要特征，对农户借贷乃至农村金融市场都有极为重要的影响。农村金融体系改革应该充分利用这些乡土社会的特点，发展适合中国农村的金融体系。小组联保、小额信贷、农民合作基金等金融制度有利于缓解信息不对称带来的种种问题；村镇银行立足服务当地农户，收集大信息，发展小银行，也取得了较好的试点效果。[③] 为了强化金融服务于城乡一体化、新农村建设、现代农业、农村非农产业发展和公共产品供给，内生性金融体系的培育非常重要，尤其是在低端信贷市场，潜在的金融服务不仅包括正规金融，而且还包括一些非正规金融。正规金融具有处理标准信息的合约优势，从而实现跨空间的资金调剂；而依赖本地资源的非正规金融部门，其

---

① 阮小莉、杨恩：《农村土地的金融制度创新及其角色担当》，《改革》2011 年第 2 期。
② 陈时兴、高谨、陈桑：《国外农村金融体系的特点及其对我国的启示》，《当代社科视野》2008 年第 9 期。
③ 杨汝岱、陈斌开、朱诗娥：《基于社会网络视角的农户民间借贷需求行为研究》，《经济研究》2011 年第 11 期。

比较优势则体现在可获得身份各异的借款人的私人信息。[①]由此可见，将两个部门的比较优势整合，便可以得出深化农村信贷市场的策略，例如，诱导正规金融与非正规金融部门之间的学习，促进地方化的金融产品创新、借贷技术与程序的改进，政府在这一过程中需要积极促进健康的法律环境的形成，改进贷款担保品的运用，以及建立贷款人之间的信息分享网络等基础设施。为了强化金融对农村经济发展的支持，农业银行有必要从特色农业产业化信贷需求特点出发，在信贷管理、风险控制、产品创新等方面进行专门的制度设计，简化业务流程，缩短决策链条，提高服务效率，支持"公司＋基地＋农户"的产业化、集约化经营模式，扶持龙头企业做大做强。邮政储蓄银行需要加快邮政储蓄资金回流农村的进度，设计和开发丰富多样、风险可控的金融产品；借助政策性银行、商业银行、农村信用社等良好的资产管理能力，通过参与银团贷款等方式，将大宗邮储资金以打包批发形式，投入特色农业产业化的基础设施建设和农业综合开发、水利建设项目领域。农村信用社作为县域为农牧民提供金融服务的主要金融机构，必须顺应传统农业向现代农业转型期对资金的需要，根据农村金融需求主体、需求用途、需求数量的变化，及时采取相应的经营管理措施，设计出符合市场和特色农业产业化需要的信贷产品，将业务渗透到农业产业化的各个方面；加强网络建设工作，尽快实现省域范围内的农信社所有网点联网，实现储蓄通存通兑，并向国内任意指定账户"零在途"汇划资金。同时，促进与人民银行、银监会（局）等相关系统平滑对接，通过深化体制改革、完善法人治理结构，保持农信社县（市）法人地位的长期稳定。对于其他各种类型的新型农村金融机构应加大培育力度，适当放宽农村金融的准入标准，允许成本低廉、开展简单业务、能够维持微利的各类机构进入农村金融市场；适当放宽农村地区"只贷不存"类金融机构在资本充足率、信息披露、会计准则、风险控制等方面的监管标准；疏通村镇银行结算渠道，允许农村小型金融组织从金融机构融入资金。民间信贷因其在满足特色农业产业化多样化的资金需求等方面具有一定的积极作用，可作为正规金融的有益补充，正确认识，规范引导，趋利避害，发挥其积极

[①]　胡士华、彭芳：《农村信贷市场的微观结构与策略履行》，《改革》2011年第4期。

作用。孟加拉的"乡村银行"通过开创性地引入"小组联保",配合"整贷零偿"的还款方式,不但使小额信贷服务萌芽成长,而且不断引起世界范围的复制与仿效。虽然该贷款形式无须抵押,但个体的信用直接会影响其所在的小组的整体信用,从而有效降低了个体违约现象的发生。1986 年之后,"乡村银行"演变为多元化的"乡村银行二代模式",以新项目成立基金,独立出盈利的项目按公司模式运作,并让贷款者和公众持股,完成了由以注重改善贫困者状况为宗旨的发展到追求持续性经营的商业性多元化转变。①

　　基于中国农村金融发展的困境与隐忧,额度小、无须抵押、偿还期限和方式灵活的小额信贷应该肩负起缩小城乡金融发展差距的使命,但由于商业性金融机构的退出、新兴机构(村镇银行)参与高回报率行业、担保公司也不直接参与农户小额担保、信用贷款可能助推坏账发生、低利率与股东利益难以共存和农户信用等级意识缺乏等,农村小额信贷需要以利率商业化补充现有信用模式的不足,纠正村镇银行服务"三农"的定位偏差,支持批发性的小额信贷发展,并结合 P2P 平台预结算中心,为农户提供种种便捷的金融服务,促进农村金融稳定发展。针对农村区域广、经济基础薄弱、居民相对贫困和金融环境欠佳等现实状况,在金融领域,积极发展民间金融,放弃对于民间金融或地下金融的金融抑制思路,利用已有的村镇银行、农村信用合作社、农村资金互助组织等草根性的金融组织,创造出有利于农村金融创新的组织形式、运作模式和治理模式;根据城乡社区发展和治理的现实状况,将一定范围内的农民组织起来,通过财政补贴的方式将农村公共产品及服务以外包的方式由私人提供,将所有权、收益权、管理权赋予出资人以减轻财政负担和调动出资人积极性;解除对小额信贷的利率上限限制并以放宽市场准入、促进市场竞争、基础设施建设和促进创新、提升效率等方法持续降低小额信贷利率;探索和试点发展大型农用生产设备、林权、水域滩涂使用权及农民私宅等抵押贷款,规范发展应收账款、股权、仓单、存单等权利质押贷款,扩大农民担保品范围,增加"三农"资金的可获得性;鼓励农村种养大户与有资质的农村大型产业化企业、农产品加工龙头企业通过投资"信贷+保险"和信托

---

　　① 张晶、陈迅:《农村小额信贷的国际借鉴与延伸》,《改革》2011 年第 3 期。

理财产品，有效防范和分散涉农信贷风险；鼓励地方政府建立涉农信贷风险补偿制度，对涉农企业与农户的贷款实行贴息或建立保险补贴金制度，为提供涉农业务的保险公司和参保企业与农户提供保费、经营费用和超赔补贴；人民银行可在解决农村金融问题时，把货币政策统一性与地区差异性协调起来，实施差异化货币政策，即在货币供应量上有所倾斜，在资金运用上有所选择，在金融政策上有一定灵活性。同时，努力探索货币政策与财税政策、市场准入政策、监管政策的配合，建立起激励有效、风险可控、协调配合的政策扶持体系，通过深入研究民间投融资共生关系的现实，巧妙利用民间投融资共生依存机理，应用"集团融资"机制（借助于社会资本的力量来共担风险、克服农户金融约束）、"共生干预"超金融手段（完善金融监管制度、法律、法规，优化金融发展环境，全面促进金融健康有序发展）调整民间金融秩序、降低金融风险。针对小农户信贷支持缺乏的现状，可以考虑赋予农民宅基地自建住房的房屋产权①抵押、转让及租金收入权利，使农民可以通过土地和住房的流转、抵押得到资金，为其在农村创业或进城务工并有可能最终转变为城市居民提供初始资本。

四　劳动就业与社会保障制度

中国腹地的农村人口满怀致富的梦想移民到较为富裕的城市，成为推动中国经济繁荣的中坚力量。但是中国的经济越发达，进城务工人员和农民就越能感受到自己的弱势地位。没有平等的机会，贫富悬殊就不可能消除；不解决社会体制问题，农民就无法得到城里人那样的工作和住房；不

---

①　到目前为止，受限于现行法律法规（如城市土地国家所有、农村土地集体所有的差异），农民获得与城市居民同等效力的房产证还存在困难。但全国政协经济委员会调研组的调查发现，山东省通过三种形式给农民的住房发放产权证：一是把土地收归国有后由房地产主管机构发放正式的房产证；二是保留农村土地集体所有制的条件下建成新农村，农民搬入新居后（如莱阳市的一些农村）由城乡建设部门发给产权证；三是行政村与龙头公司企业融为一体（如龙口市南山集团公司所建的新农村），农民将土地使用权入股公司开发，农民在分到公司新农村建设的住房后，由集团公司发给房产证。纵览以上方式，农民获得房产证后可通过房屋抵押、转让、出租等获得创业资本，郊区农民多余的房屋租赁也缓解了城市住房的压力，最为重要的是农民因此而收入增加、创业空间增大、机会增多。参见厉以宁《走向城乡一体化》，该文收录于程志强、潘晨光《中国城乡统筹发展报告（2011）》，社会科学文献出版社2011年版，第7、8页。

让农民参与基本决策，能否获得他们的支持就值得怀疑。[①]

（一）农民工就业制度

我们必须认识到，提供充分的就业机会对城乡协调发展至关重要，中国的工业化、城市化和技术进步，其必然的结果之一就是资本代替劳动、投资的就业弹性降低，而现代农业发展在提高农业劳动生产率的同时也会继续释放更多的富余劳动力，这会给政府通过创造就业岗位而降低总体失业率带来的巨大挑战和压力。在城乡一体化进程中解决好就业问题，必须充分结合人口结构变动以及城乡区域产业结构调整的不同趋势，消除劳动力市场的区域分隔，通过积极的就业政策加速发展方式转变。在中国，农民工的产生源于城乡发展中的"推—拉效应"，是在原有社会结构中逐步分化而来的社会阶层，是中国城镇化、工业化和现代化的必然产物。以户籍制度为代表的城乡差别安排，导致中国劳动力市场出现农村就业部门、城市非正规就业部门和城市正规就业部门等严重市场分割，以及正式劳动力市场与从属劳动力市场并存，不同市场部门之间仅存在少量的流动性。这种市场分割使农民工长期被排除在主流劳动群体之外，极大地增加了农民工正式就业的交易成本、压缩了农民工所面临的就业选择集合。在城乡及部门分割的劳动力市场，非正规就业绕开了制度壁垒，节省了农民工在城市就业的"岗位成本"，成为农民工就业的主要形式。[②] 但是，农民工即使增加其人力增本投资也难以进入城市正规部门就业，客观地看农民工与城镇职工"同工不同酬"，农民工也可能并不奢望在城市能得到永久的居住权利，因为他深知离开农村而外出务工只是职业与身份相分离的无奈选择。

改革开放以来，因经济发展和就业政策的改变，中国的农民工流向与规模大体经历了以下阶段：一是 20 世纪 80 年代伴随乡镇企业发展的以就地转移为主阶段，农民工总规模在 1989 年达到 3000 万人；二是 20 世纪 90 年代农民工进城就业的跨地区流动为主阶段，农民工总规模在 2001 年超过 1 亿人；三是 21 世纪以来，农民工总规模增长稳中趋缓，2002—2006

---

①　[美]约翰·奈斯比特、[奥]多丽丝·奈斯比特：《成都调查》，魏平、毕香玲译，吉林出版集团、中华工商联合出版社 2011 年版，第 9—12 页。

②　石莹：《搜寻匹配理论与中国劳动力市场》，《经济学动态》2010 年第 12 期。

表7-1　　　　　　　　　　　劳动力市场的一般类型

特点	临时工劳动力	工业劳动力	专业劳动力	手工业劳动力
工作内容	变化、非熟练的	狭义、多技能	广义、高水平技能	广义、更高水平技能
训练方面的投资	无	适中，在职培训	高，正规教育	高，学徒与在职培训
与资本的关系	少	很多	不等	通常较少
对企业主的依附程度	无	高	低	低
工作中的自主程度	低	低	高	高
参考工会的程度	低	高	低（除公共部门）	高
职业前景	无	小	大	小

　　资料来源：理查德·弗里曼《劳动经济学》，商务印书馆1987年版。转引自魏后凯《现代区域经济学》，经济管理出版社2006年版，第196页。

年年均增长6%左右，低于20世纪90年代年均15%的平均增速。2009年，中国农民工总规模约为2.3亿人，其中离开本乡镇就业的农民工1.45亿人，在本乡镇就业的农民工8445万人。[①] 总体上看，农村富余劳动力转移的基本特征，主要表现为就地转移与非永久性的乡—城转移相结合，20世纪90年代末期以前主要以就地转移为主，此后则以非永久性的乡—城迁移为主，农业富余劳动力更多地表现为产业间的转移，而并非真正变为城市市民并在城市集中生产生活，不同形式所转移的农业劳动力均未割断农民与土地的联系，大多呈现兼业性质。1998年以来，乡镇企业增长速度下降，吸收富余劳动力的能力有所减弱，农村富余劳动力随着城乡隔离体制的松动外出打工，数量逐渐增多。1979—1997年间，中国农业富余劳动力向非农产业转移的累计规模达13106万人，其中转移到城镇就业的仅有2729万人，占农业劳动力转移总数的20.8%，而同期转入农村非农产业就业的为10377万人，占农业富余劳动力转移总数的79.2%。[②] 当前，中国农村劳动力仍处于总体过剩阶段，供求关系正从长期"供过于求"转向"总量过剩减小、结构短缺严重、人口红利不在"的

---

　　① 中国发展研究基金会：《促进人的发展的中国新型城市化战略》，人民出版社2010年版，第24、25页。

　　② 张桂文：《二元经济转型视角下的中国粮食安全》，《经济学动态》2011年第6期。

转型阶段。[1] 可以认为，促进农民工市民化，实际上主要应当看这部分人能否最终融入城市生活，并在城市中确立合适的社会地位，这在很大程度上就是中国城市化的关键问题。[2]

表 7 - 2　　　　　　1987—2000 年中国全部迁移人口的地区分布　　　　单位：%

目的地/年份		出发地			
		东部	中部	西部	全国平均
东部	1987	91.0	13.6	9.7	40.5
	1990	87.0	18.6	18.1	43.2
	1995	92.6	30.5	22.7	54.1
	2000	95.4	32.0	22.5	54.5
中部	1987	5.6	82.7	4.7	30.3
	1990	8.4	75.6	7.5	29.9
	1995	4.1	62.9	4.9	21.6
	2000	2.5	65.1	2.6	22.7
西部	1987	3.4	3.7	85.6	29.2
	1990	4.6	5.5	74.4	26.9
	1995	3.3	6.6	72.4	24.3
	2000	2.0	3.3	74.9	22.8

　　资料来源：蔡昉、都阳、王美艳《中国劳动力流动的政治经济学》，上海三联书店、上海人民出版社 2003 年版，第 12 页。

　　但是，现实中长期存在且难以彻底根除的农民工生存发展和身份转化

---

　　① 蔡昉的研究表明，改革开放以来，中国在实现城乡经济发展、农村富余劳动力大规模的转移过程中，也经历着急剧的人口转变，即生育率在 20 世纪 70 年代显著下降的基础上在 20 世纪 80 年代继续下降，总和生育率在 1969—1971 年间的平均水平为 5.7，1979—1981 年的平均水平为 2.6，1979—1991 年为 2.3，1992 年以后降到 2.0，以后一直处在更替水平之下，2005—2010 年为 1.77，目前的总和生育率为 1.6—1.8，并在未来一段时期内继续保持。同时，2010 年中国 65 岁及以上人口占全部人口比重为 8.2%，作为一个发展中国家，中国在较低收入水平上发生的人口结构转变呈 "未富先老"，人口转变过程及其劳动年龄人口减少和老龄化是中国未来发展长期面临的特殊挑战。这主要是由于 "未富先老" 标志着劳动年龄人口增量减少与高速经济增长共同导致经济发展跨越刘易斯转折点（即作为生育率下降的结果而使劳动年龄人口增长速度明显减缓，劳动力供给逐步趋紧），劳动密集型产业的比较优势相对弱化，实际中的资本和技术密集型产业因人力资本仍处于较低水平而又不具备比较优势，因而从全球化中获益减少，进而可能陷入 "中等收入陷阱"。详见蔡昉《人口转变如何影响 "十二五" 时期的经济发展》，《比较》第 53 卷，2011 年第 4 期。

　　② 李培林：《流动民工的社会流动和社会地位》，《社会学研究》1996 年第 4 期。

面临的诸多严峻问题，与城乡区域要素自由流动配置、农业劳动力转移及城乡一体化的实现目标矛盾，与以人为本，全面、协调、可持续科学发展观相抵触，给城乡和谐社会建设造成诸多方面的危害。例如，农民工在就业城市从属经济社会政治权利的边缘，社会贡献和社会价值被严重低估，合法权益时常遭受侵犯，公共服务、卫生及安全保障缺失，城市企业、政府与农民工的关系存在扭曲，形成一种以损害城乡居民当前和长远利益为基础的发展方式，致使农民工市民化的转型、产业竞争力和市场经济体制完善受阻，直接影响着农民工就业、公民权利的实现及城乡一体化进程，导致城乡二元结构固化、城乡差距继续扩大。

　　笔者经过区域性[①]的调研发现，即将步入而立之年的"80后"农民工可能是潜在的返乡创业者，尽管这一群体的受教育年限普遍高于父辈，但他们中的大多数还在城市化、工业化的市场环境中奋力拼搏着。当前阶段农民工返乡创业者主要是有多年务工经历、具备一定市场经验和一定储蓄以及经营管理能力的 40 岁以上的农民工群体，由于大中城市竞争压力的加剧他们不仅具有返乡创业的意愿，而且部分人已经在家乡和中小城镇通过从事较小规模的个体经营、零售、超市、餐饮、商品流通等商贸服务业实现着自己的创业梦想。调研发现，影响农民工返乡创业决策的最主要因素是资金充裕程度、市场机会、社会关系、家人是否赞成、自身务工经历和地方政策等。因此，通过改革进一步消除劳动力流动的制度障碍，特别是将那些具备自主创业意愿和能力的 40 岁左右的农民工，吸引到非农产业领域就业，从而使资源重新配置效率提升能继续为生产率提高作出持续性贡献。

---

　　① 笔者先后赴甘肃（天水、庆阳、永登）、陕西（西安）、重庆（沙坪坝）、四川（凉山、峨眉山市）、广西（河池）、云南（景洪）、上海（闵行区景谷路一带）等地通过现场观察、田野访谈等形式，对该问题进行了不完全调查。因主客观条件限制，受调查的有效样本为 96 个。其中：受访男性 68 位，女性 28 位；年龄约在 40 岁以上者 55 位，30 岁左右者 41 位；在现实创业者中男性占 72%，且 89% 为与家人合伙创业；"80后"的现实创业者有 11 人，仅占 9%，主要是在中等城市的人口密集小区周边从事小规模服装、体育用品、电子产品、汉堡面包等小餐饮和小饰品等商贸服务经营（有 3 人为享受大学生创业优惠政策的毕业生，他们除了交店面租金给私人外，就可以几十元不等的工商经营许可手续费申请到开业资格）；受访的（9人，均为男性）甘肃省宁县早胜镇北街村返乡农民工，他们受教育程度较低，20 世纪 90 年代分别在深圳、东莞做保安，新疆和田当运输工，宁夏银川当建筑工等；随着竞争加剧，他们返乡后主要从事小规模养殖、农产品购销和粗加工和经济作物规模化种植等。

理论分析和实证研究发现①，外出务工使农村劳动力个人能力得到了多方面的发展，不仅积累了工资、获得了技能，而且还开阔了视野、增长了见识，并扩展了社会网络。同时，能力发展也成为回流劳动力影响农村发展的主要途径。外出务工人员个人自我发展能力的提升，为自身获得了个人发展可选择的更大自由，其在城市和非农领域的务工经历对自身能力的影响表现在劳动力返乡后就业选择的多样性、职业转换、社会流动、创业参与等方面。特别地，外出务工人员在返乡之后的非农领域自主创业就业，不仅实现了返乡劳动力的自主就业，促进农业生产技术的改进和新技能知识的传播，而且为其所在地的农村带来了技术，并有可能通过带动非农产业的发展创造更多的就业岗位，从而从微观层面推动了农村城市化和工业化的进程。农民工是中国特色城市化与二元体制结构相互叠加的结果，是中国在人—地关系矛盾逐步凸显的过程中实现现代化被迫协调的结果。随着农民工群体维权意识的增强和总量规模的扩大，农民工问题逐步得到全社会和各级政府的关注，中央也先后采取了一系列旨在解决农民工劳动环境差、生活条件差、工资拖欠、社会保障缺失、子女就学和就医困难等问题的措施。但是，由于户籍制度、土地制度等核心问题并未彻底解决，因此，农民工自身及其家庭成员仍然无法平等地享受教育、公共卫生和基本医疗服务，养老保险、社会保障覆盖面过低，且各地区之间政策不统一，难以互联互通。从另外一个角度来看，在中国现代化进程中，亿万农民流动与城乡之间和区域之间却没有引发社会动荡，农村家庭及其家庭禀赋对外出劳动力的重新接纳（当然，农村土地保障、家庭为主的养老模式也是其中的重要因素）发挥了重要的"减压阀"作用。② 同时，城市的各类廉租房、经济适用房等并未对农民工完全开放，农民工的住房问题仍处于城市居民住房保障体系之外，利益诉求成本高，参与政治决策和话语权利不充分。在以"常住的流动人口"为主要推动力的现行城市化模式下，如果允许更多的农民工进入城市就业，就会增加他们的收入水平并缩小城乡收入差距，缓解社会矛盾和降低犯罪率；如果实行僵硬的户籍制度

---

① 石智雷、杨云彦：《外出务工对农村劳动力能力发展的影响及政策含义》，《管理世界》2011 年第 12 期。

② 同上。

将其阻挡在城市劳动力市场之外，使农民工没有机会更多地分享到经济发展的成果，或者在城市劳动力市场采取歧视性的就业政策，在对他们的歧视性社会保障和社会保险制度尚未彻底消除的情况下，可能会激化社会矛盾并增加犯罪率。城市政府看似可以很简单地颁布一些就业政策以使农民工失业代替城市居民失业，以"腾笼换鸟"的方式实现"城镇登记失业率不上升"的行政考核目标，甚至还可以变相地针对雇佣农民工设立各种制度障碍或收费制度来增加地方政府的收入，但是这种政策可能会把原本脆弱的农民工推向犯罪的边缘。[1] 因此，如果我们承认农民工也是城市财富创造的主要力量、扩大居民消费的构成部分和促进经济发展方式转变的内容之一，如果我们承认新生代农民工具有融入城市的强烈意愿、他们就业的稳定性在不断提高且对城市的依赖性逐渐加强、会逐步具备留在城市成为市民的能力，如果我们还承认城市国民经济运行和市民生产生活都离不开农民工、农民工能够促进城市服务业的多元化发展和从根本上解决城乡收入差距等问题，我们就必须从保障全体公民的权益出发，以促进城乡社会和谐、促进农民长期持续增收和现代农业发展、土地集约利用、新农村建设等为目标，更加重视促进城乡一体化劳动力市场的发育和完善，从操作层面优先解决本地户籍的农民工，优先解决举家到城市多年的农民工及其家庭成员，优先解决在城市具有多年营业执照的农民工，优先解决已在城市稳定就业、签订长期就业合同的农民工，自愿、有序、分类、统筹地解决农民工的市民化问题。城市政府的公共政策有必要更加瞄准那些处于失业状态的农民工，以降低公共政策的实施成本和降低因失业率上升而导致的犯罪率的上升。同时，亟须不断提升城镇的规模和能级，按照现代化、多功能、生态化的理念，拓展城镇发展空间，调整产业布局，坚持工业化和城镇化互动，积极促进产业结构优化升级，增强城镇的集聚辐射功能和吸纳劳动就业能力，在教育、卫生和社会保障等基本公共服务方面，加大政策和资金扶持力度，扫除政策障碍和制度障碍，从而为农民工市民化创造必要条件，鼓励、扶持和帮助农民工向市民的真正转变。人口机会窗口关闭是形成"中等收入陷

---

[1] 章元、刘时菁、刘亮：《城乡收入差距、民工失业与中国犯罪率的上升》，《经济研究》2011 年第 2 期。

阱”的年龄因素，而中国“未富先老”特征更加剧了这个因素的效应。[①]
随着国际经济联系的加强和区域性、结构性、季节性的“民工荒”现象
的存在，构建农民工与城乡产业协调的互动机制，搭建农民工“返乡创
业”平台，解决新形势下农民工人力资本提升和就业、社会保障等其他
问题，将城乡经济发展的动力基础建立在效率提升的前提下，着眼于城
乡不同资源禀赋特征的效率发挥和加快发展方式的转变，必将构成城乡
一体化推进内容的基本方面。

（二）社会保障制度

　　社会保障是现代公民社会福利基础的重要组成部分，是国家和社会
通过立法实施、以国民收入再分配为手段，对社会成员尤其是那些（暂
时或永久）丧失劳动能力以及生活发生困难的个人或家庭给予物质帮
助，保证其基本经济生活的安全项目的总称，它由一系列安全保障的社
会行为及其机制、制度和体系构成，主要包括社会保险、社会救助、社
会福利、社会优抚等核心内容。一般而言，社会保障功能层次较低，主
要限于贫困救济、收入保障和劳动者养老、失业、疾病保险等，承担社
会稳定功能。

　　从世界范围看，政府介入社会福利体系建设始于工业革命之后。19
世纪末期，德国率先建立社会保险制度，互助互济成为社会福利体系的重
要理念；20 世纪以来，转移支付和遗嘱、儿童、家庭津贴制度日趋完善，
现金津贴是福利基础；伴随工人阶级住房问题日益突出，公共房屋、廉租
房和房屋津贴成为社会福利体系的重要组成部分；1950 年后，英国率先
建立全民医疗健康保险制度，公共卫生需要满足成为社会福利的重要政策
目标；20 世纪 70 年代福利国家改革以来，市场福利与就业服务也被纳入
社会福利体系，福利的范围空前扩大。[②] 总体来看，社会福利及社会保障
内容由少到多、范围由小到大，服务对象由弱势群体扩大到所有公民，基
本覆盖社会生活的所有领域。

---

　　① 蔡昉：《人口转变如何影响“十二五”时期的经济发展》，《比较》第 53 卷，2011 年第
4 期。
　　② 刘继同：《国家与社会：社会福利体系结构性变迁规律与制度框架特征》，《社会学研究》
2006 年第 3 期。

表 7 - 3　　　　　　　　　　城乡基本社会保障模式和设立时间比较

社会保障项目		城市社会保障模式	农村社会保障模式
养老保障	保障方式	社会统筹和个人账户相结合（1997）	家庭和土地保障为主、社区扶持
	资金来源	国家、企业和个人共同承担	个人缴纳为主、集体补助、政策扶持
	统筹范围	全省、市	全县
	保障性质	强制性社会保险	自愿性（性质争议较）大
	财务方式	现收现付制转向部分积累制	完全积累制
医疗保障	名称	城镇职工基本医疗保险（1998）	农村新型合作医疗（2003 年试点）
	保障方式	社会统筹和个人账户相结合	"大病统筹＋门诊家庭账户"、"住院统筹＋门诊统筹"、大病统筹等
	资金来源	国家、企业和个人共同承担	中央和地方财政、个人共同承担
	统筹范围	全省、市	全县
	保障性质	强制性社会保险	自愿参加
	财务方式	部分积累制	现收现付制
最低生活保障		城市最低生活保障制度（1999）	五保供养（20 世纪 50 年代）和农村最低生活保障制度（不成熟）（2007）
补充保障		企业保障（企业年金）、商业保险	少量商业保险

资料来源：徐同文《城乡一体化体制对策研究》，人民出版社 2011 年版，第 180 页。

就中国社会保障制度演变而言，1951 年中央政府通过正式制度安排初步建立生育、老年、疾病、死亡、伤残、医疗和集体保险政策框架；1955 年实行义务兵役制后，围绕复员退伍军人和优待烈军属等人基本生活安置保障，构成社会保障制度的重要组成部分；1986 年后，中央政府明确指出社会保障制度主要由社会救济、社会福利、社会保险、优抚安置、个人储蓄式积累账户和社会互助等六部分组成；1994 年市场经济体制建立以来，市政、教育、卫生、住房和就业服务等物质福利成为社会保障发展重点导向，社会关系、精神心理和社会服务保障尚比较落后。总体来看，改革开放之前，在严重的城乡二元经济结构背景下，中国政府对城镇人口实行就业和社会保障合二为一，就业者生老病死全部由国家（单位、企业）包下来的就业保障制度。而农民绝大多数被束缚在土地上，土地成为其唯一的生存生活保障。改革开放以来，农民生活质量与生活水平有了很大提高，农村各项社会事业尤其是社会保障事业有了较大发展。但是，计划经济体制下的以人口划分的城乡分治的社会保障制度，仍然很难

彻底改变。在城市，包括养老、医疗、失业、工伤和生育保险在内的社会
保险制度、城镇最低生活保障制度等基本健全；在农村，农民的最低生活
保障制度、卫生医疗制度直到 21 世纪才全面实施，农村的养老保险制度
尚在探索之中。同时，经济发达的东部地区，农村社会保障发展较快，保
障水平也较高；而集中了绝大多数贫困人口的西部农村地区，即使有农村
社会保障措施，也主要是社会救济且保障水平很低、项目不健全，而且各
项目之间缺乏有机联系，构不成整体优势。另外，城乡社会保障制度设计
及其资金来源也存在巨大差异，国家机关、事业单位和国有企业职工养老
保险制度实行国家、企业（国有）、个人三方共同负担且国家、企业（国
有）负担大部分比例，农村居民坚持资金个人缴纳为主，集体补助为辅，
国家予以政策扶持，坚持自助为主、互济为辅，坚持社会养老保险与家庭
养老相结合，政府社保投入对城镇的支出远大于农村，最终的结果是占总
人口 75% 左右的农民，其社会保障支出仅占全国社会保障支出总经费的
11%[1]，加之城乡社会保障制度的属地化特点，以及接近 3 亿转移劳动力
及其扶养人口迁移的事实，使得城乡分治的社会保障制度愈加复杂，尤其
是农村社会保障以土地和家庭子女自我保障为主，农村的自然灾害救济、
贫困户救济、五保供养、优抚工作等社会保障资金严重缺乏，权利与义务
对等的正式制度安排无法在短时内形成。换句话说，中国城乡不同特质和
居民身份地位直接决定个人在微观层面的福利状况与生活质量，二元结构
体制的长期存在造成国家社会保障责任偏向性分配，这种分配是国家通过
社会政策和调节手段，将社会保障责任在国家、社会、社区和个人之间，
依据计划体制和所有制不同进行的缺损性、职业性和依附性分配[2]；更为
重要的是，由民政福利、劳动与社会保障福利（含工青妇）、医疗卫生、
教育培训和住房服务等部分组成的社会保障分别归属不同的职能部门，互

---

[1]　许玉明、廖玉娇：《城乡分治制度下的若干表现及其内核》，《改革》2011 年第 1 期。

[2]　在这里，缺损性分配是指国家和社会主要承担城市人口的社会保障，农村人口则由农村
家庭、社区承担；职业性分配则指国家和社会只对正式就业，并维持其职业者承担保障责任，对
未就业者、失业者不承担责任；依附性分配是指国家和社会对计划经济体制中的国有企事业单位
的职工承担保障责任，其保障基金由国家财政承包。中国这种特殊制度设计长期导致集体企事业
单位职工和农村人口无权享受国家和社会以国家财政提供的社会保障。

不统属，相互分隔，难以形成合力。①

　　社会保障制度和政策是社会财富和资源的再次分配。在现代社会，财富和资源的分配始终受到政治和市场双重力量的支配，如果说社会财富和资源的初次分配主要由市场力量决定的话，那么社会财富和资源的再次分配就主要取决于政治体系的运作。② 社会保障制度并不必然和一个国家或地区的经济发展水平相适应，它与政府的政策取向以及一个国家或地区的政治及文化因素密切相关。③ 斯蒂格利茨指出："由政府管理的项目又有一些明显的优势，包括可以把养老同其他社会保障项目合为一体，如失业和医疗保险。这种一体化有一些明显优势——特别是它可以在带来较小的负面激励效应的情况下提供更好的保险。如果决定采取私人管理的体制，政府仍需要在监管方面发挥关键性作用……我的初步判断是，中国采取一种公共管理的个人账户制度可能会更好……全国性的社会保障体系将会极大地促进这种流动（劳动力自由流动），而设计拙劣的以省为单位的体系可能会带来重大的负面影响。一种选择是建立一个全国性的基本体系，在某些场合辅之以特定的省级体系；但即使在这种情况下，也需要建立全国性的监管体系，以确保各省不会实行严重影响经济发展的做法。省级补充体系必须既为那些居住在生活费用较高的地区的人们提供基本的保障，但又不能将保障定得太高，以免吸引更多的人流入人口密度已过高的地区。"④ 中国和世界各国的历史经验都在反复提醒我们，中国政府应高度关注不平等与分配不公问题，尽快构建"社会安全网"，才能形成一种有效的社会平衡协调机制，切实保护弱势群体的利益。只有切实保障所有公民在就业、教育、社会保障等方面平等地得到宪法赋予的基本权利，这个政府才算得上称职的现代文明政府。因为保护弱势群体的利益，实质上就是保障人权，维护宪法的神圣权威。政府行政的理念应着眼于全体公民，而不是只顾市民不顾农民。要废除一切歧视农民的政策和制度，使

---

　　① 多吉才让：《新时期中国社会保障体制改革的理论与实践》，中共中央党校出版社 1995 年版。

　　② 童星、赵海林：《影响农村社会保障制度的非经济因素分析》，《社会保障制度》2003 年第 2 期。

　　③ 郑功成：《社会保障学——理念、制度、实践与思辨》，商务印书馆 2001 年版。

　　④ 丁开杰：《社会保障体制改革》，社会科学文献出版社 2004 年版。

农民真正享受到宪法赋予的公民权利。① 在社会主义市场经济体制下，农业劳动者不仅要承受弱质产业的自然风险，而且面临与城镇职工同等程度甚至更大的市场风险，尽快为农民构建社会保障制度体系是中国政府应尽的责任。

　　社会保障和城乡经济发展之间相互影响、相互作用。社会保障是工业化、市场经济和社会发展的必然结果和要求，是社会稳定的"安全网"和社会矛盾的"缓冲器"，适度的社会保障为城乡经济发展提供一个良好的稳定的社会环境，促进区域经济协调发展；更重要的是，城乡经济发展对社会保障具有决定性作用，是社会保障制度建立及事业发展的经济基础。中国可能是发展中国家人口老龄化形势最为严重的国家之一，② 健全社会保障制度是关系到城乡经济发展的根本性问题，建立社会保障制度的主要目的是为社会提供坚实的"稳定器"。农民工社会保障水平的提高能够提高他们的保留工资水平，进而形成更高的消费需求，创造更多的就业岗位。因此，政府必须承担城乡社会保障责任，保证社会保障制度和项目中基本的、不可缺少的制度和项目的"底线公平"，③ 即保证全社会除去个人之间的差异之外，共同认可的一条线，这条线以下的部分是每一个公民的生活和发展中共同具有的部分。一个公民如果缺少了这一部分，就保证不了生存和温饱，保证不了为谋生所必需的基本条件。但是，"底线公平"不是就保障水平高低而言，而是就政府和社会必须保障的、必须承担的责任意义而言，它是责任的"底线"，在这条底线以上或以外的部分可以是由市场、企业和社会组织，甚至由个人去承担的，是灵活的、反映差别的部分。当然，由于城乡区域经济发展水平、价格水平、消费结构和水平都存在差异，对应的社会保障、失业保险和失业救助制度措施等也应有差别，底线公平所包含的制度性内容应该是最低生活保障、公共卫生、大病医疗救助和公共基础

---

① 李炜光：《中国的平等与社会公正问题》，《经济活页文选》2002 年第 22 期。

② 中国社科院财贸所所长高培勇指出：与发达国家相比，中国的人口老龄化具有速度非常快、未富先老等特点；中国的养老保障体系正处在大发展时期，相关制度尚未最终定型。参见高培勇、汪德华《中国养老保障体系资金缺口分析与对策建议》，《比较》第 53 卷，中信出版社2011 年版，第 58—72 页。

③ 景天魁：《底线公平与社会保障的柔性调节》，《社会学研究》2004 年第 6 期。

教育（义务教育）等。面对中国农村养老服务[①]供给者主要是敬老院且以政府兴办为主的现实，政府有必要根据城乡社会保障需求，制定政策规划、资源配置、服务标准和监督体制，继续增加新的养老设施和服务机构组织，逐步促进非营利性机构、营利性机构和慈善机构的多元化介入。2009 年 9 月 4 日，国务院发布《关于开展新型农村社会养老保险试点的指导意见》，决定在全国开展新型农村社会养老保险制度试点，由政府对参保农民缴费给予补贴，并全额支付基础养老金，确立了政府对制度财政支持的责任，表明国家将对农民老有所养发挥重要功能，并把新农保作为逐步缩小城乡差距、实现基本公共服务均等化的重要步骤。

　　2006—2009 年，中国财政社会保障和卫生医疗累计支出 29884 亿元，年均增长 22.5%，高于同期财政支出年均 20.3% 的增长速度；企业职工基本养老保险、城镇职工基本医疗保险、失业保险、工伤保险和生育保险等五项社会保险基金收支规模快速增长，其中基金收入年均递增 22.6%，基金支出年均递增 32.7%。

---

　　① 2011 年 7 月 22 日，笔者在兰州市城关区发展和改革局、民政局等部门了解到，该区有一座"没有围墙的养老院"——"虚拟养老院"，从起初最简单的擦玻璃、扫地、洗油烟机，到后来的心理咨询、医疗卫生、法律咨询和娱乐学习，虚拟养老院各项建设逐步完善起来。2010 年 9 月，城关区启动了"虚拟养老工程"，在全区范围内建设 50 个虚拟养老医疗站，联合辖区内的社区卫生服务中心、专业性医疗机构、综合性医疗机构，通过站点设置和优惠收费政策，方便老人就近就医，率先解决老年人看病难、看病贵的问题。国务院参事魏津生参观考察后指出，这是中国养老服务的"破题之举"。石局长给我们提供的《2011 年上半年全区重点工作督查情况报告——第三督察组》显示，全区已建成虚拟餐厅 10 家，虚拟养老社区医疗站 28 家，虚拟养老艺术团 6 家，虚拟养老体育协会 3 家，有 62154 名老人加盟虚拟养老院，13546 名老人接受服务，形成了广覆盖、低成本、可持续的"大养老"服务格局。分析后不难发现，城关区虚拟养老院与传统意义上的养老院的最大区别，就在于它不是让老人们住在固定的养老院里接受服务，而是专业的服务人员在老人需要帮助时主动上门为老人排忧解难，不仅所有服务能保证全天候上门服务，而且让老人足不出户就感受到和养老院一样的服务。这种新的养老服务模式，具有服务方式灵活、服务费用低廉、服务对象广泛、服务市场广阔的特点，它一方面满足了老年人既需要照料又不愿离开家庭的要求，另一方面又有效缓解了老年福利机构严重不足的矛盾，同时，还能解决一大批群众的就业问题。目前，当地政府部门把加入虚拟养老院的老人们划分为 A、B、C 三类。A 类人群包括"空巢老人"、"三无老人"等没有任何经济收入的，政府部门将给这类人群每月补贴 180 元的专项资金作为服务费用，老人在享受服务后，费用将在这笔钱中扣除；B 类人群是指对社会作出贡献的老人，比如科研工作者等人群，这类人群则享受每月 50 元的政府补贴；C 类人群是有经济收入或生活条件较好的人群，此类人群将自己购买服务，但在购买服务的同时，服务价格将会比市场价优惠 20% 左右，这部分优惠，由政府部门补贴给提供服务的企业。同时，加入城关区虚拟养老院的老人，只要持其"虚拟养老院一卡通"到挂牌的定点医疗机构就医，就能享受相应的优惠诊疗服务。这些优惠项目的收费明细将以工单形式，通过网络系统传达至虚拟养老院的服务平台，进行费用结算。

表 7 - 4　　　　　2008 年中国"五项基金"收支决算情况　　（单位：万元）

项目	"五项基金"合计	企业职工基本养老保险基金	失业保险基金	基本医疗保险基金	工伤保险基金	生育保险基金
一、收入总额	124362456	87482361	5854980	27819332	2054272	1151511
基本养老保险费	71432159	71432159				
失业保险费	5641849		5641849			
基本医疗保险费	25912653			25912653		
工伤保险费	1976389				1976389	
生育保险费	1076284					1076284
财政补贴	14446699	13409372	14876	1018103	3529	818
利息	2671746	1868343	188661	553367	61374	
二、支出总额	88957321	64993487	2554123	19，474，909	1190395	744408
基本养老金	63272868	63272868				
失业保险金	1395876		1395876			
基本医疗保险待遇	19053446			19053446		
工伤保险待遇	1148694				1148694	
生育保险待遇	203295					203295
三、当年结余	35405135	22488874	3300857	8344423	863878	407103
四、年终滚存结余	140938477	90836351	13098574	31623702	3742599	1637251

　　注：（1）由于生育保险尚未实行全国统一，因此决算统计中使用的简表，收入项中只有总收入、缴费收入和财政补助收入；（2）数据来源于中华人民共和国财政部—政务信息—数据动态，详见 http：//sbs. mof. gov. cn/zhengwuxinxi/shujudongtai/201008/t20100816 _ 333206. html.

　　表 7 - 4 数据显示，截至 2009 年底，中国五项社会保险基金累计结余达 17710 亿元，基金抗风险能力明显增强；当年财政支出 76299.93 亿元，比 2008 年增加 13707.27 亿元，增长 21.9%；中央本级支出 15255.79 亿元，增加 1911.62 亿元，增长 14.3%；地方财政支出（包括中央对地方税收返还和转移支付）61044.14 亿元，增长 24%。2010 年城镇职工医保、城镇居民医保和新农合政策范围内住院费用补偿比例分别达到 72%、60% 和 60% 以上，最高支付限额分别提高到当地职工年平均工资、城镇居民可支配收入和全国农民人均纯收入的 6 倍以上，其中新农合补偿比例比 2005 年翻一番。

表 7 - 5　　　　　　　　　2009 年中国财政支出情况　　　　　　　（单位：亿元）

项目	预算数	决算数	决算数为预算数的％	决算数为上年决算数的％
一般公共服务	9317.79	9164.21	98.4	110.6
外交	270.64	250.94	92.7	104.2
国防	4806.86	4951.10	103.0	118.4
公共安全	4870.19	4744.09	97.4	116.9
教育	10946.63	10437.54	95.3	115.8
科学技术	2647.83	2744.52	103.7	128.9
文化体育与传媒	1248.07	1393.07	111.6	127.1
社会保障和就业	8330.67	7606.68	91.3	111.8
保障性住房支出	669.38	725.97	108.5	313.3
医疗卫生	3415.61	3994.19	116.9	139.7
环境保护	1745.67	1934.04	110.8	133.3
城乡社区事务	4712.17	5107.66	108.4	128.5
农林水事务	5776.02	6720.41	116.4	140.8
交通运输	4172.04	4647.59	111.4	173.6
采掘电力信息等事务	2623.41	2879.12	109.7	111.3
粮油物资储备等事务	2509.20	2218.63	88.4	111.6
金融事务	466.19	911.19	195.5	82.8
地震灾后恢复重建支出	1180.00	1174.45	99.5	147.1
国债付息支出	1510.52	1491.28	98.7	106.2
预备费	1040.00	—	—	—
其他支出	3976.11	3203.25	80.6	109.0
全国财政支出	76235.00	76299.93	100.1	121.9
地方财政结转下年支出	—	2122.24	—	146.8
安排中央预算稳定调节基金	—	101.13	—	52.7

数据来源：中华人民共和国财政部—专题回顾—2009 年中国财政基本情况—财政支出，详见 http：//www. mof. gov. cn/zhuantihuigu/czjbqk/czzc2/201011/t20101101 _ 345446. html。

"十二五"时期，中央政府明确提出进一步将社会保障的重心和财政投入的重点向农村倾斜，逐步缩小城乡社会保障在发展水平、基础管理和服务等方面的差距。在强调城乡统筹的同时推进地区统筹，实现制度的可衔接和人员的可流通，有效缩小地区之间社会保障事业发展水平的差距，

表 7-6　　　　　　　　2009 年中央财政支出情况　　　（单位：亿元）

项目	预算数	决算数	决算数为预算数的%	决算数为上年决算数的%
一、一般公共服务	1313.61	1326.65	101.0	109.2
中央本级支出	1013.86	1084.21	106.9	102.4
对地方转移支付	299.75	242.44	80.9	154.9
二、外交	268.93	249.72	92.9	104.4
中央本级支出	268.93	249.71	92.9	104.4
对地方转移支付	—	0.01	—	12.5
三、国防	4728.67	4829.85	102.1	117.8
中央本级支出	4722.51	4825.01	102.2	117.7
对地方转移支付	6.16	4.84	78.6	1008.3
四、公共安全	1161.31	1287.44	110.9	147.5
中央本级支出	732.60	845.79	115.5	130.4
对地方转移支付	428.71	441.65	103.0	196.8
五、教育	1980.62	1981.39	100.0	123.6
中央本级支出	623.27	567.62	91.1	115.5
对地方转移支付	1357.35	1413.77	104.2	127.1
六、科学技术	1461.03	1511.99	103.5	130.0
中央本级支出	1428.24	1433.82	100.4	133.1
对地方转移支付	32.79	78.17	238.4	91.0
七、文化体育与传媒	279.75	320.73	114.6	126.9
中央本级支出	142.28	154.75	108.8	110.1
对地方转移支付	137.47	165.98	120.7	147.9
八、社会保障和就业	3350.69	3296.67	98.4	120.2
中央本级支出	300.48	454.37	151.2	132.0
对地方转移支付	3050.21	2842.30	93.2	118.5
九、保障性住房	493.01	550.56	111.7	302.7
中央本级支出	31.38	26.43	84.2	371.7
对地方转移支付	461.63	524.13	113.5	299.9
十、医疗卫生	1180.56	1273.21	107.8	149.0
中央本级支出	56.28	63.50	112.8	117.7
对地方转移支付	1124.28	1209.71	107.6	151.1

续表

项目	预算数	决算数	决算数为预算数的%	决算数为上年决算数的%
十一、环境保护	1236.62	1151.81	93.1	110.7
中央本级支出	37.35	37.91	101.5	57.3
对地方转移支付	1199.27	1113.90	92.9	114.4
十二、城乡社区事务	3.95	95.62	2420.8	151.4
中央本级支出	3.65	3.91	107.1	54.2
对地方转移支付	0.30	91.71	30570.0	163.9
十三、农林水事务	3446.59	3501.24	101.6	129.3
中央本级支出	303.40	318.70	105.0	99.4
对地方转移支付	3143.19	3182.54	101.3	133.3
十四、交通运输	1887.20	2179.50	115.5	138.7
中央本级支出	934.75	1069.22	114.4	105.9
对地方转移支付	952.45	1110.28	116.6	197.3
十五、采掘电力信息等事务	757.50	851.28	112.4	141.7
中央本级支出	489.36	508.23	103.9	111.5
对地方转移支付	268.14	343.05	127.9	236.9
十六、粮油物资储备等事务	1780.45	1722.64	96.8	156.8
中央本级支出	838.43	781.44	93.2	131.5
对地方转移支付	942.02	941.20	99.9	186.6
十七、金融事务	315.58	778.04	246.5	79.8
中央本级支出	315.58	778.04	246.5	79.8
对地方转移支付	—	—	—	—
十八、地震灾后恢复重建	970.00	969.99	100.0	161.7
中央本级支出	130.61	130.60	100.0	209.1
对地方转移支付	839.39	839.39	100.0	156.2
十九、国债付息支出	1371.85	1320.70	96.3	103.3
中央本级支出	1371.85	1320.70	96.3	103.3
对地方转移支付	—	—	—	—
二十、预备费	400.00	—	—	—
二十一、其他支出	1688.39	869.88	51.5	155.3
中央本级支出	831.19	601.83	72.4	146.2

续表

项目	预算数	决算数	决算数为预算数的%	决算数为上年决算数的%
对地方转移支付	857.20	268.05	31.3	180.9
二十二、对地方税收返还	4934.19	4886.70	99.0	146.5
二十三、对地方一般性转移支付	8854.50	8863.97	100.1	106.5
中央财政支出	43865.00	43819.58	99.9	123.8
安排中央预算稳定调节基金	—	101.13	—	—

注：（1）表中数据含中央本级支出及对地方税收返还和转移支付；（2）数据来源于中华人民共和国财政部—专题回顾—2009 年中国财政基本情况—财政支出，详见 http://www.mof.gov.cn/zhuantihuigu/czjbqk/czzc2/201011/t20101101_345446.html。

特别是积极稳妥地推进机关事业单位养老保险制度改革，并为最终实现制度体系的统一创造条件。尽管中央和各级政府正在努力，但是中国养老保障体系发展上仍存在很多问题，例如保障面覆盖率还较低，扩大覆盖面任务还很重；不同人群的保障方式差异较大，如何整合存在困难；不同区域之间分割严重，阻碍劳动力的自由流动等。未来 10 年，新农保财政补贴压力总体不大，农民的参保积极性可能对财政补贴的依赖性较强；[1] 中国养老保障体系的巨大资金压力在短期内也不会到来（到 2050 年时的资金缺口非常巨大，若所有逐年累积的资金缺口一次性在 2050 年弥补的话，约需花费当年 GDP 的 51％或 65％[2]）。按照中国现行城镇职工基本养老保险制度，对个人缴费不足 15 年的参保人员不予发放基础养老金，这对城市农民工仍然是一种内设的保障待遇年限壁垒，它沿袭了过去现收现付的退休待遇制特点，在制度设计上具有过渡性，制约着城镇养老保险制度有效覆盖面的扩大，并与职工参保缴费上的强制性和缴费基数上的"低保"制度规定矛盾，破坏了农民工参保缴费义务和领取养老金权利的对等性，影响现阶段已经参保的农民工合理享有城镇职工基本养老金权益，与以工补农、以城带乡、统筹城乡发展要求相背离。[3] 养老保障是一个长期的资金配置问题，任何当期的政策往往会对未来产生长期的影响。因此，在社

---

① 毕红霞、薛兴利：《财政支持农村社保的差异性》，《改革》2011 年第 2 期。

② 高培勇、汪德华：《中国养老保障体系资金缺口分析与对策建议》，《比较》第 53 卷，中信出版社 2011 年版，第 58—72 页。

③ 秦中春：《参保人、缴费年限与养老保险制度框架寻求》，《改革》2011 年第 2 期。

会保障领域，对农村居民分区域制定最低生活保障标准，由所在省级财政负责支付低保对象每年的最低生活保障金，待时机成熟时过渡到由中央财政按全国统一标准支付低保对象的最低生活保障金。对于农村医疗设立流动式的公共卫生服务、家庭健康小组，实施低收费或免费医疗，为农民提供巡回医疗、上门式便捷服务，实现"小病不出社区、大病及时转诊"，避免居民"到三甲医院挂专家号治疗感冒"的现象；将新农合的模式统一设置为"大病统筹＋个人账户"，待全国出台统一的地方财政最低医疗补贴标准后，中央和中央以下各级财政的最低补贴部分进入大病统筹账户，地方财政超出最低标准部分的补贴全部或按一定比例进入农民个人账户；农村参合者在转入城镇医保之时，将以参加新农合的年限折算为城镇医保缴费年限，并继续缴费直至满规定年限，或将缴费年限折算成金额的形式，在农村参合者转入城镇医保时，不足的缴费年限以现金形式一次性补足并连续计算其缴费年限，从而享受城镇医疗保险，实现城乡医疗保障制度的衔接和合理转换。在应对城乡规模巨大的人口流动过程中，继续现有的"金保工程"（2002年劳动和社会保障部开始建设），实施建立全国统一的居民社会保障证（号码），通过"全国统一、标准一致、网络互联、信息共享"的劳动保障信息系统推动社会保障现代化，提高政府的宏观决策水平和对社会保障资金的有效监管，实现城乡居民各社会保障项目凭证的可携带性；支持参保人员"跨地区流动、跨地区养老、跨地区就医"的自由流动性需求，在建设城乡基本统一的社会保障体系之时，在全国统一开征社会保障税，并做到专款专用。

　　有关养老、失业、医疗等社会保障领域的改革必须以长期的视野考虑政策制定和调整的长期影响，需要尽快修改现有政策规定中所决定的部分保障模式，将个人缴费不足15年的职工纳入基础养老金发放范围，体现地区差异性和财政责任有限性的财政支持模式，实行按缴费年限系数由参保地计发基础养老金的机制，并探索具有激励导向作用的财政支持方式，以保障农民工养老保险、新农保的可持续发展。在财税领域，对有助于明显促进现代农业发展、农民增收和农业科技创新以及有利于强化农产品保障能力的农业企业、农村合作经济组织、种粮大户等所获得收入给予财税支持；对城市工商企业向农村转移、金融资本投资于"三农"领域的企业主和投资者在流转税、所得税方面给予税收优惠；对农村集体、农户及农业企业的财产性收益、转移等方面也给予优惠；将"三农"领域应当享用的税收以公共产品方式返还给农村、农业和农民；促进人才、技术、资本等生产要素向农村投入；在财政收入中划出一定份额资金专门建立农村公共服务保障基金，甚至可以考虑通过国有资产减持、土地出让收益等无偿投入途径，促进农村自我发展能力的提升。

第二节　城乡一体化中的公共服务均等化

不同群体对不同公共服务的需求存在不同，政府为农村居民提供公共产品不是一种"恩赐"行为，而是一种责任；农民与城市居民一样拥有发展权和生存权，政府应该承担起最基本的公共产品供给。[①] 随着城乡改革的深入推进和国家财力的不断增强，中国城乡基本公共服务的覆盖面不断扩大，水平也逐步提升。

表 7-7　　　　　　　不同社会群体对城市不同公共性需求比较

利益群体	与自身相关的城市功能	对城市的主要关注领域
贫困阶层	相比较而言，尽管生活艰难，但城市仍比乡村好；能够存钱买土地；保证子女通过正规教育获得更好的未来	收入机会、能够承受的物价、教育机会、住房和交通条件
富裕与半富裕阶层	城市是理想的居住地，意味着更好的服务、易于建立同商界和政府的联系，是走向外部世界的大门	社会地位、收入、安全、廉价的劳动力，关注生活质量以及商品服务的质价平衡
非公民的商人与专业人士	城市是短期内获得最高利润的场所，是进入各种公司和总部的理想之地，是少花钱但能享受体面生活的地方	政治社会稳定、安全、城市服务、就学机会、住房、社交、劳务市场；关注服务的可得性与可靠性、产品质量
访问者与旅游者	城市的气氛、轻松宜人的环境、良好的购物场所以及一切能够保证使假日和短期舒适愉快的因素	食宿、交通、安全、舒适、购物环境、观光资源、特色商品服务的可得性

资料来源：尹继佐《世界城市与创新城市——西方国家的理论与实践》，上海社会科学院出版社 2003 年版，第 38、39 页。

但是，受制于城乡二元结构的"路径依赖"与制度变迁滞后影响，中

---

① 马晓河：《农村税费改革方向与相关政策选择》，《人民论坛》2004 年第 12 期。

国城乡公共服务政策存在"先城后乡、城多乡少、城优乡差"的差别，特别是农村公共服务供给主体缺位、基础设施投入严重不足、教育及公共卫生资源分配严重失衡、农村最低生活保障标准低、享受人口过少、农村养老保险制度推进缓慢、覆盖面过窄，等等，使得农村社会公共事业既不能适应农村经济社会发展的需要，也与城市发展差距越来越大，造成诸多不利于城乡一体化统筹发展的负面影响。如何按照城乡经济社会一体化的要求，培育和提升政府公共服务能力和水平，为农民提供最基本的均等化公共服务，是中国城乡一体化进程中无法绕开的重要问题。

一　农村公共产品供给

城乡一体化发展水平的提高有赖于城乡经济的发展和所能提供的基本公共服务能力。长期以来，城乡分隔的体制、渐进式改革中分不同人群提供公共服务的供给模式、分税制下的地方财力不均等多种制度因素，造成中国城乡公共服务体系和能力的多层次化、差异化。例如，随着城乡一体化发展进程的加速，在教育领域，公共服务历史欠账较多的很多地方已经出现适龄受教育流动儿童数远大于当地城市所能提供的学校等基础设施的承受范围；在住房保障领域，城市经济适用房、廉租房等尚未对农民工全面开放；在资源配置方面，不同城镇、不同人群的公共资源配置还不公平。面对未来现代农业发展和社会主义新农村建设过程中庞大的公共服务需求，提高农村公共服务水平，加速城乡公共服务均等化步伐，在不断推动社会公平和公民社会成熟的同时，提升整体运行效率和社会和谐对于实现城乡一体化至关重要。

（一）农村公共产品供给制度变迁

农村基础设施建设是支撑农村经济、社会、文化发展以及为农民生活生产提供公共服务的各种生产要素的总和。根据服务性质的不同，农村基础设施建设大致可以分为生产性基础设施、服务性基础设施、流通性基础设施三种类型。生产性服务基础设施主要包括农用土地、水田保持及田间道路建设、农田水利建设等；服务性基础设施主要包括农村金融、信贷、保险、医疗、卫生、教育及农村信息服务等；流通性基础设施主要包括农村交通基础设施、通信基础设施和农业生产资料购买与农产品的销售设施。农村基础设施建设，对现代农业的发展、农民的增收、农村经济繁荣具有极其重要的意义。[①] 回顾历史，新中国成立以来的农村公共产品供给制度，大概经历了四个阶段的演变过程。[②]

第一阶段：1949—1957 年的农民自我提供阶段，政府从农业中获取的税费收入远远大于政府对农业的投入，政府主要依靠向农民摊派方式筹集农村公共产品供给资金。1950 年政府财政支农 2.74 亿元，占财政支出的 4%，到 1956 年政府财政支农 29.14 亿元，占财政支出的 9.5%，其中用于农村基本建设的拨款由 1952 年的 3.84 亿元上升到 1956 年的 13.63 亿元；全国财政用于抚恤和社会福利支出从 1952 年到 1957 年累计达 28.51 亿元，其中农村社会支出 2.86 亿元。[③]

第二阶段：1958—1978 年的人民公社及其社员供给阶段，农村公共产品提供由集体统一组织安排，人民公社通过税费制度筹措资金增加自身积累能力有限，严重制约公共产品的供给。1958—1983 年政府的财政支农资金年均为 14.4 亿元，其中用于农村基本建设拨款年均 7.5 亿元，用于支持农村生产性支出和各项农业事业费年均 5.7 亿元。人民公社时期（1958—1978 年）政府的财政支农支出年均为 69.6 亿元，其中用于农村基本建设拨款年均 31.9 亿元，用于支持农村生产性支出和各项农业事业费年均 24.2 亿元，年均支农支出占财政支出的 13% 左右，1964 年高达 17.05%。截至 1978 年年底，农村有效灌溉面积已达 67448 万亩，农村水电站 82387 处，农业水利系统基建投资 35.67 亿元，农业气象投资 0.74 亿元。从 1958 年到 1962 年，政府投资架设的农业专用输电线路近 5 万公里。

第三阶段：1979—1999 年的政府扩大供给阶段，分散经营的单个农民缺乏提供公共产品的利益冲动，面对农村公共产品供给陷入困境，政府不断修正和治理农民税费负担问题，实施积极的财政政策，大幅增加对"三农"领域的投入，农村道路、电网、大中型水利工程、生态治理与保护等公共产品得到较大改善。截至 2000 年，中国农村有 95% 以上的行政

---

①　孙开、田雷：《农村基础设施建设与财政投入研究》，《经济研究参考》2005 年第 18 期。

②　吴孔凡：《公共财政视野下的农村公共品供给制度创新》，《改革》2006 年第 8 期。

③　鄢奋：《中国农村公共产品供给状况及特点》，《东南学术》2009 年第 2 期。

村通了公路，比 1995 年提高 6 个多百分点；设有邮电局、所的乡镇比重由 1995 年的 78.1% 提高到 2000 年的 79.8%，提高 1.7 百分点；80% 以上的行政村通了电话，农村电话用户 2000 年比 1995 年提高了 2 倍，95% 以上的行政村通了电。

表 7-8　　　　　不同时期农业基本建设投资、农业支出变化情况

时期	农业基本建设投资（亿元）	农业基本建设投资占全社会基本建设投资比重（%）
"一五" 时期	41.8	7.1
"二五" 时期	135.7	11.3
"三五" 时期	104.3	10.7
"四五" 时期	173.1	9.8
"五五" 时期	246.1	10.5
"六五" 时期	172.8	5.0
"七五" 时期	241.2	3.3
"八五" 时期	697.8	3.0
"九五" 时期	3143.2	5.6
"十五" 时期	3929.0	7.0
"十一五" 时期	农业支出（亿元）	农业支出占财政支出的比重（%）
2006 年	3173.0	7.9
2007 年	4318.3	8.7
2008 年	5955.5	9.5
2009 年	7253.1	9.5
2010 年	8579.7	9.55

注：1. 从 1998 年开始 "农业基本建设支出" 包括增发国债安排的支出；2. 从 2007 年起，国家财政支农支出因报表制度调整，口径与往年不同，本表中的支农支出仅为中央财政用于 "三农" 的支出；2010 年的数据是根据 2010 年中华人民共和国财政部全国公共财政支出基本情况计算所得。

资料来源：1. 国家统计局农村社会经济调查司《中国农村统计年鉴（2010）》，中国统计出版社 2010 年版，第 77、78 页。2. http://www.mof.gov.cn/zhengwuxinxi/caizhengshuju/201108/t20110803_583781.html.

第四阶段：2000 年以来的 "多予、少取、放活" 阶段，农村公共产品供给进入新的阶段，农村公共产品供给机制发生重大变化，原来主要由农民承担的义务教育、民兵训练、计划生育、"五保" 供养、农村公益事业及基层政权组织运转等，逐步纳入公共财政预算，覆盖农村的公共财政

框架得以初步建立。2006—2010 年，国家财政新增农村义务教育支出
2182 亿元，其中中央财政安排 1258 亿元，地方财政安排 924 亿元；2006
年，国家投入 105 亿元基本建成覆盖省、市、县三级的疾病预防控制体
系；2009 年中央财政医疗卫生支出 1266.7 亿元，增长 48.2%。[①]

　　城乡公共产品供给及基本公共服务能力建设，是以政府为主体的公共
组织在实现社会治理和满足公民发展权利过程中必须重视的基本责任。农
村公共产品主要包括生产性和生活性的两大类，诸如基础教育、乡村道路
建设、农田水利设施建设、农村电网改造、有线电视网络等，除基础教育
具有全国性公共产品性质外，其余属于地方性公共产品范畴。但是从国家
投入指标看，城乡基础设施建设投入差异很大，例如 1998—2001 年中央
安排国债资金 5100 亿元，其中用于农业基础设施建设的为 56 亿元，占
1.1%，仅能满足同期农业基础设施建设资金的 10% 左右[②]。发展经济学
家刘易斯指出，依靠持续的资本积累通过工业化进程不断吸纳农村过剩劳
动力，消除农村劳动力边际产出为零的低水平均衡，发展中国家就可以摆
脱发展困境，但若不解决权力分配问题，这个过程就有中断的危险[③]。罗
斯托认为，5% 以上的资本积累就有了腾飞的基本条件，但如果不解决社
会权力的分配问题，腾飞将会终止，社会动荡则可能发生[④]。这就启示我
们，在政府掌握巨大规模的经济社会资源但资源配置却因城市偏向的政
策影响而无法进入农村发展领域的条件下，通过政治体制改革破除二元
社会体制结构已成为当前经济社会持续稳定发展的关键环节，权力及话
语权缺失也是农村诸多问题长期解决不好的症结所在。事实上，中国原
始资本积累的三个层面也是导致城乡资源投入失衡的基本方面，即在城
乡关系扭曲中实现的原始资本积累，特别是中国工业化过程中国民收入
的积累部分有 1/3 来自农业；在劳资关系中实现的资本原始积累，突出
地表现在大量廉价劳动力的使用上；在体制转型中实现的资本原始积
累，如通过国企改制、行贿受贿等途径将一部分国有资产合法或非法地

---

　　①　鄢奋：《中国农村公共产品供给状况及特点》，《东南学术》2009 年第 2 期。
　　②　课题组：《构建社会主义和谐社会与统筹城乡发展》，《经济研究参考》2005 年第 21 期。
　　③　[美] 刘易斯：《二元经济论》，北京经济学院出版社 1989 年版；刘易斯：《经济增长理论》，商务印书馆 1998 年版。
　　④　[美] 罗斯托：《经济成长的阶段（英文版）》，1971 年版。

转移到个人手中，这样的资本积累模式也造成城乡关系、劳资关系进一步失衡，改革受益者与受损者关系进一步失衡①。换句话说，现代秩序和规则的建立与完善，无疑需要一个艰难的过程；农村公共产品供给不足，其问题的根源在农村之外，它是与其他政治、经济和社会发展问题交织在一起且通过长期积淀形成的，进而这一问题的彻底解决也就无法一蹴而就。

（二）农村公共产品供给问题

良好的公共服务、相对均衡的城乡公共产品供给制度，是保证城乡社会平等和谐发展的基础。中国政府层级设置较多，经济分权体制运行独特，中央和地方政府的行为选择存在较大差异。长期以来，在城乡二元结构主导因素的制约下，中国政府对城乡公共产品供给制度的设计具有明显的城乡非均衡特性。例如，农村发展过程中的水、电、路、教育、医疗等公共产品供给，主要是通过向所在地农民的集资、摊派等筹措资金，农民也在相关基础设施建设过程中投入不同份额的劳动力，由此导致农村的"边缘化"现象，也带来了农民负担重、农村基层政府乱收费、乱摊派等一系列消极影响。税费改革之前，农村公共产品供给更多地属于制度外供给，政府财政投入较少，过分依赖村民自愿协商集体供给，由此导致村集体资金丰裕的地方农村公共产品供给则较好，但是相对欠发达地区由于村集体资金短缺，村民收入较低，农村公共产品供给质量和数量相对都较差，较低收入水平下的摊派筹资增加了农民负担，也制约了农村经济发展。② 不同区域农村公共产品的供需矛盾，反映了城乡区域公共决策不合理导致的社会资源分配的扭曲；在此之后的农村税费改革，旨在减轻农民负担和规范各级政府行为，并没有更新农村公共产品供给制度，新的税制直接影响到县乡财政收入，逐步实现城乡公共产品供给均等化的发展要求缺乏基本物质基础。农村公共产品供给与城乡一体化进程相互作用，农村公共产品供给历史欠账的弥补，各级县乡财政资金短缺问题的破解，必然依赖农村经济的发展；农村经济的发展、城乡一体化的实现又是以良好

---

① 孙立平：《三种原始资本积累形式》，《经济观察报》2004 年 3 月 21 日。
② 丁焕峰、郭荣华：《农村公共产品供给主体的意愿把握与多维取向：粤省样本》，《改革》2011 年第 11 期。

的农村公共产品有效供给为基础条件。农村公共产品供给不足和县乡财政资金短缺，直接影响农村公共产品的有效供给，最终制约农村公共事业的进步和城乡一体化进程。因此，从长远来看，有必要建立一种能够准确反映农民需求的利益诉求机制，在尊重大多数农民意愿的基础上鼓励农民参与到农村公共产品的决策制定与执行过程中，形成政府与农民共同决策模式。[①]

随着城乡发展进入一体化统筹阶段，城乡居民日益增长的公共服务需求与政府公共产品总体供给不足之间的矛盾，以及城乡区域间的发展失衡，已成为制约城乡经济一体化发展和社会和谐稳定的重要因素。特别是在 2000 年以后，随着区域发展差距、贫富差距及居民收入差距的持续扩大，公民个人承担基本公共服务的费用上涨较快，远远超过了普通百姓同期可支配收入的增长速度。例如，农村基本公共产品匮乏，公共卫生服务落后，社会保障薄弱，农业技术和科技推广不足，以及上学难、看病贵、房价高等群众普遍关注的问题，已经演变为重大的社会公共问题。数据显示，截至 2005 年中国尚有 50％的行政村没通自来水，60％的农民无合格卫生的厕所，7000 万户农民住房需要改善，1.5 亿农户需要解决燃料问题，6％的行政村未通公路，1％的乡镇没有卫生院，60％的县没有标准的污水处理厂等。[②] 从政府投入看，中国农业财政支出用于农业行政事业单位运转费用的比重维持在 70％左右，审计署 2004 年对 50 个县财政支农资金审计结构表明，违纪资金占被审计资金总额的 10％。[③] 1991—2000 年政府投入农村卫生的支出为 690 亿元，仅占卫生总预算支出的 15.9％，全国新增卫生经费投入中仅有 14％投入农村。[④] 政府对农业科研投资强度不到发达国家平均数的 10％，对农业推广的投资强度为发达国家的 60％—70％。[⑤] 如何按照城乡一体化发展方略，不断拓宽覆盖城乡区域的全范围公共财政体系，完善政府对维持农村社会治安、制定小城镇发展规划、进

① 叶子荣、刘鸿渊：《农村公共产品供给：历史、现状与重构》，《天府新论》2004 年第 6 期。

② 王世玲：《公共财政将向农村倾斜》，《21 世纪经济报道》2005 年 10 月 8 日。

③ 财政部农业司：《创新财政支农机制：促进新农村建设》，《农业司调查研究报告》2006 年第 2 期。

④ 路明：《缩小城乡差距：实现统筹发展》，《光明观察》2005 年 7 月 27 日。

⑤ 农业部课题组：《新时期农村发展战略研究》，中国农业出版社 2005 年版，第 290 页。

行农村基本设施建设、农村基础教育和农民培训、农村社会保障体系建设等服务在内的公共产品，促进农村公共产品供给制度的深刻变革，必然构成城乡一体化进程中公共产品供给和地方政府公共服务能力建设的基本内容。农民向非农产业和城市大量转移，社会流动与社会分层紧密结合，利益关系日趋复杂，必然要求打破城乡分割的体制性障碍，增加城市公共产品和服务供给。只有坚持以科学发展观为指导，才能正确处理经济与社会、城市与农村、人与自然的关系问题，才能真正为广大人民群众提供更多、更好的公共服务，这是全面履行政府职责、提升政府公共服务能力的关键。[①]

表 7-9　　　　　　　　　　基础设施对城乡区域发展的预期效应

对部门发展的影响	对社会发展的影响
生产率效果 　　◆作为直接投入而增加产出和促进生产率的提高 　　◆通过技术改进促进部门结构转变和比较成本的变化 互补/替代效果 ◆通过互补降低生产和交易成本 ◆通过互补提高其他要素的生产率 区位效果 　　◆吸引企业的舒适生产环境和吸引劳动力的舒适消费环境 　　◆依靠低成本和高回报诱导私人投资	收入效果 　　◆通过生产率提高形成较高工资 　　◆基础设施建设工资支出的直接和乘数效应 接近效果 　　◆接近市场：廉价的投入、较高的产出价格和可选择的就业 　　◆流动性、通达性好，具有完善的医疗、教育和社会服务 消费效果 　　◆基础设施服务的消费价值 　　◆环境改善

资料来源：Guild，R. L. (1998). Infrastructure investment and regional development: theory and evidence，Department of Planning Working Paper Series，The University of Auckland. 转引自魏后凯《现代区域经济学》，经济管理出版社 2006 年版，第 209 页。

（三）促进城乡公共产品供给制度创新

现阶段，在农村建立规范的财政体系，以筹集公共产品供给资金仍然较难，但农村公共产品的需求却并未因无规范的财政体系而减弱。[②] 随着人们意识的提高和农民收入的增加，农村居民除了对农村基础设施公共产品仍有较强的需求外，还对饮用水、环境卫生的改善、养老与医疗保险及

[①] 吕景城：《提升政府公共服务能力的现实思考》，《高等函授学报》（哲学社会科学版）2009 年第 8 期。

[②] 丁焕峰、郭荣华：《农村公共产品供给主体的意愿把握与多维取向：粤省样本》，《改革》2011 年第 11 期。

教育文化等公共产品都存在强烈需求。毫无疑问，对于城乡公用事业诸如供水排水和污水处理、供气、供热、供电、邮政、电信、道路和公共交通、环境卫生和垃圾处理，以及绿化等为公众或不特定的大多数人提供必需的基础性服务的产业活动，政府垄断经营的必然性和必要性逐步从理论上被否定。由于城乡公用事业市场化涉及垄断产业和政府管理体制的改革，因此，对于中国如何将不同领域的不同公用行业由政府垄断的市场结构改造为具有可竞争性的市场结构，仍然经历着艰苦曲折的探索，特别是当实践改革进展出现挫折时，各种畏难、动摇和怀疑市场化方向的声音便会在不同程度上出现。[①] 但是，为了有效促进城乡公共服务均等化和实现城乡公用事业的统筹发展，中国有必要进一步明确公用事业市场化的主要目标，那就是通过市场竞争机制的引入提高服务效率和质量，构建政府、村集体和村民之间的合作机制，并根据各地不同的情况和各种市场化实践模式的优缺点选择不同的实现形式。在这一过程中，城乡区域发展差距的存在要求我们必须循序渐进，通过可行的监管设计逐步达到独立经营、信息透明、专业服务、可问责性、可信性和依法监管的理想状态。同时，在农村公共服务体系建设领域，实现政府从决策者到服务提供者和居民需求回应者的转变，将农村非农产业获得的税收按一定比例留给乡镇财政，确保乡镇财政有足够资金用于农村公共产品供给；对大型水利工程、农业基础科学研究与科技创新、气象、农村道路建设以及区域性的病虫害防治等，完全由政府通过承包、租赁或其他自主方式提供；对于村级小范围内的道路建设、小型水利设施建设和维护、农产品加工流通等，可由农民合作组织集体提供，其他收益较强的准公共产品，按照"谁投资、谁受益"的市场原则鼓励私人与民营经济积极参与；中央政府主要提供保障公民基本权利和与基本人权相关的公共产品，例如农村的义务教育、基本的医疗卫生、社会保障服务等，以及超越地方政府管辖范围的具有全国性的农业技术推广、农村和农业管理服务、"三农"公共信息等；在具有显著收益的农业科技研发与创新、科学育种、土壤改良、转基因技术应用、反季节种植、动植物疫病防控等领域，可由政府提供优惠政策及部分启动资金，吸引风险投资、民间组织介入。进一步加快村务公开制度建设步伐，提高

---

①　邹燕：《公用事业市场化的战略重组与监管手段》，《改革》2011 年第 4 期。

农村公共产品支出的透明度，确实发挥一事一议制度的作用，营造良好的公共产品供给制度环境，带动村民自愿供给农村公共产品。

二　城乡教育与医疗卫生服务

(一) 城乡教育服务

统筹城乡教育均衡发展和科学推进城乡教育一体化进程，是中国建设教育强国、实施科教兴国战略以及实现教育事业可持续发展的必然趋势与时代要求。2005 年 11 月 28 日，国务院总理温家宝在北京召开的联合国教科文组织第五届全民教育（EFA）高层会议上表示，当前中国教育的三大任务是普及九年义务教育、发展职业教育和提高高等教育质量，而普及农村义务教育是"教育发展的重中之重……中国将用两年时间在农村全面免除义务教育阶段所有的学杂费"。温家宝强调，中国有两亿多中小学生，其中 80% 在农村。因此，国家把每年新增的教育经费主要用在农村，用于农村新建中小学校舍和改造危房，改善农村办学条件，发展远程教育，使农村和边远地区的孩子能够享受到城市的优质教育资源。[①] 此后，中央政府将义务教育经费纳入国家财政保障范围，全面实现城乡免费义务教育，所有适龄儿童都能"不花钱、有学上"；2006—2010 年中国财政教育支出累计 4.45 万亿元，年均增长 22.4%；义务教育阶段教师绩效工资制度全面实施，中等职业教育对农村经济困难家庭、城市低收入家庭和涉农专业的学生实行免费。同时，加快实施了国家奖学金助学金制度，财政投入从 2006 年的 20.5 亿元增加到 2010 年的 260 亿元[②]，覆盖面从高等学校扩大到中等职业学校和普通高中，共资助学生 2130 万名，还为 1200 多万名义务教育寄宿生提供生活补助；制定并实施国家中长期科学和技术发展规划纲要，中央财政科技投入 6197 亿元，年均增长 22.7%。这些政策措施的实施，有效促进了中国人力资本积累水平的提升和城乡教育事业的发展，也成为中国在未来时期实现基于资本和劳动力积累的投资性驱动增长转向基于生产率提高性增长，进而最终实现加快发展方式转变的基础

---

① 季谭：《温家宝称两年内全免农村义务教育阶段所有学杂费》，《第一财经日报》2005 年 11 月 29 日。

② 温家宝：《强国必强教　强国先强教》，《人民日报》2010 年 9 月 1 日。

保障。

但是，由于"城市偏爱"、"效率取向"和"精英教育"等政策实践的"路径依赖"影响，中国农村教育投入严重不足，城乡教育差距越来越大，城乡教育发展极不均衡，教育发展领域的城乡差别和区域不公，不断加剧着城乡二元经济社会结构转型的难度。实践证明，教育公平是社会公平的起点，也是社会公平的决定力量；城乡教育公平问题的彻底破解，显著地影响着未来城乡社会一体化目标的实现，也成为决定中国能否顺利跨越"中等收入陷阱"的关键问题。"政策科学家重视问题的分析更甚于答案的找寻，他们宁愿将三分之二的精力花在问题的分析上，因为一旦找到了问题的症结，政策方案就更容易浮现"。① 因此，尽快探索建立适合不同城乡区域发展实际且行之有效的城乡教育统筹运行机制，着力推动城乡教育统筹发展，把城乡教育和社会发展作为整体统一规划、通盘考虑，逐步实现教育资源分配和教育水平的均衡化发展，让城乡居民都能平等地享受均衡的优质教育，重点在师资力量配备、完善硬件设施、城乡结对共建等方面寻求城乡教育统筹协调发展的突破口，建立健全更高水平的普及教育、惠及全民的公平教育、更加丰富的优质教育、体系完备的终身教育以及充满活力的城乡教育体制，就成为新时期以科学发展观为指导、深入实施《国家中长期教育改革和发展规划纲要（2010—2020年）》的当务之急。

1. 中国城乡教育发展失衡严重影响社会公平和谐

中国城乡教育发展过程就是一系列教育改革过程。从教育制度安排分析，1977年恢复高考后，尽管中国社会教育公正逐步恢复正常状态，但是城乡教育的分裂，则伴随重点学校分类政策的恢复和城乡教育的人为非均衡建构而逐步形成。改革开放后，中央政府逐步退出农村基础教育领域，并通过分权化的财政体制，要求地方政府必须承担提供教育资金的责任。基于地方政府财力的显著差异，不同发展水平的区域教育资金配置极不均衡，贫困地区的初等教育甚至因资金困难而无法为继。城乡基础教育财政体制的这种剧烈变迁，强化了家庭经济条件对居民教育状况的实际影响，导致家庭必须更多地为其子女付出较大的教育成本。1985年确立的

---

① William N. Dunn, Public policy Analysis: An Introduction, 2nded., New Jersey: Prentice Hall, 1994: 2—3.

"分级管理、以乡为主"的基础教育政策，彻底将普及义务教育的责任转移给农民自身，直到 2001 年"分级管理、以县为主"的基础教育管理模式，才扭转了城乡教育非均衡投入的弊端。进入 20 世纪 90 年代中后期，转型的中国出现了教育机会与教育差距双双扩大的悖论，同时教育发展中的教育投入、教育收费、应试教育、高考移民、择校风等问题以及城乡之间、区域之间教育发展差距、教育特权、教育腐败等问题尚未完全解决。①囿于某些家庭资金缺乏和信贷约束的存在，往往出现农村青少年辍学，而经济条件较好的家庭则能为其子女保证教育开支并提供良好的学习条件。最终的结果是，即使在中央政府认识到低收入群体将被逐出教育资源的交易市场，而推出义务教育学杂费全免的制度安排下，在幼儿教育、基础教育和高等教育阶段，家庭经济条件的差异仍然直接导致了青少年获得教育资源的差异；② 城乡居民获取教育资源的能力、购买教育服务的水平以至最终的受教育状况，更多地受制于经济收入的影响，并加剧着经济收入差距的拉大，决定于人力资本差异且因人力资本差异而陷入恶性循环陷阱的

---

①　李涛、宋玉波：《中国统筹城乡教育综合改革的全景透视：从历史到现状》，《江淮论坛》2011 年第 1 期。

②　王茜、李泉的调研发现，不论是在城市抑或农村，家庭经济收入状况的差异使得子女在获得教育资源方面存在显著区别：（1）在幼儿教育阶段，高收入群体可以让其子女进入高端教育机构，如为其提供过度的物质支持、送到国外或是接受双语教育、经常参与各种类型的亲子活动、兴趣开发、辅助教育等（这种情况在其他阶段的教育过程中同样存在）；低收入群体的子女则经常是被选择教育设施不全、师资水平较低、环境状况较差甚至是不具备办学条件的幼儿园接受幼儿教育。（2）在义务教育阶段，尽管国家免除了学杂费，但学校和家长双方同时利用各种方式和手段、社会资源等展开"择校"竞赛，使得居民对教育的抱怨程度并没有减弱。（3）在高中教育阶段，"高考指挥棒"继续加剧着以上各种情况的差距和程度；同时，一部分青少年因为接受高等教育、职业技能教育或继续教育而进入社会选择就业，另一部分青少年成为大学教育的"精英群体"并在其发展过程中显示出越来越大的差距。总体来看，教育原本是缩小居民收入差距、改善社会不平等程度的最好杠杆，但在中国当前的发展状况下，教育却蜕变为扩大居民收入差距、加剧社会不平等程度的无形力量。正如汪丁丁在《教育的问题》中总结的我们现代中国人身陷其中且不能自拔的教育的困境："当整个社会被嵌入到一个以人与人之间的激烈竞争为最显著特征的市场之内的时候，教育迅速地从旨在使每一个人的内在禀赋在一套核心价值观的指引下得到充分发展的过程蜕变为一个旨在赋予每一个人最适合于社会竞争的外在特征的过程。……于是，大家都努力督促自己的孩子投入到这场令人绝望的竞争当中去，而且据说是越早越好，最好是在母腹里的时候就开始竞争。……明显地，教师和校长都不情愿，他们比家长们更理解这场令人绝望的竞争的绝望性质。不过，只要他们也有家庭要养活并且也有孩子要参与这场竞争，他们就无法不让自己的学校不参与这场竞争。……于是或迟或早，世界仍将回到今天我们看到的这个样子。"（参见汪丁丁《教育的问题》，《读书》2007 年第 11 期。）

教育与经济内生机制，使得城乡一体化在城乡教育均衡发展方面的实现难度陡然增加。从区域教育发展的现实来看，国家教育投入明显偏向城市，教育设施、师资和管理等公共教育资源流向城市的趋势无法扭转。即使在城市，少数重点学校和大多数非重点学校的发展失衡，造成严重的"择校"风潮。在经济不发达地区的农村，教育资源稀缺、教育发展水平远低于城市。

城乡教育二元结构的存在是城乡分治的教育管理体制、城乡失衡的教育投入体制、城乡显失公平的教育人事制度以及城乡分割的户籍制度、就业制度等多种制度因素共同作用的结果。在城乡二元经济社会结构仍然非常典型的背景下，中国各类城市不同程度地成为优质教育资源的集聚地，城乡学校在办学设施、资金投入、师资水平、教育质量、教育机会获得性等方面差距显著。改革开放以来，随着外部市场环境的变化、商品统购统销制度的逐渐废除、经济结构的调整、城乡居民生产经营活动自主性的增强，以及国民对自身及其子女教育的日渐重视，中国的城乡教育促成了居民的收入增长，教育对收入增加的作用得以持续增强。在农村，由于农业集体化生产模式的消除，以家户为单位的家庭生产成为农业生产的主要组织形式，农民具备了农业生产经营的自主决策权并对其选择自我负责。同时，乡村教育的供给责任由乡村上移至县，再由县过渡到多级政府共同负担，最终在体制和机制上实现义务教育公共产品内在属性的外化，完成了从乡村自给向公共财政保障转变的艰难制度变迁。20 世纪 80 年代中期以后，城乡区域经济社会的全面深刻转型进一步为居民提供了自由的就业选择机会，特别是乡镇企业的发展和城市劳动力市场的逐步开放，大量农村富余劳动力进入非农行业，数以亿计的农民在城乡之间工资收入差异的吸引之下流入城市务工，形成规模庞大的"农民工"。在这一过程中，教育通过提高农民的生产效率、管理能力和投入品的选择能力以及外出打工者的非农收入而增强了农民应对不确定性因素和风险的能力，农民收入水平的不同导致了教育水平的差异，教育水平的差异又影响着农民收入水平的高低。[①] 在城市，基

---

① 邓曲恒：《教育、收入增长与收入差距——中国农村的经验分析》，格致出版社、上海三联书店、上海人民出版社 2009 年版，第 2、3、22 页。

于二元经济体制结构影响，农村规模庞大的富余劳动力队伍曾经为城市提供了工资成本较低的廉价劳动力，从而支撑了中国经济的高速增长。随着现代工业生产、商贸服务业领域资本密集和知识密集程度的提高、新技术的应用和现代要素的投入，本身对劳动者的受教育程度提出了更高且不同于农业生产的需求。区域性的"民工荒"现象的存在，在一定程度上可能预示着中国"人口红利"行将消失，直接后果即为劳动力成本的迅速上升，而中国的劳动密集型产业将会因此丧失比较竞争优势。在城乡一体化进程中，有关教育统筹最为迫切甚至影响社会稳定的问题之一是流动人口受教育权利的保障问题，它有赖于户籍壁垒的全面破除和城乡二元户籍制度的彻底改革。

如前所述，以恢复高考制度为开端，中国教育领域逐步走上调整整顿和改革前沿，特别是先后确立优先发展教育、科教兴国与人才强国战略、高校扩招与教育产业化和 2010 年的《国家中长期教育改革和发展规划纲要》，城乡免费九年义务教育全面普及，农村教育得到加强，职业教育发展迅速，高等教育进入大众化阶段，国民受教育年限明显增加，基本建成了世界最大规模的教育体系，有知识、有文化的年青一代已成为新增劳动力主体。"十一五"期间，尽管中国财政教育支出累计 4.45 万亿元，年均增长 22.4%，但与发达国家甚至是一些发展中国家相比，中国政府财政预算中的教育经费投入与 GDP 之比还仅为 3.2%，远低于越南及以下中等收入国家的平均值，更无法和经合组织的发达国家相比，无法适应与国际竞争的新形势、新要求。杨东平的研究表明[1]，中国居民受教育机会的公平获得性逐渐在恶化，最明显的表现是近 20 年来城镇和农村家庭学生的教育机会差距逐步扩大，例如新增加的农村大学生主要分布在非重点的地方院校，重点高校就读在校生中的农村学生比例呈下降趋势，教育机会不公平导致城乡人口的受教育差别很大，而且这一差距随着学历的提高而增大——中国城市人口中高中、中专、大专、本科和研究生学历人口的比例分别是农村比例的 3.5 倍、16.5 倍、55.5 倍、281.5 倍和 323 倍。钟莉等人的研究发现[2]，1990 年中国城镇和农村适龄人口高等教育入

---

① 杨东平：《中国教育公平的理想与现实》，北京大学出版社 2006 年版，第 237 页。
② 钟莉、刘少雪：《改善农村高等教育的政策建议》，《复旦教育论坛》2006 年第 6 期。

学率分别是 2.6% 和 0.9%，前者约为后者的 3 倍；而 2003 年其比例分别为 26.5% 和 2.7%，二者差距扩大到了近 10 倍；高校扩招并为城镇和农村学生带来均等的机会，尤其是高校收费等改革措施限制了农村学生接受高等教育。数据显示[①]，2002 年，中国全年各项教育投资 5800 多亿元，其中用在占总人口不到 40% 的城市人口上的投资为 77%，而占总人口数 60% 以上的农村人口只获得 23% 的教育投资；2004 年，城市小学、初中生均预算内公用经费分别是农村的 1.4 倍和 1.3 倍；2005 年，城市小学生均预算内事业费支出和公用费支出分别是农村的 1.4 倍和 1.7 倍，初中生这两项的城乡倍率分别为 1.4 和 1.6；2007 年，教育部、国家统计局、财政部联合公布的《2007 年全国教育经费执行情况统计公告》显示，国家财政性教育经费占国内生产总值的比例为 3.32%，比上年的 3% 增加了 0.32 个百分点，但城乡之间存在的差距依然很大，城市小学和初中生均预算内事业费支出分别是农村的 1.35 倍和 1.55 倍，城市小学和初中生均预算内公用经费支出分别是农村小学和初中的 1.32 倍和 1.39 倍。[②] 这些事实说明，中国教育不平等有日趋严重的倾向，已经到了危险的地步。蔡洪斌的研究进一步指出[③]，如果中国广大农村的大多数年轻人看不到改善命运的发展机会，中国长期的经济增长就会因社会流动性的减弱而陷入"中等收入陷阱"没有保障。统筹城乡教育发展是城乡经济社会一体化的重要组成部分，是保障城乡教育均衡发展、促进教育公平的必然要求。中国现存不同区域的城乡不同发展差距决定了城乡教育统筹在不同时间、不同空间需要不同的制度组合和改革重点。推进城乡教育统筹发展，迫切要求对教育政策的价值和参与主体进行重新定位，让政府成为城乡教育体系的规划者、教育条件的保障者、教育服务的提供者、教育公平的维护者、教育标准的制定者和教育质量的监管者，以此保证城乡教育服务结构的改善，促进城乡劳动力质量的提升，最终缓解劳动力成本上升对经济发展所带来的负面影响。

---

① 刘晓：《教育公平：教育政策的目标构建》，《团结》2005 年第 2 期。
② 李利芳：《促进我国城乡教育均衡发展的思考》，《理论研究》2011 年第 2 期。
③ 蔡洪斌：《中国经济转型与社会流动性》，《比较》第 53 卷，中信出版社 2011 年版，第 46 页。

2. 国外促进城乡教育统筹协调发展实践与启示

城乡教育发展不均是各国普遍存在的现实问题，在经济社会总体发展水平滞后的发展中国家更是如此。实现城乡教育均衡发展主要是政府责任和政府行为，实质是政府作为控制社会运行的中枢与公共资源分配的主体对区域内教育资源进行合理配置。[①] 人类经济社会发展的实践和现代经济学的大量研究文献成果表明，直接与教育相关的人力资本投资会对经济发展起到积极的推动作用。增加教育投入和重视发展教育既能促进城乡社会的人力资本积累，又能为受教育者提供更多的发展机会和市场权利，从而为改善低收入者的发展前景和促进社会劳动生产率的提升。同时，教育的重要性还在于它对一个国家的民主进程和公民社会文明程度的提高产生正的"外部性"，进而全社会都会因受教育者人数的增加而从中受益。不仅如此，个人、家庭和社会因其成员受教育所产生的不断上升的教育收益还能激励更多的教育投资，从而达到一种教育投资与教育收益相互促进的良性循环，这也是教育发展与经济社会进步的内生机制。世界银行 2002 年的研究报告指出[②]，教育的普及与提高能减少不同群体收入不平等程度并起到缓解贫困和消除家庭贫困的代际传递的作用；除此之外，教育还能改善个人健康状况、延长预期寿命、降低犯罪率和保持社会的和谐稳定。

从国外政府应对城乡教育失衡问题的实践分析，位居世界发达国家之首的美国，从 1965 年的《初等和中等教育法案》到 2001 年的《不让一个孩子掉队》，美国联邦政府和州政府的基本资助拨款主要投向贫困学区，各州制定了全面灵活的农村学校合并标准，采取强制、鼓励、自愿等多种学校合并方式，调整城乡区域教育空间布局，显示出美国政府对解决教育发展不均问题的重视；在教育史上以"双轨制"著称的英国，城乡区域与学校间教育质量历来参差不齐，但从 1997 年工党政府发布的《追求卓越的学校教育》白皮书到 2009 年布朗政府发布的《新机遇：未来机会均等》白皮书，英国通过建立国家学习中心网络来促进

---

①　王正青：《国外推进城乡教育均衡发展新趋势——社会生态系统的理论框架》，《中国教育学刊》2011 年第 1 期。

②　World Bank, "Education and Development", Http//: www. WorldBank. org/education/pdf/EducationBrochure. pdf. 2002.

农村教育的信息化，不断地花大力气促进薄弱地区教育和薄弱学校学生的公平发展；法国政府制定专门政策，鼓励教师到"教育优先区"薄弱学校任教，并给这里的教师发放特别津贴，以此促进城乡师资配置均衡；在澳大利亚，联邦政府为了促进乡村地区教育计划的顺利开展，在2001年专门设立乡村地区计划基金，每年对乡村地区计划的拨款都超过2200万美元；日本政府则早在1954年就制定了《偏僻地方教育振兴法》，为偏远地区薄弱学校的改造提供强有力的法律和政策支持；在俄罗斯，为解决学校分布过于分散、资金短缺、硬件陈旧、优质师资不足等问题，联邦政府于2001年12月颁布《俄罗斯农村学校结构调整构想》，制定普通教育学校的整合改革办法，并致力于充实教育互联网资源和使学生与教师在线获得资源，形成全国范围内城乡统一的教育空间；韩国则从20世纪70年代开始推行"平准化教育"政策，撤销一批名门学校，推进城乡教育办学条件均衡化；在瑞典，除了国家教育署这一专门的中央级教育行政管理机构外，该国还于2003年成立国家教育改进司，帮助遇到困难的儿童保育机构、学校以及成人教育组织，使城乡不同地区的学校达到国家教育标准。

　　在经济社会发展水平处于发展中国家行列的巴西，为解决入学率低与城乡区域教育发展不均问题，在20世纪90年代实施了专门针对东北部贫困地区的"东北地区基础教育计划"，成立基础教育维持与发展及教学促进基金会，以推动教育合作者共同参与，解决教育财政中存在的问题；南非政府则先后实施"重建与发展计划"、"教室中的公平"项目、"教育中的性别平等"项目等，目标直指区域、种族、性别等因素不同人群间的教育平等，特别是对贫困地区的学校实行倾斜拨款政策，根据学校所在地区经济发展及学生家长的收入状况，优先重点支持贫困地区的学校和经济困难家庭的学生；在印度，政府也在财力有限的情况下，通过各种发展计划和项目，保证普通民众的受教育权利，扩大教育覆盖面，减少因城乡、种族和性别出身等带来的教育不公等问题；古巴政府为了吸纳民间资金投入城乡教育均衡发展事业，经常动员全社会参与办教育，以2001—2002学年的"大建校舍运动"为例，参加者达数千人，仅哈瓦那地区就改扩建了779所中小学校舍，有效弥补了政府力量在此方面的不足；柬埔寨、孟加拉、菲律宾等亚太国家长期奉行的也是以城市为中心的教育，农村学校的校舍、设施、管理都比较差，落实农村学校的基本办学标准成为这些国家的优先事项。

　　城乡教育发展不均衡是世界各国普遍关注的热点议题，国外政府在努力推进城乡教育统筹发展方面不遗余力。以上所述有限的国外教育发展实践启示我们，教育涉及城乡所有居民，接受教育是每个人获得发展的基本前提，是城乡社会实现公平的有效工具。在教育日益成为个人发展、家庭幸福、城乡繁荣以及社会进步的必要条件的前提下，认清教育变革主体复杂和动态变化的相互关系，强调不同主体的积极合理的行程，提高不同主体的责任意识与能力，逐步解决义务教育资源配置的城乡非均衡问题，促进国家对农村地区、革命老区、少数民族地区①、边疆地区和贫困地区的教育资源倾斜支持，继续实施对农村教育的积极补偿、探索多样化的城乡教育供给机制、促进城乡教育资源的交流互动，对于中国未来的发展意义重大。因此，必须运用统筹的思路和策略来均衡配置城乡教育资源，促进城乡教育物质硬件投入、运行机制与制度设计、非正式约束等诸多层面的

---

　　① 王茜、李泉在调研时发现，农村地区"村小撤并"的效果可以说是"喜忧参半"：喜的是村小（撤）合并，教学硬件设施改进较大，有利于整合优化乡镇分散的教学资源，是农村"两基"攻坚教育的发展和进步；忧的是偏远地区的农民、远离中心镇小学的家庭因贫困问题、交通不便和居住分散等因素影响，子女上学成本和难度大大增加。这就要求我们必须做好城乡教育发展过程中与相关政策推进的各类主体、不同主管部门和不同措施的相互衔接。例如，甘肃甘南藏族自治州夏河县委组织部科员吴文堂告诉我们，在他两次对其挂职村的调研中，农牧民普遍提到了村里小孩上学难的问题。究其原因，以前各村有村小，分散的居民子女在家门口附近就可以享受到基础教育服务，父母接送也很容易；村小撤并后，乡镇只有一所中心小学，若不能实现完全寄宿，远离中心小学的农牧民其子女上学就成为问题，甚至又出现到龄失学问题。更为令人心痛的是，新华网长沙 2010 年 12 月 27 日电（记者明星、陈文广）从湖南省衡阳市政府新闻办获悉，27 日上午 7 时 40 分，衡南县松江镇因果村发生一起交通事故，造成 9 名学生当场死亡，1 人失踪，另有 10 名学生被紧急送往医院进行抢救。其后，1 名失踪人员被发现并死亡，4 人因抢救无效死亡，遇难人数上升到 14 人。据了解，受清晨浓雾影响，一辆由松江镇东塘村开往因果村的三轮车运送 20 名小学生，在驶到因果桥时，发生交通意外，整车坠入河中。（详见湖南在线等媒体的详细报道，网址为 http：//bl.voc.com.cn/article/201012/201012271211322301.html。）事故发生后，地方政府、交通、教育行政主管部门启动问责程序，当地也全力对事故进行了善后处理。但是，值得我们反思的是类似此次事故暴露的与教育发展相关的更多问题难以回避，围着铁栏的小三轮车载学生没有人质疑过吗？农村校车的治理和监管部门在哪里？如何更好地改善目前校车安全事故频发的困境？促进城乡基础教育服务均衡发展的政策如何更具可操作性？无独有偶，2010 年 2 月 26 日下午，江苏如皋市郭园镇发生一起惨剧，该镇一私人幼儿园的校车在送孩子回家时，7 座的微型面包车内竟被塞进了二三十个孩子。其中一名入学仅两天的 4 岁女孩吴一诺，因车厢内拥挤发生呼吸困难，虽经医院 6 个多小时的抢救却无力回天，不治身亡。（详见重庆晚报《第一眼·新闻》网址为 http：//www.cqwb.com.cn/NewsFiles/201003/01/20100001120000329048.shtml。）

一体化发展，即使在同一城市和县域范围，也要实现教育资源向薄弱学校倾斜；在巩固国家助学制度成果的前提下，继续规范教育收费标准，加大政府财政预算投入，公共财政对于城乡教育的支持应该从义务教育拓展到学前教育、高中阶段教育和继续教育，扩大奖学金、助学金规模和覆盖面，为助学贷款提供的担保、贴息等；在强调政府投入主要资助经济困难家庭学生的学费和基本生活费用的同时，鼓励学校、社会各界以多种形式设立助学金、奖学金等助学项目，支持学生开展勤工俭学活动；进一步完善农民工等流动就业人口的子女，能够在全日制公办学校免费接受义务教育的就学政策，通过加强农村寄宿制学校、特殊教育学校等建设管理，关心和解决农村留守儿童、残障人士的教育问题；适应城乡发展对人才的多样化需求，积极发展面向农村的职业教育，动员社会力量兴办职业教育，加大培养适应现代农业和新农村建设需要的专业人才；落实扩大学校办学自主权，推进学校民主管理，倡导教育家办学，发展民办教育，扩大教育对外开放，为学生和教师发展提供自由空间。从长远来看，即便是城乡教育中的"市场主义"、"拜金主义"等能带来教育效率的提升，公共教育机构提供的公共教育特别是城乡基础教育，还是应该坚持由政府负责提供的公共产品，绝不能"一刀切"地完全走上类似于市场化、商品化、产业化的发展道路，否则可能危害无穷。

3. 中国推进城乡教育统筹发展需要体制与机制创新

教育是一个国家和地区政府理应予以保障的公益性事业，推进城乡教育统筹发展，对调节不同群体的利益关系和构建和谐社会具有重要意义。教育公平是城乡社会实现公平发展的重要基础，义务教育又是教育公平的基础，义务教育的本质在于为每个人的生存发展提供一条公平的起跑线。统筹城乡教育综合改革应具有区别于一般意义上的教育改革的独特意义逻辑，它绝不只是一般教育改革在城乡二元领域中的自然展开[1]；城乡教育统筹发展旨在整合城乡教育资源，打破城乡二元经济结构和社会结构的束缚，构建动态均衡、双向沟通、良性互动的教育体系和机制，促进城乡教育资源共享、优势互补，推动城乡教育相互支持、

---

① 李涛、宋玉波：《中国统筹城乡教育综合改革的全景透析：从历史到现状》，《江淮论坛》2011 年第 1 期。

相互促进，缩小城乡之间的教育差距，有效消除地域、经济等原因导致的教育不公平，改变农村地区教育的落后状况，使均衡化的公共教育服务覆盖城乡全体居民，实现城乡教育均衡发展、协调发展、共同发展。[①]对于中国这样一个发展中的人口大国，教育公平的首要任务就是确保所有适龄儿童有机会、有权利和有能力接受基础教育。这就要求我们研究城乡教育不能就教育论教育，必须从城乡经济社会一体化发展的背景出发，重点研究解决城乡教育统筹发展的焦点问题，探索建立城乡教育统筹发展的制度设计和实施激励相容约束保障机制，努力实现城乡行政区管理和合作性政府管理的一体化、城乡学校改进与效能提升的一体化、城乡教师教学改进的一体化。"公共政策就是政府为实现这种社会公共利益诉求而制定的目标和进行的资源配置，而诉求的实现就意味着政府在各个社会成员间进行的利益分配的实现"。[②]当前，中国政府表达的政治利益反映了当代中国在全球化和信息化的国际背景下，改变社会经济技术落后、国力不强、社会生产力受束缚、人民生活水平和质量不高等问题的重要性与迫切性。[③]《国家中长期教育规划纲要》提出"建成覆盖城乡的基本公共教育服务体系，逐步实现基本公共教育服务均等化，缩小区域差距"，明确要求"建立城乡一体化义务教育发展机制"，体现了中国政府追求城乡教育统筹发展的国家战略和意志。为了进一步适应城乡一体化进程和和谐社会建设需要，中国未来的教育制度变革涉及面广、性质复杂、任务艰巨，需要决策主体、利益主体和行为主体根据不同的主体间关系，分析各主体在教育变革中的作用，使教育制度变革有助于促进城乡社会的稳定运行和健康发展。

促进教育公平、统筹城乡教育均衡发展，需要以教育公共治理的整体性系统思维，充分挖掘城乡各种教育资源优势，调动市场条件下城乡社会各主体的广泛参与，在国家与地方、宏观与微观、公民与社会之间形成科学合理、富有共性与个性特色的统筹式发展策略，构建以城乡户籍制度一体化为核心的城乡一体化教育体系、强化城乡教育统筹、推进城乡教育政

① 褚宏启：《城乡教育一体化：体系重构与制度创新——中国教育二元结构及其破解》，《教育研究》2009年第11期。

② 宁骚：《公共政策》，高等教育出版社2000年版，第112页。

③ 叶澜：《当代中国教育变革的主体及其相互关系》，《教育研究》2006年第8期。

策法制和教育制度创新。"十二五"期间及未来更长时期，中国必须通过继续实施对农村教育的积极补偿、探索多样化的城乡教育供给机制、促进城乡教育资源的交流互动等措施，既能保障城乡居民受教育机会的均等、促进义务教育均衡发展和扶持乡村弱势群体，又着力促进城乡公共教育资源公平配置，加强关键领域和薄弱环节，加快缩小城乡区域教育发展差距，实现各级各类教育城乡全覆盖，进一步完善农民工等流动群体的子女上学问题，保障残障儿童少年平等接受教育，努力做到不让一个适龄儿童因家庭经济困难、就学困难或者学习困难而失学。在推进义务教育学校标准化建设方面，关键是均衡配置教育资源，主要包括教师、设备、图书、校舍等，突出加强薄弱学校建设，把差学校变好，缩小校际差距，发展学校特色；在建立城乡义务教育统筹发展机制上，根据城镇化进程、新农村建设和人口流动状况，稳步进行学校布局调整，防止因学校撤并出现新的"上学难"问题，尤其是在财政拨款、学校建设、教师配置等方面重点向农村和城市薄弱学校倾斜。同时，通过有效的制度设计和教育管理长效体制，促进城乡教育的交流、沟通和互补，让城乡教育分别成为推动中国社会发展和现代化建设不可或缺的重要支点，例如制定推进县域义务教育均衡发展指导意见，积极探索率先在县（区）域内实现城乡教育均衡发展，并出台督察、考核和评估办法，确定各自任务，明确时间表和路线图，督促各地加强统筹，落实均衡发展责任。不仅如此，在促进城乡教育均衡发展领域，需要加大力气促进农村地区尤其是边远贫困地区、民族地区和山区普及九年制义务教育的健康发展，继续致力于扫除在农村中仍然存在的文盲现象；农村中小学教师工资由中央、地方各级政府共同承担，由县统管；逐步降低公用经费从学生缴纳的杂费中开支的比例，农村中小学运转所必需的公用经费，由县、乡两级政府财政负担；在免费对偏远贫困地区的家庭经济困难学生提供教科书的基础上，实行完全免费的义务教育；进一步明确和落实以流入地政府为主要责任主体的进城务工人员子女的义务教育，降低他们的入学门槛，严禁对农民工子女入学收取赞助费或借读费，将公办学校因接收进城农民工子女入学而增加的费用纳入当地财政有关教育事业费的预算中加以解决。

破解城乡教育二元结构、推进和实现城乡教育统筹发展必须从根本问题和关键难点入手，着力促进城乡教育制度规则公平，全面推进依法治教和依法治校，改革城乡二元的教育管理制度、教育投入制度、人事制度以及教育质量保障制度，建立严格的教育行政问责制度，提高教育体系的效能，准确判断城乡教育发展的经济、政治、文化等外部环境，调整教育体系中的各种结构比例关系，严格落实教育经费法定增长要求，进一步增加公共财政预算对教育的投入，拓宽财政性教育经费来源渠道，合理安排使用财政教育经费，坚持用规范管理维护城乡教育公平，使教育体系与教育目标协调匹配，逐步实现城乡教育的相互贯通、彼此协调，更好地服务于人的发展和城乡区域经济社会一体化发展。

（二）城乡医疗卫生服务

健康作为人力资本的重要组成部分，是人类一切活动的物质载体，是人类获得财富、享受生活、追求自由的基本条件。在宏观视角下，健康是衡量一国社会经济发展的重要指标之一，中国的国民健康水平在1949年后有了显著提高，已经达到发展中国家的较高水平。人均期望寿命从新中国成立初的35岁提高到2005年的72岁，婴儿死亡率同期相应从200‰下降到25.5‰，孕产妇死亡率则从1500/10万下降到50.2/10万。① "十一五"时期，中国覆盖城乡的社会保障体系建设取得突破性进展，城镇职工基本养老保险实现省级统筹，实施养老保险关系跨省转移接续办法，连续7年提高企业退休人员基本养老金水平，年均增长10%，新型农村社会养老保险试点覆盖24%的县；积极稳妥地推进医药卫生体制改革，全面建立城镇居民基本医疗保险制度、新型农村合作医疗制度，惠及4.32亿城镇职工和城镇居民、8.35亿农村居民；最低生活保障制度实现全覆盖，城乡社会救助体系基本建立，社会福利、优抚安置、慈善和残疾人事业取得新进展；全国社会保障基金累积7810亿元，比2006年增加5800多亿元；大力实施保障性住房建设和棚户区改造，使1100万户困难家庭住上了新房。在医疗服务方面，加强基层医疗卫生服务能力建设，国家财政安排专项资金，改造和新建2.3万所乡镇卫生院、1500所县医院、500所县中医院和1000所县妇幼保健院，建立了2400所社区卫生服务中心。根据2012年9月卫生部的新闻发布

① 封进：《健康需求与医疗保障制度建设——对中国农村的研究》，格致出版社、上海三联书店、上海人民出版社2009年版，第1、2页。

公告①，中国政府基层医疗卫生机构已全部配备使用基本药物并实施零差率销售，改革后基层基本药物价格平均下降 30％，财政和医保对基层医疗卫生机构收入的补偿比例比改革前提高 22 个百分点；基层医疗卫生机构的诊疗人次比改革前增加 8.43 亿，增长了 28.5％；2011 年城乡居民参加职工医保、城镇居民医保、新农合人数超过 13 亿，覆盖率达到 95％以上，中国建立起世界上最大的医疗保障网；新农合重大疾病保障机制初步建立，2012 年上半年有超过 34 万人次获得补偿。

1. 城乡医疗卫生发展的失衡

在农村医疗卫生领域，乡镇卫生院承担着提供以预防保健、基本医疗、健康教育、计划生育、康复等为主要内容的综合性服务；受县级卫生行政部门委托承担辖区内公共卫生管理，负责对村级卫生机构的技术指导和对乡村医生的培训等职能。在中国，由于城乡医疗卫生资源存在严重失衡现象，优势资源主要集中于城市，农村医疗卫生资源严重不足，同时城乡医疗卫生发展也以不同的模式差异化运行，彼此联系薄弱，影响到整个医疗卫生系统的公平性与服务体系的运行效率。在分级财政体制下，农村公共卫生体系的运行更多地依靠地方政府支持，而仅靠县、乡两级政府难以支持这一体系的正常运行，县乡政府把卫生筹资的主要责任转嫁给卫生机构，实质上把难题交给了相对失范的医药市场。不仅如此，农村缺乏卫生专业人才也严重限制了城乡医疗卫生服务体系的统筹发展。② 这种缺乏公共支持的市场化趋势，使大部分农村特别是贫困地区的公共卫生服务不仅供给不足，而且服务价格居高不下。事实上，看病难，就难在找高水平的一流专家看病太难；看病贵，主要贵在医疗费用快速增长而自付比例较大、额度高上。综合的结果，加上农民去城市大医院的路途交通、食宿费

① 卫生部：《农村大病医保扩至 20 种重病报销达 90％》，详见 http：//news. ifeng. com/mainland/detail _ 2012 _ 09/18/17685042 _ 0. shtml。

② 李泉、周夏伟在甘肃甘南藏族自治州走访调研的过程中发现，地处高寒阴湿或自然条件严酷、基础设施极度缺乏的民族地区农村牧区，科教文卫事业发展普遍相对滞后。如甘南州卫生局科员瑞嘉拉茂（女）告诉我们，随着农牧民生活水平的提升和对健康需求的增加，滞后的藏区卫生事业发展改善首先受困于缺乏专业能力强、文化素质高的人才。一方面，当地本土人才专业能力不强，服务能力跟不上农牧民需求；另一方面，外部的人才吸引不进来，特别是物质上的诱惑已经不能奏效。她建议，通过国家政策支持、培养本土人才、建立属于藏区自己的医疗队伍、辅之以外来人才补充等，对于提升民族地区的医疗卫生事业至关重要。

用等，导致农民看不起病或有大病硬扛的现状。因此，农村公共服务体系的建立困难较多，而且市场化的空间非常有限，特别是在城乡缺乏健全一体化运营监管体系的条件下，加之农民收入低，对优质需求服务有限，需要通过引入其他商业性的风险分担机制为医疗费用提供融资保障，减轻居民医疗负担。然而，在规避风险的同时，理论和国际经验都证明，如果对供给方缺乏适当的控制，医疗保险会导致医疗价格上涨。换句话说，当医疗供给方具有垄断定价能力，且以营利为目标时，医疗保险的引入会导致医疗价格上涨，从而冲销医疗保险的效果。[①]

在当代城乡社会保障发展中，存在着只关注现实而轻视历史，以及不善于借鉴他国经验与教训的短视行为与狭隘性缺陷。改革开放以来，中国的医疗卫生服务体制改革，并未有效地起到缓解医疗服务市场信息不对称问题，也没有起到解决"看病难、看病贵"的预期作用。这种过于强调通过引进竞争、强化市场机制在医疗服务市场中调节作用的改革思路，是否适应中国城乡发展实情值得反思。解决中国现实中普遍存在的医疗服务价格虚高、医患关系紧张、城乡医疗卫生服务失衡等突出问题，必须回归医疗服务之于居民的公益性质，需要政府更多地参与其中并有效地发挥价格规制、市场监管以及外部矫正等功能。[②] 从 20 世纪 90 年代开始，中国的卫生医疗走上了市场化道路。在农村，除了新型合作医疗和特困户医疗救助，还包括世界银行在中国实行的卫生援助项目。在医患关系紧张、医生们开始专注于赚钱的年代，医改能做的应该是立足于"将最穷的人拉一把，因为穷人因病致贫是很大的问题"。[③] 世纪之交的中国，医改结束了"大争论"的时期，确立了产权改革方向以及实行医药分业；始于 2003 年的中国新型农村合作医疗制度（简称"新农合"），是一个典型的由政府自上而下在全国范围内主动推进的医疗保险补贴制度，主要目的在于减轻农民医疗负担、增加医疗需求。但是，中国至今依然是"以药养医"，医改

---

① 封进、刘芳、陈沁：《新型农村合作医疗对县村两级医疗价格的影响》，《经济研究》2010年第 11 期。

② 卢红友、连玉君、卢胜峰：《中国医疗服务市场中的信息不对称程度测算》，《经济研究》2011 年第 4 期。

③ 转引自《"高级幕僚"朱幼棣的医改梦》，《文摘周刊报》2011 年 2 月 1 日。据《南都周刊》，许十文、雷顺莉/文。

的复杂性以前所未有的广度和力度被呈现，这既是医改前进的主要阻力，也是医德沦丧的核心根源。医改的问题，相关利益部门多年来出了很多论调、方向、概念，把公众弄得如坠雾里，然而根源上的问题并没有得到解决；体制不改革，医改就不可能取得"最终胜利"。①医疗服务的不可分割性和非同质性导致人们对医疗价格有不同理解。Feldstein和Wright的研究结果表明，医疗保险可以带来医疗机构膨胀与医疗供给方的经营目标和医疗市场结构有关，各国医疗机构的性质和医疗市场结构大相径庭，医疗保险的具体安排也各具特色，现有理论和经验无法直接应用于分析中国农村医疗保险的价格效应。②对于深化医药卫生体制改革中的五项重点改革——推进基本医疗保障制度建设、初步建立国家基本药物制度、健全基层医疗卫生服务体系、促进基本公共卫生服务逐步均等化、推进公立医院改革试点，我们必须有新的思路、用新的制度设计去解决当前改革进展中出现的新情况、新问题。只有确立城乡社会保障发展的历史观与全球视野，将注意力从关注现实延伸到兼顾历史和他国的经验教训，才能超越现实、超越狭隘，③寻找到适合中国城乡社会保障可持续发展的道路，并为解决世界共同面临的社会保障问题提供更为有效的"中国经验"。

2. 美国医疗卫生改革的借鉴

美国的医疗保障体系由三部分构成，一是雇主为雇员及其家属购买的商业医疗保险，这一主体部分覆盖了75%左右的工薪阶层，包括其配偶及亲属，共1.6亿人参保。二是政府举办的医疗保险计划，主要包括联邦医疗照顾计划（面向老年人和残疾人）、联邦医疗救助计划（面向贫困人群）、联邦儿童医疗保险计划（面向困难家庭儿童）以及现役军人、退伍军人及家属和少数民族享受的免费医疗等，有8000多万人参加了上述计划。三是约有1000万人通过购买私人商业保险获得医疗保障。据美国医疗保障与救助中心统计④，美国卫生总费用从1997年的1.2万亿美元增长

---

① 转引自《"高级幕僚"朱幼棣的医改梦》，《文摘周刊报》2011年2月1日。据《南都周刊》，许十文、雷顺莉/文。

② 封进、刘芳、陈沁：《新型农村合作医疗对县村两级医疗价格的影响》，《经济研究》2010年第11期。

③ 郑功成：《当代社会保障发展的历史观与全球视野》，《经济学动态》2011年第12期。

④ 《奥巴马医改新政及启示》，参见 http://sbs.mof.gov.cn/zhengwuxinxi/diaochayanjiu/。

到 2007 年的 2.2 万亿美元，占 GDP 的比例从 13.5％上升到 16％，人均水平从 4102 美元上升到 7421 美元。在现有体制下，预计这一开支到 2018年将达到 GDP 的 20％，人均水平升至 13000 美元。巨额的医疗费用加重了政府、企业和个人的负担，如美国政府卫生支出占财政总支出的比重从1997 年至今始终维持在 18％—20％，政府卫生支出占卫生总费用的比重2007 年达到 46.2％，随着人口老龄化高潮的到来，医疗费用还将快速增长。同时，医疗费用高昂危及产业发展，如通用汽车公司平均每辆汽车要负担 1500 美元的医疗保险成本，比其用钢成本还要高。对于个人影响而言，美国个人破产中有 50％左右都与负担了高额医疗费用有关，随着医疗保险费用的持续上升，越来越多的雇主不愿意为员工提供医疗保险。尽管美国花费了巨额的医疗费用，但其医疗质量和国民健康水平却不尽如人意，医疗体制运行效益低下，如美国平均每年有 9.8 万人因医疗过失致死，高于车祸、乳腺癌、艾滋病致死人数。世界卫生组织的统计数据显示，美国 5 岁以下儿童死亡率是日本、意大利的两倍，人口预期寿命低于日本、加拿大、澳大利亚、新加坡和欧洲等国家，妇女分娩面临的死亡风险是希腊、西班牙或德国的 3 倍以上，有 33％左右的人至少患有一种慢性病。由于美国的医疗保障体系以非强制性的商业保险为主体，政府提供的医疗保险计划仅向特定人群提供，因此，美国成为世界上少数几个未实现医疗保险全覆盖的发达国家之一，至今约有 4600 万人没有任何医疗保险，这些人主要包括小公司雇员、大公司中的临时工、半职职工、失业人员以及不愿参加任何医疗保险的高收入者，约占总人口的 15％，这也是该国医疗体制经常受到攻击的"软肋"。为此，奥巴马于 2009 年 7 月提出声势浩大的医改计划，立足现行医疗保障体系，在现有医疗保险机构、医疗服务机构和医疗保险计划的基础上对其进行改进。在此计划下，原参保家庭的保险费每年将下降 2500 美元，未参保人员将被纳入医疗保险，10 年内可为美国居民节省 2 万亿美元的医疗费用开支。

3. 中国新农合的实践

中国新型合作医疗改革的核心内容之一是通过扩大医保覆盖范围，降低个人的医疗负担，以满足城乡居民不同个体的基本医疗需求，最终提升居民健康水平和人力资本存量。从新农合的实践来看，参合者的医疗服务支出、医疗服务利用率和健康水平之间存在紧密联系：新农合的医疗补贴降低了参合者大病支出的自付比例，这等于降低了医疗服务的价格，导致人们合意的健康存量水平上升；基于医疗服务需求弹性较大等原因，一方面使得参合者提高了寻求医院治疗的可能性，或消费更多更好的医疗服务，从而改善了参合者的健康水平，而另一方面医疗服务价格的下降很大程度上又被医疗服务需求快速上升的趋势所抵消，这导致以实际医疗支出和大病支出发生率为评价指标的新农合的经济绩效并不显著。[1] 截至"十一五"末，中国基本医疗保障制框架总覆盖人数超过 12.6 亿，90％以上的城乡居民可获得基本医疗保障。2011 年 7 月 6 日，国务院医改办公室发布的数据显示[2]，中国城乡居民基本医保参保人数达 12.7 亿，覆盖人数占总人口的 95％，超过 80％的统筹地区开展了门诊统筹，新农合和城镇居民医保政策范围内住院费用报销比例达到 60％以上，部分统筹地区提高到 70％，超过 90％的统筹地区实现了即时结算结报，基本医疗保障之外的第二条保障线大病救助制度也不断推进，农村大病救助已经起步，全国有 15 个省（市、区）开展了提高农村儿童两病医疗保障水平工作，有 11 个省（市、区）启动了增加重大疾病试点病种的工作，全民医保的制度框架已经建立并成为世界最大的医保网。医改实施后，中央财政投入用于医保的资金超过 2000 亿元；2011 年，政府对城镇居民医保、新农合人均补贴每年 200 元的标准在各地得到落实。

4. 艰难推进中的医疗卫生改革

在中国，医疗卫生领域的改革也呈现渐进性特征，是沿着"先易后难、先农村后城市、先外围再核心"的路径展开的，其中公立医院是以"管办分开、政事分开、医药分开，营利性与非营利性分开"为着力点分层次推进的。与其他领域改革整体对比而言，医改不仅是民生问题，也是政治问题[3]；医药卫生体制改革其实质是一个不断调整和理顺各种利益关系的过程。随着医改的深入，难点问题开始显现，利益格局发生调整，体制性矛盾集中暴露，改革的难度也进一步加大，复杂性更加凸显。与以往

---

[1]　程令国、张晔：《"新农合"：经济绩效还是健康绩效?》，《经济研究》2012 年第 1 期。

[2]　李红梅：《全国基本医保覆盖率达 95％》，《人民日报》2011 年 7 月 7 日第 13 版。

[3]　国家发改委副主任、国务院医改办公室主任孙志刚在公立医院改革政策与管理培训班上的讲话。详见国务院医改办公室网站，http://www.ahcz.gov.cn/portal/zdzt/yg/ygdt/13100560 90402488.htm。

不同的是，迈入国民经济与社会发展"十二五"战略机遇期的中国，在基本药物制度、农村新型合作医疗改革已取得部分阶段性成果的背景下[①]，其医疗卫生、医药体制改革正逐渐向核心区域推进，该领域近期实施的重点还涉及基本医疗保障制度、基层医疗卫生体系、基本公共卫生服务均等化、公立医院改革等方面的系统化设计与变革。在基层医疗卫生机构综合改革方面，财政资金捉襟见肘的省份只是简单地实行药品零差价销售，并没有按照国务院补偿机制要求实施综合改革，机构仍然在原有体制机制下运行。[②] 为此，国务院于 2010 年 12 月提出《关于进一步鼓励和引导社会资本举办医疗机构的意见》，以鼓励民营资本参与医疗体系改革，确保非公立医疗机构在准入、执业等方面与公立医疗机构享受同等待遇。这不仅意味着民营医院要在打破公立医院垄断、促进公立医院改革中发挥重要的作用，更意味着未来中国医疗领域多元市场模式的建立。在此之后，国务院又在 2011 年 9 月，进一步明确了县级政府作为基层机构改革的主要实施者定位，要求尽快清理和化解基层医疗卫生机构债务问题，同时加快完成基本药物制度全覆盖和基层医疗卫生机构综合改革。这就决定了改革的重点不仅仅是取消药品加成、实行零差率销售内容，而是要建立基层医疗卫生机构新的运行机制。其中，建立公益性的管理体制、建立竞争性的用人机制、建立激励性的分配机制、建立长效性的多渠道补偿机制等其他配套改革缺一不可。特别地，在经费补偿方面，基层医疗卫生机构的发展经费要由政府负责，运行经费通过服务收费、政府补助等多渠道补偿，政府对基层机构经常性收支差额按照"核定任务、核定收支、绩效考核补助"的办法予以补助；积极发挥医保支付的重要补偿作用，调整基层机构服务收费并纳入医保报销范围，是基层医疗卫生体系综合改革的核心所在。[③]

[①] 截至 2011 年 9 月 1 日，中国城乡居民基本医保参保人数已超过 12.7 亿，所有政府办基层医疗卫生机构已经建立了基本药物制度，70％以上的地区拥有了达标的县级医院、乡镇卫生院和社区卫生服务机构；截至 2009 年，中国居民个人卫生支出占卫生总费用的比例为 38.19％，与 2000 年的 58.98％相比，已经出现大幅下降；同时，作为医改最为关键的一环，中国政府将公立医院改革突破口选在了 300 家县级公立医院，并在全国选取了 17 个公立医院改革试点城市开始试点。参见《财经国家周刊——角力大医改：公立医院改革逼近深水区》，网址为 http://finance.qq.com/a/20111018/006492_1.htm。

[②] 极度调查：《角力大医改》，《财经国家周刊》2011 年第 20—21 期。

[③] 于小龙、鲁菲：《逼近深水区》，《财经国家周刊》2011 年第 20—21 期。

在民营资本进入医疗卫生改革的进程中，根据中国医院协会民营管理分会提供的数据①，中国民营医疗机构大多投资额不高、规模相对较小，资产在 3000 万元以上的仅占 7％左右，资产在 100 万—500 万元的最多，小的民营医疗机构更多依靠"便宜"取胜。药品不断降价和基本药物制度实施后，民营医疗机构生存将会面临更多困难。

医疗卫生机构长期债务问题的形成是"以药养医"机制留下的产物，这已成为基层医疗卫生机构回归公益性的一个沉重包袱。2008 年，中国医院总资产约 10191 亿元，其中负债约 3250 亿元，资产负债率约 31.9％，其中不少小医院出现了经营困难。根据卫生部医院管理研究所的资料显示，全国 90％县级医院负有债务，2008 年总负债金额为 406 医院，平均每家县医院负债 2600 多万元。② 从医疗改革的推进实践而言，解决债务问题，压力最大的是基层政府，因为要配套资金解决，必须想方设法完善化债渠道，保证基层医疗卫生机构运转不受影响。不仅如此，目前还存在最为棘手的问题：农民工群体因游离于城市和乡村之间，其医疗保障处于"两头都不沾"的境地，而且"大病统筹"和"大病救助"的卫生医疗保障机制具体运行存在问题，主要表现为农民大病报销的条件过于苛刻，报销范围尚比较狭窄，很多特殊慢性病和重症都无法纳入"大病救助"之列③。

5. 医疗卫生服务制度创新

这就要求其中的制度设计必须随着具体的医疗实践，不断加以系统调整和完善，对于某些需要巨额医疗费的疑难杂症，可以在充分论证之后纳入报销范围，从而真正发挥医疗卫生保障制度服务于民的根本宗旨，让农

---

① 郎秋红、陈先锋、朱旭东：《民营医院"玻璃门"》，《财经国家周刊》2011 年第 20—21 期。

② 于小龙、鲁菲、葛轩：《公立医院扩张》，《财经国家周刊》2011 年第 20—21 期。

③ 2011 年 5 月 23 日《华商报》：53 岁的重庆农妇吴远碧罹患"布查氏综合征"，因为凑不出 5 万多元的手术费，无奈之下拿起菜刀自己剖腹放出积水。"剖腹自医"事件经媒体报道后，重庆市有关领导做出批示，要求全力救治。其后，吴远碧被送往重庆市中医院治疗，院方表示将不惜一切代价挽救吴远碧的生命，手术所需的 5 万元费用也有了着落。这样的"因祸得福"与之前曝出的"开胸验肺"、"自助透析"如出一辙，遵循的都是"媒体报道—领导重视—问题解决"这种很难复制的模式和显而易见的偶然性，同时也反映出现有医疗卫生保障制度的实施细则尚需进一步调整。详见人民网、腾讯网、金融界等相关网站报道，如 http://news.mylegist.com/1711/2011-05-24/45949.html 或 http://finance.jrj.com.cn/opinion/2011/05/25144710053665.shtml。

民工获得应有的基本福利，实现城乡居民"学有所教、劳有所得、病有所医、老有所养、住有所居"，这应该成为各级政府尤其是中央政府为其公民提供基本公共服务的基本要求。我们必须承认，一个农民特别是在中西部经济落后地区的农民，其一生的积累（扣除劳动年龄内自身生活费用、养育子女费用、赡养老人费用等）并不足以负担得起自己丧失劳动能力后的养老费用。这种家庭自我为主、完全依赖农民自身的养老保险制度只不过是将以前由单个农户家庭内的代际转移支付（即子女承担父母生活、医疗费用），转变成了一个地域单元（一般为一个县或县级市）内的转移支付，不能解决根本问题。医保制度对中国老人医疗服务的影响主要在于增加就医程度方面，而并非是否选择就医的行为方面，因为后者更取决于老人本身的健康状况。[①]　换句话说，医保制度明显地促进了真正急需就医尤其是高龄老人的及时就医率，并且城镇医保和公费医疗所发挥的作用明显大于其他保险形式，显示了国家医保政策更多惠及城乡居民健康要求的必要性，有助于减轻中国老人家庭医疗负担，也有助于我们客观认识老龄化趋势对中国城乡居民医疗保障的挑战和影响，从而促进国家相应制度安排的有效变迁。随着多种方案的试点、实施和推进，例如陕西省子长县创建平价医院，神木县建立城乡一体的全民医疗保障制度，府谷县实施对医疗机构和居民的"双补"政策，洛川县、太白县等强化县级医院能力建设[②]，医保改革中的"湛江模式[③]"新试验，都具有区域性示范意义，使得城乡医疗保障已经覆盖越来越多的人群。然而，被纳入覆盖范围内的城乡居民，尚缺乏对医疗信息的清晰认知，这使得他们在卫生医疗需求决策时，

---

①　刘国恩、蔡春光、李林：《中国老人医疗保障与医疗服务需求的实证分析》，《经济研究》2011 年第 3 期。

②　张茅：《县域医疗卫生改革发展的探索与实践》，《管理世界》2011 年第 2 期。

③　"湛江模式"是指从 2009 年 1 月开始，湛江市城乡居民可以以户为单位按年度缴纳基本医疗保险费，可选择每人每年 20 元或 50 元两种缴费标准缴纳。在此基础上，湛江市的社保部门将城乡居民基本医疗保险个人缴费部分的 15%，也就是每人 3 元或 7.5 元，用于购买人保健康的大额医疗补助保险服务。如果居民发生住院治疗，分别可累计取得 5 万元和 8 万元的医疗报销，其中住院统筹基金均为 1.5 万元，大额医疗补助分别为 3.5 万元和 6.5 万元。也就是说，居民住院治疗超过 1.5 万元的费用，由人保健康来理赔；没有超过 1.5 万元的部分，由社保局的住院统筹基金来支付。简单地讲，就是政府通过购买商业保险的服务，在城乡实现一体化的基本医疗保险制度，以此提高城乡居民医保保障水平。更详细的介绍参见《湛江医保新试验》，《财经国家周刊》2010 年 5 月 10 日。

存在一定的误解和盲目，也使得中国医疗保障制度改革在改善居民卫生医疗需求方面的效果仍不理想。[①] 在市场经济条件下，农民除了面对各种不可抗拒的自然灾害外，还直接面临市场风险，家庭成员的病、死、伤、残、老和家庭成员因外出务工所面临的工伤事故、职业病、环境污染等带来的不确定的健康风险，尤其是那些突如其来的公共卫生危机。当前，医疗保障福利已经成为影响农民工选择就业地点的重要因素，对农民工社会保障的缺失，在很大程度上影响着农民工流动的行为、方式和意愿。因此，在新一轮医改中，政府在扩大城乡医保覆盖面的同时，应该规范医疗保障信息的发布，重视医保信息的宣传、教育和传递工作，消除卫生医疗保障政策实施过程中的信息障碍。同时，完善包括医疗保险在内的社会保障体系应该成为农民工政策调整的重点，而整合城乡以医疗社会保障平台以增强异地就医的灵活性应该成为医疗改革亟待解决的问题。为了促进未来城乡一体化发展，正确地预防和解决农民工劳动力市场问题，建立健全以社会保险为主导、具有综合性和可携带性的医疗保障系统，在现有的以城职保、新农合、城居保等为主体的保障制度的基础上，通过对各保障平台的整合，减少人们在各平台之间参保与转换的限制，取消不同部门和职业的歧视，以达到使医保真正服务于劳动者并促进城乡劳动力市场健康运转的目的[②]。为了促进不同区域城乡政府之间向有利于统筹城乡一体化发展的演进，非常有必要建立跨地区公共物品供给的利益分享机制，全面开征社会保障税、发行社会保障特种国债和变现部分国有资产，建立健全体系机构，特别是设计科学合理的制度与体制，实现农村社会保障资金的顺利征收、安全储存并保值增值和合理使用，解决好跨地区公共物品建设中的"搭便车"、重复建设等问题；善于利用社会主义国家的制度优势、文化优势和现代信息技术，改革医院的运行机制、管理体制，提高有限资源的使用效率，集成创新出低成本、全覆盖、可持续的中国城乡医保新模式。

---

① 刘宏、王俊、方海：《个人信息认知对医疗保障改革的影响》，《经济研究》2010 年第 1 期。

② 秦雪征、刘国恩：《医疗保险对劳动力市场影响研究述评》，《经济学动态》2011 年第 12 期。

三　农村水利与科技服务

新中国成立后优先发展工业的非均衡战略模式的实施，以及城乡分割的二元经济结构的逐步固化，使得农村公共产品的供给水平大大低于城市。1978 年改革开放以后，以家庭为基础的农业经营制度取代了生产队体制，农村公共产品的供给机制伴随农村的改革发生了巨大变化。就农村公共产品供给问题，诸多学者做了大量研究，国家在不同时期也出台了一系列促进农村公共产品供给的政策措施。进入 21 世纪以来，在努力提升农民收入、推进社会主义新农村建设和发展现代农业、实现城乡统筹发展的过程中，如何通过完善农村水利基础设施建设和促进农业科技创新来持续增强农产品供给的保障能力，保障国家粮食安全和提升农业抗灾能力，日益引起中共中央的高度关注，也成为不同学者深入讨论的热点话题。

（一）农田水利基础设施建设

水利自古以来就是农业生产的最大制约因素，农田水利基础设施对于发展现代农业、提高农业综合生产能力、增加农民收入、改善农村生态环境和调整农业产业结构具有重要的基础性保障，且与国家粮食安全、农村社会稳定和主要农产品的供给息息相关，具有农村公共产品性质，政府在其中的重要作用不可忽视或替代。在农田水利基础设施建设问题的研究方面，国内外学者将重点主要聚焦于自然资源经济学、发展经济学和公共经济学、制度经济学等领域。其中，以可持续发展研究为代表的学者们围绕水资源利用、水利需求—供给、节水技术革新等宏观问题，研究了水利投资变动态势及水利发展对区域人口、经济、社会等的多重制约与影响，总结了水利工程建设、投融资运行管理、水利设施使用效率、水利微观实体良性运行的条件等一般性规律，并分析了农村产业结构调整对水利发展带来的影响和变化趋势。针对中国水利发展问题，20 世纪 90 年代中期联合国开发计划署（UNDP）"华北地区宏观经济水规划模型研究"项目、亚洲开发银行资助的"海河水利环境管理与规划研究"项目等，是对大流域系统区域水资源利用和水利环境管理进行探索的代表性成果。21 世纪以来，以贺雪峰、周玉玺、宋鸿远、孔祥智及朱红根等为代表的研究者，分别从农村基础设施建设、制度变迁、乡村水利组织、农田水利产权、农业

节水激励、农业水价政策等领域，对农村水利建设和水利发展进行了理论
与实证分析；同时，针对农村税费改革对农田水利建设的影响，不同领域
的研究者立足不同层面，分析了农田水利建设的产业组织模式、农业灌溉
节水行为、地下水灌溉产权制度等问题，并定性或定量分析了农田水利基
础设施现状及其建设资金来源情况，发现基础设施建设滞后、资金投入不
足、老化失修与功能退化现象严重等是中国农田水利基础设施中普遍存在
的问题，而自然条件、区域经济因素、社会因素及农村治理因素则是造成
地区之间农村农田水利灌溉基础设施投资差异的主要原因。在农村公共产
品供给的影响因素方面，个人特征、家庭特征和村庄特征共同影响着农户
的需求意愿，但各变量的影响程度具有显著差异，尽管县乡政府和绝大多
数农户对于小型农田水利设施建设的投资积极性很高，但投资意愿却
很低。①

1. 农村水利发展实践与问题

从农田水利基础设施发展的实践历程分析，自新中国成立后的人民公
社时期及分田到户之初，形成了国家投资、农民投劳的小农水利投入机
制，大规模的农田水利建设投入和集体化经营使得农业水利设施建设快速
增长，为中国粮食主产区提供了旱涝保收的基本水利条件。② 截至 1957
年，全国农田灌溉面积由 1949 年的 0.16 亿公顷增加到 0.227 亿公顷，
1965 年增至 0.32 亿公顷（数据来源同脚注②，若无特殊说明，下同），
从水利基本建设投资占全国基本建设投资的比重看，在"二五"至"五
五"4 个五年计划期间，该比重均保持在 6.5％以上的高位，最高时达到
8.0％。从"六五"时期开始，水利基本建设投资急剧下降，从"五五"
时期的 157.2 亿元下降到 93.0 亿元，下降了 40.8％。在"七五"和"八
五"期间虽然投资额有所回升，但水利基建投资占基本建设投资的比重却
持续下降至 1.9％。③ 1953—1978 年，在财政预算内直接支援农村生产支

① 倪细云、文亚青：《农田水利基础设施建设的影响因素：陕西 437 户样本》，《改革》2011
年第 10 期。
② 罗义云：《农田水利体制转型中的集体化、家庭化、市场化：湖北的证据》，《改革》2006
年第 8 期。
③ 唐忠、李众敏：《改革后农田水利建设投入主体缺失的经济学分析》，《农业经济问题》
2005 年第 2 期。

出中，小型农田水利与水土保持补助费所占份额达到 56%；1978—1990
年间，小型农田水利与水土保持补助费以及支援农村合作生产资金，在财
政预算内直接支援农村生产支出所占份额，分别下降了 36 个和 15 个百分
点。[①] 改革开放以来，从中央到地方，小农水利投入机制向多渠道、分
散化发展，中央政府重点关注贫困农村地区农业和农村基础设施，主要
采用以工代赈的方法支持贫困地区基本农田、小型水利、乡村道路、人
畜饮水、小流域治理等基础设施建设。同时，在家庭联产承包责任制实
施过程中，由于农田水利基础设施建设管理体制改革并未及时跟进和配
套，导致农田水利基础设施建设投入主体缺位，不仅农民投劳减少、农
田水利投入相对减少，而且缺乏统一规划，资金投入效率不高，国土、
农业、农业开发、扶贫、水利等涉农部门在缺乏协调机制的体制安排下
分别实施农田水利建设项目，存在重复投资、重复建设的问题，以致资
金使用效率低下，而国家的补助标准又明显偏低，地方配套资金多无保
证，农民自筹能力差，最终严重影响农田水利工程建设标准和进度，这
已成为制约农田水利建设的主要瓶颈。数据显示，1981—1990 年间中
国新增灌溉面积 793.3 万公顷，同期，由于老化失修等原因造成灌溉面
积减少 840.0 万公顷，增减相抵后仍净减 46.7 万公顷。20 世纪 90 年代
中后期，尤其是农村税费改革以后，"农村义务工"和"劳动积累工"
成为小农水投入建设的重要力量，国家致力于建立多元化、多层次的小
农水建设与管护投入机制探索，政府对农田水利设施的投入严重不足，
原有的农田水利设施迅速遭到废弃，水利的集体经营制度逐步转向家庭
化和市场化，特别是频发的灾害性气候进一步使农田水利再度陷入困
境。据水利部门统计，2003—2006 年，中国每年用于小型农田水利建
设的工日由较高峰时的 1998 年大约减少 75 亿个，按每个工作日 10 元
计算，每年减少农田水利工程建设和维护投入高达 750 亿元，[②] 这使得
原本落后脆弱的农田水利基础设施更加破旧。在中国现有的 18.26 亿亩
耕地中，尚有 9.59 亿亩是没有灌溉条件的"望天田"，已建成的 8.67

---

　① 周洪文、张应良：《农田水利建设视野的社区公共产品供给制度创新》，《改革》2012 年
第 1 期。
　② 国务院发展研究中心"完善小型农田水利建设和管理机制研究"课题组：《我国小型农田
水利建设和管理体制：一个政策框架》，《改革》2011 年第 8 期。

亿亩灌溉耕地，灌溉水利用率只有 46％。① 2005 年，中央一号文件提出把农田水利建设补助资金纳入各级政府公共财政计划，逐步建立农田水利建设资金稳定增长机制，完善村级"一事一议"筹资筹劳政策。此后，结合民办公助、用水户参与等方式，小农水投入增加不大，增加投入的绝对量无法满足农民投入投劳大幅较少的缺口。由于严重超期运行，中国目前农村的水利设施陈旧落后、老化失修现象非常严重，大部分都是兴建于 20 世纪 50—70 年代，设计标准低，工程质量差，加之长期投入不足，续建配套和更新改造滞后，致使工程设施老化失修，损坏报废等问题严重，特别是田间配套设施普遍缺失或不到位，整体功能弱化，效能低下，相当一部分水库已达到或超出规定使用年限，淤积、塌方、渗漏，灌不进、排不出的问题非常严重，基本都是"带病"运行，安全性和技术性都很差。据统计，中国农业灌溉水利用系数平均约为 0.45，而发达国家为 0.7—0.8；② 水利部门的统计显示，截至 2009 年，全国共有病险水库 3.7 万座，病险率高达 43.7％，几乎都是中小水库。当前，中国农田水利建设投入出现了严重的不足，造成农村农田水利供给不足，使农村公共产品供给出现了困境。究其原因，主要在于中国农田水利建设中市场、政府的"双失灵"③：一方面，中央政府的财政支农资金主要用于大江大河的治理，地方政府则片面追求"市场化"，更多地投入那些具有较高收益的城市水利建设项目，对于小型农田水利设施的建设、管理、维护工作则有"甩包袱"倾向；另一方面，农民个体也因为农业生产的比较收益过低、农田水利设施的外部性较大、农村组织化基本解散等问题而缺乏投入农田水利建设的动力，最后导致逐步出现乡村农田水利残损破败的局面。

农田水利基础设施的公共产品属性和公共财政本身的特点表明，农田水利等基础设施建设需要大量的资金投入，财政投入及相关政策的实施理应在此类设施的建设中扮演重要的角色。水利产业政策规定的国家和农民

① 马衍伟：《推进社会主义新农村水利基础设施建设的税收政策》，《经济研究参考》2008年第 40 期。

② 张吉昌：《我国水价体系改革的难题与出路》，《改革》2006 年第 8 期。

③ 降蕴彰：《极端天气频仍，55％耕地完全靠天吃饭》，《文摘周报》2011 年 2 月 1 日，ht-tp://www.cnr.cn/china/newszh/yaowen/201101/20110130_507637762.html。

表 7 - 10　　　不同时期中国水利建设投资与全社会固定资产投资对比

时期	全社会固定资产投资 （亿元）	水利建设投资 （亿元）	水利建设投资占全社会 固定资产投资比例
1976—1980	3186	157	4.94%
1981—1985	7997	93	1.16%
1986—1990	20593	164	0.80%
1991—1995	63808	662	1.04%
1996—2000	139093	2133	1.53%
2001—2005	295361	3625	1.22%
2006—2010	922889	4628	0.05%

数据来源：根据《中国统计年鉴》（2010）相关数据计算整理。

责任分摊的办法，是一套市场经济下合理的运作模式，但其主要的问题是各级政府对农田灌排骨干工程投资不足。[①] 由于经济发展水平的城乡差异，某些在城镇或者东部发达地区的农村，可以借助市场化供给满足部分水利需求，在农村或者中西部农村，仍然更多地需要由政府公共财政投入来解决水利需求问题；某些高收入农户可以市场化供给的产品服务满足水利需求，另外一些低收入家庭农户，由于自身收入水平的低下，无论是支付能力还是支付意愿都不强，仍需要政府的帮助。在这种情况下，政府要有效地推进新农村建设，就必须利用财政拨款的方式提供公共产品。[②] 同时，小型农田水利承担着提供社会公共产品和服务的功能，对国家的粮食安全和农村经济社会发展提供重要的基础保障，具有广泛的社会公益性特征；农田水利不仅是水利设施的建设投入问题，更重要的是村庄社会的组织问题，即形成适应特定村庄社会的用水规则，否则再多的硬件设施投入也只是浪费；作为一种准公共产品，农田水利需要相关的公共组织来提供，小规模的农田承包制下的农户难以独立解决农田水利问题。[③] 小型农田水利工程的特点是规模小且分散在田间地头，维护和运营比较困难，但其运行效率的好坏直接影响到农作物的收成和水资源的利用效率。农业作为弱质

---

　　① 王仁强、李智勇、岳书铭：《农田水利基础设施建设投入机制研究——基于山东省第二次农业普查资料的分析》，《山东农业大学学报》（社会科学版）2010 年第 2 期。

　　② 孔祥智、李圣军、马九杰等：《农村公共产品供给现状及农户支付意愿研究》，《中州学刊》2006 年第 4 期。

　　③ 贺雪峰：《乡村研究的国情意识》，湖北人民出版社 2004 年版，第 241—256 页。

产业，经营分散、比较效益较低，农户生产规模小，农业生产又对灌溉依赖性较强，灌溉服务还深受水资源、地形和地理条件的限制；农田水利工程投入大、见效慢、管理难、回报小、直接经济效益不明显，主要表现为抗旱、排涝等间接社会效益。中国实行土地承包制以来，乡村组织尤其是村级组织的行动能力日渐衰微，农户的行动能力不断增强，村级组织越来越缺乏约束农户个体行为的条件。农田水利工程的复杂性和农地经营的分散性，很难做到所有农户在水利基础设施建设合作中的投入收益对等，需要集体行动的村庄水利与农户个体化决策的土地承包制的矛盾，便成为水利问题的根源。更为重要的是，农业水利设施的供给水平受农户、社区、地方和中央等供给主体在现实约束条件下的行为选择，微观的农田水利是农村整个大型灌溉体系的最后一步，不解决村庄层面的用水矛盾，农户无法利用大水系，也就无法抵御旱灾。① 因此，加快水利改革发展，不仅事关农业农村发展，而且事关经济社会发展全局；不仅关系到防洪安全、供水安全、粮食安全，而且关系到经济安全、生态安全、国家安全。

2003 年 10 月，中国政府颁布了《水利基本建设投资计划管理暂行办法》，明确将水利基本建设项目按其功能和作用分为公益性、准公益性和经营性三类，为建立职能清晰、权责明确的水利工程管理体制奠定了坚实基础。② 截至 2007 年年底，中国水库总库容达 6344.5 亿立方米，比 1995 年增加 1547.5 亿立方米，增长 32.3%；水库 85412 座，其中大型水库 493 座，中型水库 3110 座，小型水库 81809 座，初步形成了以水库为主体的防洪排涝工程体系；有效灌溉面积为 8.48 亿亩，比 1995 年增加 1.09 亿亩，增长 14.7%。③ 2005—2009 年，中央财政安排的小农水补助专项资金由 3 亿元增加到 45 亿元，五年间累计投入 94 亿元④；"十一五"时期，中国水利、环境和公共设施管理业累计投资 6.9 万亿元，年均增长

① 罗义云：《农田水利体制转型中的集体化、家庭化、市场化：湖北的证据》，《改革》2006年第 8 期。
② 国务院发展研究中心"完善小型农田水利建设和管理机制研究"课题组：《我国小型农田水利建设和管理体制：一个政策框架》，《改革》2011 年第 8 期。
③ 张淑欣：《完善农田水利基础设施建设的财税政策选择》，《地方财政研究》2010 年第12 期。
④ 宋洪远、吴仲斌：《推进产权制度与管理体制改革——加强小型农田水利基础设施建设》，《红旗文稿》2007 年第 23 期。

28.7%，农林牧渔业累计投资 12151 亿元，年均增长 37.7%。2011 年 1 月 29 日，《中共中央、国务院关于加快水利改革发展的决定》正式公布①，中国政府提出把水利作为国家基础设施建设的优先领域，把农田水利作为农村基础设施建设的重点任务，把严格水资源管理作为加快转变经济发展方式的战略举措，大力发展民生水利，努力走出一条有中国特色的水利现代化道路。21 世纪以来的第 8 个中央一号文件，也是新中国成立 62 年来中共中央首次系统部署水利改革发展全面工作的决定提出，农田水利建设必须发挥政府的主导作用，将水利作为农村公共财政投入的重点领域，各级财政必须提高对水利的投入总量和增量，大幅度增加中央和地方财政专项水利资金，从土地出让收益中提取 10% 用于农田水利建设。同时，实行最严格的水资源管理制度，确立水资源开发利用控制红线，建立取用水总量控制指标体系，确立用水效率控制红线，把节水工作贯穿于经济社会发展和群众生产生活全过程，确立水功能区限制纳污红线，严格控制入河湖排污总量。文件强调，中央将从"十二五"规划实施开始，力争通过 5 年到 10 年努力，从根本上扭转水利建设明显滞后的局面；到 2020 年，基本建成防洪抗旱减灾体系，重点城市和防洪保护区防洪能力明显提高，抗旱能力明显增强；全国年用水总量力争控制在 6700 亿立方米以内，万元国内生产总值和万元工业增加值用水量明显降低，农田灌溉水有效利用灌溉系数提高到 0.55 以上，不断增强政府公共服务能力建设，最终为城乡一体化提供最基本的公共产品服务保障。

2. 促进农田水利改革创新

农田水利工程建设的直接受益者是农民，尤其需要农民群众的积极参与，需要与其他基础设施协同发展。当前，人多水少、水资源时空分布不均仍然是中国的基本国情水情，洪涝灾害频繁、水资源供需矛盾突出、农田水利建设滞后是影响农业稳定发展和国家粮食安全的最大硬伤，农田水利设施薄弱仍然是国家基础设施的明显短板，增强农村防灾减灾能力要求越来越迫切，强化水资源节约保护越来越繁重，加快扭转农业主要"靠天吃饭"局面任务越来越艰巨，尤其是广大中西部地区"三农"问题突出，

---

① 人民网：《中共中央国务院关于加快水利改革发展的决定》，http：//politics. people. com. cn/GB/1026/13844976. html。

自然地理、气候气象条件对农业发展的影响与制约明显，区域性干旱、洪涝灾害、部分地方山洪泥石流及生态环境问题严重，现代农业发展与新农村建设的难度大、困难多。如何按照"规划依托、政府引导、群众主体、社会参与"的模式，建立多层次、多渠道的农田水利建设投入机制，通过健全和完善"一事一议"筹资酬劳制度，发挥政府投资的引导作用，实行政府补助与农民自筹挂钩，多筹多补，以奖代补，引导农民群众利用农闲时节投工投劳，结合"谁投资、谁建设、谁管理、谁受益"原则积极拓宽投融资渠道，引导和鼓励个体或其他经济组织等社会资金投入农田水利基础设施建设工程，需要有效的制度安排，如政治激励机制、经济补偿机制、信贷安排和产权制度保护等，以此提高农户、社区、地方和中央政府的供给意愿和供给能力，同时需要应用公共治理的方法，解决水利设施的供给和运营监管问题。这就要求实践过程中必须在所有制关系的基础上，界定水利设施的产权属性，明确不同农业水利设施的物品属性，允许产权功能的合理分割和投资市场的多元化，[①] 建立鼓励农户投资水利设施的激励机制，建立健全中央和地方政府投资于农业水利设施的财政预算制度，探索社区供给具有公共池塘资源属性的水利设施供给模式和治理机制，允许农田水利设施不同产权主体之间进行所有权、经营权、使用权等全能的交易，建立专门的水利建设信贷中介，制定具体的税收政策，支持和鼓励BOT（建设—经营—转让）、TOT（转让经营权）、PFI（私人主动投资）和证券融资等多种形式的农田水利基础设施项目融资，以降低融资财团的项目运营风险，拓宽融资渠道，促进农田水利基础设施投资多元化，最终形成"财政为主、主体多元"的投资机制、"政府引导、农户参与"的建设机制、"产权明晰、权责一致"的管护机制、"用明白水、交放心钱"的水价机制，并辅之以国家层面的《农田水利法》，从区域层面制定水资源一体化管理体制，实现地上水、地下水、中水等水资源统筹安排，优化水资源配置，开源与节流并举、开发与保护并重，提高城乡供水能力，构建城乡供水保障体系；从各地农村的实际情况出发，充分尊重和理解农民的意愿，建设农民需要的、又能适合当地农业发展的农田水利基础设施，结合对农田小型水利科技发展与人才培养、水知识传播与节约用水宣传及其

---

① 王朝明、杜辉：《农业水利设施的历史变迁与治理政策选择》，《改革》2011年第1期。

他相关农业水事活动发展激励措施，促使农民需求意愿的顺利实现和加速现代农业的发展步伐；[①] 严格划定用水总量、用水效率和入河污染物限排总量"三条红线"，实行流域、区域、城乡水资源统一管理，健全科学合理的水价形成机制，完善用水市场，对城市生活和工业挤占农业用水部分提取一定比例的资源使用费，用于补偿农业或农田水利设施建设；推广工程、管理、农艺相结合的综合农业节水技术，推广节水增效灌溉新技术，提高水资源利用效率，建立健全农田水利基础设施建后管护机制，以此保证农田水利工程的正常运行和综合效益的可持续发挥。

（二）农业科技服务

科技资源是一切科技活动的核心要素，是经过长期演化而自然形成或人为改造的，对人类社会生存与可持续发展不可或缺的且为人类社会科技与生产活动提供"基础材料"，并对科技创新与经济发展起支撑作用的战略性的资源。实现农业持续稳定发展、长期确保农产品有效供给，根本出路在科技。农业科技是确保国家粮食安全的基础支撑，是突破资源环境约束的必然选择，也是加快现代农业建设的决定力量，具有显著的公共性、基础性、社会性。

1. 农业科技服务的实践与问题

新中国成立之初，中国农业科技政策指导思想是科学研究要与生产实践相结合，科学技术要为工农业生产和国防建设服务。从 20 世纪 80 年代以来，随着世界农业科技革命的迅速发展，农业生产方式逐步由传统粗放型向现代集约型转变，农业科技园作为现代集约型农业和高新技术应用示范的窗口应运而生，呈快速发展的趋势。数据显示，[②] 到 1997 年年底，中国各地创办的农业高新技术开发区、农业科技园区、农业现代化示范基地达405 个，其中国家级农业高新技术产业开发区 1 个，即国家杨凌农业高新技术产业开发区，省级农业高新技术开发区 42 个，地市级农业高新技术开发区 362 个；1978 年中国国家财政用于农业科技三项费用支出只有 1.06 亿元。

---

① 倪细云、文亚青：《农田水利基础设施建设的影响因素：陕西 437 户样本》，《改革》2011年第 10 期。

② 杨传喜：《农业科技资源与农业经济发展关系的实证研究》，《中国人口·资源与环境》2011 年第 3 期。

随着改革开放的深入推进和国家重农政策的调整，国家财政用于农业科技三项费用的支出出现缓慢的上升趋势。从演变阶段分析，中国农业科技三项费用支出的变化大致可以分为三个阶段：1981—1995 年，农业科技三项费用基本保持在 3 亿元左右；1996 年国家颁布了《国务院关于"九五"期间深化科学技术体制改革的决定》以后，开始有所提高，1997 年国家财政对农业科技三项费用的投入为 5.48 亿元，比 1978 年增加了 5 倍。1998—2002 年基本保持在略低于 10 亿元的水平；2003 年以后年开始出现较大幅度的增长，到 2006 年国家财政对农业科技三项费用的投入已经达到了 21.4 亿元，2008 年约达到 25.71 亿元。农业科技三项费用占同期国家财政支出的比例始终很低并且年度间出现不稳定情况，1981—1985 年、1986—1990 年、1991—1995 年、1996—2000 年四个阶段农业科技三项费用平均占国家财政支出的比例分别为 1.25％、1.11％、0.66％、0.78％。与此相应，20 世纪 90 年代以来，尽管各级政府对农业科技投入的绝对量有所增加，但对农业科研的投入强度即农业科研财政投入占农业 GDP 的比重却呈下降趋势。[1] 从农业科技创新效率 FTP 增长的波动性特征分析，1990—2008 年期间的 1993 年，中国农业科技创新效率增长达到最高水平，增长率为 23.7％，而 1994 年的农业科技创新效率负增长达到最高水平，为 -15.5％。1990—1993 年，中国农业科技创新效率 FTP 增长最快，年均增长率为 12.4％；1993—2000 年，中国农业科技创新效率 FTP 增长很慢，年均负增长率为 1.6％。[2] 这可能主要是由 20 世纪 90 年代出现的粮食卖难、农业结构性矛盾、农民增收困难等问题所导致的农民对农业科技知识吸纳能力、新技术的推广与采用能力低下而造成的。整体而言，20 世纪 90 年代，中国农业科技创新效率在 1991 年、1994—1996 年和 2000 年 5 个年份出现了负增长。2000—2008 年中国农业科技创新效率 FTP 年均增长率为 3.5％，远远高于 1993—2000 年的年均负增长 1.6％的水平。[3] 在农业科技推广领域，中国现存的问题主要表现为农技推广部门经费不足，基础设施差，与

---

① 单玉丽：《农业科技创新体系及运行机制的探索》，《福建农业科技》2004 年第 4 期。

② 雷彦斌、李徽、欧国立：《基于政府科技投入的中国转制科研机构效率评价与研究》，《科学学与科学技术管理》2010 年第 7 期。

③ 张静、张宝文：《基于 Malmquist 指数法的中国农业科技创新效率实证分析》，《科技进步与对策》2011 年第 7 期。

农业推广的公益性地位不相符；[①] 推广队伍不稳定，人员结构不合理，整体素质不高；推广内容单一，推广主体间缺乏有效的协调和沟通，科技成果转化率低；政府宏观调控和管理不到位，与市场体制不相适应等。由于以上诸多原因，最终造成科学家与农民脱节，科研机构与农村脱节，科技成果与农业产业脱节，从而导致了中国农业科技成果转化率低，农业科技入户率低和农业科技贡献率的"三低"困境。数据显示，截至 2009 年年底中国共有各类基层专业农技推广人员 71.34 万人，其中县级农技人员 28.70 万人、区域站农技人员 3.51 万人、乡镇站农技人员 39.13 万人；[②] 每年通过省部级鉴定的农业科技成果约 7000 项，但是近一半以上的成果得不到有效转化和利用。世界发达国家的农业科技成果转化率为 65%—85%，而中国仅为 50% 左右。[③]

　　为了应对"三农"问题挑战，基于国际经济形势复杂严峻，全球气候变化影响加深，中国耕地和淡水资源短缺压力加大，农业发展面临的风险和不确定性明显上升，巩固和发展农业农村的任务更加艰巨，中共中央、国务院于 2012 年年初及时发布了《关于加快推进农业科技创新持续增强农产品供给保障能力的若干意见》[④]，明确提出必须紧紧抓住世界科技革命方兴未艾的历史机遇，坚持科教兴农战略，把农业科技摆上更加突出的位置，下决心突破体制机制障碍，大幅度增加农业科技投入，推动农业科技跨越发展，为农业增产、农民增收、农村繁荣注入强劲动力。为此，对于中国这样一个发展中的人口大国，继续实施粮食丰产科技工程、超级稻新品种选育和示范项目，支持优势产区加强棉花、油料、糖料生产基地建设，进一步优化布局、主攻单产、提高效益，深入推进粮棉油糖高产创建，积极扩大规模，选择基础条件好、增产潜力大的县乡大力开展整建制

　　① 郭予光、杨家荣：《从传播学角度看我国农业推广存在的问题及对策》，《安徽农学通报》2007 年第 22 期。

　　② 孔祥智、楼栋：《农业技术推广的国际比较、时态举证与中国对策》，《改革》2012 年第 1 期。

　　③ 黄家章、李思经：《加快农业科技传播研究，促进农业科技成果转化》，《安徽农业科学》2010 年第 6 期。

　　④ 东方财富网：《2012 年中央一号文件（全文）》，2012 年 2 月 1 日，详见 http://finance.eastmoney.com/news/1345, 20120201189226436.html 或新华网 http://news.xinhuanet.com/politics/2012 - 02/01/c_111478030.htm。

创建就显得异常重要。而在关键农时、重点区域重点支持开展防灾减灾技术指导和生产服务，加快推进农作物病虫害专业化统防统治，完善重大病虫疫情防控支持政策，加快推进区域化布局、标准化生产、规模化种养，发展设施农业，继续开展园艺作物标准园、畜禽水产示范场创建，启动农业标准化整体推进示范县建设就成为有益之举。

2. 促进农业科技服务创新

中国的"三农"国情决定了在农业科技创新方面，我们必须遵循农业科技规律，面向产业需求，着力突破农业重大关键技术和共性技术，把提高土地产出率、资源利用率、劳动生产率作为主要目标，把增产增效并重、良种良法配套、农机农艺结合、生产生态协调作为基本要求，促进农业技术集成化、劳动过程机械化、生产经营信息化，构建适应高产、优质、高效、生态、安全农业发展要求的技术体系；在农业基础研究中，重视农业生物基因调控及分子育种、农林动植物抗逆机理、农田资源高效利用、农林生态修复、有害生物控制、生物安全和农产品安全等方面的重大突破。同时，加快推进前沿技术研究，在农业生物技术、信息技术、新材料技术、先进制造技术、精准农业技术、良种培育、节本降耗、节水灌溉、农机装备、新型肥药、疫病防控、加工贮运、循环农业、海洋农业等方面实现成果自主创新。为了促进农业科技服务与合作，有必要打破部门、区域、学科界限，有效整合科技资源，建立协同创新机制，推动产学研、农科教紧密结合，推进现代农业产业技术体系建设，完善以产业需求为导向、以农产品为单元、以产业链为主线、以综合试验站为基点的新型农业科技资源组合模式，及时发现和解决生产中的技术难题，充分发挥技术创新、试验示范、辐射带动的积极作用。其中，积极培育以企业为主导的农业产业技术创新战略联盟，发展涉农新兴产业，加快农业技术转移和成果转化，加强农业知识产权保护，稳步发展农业技术交易市场，也是其中的重要保障。在城乡产业与科技服务方面，充分发挥都市农业应急保障功能，大中城市坚持保有一定的蔬菜等生鲜食品自给能力，持续加大财政用于"三农"的支出，持续加大国家固定资产投资对农业农村的投入，持续加大农业科技投入，确保增量和比例均有提高，这是发挥政府在农业科技投入中的主导作用，以及保证财政农业科技投入增幅明显高于财政经常性收入增幅、逐步提高农业研发投入占农业增加值的比重以及建立投入稳定增长长效机制的关键支撑。例如，在资金投入的具体实施过程中，必须汲取以往助农富农政策的实施经验，将新增补贴投入主产区、种养大户、农民专业合作社，提高对种粮农民的直接补贴水平，落实农资综合补贴动态调整机制，扩大农机具购置补贴规模和范围，进一步完善补贴机制和管理办法，最终有效整合国家投入，提高资金使用效率。

农业科技创新成果只有大范围应用于农业生产领域，才能起到科技推动产业发展的基础性作用。因此，在强化基层公益性农技推广服务方面，农村广大区域必须充分发挥各级农技推广机构的作用，着力增强基层农技推广服务能力，引导科研教育机构积极开展农技服务，培育和支持新型农业社会化服务组织，推动家庭经营向采用先进科技和生产手段的方向转变；通过一个阶段的集中努力，普遍健全乡镇或区域性农业技术推广、动植物疫病防控、农产品质量监管等公共服务机构，明确公益性定位，根据产业发展实际设立公共服务岗位，根据市场化方式运作，探索科技公益性服务多种实现形式。同时，改进基层农技推广服务手段，充分利用广播电视、报刊、互联网、手机等媒体和现代信息技术，为农民提供高效便捷、简明直观、双向互动的服务；加强乡镇或小流域水利、基层林业公共服务机构建设，健全农业标准化服务体系；稳步扩大农业农村公共气象服务覆盖面，提高农业气象服务和农村气象灾害防御科技水平。

城乡统筹的基本问题是提高农民素质，农民最需要的是知识和信息，发展公益性的大众传媒技能以提高农民素质，增强造血功能，又能满足农民最急切的需求；[①] 农业科技活动在生产的过程中不仅要受到各方面要素的影响，其内外部的环境也对农业科技创新的生产运行起着决定性的因素。实践表明，城乡社会经济的发展水平、农业产业结构的调整、城乡居民生活水平的提高等因素都会对农业科技发展形成外部需求的推动和牵引；农业科技资源配置效率提升是推动中国农业结构调整、农业竞争力增强和实现农业发展方式转变的重要因素；农业科技推广是农业科技推广人员和农户双方沟通的过程，双方的沟通是否有效是农业科技推广工作是否

---

① 廖宇翃、马胜荣：《统筹城乡背景下的农民信息化需求与策略因应》，《改革》2012年第4期。

有成效的主要决定因素。在城乡一体化进程中，农业发展的驱动力正表现为由依靠政策创新、劳动力增加逐步转变为依靠科技创新、依赖农业科技资源的优化配置转变。因此，为了进一步促进农业科技创新，在农业科技人才培养方面，各区域必须以提高科技素质、职业技能、经营能力为核心，大规模开展农村实用人才培训，国家重大人才工程不断向农业领域倾斜，继续实施创新人才推进计划和农业科研杰出人才培养计划，加快培养农业科技领军人才和创新团队。同时，进一步完善农业科研人才激励机制、自主流动机制，制定以科研质量、创新能力和成果应用为导向的评价标准，积极发挥农民技术人员示范带动作用，按承担任务量给予相应补助，以多种举措共同推动未来时期中国农业科技创新目标的顺利实现，辅之以完善和强化大众传媒在城乡中的功能和作用，满足农民知识和信息需求，应该成为统筹城乡协调发展有效的新思路、新途径。

第三节　城乡一体化中的社区治理

社区治理是一个需要从多向度去理解和实践的问题，涉及政府的制度安排和人们在利益互动均衡中的相互关系。当前，统筹城乡社区发展已经成为构建和谐社区的时代命题，城乡社区建设的背景既有相似之处又有不同之处。中国的社区研究传统从 20 世纪 30 年代吴文藻、费孝通接受芝加哥学派帕克访学开始形成，并以农村社区研究为主形成了费孝通的《江村经济》、林耀华的《银翼》、杨庆堃的《华北地方市场经济》等一系列人类学民族志作品，毛泽东的《湖南农民运动考察报告》也是社区研究的典范。中华人民共和国成立后对社区研究的社会学一度中断，直到改革开放后社区研究传统得以延续。在此之后，中国城市社区建设研究突出了单位制变迁论、体制改革论、社会治理空间论、社会资本论、政权合法论、社会与政府双重驱动和社会结构分化论的解析框架；农村社区建设研究重点强调市民社会论、发展需求论和乡村社会变迁论理论视角。[①] 在城乡一体

---

① 李梅、李增元：《我国城乡社区建设背景研究综述》，《天津行政学院学报》2010 年第 11 期。

化进程中，中国城乡社区建设面临经济体制改革、管理体制改革、社会变迁的共同宏观背景，同时还面临城乡经济发展水平不同、管理模式差异、社会发展程度不同步等的微观社会环境。无论是个人、企业还是政府都具备理性，都有其可供选择的目标函数和利益导向，这就使得社区治理成为利益相关者之间的一种互动机制和城乡发展过程中的制度安排，它必须突出城乡主体间的博弈均衡过程和利益分享。

一　城市社区发展及其治理

城市社区是城市的基本构成单位，是具有地域性的利益共同体，也是介于政府与市民之间具有网络联盟性质的中介桥梁。[①] 单位即工作单位，是中国城市居民长期以来进行生产生活的综合社区，是计划经济年代留在居民记忆最深处的企业组织形态，城市中居于再分配体制中心的行政单位、事业单位和国有企业单位属于典型的单位。从宏观层面分析，单位既是国家统治体系的构成单元，也是国家积累体制、政治治理和意识形态控制的基本基因，更是具有特定组织结构形态的微观社会经济子系统。单位的主要制度特征在于劳动者对工作场所的全面依附（实质上是个人对国家的依附），"单位"是被纳入国家行政组织结构而成为国家对社会进行直接行政管理的组织手段，也成为社会成员参与政治过程的主要场所。[②] 单位体制的基本内容是：个人归属单位，而单位成为国家对社会进行直接行政管理的组织手段和基本环节；一切微观社会组织都是单位；控制和调节整个社会运转的中枢系统，由与党的组织系统密切结合的国家行政组织构成；所有基层单位都表现为国家行政组织的延伸——社会的整合依靠自上而下的行政权力，单位成为行政机构的内部组织形式；国家的意志按照行政隶属关系下达到各个单位，再通过单位而贯彻于全社会；单位体制决定了单位的内在性质，例如功能合一性、非契约性、资源不可流动性，以及家族化的行为特征等。[③] 在中国的市场化进程中，由于体制惯性和改革的路径依赖特征，单位制并非瞬间和纯粹的解组、弱化，而是经历长期复杂

---

① 王志锋：《城市管理体制创新：一个制度分析的视角》，《改革》2005 年第 12 期。
② 路风：《单位：一种特殊的社会组织形式》，《中国社会科学》1989 年第 1 期。
③ 李路路：《论"单位"研究》，《社会学研究》2002 年第 5 期。

的变化过程，甚至包括某些形式的异化和强化，反映了新旧体制的复杂交错性。单位制对中国城市空间结构影响深远，塑造了中国特有的"单位城市"。[①] 对中国城市社区整合与控制机制的分析，可以沿着国家政府——单位组织——单位组织成员的思路进行。在中国的城市社区中，国家对社会的整合与控制，更多的是在独特的单位组织基础上，通过单位对国家的依赖、个人对单位的依赖以及单位功能的多元化实现的。[②] 20 世纪 60 年代以来，在国外——如美国——第三部门[③]在社区服务和社区发展中发挥了重要作用，越来越多的、本来由各级政府机构负责提供的社区公共服务，逐步较多地由非政府组织来承担。同时，第三部门所提供的社区服务内容也随着经济发展、生活方式的变化而变化。

1. 城市社区发展的困境

在计划经济年代，具有完全功能的城市单位社区圈占大量土地，形成一个个半封闭式"大院"以团块状散布在城市区域，各单位具备复合功能，如将居民的工作、生活、消费、休闲、社交等多类型的活动整合在同一范围内并在其系统内部获取资源，各单位之间联系相对微弱。[④] 在市场经济时代，市场机制改善了社区服务状况，展现了政府与市场合作提供社区服务的蓬勃活力。但是，市场机制的强势扩张，过分诉求商业利益和经营利润，使得社区利益和环境利益经常遭受损害。为了通过组织社会行动进行"自我保护"，群体性冲突事件也就难以避免，不论是暴力拆迁、物业纠纷，还是违规收费、违法建设等，人们经常看到的是，博弈双方处于不对称状态，市场力量处于强势地位。在政府主导的社区建设中，由于市场主体大多经政府核准进入，社区居民在反抗市场强权的同时，很容易对政府也产生不信任感。[⑤] 与此相应，基于国家体制转型和意识形态的重

---

① 张汉：《中国体制转型背景下的单位制社区变迁》，《城市形态研究的理论与实践》，华南理工大学出版社 2010 年版，第 1—4 页。

② 李汉林：《中国单位现象与城市社区的整合机制》，《社会学研究》1993 年第 3 期。

③ 美国的第三部门或社区非营利组织主要包括三种类型：一是传统的社区服务机构，较有代表性的是慈善组织；二是在 20 世纪 70 年代后成立，能直接得到政府用于职业培训、社区服务和其他服务资金支持的组织；三是为满足邻里和其他社区需要而建立的组织。这些组织一般由志愿者发起，并由志愿者或低薪工作人员来管理。

④ 张汉：《中国体制转型背景下的单位制社区变迁》，《城市形态研究的理论与实践》，华南理工大学出版社 2010 年版，第 1—4 页。

⑤ 杨宏山：《城市社区治理的发展逻辑》，《中国社会科学报》2011 年 2 月 24 日。

构，单位制在国家新的积累体制中的重要性急剧下降，国家不再继续需要无条件地维持每个单位的生存，国家希望单位制能够适应市场而自我消解和转型，特别是国有土地使用权出让使土地重新进入市场获取要素租金，以单位制为核心元素的传统城市社区越来越不适应城市土地利用扩张的需要，新的城市经营理念把城市土地作为实现持续积累和灵活完成财政收入的主要手段，国家用于维持单位基本生产生活的资本返还逐渐减少，城市社区形态在房地产大量涌入的资本化冲击和社区结构再造的逻辑下，将不同收入阶层的城乡居民以各种方式组合成一个个现代化社区。于是，在资本和政策的强力推动下，所有的市场主体都突然发现了单位在计划体制下免费获得的大量土地的市场价值，单位、企业家纷纷进入房地产市场、金融资本高价圈占和集约开发土地、政府强调房地产经济增长带动效应与公众要求促进城市合理功能分区、完善教育医疗设施、重视生态环境保护与权利平等等之间的力量博弈，共同主导着城市社区发展的基本方向。

城市化、城乡一体化有助于促进政府治理的改善。当越来越多的农民离开农村，农业聚集在城市从事非农产业之后，整个社会的组织结构和体系发生了深刻变革，原有的社会关系和社会秩序被切断和瓦解，导致城市中"新进入者"在价值观上的迷失和行为上的失范，人与人之间的社会联结变得更加脆弱，有时甚至变得对立并发展为冲突，进而会从多方面影响政府治理模式。城市化使政府与城乡民众的距离空前拉近，政府及其官员的一举一动在电子政务和信息更易获得和传播的时代，变得更容易观察和监督。人口的聚集推动了社会生活的组织化和分工程度，民意表达变得更加专业化和专职化，公众意见的传播成本大大降低，传播范围大大拓展，并更易于采取集体行动。在非城市化地区，虽然农村人口众多，但是由于人口聚集程度地、居住分散，采取集体行动的交易成本比较高。[1] 因此，在争取政策影响力的过程中，农民这个数量极大的群体反而缺乏与城市居民对等的影响力。这就需要政府更加关注弱势群体，特别是那些在城市化过程中失去土地的农民，由于缺乏必要的社会保障，往往成为各类城市病

---

[1] 中国发展研究基金会：《中国发展报告2010：促进人的发展的中国新型城市化战略》，人民出版社2010年版，第6、7页。

最直接的受害者。当大量缺乏教育和劳动技能、只有微薄资产甚至赤贫的农村人口流入城市的时候，政府如果不能为之提供基础性教育、职业培训和医疗保障，不能提供安全饮用水、基本的卫生设施，城市化中的贫民窟将有可能迅速扩大。中国城市社区"伞状结构"[①] 的变革是基于其社会经济结构而发生的，未来的变革必然依赖历史和现实的逻辑；城市单位社区不仅会影响中国城市形态的演变，而且独特的市场制度环境也必将为社区发展提供新的契机。

在中国，随着城市化进程的不断加快，在城市生活和居住的移民已超过两亿人[②]，其中的大多数人来自农村和城市远郊，在城市中从事低端服务业、制造业和建筑业，他们以租房的方式在城乡边缘区或务工地、建筑工棚和不宜居住的地下室等廉价住房中聚集生活，居住拥挤、市政基础设施匮乏、犯罪率高度集中。这种农民工聚集区与城市主流社会断裂隔离，严重影响城市面貌和社会和谐，被称为"城市的伤疤"。同时，这些群体无法享受城市中的教育、医疗等公共服务，缺乏就业信息和培训机会，无法融入城市居民的社会关系网络，社会信任感淡漠。农民工聚集于廉价且环境恶劣的社区，并非中国城市所特有的现象，而是在经历城市化、工业化的发展中国家普遍存在的问题，也是城市社区治理中的难题。在中国经济已经出现从传统产业向现代服务业转型的条件下，致力于改良农民工聚集区的居住环境并推动其与城市社区融合，必然有利于经济发展的可持续性。无论城市政府的目标是经济发展还是城市原居民的福利提升，对农民工居住环境的改善和公共产品的提供，都有可能成为一个可以自发实现的内生政策变迁。[③] 这是因为，当人力资本的质量比数量更重要时，改善低收入群体住房条件和社会融合度的公共政策，在帮助这类群体更快地进行人力资本积累效果上升的同时，会带来更大的外在积极效应和经济成果上的回报，同时减少社会分隔带来的资源损耗，因而这种公共政策

---

① 刘建军：《"跨单位组织"与社会整合——对单位社会的一种解释》，《文史哲》2004 年第 2 期。

② 人力资源和社会保障部发布的信息显示，2009 年年底中国农民工数量为 2.2 亿，http://finance.qianlong.com/30055/2009/01/21/2530@4840468.htm。

③ 郑思齐、廖俊平、任荣荣、曹洋：《农民工住房政策与经济增长》，《经济研究》2011 年第 2 期。

具有外在性、生产性。换句话说，通过加强中心城市与中小城市和城乡一体化水平的建设和遏制大型城市房价非正常过快上涨，在一定程度上可以扭转城市体系扁平化趋势，保持城乡经济的可持续发展并进一步降低环境代价。[①]

2. 促进城市社区管理创新

城市社区治理作为城市各主体间、主体内部相关利益方的博弈均衡，既反映了人们重复互动的结果，又规范着人们的行为选择。治理确实属于制度的范畴……它反映各行为者对其相互依存关系的认知；[②] 治理需要权威，例如政府机构，但也可以是公共机构或私人机构，但更重要的是主体间互动形成的制度网络。治理通过不同形式的网络化协调，实现主体间交易成本的降低，达到公共事务处理的最佳状态。城市社区治理的实现可以通过利益确认及其规范机制实现：政府的行政实施权、公共资源代理权，企业的资本、技术资源、税收就业影响，市民的人力资本、投票权，非营利组织的公民信任、互惠和合作等社会资源等，都是维持城市社区有效运转、提升城市价值，并最终实现城市永续发展的不可替代性资源。不同主体所拥有的资源对城市社区发展而言，需要具有某种资源专用性，必须得到利益主体的确认。同时，由于个体理性与集体理性之间、个体利益与集体利益之间，既存在潜在冲突，又具有某种相容性，这就需要建立有效合理的制度结构，规范不同利益主体之间的行为，实现个人利益与公共利益在一定制度约束下的统一，并有效地维护和促进城市社区相关主体间的交往与正常运行。城市社区治理有助于通过社区居民的自我管理、自我教育和自我服务，增强社区居民的认同感，提高社区凝聚力，调动社区居民共同建设社区的积极性，减少社会问题的发生概率，推动政府部分职能的社会化，降低城市运行成本。[③] 中国正处于转型期，尚缺乏成熟的社区治理结构，加之大量农村人口涌入城市，流动人口不断增加，退休和下岗人员不断增多，空前繁杂的社会事务压在城市管理者面前。在强化属地管理的思路下，城市管理重心开始下移，市、区

---

① 范剑勇、邵挺：《房价水平、差异化产品区位分布与城市体系》，《经济研究》2011年第2期。

② 塞纳克伦斯：《治理与国际调解机制的危机》，《国际社会科学》（中文版）1999年第1期。

③ 王志锋：《城市管理体制创新：一个制度分析的视角》，《改革》2005年第12期。

两级政府将大量事务下派给街道办事处，给街道工作增加了很多新任务。作为基层政府的派出机构，街道办事处可支配的公共资源有限，但其所承担的社会管理任务却越来越繁重。① 我们不能仅因其他主体参与城市公共事务、公共部门与私人部门合作就欢欣鼓舞市民社会的到来。在中国逐步改变"强政府、弱社会"的过程中，如果没有法治和宪政环境的形成，任何良好的愿望都会因政府不清楚应该做什么和不应该做什么而走样、扭曲。这就要求全社会必须营造利益独立、机制健全的城市社区主体，建立协商谈判机制、新型政绩考核机制和创立宪政意识与法治精神。② 面对庞

---

① 杨宏山：《城市社区治理的发展逻辑》，《中国社会科学报》2011 年 2 月 24 日。

② 在城市社区治理和社会管理创新方面，2005 年，深圳盐田区就创造了被人们广泛关注的"盐田模式"，北京大学中国政府创新研究中心主任俞可平教授曾在 2006 年 6 月 10—11 日于深圳举办的第三届中国政府创新论坛"深圳市社区治理体制的变革和发展"总结发言中指出，盐田区社区管理体制改革是在社会主义市场经济和民主政治新的条件下社区管理体制的一次重要创新，它将传统的"议行合一"，行政权和自治权交叉的管理体制，转变为"一会两站"、自治和服务相分离的治理模式，其创新之处表现在：新的社区治理理念重点突出基层自治组织的自治功能，淡化政府管理色彩；新的社区治理结构，政府部门、居民组织、服务机构都积极地参与到了社区治理之中；新的社区选举机制、社区管理机制、社区服务机制、养老扶贫机制、后勤供给机制等机制与体制创新。华中师范大学政治学院院长徐勇教授则结合盐田社区治理的探索创新范例所反映的社区治理体制的现代取向，提出中国的城市社区治理体制变革大体经历如下轨迹和变化格局：一是"上海模式"，具有强行政、弱自治的特点；二是"沈阳模式"，特点是社区发育，直接催生社区组织体系，未涉及政府管理；三是"武汉模式"，特点是政府依法行政，社区依法自治。以上是中国最具典型意义的三个模式，它们的共同特点是政府与社区的板块式连接，带有很强的传统治理特点。现阶段，中国正在进行现代化建设，社区体制的发展取向是现代治理体制。这种治理体制应该具有政府和社区交叉互融、双向互动的价值取向，政府不能缺位，社区不能失灵等特征。详见《"盐田模式"是一种成功的多赢模式》，《深圳特区报》2006 年 6 月 19 日，网址为 ht-tp：//news. gd. sina. com. cn/observe/2006 - 06 - 19/2573184. html。2011 年 7 月 21 日，李泉、王萌萌在兰州市安宁区沙井驿街道办事处所辖的齿轮厂社区调研时了解到，该社区地处城郊，是一个非常特殊的纯企业型社区。社区党支部书记兼居委会主任邵和平给我们介绍，辖区内唯——家国有企业兰州汽车齿轮厂于 1997 年全员下岗，2005 年 12 月企业破产，职工及家属由"单位人"变为"社会人"，居民失去企业原有福利，生活陷入困难。2011 年，社区有居民总户数 784 户、总人数 2243 人中，低保户 336 户、低保人数 872 人；党员 248 名（男 200 名，女 48 名），其中离退休党员 130 名（男 103 名，女 27 名）；辖区内 60 岁以上老年人 444 名，残疾人 19 名，伤残军人 1 名，患有重大疾病家庭 13 户。社区自 2002 年 3 月成立以来，主要针对破产、维稳、就业、劳资纠纷、职工安置等问题，进行实践摸索。为了彻底破解企业遗留的诸多发展问题和利益纠纷，社区逐步培育民营企业（现有 18 家）带动职工就业，同时建立物业公司、综合市场、忘忧服务站、助老服务队、庆典公司、影像制作室、按摩保健室、文化娱乐室、日间照料室、图书室、办公室、警务室、资料室、"一站式"居务大厅、多功能活动室、党员活动室、资料室、技工培训学校（开设物业管理、汽车驾驶员培训班）、社区艺术团［设有乐队、腰鼓队、舞蹈队、太极拳（剑）队、合唱团等满足对内外演出］，社区阵地达到"五室三站两校（转下页）

大的农民工群体进入城市就业，城市社区需要鼓励农民工积极参与社区活动，改善同社区居民的关系，培养社区归属感，减少与市民的冲突和摩擦，增强法制观念，争取市民的认同，让农民工积极参加合法的维权组织或团体，借助团体的力量，维护自身合法权益，改善自身的生活工作状况和拓展发展空间。

二 农村社区发展及其治理

共同的经济利益是形成城乡社区核心成员相互认同的基础。为了财富创造并防止财富外溢，不同社区通常会同时采取接纳互补性人力资本（技术人才）和限制竞争性人力资本（一般劳动力）两种策略。设置进入条件肯定与社区核心成员的相互认同（或家族凝聚力、家族制度）有关，但社区核心成员共同的经济利益，以及资源禀赋结构和技术结构决定的就业容量，可能是更为重要的因素。村庄是一个容量很小的社区，容纳外界冲击的能力极为有限，设置进入条件对于保证社区经济和社会秩序稳定可能是必要的。村庄正是在这一点上成为国家的缩微，使我们有可能把微观剖析和宏观透视贯通起来，进而将特殊经验上升为一般理论。[1] 乡村社区治理

（接上页）一场地"的标准。2008 年社区通过公推直选产生党支部书记兼居委会主任 1 名，设专职副书记 1 名，委员 3 名，专干 9 名，居民代表 38 名，民警、保安各 1 名，综治员 20 名，建立健全社区党支部和居委会工作等各项制度，党建、文教、卫生、法制、计生、民政、再就业等各项工作分类管理，责任到人，实施到位。同时，社区成立社区志愿者队伍 2 支 64 人，建成社区服务站 1 个，服务网点 1 处，成立了老年合唱团 67 人，每年开展大型群众文艺活动 2 次，组建了老年健身队 2 支 40 人，丰富居民的文化生活。几年来，社区先后获得甘肃省委省政府、兰州市委市政府、安宁区委区政府等先进称号 14 个，联合国参赞欧阳博曾在该社区考察金融危机下的社区就业问题时指出，金融危机传遍全球，但似乎对齿轮厂社区毫无影响。现在，社区不断拓展"民情流水线工程"，正在向管理有序、服务完美、环境优美、治安良好、生活便利、人际关系和谐的现代文明社区迈进。

① 李周：《传统的创新与中国的崛起——评〈当代中国的村庄经济与村落文化丛书〉》，《经济研究》1997 年第 4 期。[当代中国的村庄经济与村落文化丛书共 8 本，由陈吉元和何梦笔（德）主编，胡必亮、王晓毅等执笔，山西经济出版社出版。丛书的内容从三个层次上展开：第一，以村庄为案例，分别考察了《中国村落的制度变迁与权利分配》（胡必亮著）、《中国村落的商业传统与企业发展》（李静著）、《中国乡村的企业组织与社区发展》（胡必亮、胡顺延著）、《中国村庄的经济增长与社会转型》（王晓毅、张军、姚梅著）和《中国乡村的民营企业与家族经济》（王晓毅、朱成堡著）；第二，以乡镇企业为对象，从理论上对《中国的乡镇企业与乡村发展》（胡必亮、郑红亮著）进行全方位的专题研究；第三，从总体上对《当代中国的村庄经济与村落文化》（陈吉元、胡必亮主编）、《网络、文化与中国农村经济发展》（何梦笔著）作了更为系统的理论探讨。]

既是社区建设的过程，也是社区居民共同发展的过程，更是包括社区社会、政治、经济、科技、教育、文化、交通、人民生活、社会治安和社会保障等方方面面的有机统一综合协调发展的过程；乡村治理同时构成国家治理的一部分，国家在不同时期的目标任务、发展战略不同，乡村治理的模式选择也就不同。在有关中国农村传统文化和现代制度有机耦合的社区研究方面，王晓毅的实证分析发现，在社区经济发生急剧变化的过程中，家族不仅仍有保持凝聚力的能力，而且传统的家族规则和现代的商业规则可以包容在一起；胡必亮的实证分析发现，传统的血缘、亲缘和地缘关系，与适应市场需要而建立的各种带有很强的商业性质的利益关系，能够耦合成一个有机的整体；张军的实证分析发现，政府、社区和市场配置资源的功能构成一个有机的整体，其中政府追求的公平原则是通过强制实现的，它关注的是人口或经济活动人口，即人力；社区追求的福利原则是通过诱致性方式实现的，它的诱因是获得号召力，即权力；市场追求的效率原则是通过竞争实现的，与它相对应的是人力资本的质量，即能力。①

1. 乡村社区发展的困境

中国的乡村社区建设发展，是一个伴随城乡经济社会改革发展而不断演进的过程。在计划经济年代，中国政府关于乡村社区治理的基本策略导向主要是通过人民公社体制下的生产大队和生产小队的组织方式，把行政体制直接延伸到乡村社区，把广大乡村社区居民组织起来开展集体化的农业生产劳动，从而使乡村社区的公益事业和公共福利通过集体形式获得了提升；入驻乡村社区中的其他党政机关、企事业单位实行的是垂直领导，很少参与乡村社区事务。进入改革开放后的 20 世纪 80 年代，中央政府通过乡镇机构设置和职能定位，用"乡政村治"二元乡村社区治理体制取代人民公社制度，在中国宪法中规定乡、民族乡、镇是中国最基层的行政区域，力图真正把乡镇一级建设成为密切联系群众、全心全意为人民服务，能够有效地领导和管理本行政区域的政治、经济、文化和各项事务的有活力、有权威、高效能的一级政府，健全和完善乡政府职能。20 世纪 90 年代之后，主要是围绕社会主义市场经济体制的建立，下决心进行行政管理

---

① 李周：《传统的创新与中国的崛起——评〈当代中国的村庄经济与村落文化丛书〉》，《经济研究》1997 年第 4 期。

体制和机构改革，通过转变职能、理顺关系、精兵简政、提高效率，以破解乡镇政府职能存在的越位、错位和缺位问题。在 2006 年农村彻底取消农业税后，中国迎来深化乡村社区综合改革的新阶段，乡镇政府职能转变的重点在于为乡村社区经济发展创造环境，为乡村社区居民提供更多的公共服务，最终为构建和谐乡村社区创造条件。这一时期，中国农村民主政治建设、村民自治和基层自治能力逐步提升，为适应市场经济发展和建设社会主义新农村奠定了基础。[①] 从 2007 年开始，国家民政部先后设立了 304 个县、市作为"全国农村社区建设试验县（市、区）"，开展农村社区建设试验，占全国 2862 个县级单位的 10.55%，共有 20400 个村作为农村社区试验村，占全国 64 多万个村的 3.19%。在中国从整体上进入"工业反哺农业、城市带动农村"的城乡一体化推进阶段，乡村社区治理具备了有利条件和历史机遇，建设符合"生产发展、生活富裕、乡风文明、村容整洁、管理民主"标准的社会主义新农村，其实质就是建设中国特色的乡村社区。

2. 促进乡村社区管理创新

乡村社区组织既包括具有组织性、民间性、非营利性、自治性、志愿性和公益性特征的各级政府与企业外的所有机构，又包括现存的非政府组织、处于发展中的非政府组织以及实际存在而缺乏法律支持的非政府组织。[②] 与城市事业单位所具有的特征不同，中国农村事业单位的设置目标、基本类

---

① 李泉、陈瑾瑞的实地调研走访发现，普通群众参与农村社区治理特别是参与政治选举的意识、热情有所提高，这一方面反映农民当家做主意识、维权意识、政治参与意识的增强，另一方面也可能与利益争夺有关。例如，甘肃省甘南藏族自治州舟曲县委组织部科员杨海告诉我们，在 2010 年 10 月至 2011 年 3 月所进行的村级党组织和第七届村民委员会换届选举中，村民争当村干部。究其原因：一是现任村干部工资福利待遇逐年提高，如每年该地村干部都进行免费体检，且经常有机会赴各地参观、考察、培训；二是离任后村干部享有离任干部补贴和养老保险；三是随着国家投入增加村级项目工程也有所增多，由于缺乏监管等原因，村干部具备直接承包项目工程的天然优先权并可从中受益；四是现任村干部有机会参加省级组织的村级干部公务员考试，一旦考上就实现了身份转变即成为国家正式公务员。在以上利益驱动下，农村便出现村民争当村干部的现象，现任干部为获得连任机会甚至出现拉票贿选、利用家族势力干扰选举等。由此可见，中国农村的基层民主政治、村民自治尚有很长的路要走，如何严把候选人关、真正推举能为群众办事、深受群众信任的候选人，如何全面推行公推直选、落实由村民直接投票选举村干部，如何加强选举纪律、确保换届风清气正并及时纠正各类问题，都是强化农村社区建设与治理的重要内容。

② 彭博、黄大金：《农村综合改革面临的困难与对策研究——以冷水江市为个案进行分析》，《湖南农业科学》2007 年第 7 期。

型、与行政机关的关系、工作重点、人员结构、经费来源、所处的内外部环境等方面都是立足农村发展和社区治理现实的。在农村社区发展过程中，农村事业单位主要面向农业、农村并向农民提供社会服务，以满足新农村建设、现代农业发展过程中农民对农村各类公共服务的需要。中国各级政府所设立的规模庞大的面向农村公共服务的事业单位，主要集中在农业、林业、水利等部门；县域范围内的事业单位多数是国家事业体系在农村的延伸，主要集中在教育、卫生和农业类事业机构，并呈现上下的对应关系；在县乡事业单位的经费来源中，财政拨款所占比重最大，农业类事业单位的财政性经费主要由同级财政承担，乡镇的各种农业服务站、所由乡镇财政根据全额和差额情况，由乡镇负担。农村税费改革减轻了农民负担，也减少了基层政府的收入；随着政府对涉农收费和集资、摊派的严格控制，预算外收入来源在事业单位中的收入来源中比例降低。[①] 一旦缺乏维持秩序的内生机制，农村社区就有可能丧失其运行的社会基础，农村基层将不得不面对财政资源匮乏与村庄内部秩序失范的双重困境，由此维护社会治安的稳定、为农村提供基本公共服务等将失去物质基础，从而催生基层社会运用各类非正式的权力去获得维持正常运转的经济资源，农村基层组织将被置于一个自下而上的压力体制之下、一个内生秩序机制缺失的乡村社会之上，从而难以破解资源匮乏和治理目标多维条件下的运行、管理与治理困境。中共提出新农村建设以来，中国各级地方政府立足不同区情，通过以省域、县域范围内的资金、资源、人力整合，在农村自然村修建各类服务于农民的社区活动室、会所或村级活动室、医疗卫生室、计生办公室、图书文化室、远程教育室、村干部办公室、会议室等，但因不能全部尽其所用，导致部分硬件设施形同虚设，其服务于农民社会公共需求的功能尚未得到有效发挥。[②]

---

① 马晓河、崔红志：《我国农村事业单位改革方向及政策选择》，《改革》2006 年第 8 期。

② 李泉、周夏伟在甘肃甘南藏族自治州调研时发现，农村社区中的村级活动室如何发挥自身作用，是我们在完成硬件设施投资建设后必须重视的问题。例如，甘南州舟曲县大峪乡政府办公室科员杨响玲（女）告诉我们，舟曲县已在全县 210 个自然村修建了 210 座规模不同的村级活动室（包括医疗卫生、计生服务、文化图书、会议室等），并配有上千本书刊和远程教育设备、液晶电视、投影仪等，可谓设备精良，设施齐全。但在落成之后因无法合理充分使用，使村级活动室成为应付上级检查和村干部开会的主要场所（有的甚至成为村干部家的仓库），农民对其利用率极低。其实，村级活动室完全首先可以成为农村社区基层党组织开展各类学习和教育活动之地，成为村务公开、组织群众集体讨论集体重大事务〔如林地、林权改革，村委换届、（转下页）

　　面对农村流通和社会保障类事业机构的严重缺位、农业类事业机构职能相近与交叉重叠、缺乏协调以及县乡两级推广体系的脱节、部分事业单位失去存在基础等问题，农村事业单位定性较为混乱，大量的非公益性机构充斥其中，人员超编现象仍然存在，这不仅加剧了农村公共服务经费的短缺程度，而且严重影响城乡公共服务的公平性。乡村社区治理的目的是防止乡村发展过程中的负外部性、缓解不同利益群体的利益冲突和调节不同利益矛盾，促进乡村公民社会发育、经济发展的可持续性和"三农"的包容性增长。因此，公共财政有必要实现公共产品真正公平地分摊于城乡之间，用统筹城乡发展的思路破解农村社区治理问题，既对农村各领域发展的过程实现"过程管理"，又对农村发展过程中出现的经济社会环境等问题进行"内部管理"，防止农村发展过程中的不同群体、组织和个人为谋求局部利益、眼前利益或个人利益而牺牲农村整体利益、全体成员利益，甚至牺牲子孙后代利益的行为，避免利益的个人化及成本的社会化现象的出现。

三　城乡社区社会管理创新

　　加强城乡社区管理，维护城乡社会稳定，是构建社会主义和谐社会的必然要求。如何适应社会主义市场经济体制要求，创新城乡社区管理体制机制，提高社会管理水平，是城乡一体化进程中面临的一项紧迫任务。世界现代化的历史进程表明，城乡一体化的实现必须以国家现代化为基础，同时推进经济发展、社会进步、民主政治和文化制度创新。中国城乡经济结构、社会结构失衡，并且社会结构滞后于经济结构，特别是政府职能转变尚未真正到位，错位、缺位的现象依然存在，适应城乡

（接上页）村民对村级公务员实施群众监督等］之地，成为为边远地区农牧民传播农业科学文化知识、法律知识、农业生产技能之地，成为组织农牧民开展文体娱乐活动（观看影片、开展乒乓球、篮球、棋类比赛等）之地等，以此避免农牧区农村文化边缘化倾向，革除群众聚众酗酒、赌博、参与邪教组织及封建迷信活动等不良现象。再比如，甘南州迭部县司法局科员旦巴加措告诉我们，藏区农牧民普遍缺乏法律（维权）意识，特别是在当地农村，一旦出现内部纠纷多半都是请村里德高望重的长辈们出面或是由寺院的活佛帮助协商解决。但是，遇到本地群众与外来开发商之间的矛盾，由于群众缺乏法律意识和法制观念，处理不好就容易发展成为群体性事件，群众集体向开发商施压以维护自身利益。事实上，地方政府完全可以利用村级活动室对民族地区的农牧民开展法律宣传和教育，有针对性地为群众提供他们真正需要的、他们能够理解和明白的、遭遇问题可以直接应用的生活生产和社会知识。

一体化发展要求、加强城乡社区治理和社会管理还缺乏总体规划，社会管理力量相对薄弱，财政投入不足，公共财政体制尚待进一步完善，政府购买服务项目不多且缺乏有效载体，公共服务平台建设相对单一，市场化程度不高，服务水平有待进一步提高，农村公共服务水平相对较低，社会保障制度还不尽合理，推进城乡公共服务均等化步伐有待加快，社会保障制度尚待进一步完善。与此同时，城乡社区居委会负担过重的问题尚未得到根本扭转，社区民主自治的机制尚不健全，社区居委会与社区物业管理企业、业主委员会之间关系尚未理顺，社会组织数量不足、规模过小，发挥作用的空间及为社会提供服务的能力十分有限，内部治理机制不健全，自律诚信机制未建立，社区服务网络不健全，社会化、专业化程度不高，社区服务中介组织发育程度低，社区建设和社会管理基本停留于行政化、等级化的管理结构，社会治安管理还存在许多薄弱环节，流动人口服务管理资源分散，维护流动人口合法权益工作尚待加强，导致城乡发展中的很多矛盾因此而生。为此，"十二五"规划纲要明确强调，中国未来社会必须加强和创新社会管理，按照健全党委领导、政府负责、社会协同、公众参与的社会管理格局的要求，加强社会管理法律、体制、能力建设，健全基层管理和服务体系，发挥群众组织和社会组织作用，提高城乡社区自治和服务功能，形成社会管理和服务合力。全面开展城市社区建设、积极推进农村社区发展，健全新型城乡社区管理服务体制，实现社区管理有序、服务完善、文明祥和，需要整合各方面力量，畅通和规范群众诉求表达、利益协调、权益保障渠道，加大公共安全投入，加强安全生产，健全对事故灾难、公共卫生事件、食品安全事件、社会安全事件的预防预警和应急处置体系，这是形成城乡居民社会生活共同体的基本要求。随着市场经济制度的完善，中国"单位制"城市基层社会管理体制逐步消解，国有企业改革改制和改组的进行、城乡人口流动性的增强导致越来越多的困难群体、弱势群体、特殊群体汇聚到城乡社区，越来越多的与群众利益紧密相关的社会管理和公共服务下移到城乡社区，这就使得城乡社区日益成为城乡社会建设发展、社会管理体制创新的关键环节，民生事业、社会事业必将构成城乡一体化进程中群众最为关心、最现实和最迫切要求解决的问题。因此，只有进一步加强流动人口服务管理，加强特殊人群帮教管理和服务工作，加大社会管理薄弱环节整治力度，完善社会治安防控体系，加强城乡社区警务、群防群治等基层基础建设，增强公共安全和社会治安保障能力，加强重点地区社会治安综合治理，及时化解社会矛盾、解决社会问题，探索政府行政管理和基层群众自治有效衔接和良性互动机制，才能真正达到城乡社区管理和服务创新的效果。

表 7 - 11　　　　　　　　　治理与统治的对比

比较项目	治理	统治
利益关系	纵横交错的立体网络	自上而下、单向、线性
权利主体	政府与非政府机构	政府
组织制度	正式制度与非正式制度的协调互动	正式制度
行政依据	依法行政	人治
治理手段	多元化、灵活	单一、简单
治理方式	协调、合作	控制、命令
资源分配	市场利益调节	国家统一分配

资料来源：史健洁《论城市管制与地方政府的作用：以镇江市机构改革为例》，载顾朝林编《城市管制——概念·理论·方法·实证》，东南大学出版社 2003 年版，第 211—215 页。

　　城乡社区治理和社会管理需要政府通过制定综合性社会政策和法规，对城乡社会组织和社会事务进行规范和引导，培育健全社会结构、促进公民社会发育，调整城乡区域各类组织和主体间的利益关系，回应城乡居民诉求，化解可能和现存的社会矛盾，维护城乡社会公正，规范社会秩序，促进城乡政治、经济、社会、文化和自然协调发展的活动及其过程。城乡社区治理是一个涉及政府职能转变、行政管理体制改革、社会事业改革发展、社会组织发展管理、社会治安综合治理、社会保障体系建立完善等各类综合性问题。城乡一体化与城乡社区治理是相辅相成的过程，诸多类型的开发区（园区、新区）建设、促进住房和汽车消费、鼓励发展轨道交通、土地收入分配等，不断引导着特定区域的城市化发展和促进城市社区治理能力的提升，城乡分割的户籍制度、基本农田保护、土地指标管理、生态安全保障等，从另一方面约束着城市发展和防治城市人口过度扩张，又给新农村发展和乡村社区治理能力的提升赢得了回旋余地；"城中村"、城市贫困、"城市病"、"地（县）改市"、"县改区""乡改镇"等城市化的负面效应为新型城市化发展带来前所未有的挑战，农村财政能力弱小、公共服务水平低、社会救助及保障难度大、防灾减灾与生态环境治理问题多等农村发展的掣肘因素，也同时困扰着新农村建设的推进步伐。因此，在城乡整体发展不平衡、城乡二元结构突出的条件下，城乡社区不同的发展内容要求我们在一定时期内必须围绕城乡一体化的实现目标，发掘城乡社区单元空间各要素存在的制约瓶颈，统筹城乡社区一体化治理，科学提出城乡社区治理的价值追求，重视加强城乡社区建设、发挥社区作为居民自我管理基层组织的功能，将可能出现的社会经济矛盾及早化解于基层和居民的自治组织内部，促进城乡居民在自由平等发展过程中的相互融合，从而凸显城乡居民在不同条件和环境下促进城乡一体化的根本动力与主体作用，这是科学发展观对城乡社区治理的基本要求。例如，在城乡公共服务社区化方面，各级政府必须以公共利益为导向，将适于社区提供的公共服务由社区为基本单元进行供给，体现决策和执行相互分离、供给主体多元化、鼓励服务对象参与供给过程设计，注重建立"服务型政府＋民间组织＋公民＋市场化运作＋社会共同参与"的多元合作关系和供给模式，以此消除公共服务在城乡社区间的分配不公。

对于社区建设管理和发展，西方发达国家已经形成了系统的较为完善的法规设计和制度保障。例如，第二次世界大战后为了避免希特勒式的独揽大权、实行独裁的悲剧重演，德国在政府管理权限上实行联邦、州和地方政府的分权制，各州、市和镇（区）在文化、教育、城乡规划等社会服务上享有相当大的自治权，其社区是高度自治的社会基层组织，国家法律明确规定社区享有高度自治和自我管理权力。德国法学界也普遍认为，社区是社会的基本组成部分，应当成为德国民主体制的基石；一个自治的社区不仅能够增强民众的民主意识和社会参与感，也有助于在政府和民众间建立一个中间区域，让民众运用自发的力量解决生活工作中的问题，从而降低国家的社会管理成本。[①] 这种政府放手让社区自我管理的机制促成了民间力量的兴起，多元化且高效运作的非政府组织和非营利性机构涉及城乡居民生产生活的诸多方面，如公共空间的管理、社会保障服务、养老院体系、花园和绿地维护、儿童游乐场、商业中心、垃圾处理等，这种高度

---

① 韩墨：《在德国感受社区生活》，《半月谈》，新华通讯社、半月谈杂志社 2011 年版，第15—17 页。

自治的社区，不仅培育了民间组织，也锻炼了居民自我管理能力，有助于现代公民社会的发展完善。在正处于加强城乡社会管理阶段的中国，各地也在社区管理和服务体制改革方面做了很多探索和实践，并日益成为各地加强和创新社会管理的突破口。[①] 例如，2010 年 2 月，西部地区的贵州贵阳市明确以小河区、金阳新区为试点，撤销街道办事处，调整居委会现行的行政职能，成立社区服务中心，将社区建设纳入城市经济社会发展规划和城市建设规划，并将社区人员经费、办公经费、公益事业经费等全部列入财政预算予以保障，同时加大公共服务购买力度，变"市—区—街道—社区"四级管理为"市—区—社区"三级管理，降低公共服务成本，实现了管理层级精简、区域覆盖和资源整合。2010 年 7 月，在中部地区的安徽省铜陵市铜官山区，也采用扁平化管理，新社区建立社区公共服务中心，将计划生育、民政、社保等职能全部下放至社区，实行区直管社区，承担公共管理和服务职能。在经济社会发达的东部地区广东省珠海市，社区建设则通过城市社区、农村社区、企业社区、校园社区四种分类进行，特别是在城市社区创新民主自治体系，构建"社区居委会—小区联系点（业主委员会）—居民小区"社区三级网络，完善议事规则；镇街转型后的重心是环境营造、维护稳定、加强保障、改善民生等社会管理和提供公共服务，使得各级社区目标更加单一，职能更为明确。

现代城乡区域需要政府、市场和社会组织等共同促进社区建设和社区管理，加强和创新城乡社区治理，其本质就是从基层社区这一社会利益、社会矛盾和社会事务的交汇点促进社会根基建设和基础管理。中国未来的城乡社区发展与治理，必须遵循城乡社区以不同特点共同发展的历史规律与治理趋势，以促进城乡社区内部及二者之间的良性互动关联为目标，彻底消除任何形式人为割裂城乡社区空间内在联系的各种障碍，放弃任何固化城乡社区对立的"单边思维"[②] 模式，摒弃社区"衙门化"、"行政化"等主要弊端，坚持政府指导与社会参与相结合，紧紧围绕公益性质的福利便民服务和社区居民生活质量提升目标，以社区居民所进行的自助服务、

① 周之江：《探索社区管理新途径》，《半月谈》，新华通讯社、半月谈杂志社 2011 年版，第 9—14 页。

② 彭毓蓉、陆宁：《中国城乡合治探讨》，《经济问题探索》2006 年第 10 期。

社会服务、政府购买服务等为主要服务内容，突出政府的社会责任、强调政府的组织倡导和公共投入，不断延伸和承接政府对城乡社会基本公共服务均等化的公共职能，构筑能切实为城乡居民服务的多元化平台和长期稳健运行的保障机制。同时，坚持政府指导与社会参与相结合，以不断满足社区居民的物质文化需要为出发点，充分发挥社区政府、居委会、业主委员会、单位、民间组织及个人的作用，建立与社会主义市场经济体制和城乡统筹发展相适应的城乡社区管理体制和运行机制，加大对城乡社区基础建设的投入，改善社区基础条件和服务设施，整合社区资源，转变社区管理方式，不断完善社区功能，形成社区居委会、社会力量和城乡居民广泛参与的良好氛围，努力建成管理有序、服务完善、职能明确、环境优美、治安良好、生活便利和城乡关系和谐的新型现代化城乡社区，这既是优化社区服务、促进社区和谐发展的必要之举，也是促进中国公民社会进步、实现发展成果由人民共享的重要标志，更是新时期城乡统筹发展过程中，促进中国特色现代城乡社区治理结构完善的关键环节和重要内容。

第四节　城乡一体化的推进机制

从加快发展方式转型的要求来看，中国城乡一体化的进程仍然处于初级发展状态，城市支持农村、工业支持农业的体制机制尚不成熟，城市化推进受到政府行政力量和政策制度的深刻影响，城市化所需的劳动力、资金、土地等各种资源要素主要依靠行政手段，市场机制的基础性作用尚未充分发挥，城市从农村汲取资源要素的格局还未根本转变。[①]

一　城镇增长中心的带动辐射机制

城镇增长极对城乡发展的带动辐射效应主要体现在点辐射（中心城镇对乡村腹地的辐射）、线辐射（城市联结通道及其沿线城镇走廊对周边临近区域的辐射）和面辐射（城镇体系对区域的辐射）等层面，这些不同形

---

① 杜鹰：《推进农村改革发展，加快形成城乡经济社会发展一体化新格局》，《中国经济导报》2008 年 12 月 18 日。

式的带动辐射，意味着城乡之间经济社会资源和地理人文环境的双向流动与传播扩散，最终实现城乡及其所在区域通过城乡优势互补与合理分工实现一体化发展，由此决定了城乡系统的开放性与网络性。① 通过城乡区域特定增长中心的带动辐射效应而不断加强的经济社会联系，客观上要求城镇冲破地域限制，通过自身的集聚辐射作用于乡村，并实现经济存量优势与科技进步优势的推广，对周边广大乡村起到带动作用，形成城乡整体性成长，具体表现在两个相互关联的方面。

（一）城镇的空间扩散

随着城镇化的加快推进，不同等级规模的城镇，空间结构上表现为空间密度厚度的不断提高、社会经济活动的日益集聚，由此实现城镇和城乡间相互联系、共享基础设施，同时具备交通便利、市场和劳动力充足等优势，从而降低城乡资源配置的交易成本。一旦产业综合体在某一城镇产生，这个地区会出现集聚经济效应，进而吸引其他产业进入该地区。随着城镇规模的逐渐扩大，集聚效应和规模经济效益会因城乡之间的产业级差而导致产业逐渐向近郊及至乡村的广阔空间转移，在地域上表现为城乡人口的高流动性、企业的外迁及居住区在乡村布局的增加，等等。其实质是区域产业竞争优势之间的此消彼长而导致产业区位重新选择的结果，是产业演化在空间形态出于市场的扩张、产业结构的调整、追求经营资源的边际效益最大化及企业成长的需要而实施的一种空间运动。空间结构的扩散使城镇出现新的功能分区，实现产业结构的重构和调整。城镇最终通过资金流、人流、物流、信息流、技术流的集散与乡村结合成一个有机系统，带动乡村经济的发展。对于乡村地区而言，城镇中心的产业转移及其扩建扩散对乡村承接地社会经济发展而言，会产生技术溢出效应、关联带动效应、要素注入效应、资本积累效应、优势升级效应、竞争引致效应、结构优化效应、就业效应等多重积极效应。这些效应的综合作用构成城乡一体化的基本推动力量。

城镇产业与城镇功能之间紧密相连，城镇产业是城镇功能的物质载体和经济基础，其性质、规模、发展水平等会对城镇功能具备一定的塑造特

---

① 高洪深：《区域经济学》，中国人民大学出版社 2002 年版，第 129—136 页。

性；城镇主导产业不同，城镇的性质就会有差异；城镇的主导产业规模越大，就越会形成对外输出的能级差异，其带动辐射范围便越大。21世纪以来，以生产性服务业为主体的国际第四次产业转移浪潮汹涌而至，生产性服务业作为国际性城市制造业和产业集群升级的重要载体，正成为重组不同等级城镇区域产业组织结构和重构区域空间结构的重要手段，与中心城市制造业协同转移，以及与产业集群配套转移过程无疑是地方集群升级的契机。[①] 生产性服务业在城市中心区的聚集，会导致中心城镇功能转型、调整以及城镇能级水平的提升。[②] 实际上，生产性服务业转移是某些行业、某些环节嵌入制造业、产业集群价值链的主动或被动转移，协同仅能反映总体规模特征，嵌入转移更能代表其内部转移特征。同时，中心城市交通区位的改善和枢纽地位的提高，会自然扩大该城市空间上的吸引范围，增强该城市对周边地区城镇、乡村的吸引作用。随着市场和产业的空间选择更趋于向区域性中心城市集中，市场影响范围的扩大和产业、经济活动空间选择自由度的大大提高，城乡区域整个大尺度范围的产业和市场空间将会发生重构。在这种空间重构的过程中，由于其原有的经济和产业发展优势和区位优势可能对周边城市的市场产生侵占效应，从而在中心城市扩大各自影响范围的同时，市场和产业的空间选择更趋于向区域性中心城市集中，结果是中心城市的影响力加速增长，而周边城市在竞争中处于弱势，以中心城市为核心的都市区、都市圈形成。[③]

(二) 产业的经济扩散

城镇发展必须有产业的支撑，市场经济条件下的产业结构的转换和主导产业部门的置换会促进城镇的进一步发展。特定区域的中心城镇相对乡村来讲，产业经济发展上拥有相对成熟的生产技术与组织结构及相对稳定的交易网络，在技术创新和追求成本最小化的过程中，城镇会寻找适合自身发展的新区位定位。与城镇具有良好通达性并且劳动力、地租相对低廉的乡村便成了首选，由此会引起产业结构向乡村扩散。伴随产业转移发生

---

① 高春亮：《文献综述：生产者服务业概念、特征与区位》，《上海经济研究》2005 年第 11 期。

② 范秀成、王莹：《生产性服务业区位模式选择的国际比较》，《国际经贸探索》2007 年第 5 期。

③ 熊国平：《当代中国城市形态演变》，中国建筑工业出版社 2006 年版，第 144 页。

的经济扩散必须以企业为载体，通过企业跨区投资来实现。而任何企业，无论最初区位选择是否合理，都会有一定的力量使得企业在最初的区位上产生"路径依赖"，与此同时，各种内生的和外生的力量也会不断积累，促使企业的生产经营地点发生改变。一般而言，产业转移所引起的经济扩散是否发生，主要取决于使产业锁定原地的力量与打破区位均衡的力量这两种力量之间的对比。任何企业在某一个时点上的区位都不可能是永久的最佳区位，产业的区位转移是企业对环境适应性的空间表现。城乡间的产业结构扩散主要表现为城镇向乡村地区转移已失去比较优势、较低层次的第二产业，从而推动乡村地区的产业升级与工业化。在工业迁移的过程中，相关的技术、管理经验和市场渠道也实现了转移和接替。[①] 例如，"十一五"时期以来，京津冀地区在国家发展战略中的地位发生重大变化，目前该城市化区域产业分工正在市场力量下继续深化，在经济一体化的同时，社会政策一体化和生态一体化也在大步推进，这使得其城乡一体化进程也进入科学发展新阶段。

二　乡村城镇化的内生驱动机制

乡村在城乡一体化进程中并非完全被动，乡村能够提供城镇以劳动力、生产原料、配套工业品及活动空间，也会促进城镇发展，形成城乡互助、互利、互动的关系。来自乡村城镇化的这种推力不仅影响着城镇经济运作模式与产业空间的分布形态，也影响着城乡之间的交互作用；不仅促使城乡联系程度日益增强，也会促使联系的内容与方式发生很大的变化。从中国城乡发展实际来讲，这一力量大部分来自乡镇企业的发展和乡村社会文明的现代化。

（一）乡村工业化

工业化是城镇化的根本动力与"加速器"，乡村工业化的载体就是乡镇企业及其各类农业产业化经营企业。这些企业的逐步改制与发展会从根本上改变了区域工业化格局，导致城乡区域由单一的城市工业演变为城镇与乡村工业二元并存、双轨并进，形成经济三元结构——农业部门、农村

---

① 江莹、曾菊新：《城乡关联发展的动力机制与实现途径》，《开发研究》2004 年第 2 期。

工业、城市工业三元并存①，它会加快城乡二元的转变过程，让农民加入工业化的进程中来。一方面，乡村工业化会吸纳大量富余劳动力，推动乡村产业结构的调整，提高城乡产业结构的关联度，提供乡村基础设施与各项社会事业发展的建设资金，强化乡村接受城镇扩散的规模能力；另一方面，乡村工业化会改造农民，使以农民为主的乡村居民素质得到全面发展和提高，使越来越多的农民从乡村文明走向现代文明。伴随着这一转变过程而来的是人们观念结构、行为方式、生活方式、价值取向及文化层次的转变。

推动农业发展、实现农业现代化和加快乡村工业化是城乡关系协调发展的基本条件。从理论上讲，农业现代化和乡村工业化相辅相成、互相推动：农业发展可以增加农业剩余（粮食）供给，降低乡村工业化成本，同时为其提供初始资本；乡村工业化的发展可以吸收农业释放富余劳动力，同时可以反哺农业，将一定比例的利润用于农业资金投入。从实践上讲，乡村工业化推进中存在工业化发展、工厂矿山、城市扩展、交通运输建设等非农产业占地与农业用地耕地持续减少造成农业生产土地资源短缺、乡村工业化推进的资金需求与农业发展的投入增加导致以资金为载体的物质投入工农争夺、乡村工业化推进的劳动生产率提高内在要求与大量富余劳动力无法转移等诸多矛盾。农村工业的比较优势在于一些与农、林、牧、渔相关的加工以及农业相关的行业上，城乡工业生产能力的扩大主要在于城市内部及其周边地区。经济结构的转型，若能够更加充分地利用城乡区域间的不同比较优势，就可能最终带来城乡经济总量的持续增长与微观个体居民收入的持续上升。② 强化中国乡村工业化支撑体系，需要继续推动以乡镇企业发展为主要内容的农村工业化。乡镇企业的在未来发展壮大在很大程度上在于它是否能有效地适应外部环境，在于乡镇企业能否生产出大量的适应市场需求的制成品，在于乡镇企业如何通过连接特色农产品生产参与城乡国有和集体部门产品市场供给。因此，乡镇企业经营者必须清楚企业自身的发展是资源再配置和规模扩张的结果，现有乡镇企业布局分散，难以形成积聚效应，今后必须聚集连片发展以实现规模效应，乡镇企

---

① 李克强：《论我国经济的三元结构》，《中国社会科学》1991 年第 3 期。
② 钟宁桦：《农村工业化还能走多远?》，《经济研究》2011 年第 1 期。

业发展和农村城镇化建设结合起来，引导在农村发展劳动密集型产业，完成农村工业化转移农业富余劳动力的发展目标。在资金紧张的条件下，政府应运用税收、信贷等政策手段，鼓励农村工业化更多地向吸收劳动多、资金消耗少的产业倾斜，相应地限制资金密集度高、吸收劳动力少的产业的发展，从而形成与城市工业的专业化分工协作。

（二）乡村社会现代化

乡村经济体制改革和工业化、城镇化的发展，更多的是城镇经济、城镇文明和城镇生活方式的一种扩散与传播。城镇化不仅会把先进的社会生产力引进乡村，还会让越来越多的农民享受到现代文明，逐渐改变他们传统的价值观念、工作方式、生活方式。[①] 随着乡村城镇化与工业化进程的推进，农业及农村非农产业结构调整与创新，不断促进要素形成新的区位选择逻辑，这将导致乡村原有空间结构的整合与乡村形态演变。在主要是经济力量促进乡村社会文化变迁的过程中，文化传统背景相近、人文积淀和人脉网络与城镇关联紧密的乡村，更容易实现城乡区域合作发展。例如，地处国家西部重点主体功能开发区的关中地区，自古为京畿之地，有着共同的历史文化背景，曾是"丝绸之路"的重要通道，这就为该区域西（安）—咸（阳）一体化、咸阳北五县、渭南富平县—铜川的多核心经济社会整合提供了依据。[②]

经济社会发展与文化之间存在互动关系。经年累月之后，一个农村往往能在日常生活及所赖以生计的细节处，积淀成若干特有技术、特有方式、特有口味、特有方法、特有标准及特有是非观念与社会价值等。这些特有之点融合起来，形成一个农村所特有的文化或文化形貌，可以促进其经济发展。现代主义单线进化论主导下的现代城市与传统乡村的断裂，崇尚工业文明，认为农业文明是最终要被工业文明取代的低级文化，由此造成城市居于城乡文化发展的中心地位，而乡村居于底层的城乡文化发展关系现状，乡村因受到城市的压榨与剥夺而固化了金字塔式城乡层级结构。这种现象在现实中的城市农民工及其子女身上表现得最为明显。既然欠发

---

①　曾菊新、祝影：《论城乡关联发展与文化整合》，《人文地理》2002 年第 4 期。
②　师谦友、郭华：《区域一体化背景下关中空间整合研究》，《地理与地理科学信息》2007 年第 5 期。

达的中国在协调城乡关系的过程中，由于多种因素特别是经济因素的限制
而表现出比发达国家协调城乡更大的困难，那就不应该等到城市工业高度
发达之后，才反过头来关心那些长期处于乡村社会底层的农民，才重视对
人的关怀。城乡一体化发展要求城乡必须促进包括文化共同进步在内的发
展，要求我们在开始走向现代化的阶段，就把现代化问题与城乡文化发展
问题与人的现代化问题结合起来，考虑如何在实现城乡社会转变中实现文
化后现代化与人的现代化，从而建立公正的平民社会——保护城乡居民的
生命、财产和自由的社会，使得每个居民都有自觉的公民权利意识，能够
在社会发展中分享应有的政治和经济权利。

三　基础设施的公共关联机制

交通通信是实现城乡一体化发展的基本保障，现代综合运输通道网络
不断改变着城乡区域之间的通达性和城乡居民的交往方式。由于经济发展
水平不同，城乡区域之间的基础设施建设往往在等级、标准和建设时序的
安排上存在显著差异，因此区位条件和环境因素制约明显的乡村地区，城
乡统筹协调水平在很大程度上，与以交通通信为主的基础设施完善程度紧
密相关。目前，中国已有的大多城镇都是沿交通轴线、主干道和运输枢纽
节点扩展的，城乡之间的高速公路网络化、城际之间高铁、轻轨、航空、
水运等交通运输方式的现代化，以及小汽车逐步进入居民家庭所引起的活
动范围的快捷延伸，赋予城乡更为灵活的通达性，迅速降低城乡经济联系
的距离摩擦系数、缩短城乡联系的时间、增强特大城市的离心力，从而有
效地促进城市传统产业的外迁。同时，先进的通信技术实现了对传统城乡
空间的超越，大量资金与业务可以通过网络进行虚拟化、电子化的流通和
运行，创造一个无须交通成本的空间，这会促使非技术性、低附加值的产
业流向乡村布局，加强城镇的空间扩散能力，使城乡之间的经济合作、社
会交往达到空前的频繁与通畅。

不仅如此，在铁路、公路沿线，在港口（码头、空港）交汇处合理布
点，以交通网络为主发展城镇对城乡区域来讲，既可以改善交通沿线的条
件，加速实现交通运输现代化，又可以以交通为纽带带动沿线经济的发
展，避免大中城市失去发展依托和基础。至于城镇化推进的动力机制则呈
多元化，如在资源富集地区可通过发展劳动密集型和资源开发型产业，化

资源优势为经济优势，发展工矿业，以工矿业为推动力促进区域城镇化；在铁路、高速公路干线和内河航线沿线等交通相对便利之地，可以加工贸易业为推动力加快城镇化步伐；在工业主导优势明显的地区，以发展工业为城镇化推进剂；在内陆交通比较便利、商品农业比较发达的地区，以现代农业、乡镇工业为主要特征的产品开发业可作为城镇化的发展动力；在广大农区和牧区，可根据当地主要特色农畜产品，在具有区位优势的地区发展种植业和畜牧业，以养殖业为推动力实现区域城镇化；在旅游资源丰富地区可重点以旅游商贸为推动力发展城镇。

四　政府"看得见的手"的干预机制

城乡一体化进程中的新型城乡形态，是在市场作用与行政力量双重作用下演进的。在完全市场经济环境下，市场对城乡资源配置与经济活动起支配作用，城乡区域协调发展呈现自然演进的过程特征。在这个过程中，市场力的作用协调并整合城乡区域的市场开发与对外开放，城乡之间的功能互补与有序竞争会突破行政边界的约束，不断消除区域间的政策梯度并保证城乡市场的有效链接。但是，行政区划调整、政府职能转变、地方政府之间的利益竞争等人为力量，又会对城乡发展产生明显的刚性约束，特别是政府可以借助于法律、政治、规划等间接方式参与城乡开发而避免市场不足引起的城乡不协调。改革开放以来中国各地城镇化高速发展，证明了市场力与政府力的结合对城乡发展趋势具有显著影响。[1] 例如，始于20世纪80年代的土地有偿使用制度改革，不仅推动了城镇土地市场的建立与完善，也从事实上促进了城镇产业向乡村的扩散。目前，这一制度变革已上升为推动市区工业扩散的主要动力。同时，在中国历经1998年—2003年6月国家对整个房地产的支持政策基调、2003年6月—2008年9月因房地产投资过热而出现的调控房地产政策主基调、2008年9月—2009年9月提振经济成为房地产政策的主基调、2009年9月—2012年3月抑制房价过快上涨维护市场稳定的政策主基调的过程中，土地出让收入迅速成为地方政府的主要收入来源之一。数据显示，地方政府对土地收入的依赖程度呈现日益加深之势，土地出让收入的占比由2008年的16.7%

---

① 吕拉昌：《珠江三角洲与外围地区的整合模式研究》，《地理科学》2004年第5期。

升至 2010 年的 27%。但是，随着房地产政策调控的强化，由于土地出让收入下降，导致地方政府在保障房及其他领域的投资面临资金不足的窘境。2011 年，全国 130 个城市土地出让金总额为 19052.3 亿元，同比减少11%。① 这就要求政府尽快进行财税和土地供应制度配套制度改革，尽快形成有效供给以促进土地的合理开发利用，并探索采取土地金融证券化的形式，以此规范地方政府收支并减少其对土地财政的依赖。当然，21 世纪以来，政府在制度创新方面的努力，如撤县改市、地市合并、撤县设区以及户籍制度的改革（2012 年提出探索实行居民个人居住证制度）、事业单位分类改革等行政区治理体制、公共服务体制的转型，都成为政府干预力量促进城乡要素在市场化导向下实现自由流动的有机组成部分。在这一方面，中国经济发达地区城市化水平迅速提高，区域一体化与城乡一体化并行推进，但行政区划面积过小、行政干预不当导致城镇之间出现工业区、居住区交替建设现象，严重影响了城乡一体化的发展质量。因此，实现市场一体化、区域发展一体化，调整行政区划是相当有效的手段，它不仅会促进城市形态的合理演变并使城市形态的区域扩展成为可能，而且与此相应的制度创新效应还会逐渐打破城乡分离、分治的格局，为城乡区域协调发展提供宏观体制基础和良好的制度框架。

中央政府从改革开放以来相继出台针对解决"三农"问题的中央一号文件，工业反哺农业、以工促农、以城带乡的发展政策以及城乡统筹战略的适时调整，都在深刻影响和改变着中国城乡关系的演进。事实证明，处于中国经济发展高级阶段的区域，城乡间的联系不断增强、相互作用日益深入、合作领域十分广泛，城市化进程呈现出区域化特征，城市发展突破了行政边界并与腹地及其他相关乡村连为一体②，衍生出不同形态的城乡关系。反哺农业是一个基本的经济发展现象，它与经济发展水平及阶段密切相关。总体上讲，发达国家对其农业实施反哺政策的力度强于发展中国家。由于反哺农业是一种政府行为，它须借助政府的力量来推行。当今发达国家和地区如美国、日本、韩国以及包括中国台湾等，经过实施反哺农

---

① 曹军新、胡峰松：《房地产调控的地方政府功用及其纠错机制》，《改革》2012 年第 4 期。
② 张颢瀚、孟静：《长三角都市圈发展新格局——南京都市圈功能变化与空间整合》，《南京社会科学》2007 年第 9 期。

业使其工农业发展相得益彰。中国在新中国成立后相当长的历史时期并未对农业实施反哺，而是以明暗结合的城市、工业偏爱政策，对农村、农业、农民进行合法的人为挤压、歧视及剥夺。进入 21 世纪以来，中国一直强调"三农"问题在国民经济发展中"重中之重的地位"，始终致力于发展农业，并重视对发展农业给予政策上的支持和倾斜。

适时构建反哺农业框架，既与政府发展农业的政策相吻合，同时又不构成政府的直接经济负担，这成为实施反哺的政策基础。经过多年的建设和西部大开发的深入推进，农村区域在道路、电力、通信等基础设施方面得到了较大发展，乡镇工业有了一定的基础，这就为农村实施反哺、推动农业基础设施快速发展、推动农村城镇化建设、促进农业一体化创造了物质条件。从工业化进程看，大中城市的企业中，具有一大批经济基础好、盈利水平较高的企业，它们能为反哺农业提供一定的剩余，同时在实施反哺农业的过程中能化解目前企业经营中的一些难题。从反哺农业的时机看，适时推出反哺措施，有利于加快农业基础设施的现代化建设，增强抗御自然灾害的能力。从乡镇企业的反哺效应看，乡镇企业脱胎于农业，农业是乡镇企业的母体，因而在它们之间历史地形成了一种"哺育"与"反哺"的关系，这种关系不会因为乡镇企业发展阶段的不同而有所改变。不仅如此，在反哺农业机制的构建中必须重视政府力量的介入，将立足点放在增强农业基础，促进农业综合生产能力的实现层面，从而为城乡经济的长足发展创造雄厚的农业基础，也使城乡发展中存在的其他问题迎刃而解。强调城市反哺农村要求国家通过其收入和支出结构，对城乡两个不同的活动主体的基本地位、权利、责任和义务进行重新认可和规定，使城乡社会的断裂得以弥合而不再扩大，也使"重城轻乡、挖乡补城"的二元体制运行得以彻底扭转而不再被强化。

第八章　中国统筹城乡一体化发展对策

阿马蒂亚·森指出，发展是为了自由。回顾改革开放以来和中国共产党建党 90 多年来的城乡发展道路，城乡一体化战略的提出，或许可以视为中国政府促进区域协调发展、更加关注公平、实现和谐社会与包容性增长的标志性事件之一。改革是加快转变经济发展方式的强大动力，我们必须以更大的决心和勇气全面推进各领域的改革；城乡居民每个人的幸福仅靠个人奋斗是不够的，中国未来城乡社会的整体性繁荣，有赖于政治、经济、社会、制度的多维创新；没有有效的发展政策体系及其制度的保障和支持，城乡的整体性持续繁荣与统筹一体化发展都是可疑的。非常幸运和值得期待的是，中国城乡新的改革正在推进！变革中的城乡未来必然海阔天空！

正确的行动来源于科学的认识，错误的认识必然把人引入歧途。城乡一体化是一个国家和地区城乡关系演进的最高阶段，它伴随着工业化与城市化的推进得以逐步实现。继中共十六届六中全会提出"和谐社会"的目标后，十七大报告将"民生"具体概括为让全体国民"学有所教、劳有所得、病有所医、老有所养和住有所居"。中共十七届三中、四中和五中全会则进一步提出，新形势下推进农村改革发展，必须把加快形成城乡一体化新格局作为根本要求，建立促进城乡经济社会发展一体化制度；尽快在城乡规划、产业布局、基础设施建设、公共服务一体化等方面取得突破，促进公共资源在城乡之间的均衡配置、生产要素在城乡之间的自由流动，推动城乡经济社会发展融合。

一　立足不同阶段形态，突出城乡一体化发展的战略重点

（一）以城市化力量加强城乡区域联系

中国在城市化进程中，除了农村的产业和人口迅速向各级城镇转移和聚集，还伴随大量农地转化为各类建设用地、传统社会结构向现代社会制度所要求的方向转变。其中，以城市主导带动形态推进的城乡一体化，重在城市集聚效应、区域结构及功能的优化、中心城市区对乡村腹地的辐射与带动。由于自然条件和历史基础的不同，城乡区域之间在各自功能和经济发展水平上存在很大差异性，因此，任何一个城市的形成与发展不但不能脱离区域其他城市及其影响范围内的相互作用，而且必须与区域外的更大乡村地区发生广泛联系，城乡发展必须引入新的机制，以多元开放的理念促进区域联系的加强。根据主体功能区规划，城乡一体化进程中的生产要素在城乡国土空间的转移分布，应依据劳动生产率的高低而呈现层次性。那些生产规模大、技术含量高的工业、服务业和研发中心应布局于城市。一般劳动密集型行业，例如零部件加工、食品、纺织和手工艺品企业，应布局在城市郊区、乡镇和靠近交通线的农村地区，从而形成依据劳动生产率大小和产业规模的梯次布局。[①] 由于农村与农业的根本问题主要是发展问题，只有经济发展才能从根本上实现长治久安；农村与农业的发展，又必须依赖城镇化和工业化的加速，通过发展市场经济和非农产业，把农村区域经济增长的重心从乡村转移到小城镇，结束那种使农业长期在低水平上徘徊的局面，使农村与农业的发展跃上新台阶。加速农村的发展，除了着眼于经济增长和提高经济效益外，更主要应着眼于结构变革，而非农化和城镇化正是意义深远的城乡结构变革；也只有推进城镇化，才能从根本上推进农村经济增长方式的变化，保证农村经济的稳步增长，调整思路，树立工业与农业、城镇与农村并重的农村经济发展战略，加快小城镇建设，以城镇带动农村发展，加快农村经济结构改造，加快现代农业、新农村建设和农村现代化进程。

（二）以工业化力量促进城乡经济联系

经济发展要求城乡社会从主要以农业为基础，转变为以工业和服务业

---

① 王新：《劳动力转移结构特征：基于城市化能力的解释》，《经济学家》2011 年第 7 期。

为基础，工业化总是伴随着城乡关系演变的整个过程，工业化不仅会比农业带来更多的产品、储蓄以及就业，而且会带来先进的技术、提供替代进口的本国产品、吸引外部投资以及提高市场竞争力、促进基础设施建设的完善。大型基础设施是导致区域形态演变的关键因素之一，实际上，区域经济社会的发展主要是通过基础设施建设所带动的区域发展。大型基础设施对区域形态的影响主要通过两种途径：一是大型基础设施建设带来区域空间的结构性变化，从而带来区域形态的演变；二是大型基础设施建设带来区域可达性的变化，区域产业结构随之变化，最终导致区域形态的演变。① 因此，以农村内生驱动发展形态推进的城乡一体化，重在新农村建设、农村经济社会发展、农村工业化基础上的乡村城市化，但是这些都会因不同区域的资源状况而有所差别，通过农村内生力量驱动而实现城乡一体化，在实践中可能会遇到比预想中更多的困难。

城乡产业分工与协调发展，是社会生产力发展到一定阶段的必然趋势，也是消除城乡差别、实现城乡一体化发展的有效途径。在中国进入"工业反哺农业、城市支持农村"的发展新阶段后，城乡产业需要重新进行发展定位，并在城乡间进行产业的迁移和布局调整，以突破"城市搞工业、农村搞农业"的旧格局，引导城市非农产业和资本进入农村地区，使农民和农村地区能够分享工业化和城市化的巨大收益。这种城乡产业的迁移与调整应顺应产业组织演进和产业分工的新趋势，进行产业链层面的分工与重新布局，在城乡之间建立起一体化的产业体系，并最终形成我国产业体系与产业组织体系、城镇等级体系三者协调发展的局面。为此，在宏观层面需要政府推进制度创新和技术创新，深化体制改革，加快农村地区的基础设施建设，构建起城乡间产业分工发展的制度基础和物质基础；在微观层面则需要企业加快组织转型与创新，形成城乡间新型的产业网络组织。② 乡村工业与城镇化相互促进、相互支撑，是农村内生驱动发展形态推进城乡一体化的重要内容。乡村工业进一步发展，必须按照城乡区域经济比较优势原则和专业化协作的要求，将分散的企业集中到适当的地点聚集共生，走适度规模经营的集约化道路，建立农村工贸园区、农产品加工

---

① 武延海：《大型基础设施建设对区域形态的影响研究述评》，《城市规划》2002 年第 4 期。
② 咸德宁：《我国城乡间产业的迁移与分工协调发展》，《经济学家》2011 年第 8 期。

集中区，优化乡村工业的空间布局和组织结构，形成聚集效应和规模经济效应，优化乡村工业布局结构形态。在这一过程中，建立以城镇为依托的非农产业集中发展园区是城乡经济发展的内在要求，也是推进城镇化发展的重要举措，又是加快工业结构转换的重要契机。无论是城市工业结构布局的进一步优化调整，还是乡村工业的进一步发展，都可以以各类园区为载体，加强与城市工业部门的联系，增强产业之间的联动效应，进一步为乡村工业向现代城市工业的转换创造条件。

（三）以主体功能区建设推进城乡协调

在不同城乡形态演变过程中促进城乡一体，同样需要将城乡统筹发展置于主体功能区发展理念之下。因为推进形成主体功能区建设，就是为了落实好城乡区域协调发展总体战略，深化细化城乡一体化政策，更有力地支持城乡区域在不同程度上协调发展。某种特定区域内有效的城镇群系统，其对促进城乡一体化的作用发挥，应当是在一个相对完整的区域范围内，因诸多经济、社会、政治、文化等方面不同具有合理分工协作的相互依赖的城镇网络，而且是一个处于变迁过程中的开放性系统，没有城乡区域整体性的规划协调，没有完善的基础设施体系的形成，城乡一体化的诸多难点问题都无法彻底破解。《全国主体功能区规划》把环渤海、长江三角洲、珠江三角洲地区确定为优化开发区域，就是要促进这类人口密集、开发强度高、资源环境负荷过重的区域，率先转变经济发展方式，促进产业转移，从而也可以为中西部地区腾出更多发展空间；把中西部地区一些资源环境承载能力较强、集聚人口和经济条件较好的区域确定为重点开发区域，是为了引导生产要素向这类区域集中，促进工业化城镇化，加快城乡区域经济发展；把西部地区一些不具备大规模高强度工业化城镇化开发条件的区域，确定为限制开发的重点生态功能区，是为了更好地保护这类区域的生态产品生产力，使国家支持生态环境保护和改善民生的政策能更集中地落实到这类区域，尽快改善当地公共服务和人民生活条件。由此可见，城市化地区在率先实现城乡一体化进程中，仍然需要把增强综合经济实力作为首要任务，同时不断优化城镇结构、提高城镇人口承载功能、增强城镇的聚集效应、保护好耕地和生态；农产品主产区要把增强农业综合生产能力作为首要任务，在不影响主体功能的前提下适度发展非农产业、培育区域增长极和增长点、保护好生态环境；重点生态功能区要把增强提供生态产品能力作为首要任务，同时可适度发展不影响主体功能的适宜产业，并尽量排除单纯追求经济利益最大化或行政干扰，而强化区域壁垒等人为因素的影响。这就要求以城乡关联互动发展形态推进的城乡一体化，重在节点城镇要素聚集、人口承载力提升和乡村发展能力的增强这双向作用的发挥；随着区域一体化发展，这种相互作用联系的强度越来越大。

（四）以不同路径实现城乡一体化

城乡一体化水平与新型城乡形态演变的程度与区域经济发展水平、区位条件、人力资本积累水平、农村非农产业发展、劳动力流动及制度变迁等因素密切相关。城乡产业发展是新型城乡形态演变的根本动力与物质基础，城乡道路条件的改善和交通网络的形成及其联系紧密程度的加强，是新型城乡形态生成的基本条件和辅助支撑，城乡体制改革的深入和各级政府对城乡发展的人为统筹协调，是新型城乡形态演变的制度条件和政策保障，城乡人口流动、要素市场化配置和城乡土地利用格局的变化，是新型城乡形态形成的基本内容和有机组成部分，只有重视城乡建设用地的动态平衡，实现土地利用的高效集约，城乡一体化和城乡形态优化才会具有持续保障的空间载体。新型城乡形态的演变为中国城乡一体化的目标实现奠定了阶段性的基本条件和参考依据，新型城乡形态是中国城乡一体化目标实现过程中的新现象、新问题；低碳城市、和谐城乡发展格局以及城乡公共服务基本均等化是城乡经济社会发展的基本理念，实现人—地关系和谐和城乡区域可持续发展，成为新型城乡形态演变的基本取向；以长三角、珠三角、京津冀等城市圈发展为代表的城市化区域表明，区域经济社会的发达程度，特别是城市化工业化水平，与该区域城乡一体化的实现程度呈正相关关系（尽管典型的资源枯竭型城市并非如此）；自然气候、经济区位、地理环境、资源禀赋和用地条件、用水条件，对城乡初始发展的制约作用明显，现代市场经济条件下的城乡发展，愈来愈多地取决于城乡发展方式的转型和制度创新的推进；城乡一体化与新型城乡形态之间的互动发展呈现相互影响、相互促进的关系，二者在城乡区域层面存在路径依赖，其微观机理与城乡系统内部和城乡之间的自组织关系相关，城乡之间发展的规律性不是以人的意志为转移的，尽管人们可以主动地利用人为手段对城乡规划进行干预。什么是新型城乡形态的评价标准、如何判断和确定城乡一体化的形成标准，取决于人们在不同时空对于城乡发展的不同要求。城市经营中的旧城改造，与新农村建设中废弃宅基地的复耕、农村整村推进式的改革、农业产业化经营等构成的城乡形态演变，是城乡形态系统自身发育的新阶段与新特征，这为城乡形态的空间结构与功能关系优化奠定了基础，是人们对于土地资源稀缺性利用的理性反应。制度背景对于中国的城乡形态演变具有重要影响作用，计划经济时期的单位制和政府主导城乡发展，构成城市形态的主体内容，市场经济时期的市场主体自由发展，推动了城乡必须进行规划和科学开发建设。

二　立足城乡产业链接，强化城乡一体化发展的经济支撑

（一）以不同层面的关联促进城乡产业链接

城乡经济社会发展的路径从来就不是线性的，不同的发展阶段应当有与不同的城乡关系相适应的产业经济增长方式。产业发展是城乡就业的依托，产业发展的城乡分布格局会影响城乡就业结构。城乡产业经济之间的相互关联和作用，是经济发展过程中的客观存在，城乡二元经济的相对地位和作用，会随着经济发展水平的提高而变化。产业关联是产业间以各种投入品和产出品为联结纽带的技术经济联系，一般包括纵向联系、横向联系和互补联系。城乡之间产业联系越广泛、越深刻，则城乡区域越容易和有可能通过产业间的聚集经济、外在经济、范围经济、规模经济和乘数效应、扩散效应、辐射效应、溢出效应的作用发挥带动城乡一体化发展。从产业关联的角度看，住房、汽车是终端产业，重化工业是中间产业，能源、运输是基础产业，相互间环环相扣。房地产和汽车工业的快速发展，必然对钢铁、水泥、有色、石化、机械装备等重化工业产生巨大需求，打破终端产业和中间产业间原有的供求平衡。重化工业的迅速发展也必然对煤、电、油运产生巨大需求，并打破中间产业和基础产业之间原有的供求平衡。[①] 在这一关联关系中，城市经济发

[①]　国务院发展研究中心课题组：《"十一五"规划基本思路和 2020 年远景目标研究》，《改革》2005 年第 5 期。

展可以为农业生产提供更多更好的农业机械、化肥、杀虫剂等产品，为现代农业发展提供物质条件。当工业化达到一定水平后，工业产业对农业发展的促进作用会逐渐增强，产业领域的结构调整、市场供求变化、产品价格变化都会存在利润空间，引起城乡生产涉足某些产业链条的某些环节。产业结构调整与变迁，必然影响到城乡空间结构的变迁和形态演化，受不同主导产业和关联产业的影响，不同社会在城乡关系演进的不同阶段具有不同的城乡空间布局形态。以制造业为主导的工业化时期，受工业生产方式的影响城乡空间布局以等级状空间极化的特征为主；在以信息产业为主导的后工业化社会，城乡空间布局则具有非等级状空间网络化结构为特征。

(二) 以城市化工业化促进城乡产业升级

现代工业的根本性特征决定了工业化必然伴随着城市化，城市化是工业化的必然条件。资本主义国家在产业革命初期就是依托中心城市的作用，实现工业化和农村城市化的。城市化是由工业化引起并伴随工业化而产生的，在一定地域空间人口由农村向城市的迁移过程，是农村经济向城市经济的转变过程，是传统农村社区向城市社区的演变过程，是传统宗教文化向现代城市文化的演化过程，是政治领袖由亲选型裙带主义向贤选型民主化的演变过程。[①] "十一五" 时期以来，中国城乡区域增长格局的变化，导致全国产业布局由过去向东部地区集中逐步转变为向中西部地区转移扩散，并对不同区域的产业发展形成不同的定位，这也促使中国城乡产业发展日益向因地制宜和分类推进的阶段迈进。"十二五" 时期，中国工业布局的突出特点将是沿海开发战略的实施和主体功能区的建设。[②] 对于沿海开发战略，自 2009 年以来随着江苏、辽宁、山东等多个沿海地区发展规划上升为国家战略，意味着新一轮的海洋指向的产业发展格局逐步显现；对于主体功能区建设，中国未来的国土空间开发将会更加体现科学规范和时序调整，这有助于不同区域在城乡发展中承担不同的主体功能和恰当的空间管制，优化城乡资源的空间配置。

---

① 李清娟：《产业发展与城市化》，复旦大学出版社 2003 年版，第 16 页。
② 何映昆、王钦、肖红军：《"十二五" 时期我国工业的结构调整与产业升级》，《经济学动态》2010 年第 12 期。

表8-1　　　　　　　　　　产业演变与经济发展对城市发展的影响[①]

项目	主导经济形态			
	农业经济	工业经济		知识经济
社会类型	农业社会	工业化前期	工业化后期	后工业社会、信息社会
城市化	缓慢城市化	加速城市化	郊区化	逆城市化、再城市化
城市演变	城市的量变	第一次城市转变	第二次城市转变	第三次城市转变

资料来源：周春山《城市空间结构与形态》，科学出版社2007年版，第245页。

发展经济学家拉尔德·M.迈耶（Gerrald. M. Meier）在其著作《经济发展的主要问题》中特别指出："一个发展规划不能只着重工业化而牺牲农业的发展。虽然许多欠发达国家在他们起初的发展规划中，都集中于深思熟虑的工业化，但现在却正在对工业化的作用重新进行认识和评价。这不是把资源集中于发展工业或农业——好像是二者必居其一的问题，而是人们开始更多地认识到，农业与工业的相互扶持的发动应该受到首要的注重。"[②] 农民收入是形成农村居民对工业品有效需求的基础，农业发展的程度决定了农业的市场容量和贡献份额的大小，并将影响工业品生产周期和工业化进程。在非洲，农业部门产出每增加1美元，会带动非农业部门的产出多增加1.5美元；在亚洲，这一数字是1.8美元。[③] 中国农业市场建设不仅因为涉及政府职能转变、价格和流通体制改革、农民对市场的适应以及市场本身软件、硬件的建设等体制改革中的慢变因素，而且还涉及农业这个产业部门的特殊性。农业走进市场经济，必须遵循价格起基础调节作用的基本规律，但与此同时也不可缺少政府政策的支持和调控。农业因受自然规律影响、受发展战略和经济环境影响，生产效率的提高往往滞后于其他产业部门，是一个自身经济效益较低而社会效益较高的部门。[④]"十二五"期间，中国工业化和城市化进程正延续着以往的势头快速推进，一方面，城市化的生产生活模式及城乡居民收入水平的提高，将进一步改善饮食结构，增加对肉、蛋、奶、果、蔬、菌和水产等农产品的需求，并对农产品质量和安全提出更高要求，这将促进农业产业结构进一步优化，

---

① 周春山：《城市空间结构与形态》，科学出版社2007年版，第245页。
② 王振亮：《城乡空间融合论》，复旦大学出版社2000年版，第51、52页。
③ 苏雪串：《工业化中期阶段的城乡经济关系》，《改革》2005年第12期。
④ 杜鹰：《〈中国农村改革：回顾与展望〉评价》，《经济研究》1999年第11期。

并有助于更好地发挥中国劳动力密集的比较优势；另一方面，农村非农产业发展、农业产业化经营和工业产业链延长以及分工深化、人口聚集带来的服务业发展将创造更多的就业机会，有利于农村劳动力的进一步转移，也有助于进一步提升农业生产的比较收益。① 因此，在城乡产业间的竞争中，政府须建立有效的产业载体、农业生产支持系统和农产品市场安定系统，以农业专业合作组织、集体经济组织为依托，从良种培育、生产服务、营销和物流体系建设等方面，锻造现代农业产业链，把产业链增值的好处最大地留在农村和农业生产者手中，以确保农村产业经济的物质基础稳定。这对于克服盲从市场机制和要求过度保护两种倾向，都是很有现实意义的。

(三) 以市场机制促进城乡要素自由流动

城乡劳动力的自由流动和有效配置，是市场经济和商品社会得以生存的基本要素之一。在中国农村，尽管存在各种各样政策的限制和歧视，但大量农民工的"准候鸟式"钟摆型流动成为农村富余劳动力迁移的普遍现象，这一分散的主体成为农村冲击城市各种社会经济门槛的重要力量。由于城乡分割、城乡差别的制度安排并未随经济体制改革和市场机制的逐步形成而发生根本变化，现阶段劳动力市场的基本特征仍然是城乡二元分割，城乡发展不平衡、城乡二元结构矛盾加剧仍在继续，城乡劳动力市场化转移和城乡统一劳动力市场仍然没有完全建立。所以，实现农村富余人口的市场化转移，建立统一的农村劳动力市场，既是改革开放、和谐社会构建中的阶段性要求，也是城乡一体化实现和城乡关系良性协调互动发展的市场保障体系之一。城乡统一劳动力市场的逐步建立，需要坚持公正原则，采取有效措施，加快户籍制度改革，做好城乡劳动力就业的促进工作，在劳动时间、劳动条件、劳动保护、劳动报酬上应实行统一标准，整治恶意拖欠、克扣农民工工资的行为，积极做好劳动力市场信息发布工作，及时准确提供各城市劳动力市场供求信息，尽可能克服农村劳动力盲目流动现象，加强对农村劳动力文化素质和职业技能培训，提高其在劳动力市场上就业竞争的能力。

---

① 方松海：《"十二五"时期我国农业面临的形势和政策分析》，《经济学动态》2010年第12期。

发达国家城乡资本流动的关系，是农业资本先向城市流动促进城市经济社会发展，然后城市资本再流向农村带动农业和农村经济社会发展。中国城乡资本倾斜化流动长期主要依赖财政渠道（主要是国家财政用于农业事业、基本建设、科技支出和国家财政从农村农业中的税收）、金融渠道（主要是国家银行、农村信用社等金融机构在农村吸收的存款运用于农业生产和农村经济发展）、价格渠道（主要是通过农产品与工业品的不合理比价，造成工农业产品价格剪刀差形成的隐性城乡资本流动）和邮政储蓄（主要是邮政储蓄吸收资金转入人民银行列入信贷计划，进而安排当地人民银行调剂使用）等，而且城市在资本流动过程中居于强势地位，使得本来缺乏资金的大量农村资金不断流向城市[①]。从城乡关系协调与农村实际和农民需要出发，培育竞争性的农村金融市场，形成合理的农村金融机构体系，加快改革和创新农村金融体制，成为城乡一体化实现的基本保障之一。因此，必须按照有利于增加农户和企业贷款，有利于改善农村金融服务的要求，培育竞争性的农村区域性金融市场，形成合理的农村区域性金融机构体系，推行农村金融体制的整体改革。如可以实施农村信用社改革试点政策，明确对产权关系和内部治理的要求，真正解决内部人控制问题，考察改革的治理结构的变化和民主管理的落实情况；扭转中国农业银行"离农"倾向，切实加大中国农业银行对农业和农村经济的支持力度，国家通过税收等政策引导商业银行把一定比例的资金用于农业；农业发展银行重新定位，真正发挥政策性银行的作用，国家整合对农村的资金投入，区分国家必需的财政投入和国家予以补偿的财政投入。尤其对农村的公共道路、重大的生态环境建设工程、农业的基础科学研究建设等可以由中央和地方财政无偿投入；除此之外，鼓励、支持农村小额信贷机构发

---

① 城市在资本流动过程中居于强势地位可以用数字说明：如1985—1989年，国家通过财政渠道使农村资金净流出488.32亿元，1990—1994年农村资金净流出2569.15亿元，10年总计3057.4亿元，年均超过300亿元；同期，国家综合计划和预算计划却始终沿着城市偏向的惯性定盘子，牺牲农业保工业、牺牲农村保城市。又如1952—1989年国家通过价格剪刀差从农业提取资金和农业税收资金共计10933亿元，扣除财政支农资金3793亿元，农业资金流出量高达7140亿元；1988—1993年6年间，农村居民在价格变动中因减收增支造成的净损失约1000亿元，这期间形成农村资本向城市的无偿转移。再如1987—1993年，设在农村的邮政储蓄网点共吸收农村邮政储蓄存款215亿元。另外，农村资本还大量地以股票、债券、集资等形式流向城市，进一步加剧着城乡间的资本城市偏向流动。周叔莲、郭克莎：《中国城乡经济及社会协调发展研究》，经济管理出版社1996年版，第132—144页。

展，充分发挥小额金融的作用，使小额信贷向制度化、机构化和商业可持续的方向发展；建立邮政储蓄资金回流机制，增加农村信贷资金来源；建立农业保险制度，分担农村金融机构的贷款风险；建立农村金融体系的信用保障机制，增强农村金融组织信誉，降低金融经营主体的市场退出给社会带来的风险，等等。

（四）以统一的市场体系促进城乡市场化水平提升

新中国成立之初，在特定历史条件下确定的工农、城乡分割发展体制，运用农产品统购统销、工农业产品剪刀差及城乡产业分工政策，以超经济的手段提取农业剩余，不仅使经济社会在短期内有了跨越式的提升，而且在政治上树立起了自强不息的民族与区域形象。但这一制度安排在整个计划经济时期的延续施行，使城乡经济社会发展长期处于两条分离的轨道。随着社会主义市场经济体制的逐步确立，中央政府采取了许多促进城乡一体、均衡发展的措施，但由于制度惯性而形成的路线依赖，使得城乡经济社会发展相对隔离的状况并未从根本上改变。中国经济体制改革的目标是建立社会主义市场经济体制，这就要求有统一的城乡市场，促进商品流通，实现劳动力、资金等生产要素市场化流动。所以，城乡一体化的实现还需要打破原有的城乡商品流通壁垒，顺应市场经济体制的要求。以商品市场为例，在买方市场已基本形成的情况下，城市大量工业品积压，农村商品供应则品种较少、选择余地不大；同时，城市对绿色食品、优质农产品的极大需求又得不到有效满足。因此，帮助农民树立起市场意识，为农副产品进入城市市场提供更加便捷的渠道，更有效地帮助农民适应市场、把握市场、占领市场至关重要。生鲜农产品流通问题是发展农产品流通业、拓宽农民增收渠道、提高农业现代化水平和农民生活水平的关键环节。在这一过程中，连锁超市要发挥重要作用，就必须构建源自产地和基地，直通城乡居民生活餐桌的"从土地到餐桌"的对接渠道，并在此基础上建立生鲜农产品安全、互信、高效、标准化、可追溯的信息化供应链，通过改革生鲜农产品流通全过程的信息流来改善物流和现金流，实现生鲜农产品流通全过程的综合价值最优。① 城市经济的发展要

---

① 周树华、张正洋、张艺华：《构建连锁超市生鲜农产品供应链的信息管理体系探讨》，《管理世界》2011年第3期。

注意更加面向农村市场、研究农民需求，根据农村市场的短缺创造有效供给，运用城镇市场引导和带动农村市场的发展，提高农产品的商品化程度和农业市场化程度，并采取连锁经营等现代营销方式，建立农用工业品经销网络，建立适应现代市场经济要求的商品流通体制，包括各类商品在流通过程中的组织制度改革与各自的流通环节设置和选择，促进城乡市场体系的迅速发育成型，以调整城乡集市贸易发展方向为龙头，以培育农村市场体系为重点，在专业化分工协作的基础上实现城乡市场体系的协调发展。在这个过程中，农业与非农产业的耦合系统及其最优增长都会依赖对特定资源的消耗，同时产业的关联发展也会产生具有负外部效应的副产品，例如环境污染、生态承载力变化等。因此，政府理性的政策选择在于对产业的管制，在于合理引导产业发展实现最大产出与利润基础上的负的外在性的消除，以最终实现城乡产业关联发展中的社会福利效应最大化。

（五）以创新要素促进城乡发展方式转变

城乡一体化进程中经济发展方式转变的要点，关键在于提高技术、知识、信息等现代生产要素投入在整个经济增长中的比例，在于保证充分就业，特别是让人力资本在经济增长中发挥更为重要的作用，从而增加普通劳动者的收入，最终提高消费对经济增长的拉动效应。要素市场扭曲会导致市场主体对资本、劳动等生产要素的配置扭曲，最终降低社会总量全要素生产率；城乡经济发展水平和产业结构决定了劳动力市场就业数量和就业结构的基本形态，行政级别、城乡人口规模以及区位因素等其他属性也明显影响着城乡的就业结构。在中国，随着城市经济发展水平的提高，就业重心由低端服务业向高端服务业、新兴产业和制造业转化，在少数经济发达的大型城市，就业由制造业向现代服务业转化的趋势正伴随产业的区域转移而加速。因此，对于主要靠加工工业发展来支撑区域经济高速增长的大部分沿海地区，继续实现产业链向"微笑曲线"[①]两端延伸，发展服务业和实现产业服务化；对于主要靠工业化和城市化互动实现城乡经济发展的更多区域，在于将传统产业改造和战略性新兴产业培育相结合，主要

---

① 文丽、徐淑君：《改革：框架性设计是必须要有的——专访著名经济学家吴敬琏》，《财经国家周刊》2011年第5期。

通过市场力量的进一步发挥实现要素、企业和产业聚集。如果劳动力在不同区域、行业之间的自由流动受到制约，城乡分工过程中的专业化趋势就难以形成，劳动力市场也更容易面临风险。当前，中国就业的多元化趋势日趋明显，经济结构演进与升级不断催生新的产业部门，城乡区域不是没有就业岗位需求，而是市场环境抑制了部分就业需求，例如城乡社区服务、集贸市场、劳动力密集型产业等都对劳动力具有很强的吸纳能力。[①]而且，在经济社会发展水平相对较低的中西部地区，虽然不能保证所有地域范围都具备承接产业转移的条件，但整体上讲，劳动力密集型制造业向欠发达地区转移可能会成为一个必然趋势，这会有利于实现区域发展的空间均衡。这就要求在扩大就业的过程中，政府必须抑制资本密集程度过度提高、技术对劳动力的过早替代和排挤，通过比较优势的发挥创造更好的市场和投资环境。同时，城乡发展过程中的各区域需要根据自身的资源禀赋特征进行合理化专业分工，发挥城市与乡村各自的产业优势，形成不同层级城市之间、城乡之间的产业梯度分工链条，形成以中心城市为核心的产业协作共同体及城乡产业网络化链接结构。在城乡产业对接、产业链条延伸的思路下，发挥农业具有的经济社会和生态多重功能，设计资本主体产业投入的目标吸引，促进具备产业和区域带动功能、产业关联效应或配套功能强的项目进入城市或农村，以实现农业与生产性服务业的衔接，实现城乡产业分工基础上的产业链延伸，促进农业职业与非农职业的协调发展；充分利用城镇在产业集群发展方面的优势，促进城乡规划与产业链接的有机结合，进一步挖掘低碳产业、低碳社会的资源节约功能，使产业发展既具备必要的基础设施、技术人才、要素和市场支撑，又能在发挥城镇聚集、扩散效应的同时，实现城乡区域经济发展一体化。不论在城市还是在乡村，积极推动建立行业协会，对各类服务市场主体如家政服务业、家政公司实行规范管理，采取"以工代赈"的方式促进农村基础设施、农田水利建设，既节省财力、扩大就业，又能增加城乡居民收入。在这里，城乡产业链整合的关键，是那些能够产生关联关系的产业链环节中的节点企业，为节约交易费用和追求利润最大化，而在城乡区域应用不同功能的技术和设备，从而实现元产业链的重构、产业创新和价值再造，并为城乡产

---

①　吕冰洋：《财政扩张与供求失衡：孰为因？孰为果？》，《经济研究》2011 年第 3 期。

业互动关系的建立提供基础。在城乡一体化发展进程中，城乡产业互动关系建立的关键则在于以产业关联为基础，通过城乡社会协作（例如，工业反哺农业、生产性服务业与农业的协调发展、三次产业协同带动城乡经济增长、高新技术产业改造传统产业、战略性新兴产业培育发展等）促进城乡产业支撑互动、产业带动互动、产业耦合互动或产业融合互动[①]。其中，立足产业多样化中相关多样化和无关多样化对区域经济发展的不同效应[②]，城市产业链的构建关键，在于将城市内断续或孤立的行业部门借助于某种产业合作形式串联起来，使产业链基于更为紧密的技术经济联系发挥原来断续或孤立状态下所不具备的整体功能，同时围绕主导产业积极发展配套辅助产业，引导产业结构多元化调整，实现产业前向、后向抑或是旁侧的关联效应，避免重复建设带来的资源浪费和低效率利用。

三　立足城乡制度变革，创新城乡一体化发展的制度基础

（一）以多种力量促进城乡制度创新

伴随新中国成立后 60 多年的制度变革，中国仍然存在着制约城乡一体化发展的正式、非正式制度（包括发展理念、规划指导、民间力量、政府调控促进、市场力量的综合效应发挥和上层建筑变革等）创新约束，特别是土地、户籍、资本领域等的重大制度变革，由于缺乏在新的政治体制下从各阶层利益竞争中获得支持的动力，加之区域间竞争所造成的严重市场分割和阻碍劳动力、资本自由流动以及土地、劳动力及各类能源使用成本和环境治理成本的迅速提升，导致高度依赖劳动力和资源消耗的城市及其产业发展面临转型困境。尽管现实中不存在能确保所有国家和地区在一定时间、一定时期内达到同一水平的经济成就或同一发展速度的通用规则，但是经济成就和发展很大程度上取决于人们的欲望、态度，取决于社会和政治制度以及由此产生的安排，取决于历史经验，却只是在很小程度上取决于外部接触、市场机会以及自然资源。并且，如果这些有利于物质进步的因素是现存的，那么个人、团体甚至社会就不会停滞。因此，导致

---

① 彭亮：《产业互动模式的背景及其现实应因》，《改革》2010 年第 10 期。

② 孙晓华、柴玲玲：《相关多样化、无关多样化与地区经济发展——基于中国 282 个地级市面板数据的实证研究》，《中国工业经济》2012 年第 6 期。

经济持续停滞的，是有利因素的缺乏，而不是贫困。① 当人力资源成为相对稀缺的生产要素，更进一步，当良好的人类发展环境成为城乡经济和社会发展重要因素时，发展型政府②将直接把干预经济活动的职能，至少部分地向改进地方公共服务供给环境转变。

在制度变迁中，中国政府对城乡发展的影响作用相对复杂。中央政府在土地产权界定、户籍制度、就业和社会保障、建设用地指标的分配和交易、教育投入等方面，主要影响着城乡一体化的推进过程和具体的模式选择，地方政府则主要影响城乡要素自由流动、基本公共产品的提供和要素聚集等。③ 对于不同区域来讲，无论是为了吸引和留住人才，还是为了挖掘内需潜力，抑或是为了打破赶超经济发展的瓶颈问题，政府完全可以从不同的动机出发，在城乡一体化进程中进行做法各异的制度设计和推进方式探索，进而在促进城乡改革中形成各具特点的多样性方案。例如，将户籍制度与土地制度相结合，在城市化加快的过程中不突破耕地保有量的红线，这是中央与地方政府改革激励相容的关键点；而如何在户籍制度改革的同时，建立起相应的劳动力市场制度和社会保护体系，防止"城市病"和"农村病"，这可能是中央政府和劳动力输入地政府都更为关心的。同样，如何把地方政府的改革举措与城市化全局和城乡一体化相协调，既影响户籍制度改革的效果，也会对土地制度改革产生影响。④

（二）突出重点促进农村制度创新

长期以来，城乡分割的二元土地制度，集体建设用地的产权模糊是集体建设用地违法流转的根本原因，利益驱动则是导致集体建设用地隐性流转的直接动力，立法的限制和滞后以及各法律之间的冲突，则是集体建设

---

① ［美］詹姆斯・A. 道、史迪夫・H. 汉科、［英］阿兰・A. 瓦尔特斯：《发展经济学的革命》，上海三联书店、上海人民出版社 2000 年版，第 1—24 页。

② 发展型政府强调对地方经济发展表现出高度关注的热情，政府积极介入经济发展的各个领域，特别是在资本要素稀缺、存在投资缺口的条件下，地方政府在招商引资上做出极大努力，帮助企业融资，并深度介入直接操作过程。蔡昉：《刘易斯转折点与公共政策方向的转变——关于中国社会保护的若干特征性事实》，《中国社会科学》2010 年第 6 期。

③ 袁志刚、绍挺：《土地制度与中国城市结构、产业结构选择》，《经济学动态》2010 年第 12 期。

④ 蔡昉：《户籍制度改革与城乡社会福利制度统筹》，《经济学动态》2010 年第 12 期。

用地使用权流转处于自发和无序状态的主要原因。与此相应，合理的价格机制和流转收益分配机制尚未通过公开规范的土地市场实现，是集体建设用地流转价格混乱、利益分配不均衡的重要原因，强制征地、补偿和收益分配措施的不公平是导致土地征用制度低效率的主要原因。① 随着改革开放的不断深入，土地制度的创新成果不断涌现，上海市浦东新区、广东省、重庆市、成都市等都在土地制度创新领域进行了积极有益的探索。在土地股份制合作实践中，需要根据不同地区的实际构建适合当地特点和符合当地居民意愿的商议协调机制、纠纷解决机制和退出机制，使新的制度安排及其合法性受到公众的普遍认可。对于失地农民社会保障而言，由于他们失去了赖以生存的土地而成为一种新的社会弱势群体，普遍面临就业率低且工作不稳定，相当多是从事个体经营或充当临时雇工，其社会保障游离于城乡之间，失业、养老、就医等社会保障缺失。因此，失地农民的最低生活保障，主要是面向收入不足以支付基本生活费用的失地农民个人或家庭，包括因灾、因病致贫的家庭、无劳动能力或残疾人家庭、月收入达不到城镇最低生活保障线的"农转非"人员、生活水平低于当地家庭平均水平的不完全失地农民等。在界定低保对象时，引入公众监督制度，以确保低保对象界定的规范性和透明度。在具体实施中，可考虑以城乡社会保障一体化发展为契机，统筹考虑失地农民社会保障与城镇社会保障、乡（镇）企业职工社会保障、进城务工人员社会保障政策的有机衔接问题，以避免短期化行为；在新旧失地农民社会保障过渡过程中，考虑政策之间的有效衔接和稳定性，先实行有差别的统一，最终过渡到完全统一；在失地农民社会保障实践过程中，遵循因地制宜的原则，通过多层次的、多元化路径实现失地农民的长久生计保障，彻底解决其后顾之忧；通过正式制度安排，明确政府和集体承担失地农民养老保险不低于80%的资金份额，对因地方财政紧张与集体经济增长乏力，致使政府和集体资金很难保证的情况，可主要从土地出让增值收益中按一定比例提取养老保险基金。同时，各级政府进一步强化对失地农民的社会保障政策，帮助更多农民增强自我保险意识，对于已参与养老保险的失地农民，政府在保险费的缴纳上给予相应补贴，使广大失地农民变被动参保为主动参保。

---

① 何元斌、姜武汉：《农地流转参与主体与社会福利的关联度》，《改革》2011 年第 1 期。

在个人账户与社会统筹相结合的基本养老保险资金管理模式上，政府负担部分和村集体缴纳资金的一部分进入统筹账户，个人从安置补助费中列支的资金进入个人账户，并通过健全相关的管理制度，如财务核算制度、审计监督制度、绩效评价制度等，严格执行收支两条线和财政专户管理，保证专款专用，提高资金使用效率。作为"农转非"人员纳入城镇基本医疗保险的统筹出资部分，失地农民个人出资一部分，分阶段把"农转非"人员逐步纳入城镇基本医疗保险，把商业保险作为"农转非"人员医疗保障的重要补充，根据集体经济发展水平，由集体出资投资适合形式的团体大病保险，逐步形成以"农转非"社区为基础的合作医疗保障体系。从根本上讲，解决失地农民社会保障，首先是实现就业，通过就业、创造收入进而增强家庭自我保障能力，这就要求建立为失地农民而提供的特殊就业培训体系，帮助他们建立全新的就业观念，鼓励其积极参加知识、技能培训，完善知识结构和补充新的技能，以适应新城镇就业结构的需要。

不仅如此，探索多种形式的就业渠道，通过就地招工安置、社区就业安置、市政公共就业工程安置、用工单位政策优惠安置等，对招用失地农民的企业，政府给予一定的收费减免、社保补贴、岗位补贴等优惠政策。政府还可通过实施优惠政策，鼓励和帮扶失地农民自主创业，在创业政策优惠方面，可参考下岗失业人员的政策待遇，如免交相关税费、提供小额担保贷款等；在创业环境建设方面，地方政府和乡镇集体经济可充分利用征地后留用的土地，积极发展商贸流通市场、都市生态农业等产业，为失地农民创造就业平台。

（三）以市场机制促进城乡居民发展的机会均等

诺贝尔经济学奖获得者迈克尔·斯宾塞（A. Michael Spence）指出："城镇化能不能有序地开展，是对任何一个发展中国家政府能力的主要考验。[①]"20世纪90年代以来，在"经营城市"的口号和巨大经济利益驱动下，中国城镇化的自然演进过程被当作人为控制变量加快处理，导致部分城市脱离经济基础以"摊大饼"、搞开发区、新区等形式"大干快上"、迅

---

① 仇保兴：《生态文明时代的村镇规划与建设》，2009年3月16日，中华人民共和国住房和城乡建设部，网址 http//：www.mohurd.gov.cn。

速跨越，甚至是不顾成本地过度扩大城市和开发区规模，造成了在很长一段时期内很难彻底消除和融化的土地城市化泡沫，也引发政府信用对未来现金流的严重透支。随着经济效益边际递减、"干中学"效应衰减，有量无质的高投资所推动的赶超型增长模式所面临的困难日益增多，政府追求的高税收、高支出政策也难以为继。[①] 我们认为，中国的新型城市化能否顺利推进，不仅需要进一步加快城乡经济发展方式的转变，而且有赖于政府职能及其城市化发展目标的转变，尽量减少政府对城市化和城乡经济增长的干预和主导，消除各级政府单纯追求跨越而获得激励的机制，推动土地城市化向人口城市化的转变。同时，中国的城乡一体化之路将依赖继续扩大城乡公民之间的机会公平与权利对等，并且这一过程的体制基础是进一步推进市场化的深度、广度与密度。但是，现实中存在的制度障碍尤其是政治体制领域的制度安排却与市场化倡导的自由与平等存在较大矛盾，"公务员热"便是最好的印证。数据显示，2003 年中国内地报考国家公务员的人数为 8.7 万人，2010 年这一数据则激增为 140 万人，7 年间增加了16 倍。千千万万新生代的年轻人之所以热衷于选择这一职位，主要是因为公务员工资福利、退休养老等有着较为完备的保障体系，加之就业形势严峻而致使包括在校大学生、高学历者在内的人们拼命挤破头往这一队伍里钻，希望能获得一个社会保障的安全网。最重要的是，"公务员热"还与公务员可以直接运用社会公共权力和资源、握有相当大的权力有关。从报考的情况看，许多考生倾向于权力大的政府部门，如公安、税务、法院、检察院、财政、人事等部门，而诸如海洋局、地震局、气象局、煤矿安全监察局等岗位则相对无偏好导向，这是一种带有功利主义色彩的社会现象，这是一种非单纯的职业选择问题，这背后隐藏的是一系列社会问题，反映了某些岗位存在"隐性"收入，城乡居民社会保障体系还不完善。[②]

其实，无论持什么观点，从学术研究的角度看，要揭示中国改革开放30 多年来所发生的"中国奇迹"，必须回答两个问题：它是何人创造，又

---

① 中国经济增长前沿课题组：《城市化、财政扩张与经济增长》，《经济研究》2011 年第11 期。

② 香港《成报》2010 年 12 月 15 文章：《"公务员热"不是好现象》。转引自参考消息 2010年 12 月 16 日。

是何时创造？毫无疑问，大批年轻人投考公务员，意味着开拓创新精神的渐次流失。理性支配着人的行为，理性的作用范围和功效有所不同。理性受制于环境，有时环境改变了，人们仍然会按自己惯有的理性行动，从而有可能产生理性在原有环境下所不可能有的巨大能量。近30年中国城乡经济社会迅速发展，就是离不开大批年轻人不愿做官，不满足于坐在清闲舒适的办公室度过一生，而是不辞辛苦、努力节约、相互信任、合作求稳、忍耐韧性，大批年轻农民纷纷南下打工，创业青年"下海"搏击，创造了无数财富神话，一个个微小的为了生存发展得更好的个体力量的汇聚积累，释放和成就了在传统农业社会和现代工商业社会未曾有过的巨大能量。① 我们不能离开数量众多的普通人求索中国的发展，我们也不能离开中国的国情讨论城乡发展。这种个人微小的能量的理性扩张及其"叠加优势"便是中国发展奇迹的根源，这种力量不仅促进了中国乡镇企业的发展、私有经济的崛起、国有企业的改革、城乡市场化水平的提升，而且促进了中华民族公民意识的树立和建设现代民主社会的可能性，更是促进中国经济体制改革和政治体制改革相互推进、进而实现城乡制度变迁的创造性主体动力源泉。在秦晖看来，公正的改革应当"在起点平等之下产生最初的所有者，在（竞争）规则平等之下产生最终的所有者"。中国选择市场化取向的改革之路，就是因为坚信只有通过市场才能实现资源优化配置。从逻辑上说，如果权力就能实现资源配置的最优化，那市场的作用与功能何在？产权改革的推进又有什么意义？② 如果市场竞争不充分，政府行为不规范，尤其是当不充分的市场竞争与不规范的政府干预结合在一起，必然形成普遍的"寻租"，从而导致城乡资源配置，尤其是政府管制的稀缺资源的配置无法遵循市场竞争效率原则，而是按照腐败指数配置进而无法在制度上难以保证效率，使增长只能建立在以要素投入量不断扩大为主的基础上，而不是建立在效率提升的基础上。③ 中国近几年的政府规模增长很快，行政管理费用尤其增长迅猛，考虑到政府部门的财政收入和各种各样的收费，广义的政府税费占GDP的比重已达到很高水平，而且

① 徐勇：《农民理性的扩张："中国奇迹"的创造主体分析——对既有理论的挑战及新的分析进路的提出》，《中国社会科学》2010年第1期。
② 熊培云：《重新发现社会》，新星出版社2010年版，第88页。
③ 刘伟：《实现经济发展战略目标关键在于转变发展方式》，《经济研究》2010年第12期。

政府支出结构也有很大的问题。① 实践证明，政府规模过大，确实会对经济增长起反向的作用，城乡发展中的政府规模应该适度。

（四）以科学的制度创新机制促进城乡一体化

城乡二元经济社会格局的改变，重要的是推进制度创新机制的建立。作为处理城乡关系的战略决策和重大创新，必须要求中央和地方政府通过一系列正式和非正式的制度安排，在城乡间建立平等的制度平台，赋予城乡及其居民同等发展权利的制度安排，致力于经济总量在长时期内持续稳定增长，着眼于解决制约农村和农业发展、农民增收的体制性和结构性矛盾，消除精英阶层为了保护既得利益而设置的各种进入壁垒，增强社会流动性，彻底改革传统经济社会体制下形成的城乡分离的各种制度，推动和实现各种制度创新，包括乡镇企业的合理集聚和布局、农村市场体系的健全完善、农业产业化经营和社会化服务体系的形成，以及符合市场经济运行规律和要求的多元化投融资机制、城镇户籍制度、社会保障制度和各有特色而富有成效的行政管理体制的建立健全。需要特别一提的是，协调城乡关系，实现城乡公共产品供给的协调发展，必须促进城乡公共产品供给制度创新，因类制宜地加快城乡公共产品供给机制的创新，进一步强化政府特别是中央和省级政府在农村供给品供给方面的投入责任，改变城市发展型乃至享受型公共产品主要由政府供给的制度，在结构上先调整增量再逐步创造条件调整存量的方式，确保把政府增加公共产品供给的重点放到农村。

在这一过程中，在体制上实现从以物质基础设施建设为主，转移到以市场和法治的制度基础建设为主，加快建立公平竞争的市场规则，打破根据出身和户籍所限定的旧体制障碍，让社会各阶层有平等的发展机会，放松各种市场准入和职业准入限制，消除对低收入者从事某种合适职业的抑制。在政府投资政策上实现从以物质资本投资为主，转移到以教育和健康等人力资本投入为主，不仅增加总量更注重消除教育和健康的不平等，保证城乡社会的所有人拥有动态的机会公平，调动所有人的积极性进行人力资本投资、努力工作、积极创业和创新，并给他们以希望和机会，使社会

---

① 蔡洪滨：《中国经济转型与社会流动性》，《比较》第 53 卷，中信出版社 2011 年版，第1—14 页。

上的所有人尤其是年轻人，无论他们的出身和背景都感到有机会和希望，让他们产生"只要努力一切皆有可能"的预期，都有奋斗的积极性。同时，提高各类机构组织维护社会流动性的社会责任感，各级政府部门、国有企业、公立学校和其他公共组织都是拿纳税人的钱运转的机构，我们的社会责任不仅在于捐钱支持公益事业，更重要的是推动社会进步，其中最重要的一点，就是给没有机会或者缺少机会的群体以更好的机会。一个真正健康的社会，需要的不仅是富人救济穷人的责任，更是保障所有人——尤其是起点较低的人群——机会公平的社会共识。这不是一个道德问题，也不是一个政治理念问题，而是我们摆脱"中等收入陷阱"、保持长期经济增长的必然要求。[①]

（五）以不同条件出台不同的可操作性政策措施

改革开放以来，随着市场化、工业化和城镇化的深化，城乡产业结构升级加速，经济社会结构逐步转型，大量外来资金与人口涌入城市区域，农村和城市郊区的集体建设用地价值迅速攀升，非农建设用地与种植业农用地之间的收益差距显著。在国家对土地供给加强宏观调控的同时，城镇国有土地可供给量不足，为集体建设用地入市提供了机会，特别是在城镇周边和经济发达地区，建立和规范城乡统一建设用地市场、提高土地要素的流动和利用效率，是市场经济条件下生产要素合理流动与优化配置的基本要求。农村改革的实践证明，正是追求产量剩余向财产积累的转化，正是双层经济为双层经营奠定了可以互动和发展的基础，才是促使农户不断扩大再生产的真正的激励机制所在，也正是因为农户拥有了财产权利并成为经济主体，农村的财产关系和经济组织形式才开始多样化，才引出了农村改革丰富而积极的后续变化。[②] 因此，保护农户的财产权利事关农村改革成果的巩固和发展。例如，由于农村土地权属关系中"集体所有"界定的模糊性，常常导致农民难以按等价交换的原则得到应有的土地收益。

为了建立和完善农用土地价格评估体系，可考虑对非城市规划内的土

---

　　① 蔡洪滨：《中国经济转型与社会流动性》，《比较》第 53 卷，中信出版社 2011 年版，第 1—14 页。

　　② 杜鹰：《〈中国农村改革：回顾与展望〉评价》，《经济研究》1999 年第 11 期。

地征用，综合考虑自然条件、区位条件、环境条件等因素的基础上，对农用地进行分等定级，结合农用地等级，制定相对灵活的土地价格评估办法，合理确定土地补偿标准；对城市规划区内的土地征用，积极推行"区片综合价"，根据不同地域条件和影响因素，科学确定"片区综合价"的测算办法，尽可能做到公平合理；对经营性用地的价格评估引入市场机制，按照市场价格，参照资产评估办法，合理确定土地财产补偿标准。在征用农民土地过程中，必须保障农民有充分的知情权和参与权，让被征地农民参与征地过程，以保证他们对土地的使用权、处置权等得到充分尊重，利益得到有效保障。地方政府在提出用地申请时，先进行公告，让土地权利人确定其合理性和合法性；在批准用地后，再次公告，并就赔偿等问题与土地权利人进行协商；在协商过程中，充分发挥村民自治权利，选举一定数量的农民代表参与到征地谈判的全过程，杜绝"违规征地"、"低买高卖"、"隐性交易"等手段侵害失地农民利益、获取暴利现象。地方政府必须在土地征用各个环节上建立全程跟踪监督反馈机制，在充分发挥政府自身监督机构功用的基础上，广泛引入司法、媒体、群众等监督力量，保证土地征用行为的合法性和规范性。

为了明确完善农地产权制度，可考虑在归属清晰的条件下，确定农民土地使用权，淡化和弱化农村土地集体所有权，遏制集体所有权对农民土地使用权的侵蚀，强化农民土地所有权，并使其物权化；在条件成熟时，探索推进农地使用权的资本化，建立农村竞争性的土地要素市场，实现土地资源要素化、资本化的经营，加快农地产权的市场化步伐。同时，按照现代产权制度的要求，加强农地产权保护法律制度，在立法起点上紧扣农民土地财产权利保护和农地资源有效利用核心目标，根据产权的排他性和可交易性规则，在财产权利保护的立法原则上实现集体从土地管制向保护的转变；在立法形式上实现"允许性"规定向"禁止性"规定的转变，在立法内容上扩大权利保护制度的使用范围，详尽规定农地产权界定的标准和程序，细化明晰权利内涵，细化农地财产的使用、收益、处分等权能，克服因初始权利界定的原则化、抽象化而导致的司法纠纷。

城乡一体化进程中的制度创新、宏观体制完善，其目标在于建立起城乡平等的制度框架，促使各级政府在发展理念上从关注单个企业、单个城镇的微观效益转到关注整个城乡区域的宏观整体效益上来，如逐步消除、淡化城镇户口和乡村户口的界限，在户籍制度、就业制度、住房制度、教育制度、医疗制度和社会保障制度等方面，推行以城乡协调发展为目标的配套改革，联手制定统一的政策体系与实施细则，创建一个城乡居民身份平等、公平竞争的社会环境。例如，为解决农村土地融资难问题，可以整合部分财政资金建立农业投资公司，为农业生产经营机构、企业和农户提供抵押、担保，积极探索和创新农村土地融资机制。就城乡一体的医疗卫生制度而言，面对农村区域医疗卫生资源缺乏和农村人口流动性的增强，有必要通过建立城市支持农村的长效机制，不断优化农村医疗卫生资源的整体布局优质资源引向县城或中心镇，使更多的医疗卫生专业人才支持农村医疗事业发展。具体可以考虑以县级医院/县人民医院、乡镇卫生院/中心医院、村卫生室/诊疗所等为基础的服务体系，建立保障农民的基本医疗卫生服务网络。特别是在县域内，可至少办好一所二级甲等水平的综合医院和中医医院，形成"县—镇—乡—村"上下联动的农村医疗卫生服务网络。同时，重视对现有医务人员的培训，推动县级医院与城市三级甲等医院的远程病历诊断与疑难重症会诊，从而实现医疗资源在城乡区域间的共享与互补。在这一过程中，政府必须给予乡村更多的发展权，必须逐步兑现让城乡人民共享发展成果的承诺，使得中国城乡变革一定建立在坚实的社会基础之上，最终实现一个现代经济、现代社会和城乡现代化国家。

四 立足市场经济规律，完善城乡一体化发展的长效机制

(一) 城乡发展需要市场理念

随着改革开放的推进，各级政府和各级官员的行为几乎全部市场化了，地方官员不仅用市场的手段发展市场经济、招商引资，还利用市场的手段实现职位升迁，用市场的手段从上级政府那里求得资源的分配等。行政手段和市场化手段的结合，使得地方政府实现了对区域经济发展的统御；地方政府统御区域经济发展，是将区域部分理解成地方政府冲击的基础；地方政府统御区域经济发展，不仅表现在企业层面，即通过招商引资影响企业的选址和投资，更表现在产业层面，比如东部沿海地区的一些地方政府为争先承接国际产业转移展开了规模宏大的"腾笼换鸟"行动，中

西部地区为东部地区淘汰产业而遍地"筑巢引凤"。但是由于地方政府在承接产业转移时的激励模式存在问题，因此，转入的企业与本地原有产业往往无法形成有效的产业链接，转入的企业得不到相关产业链的发展支撑而产生"再转移"的想法。地方政府的短期化行为诱发了企业和产业的短期化倾向，进而导致大量建设资金流进流出，这是区域经济不平稳运行的重要根源。[①]

经济发展实践表明，城乡经济本质上讲是聚集于一定空间中的企业在相互联系中形成一个开放的经济系统。"区域经济运行依赖于企业之间的经济关系及相互作用。在经济关系的连接和传导下，单个企业的扩张引起区内相关企业的连锁反应，产生区域扩散效应，从而促进区域经济发展[②]"。随着中共明确提出加快小城镇建设是农村经济发展的第三次机遇，以及中国经济进入以城镇化推动经济增长、以产业化推动农村结构优化的发展阶段，城镇化与乡村非农化的进程客观上应当是一个相辅相成、同步推进的过程。中国经济发展方式转变[③]是从以工业经济为主要推动力，转变为工业经济和城镇经济共同推动的过程，其基本依据是在通过工业化解决了城乡居民的"吃、穿、用"之后，必须有效解决城市化进程中严重短缺的"住、行、学"等问题，加快发展城镇经济，促进城乡一体化发展步伐。解决"住、行、学"等问题，既是中国新型城市化的主要内容，也是在温饱型小康基础上实现全面小康的主要内容，还是保障国民经济长期可持续发展的主要动力源泉。

促进城乡经济社会和谐，需要促进城市（区）带动城乡发展的中心引领作用，加大消费性投资和生产性领域的价格效应和产能效应，加大城乡居民消费性投资与地方政府的财力关系。[④] 通过推进和优化城镇产业结构提高外来农民工的收入水平，在进一步加强就业和培训的基础上引导农村富余劳动力的合理有序流动，并使农民工子女在城镇逐步平等地接受中等

---

①　李猛、沈坤荣：《地方政府行为对中国经济波动的影响》，《经济研究》2010 年第 12 期。

②　闫二旺：《区域经济发展的微观机理》，经济科学出版社 2003 年版，第 1、2 页。

③　从 1996 年的"九五"计划时期开始，中国经济发展方式的转变经历了在工业范畴内实现由粗放式经营向集约式经营的效率转变、在工业经济结构优化中实现由高耗能、高污染、低产出向低耗能、环保型的节能减排、低碳经济发展方式的转变。

④　王国刚：《城镇化：中国经济发展方式转变的重心所在》，《经济研究》2010 年第 12 期。

教育，辅之以健全的法律法规和非政府组织以促进公共服务向更多城镇外来人员延伸，是有效解决城乡"旧二元结构（二元经济结构）"和"新二元结构（二元社会结构——农民市民化滞后于农民非农化，使得农民工及其家属无法与城市有户籍从业人员及其家属享有同等的公共服务与社会保障等权利和待遇）"继续蔓延的必要之举。2008 年金融危机后的农民工"回乡潮"带来的问题表明，长期以来支持中国经济增长的农民工流动，已到需要从就业向定居转变、从增加农民收入向全面提供公共服务转变、从个人流动向家庭迁移转变的关键时期。[①] 与之相应，统筹城乡发展已经变为短期政策需要迅速解决的优先问题，必须加快推进农民工融入城市的相关制度改革，进一步完善促进农民工就业和服务体系，稳定农村基本经营制度，切实保障农民工的土地权益。

（二）改善城乡交通条件

改善要素的通达能力，可以实现城乡关联边界的外部扩展空间，而改善交通状况则是一个见效很快的途径。美国学者乔治·S. 威尔文曾经指出："铁路对城市人口和土地利用的转变扮演了重要的角色。随后，公路的发展强化了这种作用效果，并对城市周边的农业用地进行了调整。可以毫不夸张地说，无论在哪儿，高速公路和铁路进入城市所穿越的地带，都会发生城市居民、商业和工厂等沿着这些交通走廊进行扩散的现象，通过这种道路的辐射模式，放射状的城市土地占据并刺穿了原有的农村地域。"[②] 除了这种地域上的接近所发生的城市要素对乡村地带的扩散外，交通网络也是使城市要素扩散的另一种主要方式。[③] 以交通运输为代表的基础设施发展对城乡结构形态演化的作用，在于其有效扩大加强城乡之间的联系程度。城市交通枢纽在城市空间结构演变中的作用，主要体现在交通节点和城市交通两个层面：在交通节点上表现为利用枢纽的高交通可达性，通过对枢纽地区土地利用的规划，使枢纽类型与其周边土地利用性质相匹配，最终达到改善和优化城市总体空间结构的目的；在城市交通层面

---

① 《我国农民工工作"十二五"发展规划纲要研究》课题组：《农民工融入城市的制度创新及其政策建议》，《改革》2010 年第 10 期。

② 曾菊新：《现代城乡网络化发展模式》，科学出版社 2001 年版，第 124、125、128 页。

③ 曾菊新：《论西部地区的城镇网络化发展》，《地域开发与研究》2003 年第 2 期。

上表现为交通枢纽利用其对交通系统的整合作用，提高城市交通的整体运行效率，充分发挥城市交通对城市空间结构的引导和决定作用，进而达到改善和优化城市空间结构的目的。[①]

（三）促进要素自由流动

人们的选择自由和价格变动的自由对文明社会和人类进步是必要的，经济自由不能和全面自由相分离；当产权受到侵蚀时，公民自由也会受到损害。经济增长和经济自由相辅相成和这一事实还不足以保护未来的发展。[②] 市场经济条件下，土地资源是农业和农村发展最大和最有潜力的资产，农村土地的合法流转是与农民土地承包权长期稳定不变相联系的。围绕土地改革实现城乡发展的制度变革，不仅能为促进农民致富增收、维护农村繁荣稳定和增强村域经济活力提供历史性机遇，而且能为农民经营性资产收益的增加提供有效的实践途径，有利于农民的市民化进程和土地的适度规模化集中，进而促进现代农业发展和劳动力乡—城有序流动。因此，城乡一体化进程中的农村土地问题，是城乡区域非常敏感、关键和波及效应十分强烈的重大问题。这不仅涉及农业用地向非农业用地的转化，而且还涉及对农业用地进行高效利用和保护问题，涉及城乡居民生存发展的安全和可持续性。[③] 系统把握这些问题的主要特征及其诱因，在此基础上深入探究农村土地问题的解决之道，不仅有助于工业化、城镇化的有序推进，也将大大促进中国统筹城乡一体化发展目标的实现。

在城乡一体化进程中，重视城乡以土地流转和综合集约利用为根本的用地平衡，就是按照城乡统筹发展的要求，深化改革农村集体土地管理制度，建立健全土地承包经营权流转市场，逐步建立城乡统一的建设用地市场，不仅实现城市土地的集约利用、旧城改造、土地整理、开发区工矿用地协调，也要实现乡村居民点的新农村建设改造、土地整理、土地流转与集约经营的关系协调。农地的经营规模主要取决于人地比例关系，取决于城市化水平以及农业的物质装备水平等客观条件，衡量规模经营合理性的

① 黄志刚、金泽宇：《交通枢纽在城市空间结构演变中的作用》，《城市轨道交通研究》2010年第10期。

② ［美］詹姆斯·A.道、史迪夫·H.汉科、［英］阿兰·A.瓦尔特斯：《发展经济学的革命》，上海三联书店、上海人民出版社2000年版，第1—24页。

③ 王昉：《工业化、城镇化进程中的农村土地问题》，《上海经济研究》2003年第3期。

只能是劳动生产率和成本收益率。因此，不能人为地通过土地流转推进土地规模经营，更不能由此触动家庭承包经营这个根基。① 各级国土资源管理部门必须坚持预防为主、查防结合、综合治理、重点打击的方针，加强对集体土地流转的监管，认真执行现行土地制度，对流转的办法、程序、合同关系的变更及相关的制约作出明确的规定，逐步构建和规范城乡统一的建设用地市场，积极推进集体建设用地的规范流转。

温铁军指出："中国的国情是资源紧束、城乡结构二元对立。"② 农民一向都是弱势群体，农业一向都是做出牺牲的产业。有许多涉及农民和农业的问题，如农民负担过重、各方对农民利益的侵害、农民收入水平持续下降、城乡差距不断拉大、农民上访告状问题等多年来不断得到各种反映，中央三令五申要妥善处理，但至今成效仍不大，这也从一个侧面说明农业问题的复杂性；事实上，城乡二元结构这个基本体制矛盾没有突破，无论什么调节微观机制的政策都难以发挥作用。现在应该强调的是，在调整国土资源结构的战略指导下，调整城乡结构和区域结构。如果说中国社会经济的发展已经使我们认识到，不能再局限于原有的思维框架在"三农"范围之内来解决中国的发展问题，那么，我们就必须认识到，我们更不能局限于城乡本身解决城乡一体化发展问题，摒弃城乡分割的发展模式，实行城乡一体化的发展战略，以城乡统筹配套的改革来促进城乡一体化的经济结构调整，充分运用市场配置资源的基础性作用和政府宏观调控的作用，推动城乡优势互补，使农村经济资源和生产要素在城乡经济的动态发展中得到有效和合理的配置，促使农村经济社会结构朝着有利于大幅度提高综合生产力水平、有利于城乡一体、统筹城乡的综合性角度来考虑和解决城乡一体化发展问题。③

五　立足改革发展动力，实现城乡公共服务基本均等化

（一）以改革精神促进城乡基本公共服务均等化

中国的历史与现实告诉我们，城乡发展的改革目标必须明确。中国城

---

① 杜鹰：《〈中国农村改革：回顾与展望〉评价》，《经济研究》1999 年第 11 期。
② 温铁军：《关键：突破城乡二元结构》，《浙江科技报》2001 年 5 月 15 日第 1 版。
③ 李泉：《协调西部城乡关系的理性思考》，《西部论丛》2005 年第 8 期。

乡改革的目标并不是一次性建立最完善的城乡一体化经济社会体制，并且最完善的推进机制在现实中并不一定就存在，也很难在短时期内建立。因此，城乡改革就是要基于空间差异性而创立一系列相互递进式的、过渡式的、具有不断创新潜力的制度安排，逐步实现城乡基本公共服务均等化，逐步缩小区域和城乡发展差距、促进社会公平公正、维护社会和谐安定、确保人民共享发展成果等多元目标。相对于城市居民而言，农村区域普遍面临居民收入水平低下、产业经济发展缓慢、支持区域经济发展的微观基础缺乏、生态环境破坏严重、公共设施跟不上等相互制约、相互关联的系列问题。解决以上问题，关键是要解决如何扩大农村就业市场，使其在农村发展中实现市场化水平的提高，同时实现富余劳动力转移，居民能从产业发展和就业中获得更多收入，为乡村内部自组织的形成和与外界的经济交往奠定基本物质保障。但是，农村社会的内在规定性决定了这一类型区域仅靠自然的演进规律，无法在较短时期实现和谐发展目标。因此，从根本上缩小城乡发展差距，推动城乡区域经济社会科学发展，就必须最大限度地提高生产要素的投入效益，逐步降低对农村和农业领域投资的机会成本和风险，围绕农村经济社会发展的全局性战略目标，构建能够有助于实现城乡公共服务均等化的公共产品供给制度、公共治理结构和重大公共政策体系。

经济的长远增长率和基础科学知识的长远增长率成正比，决定基础科学知识长远增长率的最终变量是经济体中的人力资本存量。[①]在中国，大多数人是农民，大多数的贫困问题也主要发生在农村。如果我们承认城乡一体化的主要目标，在于实现城乡居民的公平发展和城乡社会的共同进步，那我们就必须承认城乡一体化的难点不仅存在于发挥城市的带动功能，它更重要的还在于农村的内生发展，在于实现城乡社会公共服务均等化。舒尔茨证明："改善穷人福利的决定性的要素，不是空间、能源和耕地，而是人口质量的提高和知识的进步。"[②]因此，对改善农民的处境和促进农村的发展来说，农民后天的能力的积累，如教育、经验、技术和健康状况等，才是实现内生发展最基本的因素。当前，中国各种

---

① 杨立岩、潘慧峰：《人力资本、基础研究与经济增长》，《经济研究》2004年第4期。
② 舒尔茨：《人力资本投资》（中译本），华夏出版社1990年版，第63、64页。

媒体报道社会所关注的"富二代"、"官二代"乃至"富三代"、"官三代"现象，其本身并不一定成为问题，真正成为问题的是"穷二代"、"穷三代"以及更多的人对于社会流动性①减弱趋势的担心。对于出身贫寒的广大人群，如果他们看不到通过自身努力改变命运的机会，他们就不会有积极性去进行人力资本投资，不会去努力接受教育，不会去寻找和创造机会。一个社会进入中等收入之后，最可怕的不是静态的不平等（居民收入分配差距大），而是动态的机会不平等，是社会结构的固化——收入和财富的不平等被固化在代际之中，演变成为长期动态社会不平等，最终导致长期的经济增长停滞。② 社会学研究表明，人的迁徙会带来价值观念碰撞、文化冲突和生活方式不适等诸多变化。当迁徙的人群适应了当地的新文化后，眼界会更加开阔。反之，则难以接受和融入当地文化，便很可能产生强烈的不适感，严重的会导致心理疾患。在中国，城镇化过程还将持续推进，城乡差异、异乡文化都容易造成人们的心态失衡。"北漂"、"蜗居"现象悬浮的无根、排斥、迷失的心态依然比较普遍。③中共十七届五中全会通过的《中共中央关于制定国民经济和社会发展第十二个五年规划的建议》提出："加强人文关怀，注重心理疏导，培育奋发进取、理性平和、开放包容的社会心态。"在改革开放不断向纵深推进的新形势下，面对城乡人民群众日益增长的多种利益诉求和不断凸显的社会矛盾，如何培育积极健康的社会心态，也是促进城乡和谐文化建设的紧要任务。

---

① 北京大学光华管理学院院长蔡洪滨在对社会流动性所做的研究中提出，社会流动性是上一代人的收入、教育和地位对下一代人收入、教育和地位的影响程度，这种影响程度越高，社会流动性就越低。通俗地讲，社会流动性低就是所谓的"龙生龙，凤生凤，老鼠的儿子会打洞"；社会流动性高就是所谓的"朝为田舍郎，暮登天子堂"。社会流动性的测度方式是收入、教育和地位在代际的相关系数，它的取值在-1到1之间，合理的社会流动性意味着代际相关系数应该在合理范围之内。最近十年来，各种迹象表明中国的社会流动性有不断下降的趋势，贫寒子弟在激烈的社会市场竞争和现有财富关系利益格局下，越来越缺乏通过正常努力改变自身命运和实现理想的有效通道和途径。详见蔡洪滨《中国经济转型与社会流动性》，《比较》第53卷，中信出版社2011年版，第1—14页。

② 蔡洪滨：《中国经济转型与社会流动性》，《比较》第53卷，中信出版社2011年版，第1—14页。

③ 孙树平：《如何培育积极健康的社会心态》，《光明日报》（理论周刊）2010年12月14日第9版。

（二）政府促进公共服务均等化的功能担当

公共服务均等化是公共财政的基本目标之一，强调政府为社会公众提供基本的、在不同阶段具有不同标准的、最终大致均等的公共物品和公共服务。在城乡区域竞争中，资源禀赋丰富的地区通过供给公共产品产生的财政收入有助于本地城乡发展，此时外部竞争会激励当地政府把更多的公共资源投入公共产品服务领域；而在资源禀赋稀缺的地区，外部竞争反而可能弱化政府对当地公共产品的提供的积极性。[①] 公共服务均等化有助于公平分配，实现公平和效率的统一。推动基本公共服务均等化是缩小城乡差距、贫富差距以及地区间不均衡发展的重要途径。长期以来，中国基本公共服务的非均等化问题比较突出，导致地区之间、城乡之间、不同群体之间在基础教育、公共医疗、社会保障等基本公共服务方面的差距逐步拉大，严重影响了社会公平公正。基本公共服务均等化，强调政府为社会成员提供与经济社会发展水平相适应的、体现公平正义原则的大致均等的基本公共产品和服务。中国在统筹城乡一体化发展进程中的基本公共服务均等化，内容主要包括：基本民生服务——包括就业服务、社会救助、养老保障等；公共事业服务——包括公共教育、公共卫生、公共文化、科学技术、人口控制等；公益基础服务——包括公共设施、生态维护、环境保护等；公共安全服务——包括社会治安、生产安全、消费安全、国防安全等。政府只有提供上述基本公共服务，才能使城乡全体社会成员共享改革发展成果。[②]

在城乡一体化进程中，政府的干预至关重要。国家和地方政府可以在基础设施建设方面起关键作用，特别是政府能够为需要的资本项目争取到外来资金，这些项目（包括公路、电力、通信以及灌溉设施）由于其具有高投入、长周期以及可产生外部效应的特点，从亚当·斯密时代就已经被列为公共领域。大部分这类基础设施使农业更具生产能力，并且能打破市场壁垒，因此提高了整个经济的资源配置效率。[③] 同时，政府能够为城乡

---

① 楼国强：《竞争何时能有效约束政府?》，《经济研究》2010 年第 12 期。

② 《什么是公共服务均等化和基本公共服务均等化》，《光明日报》（理论周刊）2010 年 12 月 7 日第 9 版。

③ ［美］斯图亚特·R. 林恩：《发展经济学》，格致出版社、上海三联书店、上海人民出版社 2009 年版，第 230 页。

居民提供信息：农民需要关于市场条件、新技术甚至还有天气预报等的信息，所以研发成为政府集中应对的首要任务；城市居民也需要以上信息，政府需要帮助居民开发和完善市场；对于一般的城乡联系的形成，政府必须主动提供交通、仓储及可使用的营销设施，尽管随着市场化水平的提升，这些活动最终应该由私人企业和个人来做。政府的公务员在清楚地认识到税收、补贴及服务带来的正反两方面的客观效果的前提下，应该出台和实施有助于促进城乡公平发展的公共政策体系。尽管提升政府公共服务水平和增强公共服务能力，本身并不会直接带来城乡一体化的显著效果，但公共政策体系却能够排除城乡发展过程中的诸多障碍，也能够使得政府可以直接地更多关注处于劣势地位农村社会发展中的问题，例如健康的农业部门普遍需要关注土地、劳动力、资本的有效使用，政府可以通过谨慎研究、延伸服务以及创造有利条件促进农村繁荣和农业发展，等等。

但是，单纯强调依靠政府自身内部的激励来提高公共资源的使用效率是远远不够的，一个稳健的制度安排还需要更多地来自外部的制约机制。[①]当前政府在公务事业开支，尤其是明细项目的公开透明度方面有了更多的呼吁，而这种制度化的建设，无疑是强化政府行为约束和积极为当地公民提供公共服务的重要途径。这就要求在城乡行政管理体制领域，用企业精神改造政府部门，树立政府支出就是一种投资的理念，逐步实现从控制型政府向服务型政府管理模式的转变、从全能政府向有限政府的转变、从审批政府向填表政府的转变，[②] 通过行政区划调整来对省级政府的管理幅度加以合理化，在此基础上构建省管县的公共行政体制；通过增设直辖市、分省等措施直接增加省级行政区划数量，缩小现有省级行政区划规模，取消中间环节的管理结构，让省直接管理适度数量（40 个左右[③]）的县市；划小省份的同时，对规模过小的县进行合并，实现"省—县—乡"三级行政区划体系，并与城乡社区构成三级政府、四级网络的行政

---

①　楼国强：《竞争何时能有效约束政府？》，《经济研究》2010 年第 12 期。

②　陈秀山、胡铁成：《WTO 与地方政府职能转变》，经济科学出版社 2002 年版，第 211—215 页。

③　贺先志、王仕军：《试析当前我国省管县制改革的动力、局限和途径》，《岭南学刊》2008 年第 2 期。

区—社区管理新模式。

六　立足城乡发展规划，提升城乡发展的资源环境承载力

（一）以科学规划促进城乡生态协调

规划是城乡发展与城市再生[①]活动的前提，把城镇体系、村镇建设、园区开发、城乡产业发展、资源环境保护利用、城市再生等不同类型的规划作为城乡一体化规划的重要内容，加强城乡区域部分与整体、历史与未来的协调[②]，与不同层次国民经济社会发展规划相衔接，同时给予城乡社区发展规划更高的重视，促进城乡社区管理创新，通过科学的监督、评价和考核机制，协调政府、居民和开发商的利益，保障城乡发展项目的高效运行等是城乡一体化的首要前提。自然生态是城乡居民生息劳作的舞台，人类的社会经济与政治文化活动，无一不是在与自然环境的结合中产生并发展着。城乡形态涉及人类适应、改造自然的全过程，其空间特征更是直接受到地形、气候、水文、资源等自然因素的影响，城乡居民物质的聚居形态必然与特定的自然环境相衔接和巧妙融合，城乡形态的每一项内容都是与自然环境进行能量交换的过程，不同的聚落形态发展阶段对应于不同的生态环境关系。[③]城乡是人类改造自然、科技进步、社会发展的产物，是一个独特的城乡生态系统，具有自然与社会的双重属性。[④]作为社会经济系统的城乡，它包括城乡构成部门、城乡服务部门、地域规划部门，以及具有主观能力的居民，并且正是通过居民而产生了城乡构成部门及服务

---

① "城市再生"（Urban Revitalization）、"城市改建"（Urban Redevelopment）、"城市改造（Urban Renovation）、"城市更新"（Urban Renewal）和"城市复兴"（Urban Regeneration）是一组相互关联但细分之下却有些许差别的概念。城市再生主要指城市在适应社会经济、技术发展和历史文化延续等方面的新变化时所开展的城市改建、用地功能和资源重组及相应城市环境的整治和改造；城市再生的对象主要指的是城市旧城区，调整、改善城市旧城区的功能，提升甚至再造城市历史城区的活力和环境品质是"城市再生"的重点。国际城市再生课题的提出具有其规律性的原因，如20世纪60年代末以来的世界性城市产业结构调整和后工业时代的到来，日益高涨的对人类历史遗产保护事业的热情和关注，可持续的城市发展理念导致了人们对城市环境问题的反思等。详见王建国《城市再生与城市设计》，《城市建筑》2009年第2期。

② 张平字：《城市再生：21世纪中国城市化趋势》，《地理科学进展》2004年第4期。

③ 李立：《乡村聚落：形态、类型与演变——以江南地区为例》，东南大学出版社2007年版，第25页。

④ 韩锦春：《从生态学的观点看城乡发展问题》，《应用生态学报》1997年第6期。

部门。显然，必须把人口、环境、资源同城乡发展视为一个系统，以协调和处理社会经济系统与自然及人工生态系统的关系。20 世纪 60—70 年代以来的人口爆炸、环境污染等现实问题以及对经济发展前景的探讨，直接促成了可持续发展理论与战略的形成。但是也不能不看到，可持续发展理论与战略的提出受到发达国家后工业社会的过度发展的影响。发达国家的生态环境与城乡经济发展的矛盾与问题，是在后工业社会条件下形成的，因此，发达国家的学者针对其生态环境问题形成的原因，大多强调恢复所谓的自然生态平衡，甚至出现过片面的人类中心主义的倾向。可持续发展的提出、理论框架、战略思路和实施方案也基本上是以发达国家为背景的。而针对欠发达区域的可持续发展问题，其解决的理论观点和研究思路也大多是沿用发达国家的实践基础，基本将生态环境系统作为外生变量来处理。美国威斯康星大学的 Aber 和 Jordan 提出了恢复生态学的理论和技术，为人工生态经济系统的大尺度设计提供了思路和技术支持，而到了1996 年，他们的恢复生态学研究才开始涉及经济问题。Grant 发现了发展中国家的"贫困—人口过度增长—环境退化"的 PPE 恶性循环，用以解释发展中国家城乡区域贫困形成的机制。[①]

　　在城乡一体化进程中，生态化城乡发展区域要求我们必须遵循生态学原理，建立城乡社会、经济、自然协调发展，物质、能量、信息高效利用，生态良性循环的人类聚居地，即高效、和谐的人类栖息环境。城乡一体化进程中对于生态发展的强调，是人们对工业化、城市化反思检讨和对生态环境、历史环境和文化脉络作综合考虑的结果，不仅包含生态学的概念，而且也包含历史、文化的概念；它不仅追求自然美，而且也追求人文美；它不仅强调人与自然的协调，而且更强调人与社会的协调。[②] 因此，在城乡一体化的环境建设与营造方面，不仅有良好的自然生态系统，较低的环境污染，良好的城市绿化，还有完善的自然资源可循环利用体系；在城乡一体化的经济发展方面，既有合理的产业结构，又有经济效益好、资源消耗低、污染物排放少、人力资源得到充分发挥的生产方式；在城乡一体化的社会进步与治理方面，城乡居民应有良好的环保意识、积极参与环

[①]　聂华林、李泉：《区域发展经济学》，中国社会科学出版社 2007 年版，第 10、11 页。

[②]　杨爱荣、李燕：《生态城市建设研究》，《商丘师范学院学报》2005 年第 2 期。

保的责任感、文明节俭的绿色消费方式，还有健全的相关法律和法规，不仅有环保和环卫方面的法规，还有节约资源、能源以及物资回收利用方面的法规。[①]

　　制度不断升级是文明进步的法则。人是生物，地球是人类赖以生存的家园。无论是政治人、经济人还是社会人，终归都是生态人，这也决定了生态问题才是人类必须解决的真问题。只有与自然和解，人类才能持久地享有大地的恩泽，播种并收获文明。[②]总体来讲，尽管中国城乡区域生态类型多样，森林、湿地、草原、荒漠、海洋等生态系统均有分布，但是生态脆弱区域面积广大，脆弱因素复杂，中度以上生态脆弱区域占全国陆地国土空间的55％，其中极度脆弱区域占9.7％，重度脆弱区域占19.8％，中度脆弱区域占25.5％。[③]面对脆弱的生态环境，城乡一体化进程中的大规模高强度工业化城镇化开发，显然只能在适宜开发的有限区域集中展开。中国城乡区域生态环境之于区域经济发展如影随形，由于经济贫困所形成的人为过程是区域生态环境恶化的根本原因，因此，必须立足生态重建以推动城乡区域经济发展，才能从根本上实现生态环境重建的目标。鉴于此，从生态建设入手，将城乡生态发展、生态—经济—社会重建结合起来，从技术层面上建立各类人工生态—经济耦合系统，以有效的发展模式来促进城乡区域经济社会可持续发展，是从根本上解决贫困和"三农"问题，农业特色经济发展与产业化、农业企业化，农村劳动力转移与农村城镇化、农村工业化，农村人力资本投资、城乡结构调整、城乡关系和工农关系等问题的基本保障。中国城乡一体化过程中的生态环境重建的关键环节，主要是改变农业生产方式和农民生活方式，通过约束人为过程对生态环境所造成的影响，重点破解以生态发展推动经济发展途径与对策。对自然过程所造成的生态环境问题，对因水土资源的紧缺与空间分布的不均衡造成的大批生态难民，主要通过生态恢复来解决。

（二）通过可持续发展破解城乡资源环境约束

　　对自然资源的过度使用——包括土地、水和空气——近期才引起经济

----

① 张乐勤：《建设生态城市的几点思考》，《武汉大学学报》2005年第1期。
② 熊培云：《重新发现社会》，新星出版社2010年版，第83页。
③ 参见国务院2010年12月20日发布的《全国主体功能区规划》，网址为http://www.chinanews.com/gn/2011/06-09/3099774_10.shtml。

学家的关注。把这些问题应用于城乡发展，就要求设计出能最大限度地保护自然资源的发展策略，如何实现这一目标，需要考虑市场和政府在资源分配中的角色。① 促进当今城乡经济社会可持续发展，就是重新发现和真正恢复城乡居民自由而全面的发展。城乡一体化进程中的发展哲学，在于真实地立足城乡居民的生存现实，着眼于实现人的本真存在，体现人的生命价值，帮助人克服生存困境，提升人的生命质量与生存境界，推进人的现实发展，从而使之逐步走向全面而自由发展的新境界。在哲学理性的层面上，统筹城乡生态环境建设，必须帮助人类正视自身与自然、他人与社会的联系，理解人在自然界和社会历史中的真实地位，理解主体发展中各种因素创造价值的意义源泉作用，进而引导社会主体自觉地走上科学发展之路。②

从实践层面分析，诸多不利因素的长期共同作用，导致中国城乡区域绿色生态空间减少过多，工矿建设占用空间偏多，开发区占地面积较多且过于分散，城市建设空间和工矿建设空间单位面积的产出较低，城市和建制镇建成区空间利用效率不高；人口分布与经济布局失衡，劳动人口与赡养人口异地居住，城乡之间和不同区域之间的公共服务及人民生活水平的差距过大；随着城市化加速推进和大量农村人口进入城市，扩大城市建设空间的要求不断增加，农村居住用地闲置问题相继出现；城乡区域协调一体化发展既要满足人口增加、人民生活改善、经济增长、工业化城镇化发展、基础设施建设等对国土空间的巨大需求，又要为保障国家农产品供给安全而保护耕地，还要为保障生态安全和人民健康，应对水资源短缺、环境污染、气候变化等，保护并扩大绿色生态空间，使得优化城乡空间结构面临许多新课题、新挑战。在这种约束条件下，城市化为资源和要素的集约高效利用提供了可能性，以人口和产业聚集为特征的城市化，对资源的利用效率高于乡村分散化的发展方式。但是，另一方面紧随其后的衍生问题是：人口和经济活动在城乡区域的非均衡聚集，工业生产和居民生活污水、烟尘、粉尘、垃圾等固体废弃物以及二氧化碳、二氧化硫等废气的排

---

① ［美］斯图亚特·R. 林恩：《发展经济学》，格致出版社、上海三联书店、上海人民出版社 2009 年版，第 156 页。

② 文丰安：《发展哲学的新进展》，《光明日报》（理论周刊）2010 年 11 月 23 日第 11 版。

放量大大增加，部分城乡区域的污染物排放超出了自然系统的降解能力，造成严重的生态破坏和环境污染问题。同时，汽车及农机具等交通工具、生产设备的普遍使用所带来的尾气如一氧化碳、氮氧化物等污染、生活电器使用所带来甲烷、废弃物和辐射、城乡建筑所大量使用的化工建材、玻璃、金属等带来的各类污染、能源的大量使用等，逐步改变了城乡生态环境，特别是使城市和周边地区的生态系统变得更加脆弱。同时，环境监督、环境执法能力不足，也导致企业和个人的偷排、超排等现象难以根除。例如，在黄河中上游流域，西宁、兰州、包头、银川、太原、宝鸡、咸阳、西安、洛阳、呼和浩特等 10 个城市，化学需氧量排放量占全流域排放总量的 72%，化学原料及化学制品制造业、石油加工及炼焦、造纸及纸制品业、食品加工业、食品制造业等 5 个行业的化学需氧量和氨氮排放量，分别占工业总排放量的 90% 和 80%。[①] 环境污染、生态破坏、资源能源低效利用、粗放式发展方式、落后的生产技术、不良的生活方式等问题日益成为城乡一体化进程中的负面因素，不仅影响居民的健康生活质量，导致癌症、心血管疾病、呼吸道疾病等诸多疾病发病率的增加，而且还需要付出高昂的治理成本，导致城乡发展所需要的资源可获得性降低，造成城乡区域和整个国家社会福利的巨大损失。

不仅如此，中国农村地区人口多、分布散、经济实力薄弱，现代社会发展方式的变革，使得快速增加的生产生活污水和废弃物，严重超出了农村生态环境系统的自我平衡能力。长期以来，中央公共财政在城市偏爱的政策取向下忽视对农村的投入，造成村庄公共基础设施建设物质保障极度缺乏，农村道路、供水、垃圾、污染治理等设施欠账严重，农村人居环境面貌落后。尽管在各级政府社会主义新农村建设的努力促动下，各地农村基础设施和农村公共服务体系建设投入有不同程度的增加，农村面貌也得到较大改观。但是，与现代化快速推进的城市区域相比，农村公共服务能力仍显不足。实践证明，不同国土空间的主体功能不同，因而集聚人口和经济的规模不同。生态功能区和农产品主产区由于不适宜或不应该进行大规模高强度的工业化城镇化开发，因而难以承

---

① 李云生：《黄河中上游流域水污染防治"十一五"规划研究报告》，中国环境科学出版社 2008 年版，第 213 页。

载较多消费人口。在工业化城镇化的过程中，必然会有一部分人口主动转移到就业机会多的城市化地区。同时，人口和经济的过度集聚以及不合理的产业结构，也会给资源环境、交通等带来难以承受的压力。因此，必须根据资源环境中的"短板"因素确定可承载的人口规模、经济规模以及适宜的产业结构；即使是城市化地区，也要保持必要的耕地和绿色生态空间，在一定程度上满足当地人口对农产品和生态产品的需求。这都进一步凸显了在工业化城镇化快速推进、空间结构急剧变动的时期，坚持科学的国土空间开发导向、重视食品安全规制政策创新、促进生态发展与精明增长的极端重要性。

发展生态产业是促进城乡经济发展方式转变的应有之义。人类需求既包括对农产品、工业品和服务产品的需求，也包括对清新空气、清洁水源、宜人气候等生态产品的需求。保护和扩大自然界提供生态产品能力的过程也是创造价值的过程，保护生态环境、提供生态产品的活动也是发展。在城乡社会发展相当长的历史时期，人们总是把"发展经济"与保护生态对立起来，人类中心主义观念长期占统治地位，形成了"大量生产、大量消耗、大量排放、大量消费"的生产方式，这一方式到今天已经严重影响到人类及地球的生存。[1] 因此，在传统的经济发展尚未走到极限之时，就必须树立"在转变中发展，在发展中转变"的理念，通过发展生态经济实现发展方式转变，改变高投入、高消耗、高排放的发展方式，从而在促进产业创新中实现城乡和谐发展。其中，要有效改善农产品质量安全问题频发的现状，除了从改进生产技术、完善质量安全标准、提高消费者认知等方面下功夫外，十分有必要从调整当前农业产业链的组织模式入手来制定相关的治理措施。[2] 低碳经济是在全球气候变化对人类生存发展提出严峻挑战的背景下产生的，其实质是能源高效利用、清洁能源开发、追求绿色 GDP、能源技术和节能减排的技术创新。碳平衡交易时将碳排放空间作为一种稀缺资源，碳吸收能力作为一种收益手段，利用区域间的碳排放和碳吸收量的差异，通过交换形式形成合理交易价格，使生态服务从无偿

---

① 如何理解《"在发展中促转变：在转变中谋发展"——专家学者"梅岭论道"》，《光明日报》（理论周刊）2010 年 11 月 30 日第 7 版。

② 钟真、孔祥智：《产业组织模式对农产品质量安全的影响：来自奶业的例证》，《管理世界》2012 年第 1 期。

走向有偿的新型交易形式。[①] 相对城市而言，乡村因其所具有的绿色空间较为广阔，因而在碳平衡交易过程中也更具有相对优越性。因此，具有生态保障功能的乡村区域，完全有可能在建立生态补偿机制和专门提供生态产品的基础上，通过碳平衡交易的市场化生态收益，实现当地人民生活水平的提升。

城乡是人类改造自然、科技进步、社会发展的产物，是一个独特的城乡生态系统，具有自然与社会的双重属性。长期以来，由于仅从经济角度或从地域角度考虑，缺乏科学的决策，导致城乡发展中存在着人口、资源与环境生态危机。由于乡村对生活资源的依赖特征和城市对资源关联的淡化，形成了城市群体网络化和乡村点状均匀散布的城乡空间结构布局趋向，这给城乡融合的趋向奠定了资源利用方面的可能性与可行性。[②] 作为中国主要水系的"江河源头"和经济系统运行的"生态屏障"，西部地区的生态地位和生态效应已经超越了该区域自身可持续发展的意义。面对20世纪末日益严重的环境污染、资源浪费、水土流失、土地荒（石）漠化等问题，在不断总结经验教训的基础上，中国于1999年实施了以生态建设为主导、旨在促进区域经济协调可持续发展的西部大开发战略。这一战略实施十多年来的实践证明，西部地区要进一步解放思想、增强城乡社会自我发展能力，在科学发展观指导下发展特色经济和培育增长极，必须重视经济生态化发展的产业支撑，直面西部地区产业经济生态化发展的多重约束，从发展生态农业、生态工业和生态第三产业等三个层面及其体系构建上，辅之以有效的诸多制度安排，为其实现人类与自然的和谐提供重要物质保障和经济基础，使西部大开发战略在全面建设更高水平小康社会的新时期实现更大突破。[③] 进入以城乡一体化为城乡发展主线的"十二五"时期，中国在确定城乡发展战略、性质、规模时，应该运用生态学的观点充分考虑区域自然环境条件的可能性，重视政策、开放因素对城乡自组织

---

①　杨酥、刘德智：《生态补偿框架下碳平衡交易问题研究综述与分析》，《经济学动态》2011年第2期。

②　杨培锋：《对城乡自然生态关系的认识》，《中国人口·资源与环境》2004年第6期。

③　李泉：《不发达地区产业经济生态化发展初论——以青海省为例》，《中国人口·资源与环境》2004年第2期。

生态系统内部复杂非线性的相互作用[①]，使规划要素与生态条件协调，处理好人与自然、自然与社会、生产与生活、各部门不同层次的现实与未来的关系，促进城乡生态经济健康发展。实践表明，任何城乡发展问题如果忽略了人口、资源、环境因素都将是不可取的，城乡发展研究必须把这三大要素作为考虑和解决问题的立足点，依据居民素质、地理位置、自然环境等因素确定发展方向，既从城乡发展的全过程来考虑问题，又分阶段地处理具体的城乡发展建设，真正做到近期有发展规划，中期有发展蓝图，长期有发展设想，使城乡发展在时域、地域、空域上始终保持协调一致，以便把城乡区域发展成为主体功能突出、环境优美、生产发展、生活舒适的场所，为实现中国的可持续发展发挥更大功能。

---

① 周纪纶：《城乡生态经济系统》，中国环境科学出版社 1989 年版，第 329—333 页。

第九章　结论与展望

　　1988 年，科斯曾给盛洪写过一封信，在信中他提道："我坚信，对中国正在发生和已经发生的事情的研究和理解，将会极大地帮助我们改进和丰富我们关于制度结构对经济体系运转的影响的分析。"时隔 20 多年，这位诺贝尔经济学奖得主在 2011 年芝加哥会议的闭幕词中又一次感言："为中国奋斗，就是为世界奋斗！"毋庸置疑，这位世界级的经济学大师一定是发现了中国的变化以及中国大地上的变化给世界带来的冲击！当我们在丰收的田野上保持着良好的胃口，心情舒畅地在城乡变化中泰然处之时，作为一个中国公民，但愿我们每个人能不负时代的厚赐！

　　在理想中先进的城乡一体化目标未能真正实现之前，新型城乡形态却为其提供了基本的演进雏形。事实上，我们不能也不应该把中国的城乡形态演进设想成一种被限定住了的模型，城乡一体化进程本身已经超越了城乡区域过去曾经深陷其中的二元结构框架。因此，我们必须理所当然地用新的制度基础逐步替代原有政策安排，促使城乡一体化之于新型城乡形态，能够充分灵活地根据城乡人民发展实际所迫切需要的方向而发生重大变动。中国经历 30 多年改革开放过程已成为常识的是，人们普遍认识到，为了促进包容性的经济增长和社会和谐，特别是为了促进区域协调发展和主体功能区建设，我们无法容许城乡人民收入和区域财富差距的继续扩大。就像在城乡统筹综合配套改革试验区，以及更大范围内已经被发现的趋势中可以清晰地看到的那样，严格意义上的城乡一体化同时意味着中国特色社会主义的一些基本价值取向——城乡人民共享发展成果、城乡发展机会平等、城乡要素合理流动和优化配置、城乡社会和谐、城乡人民安居乐业，等等。没有人知道城乡公平与保持协调的最优均衡点何在，我们在城乡区域协调发展的发达区域和国家的经验中，也无法找到令每一个人都认同和赞许的评价尺度。通过把市场导向下的经济发展及其加快发展方式转变、现代产业体系培育、空间结构形态优化、区域分工合作等放在城乡统筹实践的基础支撑，通过保持包括中国政府所一贯倡导的城乡规划与经济、社会、文化、生态、空间结构发展的一体化体系在内的宏观政策的实质地位，这对于城乡一体化的实现将具有十分重要的现实意义。在可以预见的未来，城乡一体化进程中的新型城乡形态的现实情形，看来是一种在不同区域的不同发展阶段所呈现出的多维度、不同时序的复合结构与功能。从长远的前景看，新型城乡形态将必须使城乡一体化发展在不断变化的环境中受到城乡经济社会适应性的检验。换句话说，城乡一体化并不要求消灭乡村而只保留城市，抑或城乡一个样，但肯定要求调整任何形式有碍于城乡差别持续扩大的人为影响，特别是城乡体制变革和制度创新。

一　主要研究结论

结论1：城乡二元体制是新时期中国经济社会发展中诸多矛盾和问题的根源，已成为影响未来经济社会发展全局的重大战略问题。由于中国城乡二元结构具有特殊的形成机理和演变路径，不可能单纯依靠工业化、城市化发展的自发力量进行破解，而是必须剑指二元体制。

基于城乡经济主体对于效率的追求，在经济发展过程中，市场机制是自然导致人口和资源较多地向城市集中的基本机制，这一过程与经济发展程度和城乡市场化水平紧密相关。基于城乡区域之间分工协作的考虑，一个国家达不到一定的城市化水平，统筹城乡一体化发展就会面临更多困难，城乡制度壁垒严重、农村富余劳动力人口基数大、居民收入差距大、土地资源稀缺、运输成本高昂、基础设施不完善，等等。基于更好的交通条件可能在一定程度上替代城市规模的扩大（因为不同城市间的交通越便捷，越有可能降低人口向大城市集中的必要性），[①] 不同国家的地理位置、自然环境、人文传统等因素，在基础设施不断完善的过程中，可能会对城乡发展及其形态演变产生或正或负的影响。因此，通过城乡二元体制改革，大大促进城乡社会的稳定，推动城市经济的改革和发展，同时增加农

---

① 王小鲁：《中国城市化路径与城市规模的经济学分析》，《经济研究》2010 年第 10 期。

民的近期利益和长期利益，使农村和城市的差别大大缩小，使农民充分享有改革开放的成果，在公共服务方面享受同等待遇，① 这是需要多种力量共同长期作用的重要改革。

结论 2：不理解中国城乡发展为什么会成为现在的状态，就不能明确它合理还是不合理；在一连串的城乡形态演变之中，城乡一体化发展的最终状态与结果，肯定受到城乡发展非均衡的不连续事件的重要影响。中国城乡一体化的顺利推进，需要我们认真借鉴其他国家城市化和农村发展的经验，但必须根植于现阶段中国城乡发展现实的创造性思维，基于立足城乡发展实践的切实可行的发展战略和策略。

任何理论都有它的含义，它告诉我们如果某事发生，其他事将跟着发生……一个理论应该作为进一步思考的基础，它使我们有能力组织自己的思想，从而对我们理解正在发生的事情有所帮助。② 可以认为，当城乡因市场而在经济社会发展的许多领域必然发生关联时，作用于包括城乡居民和各类市场主体的所有理性行为人，作用于因对区域分工、竞争合作、要素聚集、财富积累等各个方面的变化而肯定要做出调整的非人格化单位，城乡一体化的主导力量或者发展形态——生产生活的日益商品化、社会关系的日益规范化、行为主体的日益法制化——会创造一种新的形态，这种处于不同阶段的城乡形态是促进城乡一体化最终目标实现过程中必然经历的形态。通过反思和检讨计划经济制度与市场经济制度两种不同的制度安排下的中国城乡发展实践，我们既不能否定城乡一体化推进的难点制约因素的存在，又不能因已经出现的新型城乡形态而过于乐观地估计城乡发展的未来。现实的选择是必须立足不同地区的具体实践，特别是在尊重城乡居民生产生活自由选择的基础上，从城乡内外部共同寻求破解城乡发展难题的良策。

结论 3：伴随城乡居民追求自由幸福能力的增强，集聚正在重塑中国城乡经济地理的空间结构，交通设施正在重塑着中国城乡联系的物质通畅保障，开放与市场则为城乡区域一体化发展提供了坚实的基础制度安排。

---

① 厉以宁：《走向城乡一体化：建国 60 年城乡体制的变革》，《北京大学学报》（哲学社会科学版）2009 年第 11 期。

② ［美］罗纳德·H. 科斯：《论经济学和经济学家》，罗君丽译，格致出版社、上海三联书店 2010 年版，第 20 页。

反思改革开放以来的城市化发展历程，适应开放政策优惠、以加工贸易为导向的城市定位，是中国 20 世纪 80 年代占据主流地位的发展模式，特别是东部沿海地区率先掌握了发展先机，通过大批劳动密集型出口加工产业而获得快速发展，经济总量迅速做大。在工业化加速推进的新一轮重工业化趋势下，以重化工为导向的城市定位则成为中国 20 世纪 90 年代获益最大的发展模式，但是对重化工的过度依赖直接导致城市风险抵御能力下降，资源型城市和地区正进行着艰难转型和发展方式转变。进入 21 世纪，那些经历了充分工业化过程、工业对生产性服务业强力支撑、以现代服务业为导向的城市，则取得了长足发展，并进一步引导着中国城市群的形成。"十一五"规划实施以来，以建设国际化大都市为导向的城市定位，尽管在中国受到近 200 座城市的追捧，但是多数城市对全球城市的认识尚停留在城市实力、城市形态和城市地位等比较直观的层面，对国际大都市的内涵及其属性缺乏深刻的理解，把国际化大都市简单理解为高、大、全，从而一味追求城市规模扩大、经济实力增强，城市形态现代化、城市设施高级化，[①] 导致城市建设与发展的盲目扩张，由此产生了不少负面效果，亟须转变发展思路。未来时期，进一步利用改革力量打破行政干预造成的市场壁垒，更加重视相对欠发达的西部地区和农村的基础设施建设，不断促进要素、产业在城乡生产力空间布局的调整中实现聚集整合发展，对于保障城乡居民自身创造力的高效发挥至关重要。

结论 4：城乡基本公共服务均等化要求城乡居民在发展机会与权利、社会福利与结果等方面的均等，要求在同一制度安排下，城乡居民通过自身的努力能够实现从直接消费公共服务中获得均等的福利水平，这赋予了基本公共服务均等在制度设计、公共产品提供、消费过程和最终结果等各环节对于满足均等要求的复合型特征的标准。

在中国，各级政府一般具有不同程度的预算自主权，城乡区域公共产品长期主要由地方政府而非社区成员提供。在国家实行中央和地方分税制条件下，地方政府调整财政收入的决策权有限，享有的财政支出分配决策权相对比较充分，这就决定了地方政府对于城乡公共产品的提供决策权主

---

① 周振华：《崛起中的全球城市——理论框架及中国模式研究》，上海人民出版社 2008 年版，第 96—98 页。

要体现在安排财政支出方面，地方政府安排各部门的财政预算，基本上决定了各部门所能提供的公共产品的规模和水平。对于地方政府的财政支出而言，一般包括公共服务、公共安全、教育科技、文化体育、医疗卫生、社会保障、环境保护、城乡社区事务、农林水事务、交通运输、资源、电力、信息、商业服务、金融监管、灾后重建、国土资源气象、粮油储备以及其他预备费等支出项目。以上财政支出项目所属的各部门，都会在有限的财政总支出约束下，尽量争取财政支出分配比例的最大化，进而出现不同部门之间的利益博弈。这就要求我们必须在考虑公共物品的性质以及财政收支状况的条件下，实现由代表城乡居民利益的权力机构进行地方公共产品提供的决策，促进各部门之间的利益协调与现实合作，各部门的规划与财政预算相对应并具有综合性特征，同时提高部门预算的信息透明度，建立与城乡公共服务相对应的部门预算体制，实现城乡社会综合效益最大化基础上的帕累托均衡。为了在加大对农村支持的同时又不至影响到城市发展水平，城乡基本公共服务均等化的实现需要更加关注土地流转制度、金融支持"三农"、城乡统筹社会保障等制度建设，采取措施提升城乡产业结构、降低能耗、扩大就业和支持新兴产业发展，从而为城乡一体化的实现提供物质基础，并在促进城乡共同发展中实现城乡统筹。提高城乡经济发展水平，始终是决定城乡基本公共服务均等化实现的前提条件，不同的经济发展水平，决定了不同区域在不同发展阶段对于城乡基本公共服务均等化实现的程度，城乡基本公共服务均等化是一个兼具复合性、历史性与发展性的发展问题，我们不能因发现中国与西方高福利国家公共服务均等化实现程度的差距较大，就不顾国情地去斥责和埋怨政府，这种忽略不同区域发展历史和现实的责难并不具有很强的实际意义。

结论 5：城乡一体化这一复杂系统工程涉及中国传统农业文明向现代工业和城市文明的转变，也涉及城乡空间合理布局和城乡自我发展能力的提升，也涉及农村富余劳动力向非农产业转移和农民向市民的彻底转变，还涉及发展方式转变、新兴产业培育、现代农业发展和新农村建设，更涉及城乡统筹协调发展的路径选择和政府、市场与城乡居民、其他组织等各类主体在这一进程中的基本定位。

改革开放 30 多年来，城市化、乡村工业化、市场化及其相应的制度变迁，对中国城乡经济发展起到了不可或缺的重要推动作用，并将继续成为城乡经济社会可持续发展的基本动力。当前，中国农民收入、消费总量呈现低度增长状态，消费倾向高于居民特征明显，城乡区域差距拉大以及消费贡献率下降等问题相互交织；教育、医疗费用、基础设施和信贷约束，既制约农民收入增长也限制农村消费扩张，农民增收、农村发展面临复杂外部环境考验，农村消费受到社会保障和人口结构问题的间接制约。欲在"十二五"时期实现增加农民收入和扩大农村消费目标，非常有必要在不同区域实施教育、医疗、金融和基础设施等方面的差别化政策支持方案，特别是支持中西部地区、落后地区和老少边穷地区的中低收入群体提升消费能力，构建有利于农民和农村发展的产业链模式，营造有利于现代农业发展、新农村建设和中小企业发展的环境，加快农村社会事业发展和促进农民增收。随着中国逐步成功走过要素驱动的经济发展阶段，在2008年实现人均GDP首次突破3000美元（按名义汇率计算）而进入效率驱动发展阶段，在一系列加快发展方式转变政策的影响下，城乡经济结构会逐步转入资金、技术、知识密集度更高的产业，特别是现代服务业和战略性新兴产业将加速成长、产业转移步伐会不断加快，经济规模和财富不断积累下的城乡产业经济，会成为促进城乡一体化实现更为重要的物质基础和增长发动机。

结论6：根据城市化对农村的带动辐射效应、城市化在不同区域的推进特征、农村城市化的生成机制、城乡关联发展的现实背景，以及城乡形态是否有助于城乡一体化的实现目标，从宏观层面将中国新型城乡形态划分为城市（区）主导带动形态、农村内生发展驱动形态和城乡关联互动发展形态等三种形态。

城市与乡村总是处在不断发展和变化的过程中，任何一种类型的城乡形态，只能适应特定的城乡经济社会发展阶段且与规模、功能、交通方式密切相关。在不同的城乡经济发展情况下，城乡形态会出现因内外力共同作用下的相应调整。乡—城要素流动、交通基础设施的改善、城乡用地结构的调整、城乡功能的转换等因素都会促进城乡形态的演变。中国市场经济制度建设引致了城乡区域在生产型、服务型、交通枢纽型、科技文化型、资源型、生态服务型、政治文化型、旅游娱乐型等不同发展类型中的分异、集中和专业化，在公共设施完善、区域功能增强、信息知识中心等新的功能不断加强的过程中，城乡区域相应出现新的空间如城市新区、出口加工区或保税区、商贸会展中心、大学科技城、高新技术产业园区、新型住宅区、工业集中区或社会主义新农村等新型人口—经济—社会聚落发展形态。中国城乡经济社会的快速发展带来了城乡功能的变化，推动着新型城乡形态的孕育、产生和发展，不断适应城乡社会经济背景和城乡功能变化的要求，促进城乡形态与经济发展规模、空间结构功能的协调，是判断城乡形态合理的重要标准之一，也是促进城乡一体化目标实现的基本理念。

结论 7：城乡一体化实现的必要条件之一在于工业化和城市化发展，城市化和工业化的持续推进能够为"工业反哺农业、城市支持农村"提供坚实的物质基础，单纯地强调城市发展或是农村发展而无视城乡之间的紧密联系都是不可取的。

自 2006 年中国相继取消农业税、免除义务教育学杂费、加大粮食直补和良种及农机具补贴、支持农村水利及基础设施建设等惠农政策，逐步构建新型农村合作医疗和新型农村社会养老保险制度等的实践，有助于社会资源向农村的流动和促进农村自我发展能力的提升。但是，"工业反哺农业、城市支持农村"又必须同时考虑工业领域和城市发展过程中存在的经济结构失衡、战略性新兴产业发展不足、中小企业发展困难、就业增长率低、社会管理难度大、发展方式转变任务重等一系列问题。随着城乡经济发展，各类社会组织的联系将日趋紧密，相互联系也更为密集。处于不断变化之中的城乡一体化发展，同时意味着城乡区域的各自优势及活力得到更好的发挥、资源获得更好配置、技术得到更好改进，这些不仅仅是城乡居民收入的增加。20 世纪初，德国农业经济学家卜凌克曼认为，交通位置和自然状况构成了一个地区农业集约经营的客观条件，企业家的个人状况（包括经营管理水平和个人经济状况）则是农业集约经营的主观因素[①]。因此，城乡发展除了工业化和城市化的推进，还需要更深层次的动力和多重因素的相互作用，包括技术、资本、人力资本、金融、贸易、教育、医疗、公共健康、政府组织的进步和制度变迁与农业领域的创新。

结论 8：权益诱导要素流向，诱导城乡关系变化。推进城乡经济社会发展一体化新格局的形成，体制改革是一项基础工程，必须用好行政区划

---

① 　赖作卿：《造就农业企业家推进农业产业化》，《农业经济》1998 年第 9 期。

这个政策性工具，围绕中国现代化进程中的权益过于集中而导致的城乡区域发展不平衡、不协调、不可持续性问题，探索地方制度创新命题。

行政区划是国家权益的地方配置，国家行政划所确定的不同类型、不同层级的行政区，是国家治理和保障城乡人民福祉的法理平台和体制基础。城市化进程加快、城乡经济高速发展、新型城乡形态出现与都市圈的形成，是当代中国发展最为明显的特征。在中国，城乡发展中不可回避的问题是，大城市的产生伴随着农村的人均低收入，都市的发展伴随着农村的过密化，正是中国历史上上层社会文化和农民之间显著差别的导因，巨大而复杂的城市使都市的上层文化得到高水平的发展，但是这种发展是建筑在农村过密化的贫困之上的。① 究竟如何最终消解城乡之间的二元对立，促进城乡空间布局及其形态合理化，实现城乡均衡基础上的统筹城乡一体化发展，仍然是未来较长时期中国城乡发展必须破解的严峻社会经济发展问题。全球经济一体化背景下的城乡一体化，必须充分利用外部环境带来的利益，不断维护城乡的稳定并塑造有责任、可信和有能力的政府。

结论9：长期真正有效地放开户籍管理制度，加快有条件的农户向城市转移并真正成为市民，让农村人口彻底地、比较容易地获得和城市人相同待遇，会对农村人口流动产生实质性影响，会有助于活跃农村土地市场、增加农户的土地经营规模、提高农业的比较收益、促进农户更高效率的生产方式的生成，特别是在短期内促进农村土地使用权流转，可能会让城市化进程更加合理，城乡一体化的实现更具可能性。

农民工劳动力供给与需求行为的动态性，不仅加快了城乡要素流动的步伐，而且引起了产业结构调整、就业结构变化和要素结构的变化，并且进一步加速着城乡经济发展过程中的产业升级与产业转移步伐。基于公平和效率的权衡，户籍制度被要求不断改革。当前户籍制度尽管不再像1984年以前那样，完全限制劳动力的跨地区流动，但不同户籍制度仍然对应不同的社会福利水平，不同城市对待户籍制度改革的力度显著不同。考虑到户籍制度如果全面放开，农村居民将可能大量向城市转移，尽管中国20世纪末开始的户籍制度改革基本是局部性并附带苛刻条件的，但带有条件的户籍制度改革仍然提供了农民成为城市居民的身份转变机会。从

---

① 黄宗智：《长江三角洲小农家庭与乡村发展》，中华书局2000年版，第332页。

1998 年开始，中央政府有关文件表现出对农村劳动力流动的积极支持和鼓励，明确提出改革城乡分割体制、取消对农民进城就业的不合理限制的指导性思路，并将其贯穿于国民经济发展规划纲要对于统筹城乡就业政策的实施过程中。基于第二代农民工强烈的内生性"市民化"发展要求，结合不同时期出现的"民工潮"、"民工荒"与农民自主创业、农民工返乡创业等现实状况，城乡一体化中关于农民工问题的制度设计，必须立足农民工内在需求的表达与倾诉，更加重视这一庞大群体在城市生活工作的外围环境，通过提升其文化素质和职业技能，在加快其子女市民化进程的同时满足城市的用工需求，使劳动者能够依据自己的比较优势选择理想的就业状态与就业目的地，最终实现农民工输出与回流创业的良性互动和劳动力资源的合理配置。

结论 10：面对后工业社会人类生产生活空间组织形式的重大变化，吸收国内外已有土地利用思想的科学洞见，重新估计城乡国土空间的可持续利用价值，建立土地利用的现代微观均衡分析体系[1]政策框架，并将土地利用纳入城乡现代经济增长的动态，最终建立科学的土地利用模式和城乡发展模式，这应该成为中国未来对城乡土地实现可持续利用的正确路径。

人们绝不应夸大理论构想对实践解决方法的影响，特别是在通常肯定包含政治许诺因素在内的体制改革情况下。[2] 对土地增值收益的管理和分配，无论在政治还是在经济方面都是十分敏感的话题，因为它直接体现了政府与土地使用者的关系。在现实生活中，分离由于不同原因引起的土地增值收益以及政府、社区和土地使用者应获取多少收益十分复杂，在某些情况下甚至完全不可行。因此，在土地增值收益的管理中，政府必须平衡自身与土地使用者之间的关系以促进土地市场的公平与效率。一方面，政府应从土地增值中受益，但另一方面必须保证市场正常运转。如果缺乏一个高效廉洁的政府，公共土地开发使用制度就无法实现土地市场的效率与

① 任旭峰：《经济增长理论演进中的土地利用思想综述与辨析》，《经济学动态》2012 年第 4 期。
② ［波］W. 布鲁斯、K. 拉斯基：《从马克思到市场：社会主义对经济体制的求索》，银温泉译，格致出版社、上海三联书店 2010 年版，第 104 页。

公平。① 在城乡关系演变过程中，中国经济模式的独特性表现在：政府以直接控制着的能源、金融、所有自然资源（包括土地）等重要生产资源为基础，与企业形成一种密切的合作关系以此推动经济发展；各级政府基于某种战略规划，又具有管理才能的精英官员通过正式的组织结构和个人的人际网络资本来指导经济发展；政府官员的绩效评估与晋升，主要是基于通过市场实现的经济发展成就、地方政府之间的竞争，促使各级政府对企业界改变投资环境等的要求做出快速反应而成为市场改革的推动者。②

城市化的推进往往伴随土地要素的增值，尤其是在城市化进程的加速阶段，城市土地增值的速度十分惊人，以至于对土地增值收益的管理和分配已经成为一个在政治、经济领域十分敏感的话题。在中国，随着土地有偿使用制度的推行，城市及其周边的土地市场价格不断攀升，巧妙变通地利用各种途径获取土地升值收益，已成为地方财政来源的主要途径和手段，也成为中央政府高度关注并以法律约束土地增值收益得到合理分配的焦点问题。土地财政模式适用于城市化的加速阶段③，而中国在 2011 年城市人口比重超过 50％之后城市化逐渐步入稳定阶段，这就需要土地财政模式转向土地财政可持续治理模式，遏制土地低价供给的途径，科学界定抵押土地的范围，减少土地融资风险，强化对地方政府土地储备中心和土地出让金的监管，以及建立合理的土地收益分配机制，以此缓解地方政府过度依赖土地收入的问题，并稳定地方政府的土地预期收益。如何既能高效利用土地增值效益推进城乡建设、提升公众福利，又能平衡政府与土地使用者之间的关系，还能最大限度地激发土地使用者的生产积极性、促进土地市场的公平与效率，扭转土地城市化快于人口城市化、克服城市化发展中的严重非均衡问题，构建类似于"大城市中心城区—城市副中心辐射带动区—城乡边缘与重点城镇发展区—新农村新型社区"等结构体系的新型城乡发展系统，成为 21 世纪中国土地管理和城乡经济发展领域的重大课题。农地产权制度是农地流转制度的前提，农户对产权的认知会影响其农地流转行为。曾经的 30 多年间，中国只需要将农村富余劳动力从农业

① 田莉：《从国际经验看城市土地增值收益管理》，《国外城市规划》2004 年第 1 期。
② 杨春学：《中国经济模式与腐败问题》，《经济学动态》2011 年第 2 期。
③ 吴冠岑：《土地供给、分配机制与地方财政风险防范》，《改革》2012 年第 4 期。

领域转移到城市工业制造业领域，就能够获得足够迅速的经济增长，这个过程虽然尚未结束，但劳动力价格的变化已经表明未来时期必须更多依赖生产效率的改进和制度创新，政府需要在新产业和新技术发展领域出台更具含金量的政策以推动效率提升的进程，同时又不能排斥市场在发现最好投资机会方面的核心作用，从而既改变许多现有城市的规模缺乏效率、经济结构陈旧以及容易受到市区蔓延和周边土地利用碎片化等问题的困扰，又能激励更多的居民在城乡之间自由地竞争和投资，并发现赢得成功的机会和获取正当利益的空间。这就要求不断从制度层面明晰农地产权特别是解决农民对土地所有权的虚置问题，加强土地产权方面的立法以保障农户土地承包经营权等各项权益不受损失，并逐步探索农地产权交易机构以排除政府强制流转和积极引导农民利用市场依法实现土地流转。

结论11：根据城乡区域经济发展现实，健全城乡社区组织体系，创新社区治理模式，形成政府调控机制与社会协调机制互联、政府行政功能与社区自治功能互补、政府管理力量与社会协同力量互动的社区治理体制和运行机制，不断巩固和发展城乡社会和谐稳定的良好局面，是实现城乡社会稳定的关键内容。

中国的城乡改革发展已进入了关键时期，由于经济体制、社会结构、利益格局发生了深刻变化，越来越多的"单位人"变成了"社会人"，城乡居民对物质文化的需求也日益增长且呈主体多元、结构复杂、需求多样的特点，加之各种社会复杂因素的相互作用，城乡社会结构失衡的问题尚未彻底消除，城乡社会建设、社会管理尚不能满足城乡一体化发展的现实需求，社会管理的体制、机制与社会主义市场经济体制还不相适应，面临的问题和困难还较多。而且从历史演化和中西方的对比中不难发现，中国财政体制的法制化水平低、基层政府财力与事权匹配问题突出且对公民公共产品需求回应性不足[①]。这就亟须加快推进城乡一体化，改进政府对社会公益事业的投入模式，逐步完善公共财政体制，把更多的财力、物力等公共资源向社会管理和公共服务倾斜，促进城乡科教文化、医疗卫生、社会保障、养老保险、劳动就业等一体化保障水平提升，着力推进城乡公共服务均等化平台建设，提高农村公共服务水平，逐步打破所有制、部门、

---

① 　闫坤、崔潮：《我国近现代财政体制演进轨迹及其现实框架》，《改革》2012年第4期。

行业界限，进一步形成社会公益事业举办主体多元化的格局，形成主管部门监督、财政监督、审计监督、社会监督相结合的监督机制，从政策支持、项目扶持、理顺体制、规范管理、强化监督入手，促进社会组织与志愿服务组织的健康发展，不断完善社会服务功能，促进"小政府、大社会"多元共治社会治理格局的形成。

结论12：在生态系统日益成为影响城乡可持续发展的条件下，倡导绿色经济、低碳发展和循环产业，对于城乡要素、能源和资源进行可持续整合发展具有重要的激励特征。

农业社会的人地关系结构、制度安排创新不足和农业人口对自然环境的适应过程，使得农业社会较好地回避了经济发展过程中的可持续问题；工业社会所伴随的工业化和城市化，促使人类在无限欲望的支配下过度消耗能源资源，进而通过财富的累积增加刺激了人们过度的物质消费，最终使城乡居民面临人口、资源、环境与经济社会发展系统之间的功能紧张。这就要求城乡发展更加重视生态与经济的协调，一方面选择环境保护与经济健康发展相统一的产业结构、生产结构、能源结构、技术结构和消费结构；另一方面淘汰存在严重污染的产品和工艺，大力发展绿色产业。这不仅可以提高污染治理效果，减少资源消耗，而且能推动整个社会的生产技术进步。生态保护区、限制开发区等可通过实行特别折旧，给予财政投资贷款支持，加大投资税收优惠，引进外资和国外先进技术等措施，促进绿色产业的发展。同时，充分发挥资源优势，严格按照生物自然更新的规律，根据市场经济发展的需要，在不破坏自然资源与生态环境的条件下，充分发挥保护区的多种功能，不断加强自然资源与自然环境的保护。在生态法制建设中，将生态与经济协调发展的理念纳入经济、人口、环境、社会保障等立法中，完善监督制约机制，实现生态经济执法与司法活动的公平、公开和公正。

结论13：实践表明，中国城乡一体化的实现不能被视作城乡独立发展的过程，而应该被看成深层次的城乡经济社会结构转化过程，即根据城乡经济之间的内在联系和相互作用，实现城乡经济社会的一体化协调发展。

城市与乡村作为中国区域经济社会发展的异质性空间单元，它们各自的功能和作用共同推动着城乡的进步和繁荣，城乡之间既有相互促进、共同发展、共同提高的一面，也有相互排斥、相互摩擦和相互矛盾的一面。特别是在市场经济条件下，城市和乡村都是开放系统，二者相互联系、相互作用，是一种互动的发展过程。在这一过程中，基于中国的基本国情，我们必须从农业反哺机制构建、推进农业产业化经营、重视企业家培育、推进区域城镇化、乡村工业化、市场化和农村富余劳动力转移、城乡生态协调以及文化整合等方面，以"循序渐进式"兼"平行推进式"改革发展，促进城乡一体化协调发展与良性互动，不断强化各级政府对城乡一体化的宏观调控，充分发挥各类政策的综合效应，围绕城乡经济发展、社会进步、环境友好和制度创新、主体功能区建设、资源能源节约等核心问题，突出城乡居民发展权利的公平与基本公共服务的均等化，以人为本，把农民工市民化作为推进城市化的主要任务，把紧凑、集约、精明增长的城市群和生态城市建设作为推进城市化的主题形态，通过构建合理的城乡空间经济秩序、多元主体的协同共治机制、资源开发与生态补偿机制、梯度产业转移和落后地区的援助机制、重点领域的优先发展机制等，同时发挥中心城市（区）带动形态、乡村内生发展驱动形态和城乡统筹关联互动形态等城乡一体化进程中的新型城乡形态发展模式的各自优势，促进城乡一体化网络发展的空间格局和协调互动发展机制的形成，完善城乡一体化布局规划，以新型城市化、新型工业化、社会主义市场化和新农村建设、现代农业发展、公民社区完善为基本支撑，促进城乡经济社会一体化、生态环保一体化、制度创新和基础设施发展一体化，最终实现城乡统筹、布局合理、资源能源节约和功能完善、综合承载力增强的现代化城乡发展目标。

二 未来趋势展望

趋势 1：中国经济社会的快速发展，不仅改变了城乡形态，加快了城乡现代化的进程，而且对世界经济产生了深刻影响。城市区域中集约化的生产方式、企业的高度集聚和产业集群的形成、对基础设施的共享和高效利用、城乡联系的日益加强和城乡经济的高度融合，以及科技教育的高度集中、空间国土功能的科学开发，等等，有利于解决中国面临的巨大人口、资源、环境发展压力，也是中国区域经济能够形成合力、共同参与国际竞争、共同应对经济全球化和区域经济一体化挑战的必由之路。

亚当·斯密曾经指出："不是在经济达到绝顶富裕的时候，而是在社会处于进步状态并日益富裕的时候，贫穷劳动者，即大多数人民，似乎最幸福、最安乐。"① 当前，中国总体上已进入以工促农、以城带乡的发展阶段，进入加快改造传统农业、走中国特色农业现代化道路的关键时刻，进入着力破除城乡二元结构、形成城乡经济社会发展一体化新格局的重要时期。随着全球一体化发展，诸多新型产业业态特别是研究开发、现代服务业，如现代金融保险、信息通信和计算机服务业等，越来越依托城市发展而得到扩张。② 同时，城市产业的繁荣和高回报也不断吸引更多的资本、技术和知识的流入，并促进新兴产业的形成，从而使得城市区域成为现代经济中最具活力的创新空间。在城市和乡村隔离的情况下，很容易忽略各自变化间的联系。Stohr 和 Taylor 指出需要在四个主要领域平衡其关系以使自下的发展成功——在政治上给予农村地区更高程度的自主权，以改变政治权力自城市向农村的单一流向；修正全国的价格体系使之更有利于农村和农业产品；鼓励农村的经济活动超过当地需求以形成更多的出口；重建整个交通、通信网络，不仅在城市与农村间，也在农村的乡村之间。③ 我们必须越来越认识到，中国未来的城乡变化不应该看作一个各自独立的过程，而应该是多维度的、深层次的城乡区域经济社会结构转变和不同社会阶层主体利益调整。

趋势 2：新型城乡形态产生于中国推进城乡一体化的宏观背景下，是城乡一体化的雏形，并以实现城乡一体化为其最终目标；从成—渝统筹城乡综合配套改革试验区的发展实践中，我们可以发现新型城乡形态会经历初级、中级和高级形态等三个不同演变阶段。

城乡一体化进程中新型城乡形态的形成与演变，与不同区域的地理特征、经济发展、制度演变、开放水平和人口迁移特征紧密相关。现代社会发展中的城乡形态演变，更多地表现为市场机制的自发力量与政府干预的人为力量共同推动。考察中国城乡发展过程中的新型城乡形态及其演变，可以概括出因不同区域、不同发展阶段而呈现不同类型的城乡形态。城市

---

① 亚当·斯密：《国民财富的性质和原因的研究》，商务印书馆 1972 年版，第 74 页。

② OECD, 2009. Trends in Urbanization and Urban Policies in OECD Contries, OECD Publishing.

③ 马昂主：《区域经济发展和城乡联系》，《经济地理》1998 年第 1 期。

化进程中的"城中村"、城市近郊农村和都市圈、大学城、开发区以及社会主与新农村社区等不同形态，不断地促进了城乡之间地位平等、功能协调、产业互补、发展一体、服务均等，城市现代物质文明和精神文明向乡村地域延伸、乡村自然特质向城市地域渗透同时发生。根据城市化对农村的带动辐射效应、城市化在不同区域的推进特征、农村城市化的生成机制、城乡关联发展的现实背景以及城乡形态，是否有助于城乡一体化的实现目标，我们认为在城乡一体化初级阶段，政府力量的介入是其中的关键因素；当市场经济发展到一定阶段，政府干预产生的错位有可能会成为城乡一体化进一步推进的阻碍，特别是在政府能够支配资源的能力、规模和力度越来越强的趋势下。"强政府"容易造成经济发展对"过强政府"干预的依赖，从而制约城乡"弱社会"发展的后劲。以成—渝统筹城乡改革实验区为代表的城乡一体化水平相对较高的发达区域的新型城乡形态，赋予了中国城乡一体化在初级阶段的特定内容，其他不同地区的统筹城乡发展实践，反映了中国城乡一体化的未来前景，对此需要区别对待城乡形态不同演变阶段的不同特点。从现实来讲，中国西部地区的城乡一体化水平总体落后于东部发达地区，我们不能以成—渝统筹城乡改革实验区的实践成果而低估其他广大区域范围在推进城乡一体化进程中所遭遇的困难，我们更不能因为中国城乡发展差距大就否认城乡一体化已经发生这一现实。未来的中国，在城乡一体化进程中政策的关注点，更应该放在那些纯粹依靠市场力量无法缩小城乡差距的经济欠发达地区。

趋势 3：随着城乡社会生活越来越受到经济规律的调整，城乡形态演进的种种方面将在重塑城乡关系的同时，促进自身迈进更新的阶段，这不仅包括商品与服务的城乡联系与流通，而且包括城乡资源的优化配置与财富分配，以及因城乡居民流动而对时空本身的组织安排。

不同的城乡关系和城乡形态是不同的历史形成的，要解释其存在的理由就应该通过调查历史而找到答案。尽管发展政策的落实总是受到限制，但政策选择与重构则永远存在。城乡发展的历史经验有助于我们明确以前的选择是什么、已经产生了何种影响以及未来该如何选择。中国二元经济结构格局与城乡区域经济发展的非均衡性，决定了居民消费的多层次板块性特征，社会的快速转型与经济的快速转轨又决定了居民消费水平、结构和行为的持续不稳定性。无论是从人口规模，还是从收入潜力而言，中国农村消费市场都将成为未来撬动世界经济的杠杆，成为未来世界上最大的消费市场群体。[①] 因此，更加关注农民、农村和农业发展，为农村市场提供和构筑市场化的发展渠道、发展政策，会有可能为未来城乡区域消费市场乃至内需的真正挖掘提供创新生长点。不难理解，中国的城市化、工业化、市场化以及由此引起的城乡一体化，无论就其人口规模、空间范围还是其内容过程的复杂性和艰难程度来说，都是世界范围内前所未有的。联合国秘书长潘基文在《和谐城市：世界城市状况报告（2008—2009）》中提出[②]："城市是人类最复杂的作品之一，从来没有完成，亦没有确切的形态，就像没有终点的旅程，它是过去，是现在，更是未来。"各国的城乡发展实践及其路径选择，反映了许多具有共同性和规律性的判断。中国城市化发展具有两个重要趋势，一是特定的城市的人口和经济实力的增加以及特定区域内城市数目的不断增加，伴随城市间的联系和相互影响不断增强；二是通过中心城市的集聚和辐射作用对周边区域产生影响，导致要素在城市与区域间流动和再配置。[③] 乡村不仅承担了传统意义上供应城市粮油副食品和工业原料的功能，而且在产业发展、生活方式、科技教育和文化、制度、管理等各方面越来越与城市接近。于是，城乡之间、城市与城市之间、城市与区域之间形成一种相互推动、相互依存、共同发展的机制和关系，形成超越城乡一体化意义之上的区域一体化现象。其中，人口向大城市集中是城镇聚集效应的基本体现，由于人口聚集而随着发生的消费市场集中、投入品市场和要素市场容量扩大、运输成本更加节约、土地利用更加高效、产业配套能力提升，以及基础设施和生产、金融、信息、技术服务条件的完善，再到以上各类因素产生的外在性与溢出效应，会使城市的生产率更高。在市场经济条件下，这又会进一步导致城市对资本、劳动力和技术进步、企业家才能的更高回报，从而吸引更多要素的良性累积循环以实现资源最优配置。同时，不同国家和地区在城乡发展的不同阶段，会面临不同的问题。如何选择适宜自身的城乡一体化道路，选择什么

---

① 朱信凯、骆晨：《消费函数的理论逻辑与中国化：一个文献综述》，《经济研究》2011年第1期。

② 联合国人居署：《和谐城市：世界城市状况报告（2008—2009）》，中国建筑工业出版社2008年版。

③ 陈安国：《城市区域合作》，商务印书馆2010年版，第1页。

样的城乡发展模式，侧重哪些领域的重点改革等方面，又具有不同特点，这往往是各国不同的经济、地理、人文环境等影响因素综合作用的结果。因此，通过比较分析、实证检验、经验探索，找出这些共性，同时探讨哪些因素怎样导致了不同区域的城乡发展差异和城乡形态演变特征，寻求实现城乡一体化的基本策略，推动城乡区域共同市场的形成，促进生产要素的自由流动和最优化配置，最终形成城乡区域资源共享、优势互补、互惠互利、共同发展的新格局，这对于未来中国的新型城市化、区域均衡协调及城乡一体化发展都具有重要借鉴意义。

趋势4：事关城乡居民生活的城乡社会一体化，是中国城乡经济社会发展的根本出发点和最终目标。① 如果我们连城乡居民人与人之间的关系都无法协调，如果我们能够允许社会对弱势群体歧视的存在，我们就不能也没有资格奢谈追求人与自然、人与社会的协调和城乡一体化持续发展。

城乡的分离与互动、城市的形成与扩张和城乡形态演变，人类活动始终贯穿其中。中国当前的城市化总体上还处于城市数量增加、城市占地扩大、高楼林立的物质形态的城市化，促进人的发展的城乡一体化正在深入推进。温家宝总理在2011年的《政府工作报告》中明确提出："十二五"时期，中国将继续坚持走特色新型工业化道路，推动信息化和工业化深度融合，改造提升制造业，培育发展战略性新兴产业；加快发展服务业，使服务业增加值在国内生产总值中的比重提高4个百分点；积极稳妥地推进城镇化，城镇化率从47.5%提高到51.5%，完善城市化布局和形态，不断提升城镇化的质量和水平；继续加强基础设施建设，进一步夯实经济社会发展基础；大力发展现代农业，加快社会主义新农村建设；深入实施区域发展总体战略和主体功能区战略，逐步实现基本公共服务均等化；促进城乡、区域良性互动，第一、二、三产业协调发展。毋庸置疑，城乡一体化涉及人口、土地、水、资金和基础设施等诸多物质的问题，但归根结底是城乡居民的公平发展问题，其中的难点之一就是城乡公共服务均等化问题。城乡生活一体化，不仅包括社会基本服务水平、教育水平，也包括健康水平的一体化；城乡一体化的推动者是政府，一个有责任的政府更有责任加大对农村公共产品、公共服务的投入，以此缩小城乡间基础设施、教

① 郭俊华、卫玲等：《城乡生活一体化研究评述》，《经济学动态》2011年第2期。

育、医疗卫生等之间的差距；城乡生活一体化的实现路径多种多样，政府加快城镇化进程、减弱户籍限制、鼓励地区间劳动力流动、解决城乡居民再就业、教育及社会保障等方面的差异，利用信息化扩展农村居民的行为、改造传统的种植管理体系以提升农村居民生活质量，都是其中的有益之举。

趋势5：今后10年，是中国仍可以大有作为的重要战略机遇期，能否冲破"中等收入国家陷阱"，能否真正进入可持续发展的良性轨道，城乡区域、政府与企业、行业与部门、各阶层居民及中央与地方之间的利益分配与利益格局能否调整到位，至关重要。改革走到今天，需要对各种涉及城乡一体化发展的各种利益关系进行重构；不厘清利益关系以及相应的分配机制，城乡一体化就难以获得持久动力和体制机制保障。

在科学发展观和建设生态文明的指引下，融合低碳经济和低碳社会发展的低碳城市群发展路径成为理想选择。中国科学院地理科学与资源研究所2012年3月底发布的关于中国城乡区域发展以及能源综合研究报告之一《2010中国城市群发展报告》指出[①]：中国正在形成23个城市群[②]，其中，长江三角洲城市群已跻身国际公认的6大世界级城市群（其他5个分别为美国东北部大西洋沿岸城市群、北美五大湖城市群、英国伦敦城市群、欧洲西北部城市群、日本太平洋沿岸城市群），长三角将成为中国未来经济发展格局中最具活力和潜力的核心地区，是中国主体功能区战略中的重点和优化开发区，也是未来中国城市发展的重要方向。该报告同时指出，经过10—20年的建设，中国可能会将"长三角"、"珠三角"、京津冀分别建成国家综合竞争力最强、亚太地区最具竞争活力、国家创新能力最强的世界级城市群，将海峡西岸建成服务中华民族统一大业的海岸型城市群，将环鄱阳湖建成国家大湖流域综合开发示范的生态型城市群，将成—渝城市群建成国家城乡统筹综合配套改革试验区，将辽东半岛建成国家振兴东北老工业基地的核心城市群，将南北钦防建成中国—东盟自由贸易区的海湾型城市群，将天山北坡建成中国面向中亚五国合作的陆桥型城市群

---

① 参见人民网相关介绍，网址为 http://travel.people.com.cn/GB/17514888.html。
② 该研究对城市群的界定标准是根据"城市群内都市圈或大城市数量不少于3个，至少有1个特大或超大城市为核心"、"人口规模不低于2000万人"、"城市化水平大于50%，非农产业产值比率超过70%"、"人均GDP超过3000美元，经济密度大于500万元人民币/平方公里"等进行的。

等。事实证明，"十二五"时期，中国城乡发展与经济社会改革进入崭新阶段，2011 年，中国国内生产总值为 47.2 万亿元，比 2010 年增长9.2％；公共财政收入为 10.37 万亿元，增长 24.8％；中央财政"三农"支出超过 1 万亿元，比 2010 年增加 1839 亿元，粮食产量 1.14 万亿斤；城镇新增就业 1221 万人，城镇居民人均可支配收入和农村居民人均纯收入实际增长 8.4％和 11.4％，城镇化率超过 50％。[①] 2012 年，中国将继续积极稳妥地推进城镇化，在遵循城市发展规律的基础上，从各地实际出发，促进大中小城市和小城镇协调发展，根据资源环境和人口承载能力，优化全国生产力布局，形成合理的城镇体系和与国土规模、资源分布、发展潜力相适应的人口布局。各类城市发展的根本在于夯实经济基础，创造就业机会，完善基础设施，改善人居环境，加强管理服务，提升城镇化质量和水平。这就要求更加注重把在城镇稳定就业和居住的农民工有序转变为城镇居民，放宽中小城市落户条件，合理引导人口流向，让更多农村富余劳动力就近转移就业；加强对农民工的人文关怀和服务，着力解决农民工在就业服务、社会保障、子女入园上学、住房租购等方面的实际问题，逐步将城镇基本公共服务覆盖到农民工。这些都需要对改革进行顶层设计：我们不仅要解决城乡发展过程中短期存在的问题，更重要的是通过用属于短期实施的应对性政策为城乡一体化的机制体制构建赢得时间，最终以求长期制约城乡一体化发展的深层次问题和矛盾得以解决。当前，伴随城乡差距和居民收入差距的扩大，阻碍改革的利益集团逐步固化[②]，城乡利益的重新调整需要很多努力。既然"十二五"时期转变经济发展方式的主要动力来自改革，并由政府主持建立新的体制，那么未来城乡一体化发展目标的最终实现，也必须依靠城乡经济社会改革的深入推进。随着越来越多的人口聚集在不同类型的城市，交通拥挤、资源与能源消耗、环境污染、城市贫困、社会冲突等问题可能会进一步加剧，这为城乡发展中的社区治理模式创新带来了新的挑战。促进城乡一体化是决策层和民众的共识和基本方向；历史和现实时刻在提醒我们，城乡一体化发展策略能否落实为具体行动并最

---

① 温家宝：《2012 年 3 月 5 日政府工作报告》，参见中国网 http://www.china.com.cn/policy/txt/2012－03/05/content_24808051.htm。

② 文丽、徐淑君：《改革：框架性设计是必须要有的——专访著名经济学家吴敬琏》，《财经国家周刊》2011 年第 5 期。

终成功实现，似乎并不能太乐观，城乡和谐并非能轻而易举地实现。在城乡发展实力迅速增强、城市化进程不断加速和城乡一体化进程中城乡形态呈现多元的背景下，探讨城乡统筹协调发展问题，无疑具有极其重要的理论意义和浓重的现实主义色彩。城乡居民每一个个体所畅想的幸福，仅靠每一个人的奋斗努力远远不够；促进城乡协调发展的战略与策略思考，需要立足于消除威胁并寻求达成目的的有效途径；如果缺失城乡区域社会在政治、经济、文化、法律等方面的整体性改革推进，个人幸福的实现将很值得怀疑。中国统筹城乡区域一体化发展需要克服很多困难甚至苦难，国家自身的完善、社会组织的转型和国民素质的提升，是城乡区域实现现代化的前提和关键要素，城乡和谐社会的建设也并非在短期内能以直线型一蹴而就，这特别是需要在制度设计上确立一个清晰可靠的权界，并建立起一种协调的合作关系。

趋势 6：面对世界范围内资源有限、发展机会有限、拓展空间有限的条件下，中国不同区域发展水平不同的城市抑或乡村，不可能企求拥有同样宽广的回旋余地；没有自主创新的体制与城乡统筹发展的长效推进机制，现有的城乡发展格局不可能自动地为拥有众多处于弱势群体的农民、处于弱势产业的农业和位居边缘区域的农村提供现代化的空间。

中国城市的管理正面临结构性的转变，城市政府需要更多地成为协调者，去调动其他组织特别是非政府组织、企业、个人共同协作以加强管治的力度。据此，以行政区权限、行政区等级变更标准为主线研究不同层次行政区间的运行机制、利益冲突、协调模式对提高中国不同等级城市政府间的管理效率具有十分重要的学术价值，也可能为探索中国特色的城市管治模式找到新的切入点。[①] 在一个国家内部的乡村区域发展远远落后于城市发达状态的时候，政策制定者的角色必须相应调整、它非常清楚必须要做哪些事情，它也必须明确是否要把更多的决策交给私人投资者去博弈、让市场来做集体判断。当前，中国现有城乡发展格局及利益体系赖以存在的核心与边缘、极化与辐射、聚集与扩散的逻辑带来的影响，更具隐秘性同时也更为重要，这对整体处于欠发达水平的农村发展具有无形的却是持久的"路径依赖"制约。在区域发展城市化、城市发展区域化日益成为带动中国整体发展能力提升的新的背景下，这种惯性特征仍在加强，从而对

---

① 顾朝林：《发展中国家城市管治研究及其对我国的启发》，《城市规划》2001 年第 9 期。

农村的发展也更具基础性影响。悠久的演变历史和不同的资源禀赋，为每个处于不同城乡区域的人们提供了不同的发展偏好和发展机遇，城乡关系调整与城乡形态演变不是一成不变的单行线；影响城乡关系调整和城乡形态演变的因素很多并且不同因素间具有纷繁复杂的相互作用关系，仅仅聚焦于城市现代化或新农村建设、战略性新兴产业培育与现代服务业发展或现代农业建设，对于促进城乡一体化发展进程和以新型城乡形态带动城乡协调都是不全面的；处于系统进化过程中的城乡区域，种种新因素和先前并不重要的因素在新的形势下，会对城乡系统演进产生显著影响，城乡结构演变过程中的各种问题和威胁的出现，迫使政府面临新的选择，单纯的自由市场调节或政府计划干预逻辑，已经受到越来越多的挑战。因此，仅仅关注城乡内部存在的问题已不能深刻理解中央政府关于促进城乡发展所做出的部署和采取的政策。城乡发展不仅仅是关乎城市与乡村自身发展的问题，城乡基本公共服务均等化、新型城乡医疗卫生、文化教育、社会保障、劳动就业、户籍制度改革与城乡经济发展、基础设施建设、生态环境保护、社会进步、政治文明、结构调整、发展方式转变、市场体系完善、要素自由流动、失地农民利益保护等都不可偏废，城乡统筹对城乡发展都有益处。可以肯定，"三农"发展的弱势地位、城市化进程中出现的问题不可能在短期内一次性解决；要想达到城乡一体化发展的协调状态，需要综合开发有效利用城乡之外更为广泛的战略资源和回旋空间，需要在城乡互动中经过长期不懈的努力创造条件拓展机遇。同时，谋求城乡一体化发展目标的实现，不是也不可能是为城乡发展设计某种自以为是的演进路径，各级政府更不能凭借行政力量将自己的奇思妙想、规划蓝图强加于城乡居民和城乡客观存在，目标的实现需要政府、企业、居民户和其他社会组织的共同努力，审时度势地做城乡现实允许做的可能的事情。历史并不会偏向城乡任何一个单元，变革的前景取决于城乡区域的共同行动。在决策日趋分散、产权清晰独立的市场经济条件下，城乡整体自我发展能力的增强需要善于合作借势，需要在强调个别领域差异性的同时在诸多领域取得更大平衡，更需要包容性和可持续性的战略思维，积极寻求各种途径，运用多种力量，化解多种问题，达成城乡一体化所要求的多重目标的方式、方法，以此增强城乡社会自身持续发展和进步的能力，并由此作为中国参与21世纪的世界竞争和影响世界的物质基础。

　　[结束语] 多维的发展格局需要我们用多维的视角去认识城乡发展的未来。中共十八大提出，解决好农业、农村、农民问题是全党工作重中之重，城乡发展一体化是解决"三农"问题的根本途径。要加大统筹城乡发展力度，增强农村发展活力，逐步缩小城乡差距，促进城乡共同繁荣。坚持工业反哺农业、城市支持农村和"多予、少取、放活"方针，加大强农惠农富农政策力度，让广大农民平等参与现代化进程、共同分享现代化成果。加快发展现代农业，增强农业综合生产能力，确保国家粮食安全和重要农产品有效供给。坚持把国家基础设施建设和社会事业发展重点放在农村，深入推进新农村建设和扶贫开发，全面改善农村生产生活条件。着力促进农民增收，保持农民收入持续较快增长。坚持和完善农村基本经营制度，依法维护农民土地承包经营权、宅基地使用权、集体收益分配权，壮大集体经济实力，发展多种形式规模经营，构建集约化、专业化、组织化、社会化相结合的新型农业经营体系。改革征地制度，提高农民在土地增值收益中的分配比例。加快完善城乡发展一体化体制机制，着力在城乡规划、基础设施、公共服务等方面推进一体化，促进城乡要素平等交换和公共资源均衡配置，形成以工促农、以城带乡、工农互惠、城乡一体的新型工农、城乡关系。

　　面对信息时代，我们需要更加关注和利用生产过程技术、交易技术和流通技术对中国城市与区域发展的影响，加深领会植根于全球化背景下，在中国自发成长、以功能性城市区域为特征的"巨型城市区"新城市与区域空间形态[1]，积极探讨城乡一体化公共联动政策对于城乡区域社会变迁和城乡形态的型塑作用。只要我们保持积极促进城乡一体化发展的理念，确保城乡自我发展能力和经济密度提升的物质支撑，在政策上保持适度的应变能力和必要的适应性，对于城乡具体问题根据具体领域和条件有所区别地具体分析，并采取不尽相同的姿态和处置方式，将各种手段、力量和途径相互配合，尽可能促进知识和信息在城乡分布的广泛与均衡传播，我们就有决心和信心推动城乡社会创新，实现城乡和谐自由发展。只要我们在城乡一体化的征程中做出明智的选择和果敢的改革，新型城乡形态及城乡一体化发展机制就会不断展示出它的适应性和创造性，中国就必定会走向城乡和谐的美好未来！

---

　　① 顾朝林：《中国城市化空间及其形成机制》，清华大学建筑学院 2010 年版，第 51 页。

主要参考文献

一 英文文献

Andrew Gilg. An Introduction to Rural Geography. Edward Amold，1985.

Bailey，F. G. ，The Peasant View of Bad Life，in T. Shanin (Ed.)，Peasant And Peasant Societies，Harmond-sworth：Penguin Books.

Bauer，Peter T. ，Dissent on Development，Cambridge：Harvard University Press，1972.

Bertola，A. *Models of Economic Integration and Localised Gxowth*. 1993. in F. Torres and F. Giavazzi，eds. ，*Adjustment and Growth in the European Union*. Cambridge，England：CEPR and Cambridge University Press，1993.

Black，D. and V. Henderson (2003)，Urban Evolution in the USA，Journal of Economic Geography，11，343 – 373.

Blundell，R. and S. Bond (1998)，GMM Estimation With Persistent Panel Data，IFS Working Paper No. W99/4.

Bottazi，L. and G. Peri (2003)，Innovation and Spillovers in Regions：Evidence from European Patent Data，European Economic Review，47，687 – 710.

Boschma，R. *Looking Through a Window of LocationalOpportunity*，Tinbergen Institute，Rotterdam，1994.

Boschma，R. A. and Lambooy，J. G. *Evolutionary Economics and Economic Geography*，*Journal of Evolutionary Economics*，1999 (9)：411 – 429.

Boschma，R. A. & Frenken，K. Why is economic geography not an evolu-tionary science? *Towards an evolutionary economic geography*，Working Paper，Utrecht：Utrecht University，2005.

Brendan McGrath. The sustainability of car dependent settlement Patten：an evaluation of new rural settlement in Ireland. The Environmental-ist，Vol. 19，No. 2（Jun.，1998）.

BrendanMc Grath. *The sustainability of a car dependent settlement pat-tern：an evaluation of new rural settlement in Ireland. The Environ-mentalist*，1998，19（2）：99 – 107.

Caniels，M. C. J. and H. A. Romijn. *SME Clusters，Acquisition of Tech-nological Capabilities and Development：Concepts，Practice and Policy Lessons*，paper present 5th EUNIP Conference，Vienna，Austria，November 29th-December 1st 2001.

Crafts，N. and Venables，A. J. *Globalization in History. Geographical Perspective* . CEPR Discussion Papers 3079，2001.

Crozet，Matthieu. *Do migrants follow market potentials? An estimation of a new economic geography model*，Journal of Economic Geogra-phy，2004（4）：439 – 458.

David Tumock. Rural diversifieation in Eastern Europe：Introduction. Geojournal，Vol. 46，No. 3，Nov.，1998）.

David Turnock. *Rural diversification in Eastern Europe：Introduction. GeoJournal*，1998，46（3）：171 – 181.

Dixit，A. K. and Stiglitz，J. E. *Monopolistic Competition and Optimum Product Diversity.* American EconomicReview，1977（67）：297 – 308.

Englmann，F. C. and Walz，U. *Induarial Centres and Regional Growth in the Presence of Local Inputs.* Journal of Regional Science，1995（35）：3 – 27.

EvaKiss. RuralrestmcturinginHungaryinthePeriodofsocio-economictransi-tion. GeoJournal，Vol. 51，No. 3（Jul.，2000）.

Fan，C. and Scott，A. J. *Industrial agglomeration and development：A survey of spatial economic issues in East Asia and statistical analysis of*

Chinese regions，Economic Geography，2003，79（3）．

Fujita M. *Urban Economic Theory*：*Land Use and City Size*，Cambridge，New York：Cambridge University Press，1990.

Fujita M，Krugman P，VenablesJ. *The Spatial Economy*：*Cities*，*Regions and International Trade*，Cambridge，Mass：MIT Press，1999.

Fujita，M. and Krugman. P. *The New Economic Geography. Past*，*Present and the Future*. Papers in RegionalScience. 2004（83）．139－164.

Fujita，M. *A Monopolistic Competition Model of Spatial Agglomeration*：*Differentiated Product Approach*，Regional Science and Urban Economics. 1988（18）：87－124.

Fujita，M.，and J.-F. Thisse. *Globalization and the evolution of the supply chain*：*who gains and who loses?*，Kyoto Institute of Economic Research，Kyoto University，Discussion Paper No. 571. 2003.

Fujita，M.，and T. Mori. *Structural stability and evolution of urban systems*，Regional Science and Urban Economics，1997（27）：399－442.

G. Barba Navaretti & A. J. *Venables*，*Multinational Firms in the World Economy*，Princeton，Princeton University Press. 2004.

Gallion，Simon Eisner，Urban Pattern. New York：Van Nostrand，1975.

Gersbach，H. and Schmutzler，A. External Spilovers. *IntemalSpillovers and the Geography of Production andhnovation*. Regional Science and Urban Economics. 1999（99），679－696.

Gersbach，H. and Schmutzler，A. External Spilovers. *Intemal Spillovers and the Geography of Production and Innovation*. Regional Science and Urban Economics. 1999（99），679－696.

Ginsburg NS，Koppel B，McGee TG. 1991. The ExtendedMetropolis：Settlement Transition in Asia Honolulu：University of Hawaii Press.

Grossman，G. and Helpman，E.，*Innovation and Growth in the Global Economy*，Cambridge，Mass：MIT Press. 1991.

Helpman，E. and Krugman，P. *Market structure and Foreign Trade*，MIT Press. 1985.

Henderson. J，V. Shalizi. Z. Venables. A. J. *Geography and Development*，

Journal of Economic Geography 2001 (1) .

Henderson J. V. 1974 The sizes and Types of cities. The American Economics Review. 64, 640 – 656.

Henry Goverman, Stephen Redding, and Anthony J. Venables. *The Economic Geography of Trade, Production and Income: A Survey of Empirics.* NBER, Working Paper, 2001.

Hillie, B. , *The Architecture of the Urban Objects.* Ekistiks (334/335), 1989: 5 – 21.

Human Geneties. The Population structure of rural settlements of Sakah Republic (Yakutat): Ethnic, sex, and age composition and vital statisties. Russian Journal of Genetics, Vol. 42, No. 12 (Dec. , 2006) .

James H. Johnson. Studies of Irish Rural settlement. Geographical Review, Vol. 48, No. 4 (Oct. , 1958) .

Krugman P. *What's new about the New Economic Geography*, Oxford Review of Economic Policy 1998 (2): 7 – 17.

Krugman, P. *Geography and Trade* , Cambridge, Mass: MIT Press, 1991.

Krugman, P. *Development, Geography, and Economic Theory*, MA: MIT Press, 1995.

Krugman, P. *Increasing Returns and Economic Geography.* Journal of Political Economy, 1991 (99), 483 – 499.

Kuznets Simon. Economic Growth and the Contribution of Agriculture. In: Eicher, L W Witt, ed. Agriculture in Economic Development. New York: McGraw – Hill, 1964.

Lanaspa, L. F. and Sanz, F. *Multiple equilibria, stability, and asymmetries in Krugman's Core-Periphery Model.* Papers in Regional Science, 2001 (80), 425 – 438.

Leo, V. D. B. Braun. E. and Winden, W. V. *Growth Clusters in European Cities, an Integral Approach.* Urban Studies, 2001, 38 (1), 185 – 205.

Les. law, Czetwertynski – Sytnik, Edward Koziol and Krzyszt of R. Mazurski. Settlement and sustainability in the Polish Sudetes. Geojournal, Vol. 50, No. 2 – 3 Feb. , 2000) .

Lucas, Robert E., Jr. *On the Mechanics of Economic Development*, Journal of Monetary Economics, 1988 (7): 3 – 42.

Marjolein, C. J. C. and Henny, A. R. *Agglomeration Advantages and Capability Building in Industrial Clusters, the Missing Link*. The Journal ofDevelopmentStudies. 2003, 39 (3): 129 – 154.

Martin R. *Economic theory and human geography*. In: Greogry D, Martin R, Smith G (eds.), *Human Geography: Society, Space, and Social Science. Minneapolis*. University of Minnesota Press, 1994. 21 – 53.

Martin, P. and Ottaviano, G. 1. P. *Growth and Agglomeration*. International Economic Review, 2001, 42 (4): 947 – 968.

Matsushima, N. and Matsumura. T. *Mixed Oligopoly and Spatial Agglomeration*. Canadian Journal of Economics, 2003, 36 (1): 62 – 87.

McCann, P. & Shefer, D. *Location, agglomeration and infrastructure*, Regional Science, 2004 (83): 177 – 196.

McGee T G, Robinson I M, eds. The Mega – Urban Regions of Southeast Asia. Canada: UBC, 1995.

Miehael Pacione. Progress in rural geography. London: Croom Helm, 1983.

MiehaelS. Carolan. Barrierst of the Adoption of Sustainable Agriculture on Rented Land: An Examination of Contesting Soeial Fields. Rural Sociology, 2005, 70 (3).

Myrdal. G. Economic Theory and Underdeveloped Regions, Duckworth, 1957.

Nafis Ahmad. The Pattern of Rural Settlement in East Pakistan. GeograPhical Review, Vol. 46, No. 3 (Jul., 1956).

Naughton, Barry, 1994, "Chinese Institutional Innovation and Privatization from Below", American Economic Review, Vol. 84, No. 2.

Neil M. Argent, Peter J. Smailes, Trevor Griffin. Tracing the Density Impulse in Rural Settlement Systems: A Quantitative Analysis of the Factors Underlying Rural Population Density Across South – Eastern Australia, 1981 – 001. Population & Environment, Vol. 27, No. 2 (Nov., 2005).

Peter Bigmore. *Rural process-pattern relationships: normalization, Sed-*

entarization and settlement fixations. The GeographicalJournal, 1994, 160 (1): 98.

Peter Bigmore. Rural Process – Pattern relationships: nomadization, Sedeniarization and Settlement flaxtion. The Geographical Journal, Vol. 160, No. 1 (Mar. , 1994) .

Pons, J. , Silvestre, J. , Tirado, D. and Paluzie, E. *Were Spanish migrants attracted by industrial agglomerations?*, 2004.

Romano A, Passiante G, Elia V. *Modelling growth clusters in the new Web Economy.* Proceedings of the 45th International Conference on Small Business (ICSB) World Conference, Brisbane (Australia) 2000, 7 – 10.

Romer, Paul M. *Increasing Returns and Long Run Growth*, Journal of Political Economy, 1986 (10): 1002 – 1037.

Samuelson, Paul. *Probability, utility, and the independence axiom*, Economtrica, 1952 (20: 4) .

Scott A J. Metropolis. University of California Press, Berkeley, C A, 1988.

Venables, A. J. *Equilibrium Locations of Verticaly linked Industries.* International Economic Review, 1996 (37): 341 – 359.

Venables, A. J. and N. limao. *Geographical Disadvantage, Heckscher-Ohlin-Von Thunen Model of InternationalSpecialisation.* World Bank Policy Research Paper, No. 2256, 1999.

Violette Rey, Marin Bachvarov. *Rural settlements in transition agricultural and countryside crisis in the Central – Eastern Europe.* GeoJournal, 1998, 44 (4): 345 – 353.

Walz, U. *Transport Cost, Intermediate Goods, and Localized Growth.* Regional Science and Urban Econonucs, 1996 (26): 671 – 695.

William N. Dunn, Public policy Analysis: An Introduction, 2nd ed. , New Jersey: Prentice Hall, 1994: 2 – 3.

Xie YC, YuM, Bai YF, et al. 2006. Ecological analysis of an emerging urban landscape pattern – desakota: A case study in Suzhou, China. Landscape Ecology, 21: 1297 – 1309.

二　中/译文著作文献

［美］马尔科姆・吉利斯：《发展经济学》，中国人民大学出版社 1998
年版。

［美］艾萨德・胡佛：《区域科学导论》（中译本），商务印书馆 1990 年版。

［美］保罗・海恩：《经济学的思维方式》（第 11 版），马昕、陈宇译，世
界图书出版公司 2008 年版。

［美］罗纳德・H. 科斯：《论生产的制度结构》（中译本），盛洪、陈郁译
校，生活・读书・新知三联书店 1994 年版。

［美］摩尔根：《美洲土著的房屋和家庭生活》（中译本），中国社会科学出
版社 1985 年版。

［美］黄宗智：《华北的小农经济与社会变迁》，中华书局 2000 年版。

［美］曼纽尔・卡斯特：《网络社会的崛起》，夏铸九、王志弘译，社会科
学文献出版社 2001 年版。

［美］舒尔茨：《人力资本投资》（中译本），华夏出版社 1990 年版。

［美］C. P. 金德尔伯格、B. 赫里克：《经济发展》，上海译文出版社 1986
年版。

［美］H. 钱纳里等：《工业化和经济增长的比较研究》，上海三联书店
1989 年版。

［美］约翰・奈斯比特、［奥］多丽丝・奈斯比特：《成都调查》，魏平、毕
香玲译，吉林出版集团、中华工商联合出版社 2011 年版。

［美］斯图亚特・R. 林恩：《发展经济学》，王乃辉、倪凤佳、范静译，格
致出版社、上海三联书店、上海人民出版社 2009 年版。

［美］罗纳德・H. 科斯：《论经济学和经济学家》，罗君丽译，格致出版
社、上海三联书店 2010 年版。

［美］詹姆斯・E. 万斯：《延伸的城市——西方文明中的城市形态学》，中
国建筑工业出版社 2007 年版。

［法］克洛德・阿莱格尔：《城市生态，乡村生态》，商务印书馆 2003
年版。

［法］勒内・杜蒙、玛丽-弗朗斯・莫坦：《拉丁美洲的病态发展》，世界知
识出版社 1984 年版。

〔法〕皮埃尔·莱昂：《世界经济与社会史》（中译本），中国社会科学出版社 1991 年版。

〔英〕亚当·斯密：《国民财富的性质和原因的研究》，商务印书馆 1972 年版。

〔英〕巴顿：《城市经济学——理论和政策》，商务印书馆 1984 年版。

〔日〕岸根卓郎：《迈向 21 世纪的国土规划——城乡融合系统设计》，高文琛译，科学出版社 1990 年版。

〔日〕藤田昌久、〔美〕克鲁格曼、〔英〕维纳布尔斯：《空间经济学》，梁琦主译，中国人民大学出版社 2005 年版。

〔日〕冈崎哲二：《经济发展中的组织与制度》，何平译，中信出版社 2010 年版。

〔德〕马克斯·韦伯：《新教伦理与资本主义精神》，陕西师范大学出版社 2002 年版。

〔德〕奥古斯丁·勒施：《经济空间秩序——经济财货与地理间的关系》，商务印书馆 1995 年版。

〔意〕奇波拉：《欧洲经济史》（第三卷）（中译本），商务印书馆 1989 年版。

〔波〕W. 布鲁斯、K. 拉斯基著：《从马克思到市场：社会主义对经济体制的求索》，银温泉译，格致出版社、上海三联书店 2010 年版。

白永秀：《聚焦后改革时代西部城乡经济社会一体化》，科学出版社 2012 年版。

包亚明：《后现代性与地理学的政治》，上海教育出版社 2001 年版。

北京市农村经济研究中心：《北京城乡一体化发展的研究与思考》，中国农业出版社 2010 年版。

毕世杰：《发展经济学》，高等教育出版社 1999 年版。

陈钊、陆铭：《在聚集中走向平衡——中国城乡与区域经济协调发展的实证研究》，北京大学出版社 2009 年版。

陈安国：《城市区域合作》，商务印书馆 2010 年版。

陈承明、史镇平：《中国特色城乡一体化探索》，吉林大学出版社 2010 年版。

成都传媒集团深度报道课题组：《成都的科学发展之路》，成都时代出版社

2007 年版。

程水源、刘汉成：《城乡一体化发展的理论与实践》，中国农业出版社
　　2010 年版。

程志强：《城乡统筹蓝皮书：中国城乡统筹发展报告（2011）》，社会科学
　　文献出版社 2011 年版。

程志强：《中国城乡统筹发展报告（2012）》，社会科学文献出版社 2012
　　年版。

陈晓华：《乡村转型与城乡空间整合研究——基于"苏南模式"到"新苏
　　南模式"过程的分析》，安徽人民出版社 2008 年版。

陈春生：《城乡金融一体化与农村金融发展》，中国社会科学出版社 2010
　　年版。

陈秀山、胡铁成：《WTO 与地方政府职能转变》，经济科学出版社 2002
　　年版。

陈友华、赵民：《城市规划概论》，上海科学技术文献出版社 2000 年版。

崔功豪：《中国城镇发展研究》，中国建筑工业出版社 1992 年版。

崔功豪：《城市地理学》，江苏教育出版社 1992 年版。

崔功豪：《区域分析与规划》，高等教育出版社 1999 年版。

崔功豪：《区域城市规划》，中国建筑工业出版社 2004 年版。

崔江红：《城乡一体化视角下的云南新农村建设实践研究》，中国书籍出版
　　社 2011 年版。

党双忍：《制度并轨与城乡统筹》，中国环境科学出版社 2011 年版。

董黎明：《我国城乡基本医疗保险一体化研究》，经济科学出版社 2011
　　年版。

段进：《城市空间发展论》（第一版），江苏科学技术出版社 1999 年版。

段进：《空间研究 5：国外城市形态学概论》，东南大学出版社 2009 年版。

都阳：《城乡福利一体化：探索与实践》，社会科学文献出版社 2010 年版。

杜伟：《农民经济权益保障研究：基于成渝城乡一体化改革的思考》，科学
　　出版社 2011 年版。

樊继达：《统筹城乡发展中的基本公共服务均等化》，中国财政经济出版社
　　2009 年版。

费孝通：《江村经济——中国农民的生活》，江苏人民出版社 1986 年版。

费孝通：《生育制度》，商务印书馆 1947 年版。

费孝通：《费孝通文集》，群言出版社 1999 年版。

冯健：《转型期中国内部空间重构》，科学出版社 2004 年版。

冯振东：《西部地区城乡市场一体化研究》，中国经济出版社 2012 年版。

傅崇兰：《中国城市发展问题报告》，中国社会科学出版社 2003 年版。

高焕喜：《我国县域经济发展中的城乡统筹机制形成研究》，中国财政经济
　　出版社 2007 年版。

谷书堂：《社会主义经济学通论——中国转型期经济问题研究》，高等教育
　　出版社 2000 年版。

郭晓明：《统筹城乡发展与农村土地流转制度变革：基于成都试验区的实
　　证研究》，科学出版社 2012 年版。

顾朝林：《中国高技术产业与园区》，中信出版社 1998 年版。

顾朝林：《集聚与扩散——城市空间结构新论》，东南大学出版社 2000
　　年版。

顾朝林：《经济全球化与中国城市发展》，商务印书馆 1999 年版。

顾朝林、柴彦威、蔡建明：《中国城市地理》，商务印书馆 1999 年版。

国家信息中心：《西部大开发中的城市化道路——成都城市化模式案例研
　　究》，商务印书馆 2010 年版。

韩俊：《县域城乡一体化的诸城实践》，人民出版社 2009 年版。

郝寿义、安虎森：《区域经济学》，经济科学出版社 1999 年版。

何燧初：《上海城乡一体化实践与理论探索——以奉贤实践为例》，上海人
　　民出版社 2012 年版。

黄坤明：《城乡一体化路径演进研究：民本自发与政府自觉》，科学出版社
　　2009 年版。

胡彬：《区域城市化的演进机制与组织模式》，上海财经大学出版社 2008
　　年版。

胡俊：《中国城市：模式与演进》，中国建筑工业出版社 1995 年版。

胡序威、周一星、顾朝林：《中国沿海城镇密集区聚集与扩散研究》，科学
　　出版社 2000 年版。

华玉武：《北京城乡一体化发展研究》，中国农业出版社 2010 年版。

金其铭：《农村聚落地理》，科学出版社 1988 年版。

蒋华东：《统筹城乡发展的理论与方法》，西南财经大学出版社 2006 年版。

雷佑新：《城乡劳动力市场一体化制度创新研究》，中国经济出版社 2012 年版。

李红艳：《乡村传播与城乡一体化：北京市民与农民工传播关系之实证研究》，社会科学文献出版社 2009 年版。

李立：《乡村聚落：形态、类型与演变——以江南地区为例》，东南大学出版社 2007 年版。

李郇：《城市化、区域一体化与经济增长》，科学出版社 2011 年版。

李萍：《统筹城乡发展中的政府与市场关系研究》，经济科学出版社 2011 年版。

李允鉌：《华夏意匠》，中国建筑工业出版社 2005 年版。

联合国人居署：《和谐城市：世界城市状况报告（2008—2009)》，中国建筑工业出版社 2008 年版。

梁漱溟：《中国民族自救运动之最后觉悟》，中华书局 1933 年版。

林毅夫：《制度、技术与中国农业的发展》，上海三联书店、上海人民出版社 1994 年版。

林毅夫、蔡昉、李周：《中国的奇迹：发展战略与经济改革》，上海三联书店、上海人民出版社 1999 年版。

林勇：《统筹城乡投融资体制建设研究》，中国财政经济出版社 2010 年版。

刘国光、罗斯·加纳特：《经济改革与国际化：中国和太平洋地区》，经济管理出版社 1994 年版。

刘吉双：《区域开发推进城乡一体化规律研究》，中国农业出版社 2011 年版。

刘晓：《理想空间：新农村与城乡统筹发展》，同济大学出版社 2010 年版。

刘树成：《甘肃武威黄羊镇城乡一体化发展之路》，中国社会科学出版社 2010 年版。

刘荣增：《基于城乡统筹视角的城镇密集区发展研究》，科学出版社 2011 年版。

刘彦随、龙花楼：《中国乡村发展研究报告：农村空心化及其政治策略》，科学出版社有限责任公司 2011 年版。

刘易斯：《国际经济秩序的演变》，商务印书馆 1984 年版。

卢洪友：《统筹城乡公共品供给问题研究》，科学出版社 2010 年版。

陆学艺、李培林：《中国社会发展报告》，辽宁人民出版社 1991 年版。

马德秀：《上海城乡经济社会发展一体化难题破解研究》，上海交通大学出版社 2009 年版。

马庆斌：《城乡一体化：中国生产力再一次大解放》，社会科学文献出版社 2011 年版。

马泉山：《新中国工业经济史（1966—1978）》，经济管理出版社 1998 年版。

麦天枢：《中国农民：关于九亿人的现场笔记》，生活·读书·新知三联书店 1994 年版。

孟祥林：《京津冀"双核＋双子"模式城市化进程研究》，西南财经大学出版社 2010 年版。

聂华林、鲁地、李泉：《现代区域经济学通论》，中国社会科学出版社 2009 年版。

聂华林、李泉：《区域发展经济学》，中国社会科学出版社 2007 年版。

宁越敏：《中国城市发展史》，安徽科技出版社 1994 年版。

牛文元：《中国新型城市化报告（2009）》，科学出版社 2009 年版。

牛文元：《中国新型城市化报告（2010）》，科学出版社 2010 年版。

牛文元：《中国新型城市化报告（2011）》，科学出版社 2011 年版。

齐康：《城市环境规划与设计方法》，中国建筑工业出版社 1997 年版。

彭震伟：《理想空间 N42：新农村与城乡统筹发展》，同济大学出版社 2010 年版。

饶会林：《城市经济学》，东北财经大学出版社 1999 年版。

任宏：《新思路、新探索、新模式：重庆统筹城乡发展实践》，重庆大学出版社 2011 年版。

汝信、付崇兰：《中国城乡一体化发展报告（2011）》，社会科学文献出版社 2011 年版。

世界银行：《2010 年世界发展报告》，清华大学出版社 2010 年版。

沈彭：《城乡统筹发展与土地优化配置》，暨南大学出版社 2012 年版。

孙久文：《区域经济规划》，商务印书馆 2004 年版。

孙久文：《走向 2020 年的我国城乡协调发展战略》，中国人民大学出版社

2010 年版。

宛苏春：《城市空间形态解释》（第一版），科学出版社 2004 年版。

滕玉成：《基于城乡一体化的农村人力资源发展研究》，山东大学出版社
　　2010 年版。

王富臣：《形态完整——城市设计的意义》，中国建筑工业出版社 2005
　　年版。

王贵宸：《农村经济发展模式比较研究》，经济管理出版社 1992 年版。

王家琼：《城乡一体化与商品流通体系建设》，经济管理出版社 2012 年版。

王建国：《城市设计》，东南大学出版社 1999 年版。

王景新等：《明日中国：走向城乡一体化》，中国经济出版社 2005 年版。

王敬华：《城乡统筹发展途径研究》，中国农业科学技术出版社 2009 年版。

王立诚：《农村社会学》，农业出版社 1992 年版。

王伟光：《中国城乡一体化：理论研究与规划建设调研报告》，社会科学文
　　献出版社 2010 年版。

王勇辉：《农村城镇化与城乡统筹的国际比较》，中国社会科学出版社
　　2011 年版。

王永钦：《大转型——互联的关系型合约理论与中国奇迹》，格致出版社、
　　上海三联书店 2009 年版。

王竹林：《城市化进程中农民工市民化研究》，中国社会科学出版社 2009
　　年版。

吴怀连：《中国农村社会学的理论与实践》，武汉大学出版社 1998 年版。

吴敬琏：《现代公司与企业改革》，天津人民出版社 1994 年版。

吴敬琏：《当代中国经济改革》，上海远东出版社 2004 年版。

吴良镛：《人居环境科学导论》，中国建筑工业出版社 2001 年版。

吴良镛：《京津唐地区城乡空间发展规划研究》，清华大学出版社 2002
　　年版。

吴振磊：《西部地区城乡经济社会一体化支撑体系研究》，中国经济出版社
　　2011 年版。

武进：《中国城市形态》，江苏科学技术出版社 1990 年版。

西南财经大学财政税务学院课题组：《城乡统筹发展中的农村公共品有效
　　供给研究报告：基于成都市的实证分析》，经济科学出版社 2012

年版。

谢永琴：《城市外部空间结构理论与实践》，经济科学出版社 2006 年版。

熊国平：《当代中国城市形态演变》，中国建筑工业出版社 2006 年版。

熊培云：《重新发现社会》，新星出版社 2010 年版。

熊培云：《一个村庄里的中国》，新星出版社 2011 年版。

徐莉：《城乡一体化中农民文化权益保障研究》，西南财经大学出版社
　　2011 年版。

徐同文：《城乡一体化体制对策研究》，人民出版社 2011 年版。

许学强：《城市地理学》，高等教育出版社 1997 年版。

杨华：《中国城乡一体化进程中的社会保障法律制度研究》，中国劳动社会
　　保障出版社 2008 年版。

杨庆坤：《中国社会中的宗教》，上海人民出版社 2007 年版。

杨吾扬：《区位论原理》，甘肃人民出版社 1987 年版。

姚海明：《城乡一体化发展综合配套改革：苏州保险业的探索与创新》，复
　　旦大学出版社 2012 年版。

姚士谋：《中国的城市群》，中国科学技术大学出版社 1992 年版。

姚士谋、刘塔：《外向型经济与开发区建设综论》，中国科学技术大学出版
　　社 1994 年版。

姚士谋、帅江平：《中国用地与城市增长》，中国科学技术大学出版社
　　1995 年版。

姚士谋、汤茂林：《区域与城市发展论》，中国科学技术大学出版社 2004
　　年版。

衣芳、吕萍、迟树功：《中国城乡一体化探索》，经济科学出版社 2009
　　年版。

尹成杰：《加大城乡统筹力度：协调推进工业化城镇化与农业农村现代
　　化》，中国农业出版社 2011 年版。

袁志刚：《城乡统筹劳动力市场建设与国家竞争力研究》，复旦大学出版社
　　2010 年版。

曾菊新：《现代城乡网络化发展模式》，科学出版社 2001 年版。

张宝秀：《中国城乡一体化发展报告·北京卷（2011—2012）》，社会科学
　　文献出版社 2012 年版。

张国:《中国城乡结构调整研究——工业化过程中的城乡协调发展》,中国农业出版社 2002 年版。

张国富:《城乡一体化新趋势与协调机制构建》,中国农业出版社 2011 年版。

张敦福:《区域发展模式的社会学分析》,天津人民出版社 2002 年版。

张峰:《城乡统筹下的土地利用规划创新研究》,南开大学出版社 2012 年版。

张京祥:《城镇群体空间组合》,东南大学出版社 2000 年版。

张荣明:《权力的谎言——中国传统的政治宗教》,浙江人民出版社 2000 年版。

张小林:《城乡统筹:挑战与抉择》,南京师范大学出版社 2009 年版。

张迎春:《统筹城乡发展与金融支持体系构建研究》,西南财经大学出版社 2006 年版。

张文奎:《人文地理学概论》,东北师范大学出版社 1987 年版。

张志强、杨学文:《近代辽宁城市史》,吉林文史出版社 2001 年版。

张占斌:《统筹城乡经济发展》,国家行政学院出版社 2011 年版。

赵保佑:《统筹城乡经济协调发展与科学评价》,社会科学文献出版社 2009 年版。

赵勇:《城乡良性互动战略》,商务印书馆 2004 年版。

郑立波:《中国城市郊区化动力机制研究》,经济科学出版社 2008 年版。

郑江淮:《一体化与平等化:长三角城乡互动、工农互促的协调发展道路》,经济科学出版社 2012 年版。

郑治伟:《城乡统筹背景下的重庆市产业集聚实证研究》,知识产权出版社 2011 年版。

中国发展研究基金会:《促进人的发展的中国新型城市化战略》,人民出版社 2010 年版。

中国科学院国情分析研究小组:《第 3 号国情研究第三号报告:城市与乡村——中国城乡矛盾与协调发展研究》,科学出版社 1994 年版。

中国(海南)改革发展研究院:《"十二五":城乡一体化的趋势与挑战》,中国长安出版社 2010 年版。

中国土地学会编:《农村集体建设用地管理制度创新与城乡一体化发展:

2009 年中国土地学会学术年会论文集》，中国大地出版社 2010 年版。

钟宏武：《花儿为什么这样红：成都市锦江区三圣乡推进城乡一体化调查报告》，中国社会科学出版社 2010 年版。

周春山：《城市空间结构与形态》，科学出版社 2007 年版。

周纪纶：《城乡生态经济系统》，中国环境科学出版社 1989 年版。

周叔莲、郭克莎：《中国城乡经济及社会协调发展研究》，经济管理出版社 1996 年版。

周一星：《城市地理学》，商务印书馆 1997 年版。

周振华：《崛起中的全球城市——理论框架及中国模式研究》，上海人民出版社 2008 年版。

邹毅：《安宁市城乡公交一体化规划研究》，人民交通出版社 2012 年版。

朱国宏：《经济社会学》（第二版），复旦大学出版社 2003 年版。

朱晋伟：《苏南城乡一体化之路：胡棣镇的变迁和创新》，中国社会科学出版社 2008 年版。

三　中文期刊/报纸文献

艾南山、朱治军、李后强：《外营力地貌作用随机特性和分形布朗地貌的稳定性》，《地理研究》1998 年第 1 期。

白永秀、吴丰华：《中国经济形势总体判断及其宏观走向》，《改革》2011 年第 2 期。

白重恩、李宏彬、吴斌珍：《医疗保险与消费：来自新型农村合作医疗的证据》，《经济研究》2012 年第 2 期。

白重恩、钱震杰：《国民收入的要素分配：统计数据背后的故事》，《经济研究》2009 年第 3 期。

毕红霞、薛兴利：《财政支持农村社保的差异性》，《改革》2011 年第 2 期。

蔡昉：《户籍制度改革与城乡社会福利制度统筹》，《经济学动态》2010 年第 12 期。

蔡洪斌：《中国经济转型与社会流动性》，《比较》2011 年第 3 期。

蔡立雄、何炼成：《市场化、价格差异与中国农村制度变迁》，《改革》2006 年第 8 期。

蔡云辉：《城乡关系与近代中国的城市化问题》，《西南师范大学学报》2003 年第 5 期。

曹钢、何磊：《第三阶段城镇化模式在中国的实践与创新》，《经济学动态》2011 年第 2 期。

曹广忠：《发达地区县域城市化水平量测与城市化道路选择》，《经济地理》2001 年第 2 期。

曹宗平：《三种城市化发展模式述评》，《改革》2005 年第 5 期。

陈力：《旧城更新中城市形态的延续与创新》，《华侨大学学报》（自然科学版）1997 年第 1 期。

陈雯：《城乡一体化内涵的讨论》，《现代经济探讨》2003 年第 5 期。

陈勇、艾南山：《城市结构的分形研究》，《地理学与国土研究》1994 年第 11 期。

陈东琪：《中国二元结构转换：对策思路》，《宏观经济研究》2002 年第 2 期。

陈飞、范庆泉、高铁梅：《农业政策、粮食产量与粮食生产调整能力》，《经济研究》2010 年第 11 期。

陈家宝：《城乡一体化进程中的资源整合与对接——南京市城乡“二元结构”成因及其对策实证分析》，《中国农村经济》2002 年第 10 期。

陈建萍：《中国的根本体制矛盾是城乡二元结构：中国经济体制改革研究会副秘书长温铁军谈“城乡统筹”》，《人民政协报》2004 年 7 月 13 日。

陈菽红：《国务院三天连下两道“禁令”严查黑洞》，《北京青年报》2003 年 8 月 7 日。

陈锡文：《当前农村改革发展的形势和总体思路》，《浙江大学学报》2009 年第 4 期。

陈晓红、李诚固：《我国城市化与城乡一体化研究》，《城市发展研究》2004 年第 11 期。

陈彦光：《分形城市与城市规划》，《规划研究》2005 年第 2 期。

陈宗兴、陈晓健：《乡村聚落地理研究的国外动态与国内趋势》，《世界地理研究》1994 年第 1 期。

陈钊：《中国城乡发展的政治经济学》，《南方经济》2011 年第 8 期。

陈钊、陆铭：《从分割到融合：城乡经济增长与社会和谐的政治经济学》，《经济研究》2008 年第 1 期。

程连生：《太原盆地东南部农村聚落空心化机理分析》，《地理学报》2001 年第 4 期。

褚宏启：《城乡教育一体化：体系重构与制度创新——中国教育二元结构及其破解》，《教育研究》2009 年第 11 期。

崔文：《北京的二元结构与城乡一体化》，《城市问题》1999 年第 5 期。

戴宾：《新型城乡形态的内涵及其建构》，《财经科学》2011 年第 12 期。

党国英：《提速城镇化的多重信号》，《财经国家周刊》2010 年 1 月 25 日。

邓燕华：《村庄合并、村委会选举与农村集体行动》，《管理世界》2012 年第 7 期。

丁焕峰、郭荣华：《农村公共产品供给主体的意愿把握与多维取向：粤省样本》，《改革》2011 年第 11 期。

杜鹰：《〈中国农村改革：回顾与展望〉评价》，《经济研究》1999 年第 1 期。

段娟：《我国区域城乡互动与关联发展综合评价》，《中国人口·资源与环境》2005 年第 1 期。

段汉明：《城市体积形态的测定方法》，《陕西工学院学报》2000 年第 1 期。

范磊：《城乡边缘区概念和理论的探讨》，《天津商学院学报》1998 年第 3 期。

范少言：《乡村聚落空间结构的演变机制》，《西北大学学报》（自然科学版）1994 年第 4 期。

封进、刘芳、陈沁：《新型农村合作医疗对县村两级医疗价格的影响》，《经济研究》2010 年第 11 期。

封进、宋铮：《中国农村医疗保障制度：一个基于异质性个体决策行为的理论研究》，《经济学季刊》2007 年第 4 期。

冯雷：《中国城乡一体化的理论与实践》，《中国农村经济》1999 年第 1 期。

冯仕政：《国家、市场与制度变迁——1981—2000 年南街村的集体化与政治化》，《社会学研究》2007 年第 2 期。

冯文勇：《晋中平原地区农村聚落扩展分析》，《人文地理》2003 年第 6 期。

"构建社会主义和谐社会研究"课题组：《构建社会主义和谐社会与统筹城乡发展》，《经济研究参考》2005 年第 21 期。

高琳：《分权与民生：财政自主权影响公共服务满意度的经验研究》，《经济研究》2012 年第 7 期。

高培勇、汪德华：《中国养老保障体系资金缺口分析与对策建议》，《比较》2011 年第 2 期。

龚清宇：《全球化背景下城市个性存在的形式与中国城市规划的抉择》，《现代城市研究》2001 年第 1 期。

顾朝林：《中国城市化空间及其形成机制》，中国发展研究基金会研究项目 2010 年版、麦肯锡全球研究所（MGI）研究报告 2008 年版。

顾朝林、胡秀红：《中国城市体系现状特征》，《经济地理》1998 年第 1 期。

顾海英、史清华、程英、单文豪：《现阶段"新二元结构"问题缓解的制度与政策——基于上海外来农民工的调研》，《管理世界》2011 年第 11 期。

顾益康：《全面推进城乡一体化改革——新时期解决"三农"问题的根本出路》，《中国农村经济》2003 年第 1 期。

郭焕成、冯万里：《我国乡村地理学研究的回顾与展望》，《人文地理》1991 年第 1 期。

郭俊华、卫玲等：《城乡生活一体化研究评述》，《经济学动态》2011 年第 2 期。

郭晓东、牛叔文、吴文恒、马利邦：《陇中黄土丘陵区乡村聚落空间分布特征及其影响因素分析——以甘肃省秦安县为例》，《干旱区资源与环境》2010 年第 9 期。

郭新磊：《大邱庄 30 年》，《人民文摘》2008 年第 5 期。

郭叶波、魏后凯：《中国农村居民收入地区差异研究述评》，《经济学动态》2012 年第 6 期。

国务院发展研究中心"完善小型农田水利建设和管理机制研究"课题组：《我国小型农田水利建设和管理体制：一个政策框架》，《改革》2011 年第 8 期。

国务院发展研究中心课题组：《"十一五"规划基本思路和 2020 年远景目标研究》，《改革》2005 年第 5 期。

韩锦春：《从生态学的观点看城乡发展问题》，《应用生态学报》1997 年第 6 期。

何独明、谷继建：《成渝城乡统筹改革背景及前景分析》，《农业经济》2008 年第 12 期。

何丽芬、潘慧峰、林向红：《中国城乡家庭财产性收入的二元特征及其影响因素》，《管理世界》2011 年第 9 期。

何元斌、姜武汉：《农地流转参与主体与社会福利的关联度》，《改革》2011 年第 1 期。

贺大兴、姚洋：《社会平等、中性政府与中国经济增长》，《经济研究》2011 年第 1 期。

洪银兴、陈雯：《城市化和城乡一体化》，《经济理论与经济管理》2003 年第 4 期。

洪正：《新型农村金融机构改革可行吗？——基于监督效率视角的分析》，《经济研究》2011 年第 2 期。

胡彬、郑秀君：《开发区功能演化与职能职责重构》，《改革》2011 年第 8 期。

胡士华、彭芳：《农村信贷市场的微观结构与策略履行》，《改革》2011 年第 4 期。

黄惠春：《金融市场准入与农信社信贷支农关联》，《改革》2011 年第 2 期。

冀县卿、钱忠好：《中国农业增长的源泉：基于农地产权结构视角的分析》，《管理世界》2010 年第 11 期。

贾康、刘徽：《"土地财政"论析——在深化财税改革中构建合理、规范、可持续的地方"土地生财"机制》，《经济学动态》2012 年第 1 期。

姜涛、李晓义：《地下金融：履约机制、组织形式与治理策略》，《中国工业经济》2011 年第 12 期。

姜长云：《农业生产性服务业发展模式举证：自安徽观察》，《改革》2011 年第 1 期。

蒋省三，刘守英：《土地资本化与农村工业化》，《管理世界》2003 年第 11 期。

焦斌龙：《人力资本：调整我国初次分配关系的政策着力点》，《经济学动态》2011 年第 2 期。

解垩：《发展中国家统筹城乡得失及启示》，《中国经贸导刊》2005 年第 4 期。

金其铭：《我国农村聚落地理研究历史及其近今进展》，《地理学报》1988年第 4 期。

金涛：《中国传统农村聚落营造思想浅析》，《人文地理》2002 年第 5 期。

景普秋：《城乡一体化的进展与动态》，《城市规划》2003 年第 6 期。

景天魁：《底线公平与社会保障的柔性调节》，《社会学研究》2004 年第 6 期。

景晓芬、马红霞：《城市化进程中的乡村社区形态转变——从"村社性"到"城市性"的轨迹》，《理论月刊》2010 年第 2 期。

孔祥智、楼栋：《农业技术推广的国际比较、时态举证与中国对策》，《改革》2012 年第 1 期。

赖作卿：《造就农业企业家推进农业产业化》，《农业经济》1998 年第 9 期。

雷敏、底瑜：《试论我国东西部差距的成因》，《社会科学究》2002 年第 2 期。

李博、温杰：《中国工业部门技术进步的就业效应》，《经济学动态》2010 年第 10 期。

李浩：《农民工劳动力供给行为异动与或然走向》，《改革》2012 年第 6 期。

李江：《城市空间形态的分形维数及应用》，《武汉大学学报》2005 年第 6 期。

李实、罗楚亮：《中国收入差距究竟有多大？——对修正样本结构偏差的尝试》，《经济研究》2011 年第 4 期。

李实、罗楚亮：《中国城乡收入差距的重新估计》，《北京大学学报》2007 年第 2 期。

李昌明、王彬彬：《中国城乡二元经济结构转变》，《经济学动态》2010 年第 10 期。

李稻葵：《改革是科学发展之本》，《经济研究》2010 年第 12 期。

李红波、张小林：《城乡统筹背景的空间发展：村落衰退与重构》，《改革》2012 年第 1 期。

李敬、陈澍：《农村信用社运行绩效与影响因素：西部地区 311 个样本》，《改革》2012 年第 8 期。

李克强：《论我国经济的三元结构》，《中国社会科学》1991 年第 3 期。

李孔岳、罗必良：《制度维护的四种因素——基于南街村的案例分析》，《学术研究》2005 年第 9 期。

李利芳：《促进我国城乡教育均衡发展的思考》，《理论研究》2011 年第

2 期。

李路路：《论"单位"研究》，《社会学研究》2002 年第 5 期。

李猛、沈坤荣：《地方政府行为对中国经济波动的影响》，《经济研究》
　　2010 年第 12 期。

李培林：《流动民工的社会流动和社会地位》，《社会学研究》1996 年第
　　4 期。

李涛、宋玉波：《中国统筹城乡教育综合改革的全景透视：从历史到现
　　状》，《江淮论坛》2011 年第 1 期。

李同升：《城乡一体化发展的动力机制及其演变分析——以宝鸡市为例》，
　　《西北大学学报》（自然科学版）2000 年第 3 期。

李伟国：《大城市近郊型城镇规划方法的思考——以杭州市近郊城镇—受
　　降镇为例》，《规划师》2005 年第 9 期。

李伟伟、张云华：《农民家庭土地承包经营权及其政策界定》，《改革》
　　2012 年第 8 期。

李新：《经济转型中的制度移植与非正式约束》，《财经研究》2008 年第
　　9 期。

厉以宁：《论城乡二元体制改革》，《北京大学学报》2008 年第 2 期。

梁达：《在消费升级中挖掘农村商机》，《中国商界》2007 年第 9 期。

梁琦：《空间经济学：过去、现在与未来》，《经济学季刊》2005 年第
　　4 期。

梁琦、李晓萍、吕大国：《市场一体化、企业异质性与地区补贴——一个
　　解释中国地区差距的新视角》，《中国工业经济》2012 年第 2 期。

梁运文、霍震、刘凯：《中国城乡居民财产分布的实证研究》，《经济研究》
　　2010 年第 10 期。

廖红乐：《农户兼业及其对农地承包经营权流转的影响》，《管理世界》
　　2012 年第 5 期。

廖荣华：《城乡一体化过程中聚落选址和布局的演变》，《人文地理》1997
　　年第 4 期。

林平：《论我国工业化的基本方针》，《新建设》1953 年第 9 期。

林乐芬、王军：《转型和发展中国家农地产权改革及其市场效应评述》，
　　《经济学动态》2010 年第 12 期。

刘成玉：《耕地保护视野的土地产权治理"困境"及至我国粮食安全》，《改革》2011 年第 12 期。

刘澄、黄翔：《金融发展与二元经济转型》，《山东大学学报》（哲学社会科学版）2010 年第 5 期。

刘广海：《乡镇企业可持续发展问题探悉》，《中国软科学》2001 年第 7 期。

刘国恩、蔡春光、李林：《中国老人医疗保障与医疗服务需求的实证分析》，《经济研究》2011 年第 3 期。

刘宏、王俊、方海：《个人信息认知对医疗保障改革的影响》，《经济研究》2010 年第 1 期。

刘华玲：《二元经济结构的突破与城乡一体化发展》，《文史哲》1999 年第 4 期。

刘祎：《解决三农问题需要政府进行系统政策创新》，《山东经济》2004 年第 2 期。

刘继生、陈彦光：《城市地理分形研究的回顾与前瞻》，《地理科学》2000 年第 2 期。

刘继同：《国家与社会：社会福利体系结构性变迁规律与制度框架特征》，《社会学研究》2006 年第 3 期。

刘杰：《城乡结合部"村落终结"的难题》，《人文杂志》2012 年第 1 期。

刘君德：《上海郊区乡村——城市转型与协调发展》，《城市规划》1997 年第 5 期。

刘美平：《统筹城乡空间结构的土地制度安排》，《山东社会科学》2004 年第 10 期。

刘伟：《实现经济发展战略目标关键在于转变发展方式》，《经济研究》2010 年第 12 期。

刘纬、黄忠伟：《统筹城乡社会发展战略选择及制度构建》，《改革》2004 年第 4 期。

刘晓：《教育公平：教育政策的目标构建》，《团结》2005 年第 2 期。

刘行玉、魏宪朝：《农村集体经济发展模式探讨——基于南街村的个案分析》，《中国集体经济》2010 年第 3 期。

刘应杰：《中国城乡关系演变的历史分析》，《当代中国史研究》1996 年第

2 期。

楼国强：《竞争何以有效约束政府》，《经济研究》2010 年第 12 期。

卢红友、连玉君、卢胜峰：《中国医疗服务市场中的信息不对称程度测算》，《经济研究》2011 年第 4 期。

陆华、朱晓华：《分形理论及其在城市地理学中的应用和展望》，《南京师范大学学报》1999 年第 2 期。

陆铭、陈钊：《城市化、城市倾向的经济政策与城乡收入差距》，《经济研究》2004 年第 6 期。

路风：《单位：一种特殊的社会组织形式》，《中国社会科学》1989 年第 1 期。

吕炜、储德银：《城乡收入差距与经济增长研究》，《经济学动态》2011 年第 12 期。

罗光强：《"民工潮"、"民工荒"及其转变的行为效用研究》，《经济学动态》2010 年第 10 期。

罗文春、李世平：《农民被征地的意愿与影响因素》，《改革》2011 年第 1 期。

骆永民、樊丽明：《中国农村基础设施增收效应的空间特征——基于空间相关性和空间异质性的实证研究》，《管理世界》2012 年第 5 期。

倪细云、文亚青：《农田水利基础设施建设的影响因素：陕西 437 户样本》，《改革》2011 年第 10 期。

聂华林、李泉：《城乡网络非均衡：甘肃新型工业化的现实选择》，《工业经济》（人大复印报刊资料）2004 年第 3 期。

潘懋元、高新发、胡赤弟、张慧洁：《大学城的功能与模式》，《高等教育研究》2002 年第 2 期。

潘永江：《中国城市化进程与城乡一体化发展》，《现代经济探讨》2001 年第 2 期。

裴小林：《集体土地制：中国乡村工业发展和渐进转轨的根源》，《经济研究》1999 年第 6 期。

沛旋、刘据茂、沈兰茜：《人民公社的规划问题》，《建筑学报》1958 年第 9 期。

皮国忠：《论我国的农村公共财政》，《当代财经》2004 年第 1 期。

齐讴歌、赵勇、王满仓：《城市集聚经济微观机制及其超越：从劳动分工到知识分工》，《中国工业经济》2012年第1期。

齐童、白振平、郑怀文：《北京市城乡结合部功能分析》，《城市问题》2005年第2期。

钱忠好、牟燕：《中国土地市场化水平：测度与分析》，《管理世界》2012年第7期。

秦雪征、刘国恩：《医疗保险对劳动力市场影响研究述评》，《经济学动态》2011年第12期。

秦中春：《参保人、缴费年限与养老保险制度框架寻求》，《改革》2011年第2期。

任毅、易淼：《贫富差距的学理演进与引申》，《改革》2011年第2期。

阮春林：《"十二五"期间保障和改善民生的路径》，《光明日报》（理论周刊）2010年12月21日第9版。

阮小莉、杨恩：《农村土地的金融制度创新及其角色担当》，《改革》2011年第2期。

塞纳克伦斯：《治理与国际调解机制的危机》，《国际社会科学》（中文版）1999年第1期。

沙立岗：《关于城乡一体化的理性思考》，《求是》2000年第24期。

邵怀友、朱宇：《大城市周边城乡融合区人口的就地城镇化——以福州市为例》，《市场与人口分析》2007年第1期。

社会发展水平综合评价研究中心：《我国社会发展水平综合评价结果揭晓》，《中国国情国力》2003年第6期。

沈红、陈腊娇：《城乡一体化研究现状与展望》，《国土与自然资源研究》2005年第4期。

石琛：《转型期乡镇企业制度变迁与创新理论综述》，《当代财经》2005年第1期。

石忆邵：《城乡一体化理论与实践：回眸与评析》，《城市规划汇刊》2003年第5期。

石莹：《搜寻匹配理论与中国劳动力市场》，《经济学动态》2010年第12期。

石智雷、杨云彦：《外出务工对农村劳动力能力发展的影响及政策含义》，

《管理世界》2011 年第 12 期。

史育龙：《Desakota 模式及其对我国城乡经济组织方式的启示》，《城市发展研究》1998 年第 5 期。

四川省社会科学院课题组：《成都市新型城乡形态构建研究》，《经济体制改革》2010 年第 5 期。

宋洁尘：《城乡结合部的成因及未来发展方向》，《城市管理与科技》2011 年第 6 期。

苏雪串：《工业化中期阶段的城乡经济关系》，《改革》2005 年第 12 期。

孙早、刘坤：《政企联盟与地方竞争的困局》，《中国工业经济》2012 年第 2 期。

孙早、卢宁、冯根福：《后危机时代中国经济改革与发展问题的理论探索——第十届"中国青年经济学者论坛"综述》，《经济研究》2010 年第 12 期。

孙建成：《统筹推进生态区建设：构建新型城乡形态》，《环境教育》2009 年第 7 期。

孙开、田雷：《农村基础设施建设与财政投入研究》，《经济研究参考》2005 年第 18 期。

孙立平：《城乡收入差距是如何扩大的？——兼与几种流行观点商榷》，《经济研究》2004 年第 1 期。

孙庆伟：《聚落形态理解与聚落形态研究》，《南方文物》1994 年第 3 期。

孙圣民：《工农业关系与经济发展：计划经济时代的历史计量学再考察——兼与姚洋、郑东雅商榷》，《经济研究》2009 年第 8 期。

孙文凯、白重恩、谢沛初：《户籍制度改革对中国农村劳动力流动的影响》，《经济研究》2011 年第 1 期。

谈静华、汤茂林、田间燕：《发展中国家城乡关系探讨》，《城市》2004 年第 2 期。

汤国安：《基于 GIS 的乡村聚落空间分布规律研究——以陕北榆林地区为例》，《经济地理》2000 年第 5 期。

唐忠、李众敏：《改革后农田水利建设投入主体缺失的经济学分析》，《农业经济问题》2005 年第 2 期。

田代贵、罗伟：《土地集约化利用的创新思路：重庆个案》，《改革》2006

年第 8 期。

田光进:《基于 GIS 的中国农村居民点规模分布特征》,《遥感学报》2002
年第 4 期。

田光进、庄大方:《90 年代中国城镇用地动态变化的遥感监测》,《资源科
学》2003 年第 5 期。

田银生、谷凯:《城市形态研究的理论与实践》,华南理工大学出版社
2010 年版。

仝德、冯长春、邓金杰:《城中村空间形态的演化特征及原因——以深圳
特区为例》,《地理研究》2011 年第 3 期。

万莹:《个人所得税对收入分配的影响:由税收累进性和平均税率观察》,
《改革》2011 年第 3 期。

汪宇明、崔庆仙:《城乡一体化条件下的体制创新:现实响应及其下一
步》,《改革》2011 年第 2 期。

王青:《城市形态空间演变定量研究初探——以太原市为例》,《经济地理》
2002 年第 3 期。

王碧峰:《城乡一体化问题讨论综述》,《经济理论与经济管理》2004 年第
1 期。

王朝明、杜辉:《农业水利设施的历史变迁与治理政策选择》,《改革》
2011 年第 1 期。

王翠平:《北魏洛阳城的空间形态结构及布局艺术》,《西北建筑工程学院
学报》1998 年第 3 期。

王昉:《工业化、城镇化进程中的农村土地问题》,《上海经济研究》2003
年第 3 期。

王国刚:《城镇化:中国经济发展方式转变的重心所在》,《经济研究》
2010 年第 12 期。

王华华:《新农村建设科学发展模式的创新——华西村、南街村、大邱庄
崛起的成功经验》,《党政干部论坛》2007 年第 4 期。

王金岩:《城中村的形态解析与改造策略——济南市沃家城中村调查》,
《城市问题》2010 年第 10 期。

王维工:《上海城乡一体化战略研究——总体构想:战略目标与方针原
则》,《上海经济》2002 年第 12 期。

王小鲁：《中国城市化路径与城市规模的经济学分析》，《经济研究》2010年第 10 期。

王兴中：《后工业化大城市内部经济空间结构和演化主导本质》，《人文地理》1989 年第 2 期。

王修华、邱兆祥：《农村金融发展对城乡收入差距的影响机理与实证研究》，《经济学动态》2011 年第 2 期。

王艺、付而康：《成都市郫县花园镇新型城乡形态发展思路初探》，《四川建筑》2011 年第 4 期。

王玉玲：《新中国的农业合作化与农村工业化》，《当代中国史研究》2007年第 2 期。

王振亮：《城乡一体化的误区》，《城市规划》1998 年第 2 期。

王震：《新农村建设的收入再分配效应》，《经济研究》2010 年第 6 期。

魏婕、任保平：《中国经济增长的包容性的测度：1978—2009》，《中国工业经济》2011 年第 12 期。

邬丽萍：《城市土地利用中的博弈关系》，《改革》2005 年第 11 期。

巫荣安：《城镇建设与农业园相结合，促进城乡一体化发展》，《小城镇建设》2002 年第 1 期。

吴波：《中国模式与两个 30 年》，《光明日报》（理论周刊）2010 年 11 月23 日第 9 版。

吴海民：《资产价格波动、通货膨胀与产业"空心化"——基于我国沿海地区民营工业面板数据的实证研究》，《中国工业经济》2012 年第1 期。

吴孔凡：《公共财政视野下的农村公共品供给制度创新》，《改革》2006 年第 8 期。

吴鸣鸣、刘澄、王军：《金融发展与二元结构转型——基于两部门模型的分析》，《金融发展研究》2009 年第 4 期。

吴永兴：《上海市城乡一体化建设发展战略探讨》，《经济地理》1997 年第1 期。

吴越、吴义茂：《农地赋权及其土地承包经营权入股范式》，《改革》2011年第 2 期。

夏华：《收入分配失衡与"低价工业化"增长机制的牵引》，《改革》2011

年第 3 期。

夏长杰、刘奕、李勇坚：《"十二五"时期我国服务业发展总体思路研究》，《经济学动态》2010 年第 12 期。

相秉军：《苏州古城街坊的保护与更新》，《城市规划汇刊》1997 年第 4 期。

肖月强、姜陈升：《空间经济学及产业集群聚集机制对城市特色商业街发展的启示》，《理论与改革》2011 年第 3 期。

熊国平、杨东峰、于建勋：《20 世纪 90 年代以来中国城市形态演变的基本总结》，《华中建筑》2010 年第 4 期。

徐建春：《浙江聚落：起源、发展与遗存》，《浙江社会科学》2001 年第 1 期。

徐全勇：《国外中心村对我国小城镇建设的启示》，《农场经济管理》2005 年第 1 期。

徐熠辉：《秦汉时期江州（重庆）城市形态研究》，《重庆建筑大学学报》（社会科学版）2000 年第 1 期。

徐勇：《农民理性的扩张："中国奇迹"的创造主体分析——对既有理论的挑战及新的分析进路的提出》，《中国社会科学》2010 年第 1 期。

许君燕：《城市化与土地资源利用的耦合协调机制研究》，《资源开发与市场》2010 年第 10 期。

许十文、雷顺莉：《"高级幕僚"朱幼棣的医改梦》，《南都周刊》2011 年 2 月 1 日。

许玉明、廖玉娇：《城乡分治制度下的若干表现及其内核》，《改革》2011 年第 1 期。

薛凤旋：《外资：发展中国家城市化的新动力》，《地理学报》1997 年第 3 期。

薛荣久：《经济全球化的影响与挑战》，《世界经济》1998 年第 4 期。

鄢奋：《中国农村公共产品供给状况及特点》，《东南学术》2009 年第 2 期。

杨长明：《当代中国城郊发展问题及其管理研究》，《社会科学战线》1999 年第 1 期。

杨传喜：《农业科技资源与农业经济发展关系的实证研究》，《中国人口·

　　资源与环境》2011 年第 3 期。

杨春学：《中国经济模式与腐败问题》，《经济学动态》2011 年第 2 期。

杨敬年：《中国二元经济问题研究的一部新作——陈宗胜等著〈中国二元
　　经济结构与农村经济增长和发展〉》，《经济研究》2009 年第 8 期。

杨立岩、潘慧峰：《人力资本、基础研究与经济增长》，《经济研究》2004
　　年第 4 期。

杨荣南：《关于城乡一体化的几个问题》，《城市规划》1997 年第 5 期。

杨汝岱、陈斌开、朱诗娥：《基于社会网络视角的农户民间借贷需求行为
　　研究》，《经济研究》2011 年第 11 期。

杨山：《无锡市形态扩展的空间差异研究》，《人文地理》2001 年第 3 期。

杨顺湘、李颖：《欠发达地区统筹城乡：有序推进土地管理制度改革——
　　基于成渝改革试验区的实践》，《改革与战略》2011 年第 2 期。

杨酥、刘德智：《生态补偿框架下碳平衡交易问题研究综述与分析》，《经
　　济学动态》2011 年第 2 期。

杨晓娜、曾菊新：《城乡要素互动与区域城市化的发展》，《开发研究》
　　2004 年第 1 期。

杨晓娜、曾菊新：《加强城乡关联　统筹城乡社会经济发展》，《贵州师范
　　大学学报》（社会科学版）2004 年第 2 期。

姚士谋：《区域"板块"形成演变规律及其动力源探究》，《地域研究与开
　　发》2004 年第 2 期。

叶俊：《分形理论在城市研究中的应用》，《城市规划汇刊》2001 年第
　　4 期。

尹志刚、李炜：《谈现代农业企业家的素质培养》，《财金贸易》2000 年第
　　5 期。

于建嵘：《大邱庄的启示》，《民主与法治》2008 年第 17 期。

于晓东：《论地域文化与区域经济发展的关系》，《山东经济》2000 年第
　　2 期。

袁志刚、绍挺：《土地制度与中国城市结构、产业结构选择》，《经济学动
　　态》2010 年第 12 期。

约翰·奈特、邓曲恒、李实：《中国的民工荒与农村富余劳动力》，《管理
　　世界》2011 年第 11 期。

岳天明：《我国东西部差距的非正式制度成因考察》，《开发研究》1999 年第 3 期。

臧文斌、刘国恩：《中国城镇居民基本医疗保险对家庭消费的影响》，《经济研究》2012 年第 7 期。

曾磊：《我国城乡关联度评价指标体系构建及区域比较分析》，《地理研究》2002 年第 6 期。

战金艳、鲁奇：《城乡关联发展评价模型系统构建——以山东为例》，《地理研究》2002 年第 4 期。

张汉：《中国体制转型背景下的单位制社区变迁》，《城市形态研究的理论与实践——第十六届国际城市形态论坛论文集》，华南理工大学出版社 2010 年版。

张海梅、王利文、王海燕：《村镇银行发展问题笔谈》，《南方经济》2011 年第 8 期。

张叶：《小城镇发展对城乡一体化的作用》，《城市问题》1999 年第 1 期。

张安录：《城乡相互作用的动力学机制与城乡生态经济要素流转》，《城市发展研究》2000 年第 6 期。

张纯柴、彦威：《中国城市单位社区的空间演化：空间形态与土地利用》，《国际城市规划》2009 年第 5 期。

张桂文：《二元经济转型视角下的中国粮食安全》，《经济学动态》2011 年第 6 期。

张季风：《战后日本农村富余劳动力转移及其特点》，《日本学刊》2003 年第 2 期。

张建华：《城乡一体化进程中的新型城乡形态》，《农业经济问题》2010 年第 12 期。

张京祥：《试论行政区划调整与推进城市化》，《城市规划汇刊》2002 年第 5 期。

张京祥、崔功豪、朱喜钢：《大都市空间集散的景观、机制与规律——南京大都市的实证研究》，《地理学与国土研究》2002 年第 3 期。

张晶、陈迅：《农村小额信贷的国际借鉴与延伸》，《改革》2011 年第 3 期。

张乐勤：《建设生态城市的几点思考》，《武汉大学学报》2005 年第 1 期。

张茅：《县域医疗卫生改革发展的探索与实践》，《管理世界》2011 年第 2 期。

张小林、盛明：《中国乡村地理学研究的重新定向》，《人文地理》2002 年第 1 期。

张学敏、冯太学：《教育发展方式与国民收入层级匹配：基于我国人口红利背景》，《改革》2012 年第 8 期。

张翼：《农民工户籍转化意愿及其政策含义》，《比较》2011 年第 2 期。

张宇星：《城市和城市群形态的空间分形特征》，《新建筑》1995 年第 3 期。

张占耕：《在推进城乡一体化建设中维护郊区社会稳定研究》，《经济研究参考资料》2003 年第 86 期。

章元、刘时菁、刘亮：《城乡收入差距、民工失业与中国犯罪率的上升》，《经济研究》2011 年第 2 期。

赵晶、徐建华、梅安新：《城市土地利用结构与形态的分形研究》，《华东师范大学学报》2005 年第 3 期。

赵勇：《城镇化：中国经济三元结构发展与转换的战略选择》，《经济研究》1996 年第 3 期。

赵炳时：《美国大城市形态发展现状与趋势》，《城市规划》2001 年第 5 期。

赵红：《推进城乡一体化发展的国际经验》，《党政论坛》2010 年第 8 期。

赵庆海、费利群：《国外乡村建设实践对我国的启示》，《城市问题》2007 年第 2 期。

赵人伟：《中长期发展规划借鉴国际经验的问题——解读〈中国经济中长期发展和转型：国际视角的思考和建议〉》，《经济学动态》2011 年第 8 期。

赵树凯：《边缘化的基础教育》，《管理世界》2000 年第 5 期。

赵燕菁：《理论与实践：城乡一体化规划若干问题》，《城市规划》2001 年第 1 期。

赵宇龙、易琮：《对我国各行业未来成长能力的实证考察：一种市场视角》，《经济研究》1997 年第 6 期。

赵之枫：《乡村聚落人地关系的演化及其可持续发展研究》，《北京工业大学学报》2004 年第 3 期。

浙江省外国专家局：《巴西城市化发展的实践与启示》，《专家工作通讯》
　　2005 年第 2 期。

甄峰：《城乡一体化理论及其规划探讨》，《城市规划汇刊》1988 年第
　　6 期。

郑功成：《当代社会保障发展的历史观与全球视野》，《经济学动态》2011
　　年第 12 期。

中国经济增长前沿课题组：《城市化、财政扩张与经济增长》，《经济研究》
　　2011 年第 11 期。

中国现代化进程监测系统研究课题组：《中国现代化进程监测系统研究》，
　　《统计研究》2003 年第 5 期。

钟莉、刘少雪：《改善农村高等教育的政策建议》，《复旦教育论坛》2006
　　年第 6 期。

钟真、孔祥智：《产业组织模式对农产品质量安全的影响：来自奶业的例
　　证》，《管理世界》2012 年第 1 期。

周大鸣：《外来工与二元社区》，《中山大学学报》2000 年第 2 期。

周石峰：《孰为本末：20 世纪 30 年代前期的城乡关系之争》，《贵州财经
　　学院学报》2010 年第 5 期。

周树华、张正洋、张艺华：《构建连锁超市生鲜农产品供应链的信息管理
　　体系探讨》，《管理世界》2011 年第 3 期。

周天勇：《质疑"城乡一体化"和"乡村工业化"》，《中国经济时报》2001
　　年 7 月 27 日。

周文、孙懿：《中国面对"中等收入陷阱"问题的解构：本质、挑战与对
　　策》，《经济学动态》2012 年第 6 期。

周子鑫、朱传耿：《我国区域空间整合研究进展与展望》，《地域研究与开
　　发》2009 年第 5 期。

朱磊：《城乡一体化理论及规划实践》，《经济地理》2000 年第 3 期。

朱馥艺、陆燕燕：《新农村社区形态的启示——以南通地区乡村聚落为
　　例》，《华中建筑》2009 年第 5 期。

朱美光：《我国高新技术产业园区发展面临的问题与战略探讨》，《科技管
　　理研究》2008 年第 10 期。

朱先良：《对推进城乡一体化的思考》，《萧山日报》2003 年 9 月 13 日。

朱新山：《中国乡村社区的结构形态与组织创新》，《毛泽东邓小平理论研究》2005 年第 12 期。

朱信凯、骆晨：《消费函数的理论逻辑与中国化：一个文献综述》，《经济研究》2011 年第 1 期。

邹军：《城乡一体化理论研究框架》，《城市规划》1997 年第 3 期。

邹薇、方迎风：《中国农村区域性贫困陷阱研究》，《经济学动态》2012 年第 6 期。

邹燕：《公用事业市场化的战略重组与监管手段》，《改革》2011 年第 4 期。

后　记

　　思考处于多重制约和多元发展中的城乡发展问题，总让人既纠结又兴奋、既深感困难又倍增期望。在过去的近四年时间里，我的很多工作时间都用来集中思考、讨论和研究城乡发展问题——这里还有与其他研究者之间不同观点的碰撞、非正式交流中尖酸刻薄的争吵、竞争与合作中激烈情绪的迸发——这不仅使得我感受到自由学术风气得以培养、塑造和加强对于我们成长的意义，而且使我明白了人们面对面的交往、交流与合作的价值。我们知道，城乡发展中的所有问题都与我们的昨天、今天和未来的时代紧密相关。我和如今城市里生活的很多人们一样，也从小生活于农村并通过艰辛努力来到了城市，因此，或多或少地都具有城乡生活的诸多感性或理性的认识，也深藏着许多关于城乡发展变革和自身身份转换的心路历程。三年多来，在研访谈中我先后到过偏远贫穷的农村、到过流光溢彩的城市、到过现代化的产业园区、到过农民工的建筑工地、到过城乡规划和发展改革及统筹城乡建设等行政管理部门，与农民（工）、工人、市民、私营企业主、政府官员及学者专家的交流学习，让我倍感城乡问题之于中国现代化征程的复杂与困难。我也相信，只要让每位社会成员懂得利用机会和权利，足够充分地表达自己个人对幸福的追求，城乡居民生活质量的提升应该总能够与城乡关系协调并存发生。

　　正如在本书中多次提及的那样，中国城乡一体化发展背景与目标取向下的新型城乡形态，总是在不同区域城乡发展的不同阶段，以不同的形式呈现。在城乡复杂纷繁的变化发展中，"和谐"被视为一个文学词汇且具有诗意；城市与城市化的美妙之处也似乎如此之多，以至于城市曾被视为智慧与艺术的中心；近代以来的社会发展过程似乎也只有城市化、工业化和现代化至今仍然令人记忆深刻。但是时至今日，与此相伴随的收入差距、区域贫困、环境污染、交通拥挤、房价上涨以及上学、就医困难……
在中国，城乡发展演变中的城市化、工业化并不总是令人心驰神往。城市
发展对于乡村文明的漠视、市场进程对于农业社会的侵蚀、现代化进程中
的人们日益缺乏真情、庄严与淡定，尽管有更多的人都期待发展中的问题
与矛盾可以在发展中得到逐步破解。在过去的数十年里，目的和手段发生
着巨大转变。持续上升的汽车拥有量促进了住房、购物、娱乐、餐饮和消
费者服务地理区域上的分散，同时也伴随着工商业的集中与乡村地带产业
园区的出现。由于人口既四处分散又集中居住，郊区和乡下的区别变得日
益模糊。与经济环境关联的则是人们的心理环境，每个人宁愿相信自由追
求梦想的意愿终究不会是幻想。我深情地将自己的研究成果奉献给每一位
正在为改变自身命运而不断努力奋进的人们！

　　完成关于中国城乡区域经济社会转型发展与形态变迁的国家社科项
目，实在是一项系统性的社会工作，这不只是因为一定要吸收诸多学者精
彩的论述和重要的思想，而且还因为我个人分别得到了不同组织和老师的
默默支持和极大鼓励。对此，我都心存感激！我是幸运的。非常感谢国家
社科规划办和兰州大学西北边疆研究院、兰州大学社会科学处提供的宝贵
经费支持；非常感谢兰州大学杨恕教授、聂华林教授、陕西师范大学薛东
前教授、西北师范大学张志斌教授、贵州财经大学白明教授、福州师范大
学孙国峰教授、甘肃省委党校王成勇教授、青海省委党校马洪波教授、甘
肃省社会科学院刘进军研究员和罗哲研究员等诸多专家，特别感谢兰州大
学社会科学处陈文江教授、兰州大学经济学院郭爱军教授、姜安印教授和
林柯教授、曹子坚教授等领导的许多老师的改进建议和意见，他们严谨睿
智、宽容大度又乐观向上的人生态度让我不断地体会到在正规的学校教育
所不能感受到的心灵感悟……同时，特别感谢中国社会科学出版社的郭晓
鸿老师，没有她的耐心工作，这本书肯定无法面世。还有，在和父母、妻
子、女儿快乐生活以及和其他许许多多我未能一一提及姓名的朋友、同学
交流学习的过程中，我也深受自己的生活因身边人的默默支持与帮助而变
得更加充实与具有厚度，是身边的亲族师友们一直让我的周围充满爱！

　　进入 21 世纪，中国政府所采取的诸多有利于城乡和谐发展的明朗的
政策指向令人振奋。急速变幻的世界迫使我们渴望奇迹很快出现。为了保
留城市的舒适、高贵与梦想，我们要求扩展与延伸人们可以自由漫步、在

广场或公园享受闲逛乐趣的空间，并使之以其他方式为城乡居民福利提供更大的贡献。但是，我们又必须清楚，城乡协调与城乡一体化发展目标的实现，不仅依赖人们的主观努力，也依赖城乡发展的自身规律。这又驱使我们认真思考推进城乡发展的环境、动力、体制机制与制度基础等到底如何？要素的自由流动、统一的城乡市场、均等化的公共服务、社会不公的补偿与消除、城乡社区治理方式的调整……用更加积极的方式来说，只有继续通过一系列即将或已经发生良好效用的政策，来促进城乡发展朝着人们预期的方向前行，我们就一定会对中国城乡的未来有更加美好的憧憬！

同样令人满怀信心的是，我们期待中的、积极的、正向的变化每一天都在发生……

李 泉

2014 年 10 月 20 日